A HISTÓRIA DO JUDAÍSMO

MARTIN GOODMAN

A HISTÓRIA DO JUDAÍSMO

A saga de um povo: das suas origens
aos tempos atuais

Tradução
Solange Pinheiro de Carvalho

CRÍTICA

Copyright © Martin Goodman, 2017
Copyright © Editora Planeta do Brasil, 2020
Todos os direitos reservados.
Título original: *A History of Judaism*

Coordenação editorial: Sandra Espilotro
Preparação: Tiago Ferro
Revisão técnica: Daniela Levy
Revisão: Andressa Veronesi, Carmen T. Costa e Eliana Rocha
Índice remissivo: Andrea Jocys
Diagramação: A2
Capa: Departamento de criação da Editora Planeta do Brasil
Imagem de capa: Werner Forman Archive/Bridgeman Images/Fotoarena

Dados Internacionais de Catalogação na Publicação (CIP)
Angélica Ilacqua CRB-8/7057

> Goodman, Martin
>   A história do judaísmo / Martin Goodman ; tradução de Solange Pinheiro de Carvalho. -- São Paulo : Planeta, 2020.
>   728 p.
>
> ISBN: 978-85-422-1885-5
> Título original: A history of judaism
>
> 1. Judaísmo – História 2. Judeus - História I. Título II. Carvalho, Solange Pinheiro de
>
> 20-1124   CDD 296.09

2020
Todos os direitos desta edição reservados à
EDITORA PLANETA DO BRASIL LTDA.
Rua Bela Cintra, 986 – 4º andar – Consolação
01415-002 – São Paulo-SP
www.planetadelivros.com.br
faleconosco@editoraplaneta.com.br

Sumário

Introdução: abordando a história do judaísmo 11

Parte I
Origens (*c.* 2000 a.C.-70 da Era Comum)

1. Desertos, tribos e impérios. 27
2. A formação da Bíblia. 48
3. Culto. 62
   Templo. 62
   Sinagoga. 85
4. A Torá de Moisés: judaísmo na Bíblia 97

Parte II
Interpretando a Torá (200 a.C.-70 da Era Comum)

5. Judeus em um mundo greco-romano. 119
6. "A doutrina judaica assume três formas" 140
   Fariseus. 144
   Saduceus. 153
   Essênios e terapeutas. 160
   A "quarta filosofia" 173
   Zelotes 176
   A Yahad nos manuscritos do mar Morto. 181
7. Os limites da variedade 195
   Sábios 196

Nazireus e *haverim* 201

Alegorizadores 207

Jesus e Paulo 219

8. Preocupações e expectativas 239

Pureza, Shabat e calendário 239

Votos, juramentos e ascetismo 244

Magia, demônios e anjos 247

Visões e profecia 252

Escatologia e messianismo 254

Vida após a morte e martírio 259

Parte III
A formação do judaísmo rabínico (70-1500 da Era Comum)

9. Da Roma pagã ao islamismo e à cristandade medieval 271

10. O judaísmo sem um Templo 285

11. Rabinos no Leste (70-1000 da Era Comum) 308

12. Judaísmo além dos rabinos 340

Judaísmo grego 340

Caraítas 353

13. Rabinos no Ocidente (1000-1500 da Era Comum) 365

Rashi e o desenvolvimento da Halacha 367

Maimônides: fé e filosofia 382

O *Zohar* e a cabala 399

Parte IV
Autoridade e reação (1500-1800)

14. O Renascimento europeu e o Novo Mundo 419

15. Novas certezas e novo misticismo 440

Codificadores 440

Os seguidores de Luria 452

Sabbatai Zevi 462

Hassidismo 480

Parte V
O desafio do mundo moderno (1750-tempos atuais)

16. Do Iluminismo ao Estado de Israel 503
17. Reforma 528
18. Contrarreforma 553
    Ortodoxia moderna 554
    Judaísmo conservador 566
19. Rejeição 575
20. Renovação 594

Parte VI
Epílogo

21. À espera do messias? 607

Lista de ilustrações 617

Agradecimentos 623

Nota da tradução 625

Glossário 627

Notas 633

Índice remissivo 689

Mapas

1. O Oriente Próximo no segundo milênio a.C. 22
2. O mundo judaico em 300 a.C. 24
3. A Terra de Israel segundo a Bíblia 26
4. O mundo judaico no primeiro século da Era Comum 116
5. A Terra de Israel no primeiro século da Era Comum 118
6. O mundo judaico no século VI da Era Comum 266
7. O mundo judaico em 1200 da Era Comum 268
8. O mundo judaico em 1500 da Era Comum 414
9. O mundo judaico em 1800 da Era Comum 416
10. O mundo judaico em 1880 da Era Comum 496
11. O mundo judaico em 1930 da Era Comum 498
12. O mundo judaico no ano 2000 da Era Comum 500

Os mapas 2, 4 e 6-11 são baseados em N. de Lange, *Atlas of the Jewish World* [Atlas do mundo judaico] (Oxford e Nova York, 1984).

Mapas

Introdução: abordando a história do judaísmo

No terceiro mês da saída dos filhos de Israel da terra do Egito, naquele dia chegaram ao deserto do Sinai. [...] E Moisés subiu a Deus; e o Eterno chamou-o desde o monte, dizendo, "Assim dirás à casa de Jacob, e anunciarás aos filhos de Israel: Tendes visto o que fiz no Egito, e que vos levei sobre asas de águias e vos trouxe a Mim. E agora, se ouvirdes atentamente Minha voz e guardardes Minha aliança, sereis para Mim o tesouro de todos os povos, porque toda a terra é Minha! E vós sereis para Mim um reino de sacerdotes e um povo santo! Estas são as palavras que falarás aos filhos de Israel". [...] E no terceiro dia, ao raiar a manhã, houve trovões e relâmpagos, e uma pesada nuvem estava sobre o monte e um som de *shofar* muito forte; e todo o povo que estava no acampamento estremeceu. E Moisés fez o povo sair do acampamento ao encontro de Deus, e estiveram ao pé do monte. E o Monte Sinai fumegava todo, porque o Eterno apareceu sobre ele em fogo, e sua fumaça subia como o fumo de uma fornalha, e todo o monte estremecia muito. E o som do *shofar* ia aumentando cada vez mais; Moisés falava e Deus lhe respondia pelo som [...].*

Esse relato dramático da revelação divina para Moisés no Monte Sinai está preservado no livro bíblico do Êxodo. *A história do judaísmo* abrange a contínua e variada história da interpretação dessa aliança por essa "nação sagrada" por cerca de três milênios.[1]

Cerca de mil anos depois do momento em que se crê que Moisés tenha recebido a revelação, Flavio Josefo, o sacerdote de Jerusalém e historiador, inseriu a mais antiga teologia do judaísmo que chegou até nós, composta

---

* Todas os trechos citados da Bíblia hebraica foram retirados de: *Bíblia hebraica*, tradução de David Gorodovits e Jairo Fridlin, São Paulo: Sêfer, 2006. [N. T.]

para um público leitor não judeu, em seu livro *Contra Apião*, uma defesa das tradições judaicas contra as calúnias de autores gentios. Josefo atribuiu a Moisés a criação de uma nova e perfeita Constituição para a raça humana, afirmando que ela era tão diferente de todas as outras conhecidas em sua época, tais como monarquia, democracia e oligarquia, que somente poderia ser contida de modo adequado com a invenção de um novo termo em grego, *theokratia*, "teocracia", porque Moisés havia insistido em que Deus deveria estar no comando de tudo: "Ele não fez da devoção uma parte da virtude, mas reconheceu e estabeleceu as outras como parte dela [...]. Todas as práticas e ocupações, e toda a fala, fazem referência à nossa devoção a Deus".[2]

Na época de Flavio Josefo, no fim do primeiro século da Era Comum, Moisés já era uma figura heroica envolta em mito. Josefo considerava que Moisés havia realmente vivido cerca de 2 mil anos antes dele, afirmando com vigor: "Eu sustento que nosso legislador excede em antiguidade os legisladores referidos em qualquer outro lugar". Os pontos de vista sobre Moisés entre os não judeus para quem Josefo escreveu sua teologia eram bem menos entusiasmados. Que ele fosse considerado pelos judeus como seu legislador era amplamente sabido tanto entre gregos quanto entre romanos, e, no fim do século IV a.C., Hecateu de Abdera o considerava "ilustre tanto por sua sabedoria como por sua coragem". Porém, outros o atacavam como charlatão e impostor – o contemporâneo de Josefo, Quintiliano, um professor romano de retórica, podia até usar Moisés como um exemplo do modo como "fundadores de cidades são detestados por concentrar em uma raça o que é uma maldição para outros" sem nem precisar nomear a pessoa a quem ele chamava de "o fundador da superstição judaica". Quanto mais os forasteiros atacavam o judaísmo, mais um judeu devoto como Josefo iria reivindicar a excelência de sua tradição, que "transformou Deus no governante do universo". Assim como Josefo perguntava, de modo retórico: "Qual regime poderia ser mais sagrado que este? Qual honra poderia ser mais adequada para Deus, onde toda a massa [de pessoas] está preparada para a devoção [...] e toda a Constituição é organizada como algum rito de consagração?".[3]

O contraste com outros povos também era o que levava Josefo a afirmar que, como a todos os judeus eram ensinadas as leis que governam seu modo de vida, de forma que "nós as temos, por assim dizer, gravadas em nossas almas", eles, portanto, concordam em tudo que se relaciona à religião deles:

É, acima de tudo, o que criou nossa notável concórdia. Pois ter uma e a mesma concepção de Deus e não diferir de modo algum no modo de viver ou nos costumes produzem uma harmonia muito bonita no caráter [das pessoas]. Somente entre nós uma pessoa não ouvirá afirmações contraditórias relacionadas a Deus, assim como é comum entre os demais – e não somente no que é falado pelas pessoas comuns, quando a emoção as domina individualmente, mas também no que tem sido audaciosamente pronunciado entre certos filósofos, alguns dos quais têm tentado dar cabo da própria existência de Deus por meio de seus argumentos, enquanto outros eliminam a sua providência a favor da humanidade. Tampouco irá alguém ver qualquer diferença em nossos hábitos de vida: todos nós compartilhamos de práticas comuns, e todos fazemos a mesma afirmação a respeito de Deus, em harmonia com a lei, que Ele toma conta de tudo.[4]

Conforme ficará claro no decorrer deste livro, a "unidade" e a "uniformidade" na prática e na crença que distinguiram judeus de gregos e de politeístas no mundo antigo, com sua infinidade de deuses, cultos, mitos e costumes, deixaram um grande espaço para a variedade e a diversidade dentro do judaísmo, não apenas na época, mas ao longo da história.

Uma história do judaísmo não é uma história dos judeus, mas o judaísmo é a religião do povo judeu, e este livro, portanto, tem que traçar a história política e cultural dos judeus na medida em que ela afeta as suas ideias e práticas religiosas. Ao mesmo tempo, o judaísmo é uma religião mundial – e não apenas no sentido de que, por força das circunstâncias, o povo judeu tem sido tão dispersado por milênios, de modo que suas ideias religiosas com frequência refletiram, ou por adoção ou por rejeição, o mundo não judaico mais amplo, dentro do qual os judeus se encontravam inseridos. Mesmo que o judaísmo não seja tão divorciado da etnicidade como algumas outras religiões, tais como o cristianismo, islamismo ou budismo (embora dentro destas também a identidade religiosa possa às vezes ser um marcador étnico ou cultural), a identidade judaica foi definida pela religião bem como pelo nascimento muito tempo antes de Josefo escrever a respeito da excelência da Constituição especial atribuída a Moisés. No mais tardar no século II a.C., quase todos os judeus tinham passado a aceitar como judeus aqueles prosélitos que desejavam adotar os costumes judeus e se definiam como judeus. Ao longo da maior parte da história discutida neste livro, o judaísmo tem tido o potencial de ser uma religião universal, e os judeus têm acreditado que a sua religião tem uma importância universal, mesmo que (diferentemente de certos cristãos) nunca tenham se dedicado a uma missão universal de converter outras pessoas a ela.⁵

Tentar isolar, descrever e explicar os aspectos religiosos da cultura judaica ao longo de cerca de três milênios é uma tarefa difícil, e não apenas por causa da abundância do material e do peso dos estudos acadêmicos. Os últimos 2 mil anos têm testemunhado uma grande variedade de expressões do judaísmo. Seria fácil definir a essência do judaísmo à luz das características valorizadas por uma ou outra de suas ramificações nos dias atuais, e traçar o desenvolvimento dessas características ao longo dos séculos, e tais histórias foram, de fato, escritas nos séculos passados. Porém, é evidentemente insatisfatório assumir que o que agora parece essencial sempre foi visto dessa maneira. De qualquer modo, não se pode tomar como certo que sempre tenha havido uma corrente principal dentro do judaísmo e que outras variedades da religião eram, e deveriam ser, vistas como tributárias. As metáforas de um grande rio de tradição, ou de uma árvore com inúmeros galhos, são sedutoras, porém perigosas, pois os aspectos mais importantes do judaísmo hoje podem ter pouca conexão com a Antiguidade. É evidente, por exemplo, que a preocupação litúrgica central de 2 mil anos atrás – a realização do culto sacrifical no Templo de Jerusalém – pouco tem a ver com a maior parte das formas do judaísmo de nossos tempos.⁶

Um modo de evitar a imposição de uma narrativa inventada à história do judaísmo para justificar as inquietações dos dias atuais é descrever de modo tão objetivo quanto possível as diversas formas de judaísmo que floresceram em períodos específicos, permitindo que a semelhança entre essas diferentes formas justifique discuti-las todas dentro de uma história única. Há muito a ser dito a favor dessa abordagem pluralista; mas, por si só, ela pode parecer bastante insatisfatória, já que os forasteiros sempre tenderam a ver o judaísmo como uma religião única, por mais diversificada que ela possa parecer quando encarada de dentro, e a retórica a respeito da virtude da unidade dentro da comunidade judaica tem sido um lugar-comum da literatura religiosa judaica desde a Bíblia. Se tudo que o historiador conseguisse alcançar fosse descrever a miríade de estranhas manifestações do judaísmo nos séculos passados sem deduzir nenhuma conexão entre elas, o resultado seria uma exposição de curiosidades para entreter e confundir o leitor, mas não haveria uma história para explicar por que o judaísmo se desenvolveu como tal, e é ainda agora uma religião que exerce influência sobre a vida de milhões de pessoas.

A abordagem deste livro é, portanto, um casamento entre as não apologéticas histórias lineares de gerações precedentes e as descrições "politéticas" apreciadas pelos estudiosos contemporâneos preocupados em manter a mente aberta em relação às reivindicações de todas as tradições. O livro delineia as diferentes expressões do judaísmo que sabemos terem florescido umas ao lado das outras em cada período e então examina – tanto quanto as evidências o permitam – as relações entre essas variantes. Tenta estabelecer quando e onde as diferentes ramificações do judaísmo competiram entre si por legitimidade ou por adeptos, e quando e onde uns toleravam os outros, ou em um espírito de franca aceitação, ou com animosidade rancorosa.[7]

O judaísmo tem uma rica história de desacordos, às vezes por questões que podem parecer de pouca importância para quem é de fora; mas, apesar da retórica usada contra seus oponentes por entusiastas religiosos, a violência motivada pela religião entre os judeus não era comum. A história bíblica de Fineias, que tomou a lei em suas próprias mãos para acabar com a imoralidade com a execução sumária de um licencioso israelita e a idólatra que ele havia trazido para sua família, proporcionou um modelo para o fanatismo, mas era invocada apenas raramente. Nada dentro do judaísmo se pareceu com as guerras de religião cristãs na Europa do começo do período moderno, ou com a profunda hostilidade que às vezes tem marcado o relacionamento entre sunitas e xiitas no islamismo. Explorar a extensão da tolerância dentro do judaísmo é um dos temas deste livro.[8]

Ao mesmo tempo, uma história deve tentar delinear desenvolvimentos dentro do judaísmo de um período para o outro, e eu tento, sempre que possível, mostrar como cada variedade do judaísmo alegava se relacionar àquela das gerações precedentes, e identificar os elementos particulares da tradição mais antiga que eles decidiram enfatizar. Já que os adeptos da maior parte das manifestações do judaísmo fizeram alegações a respeito de sua fidelidade ao passado, pode parecer estranho que as variantes tenham sido tão abundantes quanto o foram. Evidentemente, reivindicações conservadoras com frequência disfarçaram mudanças e inovações. Esta história irá observar quais dessas inovações iriam influenciar a vida religiosa dos judeus em períodos posteriores, e quais se mostraram improdutivas.

Raramente é fácil, na discussão de qualquer parte desta história, estabelecer limites precisos para quem era judeu. É um erro imaginar que a identidade judaica fosse segura e livre de problemas antes das complexidades do mundo moderno. Em todos os períodos, o modo como aqueles que se consideravam judeus viam a si mesmos poderia não corresponder às percepções de outrem. Incerteza a respeito da posição de uma criança filha de um genitor judeu já era um problema quando Josefo escreveu, visto que foi durante o século I da Era Comum que os judeus começaram a adotar o status da mãe como decisivo em vez do status do pai. Então, como agora, a conversão ao judaísmo de um gentio poderia ser reconhecida por um grupo de judeus e não por outro. A solução prática adotada neste livro é incluir quaisquer indivíduos ou grupos prontos para se identificar por todos os três dos principais nomes usados por judeus para se referir a si mesmos ao longo de sua história. "Israel", "hebreu" e "judeu" tinham referentes bastante específicos na origem, mas passaram a ser usados por judeus de modo quase intercambiável, e a decisão de alguns grupos que se separaram do judaísmo, como os samaritanos e alguns dos cristãos primitivos, de se denominarem "israel" em oposição a "judeu" marcou um rompimento definitivo.

Até para aqueles judeus que permaneceram dentro da comunidade, as conotações desses diferentes nomes poderiam variar bastante. Em inglês, o termo "hebrew" era muito educado em referência a um judeu no século XIX, mas seria um pouco ofensivo hoje. Os judeus franceses no século XIX se chamavam de "israélite", e foi apenas há pouco tempo que "judeu" perdeu a conotação pejorativa. A mudança da terminologia usada por judeus em hebraico e em grego para se referir a si mesmos nos tempos de conturbações políticas no primeiro século da Era Comum sugere que isso não era nenhuma novidade. Tudo depende do contexto, e o contexto irá, por sua vez, explicar boa parte do desenvolvimento dentro do judaísmo, de modo que o livro faz menções à história geral de grande parte do Oriente Próximo e da Europa, e (para períodos posteriores) mais adiante das Américas, com o intuito de explicar as mudanças religiosas que são a principal preocupação aqui.

O impacto sobre os judeus dos acontecimentos no mundo mais amplo, por conseguinte, moldou os períodos em que a história do judaísmo é dividida neste livro, dos impérios do Oriente Próximo, Grécia e Roma até a cristianização da Europa, o impacto maior do islã e a criação do mundo moderno do Renascimento, passando pelo Iluminismo ao complexo mundo judeu de hoje, no qual a sorte de muitos judeus da diáspora está intimamente ligada com o Estado-nação de Israel. Apenas um período é definido por um acontecimento específico na história judaica. A destruição do Segundo Templo em Jerusalém no ano 70 da Era Comum deu início a um novo período no desenvolvimento do judaísmo que causou um efeito profundo em todas as formas de judaísmo que sobrevivem hoje. É improvável que quaisquer judeus avaliassem, na época, quanto a religião deles iria mudar como resultado da perda do Templo; mas, tratar o ano 70 como um acontecimento marcante na história do judaísmo é justificado particularmente com o intuito de corrigir concepções teológicas cristãs do judaísmo como a religião do Velho Testamento suplantada e tornada redundante pelo advento do cristianismo. O judaísmo dos rabinos que moldou a religião de todos os judeus no mundo moderno, de fato, se transformou ao longo do primeiro milênio da Era Comum paralelamente à Igreja Cristã. O judaísmo rabínico é, na verdade, baseado na reunião de textos que os cristãos chamam de o Velho Testamento, e os judeus chamam de a Bíblia hebraica. Especificamente, os rabinos designaram o Pentateuco, os cinco primeiros livros da Bíblia hebraica, como a Torá ("instrução"), o mesmo termo que eles aplicavam de forma mais abrangente a toda a orientação transmitida ao povo judeu por meio da revelação divina. Porém, os rabinos não apenas liam a Bíblia de modo literal. Por meio do desenvolvimento das técnicas de *midrash* ("exposição didática"), eles incorporaram à Halacha ("lei") suas interpretações dos textos bíblicos junto com normas legais transmitidas por meio de costumes e tradições orais. Na prática, a Halacha, principalmente como foi preservada no Talmude babilônico, é tão fundamental para o judaísmo rabínico quanto a Bíblia.

Ao longo dos séculos o judaísmo tem se manifestado em uma ampla variedade de línguas, refletindo essas culturas vizinhas. A língua nacional dos judeus é o hebraico, mas o aramaico (vernáculo do Oriente Próximo no primeiro milênio a.C.) é encontrado na Bíblia; grande parte dos escritos judaicos preservados do século I está em grego, e obras fundamentais da filosofia judaica da Idade Média, em árabe. Em um livro escrito em inglês, é difícil apresentar de modo adequado as nuanças inerentes aos inúmeros mundos linguísticos e culturais dos quais esses escritos surgiram, ou até que ponto a terminologia de origens muito distintas poderia ser entendida pelos judeus como referente a uma mesma coisa. A faixa de terra na costa oriental do Mediterrâneo que se diz na Bíblia ter sido prometida para o povo judeu é identificada nas mais antigas narrativas da Bíblia como Canaã; mas, em outros trechos dos textos bíblicos, como a Terra de Israel. Conhecida no Império persa como a província de Yehud, e sob domínio grego como Judeia, a mesma região foi designada a província de Síria Palestina pelo Estado romano em 135 da Era Comum. O resultado pode ser confuso para o leitor moderno, mas a escolha da terminologia foi, muitas vezes, significativa, e eu permiti que as fontes falassem por si só o máximo possível.

Minha tentativa de apresentar uma história objetiva do judaísmo pode parecer ingênua para alguns leitores. Muitos dos grandes estudiosos da *Wissenschaft des Judentums* [ciência do judaísmo], que começaram o estudo científico da história judaica na Europa durante o século XIX, escreveram com a esperança de que suas tentativas de avaliar de modo crítico as antigas fontes judaicas, sem o ônus das tradicionais interpretações rabínicas, serviriam para reforçar as reivindicações de autenticidade por uma ou outra corrente do judaísmo em seu tempo. Com o estabelecimento dos estudos judaicos como uma disciplina acadêmica reconhecida nas universidades ocidentais, particularmente a partir da década de 1960, tais elos com as polêmicas religiosas correntes se tornaram raros. Dentro da Europa, muitos professores de estudos judaicos não são judeus, e podem reivindicar com certa credibilidade que abordam seu tema de modo imparcial, embora suposições cristãs ou ateístas, naturalmente, irão comunicar as suas próprias ideias preconcebidas. Esta não é minha posição. Eu nasci em uma família de judeus ingleses que levavam a sua identidade judaica a sério. O escritório de meu pai estava repleto de livros sobre o judaísmo herdados de seu pai, que havia sido secretário da congregação londrina de judeus espanhóis e portugueses por muitos anos, e escreveu alguns livros, incluindo uma história dos judeus. A devoção da família ia pouco além do jantar da véspera do Shabat a cada sexta-feira, um Sêder anual familiar e uma ocasional participação nos serviços na sinagoga de Bevis Marks. Minha decisão pessoal como adolescente de adotar um estilo de vida mais observante foi uma forma de discreta rebelião (com a qual o restante da família lidou com uma paciência admirável). Talvez seja significativo que eu tenha encontrado um lar na Congregação Judaica de Oxford, que é incomum no Reino Unido por acolher serviços progressistas e masortis, bem como ortodoxos, em uma única comunidade. Quanto dessa experiência afetou minha percepção do que era central e do que era marginal no desenvolvimento do judaísmo caberá ao leitor decidir.

A distinção entre uma história da religião judaica e uma história judaica mais abrangente não foi fácil de estabelecer. O conceito de "religião" como uma esfera separada da vida tem sido um produto da cultura ocidental cristã desde o Iluminismo e não teve um equivalente preciso no mundo antigo, já que a relação dos seres humanos com o divino era completamente integrada ao resto da vida. O equivalente mais próximo de "religião" na antiga língua hebraica era *torá* ("instrução"), a orientação dada a Israel pela revelação divina, abrangendo áreas da vida que, em outras sociedades, poderiam ser consideradas seculares, tais como a lei civil e matrimonial. Como resultado, este livro irá discutir práticas e costumes, tanto quanto teologia. A teologia sistemática tem comparecido apenas de modo esporádico no judaísmo, geralmente sob influência de estímulos externos, tais como a filosofia grega, o islamismo ou o Iluminismo europeu, mas isto não quer dizer que o judaísmo possa ser definido pela ortopraxia no lugar da ortodoxia, e um dos objetivos deste livro será o de afirmar a importância de ideias em muitas confluências na história dos judeus e de sua religião. No fundo, certas noções religiosas se infiltram ao longo da história do judaísmo e tornam conceitos contemporâneos como judaísmo secular, uma afiliação separada de qualquer crença em Deus, problemáticos. A mais importante delas é a ideia de uma aliança que une Deus especificamente ao povo judeu e impõe deveres especiais a eles em contrapartida. Ao longo de sua história, o judaísmo tem reivindicado que sua importância universal está contida no relacionamento de um grupo escolhido de modo divino com Deus.

Este livro, portanto, discute crenças e ideias, tanto quanto as práticas, instituições e estruturas comuns. Tentei o máximo possível descrever a religião vivida pela massa de judeus comuns ao longo dos séculos, junto com os relatos de inovação e os percursos exóticos de dissidentes que são encontrados com maior frequência nos registros históricos. Procurei também permitir a possibilidade de que movimentos e ideias que possam ser apenas vislumbrados nas fontes sobreviventes talvez tenham sido em sua época bem mais importantes do que aparentam para a posteridade. A descoberta casual, em 1947, dos manuscritos do mar Morto nas cavernas próximas de Qumran revelou tipos de judaísmo a cujo respeito todo o conhecimento havia sido perdido por dois milênios. Quando os primeiros rabinos dos dois primeiros séculos da Era Comum, cujos ensinamentos legais foram preservados na Mishnah e Tosefta no século III, ou quando seus sucessores, cujos comentários foram incorporados no Talmude babilônico em *c*. 600 da Era Comum, olharam em retrospectiva para o período bíblico do desenvolvimento do judaísmo, as lições que mais os impressionaram já diferiam muito das preocupações de seus ancestrais.

Quando iniciar a história? Com Abraão, o patriarca, como o primeiro a reconhecer que só há um Deus? Com Moisés, recebendo a lei desse Deus no Monte Sinai? Séculos mais tarde, talvez, com o estabelecimento, por Esdras, de uma nação judaica com foco na adoração desse mesmo Deus no Templo em Jerusalém? Ou com a finalização da maior parte dos livros da Bíblia no século II a.C.? Há algo a ser dito a favor de cada uma dessas opções, mas escolhi iniciar ainda mais tarde, no século I da Era Comum, quando o judaísmo era descrito como uma forma distinta de vida religiosa, e Josefo olhava em retrospectiva para o que ele percebia como as brumas da Antiguidade, para explicar a teologia, os textos codificados, as práticas e as instituições da religião de pleno direito que ele orgulhosamente reivindicava como sua. Veremos que esse longo processo através do qual essa religião havia se formado ao longo dos séculos precedentes era às vezes hesitante, e nosso conhecimento desse processo continua torturantemente parcial. No âmago da Bíblia se encontra a história do emergir da religião distinta dos judeus, mas incertezas quanto à datação e ao processo de composição de textos bíblicos fundamentais e a respeito da importância das evidências arqueológicas do período bíblico têm dado apoio a interpretações espantosamente divergentes da historicidade dessas narrativas. Os rabinos herdaram a tradição bíblica, mas a trataram, em sua maior parte, de modo a-histórico. Portanto, nós somos afortunados por ter um extensivo relato desde o século I da Era Comum, logo depois de a Bíblia ter começado a ser tratada como uma escritura sagrada, na qual a história dos judeus e o desenvolvimento de sua religião eram explicados por um membro culto da comunidade, versado tanto nas tradições dos judeus quanto nas mais avançadas técnicas de sua época de investigação do passado. O autor desse relato foi Flavio Josefo, e é com suas *Antiguidades dos judeus* que iremos começar.

PARTE I
Origens
(*c.* 2000 a.C.-70 da Era Comum)

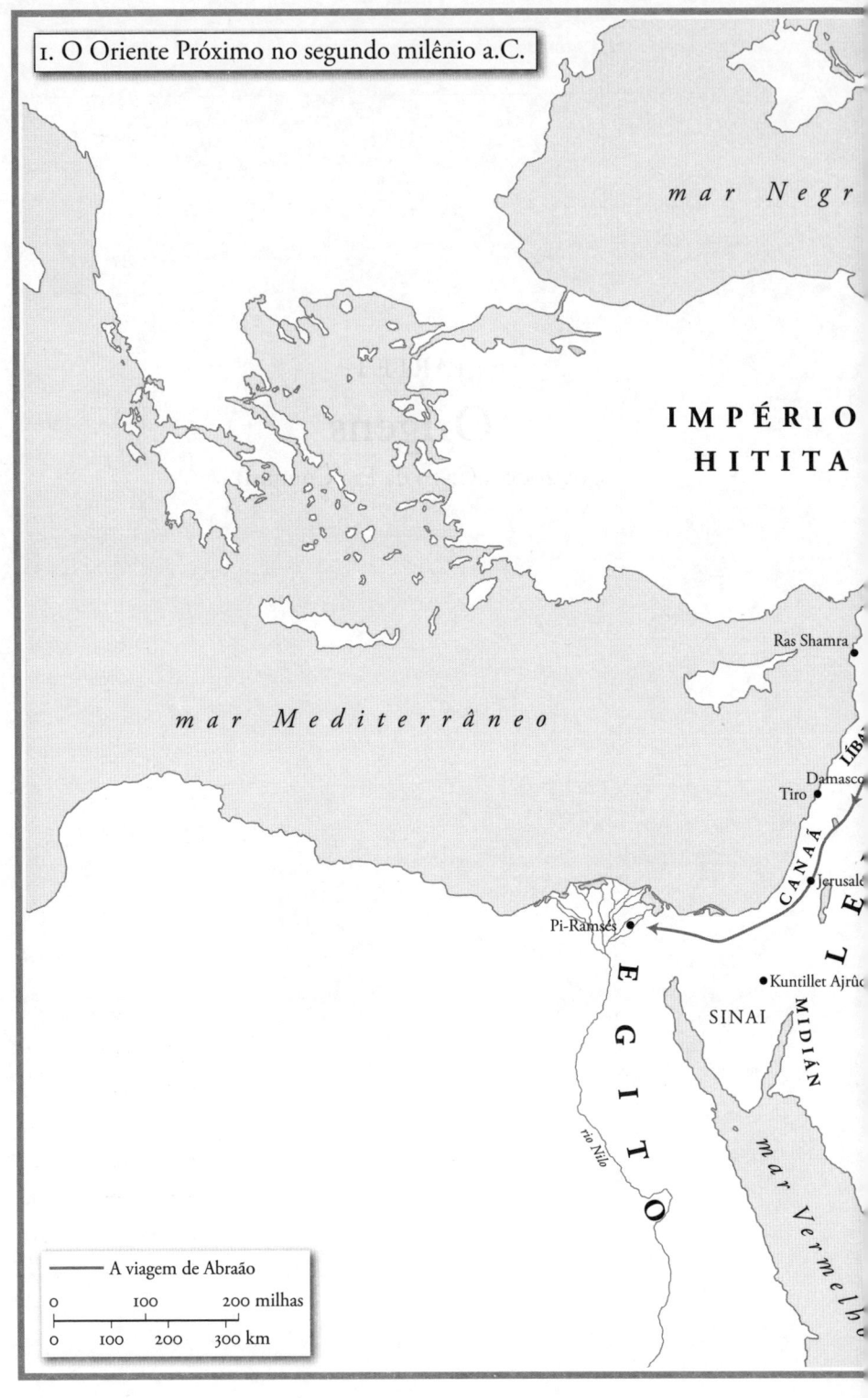

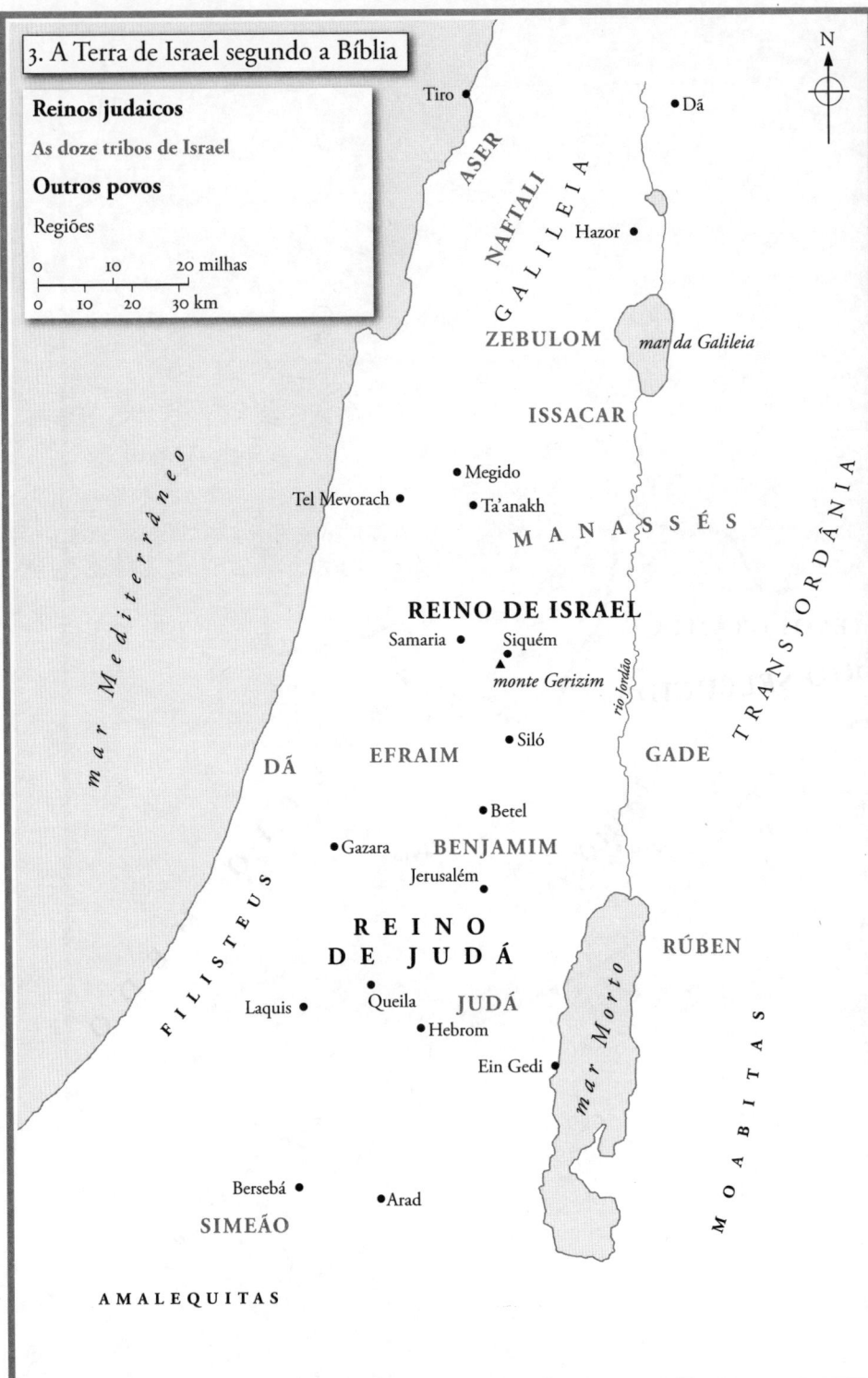

I
Desertos, tribos e impérios

No fim do primeiro século da Era Comum, Flavio Josefo olhava em retrospectiva com orgulho para a antiguidade de seu povo e a notável precisão dos relatos hebraicos em que sua história era preservada. Era verdade que a maior parte dessa história não havia sido percebida pelo mundo não judeu, e que os escritores gregos lamentavelmente haviam dado pouca atenção aos judeus, mas isto poderia ser remediado. Antes de escrever o relato da teologia judaica em *Contra Apião*, Josefo apresentou para os gentios uma narrativa contínua da história judaica desde seu início até os dias dele. Seus vinte livros das *Antiguidades dos judeus* podem ter sido os primeiros escritos desse tipo de narrativa.[1]

Josefo escrevia sob o fardo de um trauma nacional. Nascido no ano 37 da Era Comum em uma família aristocrática em Jerusalém, ele servira como sacerdote no Templo quando jovem no ano 66, antes de ser apanhado como líder rebelde na luta política contra o poder imperial de Roma, que levou, no ano 70 da Era Comum, à destruição do Templo. Ele havia sido capturado pelos romanos no ano 67 da Era Comum; porém, como reconhecimento de uma profecia que ele teria feito ao general romano Vespasiano de que este iria se tornar imperador, foi-lhe concedida a liberdade quando a profecia se concretizou. Ele compôs todos os seus escritos nos limites da corte imperial em Roma, onde parece ter transformado em missão de vida persuadir uma cética população romana de que os judeus que haviam acabado de sucumbir ao poder de Roma eram, na verdade, um grande povo com uma longa história digna da atenção de seus conquistadores e do mundo não judeu.[2]

Para os leitores desse livro que conheciam a Bíblia hebraica, que para os cristãos constitui o Velho Testamento, a primeira metade das *Antiguidades dos judeus* de Josefo vai ser tanto familiar quanto, em certas ocasiões, desconcertante. A Bíblia está repleta de histórias a respeito do passado judeu, mas essas histórias não são sempre fáceis de reconciliar com as evidências não bíblicas. Reconstruir a história de Israel no período bíblico era tão difícil no século I da Era Comum quanto o é agora. Josefo seguiu o relato bíblico nos primeiros dez livros de sua história, mas com acréscimos e omissões que refletem como a Bíblia estava sendo lida em seu próprio tempo. A narrativa dele é impressionantemente coerente e, muitas vezes, vívida; e vou deixar que ela fale por si mesma. Josefo sentia muito orgulho da autenticidade de sua história; mas, para nós, a importância de sua versão se encontra não na precisão (que, com frequência, pode ser posta em dúvida), mas na reivindicação à precisão. Veremos que o entendimento dos judeus sobre a sua história nacional tem desempenhado um papel primordial no desenvolvimento de suas ideias e práticas. Josefo oferece o mais antigo testemunho desse entendimento histórico. Encontraremos razões para duvidar da confiabilidade de parte das tradições transmitidas por ele, e no fim deste capítulo arriscarei algumas propostas a respeito do que pode realmente ter acontecido, e quando; mas todas as religiões têm histórias a respeito de suas origens, e, para a criação dos mitos históricos nos quais o judaísmo foi baseado, os fatos realmente ocorridos importam muito menos do que aquilo que os judeus acreditam ter acontecido. E por isso, a melhor testemunha, escrevendo logo após a finalização da Bíblia, era Josefo.

Josefo inicia sua narrativa falando para seus leitores a respeito de "nosso legislador, Moisés", em cuja sabedoria (tal como conservada no texto bíblico) quase tudo naquela história, assim alegava Josefo, depende. Consequentemente, para Josefo a história judaica começava onde começa a Bíblia, com as palavras que Moisés havia dito a respeito da criação do mundo e da humanidade e sobre a separação das nações após o dilúvio nos tempos de Noé. Josefo ocupara metade do primeiro livro das *Antiguidades dos judeus* com a história do mundo antes mesmo de ele começar a falar dos "hebreus" e da genealogia de Abraão, mas o leitor não era deixado em dúvida a respeito da importância de Abraão, que fora "o primeiro a declarar, com ousadia, que Deus, o criador do universo, era único", tampouco da importância dele para a história dos judeus que vai se seguir. Abraão, escreveu Josefo, era originalmente um habitante da cidade chamada Ur dos Caldeus, mas suas ideias religiosas despertaram a hostilidade entre os caldeus e os outros povos da Mesopotâmia, e ele emigrou para a terra de Canaã. Lá, com exceção de um breve período no Egito para escapar do impacto da fome em Canaã, ele permaneceu até sua morte, aos 175 anos. Ele foi enterrado ao lado de sua esposa Sara, em Hebrom, onde seu filho Isaac também seria enterrado na tumba ancestral.³

Josefo continua a contar em detalhes a sorte de alguns dos descendentes de Abraão no Egito após José, neto de Isaac, ter sido levado para lá como escravo, mas elevado pelo faraó a uma posição de excepcional autoridade por causa da sua facilidade para interpretar os sonhos. José ofereceu um refúgio no Egito para seu pai, Jacó, e seus muitos irmãos quando eles e seus rebanhos foram forçados, pela fome, a se mudar para o sul de Canaã procurando comida. A família se assentou, feliz, no Egito, mas Josefo enfatiza que Jacó profetizou em seu leito de morte que seus descendentes iriam todos encontrar moradia em Canaã no devido tempo e que os ossos tanto de Jacó quanto de todos os seus filhos, incluindo, no devido tempo, José, iriam finalmente ser enterrados no sepulcro da família em Hebrom.⁴

A segunda metade do segundo livro das *Antiguidades* volta-se para a história do êxodo em massa dos descendentes de Jacó do Egito depois que os egípcios passaram a invejar a prosperidade dos hebreus – um nome para os ancestrais dos judeus aqui usado pela primeira vez na narrativa de Josefo, e em seguida, na próxima sentença, por uma referência ao mesmo povo como "a raça dos israelitas". A divisão do povo em tribos (que receberam os nomes dos filhos de Jacó e, no caso das meio-tribos Efraim e Manassés, de seus netos) é explicada por Josefo como a vontade de Jacó pouco antes de sua morte, quando "encarregou os próprios filhos de considerar os filhos de José, Efraim e Manassés como se fossem família, e permitir que eles participassem da divisão de Canaã" como uma retribuição pela excepcional generosidade de José para com seus irmãos.

Os hebreus, escreveu Josefo, foram submetidos a quatrocentos anos de sofrimentos antes de serem resgatados sob a liderança de Moisés, filho de Amrâm, "um hebreu de nascimento nobre", que, com seu irmão Aarão, conduziu-os para fora do Egito e através do deserto na direção de Canaã. O próprio Moisés, apesar de seus quarenta anos no deserto, incluindo a dramática revelação no Monte Sinai quando recebeu as leis de Deus e as ofereceu ao seu povo, não deveria chegar ao destino deles. Seus últimos dias estavam envoltos em mistério: "Subitamente, uma nuvem desceu sobre ele e ele desapareceu em um desfiladeiro. Mas ele escreveu sobre si mesmo nos livros sagrados que morrera, temendo que eles se arriscassem a dizer que, por causa de sua incomparável virtude, ele retornou à Divindade". O leitor gentio, já no fim do quarto livro dessa longa obra (20% do relato completo), poderia, com razão, ter ficado levemente perplexo com alguns aspectos da história até aquele momento, não menos pelo fato de Josefo não ter se referido a qualquer de seus protagonistas como judeus, apesar da afirmativa na introdução de que ele iria mostrar "quem são os judeus desde o início". A história recontada no Livro I a respeito de chamar Jacó de "Israel" por um anjo nem ao menos explica o uso que ele faz do mesmo nome, "Israel", para os judeus de modo geral.[5]

A parte seguinte da história nacional se organizava para os leitores de Josefo em um padrão mais familiar em uma obra histórica, já que a narrativa se voltava para guerra e política. Os hebreus, ele disse, haviam combatido em uma série de campanhas sob o comando de Josué contra os canaanitas, alguns dos quais eram gigantes terríveis, "de modo algum parecidos com o restante da humanidade", cujos "ossos são mostrados até os dias de hoje, não tendo semelhança com nada que tenha passado sob os olhos dos homens". A terra conquistada foi dividida entre a nação hebraica, mas o sucesso agrícola gerou a riqueza, a qual, por sua vez, levou à volúpia e à negligência das leis que Moisés havia lhes transmitido. A punição divina para tal impiedade assumiu a forma de desastrosas guerras civis, seguidas por submissão a estrangeiros (assírios, moabitas, amalequitas, filisteus) e os esforços heroicos de uma série de juízes, que receberam do povo o poder tanto para governar quanto para liderá-lo contra seus inimigos. No devido tempo, o povo exigiu reis como líderes militares, e o juiz Samuel, que havia sido escolhido de forma divina no nascimento para conduzir a nação e fora um profeta com orientação direta de Deus desde os onze anos, em sua velhice relutantemente designou Saul como o primeiro rei dos judeus, com a missão (amplamente cumprida) de combater os povos vizinhos.[6]

Neste momento da narrativa, Josefo descreve a sorte do povo – designado como judeus, israelitas e hebreus, aparentemente de modo aleatório – em uma série de guerras locais. Os amalequitas, um inimigo hereditário, cujo extermínio havia sido ordenado de forma divina, continuavam a atacar Israel porque Saul não era suficientemente implacável, desejando poupar Agag, o rei amalequita, "devido à admiração por sua beleza e estatura". Uma oposição mais insistentemente perigosa se originava dos filisteus, contra os quais os hebreus lutaram uma série de campanhas, no decorrer das quais um novo rei, Davi, fez sua fama como guerreiro, tendo sido escolhido por Deus para receber o reino como um prêmio, não "pela beleza do corpo, mas pela virtude da alma [...] piedade, justiça, força moral e obediência". Ele já havia sido secretamente ungido por Samuel enquanto ainda era um jovem pastor.7

Quando Saul morreu em batalha contra os amalequitas, Davi a princípio compôs lamentos e panegíricos para o rei morto e seu filho Jônatas; esses louvores, observa Josefo, "sobreviveram até os meus próprios tempos". Davi foi informado por Deus, por meio de um profeta, em qual cidade ele deveria governar "a tribo chamada Judá", e lhe foi dito que se estabelecesse em Hebrom, enquanto o resto do país era governado por um filho sobrevivente de Saul. Mas o resultado foi a guerra civil, que durou muitos anos até que o filho de Saul foi assassinado pelos filhos de seus próprios seguidores e "todos os mais importantes homens do povo dos hebreus, os capitães de milhares e seus líderes" vieram a Hebrom e ofereceram sua lealdade a Davi, como o rei escolhido por Deus para salvar o país dos hebreus conquistando os filisteus. Com uma grande força combinada de tropas de todas as tribos e meio-tribos (Judá, Simeão, Levi, Benjamim, Efraim, Manassés, Issacar, Zebulom, Naftali, Dã e Aser, e Rúben e Gade do outro lado do Jordão), Davi festejou em Hebrom para celebrar sua confirmação como rei e marchou sobre Jerusalém. Nessa época, Jerusalém era habitada pelos jebuseus "da raça de Canaã". Nenhuma razão é dada por Josefo para o ataque, mas, tendo Davi conquistado a cidadela e reconstruído Jerusalém, ele a nomeou "Cidade de Davi" e a escolheu como sua residência real. Passaram-se 515 anos entre a conquista original de Canaã por Josué e a captura de Jerusalém por Davi.8

Josefo descreveu minuciosamente as grandes vitórias de Davi contra os filisteus e então a sujeição das nações vizinhas ao comando dele. Elas foram forçadas a pagar-lhe tributo, de modo que ele juntou "tanta riqueza quanto nenhum outro rei, quer dos hebreus quer de outras nações, jamais havia conseguido". Com a sua morte, foi enterrado com ele tanto dinheiro em Jerusalém que, 1.300 anos mais tarde, um sumo sacerdote judeu fez uma incursão em uma das câmaras na tumba de Davi com o intuito de pagar um exército que os assediava. Muitos anos depois disso (um século antes de Josefo escrever), o rei Herodes abriu outra câmara e tirou mais uma grande quantia de dinheiro.9 Apesar de suas afirmações anteriores sobre a inigualável riqueza de Davi, Josefo afirmou, de modo ilógico, que ela foi excedida por seu filho Salomão, cuja sabedoria ultrapassava muito até mesmo a dos egípcios. Sem ter sua atenção distraída pelas contínuas batalhas que haviam preocupado seu pai, Salomão construiu em Jerusalém o grande templo para Deus que Davi havia apenas planejado. Cópias das cartas escritas por Salomão para Hiram, rei de Tiro, solicitando ajuda para conseguir cedros-do-líbano para esse propósito em troca de cereais, ainda poderiam ser encontradas nos arquivos públicos de Tiro – como qualquer pessoa poderia descobrir, disse Josefo, questionando os funcionários públicos competentes. Salomão reinou por oitenta anos, tendo ascendido ao trono aos catorze anos, mas as glórias de seu reino não iriam durar além de sua morte, quando seu reino foi dividido ao meio. Reoboão, filho de Salomão, governou apenas as tribos de Judá e de Benjamim ao sul, na região de Jerusalém, enquanto os israelitas ao norte, com sua capital em Siquém, estabeleceram seus próprios centros para o culto sacrifical em Bethel e Dã, com diferentes rituais, para evitar ter de ir a Jerusalém, "a cidade de nossos inimigos", para cultuar. A essa inovação Josefo atribuiu "o começo dos infortúnios dos hebreus, que os levou a serem derrotados em guerra por outras raças e a serem feitos prisioneiros" – embora ele admita que a degeneração de Reoboão e de seus súditos em Jerusalém atraiu a punição divina.[10]

O agente inicial da punição divina foi Sisaque, rei do Egito, e a história das seguintes gerações dos reis judeus é pontuada no relato de Josefo pelas intervenções dos grandes impérios (Egito, Assíria e Babilônia), bem como das potências menores da região, sobretudo os reis da Síria e de Damasco, e pela guerra civil entre os reis em Jerusalém e os reis dos israelitas com sua nova capital em Samaria, ao norte. O destino do reino dos israelitas foi selado quando o rei da Assíria soube que o de Israel havia tentado fazer uma aliança com o Egito para se opor à expansão assíria. Após um cerco de três anos, a cidade de Samaria foi tomada de assalto e todas as dez tribos que lá habitavam foram transportadas para o Império medo e para a Pérsia. Estrangeiros foram importados para tomar posse da terra de onde os israelitas haviam sido expulsos. Josefo, o sacerdote de Jerusalém, não demonstra simpatia: era uma punição justa por terem violado as leis e se rebelado contra a dinastia de Davi. Os estrangeiros que ali chegaram, "chamados '*cuthim*' na língua hebraica e 'samaritanos' pelos gregos", adotaram o culto do Altíssimo que era reverenciado pelos judeus.[11]

Em contraste com a Samaria, Jerusalém foi preservada nessa época do ataque assírio pela devoção de seu rei Ezequias. Mas Jerusalém também iria acabar sendo vítima do poder militar avassalador de um grande império. Encurralada entre as ambições expansionistas dos babilônios, do império sucessor dos assírios e do poder do Egito ao sul, uma série de reis em Jerusalém tentou jogar um lado contra o outro, mas acabou não conseguindo garantir a segurança. Depois de um pavoroso cerco de Jerusalém, o rei Sacchias (chamado na Bíblia de Zedequias) foi capturado, vendado e levado para a Babilônia pelo rei babilônio Nabucodonosor. O Templo e o palácio em Jerusalém foram totalmente destruídos, e as pessoas foram levadas para a Babilônia, deixando toda a Judeia e Jerusalém desertas por setenta anos.[12]

Josefo não tinha muito a dizer sobre a sorte dos judeus na Babilônia além da precisa profecia de Daniel, primeiro na corte de Nabucodonosor e então – muitos anos mais tarde, quando a Babilônia estava sendo assediada por Ciro, rei da Pérsia, e Dario, o rei dos medos – na corte de Belsazar. Daniel interpretou corretamente o sentido das palavras obscuras que haviam aparecido na parede da sala de jantar no meio de um banquete. Elas significavam que Deus iria dividir o reino da Babilônia entre os medos e os persas. Daniel se transformou em uma figura importante na corte de Dario e construiu em Ecbátana, no Império medo, uma fortaleza "que era uma obra muito bonita e maravilhosamente construída, e permanece e é preservada até os dias de hoje. [...] Nessa fortaleza eles enterram os reis do Império medo, da Pérsia e da Pártia até agora, e a pessoa a cujos cuidados ela foi deixada é um sacerdote judeu; e esse costume é observado até os dias de hoje".[13]

No primeiro ano do reinado de Ciro, Josefo informa aos leitores, o rei foi inspirado por uma antiga profecia lida por ele no Livro de Isaías (que havia sido escrito 210 anos antes) para trazer os exilados judeus à terra deles:

> E assim diz o rei Ciro. Já que o Altíssimo me designou rei do mundo habitável, estou convencido de que ele é o deus a quem a nação israelita cultua, pois ele vaticinou o meu nome por meio dos profetas e que eu iria construir o seu templo em Jerusalém na terra da Judeia.

O rei chamou para perto de si os mais renomados judeus na Babilônia e lhes deu permissão para ir a Jerusalém reconstruir o Templo, prometendo apoio financeiro de seus governadores na região da Judeia. Muitos judeus preferiram permanecer na Babilônia para evitar perder as suas posses. Mas alguns partiram para a Judeia, apenas para descobrir que o processo de reconstrução estava sendo dificultado pelas nações vizinhas, especialmente pelos cuteus que tinham sido assentados em Samaria pelos assírios quando as dez tribos foram deportadas muitos anos antes. Os cuteus subornaram os sátrapas locais para impedir que os judeus reconstruíssem a sua cidade e seu templo. Essa oposição foi tão bem-sucedida que o filho de Ciro, Cambises, que era "naturalmente malvado", deu instruções explícitas para que os judeus fossem proibidos de reconstruir a cidade deles. Mas então uma revolução na Pérsia levou ao poder uma nova dinastia, cujo primeiro governante, Dario, tinha sido por muito tempo amigo de Zorobabel, o governador dos judeus cativos na Pérsia e um dos guarda-costas do rei. Zorobabel usou sua influência para recordar a Dario que ele havia outrora prometido, antes de ser rei, que, se alcançasse o trono, iria reconstruir o Templo de Deus em Jerusalém e devolver os utensílios levados como espólios de guerra por Nabucodonosor para a Babilônia.[14]

E então o Templo foi de fato reconstruído, e se transformou no centro do governo para os judeus que haviam voltado para Jerusalém. O último rei de Jerusalém anterior ao exílio havia sido bem tratado na corte da Babilônia depois da morte de Nabucodonosor, mas o governo real não foi restaurado. Pelo contrário, os judeus tinham "uma forma de governo que era aristocrática e oligárquica", com sumos sacerdotes na liderança. Eles tinham o apoio garantido do Estado persa, a não ser no período de Artaxerxes, quando maquinações na corte real persa ocasionadas pela animosidade do ministro favorito do rei, Hamã, colocaram todos os judeus do império em perigo mortal, do qual eles seriam resgatados somente pela heroica intervenção da bela esposa judia do rei, Ester.[15]

A derrocada do Império persa como resultado de conquistas militares de Alexandre da Macedônia teve enormes consequências para os judeus, que, inicialmente, permaneceram leais ao rei persa, Dario. Quando Alexandre visitou pessoalmente Jerusalém, ele não saqueou a cidade como seus seguidores esperavam, mas se prostrou perante o sumo sacerdote e ofereceu sacrifícios no Templo. O grande conquistador, segundo Josefo, reconhecia o poder do Deus judaico. Os samaritanos decidiram se professar judeus de modo a também obter favores para a sua cidade de Siquém, mas os esforços foram em vão: quando Alexandre os pressionou para saber a identidade deles, "eles disseram ser hebreus, mas eram chamados de sidônios de Siquém", e quando ele perguntou de novo se eles eram judeus, eles disseram que não, e como consequência lhes foram negados os privilégios solicitados. Desse momento em diante, segundo Josefo, os samaritanos e seu templo se transformaram em um refúgio para os judeus de Jerusalém acusados de violar as leis religiosas.[16]

O restante da história de Josefo a respeito de seu povo até os dias dele abrangia períodos e tópicos que teriam sido, em muitos aspectos, mais familiares para seus leitores contemporâneos gentios. (Um relato mais detalhado está no capítulo 5.) Os leitores de Josefo saberiam como os generais de Alexandre dividiram o Oriente Próximo entre eles em uma prolongada batalha pelo legado imperial após a sua morte prematura, com Seleuco governando a Babilônia e as regiões adjacentes, e Ptolomeu controlando o Egito. Josefo afirmou que Jerusalém caiu nas mãos de Ptolomeu por meio de um estratagema, pois o rei entrou na cidade durante o Shabat como se fosse fazer um sacrifício, de modo que não encontrou oposição. Ptolomeu governou com severidade, e levou muitas das pessoas da zona montanhosa da Judeia como cativos para o Egito, mas, sob seu reinado e o de seus descendentes, Jerusalém, no devido tempo, prosperou. Muitos judeus se assentaram no Egito por vontade própria, atraídos pela excelência do país, ainda mais pela nova cidade de Alexandria, que passou a ser a capital de Ptolomeu. Josefo alega que o respeito que os ptolemaicos sentiam pelos judeus foi revelado pela decisão de Ptolomeu Filadelfo de solicitar uma tradução da lei judaica para o grego. Se os judeus sofreram sob o governo dele, foi apenas por causa da devastação de sua terra, juntamente com a das regiões adjacentes, durante as campanhas dos selêucidas para conquistar seu território dos ptolemaicos. Essas campanhas se encerraram com a vitória de Antíoco, o Grande, e a anexação da Judeia ao Estado selêucida.[17]

Antíoco começou a governar Jerusalém proclamando o direito de os judeus continuarem, sem que fossem perturbados, seu culto ancestral em Jerusalém, com uma proclamação publicada por todo o reino:

> É vedado a qualquer forasteiro entrar na área fechada do Templo que é proibida para os judeus, a não ser para aqueles que estão acostumados a entrar depois de terem se purificado de acordo com as leis do país. Tampouco poderá qualquer pessoa trazer para a cidade a carne de cavalos ou de mulas ou de asnos selvagens ou domados, ou de leopardos, raposas ou lebres, ou, de modo geral, de quaisquer animais proibidos para os judeus. Tampouco é lícito trazer as peles desses animais, ou mesmo criar qualquer desses animais na cidade. Mas, apenas os animais usados nos sacrifícios conhecidos dos ancestrais deles e necessários para a propiciação de Deus terão eles permissão de usar. E a pessoa que violar qualquer desses estatutos deverá pagar aos sacerdotes uma multa de 3 mil dracmas de prata.[18]

Tal tolerância dos tabus especiais dos judeus não iria durar muito. Depois da luta de facções entre os judeus pelo controle do sumo sacerdócio em Jerusalém, que estava nas mãos do rei selêucida, alguns dos líderes judeus informaram a Antíoco IV Epifânio, filho de Antíoco, o Grande, que eles desejavam "abandonar as leis do país" e "adotar o modo de vida grego". Antíoco Epifânio marchou sobre Jerusalém, conquistou a cidade e espoliou o Templo. Sua motivação era a riqueza do Templo, mas ele não parou nos saques. O rei "construiu um altar pagão no altar do templo, e abateu porcos nele" e ordenou aos judeus que abrissem mão do culto ao Deus deles e abandonassem a prática de circuncidar seus filhos, torturando aqueles que se recusavam a obedecer. A perseguição instigou a rebelião, liderada por um sacerdote idoso chamado Matatias e seus filhos, sobretudo Judas Macabeu. O sucesso dessa revolta, e da purificação do Templo, estabeleceu a família como a nova dinastia reinante, chamada de asmoneus em homenagem ao bisavô de Matatias. Eles governaram como sumos sacerdotes e, no devido tempo, também como reis, e em um caso (Alexandra, viúva de Alexandre Janeu), como rainha.[19]

Não surpreende que a narrativa de Josefo fique cada vez mais detalhada ao se aproximar de sua época. O regime dos asmoneus por certo tempo se regozijou com a independência do controle dos selêucidas, e então com as conquistas fora da região de Jerusalém, incorporando a Galileia ao norte e Edom (a região ao redor de Hebrom) ao sul ao território dos judeus. No entanto, a dissensão interna da dinastia dos asmoneus proporcionou ao grande general romano Pompeu uma oportunidade de intervir, capturando Jerusalém depois de um intenso cerco durante o qual ele se aproveitou do fato de os judeus observarem o Shabat durante a construção de suas fortificações. Assim, conforme Josefo observou com amargura: "Nós perdemos a nossa liberdade e ficamos sujeitos aos romanos".[20] Josefo prosseguiu, observando no mesmo lamento que, como resultado desse erro de cálculo pelos asmoneus, "o poder real, que anteriormente havia sido outorgado aos que eram sumos sacerdotes por nascimento, passou a ser privilégio dos cidadãos comuns". Ele retratou a acessão ao poder real na Judeia do edomita Herodes, o Grande, como um resultado direto da *realpolitik* no Senado romano. O voto do Senado foi seguido imediatamente por sacrifícios pagãos feitos por magistrados romanos com o intuito de ratificar o decreto, que foi depositado no Capitólio Romano; e Herodes assumiu o controle de Jerusalém apenas com o auxílio das forças romanas. Porém, apesar desses começos pouco auspiciosos, e das inseguranças políticas causadas principalmente pelas maquinações de sua própria grande família, o reinado de Herodes foi, em certos aspectos, glorioso, e o Templo judaico se refez com uma magnificência que suscitou espanto muito além do mundo judaico.²¹

A fragilidade do governo de Herodes, que se baseava principalmente no temor que seus súditos judeus sentiam dele e de sua polícia secreta, se tornou clara com a irrupção de uma série de revoltas logo depois de sua morte. Os romanos procuraram dar autoridade aos descendentes de Herodes, e uma pequena proporção dos territórios de Herodes permaneceu sob controle deles até o período em que Josefo estava escrevendo. Porém, dez anos após a sua morte, a própria Judeia foi confiada a um governador romano, com instruções para impor o controle direto, incluindo um censo para a coleta dos impostos sobre a terra. E foi o censo que desencadeou uma revolta imediata.

Josefo escreveu com uma visão bastante retrospectiva a respeito do que ele havia testemunhado pessoalmente algumas décadas antes, quando a oposição ao governo romano culminou em um cerco especialmente violento de Jerusalém e a total destruição do Templo de Herodes, sobrando somente o muro exterior ocidental, que hoje é o muro onde ós judeus rezam, o Muro das Lamentações. Ele às vezes escrevia sobre esse desastre como se tivesse sido inevitável, mas, na parte final de sua grande obra, ele chamou a atenção em alguns momentos para indicações ao contrário. Herodes Agripa I, neto de Herodes, desfrutou de um breve, porém glorioso, reinado como rei da Judeia, quando Josefo tinha entre quatro e sete anos. É improvável que seja casual o fato de a narrativa da tortuosa carreira política de Agripa predominar durante todo o 19º livro das *Antiguidades dos judeus*. A história de Josefo tinha por objetivo demonstrar quão gloriosa tinha sido a história dos judeus – e, por implicação, poderia tornar a ser, assim que os judeus conseguissem deixar para trás a desastrosa guerra e Jerusalém e seu Templo pudessem ser restaurados à sua antiga glória.

Quão verídico era o relato de Josefo sobre as origens e a história dos judeus? Ele insiste, em intervalos frequentes, na veracidade do que escreve e cita documentos sempre que pode para mostrar a força de suas evidências, mas havia, naturalmente, muita coisa que ele simplesmente não poderia saber. Organizar o material da Bíblia hebraica, no qual ele baseou a primeira metade de sua história, em uma narrativa contínua foi, por si só, um fato notável, mais reconhecido pelos cristãos na Idade Média e do início do período moderno do que pelos estudiosos dos nossos dias. O processo exigiu algumas mudanças silenciosas em suas fontes, como na substituição do nome de um rei persa por outro diferente do texto bíblico quando ele recontou as ações heroicas de Ester, em uma tentativa de adequar a cronologia de sua narrativa judaica à cronologia aceita dos antigos impérios, que era então familiar para seus leitores gregos e romanos. Narrativas discrepantes nos textos bíblicos – quando, por exemplo, os livros dos Reis são contraditos pelas Crônicas – foram amenizadas. Ocasionalmente, ele deixou de usar material que deve ter encontrado em suas fontes, tal como o episódio descrito no livro bíblico do Êxodo, de um bezerro de ouro feito pelo irmão de Moisés, Aarão, para que os israelitas o adorassem, exatamente na época em que Moisés estava recebendo a instrução divina no Monte Sinai. Supostamente, ele queria evitar recontar uma história que desacreditasse o seu povo.[22]

A narrativa de Josefo abrangia não apenas muitos séculos, que ele tentou com todas as forças enumerar para seus leitores com base nas fontes escritas ao seu dispor, mas também um amplo espaço geográfico que ia da Mesopotâmia até Roma, incorporando paisagens tão variadas quanto as férteis economias com base na irrigação da Mesopotâmia e do Egito, a grande e terrível região inóspita da península do Sinai, e as terras costeiras do Mediterrâneo, onde a regularidade dos padrões anuais de chuva marcava a diferença entre fome e abundância. É ainda mais impressionante como ele realmente acreditava que o verdadeiro foco de sua história fosse a zona montanhosa da Judeia. Na verdade, em *Contra Apião*, composto alguns anos após o término das *Antiguidades dos judeus,* Josefo citava o isolamento sem litoral de sua terra natal como uma razão para o fracasso da maior parte dos historiadores gregos das gerações precedentes, a mais confiável fonte de conhecimento histórico para os leitores gregos e romanos de Josefo, em citar a magnífica história dos judeus: "Ora, nós não moramos em uma terra com costa, tampouco temos a inclinação pelos negócios ou por nos misturarmos com outros povos que decorrem dessa circunstância [...]".[23]

O problema do silêncio das fontes gregas em relação à história judaica ao que Josefo estava reagindo era real, e seus esforços heroicos em *Contra Apião* para desenterrar referências aos judeus em recantos obscuros da literatura grega (incluindo uma alusão feita por Quérilo de Samos à menção de Homero a Solymus – em grego: *Hierosolyma* –, considerada por Josefo como uma referência a Jerusalém) apenas serviram para mostrar quão pouco havia para ser descoberto.[24] O problema permanece até os nossos dias, ainda que historiadores modernos possam agora complementar as fontes judaicas e gregas com evidências de outras fontes contemporâneas escritas, tais como os documentos hieroglíficos do Egito e tabletes cuneiformes da Mesopotâmia, que Josefo não tinha condições de consultar. Se os historiadores agora são céticos em relação a grande parte da versão de Josefo sobre o distante passado judeu, isso se deve menos à descoberta de novos textos do que a um resultado do estudo crítico ao longo dos dois últimos séculos sobre a natureza e a história da composição dos escritos bíblicos e as pesquisas arqueológicas do Oriente Próximo em um período mais recente. Em sua forma mais extrema, foi sugerido que toda a história dos judeus antes do século III a.C. foi inventada pelos compiladores da Bíblia. Tais histórias inventadas para povos que não tinham conhecimento de suas origens podem certamente ser atestadas nesse período – foi, por exemplo, mais ou menos nessa época que os romanos começaram a adotar elementos do mito da guerra de Troia de modo a ligar a fundação de Roma às teorias gregas sobre as origens dos povos.[25]

Esse ceticismo extremo é provavelmente injustificado. Nenhuma soma de estudos críticos pode lançar uma luz sobre a veracidade das narrativas da viagem de Abraão e de seus descendentes, mas há muita evidência no Oriente Próximo nos milênios III e II a.C. do estilo de vida nômade representado nessas histórias, com frágeis relações tanto entre agrupamentos tribais quanto entre eles e centros urbanos mais organizados nas fronteiras das áreas desérticas. Também fica claro que certas tribos nômades entraram em contato com o altamente disciplinado Estado egípcio perto do fim do segundo milênio a.C., embora esforços para relacionar os relatos egípcios diretamente à narrativa bíblica do Êxodo não sejam convincentes. Evidências arqueológicas do começo da Era do Ferro na terra de Israel não confirmam a história bíblica da conquista por tribos israelitas se infiltrando rapidamente vindas da Transjordânia, mas a evidência está de acordo com a incorporação de pessoas estranhas em uma população local nesse período, talvez de forma mais gradual.[26]

Escavações da impressionante fortaleza de pedra em Megido e em outros locais do início do primeiro milênio têm demonstrado a extensão da urbanização no período que Josefo atribuiu à monarquia unida sob Saul, Davi e Salomão, embora seja muito mais debatido se essas fortalezas, ou os restos monumentais datados de *c.* 1000 a.C. encontrados em décadas recentes bem ao sul do Monte do Templo em Jerusalém, confirmam a história da monarquia assim como ela é descrita na narrativa bíblica. Construções impressionantes não podem, por si só, demonstrar a extensão da consciência nacional dos judeus como se pressupõe nos textos de Josefo. Descobertas de inscrições hebraicas, os mais antigos exemplos confirmados datados do século VIII a.C., comprovam a existência em Israel, nesse período, de pessoas que usavam o distinto ramo do grupo canaanita das línguas semíticas, mas grande parte dos vastos dados arqueológicos da terra de Israel dos séculos X a VII a.C. poderia ter sido produzida por outros grupos étnicos além dos judeus; e um elo direto entre certos sítios arqueológicos e histórias bíblicas específicas raramente é possível. Por outro lado, tais elos não são totalmente ausentes. Cada referência da primeira metade do primeiro milênio a.C. em fontes não bíblicas existentes – aramaicas, moabitas, assírias e babilônicas – a um rei de Israel (o reino do norte, originalmente governado a partir de Siquém e finalmente da Samaria) ou a um rei da Judeia (o nome adotado pelo reino do sul, com sua capital em Jerusalém) tem o mesmo nome da narrativa bíblica, aproximadamente na mesma data que seria esperada da Bíblia. O relato do reino em Jerusalém no fim do século VIII a.C. feito por Ezequias, que Josefo obteve dos livros bíblicos dos Reis e das Crônicas, e que inclui ataques ao território de Ezequias feitos por exércitos assírios, é confirmado em termos bastante gerais por referências às campanhas vitoriosas em Judá, compreendendo um cerco a Jerusalém, nos altos-relevos, hoje encontrados no Museu Britânico, do rei assírio Senaqueribe. As versões dessas campanhas de 701 a.C. nos registros assírios não batem exatamente com as das fontes judaicas, mas é claro que elas estão se referindo aos mesmos acontecimentos.[27]

Não pode haver dúvidas de que as tradições históricas dos reinos de Israel e de Judá e do exílio na Assíria e na Babilônia foram manipuladas por gerações posteriores para dar lições morais aos seus contemporâneos, mas é bastante improvável que elas tenham sido completamente inventadas. No século V a.C., durante o retorno de alguns judeus do exílio na Babilônia para Jerusalém, moedas que traziam a palavra "Yehud" mostram que o nome dos judeus estava sendo usado por uma entidade política sob o domínio persa. É difícil lançar uma luz sobre o restante da narrativa bíblica a respeito do estado do Templo de Jerusalém no período persa por meio da arqueologia, mas um arquivo de documentos da comunidade judaica no Egito, que provia uma guarnição em Elefantina na primeira catarata do Nilo do fim do século VI a.C. ao começo do século IV a.C., revela esses judeus da diáspora escrevendo para as autoridades do Templo em Jerusalém pedindo conselhos sobre a manutenção dos festivais judaicos em seu santuário local (ver capítulo 3).²⁸

Essa longa história pode ser compreendida apenas à luz das condições políticas e culturais mais amplas no Oriente Médio. A urbanização da Mesopotâmia, um processo que dependia tanto da fertilidade da região quanto do desenvolvimento dos sistemas de irrigação, era bem anterior ao nascimento de Abraão em Ur, qualquer que seja a data atribuída a esse acontecimento – a cronologia interna da Bíblia localiza o nascimento dele na primeira metade do segundo milênio a.c., mas ela dificilmente foi baseada em evidências concretas. Uma extensa rede de rotas de comércio ao longo do Crescente Fértil no segundo milênio a.C. proporciona o pano de fundo para as histórias da migração dele para Canaã. A estabilidade do reino do Egito ao longo da 18ª e da 19ª dinastias na segunda metade desse mesmo milênio, com a política externa dedicada à expansão para o norte, explica a centralidade do Egito nas narrativas de patriarcas israelitas e no êxodo. As ambições imperiais dos reis da Assíria a partir de meados do século IX a.c., que expandiram sua influência para o sul do Levante, e a necessidade de apaziguar essas ambições, bem como as do Egito ao sul, explicam grande parte da política externa dos reis de Israel e de Judá até o fim do século VII a.C. Ambições similares dos reis da Babilônia que conquistaram o império assírio em 612 a.C. levaram à queda de Jerusalém em 586 a.C. O retorno dos judeus do exílio na Babilônia foi o resultado direto da captura da Babilônia por Ciro, rei da Pérsia, em 539 a.C., e o começo do domínio grego sobre Jerusalém em 332 a.C. foi o produto da rápida conquista do Império persa por Alexandre, o Grande. Na tradição da monarquia macedônia herdada por Alexandre, a legitimidade de um governante era provada por conquistas no exterior, e esses valores foram preservados pelas dinastias ptolemaica e selêucida em suas numerosas guerras no século III a.C. para controlar a Judeia, menos pela região em si do que como um símbolo para o império.²⁹

A localização da Judeia em um cruzamento estratégico entre o império da Síria e do Egito explica grande parte da frequência de intervenções externas em uma região com poucos recursos naturais para torná-la importante por direito próprio. A planície fértil que corre do norte ao sul ao longo do Mediterrâneo proporciona acesso ao comércio marítimo apenas por meio de um pequeno número de portos em uma costa inóspita. A região montanhosa que corre paralela da Galileia ao deserto de Neguev produzia somente os produtos básicos da agricultura do Mediterrâneo (cereais, vinho e óleo) nos vales e nas encostas cultivadas em terraços. Mais para o leste, o vale do Jordão, que desce muito abaixo do nível do mar a caminho do mar Morto, é excepcionalmente fértil ao redor do mar da Galileia, e o oásis de Ein Gedi, perto do mar Morto, era famoso por seus bosques de bálsamo. Ainda mais para o leste, as terras para pastagem da estepe da Transjordânia se misturam gradualmente no deserto do qual, segundo o relato bíblico, os israelitas haviam saído na época de Josué para conquistar a terra. Invasões e guerras fazem parte da história da região desde então.

Cada cultura invasora havia deixado as suas marcas nos judeus na época em que Josefo estava escrevendo sua história no fim do século I da Era Comum. Muitos aspectos de relatos mesopotâmicos da criação do mundo são parecidos com as histórias contidas no Gênesis. Artefatos egípcios de todos os tipos são comuns em sítios arqueológicos na terra de Israel no segundo e no primeiro milênios a.C. O aramaico, língua oficial do Estado persa, havia se tornado a língua franca de todos os habitantes do Crescente Fértil junto com o grego, a língua oficial dos reinados macedônios no Oriente Próximo depois de Alexandre. A reconstrução de Jerusalém por Herodes, o Grande, incorporara muitas das mais recentes inovações da arquitetura romana, e Agripa, que governou como o último rei da Judeia de 41 a 44 da Era Comum, tinha um nome romano.[30]

A influência de outras culturas sobre os judeus e o judaísmo foi ainda maior na diáspora que na terra natal. Já próximo de 200 a.C. havia comunidades judaicas na Babilônia e no Egito, e ao longo dos dois séculos seguintes muitos judeus seriam encontrados em partes da Ásia Menor (a atual Turquia), da Grécia e da Macedônia, em Cirene (atual Líbia) e, a partir da metade do século I a.C., na cidade de Roma. A origem de algumas dessas comunidades, tais como na Babilônia e em Roma, havia se dado por meio da deportação de prisioneiros de guerra da Judeia, mas elas foram aumentadas por migrantes comuns e mercenários, e por uma quantidade desconhecida de prosélitos das sociedades em que viviam. Josefo teve condições de contar apenas histórias esporádicas sobre parte dessas comunidades da diáspora, tais como as aventuras dos salteadores judeus Asinaeus e Anilaeus no norte da Mesopotâmia no começo do século I da Era Comum e as labutas da grande população judaica de Alexandria no Egito, onde relações políticas entre judeus e gregos sob o governo romano eram, frequentemente, tensas. Josefo relata que em certa ocasião governantes tanto asmoneus quanto herodianos intercederam junto ao Estado romano a favor dos direitos políticos das comunidades da diáspora. No século II a.C., judeus em todas as partes da diáspora compartilhavam um interesse pelo bem-estar do Templo de Jerusalém e seu culto, embora comunidades fossem livres para se desenvolver em modos locais distintos sem qualquer imposição de controle das autoridades na Judeia.³¹

Pesquisadores modernos fizeram o melhor possível para compreender a narrativa bíblica à luz de outras evidências de modo semelhante a Josefo, embora ele pudesse ter se horrorizado com a sugestão de que parte da tradição fosse inventada. A maior parte deles localizaria as histórias sobre Abraão e seus descendentes na Idade do Bronze Média, entre 2000 e 1800 a.C., com base nas similaridades entre seu estilo de vida seminômade e movimentos populacionais no norte da Síria conhecidos a partir de documentos de Mari. Segundo os textos bíblicos, passaram-se 215 anos entre a chegada de Abraão a Canaã e a migração de Jacó e sua família ao Egito, e mais 430 antes do êxodo, mas esses números provavelmente derivam das genealogias às quais eles estão ligados, e não são confiáveis nem dentro do contexto da narrativa bíblica.

Datar o êxodo na metade do século XV a.C., tendo como referência a alegação no Primeiro Livro dos Reis de que Salomão, que reinou no século X a.C., teria começado a construir o Templo de Jerusalém "480 anos depois de os israelitas deixarem o Egito" é igualmente problemático, já que o número 480 era quase com certeza uma invenção literária baseada nas doze gerações de quarenta anos entre Moisés e Salomão. Menções no livro do Êxodo das cidades de guarnição de Pitom e Pi-Ramsés tornam o Egito do faraó Ramsés II no século XIII a.C. o contexto mais plausível para a história do êxodo.

Quando a Bíblia concebe um período de quarenta anos de caminhada no deserto entre o Egito e Canaã, antes de os israelitas entrarem na terra sob o comando de Josué, a história não se relaciona mais a grupos familiares, como no período patriarcal, mas a uma nação em movimento, dividida em doze tribos que receberam os nomes dos filhos (e, nos casos de Efraim e Manassés, netos) de Jacó, de quem eles alegavam ser descendentes. É impossível saber quanto essas divisões tribais no deserto foram projetadas na narrativa para explicar a história posterior delas mesmas quando estavam assentadas nas terras de Canaã e da Transjordânia. A história da conquista em si também é impossível de ser verificada. Uma assimilação mais gradual com os habitantes já estabelecidos na terra depois de *c.* 1.200 a.C. está mais de acordo com as evidências arqueológicas, mas não há motivos para duvidar do esboço geral nos livros dos Juízes e de Samuel, com histórias relacionadas a pequenos grupos tribais, vagamente unidos uns aos outros e frequentemente em guerra com vizinhos opressores tais como os midianitas, amonitas e filisteus.

A unidade surgiu com a indicação de Saul como rei de Israel para agir como um defensor contra esses inimigos nos últimos 25 anos do século XI a.C. Com o advento do período régio e uma grande quantidade de dados cronológicos nos livros dos Reis e das Crônicas, alguns dos quais podem ser correlacionados a fontes externas, a história bíblica assume uma definição mais clara. A monarquia unida sobre a qual Saul, Davi e Salomão reinaram durou de *c.* 1025 a *c.* 928 a.C. Após sua divisão em dois, o reino de Israel ao norte foi governado por vinte reis (alguns como corregentes) até a conquista assíria e seu total declínio com a captura de Samaria em 722 a.C. Transportados à força para o norte da Mesopotâmia e mais para o leste de acordo com a prática habitual do Estado assírio de transferir populações derrotadas para regiões distantes de sua origem, as dez tribos se perderam para a história.

O reino da Judeia ao sul sobreviveu intacto à sombra do Estado assírio durante o século VII a.C., e perto do fim do século o rei Josias, que governou a partir de 639 a.C., se aproveitou do declínio do Estado assírio sob o ataque dos medos e dos babilônios para expandir seu território para o norte, adentrando as regiões que anteriormente faziam parte do reino de Israel. A morte de Josias na batalha de Megido em 609 a.C. marcou o fim desse último período de prosperidade para a Judeia. Espremido entre as ambições imperiais da Babilônia e do Egito, e destroçado por divisões internas, o reino, incluindo Jerusalém e o Templo, foi destruído pelos babilônios em 586 a.C.

Ao contrário dos que foram levados como prisioneiros do reino do norte quase um século e meio antes, os exilados da Judeia não perderam sua identidade nacional. Tanto os que fugiram para o Egito quanto as grandes quantidades transportadas à força para a Babilônia conservaram forte apego à sua terra natal. O fato de nem os babilônios e nem os egípcios interferirem com a vida religiosa e social das comunidades judaicas que se encontravam entre eles também ajudou. Como resultado, quando o rei persa Ciro conquistou a

Babilônia em 539 a.C. e deu permissão aos exilados judeus para que voltassem da Babilônia para a Judeia, muitos se recusaram a partir.

Os que voltaram para Jerusalém eram, a princípio, poucos, e foi apenas em *c.* 515 a.C. que o Templo foi finalizado. Até então, a comunidade restaurada estava longe do centro nacional que ela havia sido setenta anos antes. Não foi senão na metade do século v a.C. que um governo judaico bastante distinto ressurgiu. Segundo os livros bíblicos de Esdras e Neemias, Esdras foi enviado em 485 a.C. juntamente com um grupo de companheiros judeus da Babilônia, com um mandato do rei persa Artaxerxes I para impor a lei da Torá à comunidade em Jerusalém. Neemias, o copeiro de Artaxerxes, foi designado governador de Judá de 444 a 432 a.C., e liderou uma ofensiva para repovoar a cidade de Jerusalém com judeus. O Estado persa se contentou em permitir que os judeus da província que eles chamavam de "Yehud" desfrutassem de uma boa dose de autogoverno.

O desaparecimento súbito do Império persa em 331 a.C. por causa das conquistas de Alexandre da Macedônia ocasionou poucas mudanças no status dos judeus de Yehud, que os gregos chamavam de "Judeia". As lutas por seu território entre os generais que sucederam a Alexandre depois de sua morte em 323 a.C. fizeram da Judeia, ao redor de 301 a.C., parte do império ptolemaico, que tinha sede no Egito. Depois de um século de conflitos, incluindo seis "guerras sírias" na região da Judeia entre os ptolemaicos e seus rivais selêucidas, cujos territórios incluíam a Síria e a Mesopotâmia, a Judeia ficou sob controle selêucida perto de 198 a.C.

A mudança no regime ocasionou poucas diferenças para os judeus da Judeia até a intervenção do rei selêucida Antíoco IV Epifânio (175-164 a.C.), descrita de modo tão vívido por Josefo. O desenrolar preciso dos acontecimentos e suas causas não são claros (ver capítulo 5), mas perto de 167 a.C. Antíoco havia sancionado não só o assentamento de uma população não judia em Jerusalém, como também a introdução de um culto pagão no Templo. Uma resistência bem-sucedida liderada por Judas Macabeu recuperou o Templo para o culto judeu em 164 a.C. e, com o devido tempo, levou ao estabelecimento da família de Judas como a nova dinastia reinante na Judeia. Aproximadamente em 129 a.C., o governo da Judeia estava efetivamente independente do controle selêucida.

No início do século I a.C., a dinastia dos asmoneus (assim chamada em homenagem a um ancestral de Judas Macabeu) expandiu o domínio judaico a um território comparável em extensão ao reino de Davi. Mas a independência foi temporária. Com a captura de Jerusalém por Pompeu em 63 a.C., a Judeia caiu sob controle romano, exercido a princípio com apoio de membros individuais da família dos asmoneus como governantes subordinados, e em 37 a.C. por meio da imposição de Herodes como rei da Judeia. O governo de Herodes dependia inteiramente do apoio romano, e, com sua morte em 4 a.C., seu reino foi dividido pelos romanos entre três de seus filhos. Herodes Arquelau, que havia sido nomeado etnarca da Judeia, foi afastado de seu cargo no ano 6 da Era Comum após um apelo feito por seus súditos ao imperador Augusto, e durante os sessenta anos seguintes a Judeia foi colocada sob controle de um governador romano assim como outras províncias, com a exceção de um breve período (41 a 44 da Era Comum) quando Agripa I, neto de Herodes, governou um reino tão vasto quanto o de seu avô. O governo romano direto demonstrou ser um desastre. Em 66 da Era Comum, os judeus da Judeia se rebelaram e, em 70, depois de um cerco brutal, tanto o Templo quanto a cidade de Jerusalém foram destruídos.

As *Antiguidades dos judeus* de Josefo se encerravam com uma referência a essa destruição, que ele havia descrito em detalhes em seu relato anterior da guerra que a ocasionou. Ficará evidente que, embora a estrutura e o propósito explícito da história de Josefo tivessem como pressuposto a continuidade do povo judeu desde Abraão até os seus dias, é provável que a identidade nacional específica que ele tinha como certa houvesse apenas surgido de modo gradual com o passar dos séculos sob a influência de muitas culturas diferentes. Já vimos a variedade de nomes pelos quais os judeus poderiam se referir a si mesmos na época de Josefo. Josefo se denominava tanto *hebraios* quanto *ioudaios*, enquanto os judeus rebeldes de 66 a 70 da Era Comum proclamavam em suas próprias moedas a liberdade de Israel e de Sião (um nome originalmente atribuído a uma colina em Jerusalém, mas com frequência tratada no uso bíblico e judeu posterior como um sinônimo ou de Jerusalém ou do povo judeu de modo geral). O passado relembrado era complexo, e não poucas vezes inglório, e Josefo em alguns momentos podia escrever a história dos judeus em sua própria época como uma litania de sofrimento: "Examinando todo o período da história, eu diria que os sofrimentos dos judeus foram maiores que os de qualquer outra nação".

Porém, quaisquer que sejam as origens genuínas do povo judeu, o judaísmo foi uma religião enraizada em memória histórica, real ou imaginada, como iremos ver, e os livros históricos da Bíblia hebraica, que se encontram no cerne da religião, moldaram tanto as formas judaicas de culto, muitas das quais foram especificamente configuradas para rememorar acontecimentos dessa história de salvação, como o entendimento judeu da relação entre o ser humano e Deus.[32]

2
A formação da Bíblia

A Bíblia hebraica, a partir da qual a maior parte da história dos judeus discutida no capítulo anterior é conhecida, era tida por eles como escrita por meio da inspiração divina. A maior parte dela consiste em uma narrativa histórica contínua, no Pentateuco (os cinco livros de Moisés), Josué, Juízes, Samuel, livros dos Reis, Esdras-Neemias e Crônicas, das origens de Israel às labutas de Abraão e de seus descendentes até o retorno a Sião de alguns dos exilados na Babilônia e suas tentativas de restabelecer Jerusalém como um centro religioso e nacional. Os livros de Rute, Ester e Daniel contêm narrativas separadas de acontecimentos significativos em vários pontos no âmbito dessa história nacional. Os livros de Isaías, Jeremias, Ezequiel, Oseias, Joel, Amós e uma quantidade de pregadores menores de Obadias a Malaquias preservam ensinamentos oraculares atribuídos a profetas cujas vidas e carreiras são, em alguns casos, também mencionadas nos livros históricos. Ensinamentos de sabedoria e reflexões teológicas são encontrados nos lapidares apotegmas dos Provérbios e do Eclesiastes e na sóbria narrativa de Jó. O Livro dos Salmos contém uma rica coleção de poesia lírica religiosa, muito diferente da intensa poesia amorosa do Cântico dos Cânticos. Começando com uma explicação da criação do universo e da humanidade, e variando em tópicos de questões nacionais e internacionais às mais pessoais e particulares, esses livros apresentam uma grande variedade de gêneros e estilos literários. Instruções para o culto e ordens e proibições legais comparecem com força no Pentateuco (especialmente no Levítico, Números e Deuteronômio), e desempenharam um papel preponderante no desenvolvimento posterior do judaísmo, apesar de constituírem apenas uma pequena parte da Bíblia.[1]

Como foi que essa compilação chegou a ser escrita? As pessoas na Antiguidade pensavam nos livros bíblicos como se cada um deles tivesse um autor; mas é provável que muitos desses textos fossem o produto de diversas gerações de escritores, os quais retrabalharam materiais herdados de gerações precedentes, às vezes incorporando passagens da tradição oral, antes que um último editor redigisse os textos na forma final em que eles chegaram até hoje. Muito esforço crítico tem sido dedicado à tentativa de estabelecer a natureza, datação e propósito desses componentes primitivos dos textos bíblicos. Que a Bíblia contenha certo material composto, de uma forma ou de outra, no período anterior ao exílio na Babilônia, que começou no ano 586 a.C., não é discutido, mas há menos concordância em relação à sua extensão, isso sem mencionar quanto se pode remontar aos documentos originais, histórias locais de heróis, ciclos de histórias, provérbios de vilarejos, ou as tradições herdadas de seus professores pelos discípulos de profetas específicos. Apenas ocasionalmente os próprios textos dão uma sugestão direta. O Pentateuco, que na Antiguidade se acreditava universalmente ter sido composto por Moisés, é na verdade contado por um narrador anônimo em terceira pessoa, com Moisés aparecendo somente como personagem da história. No Livro dos Salmos, referências ocasionais aos Salmos de Asafe e aos Salmos dos filhos de Corá sugerem que o livro, assim como o conhecemos hoje, contém trechos de coleções mais antigas. Por outro lado, a conclusão de que a forma atual do Livro de Isaías deve conter os dizeres de um profeta que viveu muito depois de o próprio Isaías já havia sido apresentada no século XII por Abraham ibn Esdras, o comentarista bíblico espanhol, que notou que as referências nos capítulos 40-66 ao rei persa Ciro II, que reinou no século VI a.C., devem ter sido feitas por outra pessoa além do profeta Isaías, filho de Amós, cuja carreira em Jerusalém no século VIII a.C. é narrada no Segundo Livro dos Reis.[2]

Para Josefo e outros judeus no primeiro século da Era Comum, a natureza do material bruto a partir do qual os textos bíblicos foram criados era irrelevante, já que eles aceitavam a forma final de cada texto assim como ele se apresentava. Diferentes livros bíblicos chegaram às suas formas finais em épocas diferentes, mas a grande maioria foi escrita pelo menos em torno do século IV a.C. É cada vez mais aceito por críticos da Bíblia que esse processo de edição com frequência envolveu uma grande dose de talento literário e proporcionou uma oportunidade para inserir a mensagem teológica que justificasse a inclusão daquelas obras entre os livros sagrados dos judeus. Quaisquer que sejam as profecias díspares encontradas no Livro de Isaías, o belo manuscrito do texto completo de Isaías encontrado em Qumran, perto do mar Morto (ver mapa), demonstra que o livro era visto como um texto religioso ímpar e precioso no fim do século II a.C., quando foi copiado. Na verdade, as evidências da Bíblia como uma coleção de livros de santidade especial derivam menos dos livros em si, cujos conteúdos (sobretudo quando são dedicados a longas genealogias) podem às vezes parecer muito mundanos, do que das atitudes em relação a esses livros atestadas em séculos posteriores. Fílon de Alexandria, Josefo e os autores dos manuscritos do mar Morto trataram a ordem precisa das palavras dos textos bíblicos como uma fonte de esclarecimento espiritual. E os primeiros rabinos também: os *tannaim* (sábios rabínicos cujos ensinamentos são preservados na Mishnah) e seus sucessores, os *amoraim* (sábios dos séculos III a VI da Era Comum, cujos ensinamentos são preservados no Talmude), produziram comentários bíblicos, tais como as compilações tanaíticas *Mekilta* sobre o Êxodo, a *Sifra* sobre o Levítico e *Sifre* sobre o Livro dos Números e o Deuteronômio, dedicados especificamente a obter lições morais e legais de tais minuciosas leituras.³

O texto bíblico em si foi o produto de múltiplas influências externas sobre os gêneros literários, os motivos religiosos e as formulações legais disseminados nos livros bíblicos. A Mesopotâmia, de onde se diz que Abraão tenha vindo, e para onde alguns de seus supostos descendentes retornaram como exilados depois de 586 a.C. quando Jerusalém foi conquistada pelos babilônios, era durante o terceiro milênio a.C. o lar de uma civilização extremamente desenvolvida, com burocracias eficientes, cujas atividades ainda podem ser descobertas em centenas de milhares de tabletes cuneiformes. Os babilônios adotavam mitos religiosos complexos que, em alguns casos, tal como a versão suméria da história do dilúvio, têm uma impressionante semelhança com as histórias da Bíblia. Semelhanças foram percebidas há muito tempo entre certas características dos detalhados códigos legais do Estado babilônico, tais como a necessidade de pagar pelos cuidados médicos de um oponente que alguém feriu em uma batalha no Código de Hamurabi e os pronunciamentos encontrados nos códigos legais no Pentateuco.⁴

O Egito, onde se diz que Israel sofreu na escravidão antes da salvação sob a liderança de Moisés, havia sido durante milênios uma sociedade igualmente avançada, administrando (assim como na Mesopotâmia) uma economia baseada na irrigação por meio de um Estado centralizado. Com algumas notáveis exceções, tais como o livro bíblico dos Provérbios, influências culturais e religiosas egípcias têm sido menos fáceis de detectar na maior parte dos textos bíblicos, talvez refletindo a expressão frequente de hostilidade ao Estado egípcio a ser encontrada, por exemplo, nas profecias de Jeremias. Tal hostilidade tinha por base tanto as tradições do êxodo quanto a proximidade do Egito como uma grande potência nas fronteiras de Israel e de Judá: "O Deus de Israel disse: Aplicarei Minha punição sobre [...] Egito, sobre os seus deuses e seus reis; sobre o faraó e todos que nele confiam [...]". Foi sugerido que o intolerante monoteísmo atribuído a Moisés, com sua clara divisão entre a religião verdadeira e a falsa, foi influenciado pela fracassada revolução religiosa no Egito do faraó Aquenáton, que abandonou o tradicional politeísmo egípcio a favor do culto a uma única divindade solar no século XIV a.C.; porém, mais fácil de ser verificado é o impacto inverso da cultura egípcia: as mais conspícuas práticas religiosas do Egito pagão passaram a ser vistas como o maior dos pecados.

Quanto à influência religiosa do Estado persa, sob cujos auspícios benevolentes os exilados judeus retornaram da Babilônia no século VI a.C. e, no devido tempo, reconstruíram o Templo de Jerusalém, talvez mais notável fosse a proliferação de especulações sobre os anjos como habitantes do reino divino. O impacto de ideias gregas sobre o judaísmo, depois de o Estado persa ter sido varrido por Alexandre da Macedônia entre 332 e 323 a.C., e de Jerusalém ter sido incorporada a uma série de estados governados por reis macedônios que favoreciam a cultura grega (ver capítulo 5), chegou tarde demais para causar mais que um efeito mínimo sobre a Bíblia em si, embora o cinismo do Eclesiastes possa ser atribuído à influência da filosofia grega. Esses ecos de um mundo mais vasto em que a Bíblia foi composta estão disseminados de modo desigual ao longo do texto e têm sido usados, juntamente com evidências linguísticas do hebraico, como critérios de datação para a composição de cada um dos livros. Desse modo, por exemplo, em conjunção com evidências linguísticas do hebraico, ideias gregas encontradas no Eclesiastes sugerem uma data no século III a.C., apesar de a tradicional atribuição do texto ao rei Salomão ser de cerca de oitocentos anos antes.[5]

A Bíblia foi o produto de uma diversidade de paisagens: dos pântanos, lagunas, planícies de inundação e ribanceiras cobertas de papiro da Mesopotâmia e os vilarejos e as pirâmides amontoados ao longo do Nilo no Egito, ao mundo dos nômades nas planícies rochosas e arenosas do deserto do Sinai, pontuadas por ocasionais poços, e a agricultura camponesa da terra de Israel na Idade do Ferro, com suas colheitas regulares de grãos, produção de vinho e óleo. Essas paisagens foram tanto imaginadas quanto reais – o Jordão nunca foi um rio particularmente impressionante, e a Judeia parece ser uma "terra que emana leite e mel" apenas em contraste com a aridez semidesértica ao leste e ao sul –, mas todas elas deixaram marcas profundas no desenvolvimento de uma religião que seria praticada em ambientes muito distintos nos dois milênios seguintes.

Por volta do século III a.C., quando a Bíblia havia sido compilada aproximadamente em sua forma atual, os mais importantes aos olhos de todos os judeus eram os cinco livros de Moisés, o Pentateuco. Para Josefo, os livros fidedignos dos judeus constituíam "a lei e os profetas", uma formulação que ele compartilhava com seus contemporâneos que escreveram o Novo Testamento. Dos manuscritos bíblicos encontrados entre os manuscritos do mar Morto, fragmentos do Pentateuco, especialmente do Deuteronômio, predominam. A figura de Moisés como o autor do Pentateuco já era excepcional aos olhos dos judeus por causa de sua descrição no próprio Pentateuco, em que Deus é apresentado distinguindo-o especificamente de outros profetas, aos quais o Senhor se faz conhecer em visões e em sonhos: "Não é assim com o Meu servo Moisés! [...] Claramente falarei com ele, e com palavras claras e não com enigmas; e ele contempla a glória do Eterno", de modo que "jamais se levantou em Israel profeta algum como Moisés, a quem o Eterno aparecera cara a cara". Tal retórica é ainda mais impressionante porque o próprio Pentateuco retrata Moisés como um líder com falhas, que não teve permissão de entrar na terra prometida por sua falta de fé quando confrontado com um levante popular em Meribá. É notável como há poucas referências a Moisés nos livros bíblicos proféticos ou nos Salmos, embora grande parte do conteúdo do Pentateuco seja apresentada como a palavra divina mediada para o povo por meio de Moisés: "E o Eterno falou a Moisés, dizendo [...]".[6]

Nenhum dos outros livros da Bíblia apresenta a revelação divina de forma tão direta, mas esses outros livros foram, não obstante, considerados na época de Josefo como tendo a mesma aura de inspiração divina do Pentateuco. Josefo é a mais antiga testemunha de algo parecido com um cânone da escritura, observando que, entre os judeus, diferentemente de outros povos,

> não está ao alcance de qualquer um escrever por conta própria [...] mas apenas os profetas aprenderam, por inspiração de Deus, o que aconteceu no distante e mais antigo passado [...]. Entre nós há [...] apenas 22 livros, contendo o regis-

tro de todos os tempos, em que confiamos de modo justo. Cinco deles são os livros de Moisés, que contêm tanto as leis e as tradições desde o nascimento da humanidade até a morte dele [...]. Da morte de Moisés até Artaxerxes, o rei dos persas depois de Xerxes, os profetas depois de Moisés escreveram a história do que aconteceu em seu próprio tempo em treze livros; os quatro livros restantes contêm hinos a Deus e instruções para o povo durante a vida.[7]

Parece claro que Josefo tinha em mente nessa passagem algo parecido com o formato específico da Bíblia como ela foi concebida posteriormente pelos rabinos e pelos cristãos. Embora seu propósito ao se referir dessa maneira a esses livros fosse o de insistir na veracidade das tradições judaicas relacionadas à sua história, era impossível omitir de sua lista os últimos quatro livros (supostamente os Salmos e os Provérbios e o Eclesiastes, e não se sabe qual o outro livro que entraria nessa categoria), embora eles não contenham nenhuma história.[8]

A crença na origem divina das palavras registradas no Pentateuco tornou sagrados os pergaminhos nos quais essas palavras foram inscritas. Josefo registrou os levantes quando um dos rolos da Torá foi queimado por um soldado romano na Judeia na metade do século I da Era Comum; quando a sinagoga dos judeus em Cesareia foi atacada por gentios locais no ano 66 da Era Comum, pouco antes da eclosão da guerra contra Roma, os judeus abandonaram a construção, mas preservaram os rolos. Josefo afirmou a seu próprio respeito que, depois da destruição do Templo no ano 70 da Era Comum, ele suplicou ganhar os livros sagrados do imperador romano Tito.

Na terminologia rabínica primitiva encontrada na Mishná, livros sagrados eram aqueles que "sujam as mãos". Essa ideia deve ser relacionada aos conceitos mais abrangentes de pureza e impureza nos textos bíblicos (ver capítulo 4), mas, nesse caso, se está pensando aparentemente em um tipo de descarga religiosa, assim como a que se diz que matou Uzá por ter tocado a Arca da Aliança nos tempos do rei Davi, embora com menos efeitos mortais. A ideia não tem paralelos em outras antigas religiões pré-cristãs; em muitos aspectos, a reverência dos judeus por textos das Escrituras como objetos estava mais próxima de atitudes dos pagãos em relação às estátuas de seus deuses. Já nos textos rabínicos do início do século III da Era Comum podem ser encontradas regras para a cópia de textos sagrados; elas seriam cada vez mais elaboradas ao longo dos séculos seguintes, com instruções detalhadas até mesmo para os floreios decorativos sob a forma de coroas em certas letras nos rolos da Torá. O surgimento de regras meticulosas pode ser observado nos manuscritos bíblicos de Qumran, os mais antigos que sobreviveram (em alguns casos, datando do século II a.C.), em práticas tais como o uso de letras paleo-hebraicas ou pontos para o nome divino, provavelmente para evitar a pronúncia acidental do nome em voz alta (como veremos no capítulo 4), que era tida como um sacrilégio.[9]

Tal ênfase na natureza e no valor dos textos bíblicos implicava grande fé na confiabilidade dos escribas que os copiavam para estudos e uso litúrgico. É provável que os arquétipos de pelo menos alguns textos bíblicos fossem preservados no Templo em Jerusalém, mas, se esses arquétipos foram consultados e com quanta frequência, não se sabe. Os manuscritos bíblicos de Qumran exibem muita variedade textual, abrangendo desde numerosas diferenças ortográficas nos manuscritos do Pentateuco, com palavras hebraicas às vezes escritas com as consoantes para marcar as vogais, e às vezes não, até variações muito maiores: em um manuscrito fragmentário dos livros de Samuel, a versão de Qumran é muito mais próxima do relato desse período nas Crônicas que no Livro de Samuel na Bíblia rabínica posterior.

Existira uma longa tradição de escribas como assessores da administração em estados burocráticos no Oriente Próximo e no Egito, e é possível que alguns destes que copiaram textos religiosos judaicos no período persa, tal como Esdras, "o Escriba" (como ele é descrito no próprio texto bíblico), tenham tido tais cargos oficiais na sociedade judaica em períodos anteriores. Os textos bíblicos preservam a tradição de que os escribas eram treinados em guildas semelhantes a famílias e que uma proeminente família de escribas poderia desempenhar um papel importante na vida política no período da monarquia, quando o mais elevado cargo era o de escriba real, mas não há evidências de uma classe ou guilda de escribas judeus no período tardio do Segundo Templo. É possível discernir o trabalho distintivo de inúmeros escribas individuais na produção dos manuscritos do mar Morto entre os séculos II a.C. e I da Era Comum, mas os próprios textos não fazem referência a quem eles eram, e nem Josefo nem os rabinos tanaítas dos dois primeiros séculos da Era Comum têm algo a dizer a respeito das qualificações ou do papel social de uma guilda de escribas.

Os escribas eram empregados geralmente para propósitos cotidianos, tais como a cópia de documentos legais, como pode ser visto em documentos de casamento e em escrituras de venda dos séculos I e II da Era Comum encontrados em cavernas próximas do mar Morto. Parece provável que qualquer desses escribas que começasse a se dedicar a copiar um texto religioso precisaria ter a confiança de seus clientes, que, geralmente, seriam incapazes de checar a acurácia do resultado. Dá para se imaginar tais escribas abordando sua tarefa com reverência, sabendo que o objeto que eles estavam criando se tornaria sagrado por meio de suas ações. Para os rabinos que acreditavam que tocar qualquer texto bíblico, até um trecho de apenas 85 letras, tornaria as mãos impuras, o processo de escrever deve ter sido ainda mais solene do que o de um escultor não judeu criando uma estátua para adoração, para o qual (de acordo com Cícero) a escultura passaria a ser sagrada somente depois de ter sido finalizada e dedicada. Talvez fosse pelo fato de tais escribas serem necessariamente vistos tanto como letrados quanto como piedosos que os autores dos Evangelhos pensaram neles como uma parte identificável nas multidões da Galileia que eram imaginadas em comunhão com Jesus.[10]

Um tanto em desacordo com o valor atribuído aos textos hebraicos e suas cópias físicas era a tradução dos textos sagrados em outras línguas, mas é evidente que isto estava sendo feito por judeus, até mesmo antes de meados do século II a.C., quando as partes finais do que é agora a Bíblia hebraica – as últimas profecias do Livro de Daniel, que parecem ter sido compostas em 167 a.C. – foram escritas. O Pentateuco foi traduzido para o grego, provavelmente em Alexandria, já no século III a.C., e os demais livros bíblicos ao longo do século seguinte. Diferenças entre os estilos de tradução sugerem que um certo número de tradutores estava trabalhando, possivelmente em diferentes lugares. Em algum momento do século II a.C., um autor judeu compôs um relato romanceado, supostamente uma carta para um não judeu chamado Filócrates escrita por seu irmão Aristeias, sobre como a tradução da Torá havia ocorrido a pedido do rei greco-macedônio Ptolomeu Filadelfo um século antes. Segundo essa "carta", Ptolomeu convocou 72 sábios de Jerusalém para completar uma tradução da lei judaica para o grego, para ser incluída na biblioteca real, e o texto está repleto de declarações de admiração pela sabedoria judaica feitas pelo rei gentio. A confiabilidade do relato tem sido há muito tempo questionada, mas demonstra o orgulho que o autor judaico sentia pelo texto grego que ele alegava ter resultado da tarefa. Aproximadamente na primeira metade do século I da Era Comum, essa tradução estava sendo celebrada na ilha de Faros, no porto de Alexandria, com um festival anual, quando "não apenas judeus, mas milhares de outras pessoas atravessam a água [...] para honrar o local em que a luz daquela versão brilhou pela primeira vez". O filósofo Fílon de Alexandria (ver capítulo 7), que recontou os detalhes do festival, fez acréscimos reveladores à versão da Carta de Aristeias com sua descrição do processo de tradução. Segundo a carta, os 72 tradutores comparavam as suas versões no fim de cada dia com o intuito de alcançar o melhor resultado possível. A versão de Fílon era diferente. Segundo ele, os tradutores, tendo escolhido a ilha de Faros, "onde eles poderiam encontrar paz e tranquilidade e a alma poderia entrar em comunhão com as leis sem ninguém para perturbar a sua privacidade", sentavam-se lá, reclusos, e ficando, "por assim dizer, possuídos", cada um escreveu exatamente as mesmas palavras, "como se fossem ditadas para cada um deles por uma pessoa invisível".[11]

Essa tradução grega da Bíblia, conhecida como a Septuaginta ("os Setenta") em comemoração (numericamente um pouquinho inexata) da história dos tradutores do Pentateuco, foi preservada para nós quase totalmente por meio de cópias feitas por cristãos, para os quais datava do século I da Era Comum a versão definitiva do texto bíblico. No entanto, esses comentários de Fílon revelam que no século I da Era Comum alguns judeus de Alexandria reverenciavam a Septuaginta. Tampouco era a tradução grega ignorada na terra de Israel, pois um texto completo dos Profetas Menores (os livros bíblicos de Oseias a Malaquias) foi encontrado na Septuaginta grega em um rolo na Caverna 8 de Qumran, perto do mar Morto, junto com o restante dos manuscritos do mar Morto. Referências ocasionais no Talmude babilônico à "tradução de Ptolomeu" revelam conhecimento da tradução em um período bem posterior na Antiguidade, no século VI da Era Comum, mesmo entre judeus cujas ideias religiosas se expressavam em aramaico; embora para eles a tradução grega jamais alcançasse o status a ela atribuído por Fílon, não mais do que as traduções aramaicas da Antiguidade tardia, os *targumim*, que foram tratados como acessórios ao texto hebraico para auxiliar em sua interpretação, em vez de substitutos. Já no século I da Era Comum, alguns judeus, que supostamente tinham um ponto de vista diferente do de Fílon sobre a Septuaginta, começaram a revisar o texto grego para aproximá-lo do hebraico, e essas revisões, feitas por Teodócio, Símaco e Áquila de Sinope, circularam amplamente tanto entre judeus quanto entre cristãos na Antiguidade tardia.[12]

Os livros bíblicos foram compostos por muitos autores diferentes durante um longo período, e seria ingenuidade esperar em todo esse *corpus* uma teologia ou uma visão de mundo consistentes, mas eles claramente compartilhavam características importantes. Sabemos que o estabelecimento desses textos como sagrados envolveu uma seleção feita de um todo mais vasto de literatura judaica, do qual foram excluídas, por exemplo, as revelações atribuídas ao sábio antediluviano Enoque, mencionado de passagem no Gênesis, das quais inúmeras cópias têm sido encontradas sob forma de fragmentos entre os manuscritos do mar Morto junto com cópias de livros que acabariam incluídos no cânone bíblico. Os livros de Enoque, evidentemente, eram muito populares na época em que os delineamentos principais do *corpus* bíblico estavam sendo definidos, isso nos séculos IV e III a.C., mas eles próprios nunca foram tratados como escrituras. Entre as características compartilhadas pelos livros incorporados à Bíblia, a mais importante era a centralidade da aliança com Deus revelada a Moisés, e pode ser que os livros de Enoque tenham sido excluídos porque reivindicavam como a fonte de sua revelação divina uma figura que se acredita ter vivido muito antes de Moisés, e não o próprio Moisés.[13]

O que torna as Escrituras diferentes de outros escritos, além da ideia da inspiração divina? Os autores originais surgiram de *backgrounds* muito diferentes, e tinham propósitos também diferentes para escrever. É provável que muitos textos legais e históricos na Bíblia, incluindo partes do Pentateuco, tenham sido compostos por sacerdotes do Templo de Jerusalém que procuravam reforçar a reivindicação do Templo como ponto central do culto. Os livros proféticos combinam coleções de dizeres proferidos pelo profeta sob a inspiração divina com relatos autobiográficos do trabalho do profeta e narrativas sobre ele reunidos por terceiros. A literatura de sabedoria, tal como o Livro dos Provérbios, louva uma devoção geral sem traços especificamente judeus; paralelos com os ensinamentos da sabedoria egípcia tornam provável que tais coleções de conselhos expressivos tenham sido reunidas no âmbito das escolas de escribas. O Saltério provavelmente foi compilado como um livro de hinos para uso no Templo durante o período persa, incorporando uma quantidade de coleções de cânticos muito mais antigas, que, por sua vez, combinavam cânticos celebrando vitórias dos reis com hinos louvando a Deus e cânticos de lamento coletivo e individual, confiança e ação de graças.

A Bíblia é, consequentemente, um amálgama de estilos e gêneros. Discursos, sermões, preces e provérbios são justapostos a contratos, cartas, listas e leis, e com narrativas que variam de mitos, tais como a história do dilúvio e da Arca de Noé, a sagas, como a vida de Sansão no Livro dos Juízes. Há registros formais, como o relato da construção do Templo por Salomão, e as reformas instituídas por Josias (que provavelmente têm origem nos anais do Templo) e mais narrativas literárias – histórias da corte, como o relato da sucessão do rei Davi no Segundo Livro de Samuel e Primeiro Livro dos Reis, e as histórias "da pobreza para a riqueza", como a da ascensão ao poder do jovem pastor Davi. A Bíblia também contém uma boa quantidade de poesia, com frequência entremeada na narrativa como cânticos de vitória (um exemplo é o cântico de Débora no Livro dos Juízes), assim como cânticos de zombaria e nênias (como as usadas pelo profeta Amós para proclamar a catástrofe iminente: "Tombou a virgem de Israel, e não mais conseguirá se levantar; sua terra está abandonada e não há quem a possa reerguer"). O Cântico dos Cânticos é uma antologia de lírica que celebra o amor e o casamento, provavelmente editada em uma composição unificada contendo uma única história de amor. O Livro de Jó também é repleto de poesia, mas o tom da narrativa, que retrata a paciência em face de uma adversidade apavorante para demonstrar que o verdadeiramente justo irá continuar a servir a Deus ainda que o culto não lhe traga proveitos, não poderia contrastar mais com o Cântico dos Cânticos. A ideia de racionalismo cético e resignação encontrada no Eclesiastes, que repete nada menos que vinte vezes a expressão "Tudo é fútil", proporciona um contraste semelhante. O sentido literal da palavra *hevel*, convencionalmente traduzida como "futilidade", é provavelmente "um sopro de vento", sugerindo a transitoriedade, a inutilidade ou a dissimulação.[14]

Uma coleção tão heterogênea de escritos – variando entre reconfortantes, poéticos, instrutivos, engraçados e monótonos – não se presta a concepções de um *corpus* unificado, e na verdade tais ideias surgiram lentamente. Em seu prefácio ao Eclesiástico, a tradução para o grego da Sabedoria de Ben Sira, que foi composta depois do Eclesiastes e em um tom mais otimista, o neto de Ben Sira escreveu no fim do século II a.C. a respeito dos "muitos e grandes ensinamentos" que "nos foram transmitidos por meio da Lei e dos Profetas e dos demais que a eles se seguiram". Porém, não fica claro que ele tivesse noção de quais escritos específicos dos "demais que a eles se seguiram" compartilhavam o status da Lei e dos Profetas; e, já que o próprio Eclesiástico foi incluído pelos judeus falantes de grego na Septuaginta, é evidente que os judeus na época de Ben Sira não tinham uma lista de livros canônicos comuns à qual se referir. O hebraico Ben Sira acabaria não sendo incluído na Bíblia hebraica, embora o texto (do qual uns antigos fragmentos foram encontrados em Massada e em Qumran) fosse conhecido e admirado pelos rabinos tanaíticos. As razões pelas quais os rabinos excluíram Ben Sira e outros escritos aceitos pela tradição grega, tais como Tobias e Judite, são obscuras. No século II da Era Comum, os *tannaim* discutiam se o Cântico dos Cânticos e o Eclesiastes sujavam as mãos, e segundo o Talmude babilônico havia debates rabínicos até mesmo no século III da Era Comum a respeito do status dos livros de Rute e de Ester.[15]

Por volta do século IV da Era Comum, judeus rabínicos haviam entrado em acordo a respeito dos 24 livros que compõem a Bíblia hebraica como são usados hoje. Eles categorizaram como *Neviim* ("Profetas") tanto os livros contendo os discursos dos profetas cujos nomes eles trazem quanto os relatos históricos (de Josué a Reis) que proporcionam o pano de fundo para suas carreiras proféticas. O restante da Bíblia foi definido como *Ketuvim* ("Escritos"). O acrônimo *Tanakh* (Torá, *Neviim*, *Ketuvim*) foi usado para se referir à Bíblia de modo geral.

A discrepância entre esses 24 livros incluídos na Bíblia hebraica e o *corpus* maior da Bíblia grega era conhecida no fim do século IV pelo erudito cristão Jerônimo, que considerou a Bíblia hebraica como mais autêntica, apesar do fato de que os cristãos houvessem confiado na grega desde o século I da Era Comum. Jerônimo colocou os livros anômalos encontrados na Bíblia grega, mas não na hebraica (Tobias, Judite, Sabedoria de Salomão, Eclesiástico, os livros dos macabeus e alguns outros), em uma categoria separada ("apócrifos" ou "deuterocanônicos") a ser considerada valiosa, mas não com inspiração divina. A ansiedade de Jerônimo para distinguir as autênticas obras bíblicas de outros livros reflete uma preocupação especificamente cristã de definir um cânone de escritura no sentido de uma lista fixa de livros referenciais tanto do Velho quanto do Novo Testamento. Essa preocupação estava relacionada à necessidade de uma autodefinição para as comunidades cristãs nos primeiros séculos da Igreja e não era compartilhada pelos judeus, embora a escolha final feita pelos rabinos dos 24 livros possa ter sido uma resposta às listas que os cristãos haviam adotado.[16]

Os limites do que constituía a Bíblia, consequentemente, por muito tempo permaneceram fluidos para os judeus, mas o princípio de que alguns livros tinham maior autoridade que outros já havia sido universalmente aceito muito antes. Também é provável que no fim do século II a.C. tanto a Torá quanto os Profetas constituíssem um *corpus* que seria sacrilégio alterar, de modo que a incerteza contínua permanecia somente em relação ao que deveria ser incluído na terceira parte da Bíblia, os Escritos. Vale a pena perguntar por que os judeus foram levados a conferir tamanha autoridade a escritos específicos nos séculos III e II a.C.

É improvável que a explicação se encontre em uma tentativa feita por indivíduos ou por grupos de impor uma ideologia específica à comunidade judaica, ainda mais por não haver evidências de qualquer tentativa de criar uma consistência ao longo do *corpus*. Já vimos a variedade de tons e propósitos dos diferentes livros bíblicos, entretanto diferentes ênfases teológicas também coexistem dentro desse todo, com por exemplo a ética baseada em grande parte na Torá sobre o contrato de Israel com Deus, mas apoiada na literatura de sabedoria sobre os padrões universais de justiça. Há diferentes tentativas de compreender a justiça de Deus em face dos sofrimentos da humanidade nas expressões engrandecidas de pesar pela destruição do Primeiro Templo nas Lamentações, e nos pontos de vista contrastantes dos livros dos Reis e das Crônicas: se Deus traz o castigo pelo pecado imediatamente (como nas Crônicas), ou apenas depois de muitas gerações (como nos Reis). O contraste entre os livros das Crônicas e o material do Gênesis até os livros dos Reis, do qual o autor extraiu o seu relato histórico, enfatiza o grau de duplicação e discrepância que se permite coexistir dentro do *corpus* bíblico. As histórias são essencialmente as mesmas, mas a reescrita feita pelo cronista contém tantas pequenas alterações que acaba constituindo uma exegese bíblica dentro da Bíblia.

Afinal, a melhor explicação para a adoção, por parte dos judeus, da ideia de um corpo de textos especialmente referenciais, no qual eles poderiam confiar como base para sua história e suas leis, data da afirmativa feita por Josefo com a qual iniciamos. Ao alegar que: "Não está ao alcance de qualquer um escrever por conta própria" e que "os profetas aprenderam, por inspiração de Deus, o que aconteceu no distante e mais antigo passado", Josefo estabeleceu as tradições literárias dos judeus em contraste direto com a multiplicidade de histórias, costumes e sistemas legais contraditórios que seriam encontrados entre os gregos. Foi no mundo grego que os judeus perceberam que as suas tradições estavam em desacordo com os novos horizontes culturais que a helenização desvendou, e eles responderam afirmando a autoridade absoluta dos principais textos religiosos herdados de gerações precedentes (ver capítulo 5).

***

Apesar de toda a sua variedade, temas comuns são recorrentes ao longo dos livros bíblicos. Eles apresentam o Deus judaico tanto como criador do mundo quanto como o único ser divino com quem Israel deve manter um relacionamento. Deus guiou a história de Israel, sobretudo no êxodo do Egito e na posse da terra prometida de Canaã, mas Deus às vezes interpreta a aliança de modo rígido e pune seu povo por desobediência. Os textos se preocupam com os limites do amor incondicional de Deus por seu povo. Como pode um Deus ser ao mesmo tempo justo e misericordioso e permitir o sofrimento no mundo? Qualquer que seja a resposta, a Bíblia assume que todo indivíduo judeu tem o dever de permanecer dentro da aliança nacional observando fielmente as prescrições transmitidas por meio de Moisés. Isto acarretou a meticulosidade tanto ritual quanto ética, com um código moral que é impressionantemente consistente ao longo do *corpus* bíblico, enfatizando justiça e cuidados para com os pobres e indefesos (sobretudo viúvas e órfãos), ao mesmo tempo que proíbe assassinato, roubo, suborno, corrupção e uma grande variedade de comportamentos sexuais irregulares.

Como veremos nos dois capítulos seguintes, os textos bíblicos proporcionaram orientação mais do que suficiente para que os judeus tentassem moldar suas formas de culto em público e na vida privada, e para que estruturassem os seus relacionamentos dentro de sua sociedade de acordo com as estipulações de seu Deus. Mas também veremos na Parte II deste livro que, na época de Josefo, a interpretação desses textos havia levado ao desenvolvimento de diversas formas de judaísmo que compreendiam esse material escrito de modos muito diferentes.

3
Culto

A interpretação das prescrições bíblicas havia originado, em torno do século I da Era Comum, duas formas diferentes, porém complementares, de culto, ambas exclusivas do judaísmo no mundo antigo. O culto sacrifical no Templo de Jerusalém era uma das maravilhas do Império Romano, atraindo turistas não judeus, bem como multidões de judeus, ambos se orgulhando de práticas distintas que suscitavam a admiração de alguns e o desdém de outros. A instituição da sinagoga como um local para preces, bem como para o ensino da lei e a leitura dos textos bíblicos para uma congregação, foi uma das inovações religiosas mais consideráveis na Antiguidade. Em princípio, o culto no Templo poderia existir sem sinagogas, e as sinagogas sem um Templo; porém, na prática, essas duas formas de culto coexistiram tranquilamente por pelo menos trezentos anos antes da destruição do Segundo Templo no ano 70 da Era Comum.

TEMPLO

A Torá afirmava claramente que o Senhor desejava ser cultuado com sacrifícios de animais, e com oferendas de bebidas e de comidas e incenso, explicando com certa precisão os procedimentos que deveriam ser seguidos: "Se seu sacrifício for oferta de elevação do gado, oferecerá um macho sem defeito [...] os sacerdotes porão em ordem os pedaços, a cabeça e o sebo, sobre a lenha que estará sobre o fogo em cima do altar. E lavarão com água suas entranhas e suas pernas, e o sacerdote fará queimar tudo no altar [...]". Tais oferendas poderiam ser trazidas por indivíduos – geralmente para agradecer a boa sorte ou procurar o perdão por erros cometidos – ou por sacerdotes em nome da comunidade. Esses atos físicos, com as emoções e as preces que os acompanhavam, constituíam o elo básico entre Israel e Deus, como previsto na maior parte dos textos bíblicos.[1]

No Pentateuco, esse culto sacrifical é descrito como localizado em um tabernáculo portátil que seguia com os filhos de Israel durante suas jornadas através do deserto do Sinai. A construção e a aparência do Tabernáculo são descritas em detalhes precisos no livro do Êxodo, da arca de madeira de acácia revestida de ouro para acolher o "testemunho" do Eterno (presumivelmente um texto escrito) ao "propiciatório" ou tampo dourado, querubim de asas de ouro, placas e incensários de ouro, taças e canecas de ouro para oferendas de bebidas, a mesa revestida "com ouro puro" para "o pão da proposição", o candelabro com as sete hastes "de puro ouro", e as "dez cortinas de linho torcido, tecido de lã azul-celeste, púrpura e carmesim", com imagens de querubins habilmente tecidas nelas. A razão para a aparência elaborada está explícita no texto bíblico: se diz que Moisés recebeu do Senhor a ordem de dizer aos israelitas para reunir uma oferenda "de todo homem cujo coração o impelir a isso", de modo que eles "Me farão um santuário e morarei entre eles".[2]

A ideia de que uma divindade pudesse esperar que seus devotos providenciassem uma morada como um foco para o culto ritual era comum a todas as sociedades mais complexas que tinham contato com Canaã no primeiro milênio a.C. Sacrifícios de animais e outras oferendas eram a forma padrão de culto por toda a região. Templos para o culto feitos de pedras haviam sido dedicados aos deuses no Egito pelo menos desde o começo do terceiro milênio a.C., e templos haviam sido construídos com tijolos de barro na Mesopotâmia até mesmo antes disso. Na Palestina e nas regiões circundantes, uma diversidade de templos da Idade do Bronze datados do segundo milênio a.C. foi escavada, de templos cidadelas em Hazor e Megido ao altar circular ao ar livre em Nahariya e o "Local Alto" em Gezer, com dez grandes pedras eretas alinhadas, cada uma adjacente a uma grande bacia de pedra, e os templos em Laquis e em Tel Mevorakh, com suas ricas coleções de utensílios votivos, joias e outras oferendas. A variedade de estilos de templos, às vezes imitando as estruturas egípcias, continuou durante a Idade do Ferro, o período em que, segundo o relato bíblico, o culto sacrifical também foi transferido, por iniciativa de Salomão, das temporárias estruturas semelhantes a tendas, tais como no Tabernáculo descrito no Êxodo, para uma construção mais permanente em Jerusalém.[3]

A construção de templos permanentes para acolher e honrar as divindades foi um processo gradual em muitas partes do Oriente Próximo e do mundo do Mediterrâneo oriental. Na Grécia, o culto aos deuses havia sido organizado em torno dos palácios reais no período micênico, mas no primeiro milênio a.C., com a sociedade grega dividida em comunidades separadas sem um Estado centralizado, cada grupo demarcava com uma muralha ou estruturas de pedras uma área sagrada para sacrifícios e ritos solenes sem qualquer edificação. Foi apenas no século VIII a.C. que os templos começaram a ser construídos, talvez refletindo a influência do contato comercial da Grécia com o Egito. Na Palestina, esse processo havia começado bem antes, e a narrativa no Primeiro Livro dos Reis sobre a decisão de Salomão de construir o Templo de Jerusalém não é, portanto, implausível, mesmo que sua magnificência possa ter sido exagerada: "E Salomão cobriu a casa por dentro de ouro puro [...]. E cobriu toda a casa com ouro, até acabar toda a casa; e cobriu de ouro todo o altar que estava diante do santuário". Também plausível é a base lógica para essa grande despesa assim como é oferecida pelo autor do Primeiro Livro dos Reis:

> E a palavra do Eterno veio a Salomão, dizendo: "Quanto a esta casa que estás edificando, se seguires os Meus estatutos, fizeres os Meus juízos e guardares todos os Meus mandamentos, andando neles, confirmarei contigo a Minha palavra, a qual falei a David teu pai, e habitarei no meio dos filhos de Israel, e não desampararei Meu povo Israel".

O Templo, assim como o ritual que ele abrigava, foi concebido para assegurar o favor divino.[4]

Se a cronologia bíblica estiver correta, o Templo de Jerusalém depois de sua fundação por Salomão foi o maior foco de culto judaico durante mil anos, de *c.* 1000 a.C. até sua destruição completa pelos romanos em 70 da Era Comum, com somente uma interrupção relativamente breve entre a destruição do edifício de Salomão em 586 a.C. e a construção do Segundo Templo pelos exilados que retornaram no fim do século VI e no século V a.C. A importância da construção aos olhos de muitos judeus surge com clareza nas profecias de Ageu e de Zacarias, que insistiram com Zorobabel, o governador da Judeia, e Josué, o sumo sacerdote, para que essa reconstrução fosse feita, censurando quem dizia: "Ainda não é chegada a hora de reconstruir a casa do Senhor". A mensagem de Ageu não era complexa: o Eterno havia garantido que "sobre vós, detém o céu seu orvalho, e a terra vos nega seu fruto", porque "minha Casa está em ruínas, cada um de vós se apressa por construir a sua". Mesmo durante o período entre os Templos, o profeta Ezequiel, sonhando no exílio na Babilônia a respeito do perfeito culto a Deus, teve uma intensa visão que entremeava as recordações do Templo destruído com pura fantasia: "Águas emergiam do umbral" do Templo, formando uma corrente que se transformou em "um rio pelo qual não pude passar" e que prosseguia até o mar Morto, onde ele iria purificar as águas, e elas fervilhariam de peixes.⁵

A prática real do culto sacrifical no Templo não recebe aprovação universal nos textos bíblicos. Comentários críticos são encontrados com maior frequência nos escritos dos primeiros profetas, Amós, Oseias, Miqueias, Jeremias e Isaías. Muitos de seus comentários se referem a questões de prioridades morais: como lamenta Miqueias, qual é o objetivo das ofertas de elevação se você não faz o que o Senhor requer: "Agir com justiça, amar a benevolência e caminhar discretamente com o teu Deus"? Outras passagens proféticas reclamam amargamente das formas incorretas de sacrifício – "Ao ofereceres em sacrifício um animal cego, isto não é errado? Ou oferecer um que seja coxo ou esteja enfermo, isto não é errado?" – ou sacrifícios a divindades que não sejam o Deus de Israel: "Não te regozijes, ó Israel! [...] porque te apartaste do teu Deus. Preferiste receber a paga rameira [...]". Jeremias relata a ira do Senhor porque as pessoas "amassam farinha para oferecer bolachas para a rainha dos céus; e para derramar libações para outros deuses", registrando a rejeição divina que as ofertas de elevação são inúteis porque "nada falei nem ordenei a vossos pais, no dia em que os tirei da terra do Egito, em relação às oferendas de elevação ou às ofertas de paz. Somente isto lhes ordenei: 'Escutai Minha voz e serei vosso Deus e vós sereis meu povo'".

Algumas dessas críticas ao sacrifício podem ter sido feitas por profetas de dentro do próprio Templo, mas suas palavras foram preservadas em um *corpus* bíblico no qual o Templo e a sua importância são frequentemente enfatizados. Até mesmo a rejeição aparentemente enfática do sacrifício no Salmo 50 – "Não requisito novilhos de teus cercados, nem cabritos de teus rebanhos [...]. Se tivesse fome, Eu não precisaria te dizer, pois a Mim pertence o universo e tudo que há nele. Me alimento da carne dos novilhos ou do sangue dos cabritos?" – é antecedida por uma convocação de uma reunião dos "que a Mim são devotados, os que Comigo selaram uma aliança com sacrifícios", de modo que essa polêmica também parece mais provavelmente ter sido dirigida àqueles que não conseguem oferecer "sacrifício de graças ao Eterno" (assim como prescrito no Levítico) e cumprir as suas promessas, uma vez mais, com um sacrifício, para com o Altíssimo.[6]

Segundo o relato bíblico, o Templo de Salomão era um retângulo de cem côvados (aproximadamente 55 metros) de comprimento e cinquenta côvados (27 metros) de largura, erigido sobre uma plataforma. O espaço interno era dividido em três partes. A porta do pátio conduzia a um pórtico, com duas grandes colunas de bronze, chamadas de "Iahim" e "Bôaz" de cada lado da entrada. Esse pórtico conduzia, por meio de portas duplas, a um grande salão que era o local da maior parte dos rituais. Outro conjunto de portas, feitas de madeira de oliveira, levavam ao santuário interno, que tinha formato cúbico (vinte côvados de cada lado). O piso dos cômodos central e interno era forrado com tábuas de cipreste, e as paredes de cedro eram entalhadas com flores abertas e outras imagens. Objetos rituais na câmara central incluíam luminárias e uma mesa de ouro para o "pão da proposição". No pátio externo se encontravam o altar e uma imensa bacia de bronze, chamada de "o mar" no texto dos Reis, com pias e outros objetos de bronze. Dentro do santuário interno seria encontrada a "arca na qual está a aliança do Eterno", que havia sido levada a Jerusalém por Davi, protegida pelas asas abertas de dois imensos querubins, feita de madeira de oliveira e decorada com ouro.[7]

A construção descrita dessa forma é semelhante em sua planta e decoração a outros templos na mesma região e no mesmo período, especialmente o templo sírio-hitita escavado em Ain Dara, noroeste de Alepo, na Síria, mas não era idêntico a nenhum deles – o que não chega a surpreender tendo em vista a diversidade de formas arquitetônicas de templos próximos. A Bíblia retrata a centralização do culto em Jerusalém como um processo gradual, o que é visto como um frequente retrocesso pelas pessoas que cultuam em outros locais; e a relação entre o Templo de Jerusalém e outros santuários israelitas no período da Idade do Ferro é desconhecida. Um pequeno santuário em um pátio, datado de cerca do século X a.C., em Megido, tem plataformas de terracota para oferendas e um altar de calcário. Nas proximidades de Megido, um santuário bem maior tem duas plataformas de terracota com discos solares, árvores sagradas, querubins, leões e outros motivos. O maciço pódio de pedra lavrada do monumental altar em Dã, no norte de Israel, pode datar de um século mais tarde. Parecido em sua concepção com o Templo de Salomão era um templo em Arad, que ainda estava sendo reconstruído no século VII a.C. Em Kuntillet Ajrud, no deserto do Sinai, uma construção do século VIII a.C. foi descoberta na entrada de um caravançará, com bancos rebocados de cada lado e paredes cobertas de inscrições que evocavam El, Javé e Baal. "El" e "Javé" eram nomes usados pelos judeus para se referir ao Deus judeu, mas "Baal" não era, e fica claro que se tratava de uma sociedade que continuava a adotar o culto politeísta. Jarras localizadas dentro da fortaleza são decoradas com cenas que incluem árvores sagradas e uma mulher seminua sentada em um trono, e uma inscrição que se refere a bênçãos de "Javé de Samaria e sua Aserá", dando certo contexto para a insistência dos profetas bíblicos para que o culto a outros deuses fosse abandonado. "Aserá" era o nome de uma deusa canaanita mais conhecida nos textos ugaríticos descobertos em Ras Shamra na costa da Síria, nos quais ela é muitas vezes representada como a consorte do deus El.[8]

A narrativa bíblica tem surpreendentemente pouco para relatar sobre a aparência do Segundo Templo construído por Zorobabel no fim do século VI a.C. Consta que o Templo de Salomão passou por muitas alterações ao longo dos anos, incluindo o saque de seus tesouros por reis de épocas posteriores, mas ele ainda era uma construção grandiosa, e a data precisa de sua destruição, "no quinto mês, no décimo dia do mês, que era o décimo nono ano do rei Nabucodonosor, rei da Babilônia", foi amargamente relembrada pelo profeta Jeremias. As colunas de bronze foram removidas, e a arca da aliança desapareceu (se ela já não tivesse sido levada antes, assim como certas lendas alegam). O Templo de Zorobabel, consequentemente, não tinha esses elementos que haviam sido tão importantes na construção anterior, mas ele pode ter incluído os 5.400 utensílios de ouro e prata que, segundo o Livro de Esdras, o rei Ciro permitiu que os exilados levassem da Babilônia para a Judeia (embora essa tradição não se enquadre muito bem com a afirmativa no Segundo Livro dos Reis de que em 597 a.C. Nabucodonosor havia mandado cortar em pedaços todos os utensílios de ouro do Templo). Outras referências à construção em textos bíblicos são muito alusivas e simbólicas para oferecer qualquer ideia clara de até que ponto o Templo de Salomão foi replicado. A visão de Zacarias de Jerusalém, com sua referência ao "Monte Sagrado", é idealizada, assim como a exagerada e totalmente ilegítima descrição feita pelo autor da Carta de Aristeias no século II a.C., sobre a extraordinária fertilidade da região que rodeia o glorioso santuário. De qualquer maneira, ambas atestam a importância atribuída ao Templo como uma construção a ser reverenciada.[9]

Das alterações feitas à construção durante os cinco séculos em que permaneceu em atividade, a mais comprovada é a profanação, em 168 a.C., por

Antíoco Epifânio, que chegou perto de trazer a história do judaísmo a um fim abrupto ao transferir o culto no Templo de um Deus judeu para uma nova divindade (provavelmente Zeus), representada em uma estátua que os livros dos Macabeus descreveram como "abominação da desolação". (Para uma discussão mais detalhadas desses acontecimentos traumáticos, ver o capítulo 5.) Os judeus receberam ordens de oferecer sacrifícios de porcos e de outros animais impuros em novos altares e recintos sagrados criados para outros deuses. Os livros dos Macabeus indubitavelmente exageram o significado do papel desempenhado por Matatias e seus filhos para a salvação do judaísmo, principalmente porque eles foram escritos em um período em que os descendentes de Matatias estavam no poder na Judeia, e contavam com os mitos relacionados a seus feitos heroicos contra Antíoco como uma justificativa para o controle exercido sobre o sumo sacerdócio. Mas o perigo era bem verdadeiro – a região está lotada de artefatos das religiões locais que não sobreviveram além da Antiguidade. Se o culto ao Deus judaico no Templo de Jerusalém tivesse acabado em 160 a.C. e não quase dois séculos e meio mais tarde, em 70 da Era Comum, é bastante improvável que tivesse havido uma história posterior do judaísmo (ou, por falar nisso, da cristandade) para ser registrada.

O ataque de Antíoco ao culto dos judeus, entretanto, parece ter sido realizado sem maiores danos à construção em si. De acordo com o Primeiro Livro dos Macabeus, composto provavelmente cerca de quarenta anos depois dos acontecimentos descritos, quando Judas Macabeu tornou a entrar no santuário e encontrou "o santuário desolado, o altar profanado e os portões queimados", ele foi capaz de organizar uma nova dedicação com certa pressa:

> Ele escolheu sacerdotes sem mancha e zelosos pela lei, os quais purificaram o templo, transportando para um local impuro as pedras contaminadas. Consultaram-se entre si, o que se deveria fazer do altar dos holocaustos, que havia sido profanado. E tomaram a excelente resolução de demoli-lo, para que não recaísse sobre eles o opróbrio vindo da mancha dos gentios. E transportaram suas pedras a um lugar conveniente sobre a montanha do templo, aguardando a decisão de algum profeta a esse respeito. Tomaram pedras intactas, segundo a lei, e construíram um novo altar, semelhante ao primeiro. Restauraram também o templo e o interior do templo, e purificaram os átrios. Fizeram novos vasos sagrados e transportaram ao santuário o candeeiro, o altar dos perfumes, e a mesa. Queimaram incenso no altar e acenderam as lâmpadas

do candeeiro, para alumiar o templo; colocaram o pão sobre a mesa e suspenderam os véus, terminando completamente seu trabalho. No dia 25 do nono mês, isto é, do mês de Casleu, do ano 148, eles se levantaram muito cedo, e ofereceram um sacrifício de acordo com a lei sobre o novo altar dos holocaustos, que haviam construído.[10]

Um século e meio depois, o mesmo Templo não mais parece tão impressionante para Herodes, que, apesar de suas origens relativamente modestas, tinha sido designado rei da Judeia pelos romanos e se apressado em construir um monumento ao seu notável feito político. A reconstrução teve que ser feita com grande cuidado para garantir que não houvesse interrupções no culto sacrifical e nenhuma profanação do local. Mil sacerdotes foram treinados para executar o trabalho de alvenaria no próprio Templo. Uma força de trabalho bem maior ampliou a plataforma do Templo usando arcos como uma subestrutura e grandes paredes de contenção, das quais ainda hoje algumas partes sobrevivem. O Templo propriamente dito e seu mobiliário não foram tocados, mas seu exterior foi coberto com tanto ouro que o reflexo quase poderia cegar quem o olhasse. A construção começou no ano 20 a.C., e o santuário interno, os pórticos e os pátios externos foram finalizados em 12 a.C. Porém, segundo Josefo, uma testemunha contemporânea, acréscimos e reparos ainda estavam em andamento em 66 da Era Comum, quatro anos antes da destruição da construção por forças romanas.[11]

Como o culto acontecia no Templo? É mais fácil dar uma resposta para o último século de sua longa existência do que para períodos anteriores; porém, mesmo levando em consideração a certeza quase absoluta de que as evidências que chegaram até nós oferecem um retrato idealizado, têm-se condições de reconstruir uma imagem do funcionamento diário do Templo com um grau de detalhes que não é possível para nenhum outro templo no mundo antigo. A razão é simples: Josefo, ele próprio um sacerdote de Jerusalém, escreveu de modo considerável sobre o Templo em sua narrativa da vida de Herodes e em seu relato sobre a guerra contra Roma que levou à destruição do Templo, e, cem anos depois de Josefo, o mais antigo texto rabínico, a Mishná, discutia questões controversas sobre a administração dos sacrifícios e oferendas pelas autoridades do Templo em uma tentativa de esclarecer os procedimentos corretos. Qualquer que tenha sido o caso em períodos anteriores, no período final o Templo era incomum para a sua época por estar disponível para o culto diariamente: os grandes portões eram cerimoniosamente abertos com o alvorecer e fechados ao pôr do sol. Uma grande quantidade de funcionários garantia uma sucessão ordenada das oferendas particulares, com as pessoas comprando animais e aves adequados para o sacrifício em um mercado nos limites do recinto do Templo. O dia era pontuado por uma série de sacrifícios públicos nos quais os sacerdotes ofereciam preces e abatiam animais em nome do povo de forma geral. Essas oferendas públicas eram feitas em dias da semana comuns todas as manhãs, tardes e anoitecer, com sacrifícios extraordinários e especiais no Shabat e nas luas novas: "E nos princípios de vossos meses, oferecereis em oferta de elevação ao Eterno dois novilhos, um carneiro, sete cordeiros de um ano de idade, sem defeito [...]".[12]

A impressão mais forte para um visitante em um dia normal teria sido a de espaço. O ritual comum diário acontecia apenas em uma área restrita ao redor do pátio interno dos sacerdotes, onde os animais eram abatidos, queimados e (ocasionalmente) comidos, e as libações derramadas. Grande parte do restante da imensa construção frequentemente estava mais ou menos vazia. Até mesmo antes da grande reconstrução feita por Herodes, o tamanho da *piazza* onde os devotos poderiam se reunir era observado pelos forasteiros. Esse grande pátio para o público geral era praticamente desprovido de árvores, oferendas votivas e estátuas, que eram comuns em santuários pagãos. No primeiro século da Era Comum, o filósofo Fílon observou tanto a falta de plantas quanto a limpeza do Templo. Ele atribuiu a ausência de árvores à necessidade de manter uma atmosfera de austeridade religiosa, que seria comprometida pelo "prazer fácil" que um arvoredo poderia proporcionar, observando também que o excremento usado como fertilizante era proibido dentro do recinto. Na época de Fílon, o que chamava a atenção eram as decorações em cores vivas dos objetos dedicados pelos indivíduos e pendurados nas paredes e nas portas que rodeavam o pátio, tais como a corrente de ouro dedicada pelo neto de Herodes, Agripa I, para comemorar sua libertação do cativeiro em Roma, ou o portão dourado doado (segundo a Mishná) por certo Nicanor de Alexandria. Grandes tapeçarias apresentavam um panorama dos céus em púrpura, azul e escarlate. Uma notável videira de ouro, descrita com certos detalhes por Josefo, era suficientemente famosa para chamar a atenção do historiador gentio Tácito. Os metais preciosos e as pedras cintilavam ao sol, dando origem nas descrições da construção às imagens recorrentes de intensa luz.[13]

① Santo dos Santos
② Santuário
③ Altar

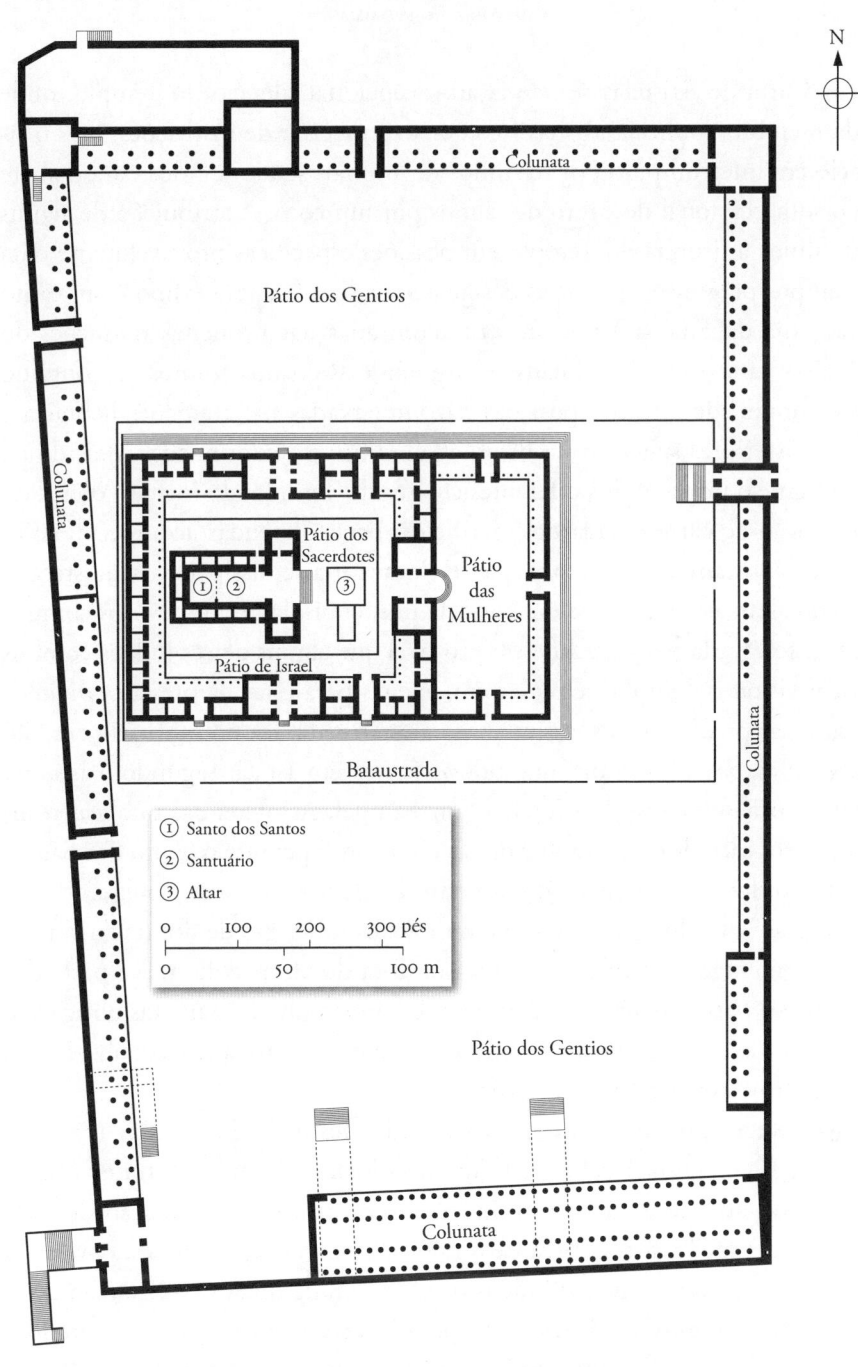

Planta do Segundo Templo pouco antes de sua destruição em 70 da Era Comum, baseada em uma combinação das descrições de Josefo e da Mishná. Do Pátio de Israel, do qual as mulheres eram excluídas, os judeus podiam ver de perto os sacrifícios feitos pelos sacerdotes. A imensa extensão do Pátio dos Gentios ao sul e ao leste, finalizado por Herodes em 12 a.C., permitia que o Templo acomodasse grandes multidões de peregrinos.

A Carta de Aristeias se referia ao excepcional silêncio do Templo, onde cada membro conhecia as suas funções sem precisar de instruções, mas o silêncio era interrompido por rebanhos de animais sendo levados para o abate ou o som ocasional do canto de salmos por um coro. A atribuição de alguns dos salmos à liturgia do Templo em ocasiões específicas provavelmente data de tempos pregressos, já que as designações relevantes (tais como "Um canto para o dia do Shabat") podem ser encontradas nas primeiras traduções do hebraico para o grego; a inclusão no grande Rolo dos Salmos, encontrado em Qumran, de sete composições não preservadas nas tradições hebraica e grega posteriores sugere certa flexibilidade litúrgica continuada. Mais difícil de avaliar é o impacto dos diferentes cheiros do Templo, do incenso oferecido no altar ao de carne assada dos sacrifícios. Essas oferendas aconteciam ao ar livre, e supostamente a fumaça que se elevava iria se dissipar na atmosfera: o fogo do altar, assim como o dos candelabros, era isolado dos devotos comuns na área reservada aos sacerdotes. É provável que alguns desses judeus comuns fossem visitar o Templo, se pudessem, apenas para estar na presença divina e dirigir suas preces a Deus, assim como a estéril Ana fez no santuário em Siló em tempos passados, antes que houvesse reis em Israel, segundo a história bíblica do nascimento do profeta e juiz Samuel. As oferendas públicas realizadas pelos sacerdotes em nome da nação no altar perante o Santo dos Santos – "um cordeiro sem defeito de um ano de idade [...] e a sua oblação [...] e sua libação" ou "dois pães para serem movidos [...] serão de flor de farinha de trigo, fermentados se cozerão" – ficavam fora do alcance da maior parte dos devotos no pátio do Templo, mas os indivíduos tinham inúmeras obrigações religiosas, até mesmo além de suas oferendas pessoais, para envolvê-los na elevada atmosfera de devoção dedicada.[14]

Três vezes por ano, durante os grandes festivais de Pessach (Páscoa), Shavuot (Pentecostes) e Sucot (Tabernáculos), o Templo se transformava com a chegada de grandes multidões de peregrinos. A obrigação de cada adulto judeu de "aparecer perante o Eterno" três vezes por ano está prescrita na Torá, e é provável que os judeus que viessem de qualquer distância decidissem trazer seu livre-arbítrio, seus pecados, suas graças e outras oferendas ao mesmo tempo. O festival do Pessach na primavera começava na primeira noite com uma refeição coletiva com cordeiro assado. Cada cordeiro era comido por um pequeno grupo de homens, mulheres e crianças, e o banquete era acompanhado por uma narrativa do êxodo do Egito. Os sete dias seguintes eram marcados como especiais pela abstenção de alimentos levedados e pela observância do descanso no começo e no fim do período de Pessach. Sete semanas depois, Shavuot marcava o fim da colheita de grãos, e era celebrado, por aqueles peregrinos que vinham da terra de Israel, pela oferenda das primícias para os sacerdotes em um ritual descrito com muitos detalhes na Mishná:

> Como eles apresentam as primícias [...]? Os que estavam próximos trouxeram figos e uvas frescos, e os que estavam mais distantes trouxeram figos secos e passas. À frente deles ia o boi, tendo os seus chifres cobertos com ouro e uma coroa de folhas de oliveira em sua cabeça. A flauta era tocada à frente deles até que eles se aproximaram de Jerusalém. Quando haviam se aproximado de Jerusalém, eles enviaram mensageiros à frente deles e ornamentaram as suas primícias. Os administradores e os chefes e os tesoureiros do Templo se adiantaram para encontrá-los. Segundo a honra que era devida aos que chegavam, costumavam eles prosseguir. E todos os artífices em Jerusalém costumavam se erguer perante eles e saudá-los, dizendo: "Irmãos, homens de tal lugar, vós sois bem-vindos!". [...] O rico trazia suas primícias em cestas decoradas com prata e ouro, ao passo que os pobres traziam-nas em cestas de vime de galhos de salgueiro-chorão descascados, e cestas de primícias eram dadas aos sacerdotes.[15]

O festival de Sucot no início do outono marcava o fim do ano agrícola, "quando tiveres recolhido os produtos da tua eira e de tua vindima". Era designado na Torá como um festival de sete dias de júbilo para "tu, teu filho, tua filha, teu servo, tua serva, o levita, o peregrino, o órfão e a viúva que estão nas tuas cidades" – ou seja, toda a comunidade. Como o principal aspecto do festival envolvia brandir no Templo quatro espécies agrícolas (o *lulav*, que consistia em ramos de palmeira, murta e salgueiro-chorão atados juntos, e *etrog* ("cidra amarela", uma fruta cítrica) e a permanência em uma cabana temporária, e não em casa, era fácil para os judeus comuns se sentirem muito atraídos pela celebração. Na Mishná, o Sucot é descrito simplesmente como "Festival", e parece ter sido a mais frequentada das festas dos peregrinos, talvez porque, com a colheita, fosse mais fácil para o fazendeiro abandonar os seus campos. A participação de peregrinos da Mesopotâmia é sugerida por uma tradição na Mishná de que a prece pedindo chuva imediata fosse postergada por quinze dias depois do Sucot, para permitir que os peregrinos babilônios "chegassem ao Eufrates".[16]

O Templo herodiano, com seu amplo pátio, estava bem preparado para acolher peregrinos não apenas da terra de Israel, mas da diáspora, e muitos parecem ter vindo pela rota terrestre da Babilônia e, auxiliados pela relativa segurança da viagem sob domínio romano, das comunidades mediterrâneas. Por isso vemos nos Atos dos Apóstolos a imagem de múltiplas línguas ouvidas em Jerusalém no Pentecostes, quando havia "judeus, homens religiosos, de todas as nações que estão debaixo do céu"* vivendo em Jerusalém – "partos e medos, elamitas e os que habitam na Mesopotâmia, Judeia, Capadócia, Ponto e Ásia, e Frígia e Panfília, Egito e partes da Líbia, junto a Cirene, e forasteiros romanos, tanto judeus quanto prosélitos, cretenses e árabes". Como havia dito Fílon no século I da Era Comum, Moisés "considerava que, como Deus é único, deveria também haver um só templo", não concordando "com aqueles que desejam realizar os rituais em suas casas", mas pedindo-lhes "que saíssem dos confins da terra e viessem a este templo":

> Infindáveis multidões de infindáveis cidades vinham, algumas por terra, outras pelo mar, do leste e do oeste, e do norte e do sul, em todas as festividades. Eles veem o Templo como o seu porto, como um abrigo geral e um refúgio para a azáfama e o grande tumulto da vida, e lá eles procuram encontrar a bonança, e se livrar dos cuidados cujo jugo tem sido pesado para eles desde seus primeiros anos, para desfrutar de um breve período de paz em cenas de cordial alegria. Assim, repletos de esperanças tranquilas, eles dedicam o tempo livre, assim como é seu dever, ao sagrado e à honra de Deus. Amizades são criadas entre aqueles que até então não conheciam uns aos outros, e os sacrifícios e as libações são a ocasião de reciprocidade de sentimentos e constituem o mais garantido juramento de que todos eles têm um só pensamento.[17]

Grande parte da excitação da peregrinação deve ter advindo do sentimento de pertencer a uma multidão. Um ponto alto do festival do Sucot era o ritual da Oferenda da Água, quando água era cerimoniosamente transportada do Reservatório de Siloé para o Templo e, em um jarro de ouro, derramada sobre o altar simultaneamente com a libação normal do

---

* Doravante, as traduções dos livros pertencentes à Bíblia cristã serão tiradas de: <https://www.bibliaonline.com.br/acf> e <https://www.bibliaonline.com.br/nvi>. [N. T.]

vinho, com o acompanhamento de música e júbilo geral. O ritual parece ter sido concebido como uma prece para que as chuvas caíssem no inverno seguinte: "Homens piedosos e praticantes de boas ações costumavam dançar perante eles com tochas acesas em suas mãos, cantando canções e louvores. E inúmeros levitas [tocavam] harpas, liras, címbalos e trombetas e instrumentos musicais [...]". Segundo a Mishná: "Eles disseram: 'Quem nunca testemunhou a alegria do local da oferenda da água nunca em sua vida testemunhou alegria'".[18]

Longe das multidões e da excitação no Templo propriamente dito, havia muita coisa para tornar especial toda a experiência da peregrinação, já que as primícias e o segundo dízimo da produção agrícola da terra de Israel, ou seu equivalente em dinheiro, deveriam ser consumidos dentro dos muros de Jerusalém. Não surpreende que a economia da cidade fosse preparada para a exploração do turismo religioso de massa, com inúmeros animais sendo vendidos para oferendas pessoais nos recintos ao redor do Templo, junto com locais para troca de dinheiro em siclos de Tiro, a moeda aceita pelas autoridades do Templo para doações. Tampouco não poderia surpreender que quem oferecesse tais serviços necessários visando ao lucro fosse acusado de transformar uma casa de preces em um "antro de ladrões", como dizem que Jesus afirmou, ou que, embora os requisitos religiosos para participação recaíssem apenas sobre homens adultos, os festivais aparentemente atraíssem mulheres e crianças em grandes quantidades.[19]

Tal peregrinação em massa era única no mundo antigo, e não tinha sido uma característica do Templo judeu ao longo de sua história; a peregrinação internacional pode, na verdade, ter passado a ser comum apenas depois da reconstrução por Herodes. Segundo Josefo, o governador romano da Síria em 65 da Era Comum estimava o número total de devotos adultos em 2,7 milhões, aos quais deveriam ser acrescentadas as mulheres e as crianças. O número não é confiável, mas a impressão de uma grande multidão tal como as que podem ser vistas hoje em Meca é confirmada pelas inúmeras histórias a respeito da volatilidade política desses acontecimentos. A principal estrutura dos festivais se derivava dos preceitos explicitados na Torá, mas pelo menos parte do cerimonial deve ter sido introduzida em períodos posteriores, tais como o boi com chifres dourados e os tocadores de flauta na procissão das primícias, que parecem ter sido tirados do costume grego. Nada nos textos bíblicos faz menção à cerimônia da oferenda de água, e é provável que sugestões de oposição ao ritual, conforme registradas na Mishná, reflitam a preocupação de que essa fosse uma inovação injustificável: "Para o sacerdote que realizou a libação eles costumavam dizer 'Erguei a vossa mão!', porque certa vez um derramou a libação em seus pés, e todas as pessoas atiraram suas cidras nele". Um elemento que chamava a atenção na cerimônia, o uso da dança ritual, é particularmente difícil de remontar à mais antiga liturgia do Templo, apesar da tradição de que o rei Davi dançou, extático, na frente da arca do Senhor quando esta chegou pela primeira vez em Jerusalém.

A impressão de que as cerimônias do festival se modificaram com o passar do tempo é reforçada por uma carta invulgar encontrada em um arquivo da antiga comunidade judaica de Elefantina, na ilha de Yeb, no Nilo, perto de Assuã. Esse documento, do fim do século V a.C., provavelmente foi enviado pelas autoridades de Jerusalém para o Egito para instruir os judeus de Elefantina sobre como observar o Pessach segundo a Torá. O texto da carta tem de ser reconstruído em grande parte com base em nosso conhecimento dos textos bíblicos, mas o teor geral é claro:

> [Para meus irmãos Je]daniah e seus colegas a t[ropa] judaica, seu irmão Anan[i]as. Possam os deuses [buscar em todos os momentos] o bem-estar de meus irmãos. E agora, este ano, o quinto ano de Dario o rei, do rei foi enviado para Arsa[mes...] [...]. Agora, vós, portanto, contai cato[rze dias do Nissan e no décimo quarto ao entardecer a Páscoa ob]servai e do décimo quinto dia até o vigésimo primeiro dia do [Nissan, o Festival do Pão Ázimo observai. Sete dias pão ázimo comer. Agora], sede puros e ficai atentos. [Não] trabalheis [no décimo quinto dia e no vigésimo primeiro dia do Nissan]. Não bebei [qualquer bebida fermentada]. E qualquer coisa fermentada não [comei e não permitais que seja vista em vossas casas a partir do décimo quarto dia do Nissan ao] pôr do sol até o vigésimo primeiro dia do Nissa[n ao nascer do sol. E qualquer fermento que tenhais em vossas casas l]evai para os vossos aposentos e [o] tranqueis durante [esses] dias.

Como os judeus de Elefantina realizavam o culto em seu templo local, nesse aspecto pelo menos a celebração do Pessach teria mudado muito daquela descrita por Fílon no Egito cerca de quinhentos anos depois.[20]

Os sacrifícios e oferendas no Templo de Jerusalém eram feitos por uma casta hereditária de sacerdotes. Todos os sacerdotes (em hebraico, *cohanim*) afirmavam descender da linhagem masculina de Aarão, irmão de Moisés, a quem, segundo a Torá, tal tarefa havia sido confiada. O sacerdote tinha de ser homem, e sem nenhum defeito: "[Ninguém] que seja cego ou coxo, ou alguém que tenha a face mutilada ou um membro grande demais, ou quem tenha um pé quebrado ou uma das mãos quebrada, ou uma corcunda, ou seja um anão, ou um homem com um defeito em seus olhos ou com impingem ou sarna ou testículos esmagados" tinha permissão de se aproximar do altar para cumprir os deveres sacerdotais. A pureza da linhagem era considerada como uma questão de importância suficiente para que as parceiras de casamento dos sacerdotes fossem limitadas. Um sacerdote não poderia se casar com uma mulher divorciada ou uma prostituta, caso a dúvida fosse refletida na progênie do casamento; e Josefo observou com orgulho o cuidado com que os registros das famílias dos sacerdotes eram preservados em arquivos. Na época de Josefo havia muitos milhares de sacerdotes vivendo tanto na terra de Israel quanto na diáspora (sobretudo na Babilônia e em Alexandria no Egito), e os sacerdotes da Judeia e da Galileia eram divididos em 24 grupos ou "turnos" que se revezavam nas tarefas do serviço do Templo.[21]

Essas tarefas eram extremamente complexas, e muito treinamento era necessário para realizar as ações estipuladas para o abate do animal com a precisão exigida. O animal tinha de ser examinado para ver se tinha imperfeições, que poderiam invalidar a oferenda. A Bíblia às vezes se refere aos sacrifícios como o alimento de Deus, mas o pão ofertado era simplesmente colocado em exibição, e os bois, o gado, os bezerros, os carneiros e os bodes oferecidos, "do gado ou do rebanho", juntamente com rolas e pombos, eram queimados para fazer "uma oferta queimada, aceita com agrado pelo Eterno", junto com oferendas de alimentos de grãos e de óleo, libações de vinho, e incenso. Os textos bíblicos do Êxodo, Levítico e Números, e (ainda mais) os textos rabínicos tanaítas tais como a Mishná e Tosefta, entraram em detalhes minuciosos a respeito do procedimento a ser seguido em cada oferenda. Havia regras precisas para borrifar, esfregar e derramar o sangue dos animais, e para distribuir o alimento entre o altar, onde era queimado, e os sacerdotes e os devotos, que, no caso de oferendas "de paz", desfrutavam do que era, em sua essência, uma refeição sagrada da qual os sacerdotes compartilhavam apenas certas partes da carne queimada no altar.[22]

A primazia da casta sacerdotal aaronita no Templo, na época de Josefo, tinha certamente sido alcançada ao longo de séculos apenas depois de certa luta. O Pentateuco preserva a tradição de que toda a tribo de Levi, da qual os aaronitas no período do Segundo Templo eram um subgrupo, era elegível para o serviço sacrifical no deserto: "O Eterno separou a tribo de Levi para levar a Arca da Aliança do Eterno, e os sacerdotes para estarem diante do Eterno, a fim de O servirem, e para abençoarem em Nome do Eterno, até o dia de hoje". Mas, no período tardio do Segundo Templo, os levitas eram relegados a tarefas menores no Templo como porteiros e músicos, responsáveis pelos salmos e pelo acompanhamento instrumental, tendo substituído outras categorias de servos do Templo como os *nethinim*, que faziam consertos e cuidavam da estrutura do Templo na época de Neemias. Uma luta por status continuou até o fim: já na década de 60 da Era Comum, os levitas suplicaram que lhes fosse permitido usar roupas brancas como os sacerdotes. Josefo, como sacerdote, considerava isso uma vergonha, e culpou essa inovação na prática litúrgica por causar a destruição do Templo em 70 da Era Comum, provocando a vingança divina.[23]

O conhecimento dos sacerdotes e seu direito a uma privilegiada proximidade com o serviço divino no Templo lhes proporcionaram uma posição especial na sociedade judaica, ainda que (à medida que o número de sacerdotes aumentava) uma proporção menor deles pudesse servir no Templo em qualquer ano. Por isso, um dízimo de toda a produção agrícola na terra de Israel deveria ser entregue a um sacerdote, e um sacerdote poderia esperar ser um beneficiário dessa doação piedosa de seu vizinho não sacerdote, independentemente de qualquer serviço que ele pudesse ou não realizar no Templo. A injusta distribuição para os sacerdotes dos grãos recebidos como dízimo, por meio da intimidação de sacerdotes mais pobres pelos empregados dos sacerdotes mais ricos em locais públicos de debulha, era uma queixa séria nos últimos anos do Templo, e os levitas, que haviam sido vistos como beneficiários dos dízimos no Livro de Neemias, não mais pareciam ter recebido uma cota.

A afirmativa de Josefo, em sua apologética descrição do judaísmo em *Contra Apião*, de que os "deveres designados" dos sacerdotes incluíam a supervisão geral de seus companheiros judeus provavelmente é idealizada, já que ele também alegava nessa passagem que os sacerdotes eram escolhidos por sua primazia na persuasão e na prudência, ignorando tranquilamente o papel da herança no status sacerdotal. Mas é bastante plausível que muitos sacerdotes que serviram no Templo tenham se transformado em especialistas em assuntos muito mais abrangentes que apenas a dinâmica do sacrifício. Por exemplo, a ideia bíblica de que apenas um sacerdote era considerado capaz de decidir se a descoloração em tecidos, na pele das pessoas ou nas paredes das casas deveria ser chamada de *tsara'at*, um termo técnico geralmente traduzido de modo incorreto como "lepra", continuava a ser observada nos últimos anos do Templo, e alguns sacerdotes devem ter ficado muito bons nesse tipo de tarefa. O status especial dos sacerdotes como mediadores da bênção divina era reforçado por sua recitação, imposta pela Torá, de uma bênção especial no Templo depois do sacrifício diário:

> E o Eterno falou a Moisés, dizendo: "Fala a Aarão e a seus filhos, dizendo: Assim abençoareis aos filhos de israelitas; lhes direis: O Eterno te abençoe e te guarde. Faça o Eterno resplandecer o Seu rosto sobre ti e te agracie. Tenha o Eterno misericórdia de ti e ponha em ti a paz. E porão o Meu nome sobre os filhos de Israel e Eu os abençoarei".

O texto dessa bênção foi gravado em dois minúsculos amuletos de prata, datados da primeira metade do século VII a.C., e que foram encontrados, em 1979, em uma câmara mortuária talhada na pedra em Ketef Hinnom, em Jerusalém.[24]

Dentro do sacerdócio propriamente dito, surgiu uma clara hierarquia no período tardio do Segundo Templo. Dentre todos os sacerdotes, só poderia haver um sumo sacerdote em qualquer época. A este era confiado, de modo mais crucial, o dever no Yom Kippur (o Dia do Perdão, um dia no começo do outono designado anualmente para o arrependimento ritual) de pedir perdão para o povo de modo geral. O ritual, apresentado em sua essência no Levítico, mas muito elaborado na Mishná, envolvia uma extensiva purificação, e a confissão do sumo sacerdote dos pecados cometidos por ele, pelos sacerdotes e todo Israel ao longo do ano precedente. Vestido de linho branco, o sumo sacerdote entrava no Santo dos Santos para espargir lá o sangue de um boi e de um bode sacrificais, enquanto oferecia incenso. Ele então confessava os pecados de toda a comunidade sobre outro bode, escolhido por sorte, que seria tirado do Templo e da cidade, originalmente para morrer em uma região selvagem, embora, com o passar do tempo, fosse desenvolvida a prática de garantir a destruição do bode levando-o para o alto de um precipício e jogando-o de lá. O quanto esse ritual se desenvolveu apenas depois da destruição do Templo de Salomão em 586 a.C. não se sabe, mas no período tardio do Segundo Templo a seleção para esse papel era uma questão de grande importância. Ele foi reforçado no período do Segundo Templo pelo papel maior muitas vezes desempenhado pelos sumos sacerdotes na política secular da Judeia.

Chama ainda mais a atenção o fato de que, por muitos séculos, tenha se desenvolvido a tradição de que apenas os sacerdotes descendentes de Zadoque, um sacerdote aaronita que se acredita ter servido como sumo sacerdote no tempo de Davi e de Salomão, podiam ser escolhidos para o sumo sacerdócio. Foi apenas depois da revolta dos macabeus nos anos 160 a.C. que sacerdotes de outras famílias foram designados para essas posições – na primeira instância, da família dos próprios macabeus, e então, desde o começo do governo de Herodes em 37 a.C., de famílias sacerdotais que haviam migrado ou para a Babilônia ou para Alexandria, e que, portanto, não poderiam representar uma ameaça política para Herodes. Não é por acaso que, no século VI a.C. na Babilônia, quando o profeta Ezequiel imaginou um templo idealizado, ele postulou que todos os sacerdotes seriam zadoquitas, nem que o papel dos "filhos de Zadoque" tivesse muita importância em algumas versões da Regra da Comunidade encontradas entre os manuscritos do mar Morto (ver capítulo 6). Embora na prática os sumos sacerdotes no Templo viessem de outras famílias sacerdotais nos últimos dois séculos antes de 70 a.C., fica claro que os zadoquitas continuaram a ser considerados por muitos judeus mais apropriados para o papel do que outras famílias sacerdotais.[25]

Quanto esse serviço público no Templo em nome do povo importava para os judeus não sacerdotes? Residentes de Jerusalém podem ter aparecido no Templo em dias de semana comuns para rezar ou para levar oferendas para agradecimento ou arrependimento. De qualquer modo, o pátio do Templo com frequência estaria movimentado, sendo o único local público para encontros na cidade – então, por exemplo, segundo os Atos dos Apóstolos, judeus cristãos nos dias depois da crucifixão de Jesus "continuavam a reunir-se no pátio do Templo [...]. E o Senhor lhes marcava todos os dias os que iam sendo salvos". Mas, para os judeus que viviam a uma distância maior, a presença física no Templo, inevitavelmente, teria sido muito mais rara. Vários entre eles teriam apenas comparecido a festivais de peregrinos, e os que vinham do estrangeiro podem não ter estado nos festivais mais que umas poucas vezes. Fílon, de Alexandria, ao que tudo indica esteve em Jerusalém apenas uma vez.

A importância do Templo era, portanto, mais simbólica que prática – mas não menos poderosa por causa disso. Para quem esperava que as chuvas viessem e ajudassem a safra a crescer, era reconfortante saber que os sacrifícios diários estavam sendo feitos em nome de Israel para preservar a aliança com Deus. Quando o mesmo indivíduo se arrependia de seus pecados no Dia do Perdão, com jejum e preces, ajudava saber que o sumo sacerdote também estava rezando em nome de Israel enquanto realizava o ritual com o bode expiatório. Para muitas pessoas, a conexão do indivíduo com o Templo era reforçada por dois pagamentos. Para quem estava na terra de Israel, o pagamento de dízimos para os sacerdotes sob a forma de produtos agrícolas reforçava a ideia de que o serviço sacerdotal era mesmo a favor dessas pessoas. E para todos os judeus, incluindo os da diáspora, a cobrança anual de meio shekel de todos os homens adultos para pagar pelos sacrifícios regulares no Templo dava uma propriedade conjunta simbólica daqueles sacrifícios a cada um deles. A regra, como fora elaborada na Mishná, era a de que nenhum indivíduo poderia pagar mais ou menos que meio shekel, de modo que ninguém pudesse julgar que os sacrifícios comunais de algum modo serviam a essas pessoas mais que a outras. O princípio da propriedade compartilhada derivava da injunção de Moisés aos filhos de Israel no deserto como relatado no Êxodo, que "o rico não aumentará e o pobre não diminuirá da metade de um shekel, para dar a oferenda separada ao Eterno para expiar pelas vossas almas". A ampliação do pagamento único relatada no texto bíblico para um pagamento anual parece ter ocorrido apenas no período do Segundo Templo. Ao que tudo indica, por uma passagem nos manuscritos do mar Morto, essa ampliação recebeu certa oposição, mas a prática certamente era disseminada na primeira metade do século I a.C., antes da reconstrução do Templo por Herodes: o orador romano Cícero se referiu na década de 60 a.C. à coleta de ouro feita pelos judeus da Ásia Menor, a oeste da atual Turquia, para enviar ao Templo em Jerusalém (e o confisco desse ouro por um governador romano).[26]

A magnificência do Templo de Jerusalém se originava em grande parte, naturalmente, do influxo de riquezas de todo o mundo judeu. Diferentemente dos seguidores de outros deuses, no século I da Era Comum, a maior parte dos judeus considerava errado oferecer sacrifícios em templos locais ou em altares locais, acreditando que o culto só poderia ocorrer no local onde havia sido definido de forma divina. Como Josefo disse: "Um templo do Deus único – pois os semelhantes se atraem". Essa unificação do culto do Templo tinha sido alcançada com dificuldade e ficou sob ameaça até o ano 70 da Era Comum. Os judeus de Elefantina, no Egito, que faziam sacrifícios em seu próprio templo no século v a.C., escreveram para as autoridades de Jerusalém solicitando autorização para reconstruir seu próprio templo depois de ele ter sido destruído pelos egípcios locais. É significativo que tenham considerado necessário pedir permissão, mas claramente eles não viam razão para uma atitude apologética em relação ao seu santuário local. Os livros dos Reis relatam a estratégia adotada por Jeroboão na época do Templo de Salomão, o primeiro rei do reino do norte de Israel, para reforçar o seu domínio persuadindo o povo a adorar dois bezerros de ouro, um colocado em Betel e o outro em Dã, com o intuito de afastar a necessidade do culto no Templo de Jerusalém. Que realmente houvesse um templo em Dã na Idade do Ferro foi confirmado por escavações, como já vimos, e o descobrimento de altares, com frequência feitos de pedras entalhadas com um topo retangular e liso e um "chifre" pontudo em cada um de seus quatro cantos, em muitos sítios arqueológicos da primeira metade do primeiro milênio a.C. indica que a centralização do sacrifício não surgiu de modo natural – o que não chega a surpreender, tendo em vista a ubiquidade dos cultos sacrificais locais em todas as outras religiões com as quais os devotos do Deus judaico entraram em contato.[27]

Propaganda feita para o Templo de Jerusalém como o único local válido na Terra para a oferenda de sacrifícios ao Senhor era ainda mais intensa devido à oposição precedente à centralização, e em nenhum lugar mais do que na literatura religiosa, que relatava a purificação do Templo em 160 a.C. por Judas Macabeu depois de ele ter sido profanado por Antíoco Epifânio. A vitória foi celebrada no dia 25 de Kislev com "festejos por oito dias, como na ocasião da festa dos tabernáculos" (ou seja, Sucot), de modo que, "carregando tirsos, ramos verdejantes e palmas, cantaram hinos àquele que lhes havia concedido a dita de purificar o seu templo". Essa descrição das origens do festival de Chanucá é encontrada no Segundo Livro dos Macabeus, composto, ao mais tardar, um século depois dos acontecimentos por ele descritos. O texto é introduzido por uma carta dos "judeus em Jerusalém, e os que estão na terra da Judeia, para seus irmãos judeus no Egito", instando para que eles "celebrem o festival das cabanas no mês de Kislev".

É ainda mais surpreendente que no Egito outro templo para o culto do Deus judaico tenha, na verdade, sido construído em Leontópolis, logo depois da revolta dos macabeus, por um grupo de sacerdotes exilados do Templo de Jerusalém. Segundo Josefo, em algum momento perto de 140 a.C., certo Onias, filho do antigo sumo sacerdote de Jerusalém, obteve do rei egípcio Ptolomeu e da rainha Cleópatra "autoridade para construir um templo no Egito semelhante ao de Jerusalém, e para indicar levitas e sacerdotes de sua própria raça", em reconhecimento por seus "muitos e grandes" serviços como líder mercenário. O templo assim construído (no local de um antigo templo pagão) foi mencionado por Josefo em um trecho de sua obra como sendo de fato semelhante ao de Jerusalém, "porém menor e mais modesto", embora em outro local ele tenha afirmado especificamente que não era igual ao de Jerusalém, mas parecido com "uma torre de grandes pedras e com sessenta côvados de altura". É difícil sondar os motivos de Onias, já que Josefo alegou ora que ele desejava em primeiro lugar cumprir a antiga profecia de Isaías de que "naquele dia haverá em plena terra do Egito um altar [...] dedicado ao Eterno", ora que ele desejava reunir os habitantes judeus do Egito em um único santuário e não nos templos dispersos que eles frequentavam "em desacordo com o que é correto", ou ainda que ele desejava, desonestamente, rivalizar com os judeus em Jerusalém, e que ele esperava "com a construção desse templo atrair a multidão de longe até ele".

A história e o destino final do templo de Leontópolis parecem refletir a ambivalência dos judeus em relação a tal empreendimento. Por um lado, o templo continuou em funcionamento contínuo por bem mais de dois séculos, até ser fechado, e no devido tempo espoliado, pelos romanos em *c.* 73 a.C., depois da destruição de Jerusalém. Os rabinos, conforme citado na Mishná, imaginam um indivíduo piedoso prometendo fazer oferendas pessoais "na Casa de Onias" e sendo obrigado a manter tais promessas: "[se ele dissesse] 'Eu vou fazer a oferenda dos cabelos [como um nazireu] na Casa de Onias', ele deveria fazê-la no Templo [em Jerusalém]; mas, se ele a fizesse na Casa de Onias ele cumpriria com a sua obrigação". Parece que os nazireus, que haviam prometido se "separar do Senhor" por meio da abstenção de produtos derivados da uva e permitindo que seus cabelos não fossem cortados, poderiam cumprir em Leontópolis, bem como em Jerusalém, seu dever de raspar o cabelo no fim de sua consagração, "na entrada da tenda da reunião", conforme determinado em Números 6:18. Por outro lado, nem os escritos de Fílon, e nem qualquer outro texto judeu, fazem qualquer referência clara ao templo de Leontópolis, e tentativas de descobrir referências implícitas não são convincentes.[28]

Quer Onias tencionasse ou não que Leontópolis rivalizasse Jerusalém, ele certamente não parece ter sugerido que o culto de Jerusalém fosse, por si só, inválido. O mesmo não se aplica aos samaritanos, e essa distinção vital é o que os colocou, tanto aos seus próprios olhos quanto aos dos judeus, às margens do judaísmo, ou mesmo além. Segundo a tradição samaritana, até os tempos modernos, os samaritanos são descendentes diretos das tribos de Israel que, tendo sobrevivido à destruição do reino do norte de Israel pelos assírios no século VIII a.C., e evitando a deportação, preservaram a Torá de Moisés principalmente por realizar o culto no santuário definido por ordem divina em Siquém, próximo ao monte Gerizim. O relato bíblico hostil, por sua vez, afirma que os habitantes de Samaria descendiam de colonizadores não israelitas, incluindo os de Cuta (por isso os "cuteus") levados a Samaria pelos assírios, e que foi somente por medo, porque "o Eterno soltou sobre eles leões", quando o rei da Assíria enviou um sacerdote israelita para que "lhes ensine a lei do Deus da terra", que eles começaram a cultuar o Senhor.[29]

Qualquer que seja a sua origem, o livro bíblico de Esdras relata que, na época em que o Templo de Jerusalém estava sendo reconstruído no fim do século VI a.C., os habitantes da terra se opunham ao projeto. Duas inscrições da ilha de Delos se referem à população samaritana local como "israelitas que enviam a taxa do templo ao monte Gerizim" na metade do século II a.C. Foi essa fidelidade a um santuário separado que os distinguia com muita clareza dos judeus na época do sumo sacerdote asmoneu de Jerusalém, João Hircano. Este parece ter destruído o santuário deles no fim do século II a.C., quando, como relatou Josefo, derrotou "os cuteus, a raça que habitava a região vizinha ao templo projetado semelhante àquele de Jerusalém". No século I da Era Comum, Josefo alegou que, em sua época, a atitude dos samaritanos em relação aos judeus variava de acordo com as circunstâncias: "Por sua vez, sempre que veem que as coisas estão correndo bem para os judeus, eles se dizem seus parentes [...]. Quando, entretanto, veem que as coisas estão correndo mal para eles, dizem que não lhes devem nada, e que eles não têm direito à sua lealdade ou raça". Então, por exemplo, na época da revolta dos macabeus, quando os judeus estavam sendo perseguidos, eles alegaram originalmente tanto terem vindo de Sidon, na Fenícia, quanto serem descendentes dos medos e dos persas, não mais admitindo que os judeus "fossem seus parentes ou que o templo em Garizein fosse aquele do Maior Deus", apesar de confessarem seu costume ancestral de guardar "o dia que é chamado de Shabat pelos judeus" e a construção feita por eles de "um templo sem nome em uma montanha chamada Garizein". Do lado judeu, a atitude rabínica primitiva em relação aos samaritanos refletia a mesma ambivalência. Quando, por exemplo, três pessoas comem juntas, a Mishná exige que seja dita a graça em comum depois da refeição ainda que "[um dos que comeu fosse] um cuteu". Porém, a ambivalência rabínica não se estendia à validade do culto no monte Gerizim, que (diferentemente de Leontópolis) era simplesmente vista como errada, ou era ignorada, por outros judeus. Na prática, os samaritanos eram tratados pelos judeus como um grupo étnico distinto e, muitas vezes, hostil. Judeus não se transformavam em samaritanos, e tampouco os samaritanos algum dia se transformariam em judeus.[30]

SINAGOGA

Josefo enfatizou para os leitores de *Contra Apião* que Moisés, como o melhor dos legisladores, teve o cuidado de garantir que todos os judeus soubessem o que a lei implicava:

> Ele não deixou pretexto para a ignorância, mas instituiu a lei como o material de ensino mais refinado e mais essencial; de modo que ela fosse ouvida não apenas uma, ou duas vezes, ou algumas vezes, ele ordenou que a cada sete dias eles abandonassem as suas outras atividades e se reunissem para ouvir a lei, e para aprendê-la por completo e em detalhes. Isso é algo que todos [os outros] legisladores parecem ter negligenciado [...]. Fosse qualquer um de nós questionado sobre as leis, essa pessoa iria mencioná-las com mais facilidade do que o seu próprio nome. Então, aprendendo-as por completo desde o primeiro momento de consciência, nós as temos, por assim dizer, gravadas em nossas almas [...]. Quanto aos costumes da vida diária: que tudo tenha a devoção como seu objetivo, se pode ficar sabendo até por intermédio das mulheres e dos servos.[31]

Sem dúvida, Josefo exagerava a extensão do desconhecimento em relação às suas próprias leis encontrado em outras nações. Mas é bem verdade que a sinagoga, como uma instituição para a educação religiosa adulta em massa, não tinha rivais no mundo antigo antes da cristandade. Fílon adotou uma posição caracteristicamente filosófica ao descrever tal educação, observando que os judeus "têm casas de preces e nelas se encontram, especialmente nos Shabats sagrados, quando eles recebem, em conjunto, um ensinamento em sua filosofia ancestral". Mas o autor dos Atos dos Apóstolos coloca a questão de modo mais direto: "Pois, desde os tempos antigos, Moisés é pregado em todas as cidades, sendo lido nas sinagogas todos os sábados".[32]

Uma inscrição de Jerusalém, datada do século I da Era Comum, recorda a dedicação de uma sinagoga, abrigo e outras instalações por certo Teódoto, filho de Vêneto, descrito como "sacerdote e *archisynagogos* [chefe da sinagoga], filho do *archisynagogos*, neto do *archisynagogos*". Fica claro que um sacerdote poderia ser chefe de uma sinagoga, e, como a inscrição afirma que a sinagoga foi construída "para a leitura da Torá e o estudo dos mandamentos", vale a pena recordar a afirmação feita por Josefo em *Contra Apião* de que a instrução na Torá era levada a cabo por sacerdotes. A inscrição de Teódoto havia sido feita para registrar a construção de uma sinagoga, mas não se sabe quantas delas foram propositalmente erguidas para uso religioso em seu tempo. O termo *synagoge* em grego significa "assembleia", e poderia ser usado para se referir ou à comunidade ou ao seu prédio. Não havia uma necessidade óbvia de um prédio específico. Segundo o livro bíblico de Neemias, a lei de Moisés havia sido lida de modo cerimonial pelo escriba Esdras no século V a.C. ao ar livre: "Esdras, o Escriba, trouxe a Torá perante a congregação [...]. E ali, na praça localizada em frente ao Portão das Águas [...]. Os levitas liam com clareza o texto do livro, expondo a Torá de Deus, interpretando [...]".[33]

Ler a Torá de Moisés para o povo reunido era o principal propósito desse ensinamento, e com o passar do tempo um sistema se desenvolveu por meio do qual todo o Pentateuco seria lido parte por parte em Shabats consecutivos para garantir que o texto todo fosse completado a cada ano. Exatamente quando esse procedimento foi iniciado, não se sabe com certeza, mas a Mishná implica uma ordem estabelecida para ler os textos liturgicamente quando observa as instâncias de interrupção dessa sequência para marcar ocasiões especiais: "Nos primeiros dias dos meses, Chanucá, Purim, nos dias de jejum [...] e no Dia do Perdão". Uma tradição no Talmude babilônico registra que na Palestina o ciclo de leitura da Torá havia sido concebido para ser completado em três anos em vez do ciclo anual que se transformou no padrão no judaísmo rabínico posterior, e possíveis traços desse ciclo trienal têm sido observados na tradição medieval dos escribas massoretas (ver capítulo 10). Porém, evidências de suas origens, e do ciclo anual, são imprecisas, e não é impossível que as comunidades se sentissem livres para selecionar a leitura da semana conforme lhes parecesse adequado durante todo o período do Segundo Templo, e depois.³⁴

O que parece claro é que também eram padrão as leituras regulares dos outros livros da Bíblia. Os Atos dos Apóstolos se referem à leitura "da Lei e dos Profetas" e, segundo o Evangelho de Lucas, Jesus enfrentou problemas em sua cidade natal de Nazaré quando "no dia de sábado entrou na sinagoga, como era seu costume", e "foi-lhe entregue o livro do profeta Isaías", com o que ele o desenrolou, leu a passagem de Isaías proclamando as boas novas para os pobres e oprimidos, enrolou o livro, devolveu-o para o assistente e se sentou, "na sinagoga todos tinham os olhos fitos nele", e começou a interpretação do texto que causou alvoroço: "Hoje se cumpriu a Escritura que vocês acabaram de ouvir". Nessa história, pelo menos, a escolha da leitura parece ter sido deixada ao leitor, e o mesmo pode ser deduzido por desacordo na Mishná sobre a adequação de usar certas passagens para leituras públicas: "Eles podem não usar o capítulo da carruagem como uma leitura dos Profetas, mas Judah o permite". É paradoxal que a (mínima) informação a ser extraída da Mishná a respeito das leituras públicas desse tipo venha de uma seção dedicada a uma discussão mais detalhada do único livro bíblico que parece ter sido regularmente recitado por completo de uma só vez. Esse livro, nem da Torá e nem dos Profetas, mas dos Escritos, era o Livro de Ester. Sua leitura constituía o ritual central para o festival do Purim, que celebrava a fuga dos judeus da destruição sob o rei persa Assuero, acontecimento que constitui a sua principal narrativa: segundo a Mishná, "o rolo é lido no décimo primeiro, décimo segundo, décimo terceiro, décimo quarto ou décimo quinto [do (mês de) Adar], nunca antes, e nunca depois", e o texto continua para definir qual data é correta para cada comunidade.³⁵

Quando a passagem havia sido lida, a congregação esperava uma interpretação – por isso a atenta (ainda que não apreciadora) audiência para a interpretação feita por Jesus de Isaías na sinagoga de Nazaré. Esse tipo de exposição poderia variar muito tanto em forma quanto no conteúdo. A mais direta era a tradução em vernáculo, não apenas a tradução de todo o texto em grego para quem não estivesse familiarizado com as línguas semíticas, assim como vimos no capítulo 2, mas o *targum*, uma versão em aramaico ou em hebraico da Lei e dos Profetas versículo a versículo: "Aquele que lê a Lei não pode ler menos de três versículos [no total]; ele pode não ler para o intérprete mais que um versículo [...]. Eles podem deixar de lado versículos dos Profetas, mas não da Lei. Quanto eles podem deixar de lado? Apenas o suficiente para que ele não deixe tempo para o intérprete fazer uma pausa". As versões aramaicas do Pentateuco e dos Profetas que sobrevivem da Antiguidade incluem muita coisa que vai bem além de uma tradução direta do hebraico, como por exemplo no papel principal designado a Isaac como alguém que age livremente em uma versão aramaica da dramática história em Gênesis 22 sobre a disposição de Abraão de sacrificar seu único filho quando recebeu do Senhor ordens de fazê-lo: "Isaac falou e disse ao seu pai: 'Amarra-me bem, caso eu lute por causa da angústia da minha alma, com a consequência de que um defeito possa ser encontrado em tua oferenda, e eu seja arremessado ao poço da destruição'. Os olhos de Abraão estavam olhando nos olhos de Isaac, e os olhos de Isaac estavam olhando os anjos lá no alto. Isaac os via, mas Abraão não os via".[36]

Outras formas de interpretação eram provavelmente mais discursivas, sob a forma de sermões, mas sua natureza só pode ser pressuposta a partir dos textos literários que preservam passagens mais amplas de tal exposição. Este é o comentário sobre Habacuc de Qumran:

> "Tu determinaste [Ó Eterno,] que deveríamos ser punidos; Tu os estabeleceste, ó nossa rocha, para que nos disciplinassem. São Teus olhos por demais puros demais para contemplar o mal, e não Te podes deter na observação de perversões." Interpretado, este trecho significa que Deus não destruirá Seu povo pela mão das nações; Deus irá executar o julgamento das nações pela mão de Seus eleitos. E por meio do castigo deles todos os ímpios de Seu povo que observam os Seus mandamentos em sua hora de tristeza deverão expiar a sua culpa. Pois é como ele disse, "por demais puros demais para contemplar o mal": interpretado, isso quer dizer que eles não desejaram os seus olhos durante a época da maldade.[37]

A exegese rabínica primitiva foi preservada em textos tanaítas compilados no século II da Era Comum ou posteriormente, mas é provável que contenha material muito mais antigo. Ela contém algumas interpretações que podem remontar explicitamente ao século I da Era Comum, por causa de paralelos com motivos encontrados nos escritos de Josefo ou de Fílon, tais como a lenda da extraordinária beleza de Moisés quando criança. Na versão de Josefo,

> quando ele chegou aos três anos de idade, Deus lhe concedeu um assombroso aumento em sua estatura, e ninguém era tão indiferente à beleza dele que, ao

olhar Moisés, não se assombrasse com ela. E aconteceu que muitas pessoas, que casualmente se encontravam com ele enquanto era levado ao longo da estrada, se voltavam ao ver o menino e deixavam de lado suas tarefas importantes e usavam seu tempo para olhá-lo. Pois o grande e puro encanto infantil que o envolvia cativava os que o viam.

É possível ver esse tipo de história sobre Moisés entremeada em forma de sermão nos comentários bíblicos rabínicos de muitos séculos mais tarde:

> Porque ele era tão belo, todos estavam ansiosos para vê-lo, e quem o visse não conseguia se afastar dele. O faraó costumava beijá-lo e abraçá-lo, e ele [Moisés] costumava pegar a coroa do faraó e colocá-la em sua cabeça, assim como ele estaria destinado a fazer quando ficasse grandioso.[38]

É difícil, a partir das evidências que chegaram até nós, saber quanto da interpretação da Bíblia acontecia no contexto de tais ensinamentos após a leitura pública dos textos, e quanto assumia uma forma mais literária. Não há evidências, por exemplo, de uso litúrgico pelos judeus do Livro dos Jubileus, que foi composto, provavelmente na metade do século II a.C., como o relato de uma revelação feita a Moisés no Monte Sinai por um "anjo da presença" delegado a dizer para ele tudo "desde o começo da criação". O Livro dos Jubileus é uma versão reescrita da narrativa do começo do Gênesis à metade do Êxodo, encerrada com uma cronologia de "jubileus", ou seja, unidades de 49 anos ("sete semanas de anos"). Alguma interpretação da Bíblia parece totalmente literária, assim como a lenda, encontrada tanto nas *Antiguidades* de Josefo quanto (em forma diferente) na obra de Artapano, um escritor judeu egípcio, de que Moisés teria se casado com uma "mulher cuchita", tendo conquistado essa noiva devido às suas proezas como general do exército egípcio em uma campanha contra os etíopes, durante a qual ele havia ganhado a admiração e o amor de Tharbis, a filha de seu adversário, o rei etíope. Outras formas de interpretação bíblica tinham como objetivo dar apoio a instâncias legais, tais como as regras hermenêuticas atribuídas a Ishmael, um sábio rabínico do século II da Era Comum, que se referem, por exemplo, à "construção de um princípio geral de um versículo e construção de um princípio geral de dois versículos", com um exemplo:

"E se arrancar um dente de seu escravo." (Êxodo 21:27) Eu posso compreender o que isso significa mesmo sendo apenas um dente de leite que o patrão tirou, mas as Escrituras também afirmam: "E quando um homem ferir o olho de seu escravo [...] e o danificar". (Êxodo 21:26) Assim como o olho é um órgão que não pode tornar a crescer, do mesmo modo o dente tem de ser um que não possa crescer de novo. Até então, apenas o dente e o olho são especificamente mencionados. E quanto aos outros órgãos principais? Observa, tu podes estabelecer um princípio geral com base no que é comum a esses dois. A particularidade específica de um dente não é a mesma de um olho, tampouco é a particularidade específica de um olho a mesma de um dente, mas o que é comum a ambos é que a perda deles constitui um defeito permanente: eles são órgãos principais e visíveis, e, se o patrão intencionalmente os destruir, o escravo ganha a sua liberdade em recompensa.[39]

O ensino público das leis, do qual Josefo e Fílon se vangloriavam, deve ter sido, às vezes, acompanhado por preces comunais, já que os judeus no Egito até o século III a.C. se referiam aos seus edifícios comunais como "preces": a palavra usada em grego, *proseuche*, era um termo estranho para se referir a uma edificação, o que reforça a ideia de que a prece deveria ter sido a sua função central. O termo não foi usado de modo geral em relação a edifícios comunais na terra de Israel no período do Segundo Templo, mas uma exceção sugere que a mesma ideia também era possível lá. Josefo escreveu em sua autobiografia a respeito de uma congregação geral no *proseuche* em Tiberíades, na Galileia, em 67 da Era Comum, descrevendo-a como "uma construção muito vasta e que pode conter uma grande multidão". Ele narrou a história de uma reunião muito concorrida ocorrida lá em uma manhã de sábado, que não se tornou problemática devido a uma pausa para a refeição; então sobre uma segunda reunião, na manhã do domingo, para a qual as pessoas se reuniram no *proseuche*, embora elas não tivessem a menor ideia do motivo pelo qual estavam sendo convocadas; e finalmente a respeito de uma terceira na segunda-feira, que foi declarado dia de jejum, no qual a comunidade estava "realizando os atos costumeiros e se voltando para as suas preces" até a congregação acabar em uma revolta.[40]

Não é possível afirmar que forma essas preces assumiam, já que as evidências mais diretas de antes do ano 70 da Era Comum se referem não às preces comunais, mas às individuais, assim como a prece na época do maior perigo atribuída a Ester na versão grega da história dela: "Meu Senhor, nosso único rei; assisti-me no meu desamparo, porque não tenho outro socorro senão vós [...]. Oh, Deus, que sois poderoso sobre todas as coisas, ouvi a voz daqueles que não têm outra esperança, livrai-nos das mãos dos malvados, e livrai-me da minha angústia!". Muitos textos de prece individual foram encontrados entre os rolos de antes de 70 da Era Comum descobertos em Qumran, sugerindo uma devoção disseminada entre aqueles que tinham acesso a esse material, mas outros textos encontrados entre os manuscritos do mar Morto se parecem bastante com preces que devem ser feitas coletivamente: "Vamos relatar as Vossas maravilhas de geração a geração. Abençoado seja o Senhor que nos fez rejubilar". Um dos rolos mais longos contém muitos hinos de graças que podem ter sido cantados pela comunidade, como os salmos: "Bendito sede, Oh Senhor, Criador [de todas as coisas e poderoso nas] ações: todas as coisas são Vossa obra! Observai, Vós vos alegrais em favorecer [Vosso servo], e me agraciou com Vosso espírito de misericórdia e [com a radiância] da Vossa glória [...]". Fílon escreveu a respeito de um grupo de judeus contemplativos de sua época, os terapeutas (ver capítulo 6), que contavam com um coro misto de homens e mulheres para imitar o canto de Moisés e de Miriam depois da travessia do mar Vermelho: "O coro dos terapeutas dos dois sexos, nota respondendo a nota, e voz respondendo a voz; os agudos das mulheres, se mesclando à voz baixa dos homens, criam um concerto harmônico, música no sentido mais verdadeiro". Porém, não sabemos se tal prática litúrgica, escolhida por Fílon para os seus elogios, provavelmente tendo em mente os leitores não judeus, era uma liturgia judaica comum ou (talvez como seja mais provável) a exceção.[41]

Contrastando com a escassez de evidências diretas de antes de 70 a.C., a Mishná oferece uma boa visão dos padrões litúrgicos por volta do fim do século II da Era Comum. É possível que muitos desses padrões remontassem a séculos anteriores ao fim do culto no Templo em Jerusalém, mas vale a pena observar que nenhum dos textos de preces de Qumran está relacionado à liturgia subjacente à Mishná. A estrutura básica das preces comunais nos textos rabínicos primitivos é a fórmula de bênção: "Bendito sede, Oh Senhor nosso Deus, Rei do universo, que [...]". A primeira seção da Mishná discute as regras para recitar as bênçãos relevantes antes e depois da Shemá, o primeiro grupo de três passagens do Pentateuco recitadas na manhã e ao entardecer, começando com "*Shema Yisrael*": "Escuta, Israel!, O Eterno é nosso Deus, o Eterno é um só [...]. E amarás ao Eterno teu Deus, com todo o teu coração, com toda a tua alma e com todas as tuas posses". O papiro Nash, do século II a.C., contendo em uma única folha um texto hebraico da Shemá com os Dez Mandamentos, sugere que o Decálogo também era recitado de forma litúrgica por alguns judeus. A Mishná registra tal recitação, antes da Shemá, feita pelos sacerdotes no Templo durante os procedimentos para os sacrifícios diários, mas a recitação litúrgica dos Dez Mandamentos por outros judeus não é especificada na Mishná, e a tradição rabínica posterior relatava a proibição específica de tal recitação caso ela encorajasse a ideia herética de que apenas esses mandamentos haviam sido ordenados de forma divina.

A Mishná, entretanto, assume uma recitação regular junto com a Shemá de uma forma padrão de preces que, no fim do século I da Era Comum, era conhecida por Rabban Gamaliel II e rabi Joshua como "as Dezoito" (*Shemoneh Esreh*), que sobreviveram em várias revisões e se transformaram na forma padrão de prece judaica. Já nas versões conhecidas dos rabinos no século II da Era Comum, o *Shemoneh Esreh* inclui não dezoito, mas dezenove bênçãos, sugerindo ou um uso anterior de dezoito específicas antes do acréscimo da décima nona bênção em algum momento depois de 70 da Era Comum, ou um acordo entre versões conflitantes de quais deveriam ser as dezoito bênçãos. De qualquer modo, embora a divisão do *Shemoneh Esreh*, para ser recitado três vezes ao dia, em três seções (louvor, pedido e graças) provavelmente reflita a estrutura da prece comunal no período tardio do Segundo Templo, a aceitação final de que deveria haver dezenove bênçãos proporciona por si só evidências de certa fluidez na tradição litúrgica, assim como o fazem as referências à destruição do Templo em 70 a.C. nas versões das bênçãos encontradas na Mishná.⁴²

Tanto a Shemá quanto o *Shemoneh Esreh* poderiam ser recitados individualmente ou em conjunto. A prece comunal é orientada por regras para lidar, por exemplo, com alguém que "compareceu perante a Arca e errou"; em tal caso, "outro deve tomar o seu lugar [...]. Onde ele começa? No início da bênção durante a qual o outro incorreu em erro". Por outro lado, a maior parte das primeiras regras rabínicas se aplica principalmente às preces individuais. Havia debates no século I da Era Comum a respeito da postura ao se dizer a Shemá – é correto se reclinar ao entardecer, refletindo a injunção bíblica de falar sobre os mandamentos "quando tu te deitas e quando tu te levantas"? O *Shemoneh Esreh* era para ser dito em pé, a não ser que as circunstâncias, tais como quando se estava montando em um burro e não fosse possível desmontar, tornassem isso fisicamente impossível. Por esse motivo talvez essas bênçãos às vezes fossem conhecidas como Amidá, ou "oração em pé". Tal prece requeria concentração, segundo a Mishná: "Ninguém pode se levantar para dizer a prece a não ser em um estado de espírito sóbrio [...]. Mesmo que o rei saúde um homem, ele não pode reciprocar o cumprimento; e ainda que uma cobra estivesse enrolada em seu calcanhar ele não poderia interromper sua prece". Na Mishná é dito que a prostração durante a prece, com pés e mãos estendidos, era praticada no Templo quando o sumo sacerdote pronunciava o nome divino durante os serviços no Dia do Perdão, mas nem a Mishná e nem os textos judaicos mais antigos têm algo a dizer a respeito dessa forma de reverência, ou sobre se ajoelhar ou se inclinar durante as preces normais em outros lugares.[43]

Não obstante o pressuposto poder das preces individuais, e (como veremos no capítulo 8) a possibilidade de indivíduos piedosos viverem como ascetas solitários, os judeus, assim como outros no mundo antigo, davam por certo que o culto deveria normalmente ser realizado em grupo. Inscrições encontradas no interior do Egito se referem à casa de preces como a principal instituição dessas comunidades de judeus da diáspora. Para todos os judeus, a véspera do Pessach, quando, como Fílon disse em Alexandria no século I da Era Comum, "a nação toda realiza os rituais sagrados e age como um sacerdote com as mãos puras e imunidade completa" para comer o cordeiro assado que marca a festa, de modo que, "nesse dia, todas as casas são investidas de uma aparência externa e da dignidade de um templo", envolve uma cerimônia durante a qual "os convidados reunidos para o banquete foram limpos por purificações [...] para cumprir com preces e com hinos o costume transmitido por seus pais". O propósito era o de agradecer pelo milagre da libertação do Egito na época do êxodo, tanto contando a história quanto (em parte) a representando. O pão ázimo era comido cerimoniosamente para relembrar a pressa com que os israelitas tinham sido ordenados a sair do Egito depois que a décima praga foi lançada sobre o país e ter envolvido a morte dos filhos primogênitos dos egípcios. Agora não é possível saber até que ponto a formulação da narrativa do êxodo se parecia no período do Templo com o serviço Sêder, um banquete doméstico acompanhado pelo ato de recontar a história do êxodo, conforme ele foi desenvolvido depois de 70 da Era Comum, mas a cerimônia em si devia ser muito parecida para todos aqueles judeus incapazes de participar do festival dos peregrinos em Jerusalém.

Esse uso da liturgia comunal para reforçar as memórias do povo era o propósito explícito da leitura do Livro de Ester nas sinagogas no festival de Purim e do acender das velas nas casas no festival de Chanucá, que comemorava a vitória dos macabeus sobre Antíoco Epifânio. Esta última libertação, ao contrário da de Ester, parece ter sido celebrada liturgicamente não por meio de narrar a história, mas basicamente com a exibição de luzes durante oito dias, o que, como vimos, o Segundo Livro dos Macabeus chamava de "o festival das cabanas no mês de Kislev". Rabi Judah, no século II da Era Comum, observou que um comerciante que deixasse sua luz fora de uma loja de modo que o linho transportado por um camelo que passava pegasse fogo e queimasse o estabelecimento não seria culpado pelos danos ao linho ou ao camelo se a luz fosse da Chanucá. A única questão litúrgica relacionada à Chanucá discutida na Mishná é a leitura do Pentateuco durante o festival: a Mishná estipula que a parte no Livro dos Números a ser lida é a que descreve as oferendas que devem ser trazidas para o santuário no deserto pelos príncipes das tribos, desse modo implicitamente estabelecendo um elo entre a dedicação original do santuário e a nova dedicação do altar no tempo dos macabeus.[44]

Tendo em vista o papel das sinagogas como instituições de ensino, a escolha de seus líderes e administradores deve ter sido muito importante para os judeus na Antiguidade, assim como em períodos mais recentes da história judaica. É possível esperar que a função do leitor da Torá para o público tenha sido muito significativa, já que ele tinha a tarefa de ler em voz alta a escritura sagrada com precisão, apesar da falta de vogais e de outra pontuação no texto, e ele também precisaria saber de cor leituras tradicionais que pareciam contradizer o texto manuscrito (o que escribas de épocas posteriores chamaram de texto "lido" em vez de "escrito"), mas há assombrosamente poucas evidências de que tais pessoas tenham sido muito estimadas. Os Atos dos Apóstolos se referem aos "principais da sinagoga" em comunidades da diáspora como responsáveis pela preservação da disciplina comunal em locais como Corinto, onde dizem que eles tentaram (sem sucesso) controlar o apóstolo Paulo. Inscrições honrosas e funerárias trazendo em grego os mesmos títulos, ou títulos parecidos, tais como "pais da sinagoga" ou "anciãos", foram encontradas em diversos locais a leste do Mediterrâneo, onde os judeus estavam assentados no fim do período helenístico e início dos tempos romanos.

Uma quantia de edifícios públicos quadrados ou retangulares localizados no deserto da Judeia no período tardio do Segundo Templo (em Massada e em Heródio), em Gamala nas colinas de Golã e nas da Judeia (em Kiryat Sefer e em Modiim) foram identificados, de maneira muito plausível, como sinagogas, mas à luz dos múltiplos propósitos atestados para o complexo de edifícios construídos por Teódoto, e o uso da "casa de preces" em Tiberíades na Galileia para encontros políticos em 67 d.C., observado por Josefo, é provável que tais edifícios fossem essencialmente comunais e não religiosos. Por outro lado, os Evangelhos mencionam curas e milagres sendo feitos em sinagogas na Galileia, e Josefo descreveu na sinagoga de Cesareia em 66 d.C. problemas que chegaram ao seu ponto máximo durante uma disputa com um proprietário de terras não judeu que tentou construir oficinas bloqueando o caminho para a sinagoga, quando gentios locais sacrificaram alguns pássaros exatamente do lado de fora da entrada da sinagoga. No ponto de vista dos judeus de lá, essa ação fez com que "o local deles [ficasse] poluído", o que sugere que eles atribuíam santidade ao edifício da sinagoga.[45]

Atribuições desse tipo enquanto o Templo ainda existia parecem ter sido mais comuns na diáspora do que na terra de Israel. Desse modo, Fílon observou que, em Alexandria, nos seus tempos, houve alvoroço quando gregos hostis colocaram imagens do imperador Calígula nas casas de preces dos judeus, incluindo "na maior e mais notável uma estátua de bronze de um homem sentado em um carro puxado por quatro cavalos", que Fílon e outros judeus consideraram como ídolos. A sinagoga em Antioquia, na Síria, adornada com oferendas de metal e que atraía para seus serviços religiosos muitos gregos locais, foi até mesmo descrita por Josefo em uma passagem como um "templo". Fílon, escrevendo sobre os essênios (ver capítulo 6), provavelmente para leitores não judeus, em seu tratado *Todo homem bom é livre*, se referiu à instrução que eles recebiam todo sétimo dia nos "locais sagrados que são chamados de sinagogas". Mas tal santidade era de um nível muito diferente da do Templo de Jerusalém. Por isso, quando a sinagoga em Cesareia foi atacada no ano 66 d.C., os judeus de lá "pegaram rapidamente as leis e se retiraram para Narbata", abandonando a sinagoga ao seu destino, ao passo que quatro anos mais tarde muitos dos sacerdotes e dos leigos de Jerusalém defenderam o Templo até a morte.[46]

A sinagoga havia se desenvolvido como uma instituição nos últimos séculos do período do Segundo Templo de um modo bastante separado do desenvolvimento do próprio Templo de Jerusalém. Não há razão para imaginar que a arquitetura, a organização ou a liturgia da sinagoga durante esse período fossem moldadas pelo Templo com o seu ritual, tampouco (de modo oposto) que a sinagoga representasse um tipo de judaísmo diferente daquele no Templo.[47] Aos olhos da maior parte dos judeus, onde quer que eles estivessem, nada que se passasse em uma sinagoga, fossem ensinamentos ou preces, poderia rivalizar com o papel central do culto por meio de sacrifícios e de oferendas no Templo. Que a prece comunal nas sinagogas fosse valiosa era dado como certo, e sem dúvida tal liturgia era cada vez mais apreciada a grandes distâncias de Jerusalém; mas, ao contrário dos sacrifícios, a prece não havia sido estabelecida com clareza na lei de Moisés. Ninguém ainda parecia pensar que tal prece pudesse substituir o sacrifício.

4
A Torá de Moisés: judaísmo na Bíblia

Quem é o Deus a quem os judeus ofereciam seus sacrifícios e preces? No mundo politeísta da Antiguidade, a maior parte dos adoradores enfatizava o fato de garantir que eles dessem o nome correto à divindade com quem eles quisessem estabelecer um relacionamento. Por outro lado, às vezes parecia ser misteriosamente difícil definir o Deus dos judeus, de modo que o filósofo Plutarco, no século I da Era Comum, escreveu um tratado sobre o tema (no qual ele concluiu, com base na natureza do culto judaico, que era mais provável que o Deus judaico fosse o deus Dionísio dos gregos). Para os próprios judeus, identificar Deus nas preces era simples: ele era o Deus de Abraão, Isaac e Jacó, cuja história é contada na Bíblia.[1]

"No princípio, ao criar Deus os céus e a terra [...]." Deus é retratado na Bíblia como o regente supremo do universo, criador de todas as coisas por meio de suas palavras, juiz e legislador da raça humana, que não está sujeito a restrições advindas das leis naturais ou de forças cósmicas concorrentes. Contrastando com os mitos de outros povos no Oriente Próximo e no mundo clássico, judeus não contavam histórias cosmológicas para explicar as origens da divindade que eles cultuavam. O poder dela era simplesmente aceito. Afirma-se muitas vezes que Deus é intangível e sagrado demais para que os seres humanos o vejam, mas isto não impede que ele seja imaginado como pai, pastor, juiz ou rei: "Acima do dilúvio estabeleceu o Eterno e como Rei permanecerá pela eternidade afora". Imagens antropomórficas foram encorajadas pela ideia presente nos capítulos iniciais do Gênesis de que o homem e a mulher foram criados à imagem de Deus, mas outras imagens também são encontradas. De modo mais notável há Deus como sol, brilhando com uma luz forte: o salmista chamou o seu Deus "sol e escudo".[2]

Eram feitas menções a Deus sob uma grande quantidade de nomes, títulos e epítetos, que provavelmente foram se misturando gradualmente, à medida que diferentes ideias sobre Deus se consolidaram. Na prece atribuída a Salomão na dedicação do Primeiro Templo, ele se pergunta se Deus (*elohim* em hebraico) irá mesmo habitar na terra, já que "os céus, e até os céus dos céus, não podem Te conter, quanto menos esta casa que eu construí", mas ele prossegue para apelar diretamente a "YHVH, meu Deus" que abra os seus olhos para "este lugar, do qual disseste: 'O meu nome estará ali'". O significado especial atribuído ao nome divino YHVH (convencionalmente pronunciado "Iavé", com a letra *vav* transliterada como "v") se encontra na tradição, bem estabelecida no período tardio do Segundo Templo, de que o nome era sagrado demais para ser dito em voz alta a não ser pelo sumo sacerdote no Santo dos Santos. É possível observar a convenção de escribas atestada nos mais antigos manuscritos entre os manuscritos do mar Morto de escrever o nome em uma escrita específica paleo-hebraica ou de substituí-lo por pontos ou traços. As origens do tetragrama (nome de "quatro letras", ou seja, as quatro letras hebraicas – *yod, hay, vav, hay* – transliteradas como YHVH) são associadas à história bíblica de que Moisés perguntou a Deus, quando antes do êxodo Deus falou com ele de uma sarça, mas sem se queimar: "Quando eu vier aos filhos de Israel e lhes disser: 'O Deus de vossos pais enviou-me a vós', eles dirão para mim: 'Qual é o Teu Nome?', e o que direi a eles? E Deus disse a Moisés: 'Eu sou Quem Eu sou'" (em hebraico, "Eu sou" é AHYH, pronunciado "ehyeh"). Porém, os processos de transmutação são obscuros, e os judeus em Elefantina se referiam ao Deus que eles cultuavam como YHV, com apenas três consoantes. Os nomes "El" e "Elohim" parecem ter sido usados de modo mais genérico no Oriente Próximo para se referir às divindades de modo mais preciso, acrescentando algo a respeito de suas qualidades ou do lugar onde elas eram cultuadas; no caso do Deus todo-poderoso de Israel, ele poderia ser descrito como El-Elyon, "Deus, o mais Alto", já que ele era o criador do céu e da terra.[3]

A Bíblia com frequência assume que Deus age em um ambiente repleto de outros seres sobrenaturais, ainda que a natureza dessas criaturas, de modo geral, seja deixada de forma vaga. Os israelitas são descritos, ao louvar o Senhor depois de sua salvação no Egito, exclamando: "Quem é como Tu entre os fortes, Ó Eterno?". Na chegada a Canaã, eles são descritos abandonando o Senhor para adorar os Baals e seguir "outros deuses, dentre os deuses dos povos que havia ao redor deles". Trata-se de um mundo repleto de deuses, em desacordo com o monoteísmo radical manifestado no livro de Isaías: "Eu sou o Eterno, e nenhum outro existe; não há Deus além de Mim". A corte divina inclui os "filhos de Deus", que agem como uma espécie de conselho celestial e como mensageiros do Senhor que cumprem as suas ordens. Eles às vezes são concebidos como "dezenas de milhares dos anjos da santidade", ou seja, "uma hoste celestial" ou "o exército do Senhor". Em textos bíblicos posteriores, tais figuras são retratadas como anjos que podem interceder pelos interesses dos humanos, enquanto outros, principalmente Satã, receberam de Deus o poder de acusar aqueles cuja devoção a Deus pudesse ser questionada: "Então Ele me mostrou o sumo sacerdote Josué que estava de pé ante o anjo do Eterno, e o Satã postava-se à sua direita para acusá-lo. E o (anjo do) Eterno disse ao Satã: 'Que o Eterno te repreenda, Ó Satã!'". No livro de Jó, o papel de Satã, ainda que seja claramente subserviente ao de Deus, é ampliado para se tornar um teste completo da piedade de Jó, para verificar se ele irá conservar sua fé na justiça de Deus apesar da imerecida profunda agonia e desespero nos quais ele foi lançado. Porém, toda a experiência acontece apenas com a permissão de Deus: "Disse-lhe [a Satã] o Eterno: 'Eis que ele está em tua mão, mas preserva-lhe a alma (da morte)'. E Satã partiu da presença do Eterno e feriu a Jó com úlceras malignas". Bastante diferente, na concepção bíblica desses habitantes da corte divina, é a personificação das qualidades divinas, especialmente a Sabedoria. A Sabedoria é imaginada no livro dos Provérbios como uma figura feminina concebida pelo Senhor antes da criação: "Estabeleceu-me o Eterno como início do Seu caminho [...] quando criou as fundações da terra, eu estava como um arquiteto a Seu lado e era sempre Seu deleite, regozijando-me sempre perante Ele, em recreação por sua terra já habitável e comprazendo-me como os filhos dos homens".[4]

Grande parte da Bíblia se detém na relação entre esse Deus onipotente e a humanidade. Menos é falado a respeito das relações com o resto da criação, além da insistência em que tudo, incluindo corpos naturais como o Sol, que eram adorados pelos menos perspicazes, estava totalmente sob o controle de Deus, de modo que Ele poderia ordenar ao Sol que não nascesse, ou ficasse parado, ou se movesse para trás. Deus é retratado como majestoso e justo em Seu tratamento da humanidade, transcendente de modo que aos Seus olhos os habitantes da terra são "como gafanhotos". Porém, Ele é também generoso, compassivo e pronto para perdoar. Essas diferentes qualidades são difíceis de combinar em uma imagem coerente, até mesmo na rápida proclamação de suas próprias qualidades atribuídas no Êxodo ao próprio Deus enquanto Ele passava perante Moisés:

> Eterno, Eterno, Deus piedoso e misericordioso, tardio em irar-Se e grande em benignidade e verdade, que guarda benignidade para duas mil gerações, que perdoa iniquidade, rebelião e pecado, e não livra o culpado que não faz penitência; cobra a iniquidade dos pais nos filhos e nos filhos dos filhos, até terceiras e quartas gerações.[5]

Nos Salmos, Deus é frequentemente descrito como uma fonte de misericórdia amorosa – no Salmo 136, "eterna é Sua misericórdia" –, mas ele é também o Senhor guerreiro que "despedaçaste a cabeça de Leviatã" (um mítico monstro marinho) e que "avançará como um guerreiro poderoso, e exercerá vingança como um homem em guerra. Triunfante, clamará em alta voz; sobrepujará Seus inimigos". No livro bíblico dos Provérbios, o temor ao Senhor é a verdadeira sabedoria.[6]

Para Israel, era reconfortante mas também apavorante acreditar que o povo havia sido destacado para uma aliança especial por um poder tão majestoso. No Monte Sinai, de acordo com a Torá, Deus havia revelado a Israel as leis de como a nação de Israel deveria viver; e o povo aceitara seu status especial e a responsabilidade decorrente desse fato: "Moisés [...] expôs diante deles todas essas palavras que o Eterno lhe ordenara. E todo o povo respondeu juntamente, dizendo: 'Tudo que o Eterno falou, faremos'". Na narrativa bíblica, a aceitação havia sido seguida quase de imediato pela desobediência, quando o retorno de Moisés da montanha foi postergado e o povo persuadiu Aarão a arrumar um bezerro de ouro para que eles o adorassem, dizendo-lhe: "Faze-nos deuses que irão adiante de nós; porque a este Moisés, o homem que nos fez subir da terra do Egito, não sabemos o que lhe aconteceu"; essa desobediência foi seguida rapidamente pela punição por meio da praga. No quinto livro do Pentateuco, Moisés é retratado estabelecendo com clareza as implicações da aliança: "Se obedecerdes aos mandamentos do Eterno, vosso Deus [...] então viverás, te multiplicarás, e o Eterno teu Deus te abençoará. [...] Porém se o teu coração se desviar e não quiseres ouvir, e errares [...] declaro-vos hoje que certamente perecereis". Moisés lhe diz que "escolherás pois a vida, para que vivas tu e tua descendência". As maldições que irão recair sobre Israel por não observar todos os mandamentos e decretos do Senhor são apresentadas em detalhes arrepiantes: "O Eterno enviará sobre ti a maldição, a turbação e a repreensão em tudo o que estenderes tua mão e fizeres, até que sejas destruído e pereças rapidamente por causa da maldade de tuas obras com que Me deixaste". Não havia desculpas para a desobediência:

> Porque este mandamento que eu te ordeno hoje não te é encoberto e nem está longe de ti. Não estás no céu para dizeres: "Quem subirá por nós aos céus, para que o traga a nós e nos faça ouvi-lo, para que o observemos?". Pois isso está muito perto de ti; na tua boca e no teu coração para que o observes.[7]

O poder dessa relação especial entre Deus e Israel domina a visão de mundo bíblica. A ideia de uma aliança especial encontrada no Pentateuco parece refletir tanto a forma dos tratados internacionais da Idade do Bronze Antiga (*c.* 1200-1000 a.C.) quanto os juramentos de lealdade no império assírio na época dos reis de Israel e de Judá, que se concentravam nas punições para a desobediência. Deus é mostrado interferindo em outros momentos na história, mas a sorte dos grandes impérios do Egito, da Assíria, da Babilônia e da Pérsia é de interesse para os autores dos livros proféticos e históricos da Bíblia somente na medida em que possam causar impacto em Israel. É dado como certo que Deus irá continuar a se comunicar com seu povo, de modo a preveni-lo das consequências das transgressões, embora tais mensagens sejam transmitidas de uma forma menos direta do que a revelação no Monte Sinai, quando Deus falou com Moisés. A assumida autoridade dos profetas pressupunha que qualquer indivíduo poderia ser inspirado de forma divina, quer pelo espírito do Senhor levando a um comportamento frenético e extático, quer pela palavra do Senhor transmitindo uma mensagem que quem a recebia se sentia impelido a falar, ou por visões contendo mensagens divinas. A ideia de que todos poderiam ter tais dons proféticos é uma característica do *eschaton*, o fim dos tempos, na imaginação de um escritor bíblico: "E vossos filhos e vossas filhas profetizarão, vossos anciãos terão revelações e sonhos, e visões ocorrerão aos vossos jovens".

Além desses indivíduos divinamente inspirados, na Antiguidade se acreditava que os sacerdotes proporcionavam um elo direto com Deus por meio dos oraculares Urim e Tumim, provavelmente pequenas pedras que eram jogadas ao acaso para descobrir a resposta divina para uma pergunta direta, para a qual poderia haver uma resposta, "sim" ou "não", como quando Davi perguntou ao Senhor a respeito de Saul: "Davi disse: 'Ó Eterno, Deus de Israel! Teu servo ouviu que Saul procurava vir a Keilá, para destruir a cidade por minha causa. [...] Descerá Saul, como Teu servo ouviu? Ó Eterno, Deus de Israel! Dize-o, rogo-Te, ao Teu servo'. E o Eterno disse: 'Ele descerá'". Porém, tais métodos para descobrir a vontade divina tinham caído em desuso antes do fim do Segundo Templo. Josefo acreditava que as pedras oraculares "deixaram de brilhar duzentos anos antes de eu escrever esta obra, devido ao desprazer de Deus com a transgressão das leis", embora a Mishná relate a tradição de que Urim e Tumim haviam cessado antes, "com a morte dos primeiros profetas".[8]

A promessa divina para Israel como uma recompensa por manter a aliança com Deus era de paz e prosperidade e inúmeros descendentes na terra de Canaã até um futuro distante. A narrativa bíblica da repetida queda no pecado, seguida pela tragédia nacional nas mãos de poderes externos, é explicada pela ênfase teológica da Bíblia no relacionamento dessa aliança. Forjada, assim se acreditava, na experiência da escravidão e da saída do Egito, ela era periodicamente aprimorada pelo exílio e pelo sofrimento. Foi assumido que o exílio na Assíria e na Babilônia era tanto o resultado do julgamento divino quanto um novo chamado de Israel à fidelidade.

Tal preocupação deixava pouco espaço para especulações sobre o relacionamento de Deus com o resto da humanidade. O Deus de Israel era também o Senhor do Universo, mas o que, aos olhos dos judeus, isso significava quanto ao comportamento dos não judeus não fica claro. No êxodo do Egito, o sofrimento dos egípcios é simplesmente um pano de fundo para Deus demonstrar o cuidado que Ele tem com Seu povo. Dizem que Deus endureceu repetidas vezes o coração do faraó de modo a tornar essa demonstração mais impressionante; a narrativa não mostra interesse pelo bem-estar espiritual do próprio faraó. Porém, a falta de uma teologia universalista coerente não impediu, no *corpus* bíblico, a inclusão de muitas histórias e ideias com implicações universalistas, do arco-íris que indica a promessa de Deus para a humanidade de nunca mais inundar o mundo, assim como na época de Noé, à ideia de Israel como uma "luz para as nações", ensinando a moral de Deus para outros povos. A Bíblia continha esperanças para uma reunião de povos em Jerusalém nos últimos dias para cultuar o Deus de Israel, e celebrava a pregação bem-sucedida do profeta Jonas para os gentios de Nínive, que os levou ao arrependimento. O desenvolvimento de um nítido conjunto de regras morais e religiosas para os não judeus foi complicado pela suposição de que a maior parte dos gentios poderia demonstrar sua virtude cultuando o Deus de Israel, como na história da moabita Rute, cuja recompensa por sua fidelidade à sua sogra Naomi foi a de se tornar bisavó do rei Davi. Tal era o poder da afirmação de Rute de que "teu povo será meu povo, e teu Deus será meu Deus". A aceitação do potencial de não judeus para a perfeição religiosa coexiste na Bíblia juntamente com a suspeita em relação aos gentios, que incitou Esdras a insistir em que quem tivesse voltado para Israel da Babilônia e se casasse com mulheres estrangeiras dos outros povos da terra deveria mandar essas esposas embora com seus filhos, demonstrando que a preocupação primordial, pelo menos dessa narrativa, era Israel e a aliança: "Temos sido infiéis para com nosso Deus".[9]

Seis dos Dez Mandamentos dados a Moisés por Deus no Monte Sinai se referem ao comportamento humano não em relação a Deus, mas a outros humanos: "Honrarás a teu pai e a tua mãe [...]. Não matarás. Não adulterarás. Não furtarás. Não darás falso testemunho contra teu próximo. Não cobiçarás a casa de teu próximo [...] e tudo o que for de teu próximo". As leis bíblicas, consideravelmente expandidas no Pentateuco, abrangem a lei civil e a criminal, estabelecendo punições para roubo e assassinato e regras para decidir disputas sobre propriedades, mas também legislam em muitas áreas que em outras sociedades pertenceriam ao âmbito da moral individual. Supremos entre tais regras morais são os extensos ensinamentos sobre caridade e o tratamento devido aos pobres: "Abrirás tua mão para teu irmão, para teu pobre e para teu mendigo na tua terra".

O cuidado com o próximo é apresentado em termos vigorosos, porém generalizados, pelos profetas, que insistem no dever de "repartir o pão com o faminto, recolher em casa os infelizes sem abrigo e, vendo alguém nu, vesti-lo, e jamais te esconderes daqueles que são tua própria carne". E isso também envolvia modos mais formais para a distribuição de riquezas entre os necessitados, tais como a exigência para o proprietário de um campo, quando colhendo grãos, de deixar para os pobres os cantos das terras, grãos soltos derrubados por quem faz a colheita e os feixes de trigo esquecidos, bem como todas as uvas nas videiras que crescem espalhadas, e não em cachos. O enredo do livro de Rute se articula na habilidade dela, uma forasteira moabita, de colher dia após dia nos campos pertencentes a Boaz, que, com o devido tempo, se transforma em seu marido. A essência de tais injunções morais é que elas vão além dos laços familiares e sociais, para tratar de qualquer pessoa que esteja vulnerável. A obrigação de sustentar viúvas, órfãos e forasteiros residentes na sociedade israelita é um tema bíblico disseminado: "Não perverterás o juízo do peregrino e do órfão, e não tomarás em penhor a roupa da viúva. [...] Quando bateres a tua oliveira, não tornarás a colher o que resta nos ramos e o que esqueceste de colher; para o peregrino, o órfão e a viúva serão". O motivo de se importar com as pessoas vulneráveis se encontra, de acordo com o texto bíblico, na experiência histórica dos israelitas: "E recordarás que foste escravo no Egito [...]; portanto eu te ordeno fazer estas coisas".[10]

A lei divina, assim como mediada por Moisés no Pentateuco, continha regras bastante precisas para a boa organização da sociedade. O crime deveria ser punido, ou a parte ofendida compensada por meio de penalidades adequadas, às vezes expressas em termos incisivos: "Alma por alma, olho por olho, dente por dente, mão por mão, pé por pé, queimado por queimado, ferido por ferido, golpe por golpe". A lei bíblica impunha uma punição judicial específica para ações bastante precisas consideradas contrárias à ordem social, tais como a intervenção de uma mulher na briga entre seu marido e outro homem agarrando a genitália do oponente de seu marido, relações sexuais não autorizadas com uma menina não casada, a união adúltera com uma mulher casada, a desobediência persistente aos pais, sequestro ou furto (distinguido de roubo à noite). Tanto na expressão quanto no conteúdo, essas leis mostram muitas semelhanças com os códigos penais do antigo Oriente Próximo, conhecidos por meio de textos cuneiformes. Mas os códigos bíblicos diferem em detalhes tanto desses códigos mais antigos quanto nas diversas versões bíblicas – os códigos no Êxodo e no Deuteronômio não são os mesmos, e ambos não contêm provisões encontradas nas regulamentações sacerdotais espalhadas ao longo do Levítico e dos Números. Sem igual em outros códigos penais da Antiguidade são os regulamentos bíblicos para proibir os juros em empréstimos "quando teu irmão que está contigo empobrecer e se vender a ti" – a necessidade de distinguir tal empréstimo social de empréstimos feitos a forasteiros para obter lucro é explícita no Deuteronômio – e a legislação para a restauração dos direitos ancestrais de propriedade para cada família em um jubileu, quando "fareis soar o *shofar* em toda a vossa terra e santificareis o quinquagésimo ano e proclamareis liberdade (para os escravos) em toda a terra, para todos os seus moradores".[11]

A lei do Pentateuco deixa entrever traços da adoção de estruturas sociais mais antigas baseadas em grupos tribais e famílias estendidas, de modo que, por exemplo, o irmão de um homem que morra sem filhos deve se casar com a viúva de modo que "o primogênito suceda em nome do irmão falecido, e não se apagará o nome deste em Israel", embora a lei bíblica também contenha provisões para um irmão que se recuse a cumprir o dever, ainda que enfrentando a desgraça social: "E se ele se levantar e disser: 'Não quero tomá-la', então sua cunhada se chegará a ele aos olhos dos anciãos e lhe descalçará o sapato do pé, e cuspirá no chão diante dele, e responderá dizendo: 'Assim se fará ao homem que não edifica a casa de seu irmão'". Porém, grande parte das leis domésticas se refere ao núcleo familiar, abrangendo temas como noivado, casamento e divórcio (o que é permitido para um homem se ele descobriu algo "objetável" a respeito de sua esposa, e nesse caso tudo que ele tem que fazer para colocá-la para fora de casa é dar a ela um certificado do divórcio por escrito). Se "um espírito de ciúmes" se apossar de um homem e ele suspeitar da infidelidade de sua esposa, "o marido trará sua mulher ao sacerdote" com "uma oblação de ciúmes", e a esposa deverá beber as "águas amargas". Se ela foi infiel, "[...] entrarão nela as águas que trazem consigo a maldição, para servirem-lhe de amargura, e se inchará o teu ventre e descairá a tua coxa, e a mulher será por maldição no meio de seu povo. E se a mulher não estiver impura, e, sim, for pura, então será livre do efeito destas águas. [...] E o homem será livre de iniquidade, e aquela mulher levará sobre si a sua iniquidade". A procriação, vista como uma bênção, também foi considerada um mandamento divino desde que os primeiros seres humanos receberam a seguinte instrução: "Frutificai e multiplicai, enchei a terra e subjugai-a". Porém, a unidade familiar também poderia se apoiar no trabalho de forasteiros, incluindo não apenas trabalhadores pagos, mas escravos. Assim como no restante do mundo antigo, escravos poderiam ser tratados simplesmente como uma propriedade móvel, seus donos podendo dispor deles por um capricho, embora a lei bíblica introduzisse restrições que refletiam a consciência da humanidade do escravo. Bater em um escravo com força suficiente para causar a morte era tratado como um crime se o castigado morresse imediatamente. Se o dono arrancasse um olho ou um dente de um escravo, este deveria ser colocado em liberdade, e um fugitivo que buscasse refúgio de seu patrão não deveria ser entregue. A proibição do trabalho escravo no Shabat e a expectativa de que os escravos homens, se circuncidados, poderiam participar comendo o cordeiro pascal, assim como os israelitas livres, sugerem que os escravos às vezes poderiam ser vistos como parte da família em vez de simplesmente uma propriedade.[12]

Todas essas leis que governavam os relacionamentos humanos eram apresentadas na Bíblia como tendo sido ordenadas de modo divino por intermédio de Moisés com exatamente a mesma autoridade das leis que moldavam o relacionamento do indivíduo judeu com Deus. Já vimos que Josefo observou que, para os judeus, justiça, moderação, paciência e harmonia com a comunidade eram "partes da religião". Josefo afirmava que o governante do regime ideal judaico era o sumo sacerdote, e que era por intermédio dele que as leis divinas eram transmitidas ao povo: "O que poderia ser melhor ou mais justo que uma estrutura que fez de Deus o governante do universo, que entrega aos sacerdotes em conjunto a administração das questões mais importantes, e, por sua vez, confia ao sumo sacerdote toda a administração dos demais sacerdotes?". No entanto, vimos que a Bíblia também concebia outras formas de autoridade, dos profetas inspirados aos escribas sábios e os reis descendentes de Davi, que haviam sido escolhidos por Deus para governar. A Bíblia às vezes mostra essas fontes de autoridade em conflito, de modo mais visível na crítica aos reis pecadores feita pelos profetas, tais como os avisos de Elias ao rei Ahab para se distanciar do culto idólatra a Baal.

O Pentateuco registrou em detalhes como Deus exigia que os indivíduos se comportassem de modo a santificar suas vidas: "Sereis santos, pois Eu, o Eterno, vosso Deus, sou santo". A ideia subjacente a essas leis é que toda a vida, incluindo a humana, pertence a Deus, e que uma vida piedosa tem que ser estruturada de modo a reconhecer essa subserviência. Então, por exemplo, o primeiro animal nascido dos rebanhos e do gado era sacrificado no Templo como uma oferenda de paz, e o primogênito dos israelitas deveria ser remido de um sacerdote pelo pagamento de um resgate financeiro de cinco siclos. Ser sagrado requeria de um judeu tomar cuidado especial no tratamento de seu corpo, especialmente com a alimentação. Animais poderiam ser consumidos, mas apenas se pertencessem a determinadas espécies – essencialmente, todas as aves, menos as de rapina; a maior parte dos peixes comuns (definidos como tendo barbatanas e escamas); e a maior parte dos mamíferos domesticados no Oriente Próximo, embora a categorização bíblica excluísse tanto os porcos quanto os camelos. O texto bíblico não dá razão para a lista de animais proibidos, e tentativas de explicar isso por questões de saúde ou outras bases científicas não são convincentes. É provável que esses tabus se aplicassem originalmente apenas a sacerdotes, e que tenham se estendido muito depois aos judeus comuns durante a composição da Bíblia. O significado religioso da distinção entre animais permitidos e proibidos parece se encontrar na distinção em si e na exigência que ela impôs aos judeus de evitar gêneros alimentícios, tais como produtos derivados do porco, encontrados com facilidade nas sociedades em que eles viviam. O abate de mamíferos tinha que ser feito de modo a remover a maior parte do sangue, porque "o sangue é a vida". A ideia da comida kosher (*kasher* significa "adequado" para o consumo) tem uma sólida base bíblica, ainda que os detalhes do que era proibido fossem se transformar de modo considerável.[13]

Os cuidados para a preservação do corpo em um estado de pureza se estendiam, além da proibição da ingestão de certos alimentos, a uma série de tabus no que diz respeito ao que era expelido em atividades sexuais ou relativo às doenças de pele. A lei tratava essas emissões não como erradas, mas elas impossibilitavam certas atividades, de modo mais notável a entrada no santuário do Templo, até que o traço de impureza fosse considerado erradicado pelo passar do tempo e (em certos casos) por meio de abluções rituais. Considerava-se que a menstruação e fluxos similares de sangue tornavam a mulher ritualmente impura por certo período, e o texto bíblico apresenta o procedimento para que ela retorne à pureza por meio da oferenda de aves:

> E a mulher, quando emanar o fluxo de seu sangue por muitos dias, fora do tempo da sua menstruação, ou que emanar além do tempo da sua menstruação, todos os dias do fluxo de sua impureza serão como os dias de sua menstruação; ela é impura. Toda cama sobre a qual ela se deitar, durante os dias de seu fluxo, ser-lhe-á como a cama da sua menstruação; e todo objeto em que ela se sentar será impuro, como a impureza de sua menstruação. E todo que tocar nele se tornará impuro, e lavará suas vestes, banhar-se-á em água e será impuro até a tarde. E se ela se limpar de seu fluxo, contará para si sete dias, e depois se purificará limpa. E no oitavo dia tomará para si duas rolas, ou dois filhotes de pombo, e os trará ao sacerdote, à entrada da tenda da reunião. E o sacerdote os oferecerá, um por sacrifício de pecado e o outro como oferta de elevação; e o sacerdote expiará por ela, diante do Eterno, pelo fluxo de sua impureza.

O foco principal do autor bíblico era o efeito da impureza feminina sobre os homens adultos aos quais as leis são essencialmente dirigidas – "E à mulher na impureza de sua menstruação, não te chegarás [querendo dizer um homem israelita adulto] para descobrir sua nudez" – e não sobre o impacto na própria mulher.¹⁴

Era também necessário demonstrar piedade levando em conta um modo prescrito de cuidar da aparência física. O Senhor ordenava que a roupa devia indicar obediência por meio do uso de franjas azuis nos cantos das indumentárias "e as vereis e lembrareis todos os mandamentos do Eterno, e os cumprireis; e não errareis". As roupas não poderiam ser feitas de materiais misturados, embora a proibição de combinar lã e linho seja ignorada sem explicação nos textos bíblicos, assim como os tabus alimentares. Os israelitas deveriam tomar cuidado, e "não cortareis o cabelo do canto de vossa cabeça em redondo e não raspareis (com navalha) a vossa barba [...]. [E] não fareis em vossa carne incisões por um morto, e não poreis em vós escrita de tatuagem". Apenas uma razão é dada: "Eu sou o Eterno".¹⁵

O lembrete físico definitivo (para os homens) da aliança era mantido oculto, já que a modéstia no trajar era considerada uma virtude. Como resultado, a marca da circuncisão, realizada em todos os judeus homens por meio da remoção do prepúcio, não era publicamente visível. As origens da circuncisão na tradição judaica, segundo o Gênesis, eram como um sinal da promessa feita por Deus a Abraão de que ele seria pai de "uma multidão de nações", e que iria estabelecer uma aliança eterna com Abraão e seus descendentes "para ser teu Deus":

> E Deus disse a Abrahão: "E tu, Minha aliança guardarás – tu e tua descendência depois de ti, nas suas gerações. Esta é Minha aliança, que guardareis entre Mim e vós (os de agora,) e a tua descendência depois de ti: todo homem será circuncidado. E circuncidareis a carne de vosso prepúcio, e isto será um sinal da aliança entre Mim e vós. Com oito dias de idade será circuncidado todo homem entre vós, em vossas gerações: o (escravo) nascido em casa, e comprado por prata, de todo filho de estrangeiro, que não seja de tua descendência [...] e será Minha aliança em vossa carne, para uma aliança eterna. E o homem incircunciso, que não circuncidar a carne de seu prepúcio, essa alma será cortada de seu povo; Minha aliança se quebrou".

Seria difícil exagerar a importância atribuída pelos textos bíblicos à circuncisão masculina como uma marca da identidade judaica. A prática havia se disseminado no antigo Oriente Próximo entre outros povos bem como entre os judeus, por razões que não conhecemos, e algumas histórias bíblicas sugerem vários elementos para sua importância entre os israelitas, desde o encorajamento para o casamento e a fertilidade até a libertação do mal. Porém, a noção de que a circuncisão é uma exigência para a santidade permeia os usos frequentemente metafóricos da ideia, com referências à circuncisão do coração, dos lábios e das orelhas para torná-los aceitáveis a Deus. Até a fruta de uma árvore recém-plantada poderia ser descrita como proibida por ela "não ser circuncidada".[16]

Tanto para homens quanto para mulheres, o sexo era destinado à procriação, e a proibição de algumas outras práticas sexuais era evidente: "E com homem não te deitarás como se fosse mulher; é uma abominação. E com qualquer animal não te deitarás para impurificar-te com ele; nem a mulher se porá diante de um animal para se juntar com ele; é uma perversão". De modo mais claro, o mandamento para homens e mulheres no primeiro capítulo do Gênesis, "frutificai e multiplicai", pode ser entendido como a aceitação de que a procriação é um dever, assim como uma bênção. Muitas histórias bíblicas a respeito de uma mulher estéril ansiosa por um filho dão como certa a característica desejável de uma progênie numerosa. Não há um ensinamento bíblico claro sobre a contracepção ser permitida: intérpretes judaicos posteriores consideravam que a morte de Oná, que, "quando ia à mulher de seu irmão, jogava (seu sêmen) no chão", constituía uma punição divina por propositalmente destruir a semente masculina, mas no contexto do original da passagem bíblica parece que o pecado de Oná não era nem a masturbação, nem a adoção de um método contraceptivo, porém, mais especificamente, sua relutância em engravidar Tamar, já que qualquer descendente seria considerado não seu filho, mas o de seu irmão morto.[17]

Tais restrições faziam da casa um local de santidade tanto nas relações sexuais quanto no preparo e no consumo das refeições (nos dois casos, dando às mulheres, na prática, um papel religioso maior do que pode parecer, por causa de o foco dos textos bíblicos estar no homem). O texto da Shemá impunha a escrita "[d]estas palavras que eu te ordeno hoje" nos "umbrais [Mezuzá] de tua casa e nas tuas portas", uma imposição que pode ter sido tomada de modo literal no período tardio do Segundo Templo, se alguns dos manuscritos de Qumran tiverem sido escritos com esse propósito. No entanto, a maior demonstração de santidade no lar era a interrupção do trabalho no Shabat. Exigia-se que os israelitas observassem um descanso semanal até mesmo antes que a revelação no Sinai tivesse sido feita, porque era "Shabat de repouso ao Eterno". Consta que o significado do Shabat havia sido enfatizado para Moisés enquanto ele ainda estava na montanha:

> E o Eterno falou a Moisés, dizendo: "E tu fala aos filhos de Israel dizendo: De certo, meus sábados guardareis, pois este é um sinal entre Mim e vós, por vossas gerações, para saber que Eu sou o Eterno, vosso Santificador. E guardareis o Shabat, que santidade é ele para vós; [...] porque todo aquele que fizer nele trabalho, a sua alma será banida do meio de seu povo. [...] Ele é um sinal entre Mim e os filhos de Israel para sempre, de que em seis dias o Eterno fez os céus e a terra, e no sétimo dia folgou e descansou".

A exigência de que toda a família descansasse no Shabat é afirmada nos Dez Mandamentos: "Lembra-te do dia do Shabat [sábado] para santificá-lo [...] o sétimo dia é o Shabat do Eterno teu Deus, no qual tu, teu filho, tua filha, teu servo e tua serva, teu animal e teu prosélito que estiver em teus portões não farão nenhuma obra". Essa dedicação doméstica semanal a Deus viria a ser uma das principais características do judaísmo.[18]

"E guardareis todos os Meus estatutos e todos os Meus juízos, e os fareis", afirma Deus no Levítico, "para que a terra, na qual vos hei de levar para morardes nela, não vos vomite". A terra, com muita frequência personificada desse modo, deve ser mantida livre de idolatria: "E não andareis nos costumes da nação que Eu hei de expulsar diante de vós, porque tudo isto fizeram e Eu me enfastiei deles". À terra se deve permitir que descanse em intervalos regulares: "Seis anos semearás teu campo. [...] Mas no sétimo ano será Shabat [sábado] de descanso para a terra". A terra de Canaã havia sido prometida a Abraão e seus descendentes como uma posse eterna:

> Depois dessas coisas, a palavra do Eterno manifestou-se a Abraão, numa visão [...]. E o fez sair para fora e disse: "Olha para os céus e conta as estrelas, se podes contá-las". E disse-lhe: "Assim será tua descendência!". [...] E disse a ele: "Eu sou o Eterno, que te tirei de Ur dos caldeus, para dar-te esta terra por herança". [...] Naquele dia, o Eterno pactuou com Abraão uma aliança, dizendo: "À tua descendência dei esta terra, desde o rio do Egito até o grande rio Perat [Eufrates]: o

Keneu, o Kenizeu e o Cadmoneu, o Hiteu, o Periseu e os Refaim, o Emoneu, o Cananeu, o Guirgasheu e os Jebuseu".[19]

Porém, a terra ainda pertencia essencialmente a Deus, e nós vimos que as primícias deveriam ser oferecidas no Templo em gratidão. Referências explícitas à terra por si mesma como sagrada são difíceis de encontrar, além de uma referência imprecisa no livro de Zacarias ao glorioso futuro escatológico: "E o Eterno tornará Judá Sua herança e Sua parte na terra santa", mas a ideia subjacente é evidente: essa era a terra "que o Eterno teu Deus cuida dela". Naturalmente, é um fato estranho (como já vimos) que essa terra prometida seja conhecida em grande parte da Bíblia não como a terra de Israel, mas a terra de Canaã, e que muitos dos judeus para os quais a Bíblia proporcionava orientação religiosa estivessem vivendo fora da terra, em comunidades na Mesopotâmia e na Babilônia. É também estranha a falta de clareza nos textos bíblicos a respeito das fronteiras exatas dessa terra prometida, que variam da maior definição na passagem recém-citada do Gênesis ("desde o rio do Egito até o grande rio Perat [Eufrates]") à fórmula mais modesta da terra a ser sujeita ao censo pelo rei Davi de acordo com o Segundo Livro de Samuel ("desde Dan até Beer-Sheva") e a enumeração no Livro dos Números – começando no mar Morto e definindo os marcos de toda a fronteira antes de retornar ao mar Morto – do território prometido a Moisés na véspera da conquista iniciada por Josué.[20]

Igualmente estranho era o uso, por muitos desses judeus, de línguas que não fossem o hebraico, mesmo nas preces. O hebraico era a língua especial não apenas dos judeus, mas também de Deus, já que, de acordo com o Gênesis, Deus havia usado palavras hebraicas para nomear o mundo. O hebraico era a língua do Templo. Porém o uso do aramaico em partes de alguns livros bíblicos, tal como o Livro de Daniel, e o entusiasmo dos judeus de Alexandria pela Septuaginta grega, segundo Fílon, sugerem que o hebraico não era considerado essencial para a comunicação com o divino.[21]

A mensagem bíblica para os judeus que desejassem viver de modo justo era a de que a santidade e a justiça, combinadas à obediência a Deus, que era reforçada tanto pelo amor quanto pelo temor, levariam à prosperidade, à vida longa e a muitas crianças na terra prometida aos seus pais. Era um dever religioso se rejubilar nos festivais determinados por ordem divina: "E te alegrarás diante do Eterno teu Deus". Por outro lado, jejuar, com abstenção temporária de comida acompanhada por autoflagelação de outros tipos (desde deixar de tomar banho ao uso de cilício e cinzas), era tanto costumeiro durante o luto quanto praticado liturgicamente em épocas especiais de penitência, das quais a mais significativa era o jejum nacional no Dia do Perdão: "E o Eterno falou a Moisés, dizendo: 'Mas aos dez dias deste sétimo mês é o Dia da Expiação [Yom Kipur] [...]. E nenhuma obra fareis neste mesmo dia, porque é o Dia da Expiação, para expiar por vós diante do Eterno, vosso Deus'".

Crucial para o relacionamento entre Deus e Israel era essa pressuposição de que a expiação dos pecados era possível e seria aceita: "Responde-lhes: Por Minha vida – diz o Eterno Deus – não Me causa prazer a morte do iníquo, mas sim seu retorno ao caminho certo, para que continue a viver". Apesar das sugestões bíblicas de que os filhos são destinados a pagar pelos pecados dos pais até a terceira e a quarta gerações, ou (assim como em Daniel) que as recompensas e punições acontecem depois da morte, quando "Muitos dos que repousam sob a terra serão despertados; alguns para uma vida eterna de méritos, e outros para o opróbrio eterno", o ritual anual do Dia do Perdão concentrava a ideia de que o povo judeu, ainda que inevitavelmente no decorrer do ano não conseguisse manter corretamente a aliança que havia sido acordada com Israel, não obstante poderia ter a certeza de que, depois da devida confissão de suas iniquidades e transgressões, poderia ter a esperança de ser perdoado por um Deus misericordioso e ter a oportunidade de antecipar uma vez mais um ano próspero e tranquilo.[22]

O ritual bíblico para o Dia do Perdão é concebido como comunal, coroado pelos sacrifícios e pedidos do sumo sacerdote no Santo dos Santos (ver capítulo 3). Igualmente comunal era a expiação ritual prescrita no Deuteronômio para um assassinato não solucionado: os anciãos da cidade mais próximos do corpo tinham a ordem de pegar uma bezerra "que não tenha trabalho e nem tenha puxado com o jugo" e quebrar o pescoço dela em "um ribeiro forte, a um lugar que não se lavra nem se semeia", recitando a fórmula: "Nossas mãos não derramaram este sangue, e nossos olhos não viram. [...] Perdoa a teu povo Israel, ao que remiste, ó Eterno; e não deixes que a culpa do sangue inocente permaneça no meio de teu povo Israel!". Porém, muitas referências nos Salmos assumem que o indivíduo israelita em prece contrita possa esperar o perdão de um Deus misericordioso: "Se mantivesses diante de Ti a imagem de todas as nossas iniquidades, quem mereceria subsistir? Mas Tu manténs aberta a porta do perdão, para que possas ser reverenciado com amor e respeito". O arrependimento de "um coração angustiado e pleno de arrependimento" será tratado por Deus como um sacrifício, e não será desprezado.[23]

O judaísmo, assim como é manifestado nos textos bíblicos, dá como certo o papel de Deus ao trazer a salvação tanto para o indivíduo quanto para o conjunto da comunidade. A salvação é entendida em termos concretos nos dois casos. O indivíduo é libertado de problemas, de inimigos, de sofrimento ou de morte. O povo de Israel é salvo da hostilidade de outras nações, da fome ou da escravidão (assim como no êxodo do Egito). Ocasionalmente, um texto bíblico revela a esperança da salvação também de outras nações, assim como na visão de Isaías: "A ele irão muitos povos e dirão: 'Vinde e ascenderemos à montanha do Eterno, à casa do Deus de Jacob' [...]. E cada nação não levantará contra outra sua espada, e não mais aprenderão a arte da guerra". A aliança com Noé depois do dilúvio, indicada pelo arco-íris, envolvia não apenas os seus descendentes, abrangendo toda a humanidade, mas também "toda alma viva que está convosco, [...] a ave, [...] o animal e [...] todo animal selvagem da terra convosco". Ocasionalmente, a salvação é imaginada na Bíblia como postergada para um tempo futuro no qual toda a ordem mundial é alterada, assim como nas profecias de Joel, provavelmente ocasionada pela devastação causada pela nuvem de gafanhotos, sobre "o grande e terrível dia determinado pelo Eterno" quando "todo aquele que invocar o nome do Eterno será salvo [...]".[24]

Tais ideias da salvação pouco têm a dizer a respeito da vida depois da morte. Há ocasionais indicações do conceito de ressurreição, assim como no Livro de Daniel. Mas, com maior frequência, os seres humanos são retratados como consistindo de corpos nos quais a vida surge apenas por um breve período. A morte é o nada. Alguns textos se referem a Sheol, o reino subterrâneo da morte, no qual se julgava que os mortos tivessem uma existência sombria, mas sem indicações da natureza desse lugar a não ser que nenhuma pessoa em Sheol tem acesso a Deus. O profeta Jeremias afirmava que Deus lhe havia dito que "eu já te conhecia antes de te formar no útero (de tua mãe), eu vos conhecia, e ainda antes de nasceres te consagrei como um profeta para as nações". Porém uma ideia totalmente desenvolvida de uma alma preexistente que existe separadamente do corpo e, portanto, pode sobreviver após a morte não é encontrada na Bíblia. Somente depois da finalização dos textos bíblicos no século III a.C., e sob a influência do pensamento grego, especialmente platônico, surgiu no pensamento judeu o conceito de almas individuais que preexistem aos corpos físicos nos quais elas entram. Uma vez adotada, a ideia exerceria uma influência poderosa no desenvolvimento dos ensinamentos judaicos (e cristãos) por mais de dois milênios a respeito do papel do indivíduo e sua relação com Deus.[25]

PARTE II
Interpretando a Torá
(200 a.C.-70 da Era Comum)

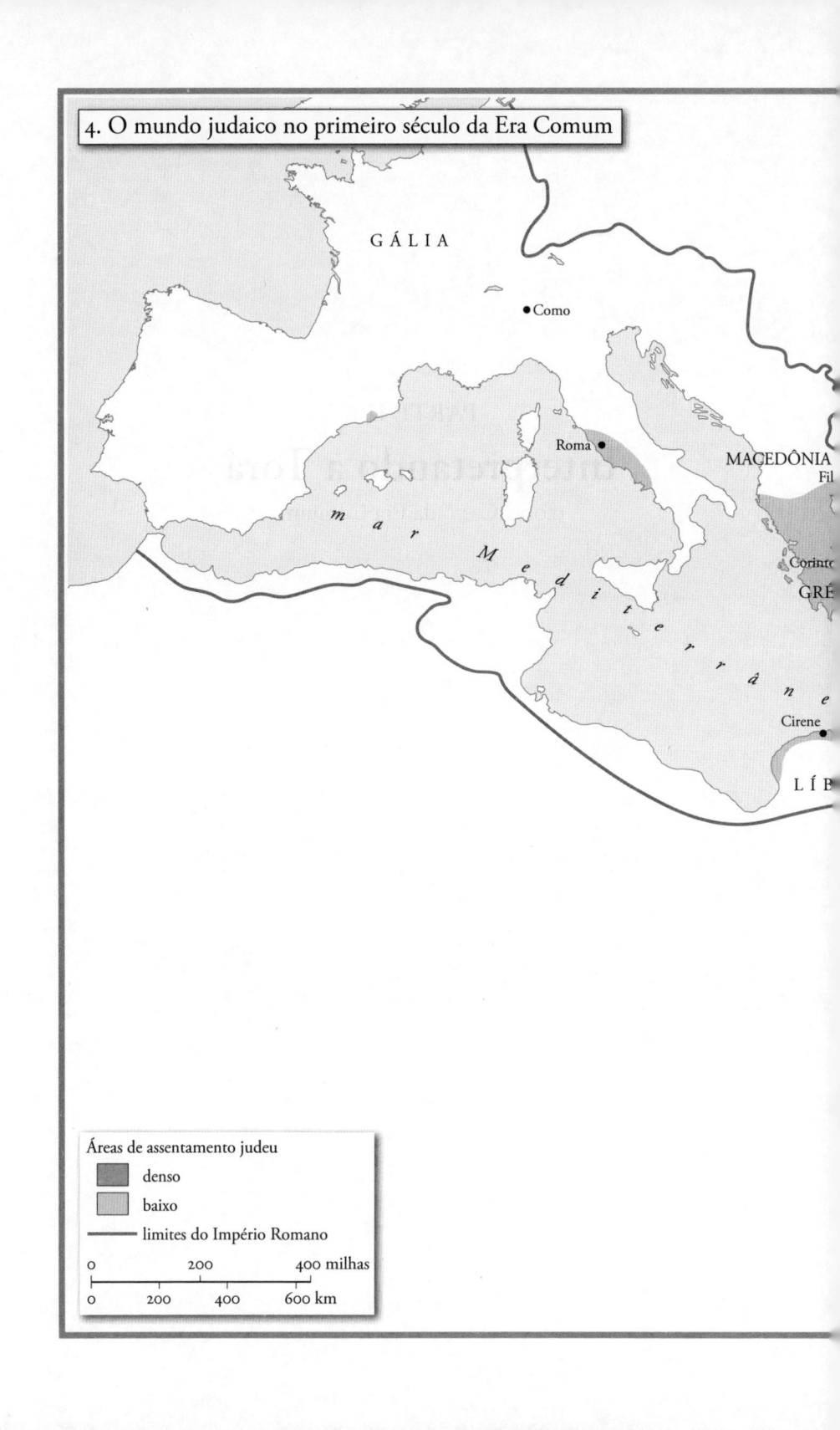

4. O mundo judaico no primeiro século da Era Comum

GÁLIA

• Como

Roma •

MACEDÔNIA
Fil

m a r   M e d i t e r r â n e

Corinto

GRÉ

Cirene •

LÍB

Áreas de assentamento judeu
- denso
- baixo
— limites do Império Romano

| 0 | 200 | 400 milhas |
| 0 | 200 | 400 | 600 km |

N
mar Cáspio
mar Negro
BITÍNIA
PONTO
ÁSIA MENOR
GALÁCIA
CAPADÓCIA
FRÍGIA
Éfeso
PANFÍLIA
CILÍCIA
Tarso
Antioquia
ADIABENA
IMPÉRIO PARTA
rio Tigre
Dura-Europo
Nehardeah
ELAMITAS
rio Eufrates
SÍRIA
Chipre
Cálcis
Tiro
Damasco
Jerusalém
golfo Pérsico
Alexandria
Leontópolis
EGITO
ARÁBIA
mar Vermelho
rio Nilo

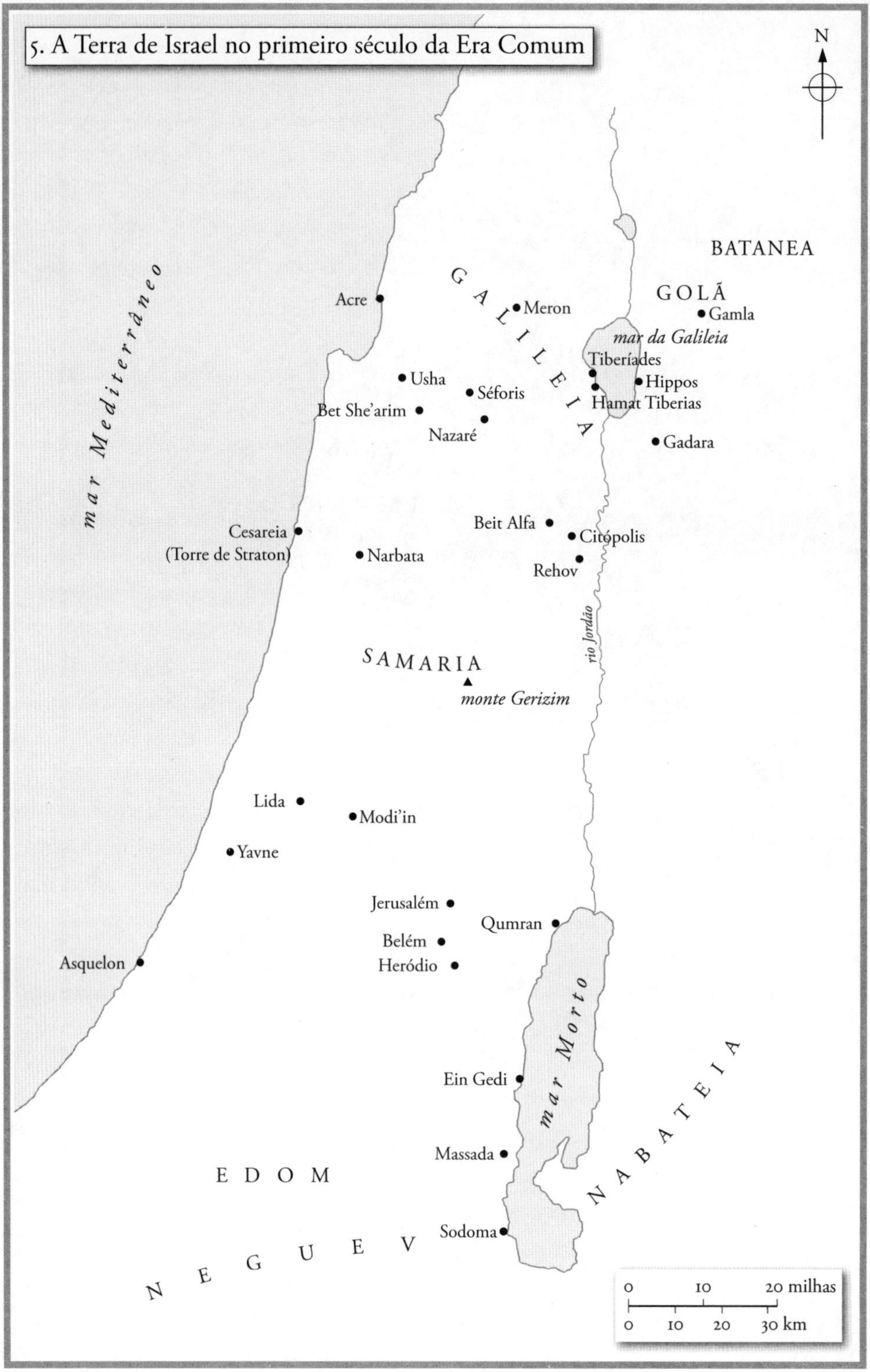

5. A Terra de Israel no primeiro século da Era Comum

5
Judeus em um mundo greco-romano

A Bíblia tomou forma em um período em que os judeus e o judaísmo, alimentados no mundo do Oriente Próximo, entraram pela primeira vez na órbita das civilizações do norte do Mediterrâneo. O poder da Assíria, Babilônia e Pérsia, que haviam dominado a região na primeira metade do primeiro milênio a.C., foi eclipsado a partir do fim do século IV a.C. pelo império greco-macedônio de Alexandre, o Grande, e de seus sucessores e, a partir do último século do milênio, por Roma. Reações à cultura grega, do sincretismo ou aculturação à rejeição ou oposição, ajudam a explicar em grande parte a história variegada do judaísmo desde o século III a.C. ao fim da Antiguidade. A reação a Roma levou, de modo fatal, à destruição do Templo de Jerusalém no ano 70 da Era Comum e ao fim do sacrifício como o foco básico do culto judaico.

Os gregos, por muitos séculos, haviam estabelecido comércio com o Levante, mas o estímulo imediato para a influência da cultura helenística por todo o Oriente Próximo a partir do fim do século IV a.C. foi político e militar. Como vimos na narrativa de Josefo (capítulo 1), em 332 a.C. Alexandre, o Grande, rei da Macedônia, partiu em uma campanha extraordinária, conquistando o Império persa e territórios tão a leste quanto a Índia. Depois da morte prematura de Alexandre, em 323 a.C., seus generais lutaram entre si por mais de duas décadas antes de finalmente estabelecer uma divisão em longo prazo do Oriente Próximo, em 301 a.C. Ptolomeu e seus descendentes passaram a ser governantes do Egito, e a dinastia estabelecida por Seleuco governou um território que se estendia da Turquia a noroeste ao Irã a leste. Essas dinastias conservaram o poder pelos 250 anos seguintes, embora conflitos internos em cada uma delas, bem como a busca dos monarcas ptolomaicos e selêucidas pela glória por meio da vitória, frequentemente gerassem instabilidade.

O poder desses reinos chegou ao fim por intermédio de Roma. Uma cidade-Estado em sua origem, Roma havia assumido o controle de toda a Itália no século IV a.C., e da parte ocidental do Mediterrâneo no fim do século III. A partir de 200 a.C., o poder romano se expandiu rapidamente para o leste, usando uma combinação de força militar com diplomacia para enfraquecer governantes helenistas, primeiro na Macedônia e depois na Ásia Menor. No início do século I a.C., Roma estava intervindo frequentemente no Levante. Em 31 a.C., com a derrota da rainha ptolemaica Cleópatra VII do Egito, o último dos reinos fundados pelos generais de Alexandre passou para o controle de Roma.

A expansão do poder romano não se deu por acaso. Do fim do século VI a.C. ao I a.C., a constituição da República romana requeria poder para ser compartilhado entre aristocratas que competiam pelo favor popular apelando às suas conquistas militares. Cada nova conquista encorajava políticos rivais a procurar mais regiões para colocar sob o domínio romano. No momento preciso em que a expansão romana alcançou a Judeia, na metade do primeiro século a.C., o sucesso do Estado romano quase foi a causa de sua própria derrocada. A glória e a riqueza acumuladas por diferentes generais em batalhas estrangeiras encorajavam as ambições deles para reter o poder além dos termos dos comandos aos quais eles haviam sido nomeados pelo povo romano. A guerra civil entre Pompeu Magno e Júlio César, que começou em 49 a.C., iniciou uma prolongada contenda militar entre aristocratas romanos rivais, na qual todo o mundo mediterrâneo foi envolvido. Em 32 a.C., Otávio, sobrinho-neto e herdeiro de César, saiu vitorioso, assumindo o nome Augusto, "Reverenciado", em 27 a.C. A constituição formal do Estado romano permaneceu em grande parte inalterada, mas Augusto foi, de fato, um autocrata, e Roma se transformou em um império.

Levou certo tempo para que essas mudanças geopolíticas ocorridas depois das conquistas de Alexandre causassem impacto sobre os judeus. O Império persa não havia demonstrado interesse em interferir nos costumes locais dos povos que governava, e, como vimos, registrado por Josefo (capítulo 1), Alexandre visitou Jerusalém durante sua campanha e manifestou admiração pelo Deus judaico e seu Templo. Porém, Alexandre havia conquistado um império vasto demais para ser controlado apenas com seus seguidores macedônios, e tanto ele quanto os governantes que o sucederam decidiram criar uma nova elite governante unificada não apenas pela obediência ao governante, mas também por uma fidelidade comum à língua e à cultura gregas. Muitas novas cidades foram fundadas com colonizadores gregos, com frequência tendo como base assentamentos comerciais gregos já existentes, e numerosas cidades gregas, tais como Citópolis, Hipo e Gadara, são encontradas nas vizinhanças da Judeia no fim do século III a.C. Porém, Alexandre e seus sucessores também encorajavam as elites nativas a buscar o poder político por meio da adoção da cultura grega, e foi isso que levou à crise da revolta dos macabeus de 160 a.C.

Enquanto a Judeia permaneceu sob o controle da dinastia ptolemaica durante o século III a.C., os judeus foram efetivamente governados pelo Egito como um território ultramarino do altamente regulamentado Estado ptolemaico. Porém, o poder estava muito mais disseminado no extenso Império selêucida, ao qual a Judeia foi incorporada em 198 a.C. após a vitória de Antíoco, o Grande, sobre Ptolomeu V na batalha de Pânias, abrindo a oportunidade para que os membros da elite sacerdotal judaica em Jerusalém alcançassem status e autoridade aos olhos de seus superiores selêucidas por meio da promoção do helenismo com a reinterpretação do judaísmo em termos gregos. Em 175 a.C., quando Antíoco IV Epifânio passou a ser o rei selêucida, um golpe para depor o sumo sacerdote Onias foi liderado por seu irmão Jesus, que havia adotado o nome grego Jasão e se ofereceu para erigir um ginásio para atividades físicas gregas e "registrar os moradores de Jerusalém como cidadãos de Antioquia".[1]

O quanto essas propostas feitas por Jasão alteraram o judaísmo tem sido muito debatido, já que não havia nada intrinsecamente contrário na Torá aos exercícios físicos que "induziam os mais nobres dos jovens a usar o chapéu grego", e todos os relatos sobre o período de Jasão como sumo sacerdote se originam de fontes hostis que consideravam as reformas propostas por ele como o comportamento pecaminoso que acarretaria a punição divina a Israel que aconteceria logo a seguir. Do ponto de vista de Antíoco, o maior incentivo para substituir Onias por Jasão provavelmente foi a proposta de Jasão para pagar a ele uma grande soma de dinheiro, já que três anos mais tarde, provavelmente em 171 a.C., Jasão foi por sua vez deposto do cargo de sumo sacerdote por Antíoco para abrir caminho para certo Menelau, que ofereceu um dote ainda maior.[2]

As narrativas detalhadas dos acontecimentos dramáticos da década seguinte nos dois livros dos Macabeus, agora preservados nos Apócrifos, são confusas em sua cronologia e em seus relatos da motivação das mais importantes personalidades da luta política em Jerusalém, mas as linhas gerais dos acontecimentos são claras. Durante a campanha de Antíoco contra o Egito de 170 a.C. a 169 a.C., Jasão se apoderou de Jerusalém, forçando Menelau a procurar a proteção da guarnição selêucida na fortaleza da cidade. Antíoco retaliou ao retornar do Egito no outono de 169 a.C., capturando a cidade em nome de Menelau e saqueando os mais valiosos artefatos do Templo, incluindo o altar de incenso e a menorá (o característico candelabro ornamental do Templo).³

O autor do Segundo Livro dos Macabeus afirmou especificamente que essa espoliação do Templo foi conduzida por Menelau, "que havia se transformado em um traidor tanto das leis quanto de seu país", mas Menelau não foi acusado de conivência na perseguição ainda pior que ocorreria em seguida. Quando Antíoco novamente invadiu o Egito em 168 a.C., foi confrontado pelo senador romano Popílio Lenas, que lhe transmitiu as exigências do Senado de que ele deveria se retirar do Egito se desejasse evitar guerra com Roma. Em uma suposta profecia composta logo após esses acontecimentos e incorporada ao livro bíblico de Daniel, o autor parece traçar uma conexão direta entre a humilhação de Antíoco no Egito e a substituição do culto no Templo por um de tipo pagão:

> Num determinado tempo retornará ao sul, mas não alcançará sucesso como da primeira e da última vez, barcos romanos virão contra ele, e será intimidado, ele retornará e ficará obcecado pelo sagrado pacto e agirá de acordo com ele. Retornará e unirá os que abandonaram a sagrada aliança. Braços dele se erguerão para profanar o santuário fortificado. Abolirão o sacrifício contínuo e estabelecerão em seu lugar somente abominações.

Por trás das ações descritas pelo autor com tanto ultraje estava a necessidade de Antíoco de obter mais dinheiro do Templo de Jerusalém agora que a intervenção romana o havia privado do butim egípcio com o qual ele, em tempos normais, teria esperado poder recompensar suas tropas vitoriosas.⁴

De acordo com o Primeiro Livro dos Macabeus, Antíoco havia se dirigido ao reino inteiro, declarando "que todos os povos formassem um único povo, e que abandonassem suas leis particulares", e o apelo foi em grande parte bem-sucedido: "Todos os gentios se conformaram com essa ordem do rei, e muitos de Israel adotaram a religião dele: sacrificando aos ídolos e profanando o sábado". Quantos judeus toleraram de fato a abolição de sua religião tem sido muito debatido. Josefo relatou que os samaritanos fizeram um pedido para Antíoco para que seu templo fosse dedicado a Zeus; no entanto, os livros dos Macabeus dão a impressão, apesar de sua hostilidade para com os helenizadores, de que o ataque ao culto judeu tenha sido basicamente uma iniciativa externa do Estado selêucida. Antíoco era um governante excêntrico que havia acabado de sofrer uma humilhação profunda, e poderia muito bem ter demonstrado pouco interesse pelas ambições dos sacerdotes judeus helenizadores. Os sacerdotes, por sua vez, dificilmente dariam apoio a uma política que abolisse o culto no Templo, cujo controle eles haviam conseguido por meio de intrigas.[5]

De qualquer modo, o ataque ao culto e aos costumes judaicos foi perpetrado com rigor. O Estado selêucida enviou oficiais por toda a Judeia para garantir que a observância do Shabat e a circuncisão dos filhos acabassem, e que os judeus fizessem sacrifícios para os deuses pagãos. De acordo com o Segundo Livro dos Macabeus, escrito no máximo um século depois desses acontecimentos, "por ocasião das festas em honra de Dionísio, deviam forçosamente acompanhar o cortejo de Baco coroados com hera", e quando duas mulheres foram levadas a julgamento por terem mandado circuncidar seus filhos, "foram arrastadas publicamente pela cidade, com seus filhinhos pendurados aos peitos e precipitadas do alto das muralhas".[6]

A veracidade de tais histórias atrozes não pode ser verificada, mas parece claro que a violência da repressão, em um contraste marcante com o gradual sincretismo que havia sido tão bem-sucedido na difusão do helenismo por grande parte do Oriente Próximo, foi responsável por incitar a resistência armada dos macabeus – o único caso conhecido de seguidores de uma religião oriental se opondo por meio da força à intrusão da cultura grega em sua terra natal. A rebelião começou em Modi'in, uma cidadezinha ao noroeste de Jerusalém, sob a liderança de um sacerdote chamado Matatias e de seus cinco filhos. Ostensivamente se recusando a adorar um deus pagão quando um emissário do Estado selêucida chegou à cidade para impor o decreto do rei, Matatias matou um judeu que estava prestes a oferecer um sacrifício no altar, matou também o emissário do rei e se refugiou nas montanhas, onde rapidamente reuniu uma força guerrilheira comprometida a destruir altares pagãos e encorajar a resistência por parte da população judaica de modo geral, se necessário por meio da força. Nas palavras do Primeiro Livro dos Macabeus: "Eles [...] e na sua ira e indignação massacraram certo número de prevaricadores e de traidores da lei".[7]

Um ano depois do início do levante, Matatias morreu devido à idade avançada, e a liderança dos rebeldes foi assumida por seu filho Judas, cujo apelido, "o Macabeu" (de etimologia incerta, mas provavelmente com o significado de "martelo"), passou a designar a rebelião de modo geral. A história das campanhas de Judas é retratada de diferentes maneiras nas vibrantes narrativas no Primeiro e no Segundo Livro dos Macabeus, e agora é impossível discernir com precisão, mas tal hagiografia do grande general certamente refletia vitórias impressionantes contra todas as probabilidades, culminando com a retomada de Jerusalém. Em dezembro de 164 a.C., no dia 25 de Kislev, o Templo foi rededicado com um novo altar e utensílios sagrados, três anos depois de sua profanação. Nem o Primeiro e nem o Segundo Livro dos Macabeus fazem menção ao milagre do óleo que iria ganhar tanta importância na futura comemoração rabínica dessa ocasião (ver capítulo 10), mas o Primeiro Livro dos Macabeus relata que "foi estabelecido por Judas e seus irmãos, e por toda a assembleia de Israel, que os dias da dedicação do altar seriam celebrados cada ano em sua data própria, durante oito dias", marcando as origens da celebração de Chanucá.[8]

É difícil dimensionar o significado das vitórias de Judas para o futuro do judaísmo. Outros cultos nativos nas regiões ao redor da Judeia perderam suas características locais quando foram reinterpretados à moda grega, mas a revolta dos macabeus estabeleceu uma poderosa ideia de oposição entre judaísmo e helenismo. A ideia, que iria reaparecer em diferentes épocas na história futura do judaísmo, era em parte o produto da propaganda da família de Judas em seus esforços para se estabelecer no poder na Judeia nas décadas que se seguiram à morte de Judas em batalha no outono de 161 a.C.

Na época em que o Primeiro Livro dos Macabeus foi escrito, provavelmente nos anos 120 a.C., a Judeia estava sendo governada por João Hircano, um neto de Matatias e sobrinho de Judas Macabeu, que tinha um grande controle sobre uma Judeia independente, com status de sumo sacerdote. Esse estado de preeminência não havia sido conquistado com facilidade pela dinastia dos asmoneus (como eles se designavam, em deferência ao ancestral de Matatias). Judas havia sido bem-sucedido ao restaurar o culto ancestral em Jerusalém, em 164 a.C., mas uma guarnição selêucida permaneceu na fortaleza da cidade, e as forças militares à disposição dos judeus insurgentes teriam demonstrado ser bastante incapazes de conservar o controle do Templo se Antíoco IV não tivesse morrido enquanto estava em campanha no leste, em 163 a.C., e se as atenções do Estado selêucida não estivessem voltadas para contendas internas. Os pretendentes rivais ao trono selêucida buscaram apoio político para disputas internas de onde quer que ele pudesse surgir, e os irmãos de Judas – primeiro Jônatas e depois Simão – habilmente exploraram as oportunidades para extorquir concessões dos diferentes pretendentes.[9]

Os asmoneus eram sacerdotes, mas, já que não pertenciam à linha zadoquita que havia fornecido sumos sacerdotes ao Templo desde a época do Templo de Salomão até a deposição de Jasão por Menelau em 171 a.C., eles não se apoderaram imediatamente do sumo sacerdócio que pressupunha o controle político. Depois da rededicação do Templo por Judas Macabeu, o sumo sacerdote era um certo Alcimo, do partido dos helenizadores. Apesar de tradições posteriores contrárias em Josefo, não existe uma indicação no Primeiro Livro dos Macabeus de que Judas tenha se tornado sumo sacerdote, e Josefo explicitamente afirmou que o Templo ficou sem um sumo sacerdote por sete anos após a morte de Alcimo, em 159 a.C.[10]

Foi apenas em 152 a.C. que o irmão de Judas, Jônatas, depois de intrincadas negociações com os governantes selêucidas rivais Demétrio e Alexandre Balas, aceitou o posto oferecido pelo segundo. O Primeiro Livro dos Macabeus relatou a carta enviada a Jônatas pelo rei e sua subsequente elevação a autoridade suprema no Templo:

> "O rei Alexandre a seu irmão Jônatas, saudações! Ouvimos dizer de ti que tu és um homem ponderoso e forte e que mereces a nossa amizade. Por isso nós te constituímos desde agora sumo sacerdote de teu povo; outorgamos-te o título de amigo do rei, e pedimos-te escolher nosso partido e conservar-nos tua amizade." [O rei] também mandou-lhe uma toga de púrpura e uma coroa de ouro. Então, Jônatas colocou as vestimentas sagradas no sétimo mês do centésimo sexagésimo ano, no festival das cabanas.

Uma vez instalada no sumo sacerdócio, a dinastia dos asmoneus não seria desalojada por mais de um século – o último rebento da família a presidir o Templo de Jerusalém foi Aristóbulo III, que morreu no ano 35 a.C. – porém, a falta de confiança deles em seus direitos de manter a mais prestigiosa posição representando a nação perante Deus veio à tona no dia 18 Elul (setembro) de 140 a.C., quando o irmão e sucessor de Jônatas, Simão, convocou uma "grande assembleia dos sacerdotes, do povo e dos chefes da nação e dos anciãos do país". A assembleia declarou que, por causa da "justiça e fidelidade que ele [Simão] guardou à nação", eles haviam feito dele seu líder e sumo sacerdote, acrescentando que "os judeus e seus sacerdotes haviam consentido que Simão se tornasse seu chefe e sumo sacerdote, perpetuamente, até a vinda de um profeta fiel". A escolha do sumo sacerdote não mais deveria ser deixada nas mãos do suserano gentio. Ela seria decidida pela nação judaica – ou (se um profeta surgisse) por Deus. O decreto da assembleia foi gravado em tábuas de bronze, colocado "em um lugar visível da galeria do templo", com cópias no tesouro.[11]

Simão e dois de seus filhos foram assassinados em 135 a.C., e seu filho sobrevivente, João Hircano, se defrontou com grandes obstáculos para se estabelecer no poder até a morte do rei selêucida Antíoco VII, em 129 a.C., em campanha contra os partos nas fronteiras orientais de seu império. O sucessor de Antíoco, Demétrio III, foi perturbado por conflitos internos em outros locais de seu reino, e João Hircano iniciou uma campanha de conquista que incorporou sob seu reinado os samaritanos ao norte e os edomitas ao sul. De acordo com Josefo, depois de subjugar todos os edomitas, Hircano

> permitiu que eles permanecessem em seu país desde que mandassem circuncidar os homens e estivessem dispostos a observar as leis dos judeus. E então, por apego à terra de seus ancestrais, eles se submeteram à circuncisão e a tornar o seu modo de vida conforme em todos os outros aspectos àquele dos judeus. E desde essa época eles continuaram a ser judeus.[12]

A política da conversão forçada reflete com clareza o *ethos* judaico da dinastia dos asmoneus assim que ela foi estabelecida. João Hircano emitiu moedas, proclamando em hebraico "Yehohanan o sumo sacerdote e o *hever* [congregação] dos judeus". Porém, no reinado de João Hircano, a dinastia já estava começando a imitar algumas práticas de outros Estados helenísticos, principalmente no uso de tropas mercenárias para lutar em guerras por território. O Primeiro Livro dos Macabeus, um produto da propaganda dos asmoneus sobre as origens da dinastia, retrata-os como defensores do judaísmo contra o helenismo, mas, quanto mais clamorosa a hostilidade contra a cultura grega, mais fácil foi adotar com tranquilidade aspectos do helenismo.

Na esfera política, a helenização da dinastia já era aparente com a morte de João Hircano em 104 a.C. Como regente, Hircano se contentara com a posição de sumo sacerdote, mas, segundo Josefo, seu filho mais velho, Aristóbulo, "achou melhor transformar o governo em um reino [...] e ele foi o primeiro a colocar um diadema em sua cabeça". Tanto ele quanto seu irmão mais novo, Alexandre Janeu, que o sucedeu como rei depois de apenas um ano, seguiram uma política de expansão territorial. Aristóbulo incorporou ao governo judaico a nação da Itureia, na Galileia, "que ele uniu a eles pelo vínculo da circuncisão", e Alexandre conquistou as cidades gregas da planície marítima. Josefo apresenta o poder de fato por trás do trono na figura de Alexandra Salomé, a viúva de Aristóbulo. Foi ela quem libertou Alexandre Janeu da prisão com a morte de Aristóbulo, e o designou rei, e quando Janeu morreu, em 76 a.C., ela se tornou rainha por seu próprio direito.[13]

Que uma mulher pertencente à dinastia reinasse não era incomum nos reinos helenísticos – principalmente no Egito, onde Cleópatra VII, *paramour* de Júlio César e de Marco Antônio na segunda metade do primeiro século a.C., foi apenas a última de uma série de poderosas rainhas ptolemaicas –, mas, para a tradição judaica, isso representou uma importante ruptura. Como uma mulher não poderia ser sumo sacerdote, Alexandra indicou para o posto seu filho mais velho, Hircano. Tanto Josefo quanto os rabinos (que se referiam a ela como Shelamzion) conservam avaliações muito favoráveis do reino de Alexandra, ao afirmar que ela "permitiu aos fariseus que agissem conforme lhes aprouvesse em todas as questões, e também ordenou ao povo que obedecesse a eles; e quaisquer normas introduzidas pelos fariseus de acordo com a tradição ancestral, que tivessem sido abolidas por seu sogro Hircano, essas ela restaurou novamente". (Em relação ao significado do apoio dos fariseus, ver capítulo 6.) Porém, como sumo sacerdote, Hircano era fraco à sombra de sua poderosa mãe – na verdade, Josefo afirma que ela o escolheu para o papel exatamente por sua falta de energia, e assim não desafiasse o governo dela – e, com a morte de Alexandra em 67 a.C., aos 73 anos, a reivindicação de Hircano ao trono foi contestada por seu irmão mais novo, Aristóbulo II. No período de quatro anos, o conflito entre os dois irmãos proporcionou uma oportunidade para que os romanos interviessem e a independência do Estado asmoneu chegasse ao fim.[14]

Já em 104 a.C., Aristóbulo I havia assumido o título de "fileleno", de acordo com Josefo, e o mito de fundação da dinastia asmoniana como os salvadores do judaísmo da tentativa de helenização não impediu que judeus devotos, na terra de Israel bem como no exílio, adotassem aspectos do helenismo que eles consideravam compatíveis com sua religião. É irônico que os próprios livros dos Macabeus, com suas histórias de oposição aos valores gregos, sejam preservados apenas em grego. Há muitos outros escritos judaicos em grego do período tardio do Segundo Templo, a maior parte preservada apenas de forma fragmentária. Muitos adotaram formas literárias gregas para expressar ideias judaicas, de modo mais notável no poema épico de certo Fílon (não fosse pelo poema, desconhecido) intitulado *Sobre Jerusalém*. E também o *Exagoge* [Êxodo], composto como um drama grego ao estilo de Eurípides por Ezequiel, o Trágico, contendo um impressionante retrato da voz de Deus falando de uma chama de fogo, e uma inesperada introdução, dita por um mensageiro enviado para descobrir um local de acampamento para os israelitas, de um poderoso pássaro – uma fênix – que é seguido por outros pássaros como se fosse o rei deles.[15]

A descoberta de um fragmento do *Exagoge* de Ezequiel entre os papiros recuperados da cidade egípcia de Oxirrinco revela que o texto foi lido na Antiguidade egípcia e é provável que o Egito também fosse o local de sua composição. Porém, não se sabe onde foram escritos muitos outros textos judaicos em grego, como a vívida reescrita da escritura na obra de Eupólemo *Sobre os reis na Judeia*, e não é implausível que o autor, que acrescentou à narrativa bíblica material de fontes gregas tais como Heródoto e Ctésias de Cnido de modo a demonstrar a magnificência dos reis judeus da Antiguidade, fosse identificado com o judeu da Judeia de mesmo nome, escolhido por Judas Macabeu na década de 160 a.C. como um dos embaixadores enviados a Roma para estabelecer uma aliança com os judeus. Que os judeus da Judeia fossem capazes de pensar e escrever em grego no período tardio do Segundo Templo fica claro a partir das obras do historiador Josefo no fim do século I da Era Comum. Josefo certamente não era um caso isolado, já que dedicou uma parte de sua autobiografia a uma polêmica contra a história de seu tempo escrita por um rival, Justo de Tiberíades, a quem ele descreveu especificamente como um homem de boa educação grega.[16]

As reações judaicas à cultura grega eram evidentemente complexas. Grande parte da visão de mundo revelada nos manuscritos do mar Morto (ver capítulo 6) pode ser categorizada como uma rejeição ao helenismo; porém, a preservação de alguns rolos gregos nas cavernas de Qumran sugere o conhecimento e o uso do grego entre pelo menos uma parte dos judeus junto ao Mar Morto. É mais complexo discernir elementos do pensamento grego nos textos hebraicos e aramaicos entre os manuscritos do mar Morto, mas uma busca por paralelos entre motivos em escritos hebraicos, por exemplo, sobre a sabedoria e a filosofia grega não é despropositada, já que a produção nesse período de uma grande quantidade de textos judaicos traduzidos do hebraico para o grego fornece uma evidência clara de que pelo menos alguns judeus eram fluentes nas duas línguas.[17]

A captura de Jerusalém por Pompeu, o Grande, no Dia do Perdão em 63 a.C. – "no terceiro mês, no Dia do Jejum, na centésima sexagésima nona Olimpíada, sob o consulado de Caio Antonio e de Marco Túlio Cícero" – foi apenas uma vitória menor nas gloriosas campanhas do general que consolidou o controle romano sobre os territórios às margens do litoral oriental do Mediterrâneo, mas para os judeus esse começo difícil de um relacionamento conturbado com a nova superpotência iria transformar os destinos da nação e, com o devido tempo, de sua religião.[18]

A desculpa de Pompeu para a intervenção na política da Judeia foi a luta pelo poder entre Hircano II e Aristóbulo II, os dois filhos de Alexandra. Ambos procuraram o apoio romano pagando dotes maciços – Aristóbulo enviou a Pompeu uma videira feita de ouro que valia a fabulosa soma de quinhentos talentos, e foi posteriormente exibida no templo de Júpiter Capitolino em Roma. Josefo relata que nenhum dos asmoneus contava com muito apoio popular, e que "a nação estava contra ambos e pedia para não ser governada por um rei, dizendo que era o costume de seu país obedecer aos sacerdotes do deus que era venerado por eles, mas que esses dois, que eram descendentes dos sacerdotes, estavam tentando alterar sua forma de governo de modo que eles pudessem se transformar em uma nação de escravos". Se Josefo relatou tais sentimentos de modo correto, Pompeu ignorou esses apelos e escolheu apoiar as reivindicações de Hircano, que facilitou o avanço por Jerusalém, mas mesmo assim só conseguindo entrar no Monte do Templo depois de um longo cerco. Josefo relatou com admiração que, "durante o cerco, os sacerdotes não foram impedidos de realizar quaisquer das cerimônias sagradas devido ao medo, mas duas vezes por dia, de manhã e na nona hora, eles realizavam as cerimônias sagradas no altar", e que essas oferendas prosseguiram até mesmo depois de a muralha ter sido rompida e os soldados romanos iniciarem sua matança.[19]

Com a vitória de Pompeu, a Judeia ficou sob a jurisdição de Roma, exercida por intermédio de Hircano II, que era, por sua vez, sujeito ao controle do governador romano da Síria. Hircano cumpriu seu papel por 23 anos, de 63 a.C. até 40 a.C., mas sua posição sempre foi precária. O perigo estava à espreita tanto por causa da oposição contínua de seu irmão Aristóbulo e do filho de Aristóbulo, Antígono, quanto pela instabilidade da situação do mundo romano em geral durante esses anos, que culminou na eclosão da guerra civil entre Pompeu e Júlio César em 49 a.C.

Um governador dependente como Hircano não tinha interesses na luta pelo poder que lançou o mundo romano na desordem. Subornos e negociações conduzidos por intermédio de seu ministro Antípatro, pai do futuro rei Herodes, permitiram a Hircano manter sua posição apoiando primeiramente Júlio César, em seguida (depois dos Idos de Março de 44 a.C.) seus assassinos e, finalmente, seus herdeiros políticos, Marco Antônio e Otávio, quando os assassinos haviam sido derrotados em Filipos no outono de 42 a.C. Porém, todas essas negociações com os poderosos romanos não tiveram grande serventia quando, em 40 a.C., os partos, que haviam se aproveitado do tumulto romano para ocupar o norte da Síria a partir do leste, foram persuadidos por Antígono, o filho do irmão de Hircano, Aristóbulo, a invadir a Judeia e a colocá-lo como novo governante. Hircano foi levado de novo a Pártia como prisioneiro e, já que qualquer defeito físico o tornaria incapaz de servir como sumo sacerdote, suas orelhas foram mutiladas.[20]

As moedas de Antígono de 40 a.C. a 37 a.C. trazem o título "Rei Antígono" em grego, de um lado, e "Matatias o Sumo Sacerdote" em hebraico, do outro. Fica claro que o novo sumo sacerdote tinha grandes esperanças de uma restauração da independência dos asmoneus assim como na época de seus avós Alexandre Janeu e Alexandra. Tais esperanças não estavam de acordo com as ambições de Roma. O Senado viu essa perda de territórios como uma afronta à majestade romana e tomou como certa a necessidade de recolocar a Judeia sob sua esfera de influência. Não tendo acesso a nenhum membro da dinastia asmoniana para impor um governante no lugar de Antígono, o Senado se voltou para Herodes, filho de Antípatro, cujas maquinações a favor de Hircano durante a década de 40 a.C. haviam feito com que as atenções dos poderosos romanos se voltassem para ele e seus filhos, incluindo Marco Antônio, que em 40 a.C. era o governante *de facto* de grande parte do Mediterrâneo oriental.

A decisão do Senado, no outono de 40 a.C., de nomear alguém como Herodes para governar a Judeia era tão anômala em termos da política romana normal quanto para a tradição judaica, e teria sido impossível se o mundo romano não estivesse em crise. Herodes era originário de Edom, região sul da Judeia convertida ao judaísmo apenas cerca de setenta anos antes. Sua mãe era uma árabe da Nabateia. Ele não tinha parentesco com a família real dos asmoneus e, como não era sacerdote, não poderia exercer funções no Templo de Jerusalém. Foram precisos três anos para que ele assumisse o controle de seu reino, auxiliado primeiro pela derrota das forças partas pelos romanos, na Síria, em 39 a.C. e em 38 a.C. e, finalmente, na primavera de 37 a.C., pela ajuda de Roma ao cerco a Antígono em Jerusalém. Na captura da cidade, Antígono foi levado acorrentado perante o general romano Caio Sósio. Sósio o enviou para Marco Antônio, que mandou decapitá-lo a pedido de Herodes. Antígono havia protestado que Herodes não era adequado para tornar-se rei da Judeia por ser apenas um edomita, "ou seja, meio-judeu" – uma razão ainda maior para Herodes querê-lo fora do caminho.[21]

Durante o século seguinte, todos os governantes judeus na Judeia dependiam inteiramente do favor romano para conservar o poder. O próprio Herodes navegou com perícia em meio aos traiçoeiros bancos de areia da década final da guerra civil romana. Encontrando-se do lado errado em 32 a.C. após a derrota de Marco Antônio para Otaviano César (o futuro imperador Augusto), garantiu ao vitorioso que ele seria tão fiel ao novo senhor do Mediterrâneo oriental como havia sido ao seu antecessor. Na época da morte de Herodes, em 4 a.C., ele tinha se transformado em uma figura importante no mundo romano – amigo do imperador, grande benfeitor de cidades gregas, notável construtor e, de longe, o judeu mais conhecido entre os cidadãos romanos comuns.

Para esses romanos, Herodes era mesmo um judeu arquetípico: o Shabat era "o dia de Herodes". O julgamento de outros judeus pode ter sido mais ambíguo. Na Judeia, Herodes se casou com Mariamne, neta do antigo sumo sacerdote asmoneu Hircano II, mas acredita-se que ele tenha estado por trás do acidente que matou o irmão mais novo de Mariamne, com o intuito de evitar que ele se transformasse em foco de insatisfação, e seus gastos exorbitantes para a reconstrução do Templo de Jerusalém (ver capítulo 3) foram equilibrados pela construção de um templo em honra a Roma e Augusto na nova cidade de Cesareia, fundada por ele na costa do Mediterrâneo, e por seu orgulho em se apresentar como patrono dos Jogos Olímpicos na Grécia. Herodes até mesmo tentou, brevemente, introduzir os jogos gregos e os espetáculos com animais selvagens romanos para o público judeu em Jerusalém, mas foi persuadido a desistir pelas manifestações públicas contrárias.[22]

O impacto do reinado de Herodes na vida religiosa de seus súditos judeus foi, por conseguinte, ambíguo. A magnificência do Templo reconstruído em Jerusalém, com seu pátio principal expandido erigido sobre arcos construídos segundo as então mais recentes técnicas arquitetônicas romanas, encorajou uma indústria da peregrinação muito maior, que se beneficiou também da comparativa segurança da viagem através do Mediterrâneo em um mundo unificado sob Roma. Porém, os sumos sacerdotes designados para presidir os sacrifícios vinham de famílias obscuras da Babilônia e do Egito, cuidadosamente selecionados por Herodes para garantir que não seriam uma ameaça ao seu poder. Qualquer sacerdote que outrora tivesse tido esse posto elevado inevitavelmente conservava certa aura, mas seria preciso tempo para que uma nova elite sacerdotal emergisse, e novas famílias sacerdotais nunca alcançaram a autoridade e o prestígio dos asmoneus, ou dos descendentes de Zadoque, que haviam assumido o sumo sacerdócio antes deles.

Os anos imediatamente anteriores à morte de Herodes em 4 a.C. foram marcados por intensas lutas pelo poder dentro de sua grande família. Herodes alterou diversas vezes seu testamento nos seus últimos anos. Seu filho Herodes Arquelau finalmente o sucedeu como governador da Judeia, mas com o título menos prestigioso de etnarca ("governador da nação") e não rei, e partes do território de Herodes foram colocadas sob o controle de seus irmãos Herodes Antipas e Filipe. O etnarca ficou somente dez anos no poder – em 6 a.C., Augusto o exilou na Gália, e colocou a Judeia sob o controle direto de um governador romano.

Essa medida requeria a intervenção militar por Quirino, governador da Síria, com o intuito de impor um censo dos habitantes da nova província; porém, depois de isso ter sido feito, o imperador decidiu que a Judeia poderia ser deixada com segurança nas mãos de um governo romano menor com forças mínimas ao seu dispor. O Estado romano esperava que a ordem fosse mantida principalmente por meio da cooperação dos líderes locais, cuja autoridade sobre a população sujeitada era, por sua vez, reforçada por Roma. Membros da família de Herodes iriam continuar a desempenhar um papel ocasional para esse propósito na política interna da Judeia pelos próximos sessenta anos, mas, depois do afastamento de Arquelau no ano 6 da Era Comum, o principal representante dos judeus aos olhos do governador romano passou a ser o sumo sacerdote do Templo, e as mais importantes famílias sacerdotais, de cujas fileiras o sumo sacerdote era designado, se transformaram em uma nova elite reinante em Jerusalém.[23]

Os romanos se apropriaram da escolha do sumo sacerdote, revertendo ao sistema de designação pelo poder suserano que havia sido padrão até a ascensão da dinastia dos asmoneus. Alguns dos sacerdotes escolhidos vinham de famílias que haviam sido favorecidas por Herodes, mas a família de Anás, filho de Seth, nomeado no ano 6 da Era Comum por Quirino para substituir Joazar, filho de Boethus, que havia demonstrado ser incapaz de acabar com a oposição ao censo, devia a sua posição inteiramente ao apoio de Roma. Dos dezessete sumos sacerdotes que serviram no Templo entre os anos 6 e 66 da Era Comum, cinco eram filhos de Anás, e um (Caifás, o sumo sacerdote que condenou Jesus de acordo com os relatos dos Evangelhos) era genro de Anás.

O governo romano por meio dessas figuras cuidadosamente selecionadas foi tumultuado no ano 40 da Era Comum pelos planos megalomaníacos do imperador Calígula. Incitado por gregos hostis que chamaram a sua atenção ao fato de os judeus não adorarem o imperador como um deus assim como eles o faziam, e sem se impressionar com as alegações dos judeus de que rezar para o Deus judaico a favor do imperador era igualmente bom, Calígula ordenou a Petrônio, governador da Síria, que colocasse uma estátua dele próprio no Templo de Jerusalém, para que fosse cultuada. Em sua chegada a Ptolemais, a caminho de Jerusalém, Petrônio foi recebido com manifestações em massa e hesitou em levar a cabo as ordens recebidas. O que acabaria acontecendo se a estátua tivesse sido colocada só se pode imaginar, já que Calígula foi assassinado em 41 da Era Comum, antes de seu plano ser colocado em prática.

De maior destaque entre os que pediram a Calígula para não profanar o Templo de Jerusalém se encontrava seu amigo Agripa I, neto de Herodes, que também desempenhou um papel crucial ao garantir a ascensão de Cláudio como imperador depois do assassinato de Calígula. Como uma recompensa de Cláudio, a escolha do sumo sacerdote foi delegada pelo Estado romano a Agripa I de 41 a 44 da Era Comum, junto com o governo de um reino tão vasto quanto o de seu avô. Com a morte repentina de Agripa em 44 da Era Comum, "comido por vermes", segundo os Atos dos Apóstolos, seu reino foi mais uma vez dividido, e a Judeia retornou ao controle de um imperador romano, mas a curadoria do Templo foi transferida ao seu irmão Herodes de Cálcis. Depois de um breve hiato após Herodes de Cálcis morrer em 48 da Era Comum, a supervisão do Templo foi exercida pelo filho de Agripa, Agripa II, de *c.* 50 da Era Comum até a eclosão da revolta contra Roma em 66.[24]

O início da revolta durante a primavera de 66 da Era Comum foi marcado pela recusa simbólica dos sacerdotes de Jerusalém de continuar a oferecer sacrifícios tradicionais para o bem-estar do imperador de Roma, e o Templo continuou o ponto central da rebelião durante os quatro anos de independência que acabaram em agosto de 70 com a destruição de Jerusalém pelas forças romanas. Livre dos grilhões do domínio romano e herodiano, o Estado judeu lançou uma série de extraordinárias moedas, que revertiam ao uso asmoneu da escrita paleo-hebraica e celebravam uma nova era. As moedas se referiam ao novo Estado como "Israel", aparentemente em um contraste deliberado com o uso romano de "Judeia". Juntamente com inúmeras moedas de bronze que proclamavam a "liberdade de Sião" e "a redenção de Sião", os rebeldes cunharam siclos, meio-siclos e quartos-de-siclos de prata excepcionalmente pura, com inscrições que se referiam a "Jerusalém, a sagrada".[25]

A insistência em prata pura, até mesmo sob as limitações da guerra, indicava que as autoridades responsáveis pela cunhagem estavam preocupadas principalmente com o uso devocional dessas moedas como oferendas no Templo. No fim de 67 ou começo de 68 da Era Comum, o governo revolucionário escolheu um novo sumo sacerdote por sorteio, evitando as famílias sacerdotais que haviam sido favorecidas por Roma, para grande desgosto de Josefo:

> O resultado aleatório do sorteio mostrou a completa depravação das operações deles. A sorte recaiu sobre certo Phanni, filho de Samuel, do vilarejo de Aphthia, um homem não somente desprovido de qualquer ascendência sumo sacerdotal, mas um tamanho labrego que não tinha uma ideia clara a respeito do que "sumo sacerdote" realmente queria dizer. De qualquer modo, eles arrancaram esse pobre homem de sua propriedade rural, e o vestiram para esse papel desconhecido

como um ator no palco, trajando-o com as vestes sacramentais e incitando-o a fazer o que era esperado em qualquer ocasião. Para eles, essa iniquidade flagrante era uma coisa muito divertida, mas os outros sacerdotes, observando a distância essa paródia de lei, só podiam derramar lágrimas de angústia com a profanação dos ofícios sagrados.[26]

Os motivos para a eclosão da revolta em 66 da Era Comum, depois de aproximadamente sessenta anos de controle direto dos romanos, ainda são muito debatidos, apesar (ou por causa) da narrativa detalhada de Josefo. Este se esforçou em detalhar as vezes em que os desastrados governadores romanos haviam provocado distúrbios nos anos anteriores à revolta. Mas também indicou muitas outras causas, de uma luta de classes entre ricos e pobres (exacerbada pela distribuição desigual em uma sociedade cada vez mais rica) às relações espinhosas entre os judeus e as populações gentias das cidades nas circunvizinhanças da Judeia, tal como Cesareia, e as tensões entre as gerações pertencentes à elite da Judeia, com as gerações mais jovens na dianteira da rebelião contra Roma.[27]

Entre as causas da rebelião destacadas por Josefo se encontrava uma filosofia específica pregada no ano 66, na época do primeiro censo romano, por dois mestres chamados Judas e Zadoque, que encorajavam os judeus a acreditar que "apenas Deus poderia ser o líder e o mestre deles", de modo que eles estavam preparados para enfrentar a morte "desde que pudessem evitar chamar qualquer homem de senhor". Josefo descreveu essa doutrina nas suas *Antiguidades* como uma "importuna quarta escola de filosofia" e uma inovação em contraste com as três filosofias antigas dos fariseus, saduceus e essênios (ver capítulo 6), mas vale a pena notar aqui que a narrativa detalhada de Josefo das cinco décadas imediatamente anteriores à eclosão da guerra em 66 a.C. estranhamente deixa de identificar alguns dos indivíduos e dos grupos envolvidos na insurreição como adeptos dessa "quarta filosofia". Do mesmo modo, a referência de Josefo na *Guerra dos judeus* a uma crença disseminada em "um oráculo ambíguo [...] encontrado nas sagradas Escrituras deles, dando a ideia de que na época alguém do país deles iria se tornar o dirigente do mundo", não se reflete nas descrições dos líderes da revolta como figuras messiânicas. A única exceção pode ser Simão, filho de Gioras, que acabou servindo em 70 da Era Comum como comandante-chefe dos rebeldes e, consequentemente, recebeu a dúbia distinção da execução ritual no apogeu do triunfo de Vespasiano e de Tito em Roma. Quando Simão se rendeu aos soldados romanos durante o saque de Jerusalém, estava vestindo uma túnica branca e um manto púrpura. Josefo escreveu que isso tinha por objetivo assustar os romanos, mas é possível que Simão pensasse que essas vestimentas imperiais refletissem o seu status de governante messiânico.[28]

A seriedade da revolta ficou patente para os romanos em 66 da Era Comum apenas depois da inesperada derrota das forças de Caio Céstio Galo, governador da Síria, que marchou do sul para pôr ordem nas perturbações na Judeia e chegou a Jerusalém com uma impressionante demonstração de força, mas não conseguiu proteger suas tropas durante seu retorno para a costa do Mediterrâneo. É bem possível que os líderes do governo provisório, dos quais muitos eram oriundos das famílias sacerdotais que haviam sido favorecidas por Roma por mais de meio século, imaginassem que poderiam ter permissão de não precisar de um governador romano enquanto permanecessem dentro do Império Romano. Afinal, Agripa I havia sido designado governador da Judeia pelo imperador Cláudio apenas 25 anos antes.[29]

Roma reagiu à perda das tropas de Céstio, a maior derrota de um exército romano dentro de uma província pacificada na história do início do Império Romano, mobilizando um grande contingente de soldados para obter a rendição dos rebeldes. A campanha foi lenta, em parte devido à cautela do velho general Vespasiano, que chefiava a recaptura de Jerusalém, e em parte porque o mundo romano estava abalado, a partir do fim de 68 da Era Comum, com a morte do imperador Nero e reivindicações ao poder imperial por quatro senadores, dos quais o último (e que teve mais sucesso) fora o próprio Vespasiano. Quando seu filho Tito, designado por seu pai em 69 da Era Comum para completar a campanha na Judeia, finalmente atacou Jerusalém na primavera de 70, ele o fez herdeiro aparente do poder imperial. A ferocidade do ataque direto às muralhas da cidade durante os meses seguintes, com sua disposição para aceitar as baixas romanas a serviço de uma vitória rápida, foi intensificada pela necessidade de apresentar o novo regime imperial ao público romano como conquistadores heroicos de um oponente bárbaro.

Josefo alegou, e provavelmente de modo correto, que Tito teria preferido não destruir o Templo, mas uma vez que haviam ateado fogo a ele no clima seco e quente de Jerusalém em agosto, era impossível salvá-lo. Roma havia entrado em guerra em 66 da Era Comum para garantir os sacrifícios públicos a favor do imperador, os quais eram então impossíveis, mas Vespasiano e Tito tomaram a decisão política de que seria melhor para a nova dinastia apreciar a destruição a lamentá-la e admitir que ela houvesse sido um erro. Os pertences do Templo, assim como foram levados pelas ruas de Roma em triunfo em 71, ainda podem ser vistos representados no Arco de Tito, perto do Fórum Romano.[30]

Ficará claro que a história do Templo e de sua liderança estava intimamente ligada com a da política de Roma nas seis décadas que antecederam a destruição completa do Templo. Os governadores romanos tratavam o sumo sacerdote como representante dos judeus da Judeia, e confiavam nele para que mantivesse a ordem. Para decisões importantes, tais como o julgamento de crimes capitais, era esperado que o sumo sacerdote consultasse um *synhedrion*, "conselho". O termo grego era usado por Josefo também para se referir ao *consilium ad hoc* de consultores habitualmente convocado por magistrados romanos, e foi transliterado em hebraico na Mishná como Sinédrio, para se referir a uma corte suprema de 71 juízes competentes para julgar os casos mais difíceis. Se o Sinédrio do sumo sacerdote funcionava como o conselho de um magistrado romano, sua constituição teria variado para se adequar ao tópico em pauta. Portanto, judeus de diferentes tendências religiosas poderiam sentar-se em um Sinédrio ao mesmo tempo – o autor dos Atos dos Apóstolos diz que fariseus e saduceus no Sinédrio teriam discutido uns com os outros durante o julgamento de são Paulo.[31]

Até a eclosão da revolta em 66 da Era Comum, o sistema de governo funcionava bem. Houve perturbações, naturalmente, ao longo dos sessenta anos, e apresentadas de modo cumulativo, em retrospectiva, assim como na narrativa de Josefo, elas podem aparentar refletir uma sociedade à beira do colapso. Porém, essa perspectiva, oferecida depois de Jerusalém ter sido destruída, é muito enganadora. Os judeus haviam vivido pacificamente por muitos anos em diferentes partes do mundo romano, e comunidades da diáspora na Ásia Menor, na Síria, no Egito e até mesmo na própria Roma haviam por muito tempo tido permissão do Estado romano para observar seus próprios costumes, tais como o Shabat, com base em sua venerável antiguidade. Judeus da diáspora tinham permissão para enviar oferendas ao Templo de Jerusalém, e reis herodianos intervinham a favor deles na Ásia Menor e em Alexandria, quando as relações com os gentios locais se tornavam difíceis. Romanos reconheciam todo o mundo judaico como uma comunidade única de judeus, de acordo (segundo Josefo) com um édito do imperador Cláudio que estendia os privilégios dos judeus em Alexandria para todos os judeus "por todo o império sob os romanos". Quando o Templo de Jerusalém foi ameaçado por Calígula, Fílon, o judeu de Alexandria, abandonou a missão de sua embaixada a favor dos judeus da cidade com o intuito de tentar evitar a profanação do santuário nacional.[32]

A própria Judeia era governada de modo discreto, com um pequeno número de tropas auxiliares e um governador que não pertencia à classe senatorial, e parece improvável que a província fosse vista pelos romanos como potencialmente perigosa. Notáveis entre os privilégios ímpares permitidos aos judeus eram os festivais de peregrinação celebrados três vezes por ano em Jerusalém (ver capítulo 3), nos quais grandes multidões se reuniam de uma forma não permitida em nenhum outro lugar no mundo romano. O governador romano estacionava uma segunda coorte em Jerusalém na época dos festivais para auxiliar o controle das multidões, e evidentemente era fato conhecido que essas reuniões poderiam ser um momento de perturbações, mas, como foi verificado em 66 da Era Comum, uns poucos milhares de soldados foram de pouco valor quando confrontados por uma multidão compacta de pessoas nas ruas estreitas da cidade. Se as décadas de 50 e 60 da Era Comum foram realmente um tempo de tensão crescente na província, o Estado romano foi extremamente otimista em sua reação e não fez uma tentativa de aumentar sua presença militar. Seria equivocado imaginar a Judeia do século I como um país ocupado por um militar romano em cada esquina. Para a maioria dos judeus, o governo romano era mais ou menos invisível.[33]

Josefo alegou especificamente que, quatro anos antes da eclosão da guerra, a cidade se encontrava em um estado de "paz e de prosperidade". Na época, uma profecia de destruição era tratada como um sintoma de insanidade. Tanto Jerusalém quanto o Templo eram mais gloriosos e prósperos do que jamais haviam sido antes. Sem dúvida, os judeus podiam olhar em retrospectiva com nostalgia para um passado fabular, quando o Templo de Salomão era considerado ainda mais magnífico e Deus conversava mais prontamente com os profetas em meio ao seu povo. A vida nunca é perfeita, e é sempre possível imaginar um futuro mais luminoso no fim dos dias. A ideia, às vezes debatida por estudiosos do início da cristandade, de que os judeus no século I da Era Comum se sentiam exilados de Deus e ansiando por uma salvação messiânica é injustificada. As diversas correntes dentro do judaísmo que serão examinadas nos três próximos capítulos foram o produto não do desespero, mas da confiança. Os judeus podiam todos concordar que a Torá era para eles o melhor guia possível para uma vida piedosa. A questão era como viver essa vida na prática.[34]

6
"A doutrina judaica assume três formas"

Josefo afirmou: "A doutrina judaica assume três formas. Os seguidores da primeira *hairesis* [escola] são chamados fariseus; os da segunda, saduceus; os da terceira, essênios". Ele fazia referências muito frequentes a essas escolas dentro do judaísmo no decorrer de suas histórias, introduzindo-as primeiro na sua narrativa dos diferentes grupos que procuraram influenciar João Hircano, o sumo sacerdote asmoneu de 135 a.C. a 104 a.C. No emprego cristão posterior, o termo *hairesis* denotaria "heresia", mas seu sentido literal é "escolha", e fica claro que Josefo não via nada inapropriado a respeito da existência dessas três correntes dentro do judaísmo. Na verdade, ele se esforçou para alegar que essas três filosofias haviam existido entre os judeus "desde os tempos mais antigos", contrastando com a recente (e, na visão de Josefo, iníqua) quarta filosofia, que foi inventada na época em que se iniciou o governo direto romano da Judeia no ano 6 da Era Comum. Não se pode dizer com certeza se esses grupos eram mesmo antigos ou se têm origem apenas quando mencionados pela primeira vez por Josefo na segunda metade do século II a.C., mas é possível afirmar que eles floresceram nesse período, e que o *ethos* do mundo helenístico, no qual coexistiam filosofias de vida concorrentes tais como o estoicismo, o epicurismo e a escola pitagórica (com algumas das quais Josefo em certa ocasião comparou de modo explícito essas escolas judaicas), proporcionou o ambiente em que isso poderia ocorrer.[1]

No início do século II a.C., quando quase toda a Bíblia havia sido composta e grande parte já fora traduzida para o grego, o núcleo comum de todas as formas posteriores do judaísmo – até a emergência do judaísmo humanístico e secular na era moderna – já existia. Os judeus acatavam e adoravam o Deus de Abraão, Isaac e Jacó, cujas ações no mundo eram relatadas nas histórias sagradas e que era adorado no Templo em Jerusalém. Eles se acreditavam comprometidos a obedecer aos mandamentos de Deus, principalmente como haviam sido estabelecidos nos cinco primeiros livros da Bíblia, por meio da aliança selada com Moisés no Monte Sinai séculos antes. Esses mandamentos apresentavam regras precisas para a conduta da vida do nascimento à morte. O que, então, explica a emergência, durante os últimos séculos do Segundo Templo, entre 200 a.C. e 70 da Era Comum, de diversos tipos de judaísmo, incompatíveis entre si?

Parte da resposta é que a Bíblia continha uma coleção tão rica de ideias que as decisões relacionadas ao que enfatizar diferiam na Antiguidade assim como diferem hoje. As escolhas variavam muito, e algumas ideias bíblicas, tais como o Jubileu, parecem nunca ter sido adotadas na prática. Mas, não menos importante do que as interpretações seletivas da Bíblia, foi o surgimento de práticas e ideias nas sociedades judaicas ao longo de gerações até que, por força do costume, elas ganharam o respeito devido à tradição, e passaram a ser vistas por alguns como normativas. Todos os judeus podem alegar que estão seguindo fielmente as leis assim como foram transmitidas na Bíblia, e essas leis proporcionavam detalhes precisos a respeito do comportamento em todos os aspectos da vida. Como resultado, a maioria dos judeus via como uma obrigação religiosa se abster de trabalhar no Shabat, circuncidar os filhos, evitar os alimentos proibidos, e levar oferendas, quando pudessem, ao Templo de Jerusalém. Tais eram as características do judaísmo conforme observadas por escritores pagãos gregos e latinos do século I a.C. e do século I da Era Comum. Para a maior parte dos judeus, simplesmente observar a Torá, assim como eles acreditavam que seus pais haviam feito, teria sido o bastante.[2]

Provavelmente, apenas uma minoria adotava uma filosofia específica. Para aqueles que o faziam, parece ter sido uma questão de escolha pessoal. Josefo descreveu em sua autobiografia a sua própria odisseia espiritual pelas escolas judaicas em seus anos de juventude: "Com cerca de dezesseis anos, eu me determinei a adquirir experiência pessoal das diversas seitas em que nossa nação é dividida". Não judeus que se convertiam ao judaísmo por convicção pessoal (e não para facilitar o casamento com um judeu) podem ter sido atraídos por filosofias judaicas específicas, mais do que os judeus nativos. Assim o autor do Evangelho de Mateus, ao que tudo indica, atribuiu a Jesus um ataque aos fariseus por instilar prosélitos com ensinamentos farisaicos: "Ai de vós, escribas e fariseus, hipócritas! Pois que percorreis o mar e a terra para fazer um prosélito; e, depois de o terdes feito, o fazeis filho do inferno duas vezes mais do que vós".

Essa passagem em Mateus, por muito tempo embasou a ideia de que a conversão ao judaísmo fora encorajada no período tardio do Segundo Templo por uma atividade missionária judaica que era tanto precursora quanto rival da missão da primeira geração de cristãos. Porém, a missão cristã foi uma exceção na história religiosa do mundo antigo, e a conversão ao judaísmo, quando ocorria, era geralmente por iniciativa do prosélito. Não sabemos quantos desses convertidos existiam, e nem ao menos sabemos quantos judeus havia no século I da Era Comum: a alegação, comum desde meados do século XIX, de que na metade do século I da Era Comum um décimo dos aproximadamente 50 milhões de pessoas que viviam no Império Romano compunha-se de judeus é um erro que tem sua origem em Bar Hebreu, um autor cristão sírio do século XIII da Era Comum. Bar Hebreu alegou que o imperador Cláudio havia ordenado um censo dos judeus e apresentou a exata quantia de 6.944.000 pessoas. Porém, Bar Hebreu evidentemente não havia conseguido compreender a sua fonte. Jerônimo, no fim do século IV da Era Comum, observou que exatamente a mesma quantia foi referida por Eusébio como o número de cidadãos romanos registrados por Cláudio em um censo. Um censo dos cidadãos era uma prática padrão no Império Romano; um censo dos judeus seria impensável.

Na narrativa de conversão detalhada que chegou até nós do século I da Era Comum, a deslocação feita por um gentio do status de um forasteiro interessado em aspectos da prática judaica para o de um pleno convertido era claramente de iniciativa do próprio indivíduo em questão. Segundo uma narrativa folclórica preservada no *Antiguidades dos judeus* de Josefo, Izates, rei de Adiabena, teve informações sobre o judaísmo de um judeu chamado Ananias, que estava de passagem, e adotou muitos costumes judeus, mas apenas quando foi visitado por um segundo visitante chamado Eleazar é que ele decidiu se submeter à circuncisão de modo a seguir a lei em sua completude. Na época em que Izates se submeteu à cirurgia, supostamente pelas mãos do médico da corte, nenhum desses judeus estava por perto. Não parece ter havido uma cerimônia reconhecida de conversão no século I da Era Comum correspondente ao batismo no início da cristandade e conversão no judaísmo rabínico a partir do século III da Era Comum. Tampouco havia qualquer comunidade judaica local para confirmar o novo status do rei como membro de pleno direito do povo judeu. Ao que tudo indica, Izates resolveu por conta própria que ele seria então um judeu e, portanto, comprometido pela aliança entre Deus e Israel contida na Torá. Com o devido tempo, ele descobriu que sua mãe, a rainha Helena, havia sido igualmente convertida. Ela iria se estabelecer em Jerusalém, onde se transformou em uma importante benfeitora da cidade em tempos de fome. A posição dela como proeminente prosélita era conhecida não apenas por Josefo no fim do século I, mas pelos compiladores da Mishná no início do III.[3]

Evidências da grande variedade de interpretações da Torá que existiam dentro da sociedade judaica já nos três primeiros séculos depois da finalização da Bíblia sobrevivem com muita frequência tanto por sua preservação através do judaísmo rabínico quanto do cristianismo, duas tradições religiosas que continuam até os dias atuais. Mas é surpreendente que as evidências preservadas para propósitos religiosos por cristãos de épocas posteriores sejam muito diferentes do material transmitido pelos rabinos. Em parte, essa é uma questão linguística: os cristãos transmitiram para as gerações posteriores apenas textos judaicos escritos em grego (embora o que agora chegue até nós seja com frequência uma tradução posterior do grego para outra língua, tal como o siríaco, etíope ou latim); rabinos conservavam textos apenas em hebraico ou em aramaico. Algumas fontes literárias encontradas em uma tradição, tais como os discursos filosóficos de Fílon preservados por cristãos ou as disputas legais preservadas por rabinos, são completamente desconhecidas entre si. Em cada caso, a preservação foi naturalmente com o propósito da edificação religiosa em anos vindouros. A descoberta, em 1947, dos manuscritos do mar Morto oferece certa perspectiva, já que eles foram preservados por acaso em vez de selecionados por rabinos ou cristãos. Revelam que algumas manifestações do judaísmo não foram mantidas por nenhuma das tradições posteriores, e levantam a suspeita de que o judaísmo pode ter sido ainda mais variado nesse período do que se possa depreender do material remanescente.

Entre os escritos judaicos preservados apenas por meio do uso cristão na Antiguidade tardia estão as histórias de Josefo, das quais depende o nosso conhecimento da história política pós-bíblica que causou efeito profundo nas graduais transformações religiosas. É desolador considerar o que seria conhecido a respeito de acontecimentos entre a fundação e a destruição do Segundo

Templo se apenas os textos rabínicos tivessem sobrevivido. A liturgia rabínica preservou a memória dos macabeus, mas em um vácuo histórico preenchido apenas de forma marginal por referências obscuras no *Seder Olam*, uma obra editada no século II da Era Comum que apresenta um sumário da história do mundo e, especialmente, dos judeus. Uma crônica de aniversários de fatos gloriosos e de acontecimentos no período do Segundo Templo foi preservada no *Megillat Ta'anit* com o intuito de proibir o jejum público nesses dias, mas as referências imprecisas aos acontecimentos históricos são, com frequência, impossíveis de interpretar. No tratado *Avot* da Mishná, compilado provavelmente no fim do século III da Era Comum, a sequência da tradição salta, a uma velocidade alarmante, do século IV a.C. para o fim do século I; de "Simeão, o Justo", no século III a.C., via cinco gerações de sábios sobre os quais quase nada se conhece, para Hilel e Shamai no tempo de Herodes. É em Josefo que o historiador do judaísmo do período tardio do Segundo Templo tem que confiar basicamente, e é com seu relato das escolas judaicas que iremos começar.[4]

Já vimos que Josefo escreveu a respeito das três filosofias dos fariseus, saduceus e essênios em contraste com o que ele denominou uma "intrusiva quarta escola de filosofia". Ele alegou que essa última havia causado desastre para a Judeia no século I da Era Comum e levado à destruição de Jerusalém pelos romanos. O contraste insistido por Josefo retratava de modo explícito as outras três filosofias como expressões válidas do judaísmo, apesar de suas diferenças. Estas, como veremos, eram consideráveis.

FARISEUS

"Mas ai de vós, escribas e fariseus, hipócritas! Pois que fechais aos homens o reino dos céus. [...] Ai de vós, condutores cegos! [...] Insensatos e cegos! [...] Serpentes, raça de víboras. [...] Como escapareis da condenação do inferno?" Essas palavras de Jesus "à multidão e aos seus discípulos", como registradas no Evangelho de Mateus, avivaram todas as imagens posteriores dos fariseus na cultura cristã. A acusação contra os fariseus, que "na cadeira de Moisés estão assentados", era a de que eles queriam apenas uma religiosidade superficial: "Pois que sois semelhantes aos sepulcros caiados, que por fora realmente parecem formosos, mas interiormente estão cheios de ossos de mortos e de toda a imundícia". Nos idiomas europeus, "farisaísmo" passou a significar um formalismo religioso hipócrita, uma acusação que pode ser, e tem sido, dirigida a correligionários dentro da sociedade cristã em intervalos periódicos, sobretudo porque uma acusação de hipocrisia e de falta de um verdadeiro espírito de religiosidade é mais ou menos impossível para qualquer pessoa religiosa refutar – e por isso vemos, por exemplo, Edward Pusey, na campanha do Movimento de Oxford para revigorar a Igreja da Inglaterra no século XIX, afirmar que, "de todo farisaísmo de nossos tempos, o modo como frequentamos a igreja parece ser a obra-prima". Por outro lado, a identificação do farisaísmo com a tradição rabínica de judeus de épocas posteriores produziu na imaginação popular judaica uma versão mais aceitável dos fariseus, na qual eles são vistos como os primeiros sábios rabínicos, apesar de evidências, como veremos, de que tal identificação é errônea.[5]

De qualquer modo, é bastante estranho começar um relato sobre os fariseus, ou com as evidências hostis dos Evangelhos, ou com a retrodatação de rabinos de uma época posterior, já que a fonte que apresenta maiores possibilidades de ser capaz de nos contar sobre o farisaísmo no período tardio do Segundo Templo é o judeu Josefo, que afirmou explicitamente em sua autobiografia, escrita sobre o farisaísmo do ponto de vista de um praticante: depois de se submeter, na juventude, a um "treinamento árduo e a exercícios rígidos" com o intuito de adquirir experiência pessoal do farisaísmo, saduceísmo e essenismo, "em meu décimo nono ano de vida eu comecei a reger a minha vida pela regra dos fariseus". Tampouco Josefo era o único a reivindicar conhecimento pessoal do farisaísmo, já que Paulo se descrevia, antes de "ganhar a Cristo", como tendo sido, "quanto à lei, um fariseu". Segundo o autor dos Atos dos Apóstolos, Paulo havia sido educado em Jerusalém, "aos pés de Gamaliel", que foi ele próprio descrito em outro momento pelo mesmo autor como tendo sido um fariseu. Paulo é retratado se defendendo perante Agripa contra uma acusação de fomentar a agitação entre os judeus e profanar o Templo, afirmando que "desde a mocidade, como decorreu desde o princípio entre os de minha nação, em Jerusalém, todos os judeus conhecem o meu estilo de vida. Sabendo de mim, desde o princípio (se o quiserem testificar), que, conforme a mais severa seita da nossa religião, vivi fariseu". A divergência entre saduceus e fariseus no Sinédrio durante o julgamento de Paulo surgiu quando ele anunciou: "Homens irmãos, eu sou fariseu, filho de fariseu; no tocante à esperança e ressurreição dos mortos sou julgado".⁶

Fica claro a partir dessas passagens que o nome "fariseu" poderia ser usado com certo orgulho (e, portanto, é claro que não tinha as conotações abusivas surgidas em um emprego posterior por causa da polêmica do Evangelho). *Pharisaios* em grego não tem significado, e deve ser uma transliteração de uma palavra aramaica derivada da raiz *prsh*, que significa "separado": fariseus eram aqueles que separavam uma coisa de outra (exatamente o que seria separado não é informado). Textos rabínicos primitivos que se referem em hebraico a *perushim* ("os separados", na forma passiva) supostamente tinham o mesmo grupo em mente, já que esses *perushim* são retratados em desavença com os *tsedukim* ou saduceus, mas o nome que eles usavam era provavelmente uma brincadeira insultuosa com o verdadeiro nome dos fariseus – tais apelidos cheios de significado são abundantes em outros momentos do primitivo judaísmo rabínico, por exemplo na referência ao líder rebelde Simon bar Kosiba como Bar Kokhba ("filho de uma estrela") ou Bar Koziba ("filho de uma mentira"), e a designação *perushim* como "separatista" certamente tinha por objetivo expressar desaprovação em certos textos rabínicos.⁷

É possível assumir, então, que tanto Josefo quanto Paulo se encontrassem em posição de falar a seus leitores sobre a natureza das doutrinas farisaicas e o papel dos fariseus na sociedade, mas não necessariamente que, portanto, eles o tenham feito. É bastante óbvio que Paulo dificilmente iria apresentar um relato objetivo do que ele chamava de "[antigamente] a minha conduta no judaísmo"; no entanto, mais notável do que qualquer preconceito é o seu silêncio – nada na descrição que faz de si mesmo dá uma ideia do que o farisaísmo implicava além de "irrepreensibilidade" no que diz respeito à "justeza em relação à lei". Josefo, por outro lado, tinha muito mais a dizer sobre os fariseus como um grupo do que como indivíduos, em sua *Guerra dos judeus* e no *Antiguidades dos judeus*, bem como em sua autobiografia. Porém, ele estava escrevendo para leitores não judeus com o desejo de demonstrar a excelência dessa filosofia judaica, então pode ser que tenha decidido retratar os fariseus em uma roupagem grega idealizada: afirmou explicitamente em seu *Vida* que os fariseus "têm pontos semelhantes com o que é chamado de estoicismo entre os gregos". Um problema específico surge em sua descrição dos fariseus agindo como um grupo político no período asmoniano, já que sua narrativa desses acontecimentos tinha por origem os escritos históricos do intelectual grego Nicolau de Damasco, que, não tendo simpatia pela religião judaica, ou não a conhecendo, parece ter descrito os fariseus e os saduceus como se fossem partidos políticos segundo o modelo grego.[8]

As doutrinas características dos fariseus, segundo Josefo, eram a sua insistência em "atribuir tudo ao destino e a Deus: eles consideram que agir corretamente ou não está, na verdade, em sua maior parte, nas mãos dos homens, mas que em cada ação o destino opera conjuntamente" e a crença de que "toda alma é imperecível, mas apenas a alma dos bons passa para outro corpo, ao passo que a alma dos iníquos sofre a punição eterna". Em outros trechos, Josefo afirma que os fariseus acreditam que recompensas e punições das almas depois da morte ocorrem "sob a terra", que a prisão eterna é o fado das almas más, e que às boas é concedida uma passagem fácil para uma nova vida (talvez uma referência à metempsicose). Tais ideias de reencarnação carecem de qualquer fundamento bíblico, e provavelmente refletem a influência grega. Elas não eram as únicas ideias novas a respeito da vida depois da morte que geraram controvérsia entre os judeus no século I da Era Comum (ver capítulo 8).

Porém, o que principalmente distingue os fariseus é o fato de eles se apresentarem como intérpretes precisos da lei. Josefo afirma explicitamente a respeito de Simão, filho de Gamaliel, que ele era "da *hairesis* dos fariseus, que têm a reputação de ser excepcionais em sua acurácia referente às leis ancestrais", e a mesma forma de se apresentar é encontrada na referência de Paulo ao seu passado fariseu segundo o autor dos Atos dos Apóstolos, ao alegar ter sido "instruído conforme a verdade da lei de nossos pais, zelador de Deus, como todos vós hoje sois".[9]

De maneira notável, encontram-se ausentes dessa lista de doutrinas farisaicas as questões religiosas específicas a respeito das quais Jesus criticava os fariseus de acordo com os Evangelhos. A veemência da polêmica de Jesus nos Evangelhos parece refletir uma competição com os fariseus da parte ou do próprio Jesus ou (mais provável) das comunidades cristãs em um período posterior no século I da Era Comum, durante o qual os Evangelhos circulavam. Segundo o Evangelho de Mateus, Jesus exclamou: "Ai de vós, escribas e fariseus, hipócritas! Pois que limpais o exterior do copo e do prato, mas o interior está cheio de rapina e de intemperança"; entretanto Josefo não atribuiu aos fariseus nenhuma preocupação especial com a pureza (embora ele atribuísse isso aos essênios). Segundo Mateus, Jesus disse: "Ai de vós [...] pois que dizimais a hortelã, o endro e o cominho, e desprezais o mais importante da lei", mas Josefo (que escreveu bastante sobre pagamento de dízimos) nada disse a respeito como uma preocupação específica dos fariseus. No Evangelho de Marcos, Jesus responde a uma queixa dos fariseus de que seus discípulos começaram a colher espigas enquanto passavam em meio às searas com a tirada de que "o sábado foi feito por causa do homem, e não o homem por causa do sábado", mas uma preocupação especial com a observância do Shabat era tratada por Josefo como uma característica não dos fariseus, e sim dos essênios. Os primeiros textos rabínicos preservam evidências, como veremos (capítulo 7), de grupos no século I da Era Comum que se distinguiram por sua devoção a uma pureza e a um pagamento de dízimos escrupulosos, e eles também preservam referências a discussões sobre a observância do Shabat no mesmo período entre os sábios a quem viam como antepassados e professores espirituais. Mas não atribuem nenhum fascínio específico por essas questões aos fariseus, a não ser como um tópico sobre o qual poderiam expressar suas diferenças com os saduceus.[10]

O que importava para os fariseus era a sua abordagem da Torá de forma geral. Característica dessa abordagem, assim como é atacada por Jesus nos Evangelhos, é a sua escrupulosidade. Os fariseus insistiam em que os juramentos deviam ser formulados de modo correto. No tempo de Herodes, um grupo de fariseus se recusou a fazer um juramento de lealdade ao rei (supostamente por causa do medo de que tivessem de romper com tal juramento, embora Josefo observe apenas que eles eram "um grupo de judeus que se orgulhava de seu apego aos costumes ancestrais e que alegava observar as leis que a Divindade aprova"). É a essa autoprofessada rigidez que pode ser atribuída a notável influência dos fariseus, já que ela dava sua aprovação a uma interpretação profundamente conservadora da Torá.

Josefo se referiu em várias passagens a essa influência. Os fariseus "exercem muita influência sobre as pessoas da cidade", e "todas as preces e ritos sagrados de culto divino são realizados de acordo com a descrição deles". Eles "têm nas multidões um aliado", em contraste com os saduceus, que persuadem apenas os ricos. O que ele não consegue explicar é a raiz dessa influência sobre o resto da população da Judeia. Não sabemos quantos fariseus havia. O melhor que podemos deduzir é um número mínimo de 6 mil na época de Herodes, já que foi esta a quantidade de fariseus que se recusaram a fazer o juramento de lealdade ao rei, mas foram perdoados depois de a esposa de Pheroras, um dos parentes de Herodes, pagar uma multa por eles

– Josefo observou que as mulheres da corte de Herodes eram governadas pelos fariseus. Nem esse número nem outras evidências a respeito dos fariseus sugerem que eles constituíssem mais que uma pequena parte da população geral da Judeia. Em uma passagem, Josefo disse que os fariseus tinham o cuidado de simplificar seu estilo de vida e evitar a ostentação, embora isso não seja incompatível com a acusação de Jesus no Evangelho de Mateus de que os fariseus "amam os primeiros lugares nas ceias e as primeiras cadeiras nas sinagogas. E as saudações nas praças, e o serem chamados pelos homens; rabi, rabi ['meu mestre' ou 'meu professor']". Porém, é difícil ver por que essa autopromoção como dedicados especialistas ascéticos nas leis iria acarretar popularidade, a não ser que a interpretação da lei fosse por si só bem recebida pela maior parte da população.¹¹

Na verdade, Josefo, ao afirmar de modo bastante explícito a base da interpretação farisaica da Torá, oferece motivos mais que suficientes para sua popularidade. Os fariseus "transmitiam para as pessoas certas prescrições recebidas dos pais que não haviam sido escritas na lei de Moisés", insistindo em que era correto observar "as coisas das tradições dos pais". Um termo parecido é usado pelos fariseus no Evangelho de Marcos quando eles enfrentam Jesus por permitir que seus seguidores comam sem primeiro lavar as mãos: "Por que não andam os teus discípulos conforme a tradição dos antigos?". O cristão Hipólito, estudioso de heresias, no século II da Era Comum, descreveu os fariseus aceitando as "tradições antigas". Em relação à maneira como essa tradição era transmitida a cada geração, as fontes dos fariseus mantêm silêncio, a não ser por afirmarem que elas não eram escritas, mas Fílon afirmou com certo ímpeto que as tradições dos virtuosos vivos são ensinadas para as crianças não por meio de escritos ou de palavras, mas com exemplos:

> Outro mandamento de valor geral é "Não removerás as marcações de terreno dos teus vizinhos, que teus ancestrais puseram". Ora, essa lei, nós podemos considerar, não se aplica simplesmente a loteamentos e a limites de terras de modo a eliminar a cobiça, mas também para a salvaguarda dos costumes antigos. Pois os costumes são leis não escritas, as decisões aprovadas pelos homens de antanho, não inscritas em monumentos e nem em folhas de papel que as traças destroem, mas nas almas daqueles que são parceiros na mesma cidadania. Pois as crianças devem herdar de seus pais, além da propriedade, os costumes ancestrais em que foram criados e viveram, desde o berço, e não desprezá-los porque foram trans-

mitidos sem um relato escrito. O louvor não pode ser devidamente dado a alguém que obedece à lei escrita, já que ele age sob a admoestação da repressão e o temor da punição. Mas aquele que observa fielmente o que não é escrito merece elogios, uma vez que a virtude que demonstra é por livre e espontânea vontade.

A religião é aprendida, não ensinada.[12]

A influência dos fariseus, portanto, é facilmente explicada, pois, como autoproclamados especialistas em religião, davam apoio aos modos tradicionais de viver de acordo com a Torá para uma população judaica mais ampla. Um judeu que, por exemplo, entendesse o ato de lavar as mãos antes de comer pão como uma parte integral da tradição, porque isso era o que seus avós haviam feito, poderia não ter sido capaz de dizer se esse comportamento era ou não influenciado por um fariseu que confirmasse a validade dessa interpretação da lei, mas o apoio do fariseu teria sido bem recebido, e o próprio fariseu, se tornado popular.[13]

Tornar-se um fariseu, a partir da descrição de Josefo de sua jornada espiritual da juventude, parece ter sido uma questão de escolha pessoal. Não há sinais de que houve algum tipo de organização ou grupo fariseu ao qual fosse necessário jurar fidelidade, embora Josefo notasse que "os fariseus são afeiçoados uns aos outros", enquanto eles "cultivam relações harmoniosas com a comunidade", e que "eles demonstram respeito e deferência pelos seus anciãos". Já vimos a afirmação explícita de Josefo de que os fariseus tinham muita influência, mas eles seguiram sendo distintos, principalmente (segundo a versão padrão do Evangelho de Mateus) porque garantiram que eles assim seriam: "E fazem todas as obras a fim de serem vistos pelos homens; pois trazem largos filactérios, e alargam as franjas de suas vestes". (Filactérios, ou *tefillin*, são as pequenas caixas de couro contendo textos bíblicos, usados na cabeça e no braço durante a prece.) Uma vez que eles apoiavam o *statu quo* religioso, que incluía práticas extrabíblicas, seu relacionamento com outros grupos era definido em grande parte pelas atitudes dos demais em relação à interpretação da Torá. Assim, nos é dito que os fariseus tinham frequentes "controvérsias e profundas diferenças" com os saduceus desde a metade do século II a.C. até a destruição do Templo em 70 da Era Comum, porque os saduceus negavam a validade das tradições não escritas. Os primeiros textos rabínicos descrevem de modo consistente a relação entre os dois grupos como antagônica: "Os saduceus dizem: 'Nós clamamos contra vós, fariseus, pois vós declarais puro um fluxo ininterrupto de líquido [ou seja, um líquido derramado de uma vasilha pura em uma impura]'. Os fariseus dizem: 'Nós clamamos contra vós, oh vós saduceus, pois vós declarais limpo um curso d'água que flui de um cemitério'". É ainda mais notável que fariseus e saduceus estivessem dispostos a compartilhar o espaço religioso comum do Templo.[14]

As relações entre o farisaísmo e outros tipos de judaísmo eram mais complicadas. Supostamente seria possível, sendo um cristão, seguir as doutrinas farisaicas, já que, apesar da vituperação relacionada aos fariseus atribuída a Jesus no Evangelho de Mateus, ele é citado como tendo instruído a multidão que, como os escribas e os fariseus na cadeira de Moisés estão assentados, "todas as coisas, pois, que vos disserem que observeis, observai-as e fazei-as". A objeção de Jesus, segundo o Evangelho, não era ao ensinamento farisaico, mas à prática hipócrita farisaica, "porque [eles] dizem e não fazem". Supostamente também seria possível ser tanto um fariseu quanto um nazireu, desde que a pessoa encarasse o voto nazireu com muita seriedade, já que, de acordo com os Evangelhos, os fariseus eram inflexíveis em relação à santidade dos votos, ainda que Jesus seja retratado alegando que isso poderia resultar em uma contravenção de um dos Dez Mandamentos:

> E dizia-lhes [aos fariseus]: Bem invalidais o mandamento de Deus para guardardes a vossa tradição! Porque Moisés disse: Honra o teu pai e a tua mãe; e quem maldisser, ou o pai ou a mãe, certamente morrerá. Vós, porém, dizeis: Se um homem disser ao pai ou à mãe: Aquilo que poderias aproveitar de mim é corbã, isto é, oferta ao Senhor; nada mais lhe deixais fazer por seu pai ou por sua mãe, invalidando assim a palavra de Deus pela vossa tradição, que vós ordenastes. E muitas coisas fazeis semelhantes a estas.

Certamente seria possível, como fariseu, se dedicar à escrupulosa observação das leis da pureza e dos dízimos como os *haverim* ("companheiros") conhecidos dos textos rabínicos (ver capítulo 7), embora não haja razão para supor que a dedicação a tal observância indicasse que alguém era um fariseu.[15]

E que também seria possível ser tanto um fariseu quanto um sábio ao estilo rabínico fica evidente com a carreira de Rabban Gamaliel. Segundo os Atos dos Apóstolos, Gamaliel era mestre de são Paulo e um importante fariseu no Sinédrio em Jerusalém, "doutor da lei, venerado por todo o povo": sua influência era suficiente para persuadir o conselho a libertar os apóstolos com um açoite, tendo por base que o nascente movimento cristão estava destinado a se desfazer caso não fosse "de Deus". O mesmo Gamaliel é mencionado na Mishná ditando regras como um sábio rabínico para o procedimento de escrever um documento de divórcio e por permitir que as testemunhas da lua nova saíssem do grande pátio onde estavam reunidas para dar um pequeno passeio no Shabat: "Antes, eles não poderiam se afastar de lá o dia todo; mas Rabban Gamaliel, o Ancião, ordenou que eles pudessem caminhar no limite de 2 mil côvados em qualquer direção". A influência e a reputação de Gamaliel dentro do movimento rabínico do século I da Era Comum podem ser calculadas pela afirmação na Mishná de que, "quando Rabban Gamaliel, o ancião, morreu, a glória da lei cessou e a pureza e a abstinência morreram". Seu filho, Simão, que foi enviado no ano 67 da Era Comum pelo governo revolucionário de Jerusalém para afastar Josefo de seu comando na Galileia, e foi descrito na autobiografia de Josefo como "um nativo de Jerusalém, de uma família muito ilustre, e da *hairesis* dos fariseus", é mencionado na Mishná como autor de uma lei que alterou de modo impactante o preço das pombas-rolas:

> Certa época, em Jerusalém, um par de pombas-rolas custava um *denar* de ouro. O rabi Simão b. Gamaliel disse: por este templo! Eu não vou tolerar que a noite se passe antes que elas custem apenas um *denar* [de prata]. Ele foi ao pátio e ensinou: "Se uma mulher tivesse cinco abortos que não estivessem sem expiar ou cinco partos que não estivessem sem expiar, ela não precisaria trazer mais que uma oferenda, e ela poderia comer das oferendas animais; e ela não está comprometida a oferecer as outras oferendas". E no mesmo dia o preço de um par de pombas-rolas ficou em um quarto de *denar* cada.[16]

Compatibilidade não era o mesmo que identidade, e os primeiros rabinos trataram os *perushim* como um grupo separado deles próprios: "Rabban Yochanan ben Zakai disse: Nós nada temos contra os *perushim* além disto? Pois eles também dizem: 'Os ossos de um asno são limpos ou os ossos de Yohanan o sumo sacerdote são impuros'". Eles lhe disseram: "Assim como é o nosso amor por eles, é a impureza deles – que nenhum homem faça colheres dos ossos de seu pai ou de sua mãe". O termo usado pelos rabinos para seus próprios grupos – *talmidei hakhamim* ("sábios"), sobre os quais trataremos no capítulo 7 – era bem diferente, e é simplesmente errado pensar nos fariseus como rabinos, ou vice-versa. Ainda mais impressionante é a aparente rabinização da história farisaica na época da compilação do Talmude babilônico no século VI da Era Comum. Durante o reinado do asmoneu Alexandre Janeu, de 103 a.C. a 76 a.C., os fariseus lideraram uma rebelião popular para protestar contra a falta de valor dele para oferecer sacrifícios como sumo sacerdote. A revolta, que irrompeu no Templo no festival de Sucot com uma demonstração em massa com *etrogs* [cidra amarela] sendo atirados, levou a uma guerra civil de seis anos e perdas consideráveis, incluindo execuções em massa. Josefo alegou que oitocentos prisioneiros foram crucificados em Jerusalém enquanto Alexandre festejava com suas amantes. Reminiscências rabínicas feitas em um período posterior a respeito do mesmo acontecimento, envolvendo o sábio Simeão b. Shetah, são bem mais discretas: "O rei Janeu e sua rainha estavam fazendo uma refeição juntos. E então, depois de ele ter sentenciado os rabinos à morte, não havia ninguém para dar as graças para eles".[17]

Embora os rabinos nunca se descrevessem como fariseus, e nunca afirmassem que o seu movimento houvesse surgido do seio do farisaísmo, eles tinham uma afinidade natural com a interpretação farisaica da Torá, já que, assim como os fariseus, eles aceitavam a validade das tradições ancestrais. Muitas dessas tradições deveriam continuar, com apoio rabínico, até os dias atuais – mas por serem tradicionais e não por serem farisaicas. Por conseguinte, quando os autores cristãos na Antiguidade tardia se referiam aos líderes judeus de sua época como fariseus, refletindo o uso dos Evangelhos, quaisquer rabinos que eles conhecessem teriam ficado perplexos, mas jamais irritados.[18]

SADUCEUS

Josefo também fora um saduceu, ele assim escreveu, mas, na época em que estava escrevendo as suas histórias e a sua autobiografia, havia perdido a simpatia por eles. E de uma maneira que era notável para um autor que desejava incluir esse tipo de judaísmo na categoria dos legítimos, em contraste com a quarta filosofia. Ele apresentava os saduceus em termos muito pouco elogiosos: são desajeitados e rudes em seu comportamento, não fazendo quase nada; são conhecidos pela grosseria no julgamento, sem seguidores no meio das massas. Nenhuma literatura escrita por saduceus sobrevive para contrabalançar esse retrato – os Evangelhos e os Atos dos Apóstolos e os primeiros rabinos manifestam uma hostilidade parecida – ou, na verdade, para preencher os buracos na doutrina saduceísta. Estes são menos fáceis de estabelecer a partir das antigas evidências do que poderia se conjecturar das declarações confiantes dos estudiosos, tanto judeus quanto cristãos, que têm afirmado desde o século XIX que os saduceus eram aristocratas seculares, helenistas e ricos, de origem sacerdotal, ligados aos sumos sacerdotes e à administração romana, e com uma atitude conservadora sobre a interpretação da Torá. Quase toda essa imagem tradicional comprova, sob escrutínio, ser ou inverídica ou improvável, embora os verdadeiros saduceus surgidos de uma investigação mais detalhada não sejam menos curiosos.[19]

O nome "saduceu" informa muito pouco: o grego *saddoukaios* deve ter origem aramaica, assim como *pharisaios*, e o hebreu rabínico equivalente, *tsedukim*, não pode ser considerado uma tradução literal. Uma conexão com o nome do sumo sacerdote de Davi, Zadok, é plausível, uma vez que vimos o prestígio concedido a essa família sacerdotal (e veremos mais quando examinarmos as referências aos "Filhos de Zadok" nos manuscritos do mar Morto), mas isso não explica a letra delta dupla no nome grego. Por outro lado, a referência a *tsaddik*, "justo", faria sentido para a autodesignação de um grupo religioso, mas isso não explica o "*ou*" em *saddoukaios*, em sua ortografia tanto nos escritos de Josefo quanto no Novo Testamento. As primeiras menções rabínicas aos boetusianos (*baitusin*) provavelmente também se referiam aos saduceus, já que ambos são vistos debatendo com os fariseus e os primeiros rabinos no período herodiano, e os pontos de vista que os rabinos atribuem aos boetusianos são imputados aos saduceus em outros momentos no *corpus* rabínico. O nome provavelmente está ligado a Boetus, um dos sumos sacerdotes designados por Herodes. Nomes de grupos podem, naturalmente, ter pouca relação com as questões primordiais do próprio grupo enquanto ele se desenvolvia com o passar dos séculos. Josefo se refere aos saduceus primeiro na época de João Hircano, e portanto eles teriam uma história de pelo menos dois séculos, e é ainda bastante possível que muito mais.[20]

No começo da década de 60 da Era Comum, o rei judeu Agripa II, bisneto de Herodes, o Grande, exerceu o direito concedido a ele pelas autoridades romanas de nomear o sumo sacerdote no Templo de Jerusalém, oferecendo então o cargo a certo Ananus, um dos cinco filhos de outro Ananus que, algo bastante surpreendente, haviam todos sido sumos sacerdotes. O Ananus mais jovem era, segundo Josefo, "imprudente em seu temperamento, e muito ousado". Era também, escreveu Josefo, digno de nota por ter "seguido a escola dos saduceus", cuja abordagem "sem compaixão" em julgamentos causou um efeito decisivo em seu breve mandato nesse elevado posto religioso. Na ausência do governador romano, Ananus agiu contra uma série de supostos malfeitores:

> E então convocou os juízes de um Sinédrio e trouxe perante eles um homem chamado Tiago, o Justo, irmão do Jesus que era chamado o Cristo, e mais outros. Ele os acusou de terem transgredido a lei e os entregou para que fossem apedrejados. Aqueles dentre os moradores da cidade que eram considerados mais equânimes e que eram estritos na observância da lei se ofenderam com isso. Então, secretamente entraram em contato com o rei Agripa, instando com ele, pois Ananus não havia agido corretamente em sua medida inicial, que lhe ordenasse desistir de tais ações. Alguns até foram encontrar [o governador] Albinus, que estava a caminho de Alexandria, e lhe informaram que Ananus não tinha autoridade para convocar um Sinédrio sem o consentimento dele. Convencido por essas palavras, Albinus, irado, escreveu para Ananus ameaçando se vingar dele. O rei Agripa, por causa da atitude de Ananus, o depôs do sumo sacerdócio que ele havia mantido por três meses, e o substituiu [...].[21]

Esse Ananus é surpreendentemente o único saduceu nomeado como tal nas fontes antigas, embora (como já vimos) Josefo tenha dito que ele havia experimentado a doutrina dos saduceus, e consta que o asmoneu João Hircano tenha favorecido os saduceus quando ele se desentendeu com os fariseus por se recusar a punir com vigor suficiente certo Eleazar que o caluniou alegando falsamente que sua mãe fora uma cativa. Ananus iria ter uma carreira posterior tumultuada e notória. Em outubro de 66, se transformou em um dos dois comandantes-chefes dos rebeldes judeus contra Roma, liderando uma coalizão que incluía pelo menos um fariseu e um essênio entre seus companheiros de comando. Era um papel que, segundo Josefo (que era um dos aliados), ele desempenhou com distinção e habilidade diplomática mesmo sendo perseguido até a morte por seus opositores políticos:

> Um homem de todos os modos reverenciado e da maior integridade, Ananus, com toda a distinção de seu nascimento, sua posição e as honras que ele havia alcançado, ainda assim se comprazia tratando os mais humildes como seus iguais.

Sem par em seu amor pela liberdade e um entusiasta da democracia, ele em todas as ocasiões colocou o bem-estar público acima de seus interesses pessoais. Manter a paz era seu objetivo maior.[22]

O que caracterizava Ananus como um saduceu, além de sua atitude em relação ao julgamento? A doutrina saduceísta de maior interesse para os autores do Novo Testamento era o fato de os saduceus negarem a vida após a morte: "Os saduceus dizem que não há ressurreição, nem anjo, nem espírito". Josefo observou igualmente que eles não aceitariam nenhuma dessas ideias como "a persistência da alma após a morte, penalidades no mundo subterrâneo, e recompensas", embora ele não mencionasse nada a respeito da negação dos anjos. Textos tanaíticos apresentam as interpretações legais dos saduceus em desacordo com as dos fariseus ou dos sábios rabínicos a respeito de questões específicas de pureza, como, por exemplo, se a impureza pode passar por um fluxo ininterrupto de líquido. Mais importante era o ponto de vista deles de que um sacerdote que queimasse a vaca vermelha (cujas cinzas eram as únicas que poderiam remover a contaminação de um cadáver) tinha de esperar até o pôr do sol depois da imersão antes de realizar o ritual: "Eles haviam [em primeiro lugar] tornado impuro o sacerdote que deveria queimar a novilha, por causa dos saduceus: para que eles não pudessem dizer 'Isso tem de ser feito apenas por aquele em quem o sol se pôs'". Tais doutrinas poderiam levar a disputas de considerável importância para a validade do culto do Templo presidido por sacerdotes considerados incorretamente purificados da contaminação.[23]

Subjacente a essas áreas específicas de desacordo em questões práticas se encontra uma interpretação fundamentalmente distintiva da Torá. Os saduceus, escreveu Josefo, "consideram que somente essas prescrições que foram escritas deveriam ser consideradas válidas, e que as que foram transmitidas por meio da tradição dos pais não precisam ser observadas". Tal fundamentalismo bíblico era revolucionário, desestabilizando as práticas de gerações; e isso teve consequências. Levou, por exemplo, a uma diferente interpretação de outros judeus das injunções bíblicas em relação ao *ômer*, o feixe de cevada oferecido no Templo de Jerusalém logo depois do Pessach. Isso afetava também a contagem das sete semanas desde esse momento até o Shavuot, quando dois pães de trigo eram oferecidos no Templo para marcar o início da colheita do grão. O texto bíblico requer que essa contagem (conhecida como "contagem do *ômer*") comece no dia seguinte ao Shabat depois do Pessach, o que a maior parte dos judeus considerava se referir ao segundo dia do Pessach (tomando "Shabat" com o significado do próprio festival). Porém, os saduceus (nos textos rabínicos, "boetusianos") consideravam que "o dia depois do Shabat" se referia ao domingo depois do Pessach (compreendendo "Shabat" literalmente). A questão era provavelmente em parte um desejo de evitar profanar o Shabat colhendo o *ômer* em um sábado se o primeiro dia do Pessach caísse em uma sexta-feira. Porém, o resultado foi muito importante: os saduceus acabariam celebrando Shavuot, o quinto dia da contagem do *ômer*, em um dia diferente do dos outros judeus.[24]

É muito difícil saber como poderia ser possível confiar apenas no texto bíblico. Assim como fundamentalistas de períodos vindouros, tais como os caraítas (ver capítulo 12), os saduceus devem ter desenvolvido seus próprios sistemas de interpretação da tradição.[25] A visão do papel de Deus nas questões humanas atribuído aos saduceus por Josefo poderia ser a maior dificuldade para os leitores da Bíblia:

> Os saduceus [...] deixam de lado o destino e colocam Deus além tanto da realização quanto da contemplação do mal: eles alegam que tanto o honroso quanto o desprezível residem na escolha dos seres humanos, e que é conforme o julgamento de cada pessoa aceitar um dos dois. A sobrevivência da alma, as punições e as recompensas em Hades – eles acabam com tudo isso. E, enquanto os fariseus são afeiçoados entre si e cultivam a harmonia em relação à comunidade, os saduceus têm uma disposição mais grosseira até mesmo em relação uns aos outros.[26]

Essa insistência na responsabilidade humana em todos os atos é reiterada por Josefo em outros momentos como uma característica dos saduceus – "todas as coisas se encontram em nosso próprio poder, de modo que nós próprios somos responsáveis por nosso bem-estar, ao passo que sofremos os infortúnios por meio de nossa própria falta de consideração". É difícil ver como esse ponto de vista poderia ser reconciliado com qualquer leitura da narrativa das intervenções divinas na Bíblia; ou como Josefo poderia incluir, como fez, os saduceus com tais crenças na categoria das filosofias judaicas respeitáveis. A doutrina que ele atribuía aos saduceus não estava muito distante da crença que ele atacava tanto como epicurista quanto profundamente errada em sua descrição da acurácia das profecias de Daniel, em que ele observou que os epicuristas:

descartam da vida a providência e não pensam que Deus cuida do que acontece, e consideram que ela não é guiada pelo abençoado e incorruptível Ser na direção da perseverança em geral; mas eles dizem que o mundo é levado adiante automaticamente sem um guia e sem cuidado. Se ficasse sem um protetor desse modo, então, quando o mundo fosse arrasado por um infortúnio imprevisto, ele teria sido destruído e arruinado, exatamente do mesmo modo que nós também vemos navios sem timoneiro sendo afundados por ventos ou carruagens sendo derrubadas quando elas não têm ninguém para segurar as rédeas. Portanto, com base nas coisas previstas por Daniel, me parece que se afasta em demasia da verdadeira opinião quem considera que Deus não exerce providência alguma sobre as questões humanas; pois nós não estaríamos vendo todas as coisas acontecendo de acordo com a profecia dele se o mundo continuasse apenas por meio de algum processo automático.[27]

A rejeição da tradição ancestral poderia ser suficiente para explicar por que os saduceus não tinham muitos seguidores: "Essa doutrina alcançou apenas uns poucos homens" e "nada foi realizado por eles, por assim dizer". De modo crucial, eles não são capazes de fazer cumprir seus pontos de vista, pois "sempre que assumem algum cargo, embora se submetam de má vontade e por necessidade, no entanto se submetem às fórmulas dos fariseus, já que de outro modo as multidões não os tolerariam". Josefo pode parecer aqui ser uma testemunha bastante hostil, mas vale a pena recordar que ele desejava que seus leitores aceitassem a filosofia dos saduceus como uma forma válida do judaísmo. Josefo não especifica nessa passagem em quais questões os pontos de vista dos fariseus predominam, mas é um palpite bem seguro que ele tinha em mente as "preces e os sacrifícios" – ou seja, o ritual do Templo de Jerusalém – nos quais Josefo afirmava que os ensinamentos dos fariseus predominavam.[28]

Que tipo de pessoa se tornava um saduceu? Tratava-se de uma filosofia que se poderia tanto adotar quanto rejeitar livremente, visto que Josefo alegava ter feito exatamente isso em sua juventude. Ele descreveu os saduceus como "homens que contam com alta estima", e que eles "convenciam apenas os ricos", mas essa parece ter sido mais uma observação sociológica do que uma reflexão de qualquer requisito para entrar no grupo – as referências rabínicas aos *tsedukim* não sugerem que eles fossem provenientes de uma classe social diferente dos *perushim*. Vale notar que Rabban Gamaliel, a quem vimos como parte de uma família de importantes fariseus, considerava que fariseus e saduceus fossem próximos, já que se referia a uma lei de seu pai a respeito de como manter relações com um saduceu que vivia na mesma aldeia que sua família em Jerusalém. O fariseu Simão b. Gamaliel era um aliado político do saduceu Ananus b. Ananus em 66-67 da Era Comum, durante os dois primeiros anos da guerra contra Roma.[29]

Conforme observa Josefo no trecho recém-citado, os saduceus não parecem ter demonstrado muita solidariedade de grupo ou mesmo respeito um pelo outro. Eles "não consideram observância de nenhum tipo a não ser às leis; na verdade, eles consideram uma virtude discutir com os mestres do caminho da sabedoria pelo qual eles trilham" e são "rudes, mesmo entre si". Eles eram individualistas ferrenhos: cada saduceu confiava apenas em sua leitura do texto sagrado. Portanto, é bastante surpreendente que no período asmoniano eles tenham sido descritos por Josefo como um grupo quase político em sua afirmação de autoridade sobre João Hircano, a respeito de quem se diz que havia desertado os fariseus para se unir aos saduceus. Já vimos no nome dos boetusianos uma possível conexão com um dos sumos sacerdotes apontados por Herodes, mas não há nada em nenhuma de nossas fontes que sugira que os saduceus fossem normalmente sacerdotes (quanto mais que sacerdotes fossem normalmente saduceus). O fato de Ananus ter sido explicitamente descrito por Josefo como um saduceu sugere que a filiação aos saduceus não poderia ser dada como certa para sumos sacerdotes, embora o autor dos Atos dos Apóstolos se referisse a um grupo de saduceus como companheiros do sumo sacerdote em Jerusalém quando Pedro e João estavam divulgando o Evangelho no Templo.[30]

É provavelmente correto pensar nos saduceus como um grupo marginal na história mais ampla do judaísmo do período tardio do Segundo Templo. Que a filosofia deles fosse incompatível com o farisaísmo é óbvio à luz das amplas evidências das brigas entre esses grupos, mas seus pontos de vista sobre a ausência de vida após a morte, e sua doutrina de que Deus não influencia o mundo, também terão dificultado a conciliação da filosofia deles com a maior parte das outras ramificações do judaísmo. Por outro lado, não há um motivo forte para acreditar que a abordagem da Bíblia feita pelos saduceus não pudesse continuar por muito tempo depois do período do Segundo Templo, já que nada nos pontos de vista a eles atribuídos requisitasse a existência contínua do Templo (e Josefo, escrevendo nas décadas de 80 e

90 da Era Comum, deu toda a impressão de que o saduceísmo ainda fosse uma filosofia que os judeus poderiam adotar naqueles tempos). Por isso, o movimento caraíta do fim do primeiro milênio da Era Comum seria visto pelos rabinos como um renascimento do saduceísmo. Na verdade, uma vez que ser um saduceu era uma escolha individual e não requisitava filiação a uma comunidade, a princípio seria possível se tornar um saduceu a qualquer momento.[31]

ESSÊNIOS E TERAPEUTAS

Em um contraste marcante com os individualistas saduceus se encontravam os essênios, cuja vida comunal foi o tema de uma série de descrições idealizadoras feitas por escritores do século I da Era Comum que estavam de acordo em seu entusiasmo por esses "atletas da virtude" e pela perfeição de seu regime comunal, apesar de algumas profundas diferenças entre suas descrições sobre o que a vida dos essênios acarretava. Para o filósofo platonizante Fílon, os essênios se dedicavam ao estudo da ética filosófica. Para Josefo, que tinha a intenção de contar para seus leitores gentios o que se poderia encontrar de melhor no judaísmo, os essênios eram um grupo piedoso dedicado a um regime parecido com o dos pitagóricos, uma sociedade religiosa fundada pelo filósofo grego Pitágoras na Itália do século V a.C., dedicada à pureza, ao autoexame, a tabus distintivos e princípios éticos explícitos. Tal propaganda evidentemente teve o seu sucesso, pois os essênios eram o único grupo judaico a chamar a atenção de escritores não judeus. Plínio, o Velho, um polímata romano de Como, norte da Itália, que compilou uma quantia imensa de informações heterogêneas em sua *História natural* na metade do século I da Era Comum, escreveu com admiração sobre os essênios:

> Eles são um povo sem par, e muito mais admirável que todos os demais no mundo todo; sem mulheres, e renunciando inteiramente ao amor; sem dinheiro, e tendo por companhia somente as palmeiras. Devido à afluência de recém-chegados, esse povo renasce diariamente em igual quantidade; na verdade, os que, cansados dos caprichos da sorte, a vida leva a adotar os seus costumes chegam em grandes quantidades. Portanto, por mais inacreditável que possa parecer, durante milhares de séculos tem existido uma raça que é eterna, mas na qual nin-

guém nasce: tão frutífero é para eles o arrependimento que os demais sentem por suas vidas passadas!

O biógrafo do orador grego Dio Crisóstomo, contemporâneo mais jovem de Plínio, oriundo da Bitínia, atual Turquia, diz que o orador elogiou os essênios, "que constituem uma cidade completa e próspera perto do mar Morto, no centro da Palestina, não longe de Sodoma". Provavelmente é significativo, tendo em vista a antipatia em relação aos judeus inspirada pelo Estado e que era encontrada em grande parte do Império Romano após a supressão da revolta judaica em 70 da Era Comum (ver capítulo 9), que nem Plínio nem Dio descrevessem esses essênios como judeus.[32]

O nome dos essênios é apresentado em formas variadas nesses textos. Tanto Fílon quanto Josefo hesitam entre *essaios* e *essen*, e as duas versões aparecem também em escritores de épocas posteriores, tais como Hegésipo, um autor cristão do século II da Era Comum, aparentemente um judeu convertido, que foi citado por Eusébio no século IV. Fílon se intriga com o nome *esseni*, observando que, "embora a palavra não seja, estritamente falando, grega, acho que ela pode ser relacionada à palavra *hosiotes* ['santidade']". Mas o erro da etimologia, que o leva a glosar *essaioi* como *hosioi* ("santos") no mesmo tratado, é patente. Seria mais plausível um nome semita que pudesse ser adotado com orgulho como uma autodenominação, talvez relacionado ao aramaico *asya* ("curandeiro") ou *hasayya* ("devoto"), mas nenhuma etimologia sugerida dá uma explicação para a forma *essen* desse nome, que é a mais comum em grego e a única atestada em latim.[33]

O que havia de tão especial em relação a esses entusiastas religiosos? Todas as nossas fontes enfatizam o estilo de vida deles muito mais que suas doutrinas – mas, já que todas são descrições de forasteiros, podem não refletir de modo acurado a avaliação dos essênios a respeito de si próprios. Fílon descreveu uma comunidade exclusivamente masculina dedicada à agricultura e trabalhos artesanais quando não estava ocupada com refeições comunais, acostumada com o ascetismo na indumentária (que eles tinham em comum – "E não apenas eles têm uma mesa comum, mas também roupas em comum"). Os bens materiais eram propriedade comum também: "Nenhum deles tolera possuir nada de seu; nem casa, escravos, campos, nem gado, nada que alimente e produza riqueza. Colocam tudo em uma pilha no meio deles, e desfrutam em comum os recursos de todos. Vivem juntos em uma fraternidade, tendo adotado a forma de associações e o costume de fazer as refeições em comum. Eles empregam toda a sua atividade para o bem comum".

Fílon ofereceu uma versão diferente em outro texto da mesma comunhão dos bens e dos cuidados:

> Em primeiro lugar, nenhuma casa pertence a nenhum homem; na verdade, não há uma casa que não pertença a eles todos, pois, além de viver em comunidades, as casas deles são abertas aos membros da seita que chegam de outros lugares. Em segundo lugar, só há uma renda para todos eles, e um gasto comum. As roupas e a comida deles também são possuídas em comum, pois eles adotaram a prática de fazer as refeições juntos. Em vão, alguém iria procurar em outro lugar uma partilha mais eficaz do mesmo teto, do mesmo modo de vida e da mesma comida. Esta é a razão: o que quer que recebam como salário por seu dia de trabalho não é guardado para eles, mas é depositado perante todos, entre eles, para ser colocado para o uso comum dos que desejam gastá-lo. Quanto aos doentes, não são negligenciados sob o pretexto de que nada podem produzir, pois, graças à renda comum, eles têm tudo que é necessário para serem tratados, de modo que não há temor de uma grande despesa por sua causa. Os idosos, por sua vez, são rodeados de respeito e de cuidados: eles são como os pais cujos filhos lhes dão ajuda em sua velhice com a perfeita generosidade e os rodeiam com infinitas atenções.

A recusa em ter escravos era particularmente incomum no mundo antigo, e ainda mais incomum era a razão. De acordo com Fílon, os essênios

> condenam os proprietários de escravos, não apenas por ser injusto e porque eles cometem uma ofensa contra a igualdade, mas ainda mais por ser contra Deus, por transgredir a lei da natureza que, tendo dado à luz todos os homens igualmente, e os alimentado como uma mãe, faz deles verdadeiros irmãos, não em nome, mas na realidade. Porém, para seu maior deleite, a ardilosa avareza tem desferido golpes mortais nessa irmandade humana, colocando a hostilidade no lugar da afeição, e o ódio no lugar da amizade.

Josefo afirma de modo mais sucinto nas *Antiguidades dos judeus* que os essênios "consideram a escravidão uma injustiça".[34]

O consenso geral entre a descrição feita dos essênios por Fílon e a dada por Josefo nas *Antiguidades* sugere ou que Josefo havia lido Fílon ou que os dois confiavam em uma fonte comum (que também, por coincidência, oferecia exatamente o mesmo número de pessoas para o grupo, "mais de 4 mil"). A ênfase deles na renúncia tanto às mulheres quanto ao dinheiro se encaixa bem no relato feito por Plínio.³⁵

Bastante diferente era o longo relato da vida dos essênios feita por Josefo no segundo livro da *Guerra dos judeus*. Ele é um impressionante relato etnográfico completo, cujo objetivo claramente era o público leitor não judeu, e uma narrativa que o autor mencionava para seus leitores em várias ocasiões em outros momentos de sua obra:

> A terceira [escola], que certamente tem a fama de cultivar a seriedade, é chamada de essênios; embora oriundos da Judeia por ancestralidade, eles são muito mais afeiçoados entre si que os demais. Ao passo que esses homens evitam os prazeres como sendo vícios, eles consideram o autocontrole e o fato de não se deixar tomar pelas paixões uma virtude. E embora haja entre eles um desprezo pelo casamento, adotando as crianças dos forasteiros enquanto elas ainda são maleáveis o suficiente para aprender as lições, eles as consideram como família e incutem nelas seus princípios de caráter: sem deixar de lado o casamento ou a sucessão dele resultante, eles, não obstante, se protegem dos modos lascivos das mulheres, tendo sido persuadidos de que nenhuma delas mantém a fidelidade para com um só homem. Já que [eles] desprezam as riquezas — o bem comum deles é impressionante —, não se pode encontrar uma pessoa entre eles que tenha mais em termos de posses. Pois, por lei, os que entram nessa escola têm de abrir mão de seus fundos a favor dela, com o resultado de que entre todos [eles] nem a humilhação da pobreza e nem a superioridade da riqueza são desejáveis, mas os recursos de cada um foram colocados juntos, como se fossem irmãos, para criar um fundo para todos.

De acordo com esse relato, os essênios seriam encontrados em muitos lugares:

> Nenhuma cidade é deles, mas eles se estabelecem em quantidades em cada uma delas. E para os membros dessa escola que chegam de outras partes, tudo que a comunidade tem lhes é apresentado do mesmo modo como se fossem os seus próprios pertences, e eles chegam e ficam com aquelas pessoas a quem nunca viram antes como se fossem os amigos mais íntimos. Por esse motivo, eles viajam sem carregar nenhuma bagagem — embora armados, por causa dos bandidos.

Em cada cidade, um administrador da ordem escolhido especialmente para os visitantes é designado responsável pelas vestimentas e as outras amenidades. [...] Eles não substituem nem roupas e nem calçados até que os antigos estejam rasgados ou desgastados pelo uso. Entre si, não compram e nem vendem nada; mas cada um, depois de dar as coisas que possui para quem está necessitado, pega em troca qualquer coisa útil que essa pessoa tenha.[36]

Josefo prosseguiu descrevendo a natureza peculiar do culto e das refeições em comum dos essênios:

Antes de o sol nascer, eles não pronunciam nenhuma das coisas mundanas, mas apenas algumas preces ancestrais para Ele, como se suplicando para que Ele apareça. Depois disso, eles são dispensados pelos curadores para as várias atividades que cada um teve de aprender, e, depois de terem trabalhado arduamente até a quinta hora, eles se reúnem novamente em uma área, onde amarram tecidos de linho no corpo e se lavam em água gelada. Depois dessa purificação, reúnem-se em um salão privado, no qual nenhuma pessoa que sustente pontos de vista diferentes pode entrar: estando então puros, eles se dirigem à sala de refeições como se fosse algum [tipo de] santuário. [...] O sacerdote faz uma prece antes da comida, e é proibido provar alguma coisa antes da prece; quando tiver tomado seu café da manhã, ele faz outra prece final. [...] E para aqueles que estão de fora, o silêncio dos que estão lá dentro assemelha-se a um tipo de mistério arrepiante. O motivo para isso é a contínua sobriedade deles e a partilha de comida e de bebida entre si – até o ponto da saciedade.

Josefo informa a seus leitores com detalhes sobre os procedimentos de iniciação dos essênios:

Para quem anseia pela escola deles, a porta de entrada não é direta, mas eles prescrevem um regime para o indivíduo que continua a ser um forasteiro por um ano, dando-lhe uma machadinha, bem como o tecido de linho e a roupa branca já mencionados. Sempre que der provas do seu autocontrole durante esse período, ele se aproxima ainda mais do regime e, na verdade, compartilha das águas mais puras para a purificação, embora ainda não tenha sido admitido nas funções da vida comum. Porque, após essa demonstração de resistência, o caráter é testado por mais dois anos, e depois de assim ter se mostrado digno, é reconhecido dentro do grupo. Antes que possa tocar a comida comunal, entretanto, ele faz juramentos pavorosos [...].

Esses juramentos incluíam uma dedicação à solidariedade comum, "para que ele nem oculte nada dos membros da escola, tampouco revele nada particular deles para os demais, mesmo se alguém fosse usar da força até o ponto de matar". Igualmente rigorosas eram as regras dos essênios para a disciplina interna e os julgamentos, que são "justos e extremamente precisos: eles fazem o julgamento depois de terem reunido nada menos que cem, e algo que tenha sido determinado por eles não é negociável. Há uma grande reverência entre eles – semelhante à dedicada a Deus – ao nome de quem é o legislador, e, se alguém o insulta, essa pessoa é punida com a morte. Para eles, é uma questão de honra se submeter aos anciãos e à maioria. Então, se dez estivessem reunidos, uma pessoa não falaria se nove estivessem contra". E assim também em relação aos procedimentos para a expulsão:

> Os que foram condenados por erros suficientemente sérios são expulsos da ordem. Aquele que foi afastado frequentemente morre em decorrência do mais lamentável dos destinos. Pois, constrito pelos juramentos e pelos costumes, ele é incapaz de compartilhar de uma refeição com outras pessoas. Comendo mato, e faminto, seu corpo definha e morre. É por isso que eles realmente têm mostrado misericórdia e tornado a receber muitos em seus estertores finais, considerando o suficiente para os erros cometidos esse ordálio [...].[37]

Entremeadas no interior desse relato dos rigores da disciplina comum, Josefo faz algumas afirmações surpreendentes a respeito da teologia dos essênios (e não apenas a simples afirmativa já vista, de que "Antes de o sol nascer, eles [...] pronunciam [...] preces ancestrais para Ele"). Os essênios "têm um entusiasmo muito grande pelos escritos dos antigos, selecionando especialmente aqueles [orientados] ao benefício do corpo e da alma. Com base neles e para o tratamento das doenças, raízes, materiais apotropaicos e as propriedades especiais das pedras são investigados". Eles observam o Shabat "com maior rigor que qualquer outro judeu", pois "não apenas eles preparam sua própria comida um dia antes, de modo que não precisem acender o fogo nesse dia, mas nem ao menos ousam transportar um jarro – ou ir atender às suas necessidades corporais". A preocupação dos essênios com a pureza incluía tanto inúmeros banhos frios como evitar o óleo – "eles consideram o óleo de oliva uma mácula, e, caso uma pessoa seja acidentalmente respingada com o óleo, ela esfrega seu corpo". Eles tomavam um cuidado especial para lidar com excrementos:

> escavando um buraco de um pé de profundidade com uma espátula – é para isso que a pequena machadinha dada por eles aos neófitos serve – e envolvendo o corpo completamente com seu manto, de modo a não enraivecer os raios de Deus, eles fazem as suas necessidades nele [o buraco]. Depois disso, eles recolocam a terra escavada no buraco. [...] Embora a secreção do excremento seja certamente uma função natural, é habitual se banhar depois como se eles tivessem ficado contaminados.[38]

Josefo afirmou que o conhecimento "dos livros sagrados e dos diferentes tipos de purificação e as palavras dos profetas" levou a uma capacidade de previsão do futuro. Esta é uma habilidade que Josefo, em outro momento, atribuiu a essênios específicos, de modo mais notável a certo Judas, "um essênio que nunca havia enganado ou mentido em suas profecias". Em 104 a.C., quando o rei asmoneu Aristóbulo herdou o poder de seu pai, João Hircano, e mandou matar seu irmão mais novo Antígono, o essênio Judas "viu Antígono passando pelo Templo, [e] exclamou para seus companheiros e discípulos, que lhe estavam próximos com o propósito de receber instruções para prever o futuro, que seria bom para ele morrer como alguém que falara uma mentira, já que Antígono ainda estava vivo, embora ele tivesse previsto que Antígono morreria no local chamado Torre de Straton, e agora ele o via vivo. [...] Mas, enquanto ele estava dizendo isso e lamentando, chegaram as notícias de que Antígono havia sido morto [em outro lugar que recebeu o mesmo nome]". Josefo disse que outro essênio, chamado Manaemus, havia previsto a ascensão de Herodes ao poder:

> Esse homem havia (certa vez) observado Herodes, quando ainda menino, indo à casa de seu professor, e o saudou como "rei dos Judeus". E com isso Herodes, que pensou que ou o homem não sabia quem ele era, ou o estava amolando, lembrou-lhe que ele era apenas um cidadão comum. Manaemus, entretanto, sorriu com gentileza e deu-lhe um tapinha nas costas, dizendo: "Não obstante, o senhor será rei, e irá governar o reino, pois que o senhor foi considerado digno disso por Deus [...]".[39]

O orgulho com que Josefo se referiu em suas outras obras à dissertação sobre as três filosofias, das quais a longa descrição dos essênios constituía a maior parte, sugere que esse relato era de autoria dele e não extraída de outras fontes. Portanto, é notável que ele tenha acrescentado uma nota a respeito de uma segunda classe dos essênios, sobre as quais se dizia que, "embora concorde com as outras quanto ao regime, costumes e questões legais", teria "se separado em sua opinião sobre o casamento". Josefo prossegue insistindo sobre a relutância com que esses essênios casados têm relações sexuais com suas esposas. Eles garantem que "não se casam por prazer, mas porque é necessário ter filhos", evitando as relações assim que suas esposas ficam grávidas. É desconcertante descobrir que a ausência de mulheres nas comunidades dos essênios, tão enfatizada por Fílon em sua *Hypothetica* e por Plínio, seja aqui considerada desnecessária para esses outros essênios. Havia evidentemente uma variação entre os grupos, bem como dentro do judaísmo em seu conjunto.[40]

Nenhuma dessas fontes explicita os métodos de interpretação dos essênios dos "livros sagrados". Fílon afirma que "a maior parte do tempo, e de acordo com um antigo método de inquisição, eles filosofam entre si por meio de símbolos", mas Fílon pode ter enfatizado esse método alegórico para se adequar à sua própria preferência por alegoria, e a rigidez da observância do Shabat pelos essênios pode sugerir uma abordagem bastante literal do texto da Bíblia. Em um trecho particularmente suspeito de helenizar seu assunto de modo a torná-lo atraente para leitores gregos, Josefo diz que os essênios têm uma crença firme na imortalidade da alma. Essa crença não é atribuída aos essênios por outros autores, embora Josefo enfatize esse ponto como um chamariz para que outros judeus se juntem aos essênios: "Pois o bem fica ainda melhor na esperança de uma recompensa após a morte, ao passo que os impulsos do mal são impedidos pela ansiedade. [...] Essas questões, então, os essênios teologizam em relação à alma, especificando uma isca irresistível para aqueles que já provaram da sua sabedoria". A alegação de Josefo, em outro trecho do *Antiguidades dos judeus*, de que "a seita dos essênios" (contrastando com as de fariseus ou saduceus) "declara que o destino é o senhor de todas as coisas e que nada acontece aos homens a não ser que seja de acordo com o seu decreto", não é mencionada por ele nos relatos da *Guerra dos judeus* e é apresentada de modo ligeiramente diferente em outro momento do *Antiguidades*, em que ele escreve que "os essênios gostam de ensinar que em todas as coisas a pessoa deve confiar em Deus".⁴¹

Deveria ser evidente que os antigos relatos sobre os essênios não estão de acordo e que simplesmente combiná-los é enganador. Uma possibilidade é a de que eles fossem um grande movimento com diferentes ramificações, mas essa hipótese entra em conflito com a quantidade de "mais de 4 mil" essênios dada explicitamente por Fílon e por Josefo. Para Plínio, que enfatizava o grande número de pessoas que se uniam aos essênios, tratava-se de um grupo a ser encontrado especificamente em um local a oeste do mar Morto, a uma distância das "margens insalubres". A "completa e próspera cidade perto do mar Morto" de Dio também poderia se referir a um bom número de pessoas, mas as disciplinadas comunidades descritas pelas fontes judias parecem mais provavelmente ter sido bem menores do que Plínio ou Dio sugerem. Quanto ao lugar onde os essênios seriam encontrados, as evidências são confusas, pois Fílon sugere em uma obra que eles vivem "em várias cidades na Judeia e também em muitos vilarejos e em grandes grupos", apesar de sua insistência em outra obra de que, "fugindo das cidades por causa da costumeira impiedade entre os habitantes, eles vivem em vilarejos". Josefo não apenas diz que eles eram encontrados "não somente em uma cidade, mas em cada cidade vários deles formam uma colônia", mas ele explica que os viajantes recebem cuidados de outros essênios em suas viagens. Evidentemente, os essênios estavam integrados à sociedade judaica mais ampla, apesar da santidade de suas vidas. Daí, é claro, sua aparente participação, ainda que na periferia, na vida política nos períodos asmoniano e herodiano. E também, talvez, a existência em Jerusalém de uma "porta dos essênios", o que sugere uma colônia de bom tamanho na cidade sagrada.⁴²

Nada na longa descrição que Josefo faz dos devotos essênios na *Guerra dos judeus* sugere que eles não cultuassem com sacrifícios no Templo de Jerusalém. Portanto, é provável que eles o fizessem. Há, entretanto, razões para supor que seus pontos de vista sobre como os sacrifícios deveriam ser feitos lhes proporcionassem uma atitude diferente em relação ao culto no Templo do que seria encontrada entre outros judeus (embora, como já vimos, fariseus e saduceus tivessem tolerado suas diferenças no santuário compartilhado). Segundo o manuscrito grego das *Antiguidades*, Josefo escreveu que os essênios "enviam oferendas para o Templo, mas fazem os seus sacrifícios usando purificações costumeiras diferentes. Por esse motivo, eles são impedidos de entrar no recinto fechado comunal, mas fazem os sacrifícios entre si". Como realmente se pensava que eles se comportassem em Jerusalém em consequência disso é obscuro, embora sugira certa forma de participação no culto em obediência à injunção explícita da Torá. A tradução latina de Josefo, datada do século v da Era Comum, afirma que os essênios não ofereciam sacrifícios por causa de seu desacordo quanto às purificações, mas isso provavelmente foi uma retrodatação de um tempo em que tanto os judeus quanto os cristãos haviam se acostumado a cultuar sem sacrifícios. Quando Fílon escreveu que para cultuar de modo especial a Deus os essênios consideravam correto tornar as suas mentes verdadeiramente sagradas em vez de sacrificar seres vivos, ele não implicou com o fato de que para eles os sacrifícios fossem vistos como indesejáveis, mas apenas que eles seguiam um caminho diferente para a devoção particular.[43]

O termo usado por Fílon para os essênios como adoradores especiais era *therapeutae* ("curandeiros"), e em uma obra distinta, *Sobre a vida contemplativa*, ele escreveu sobre um tipo contemplativo de essênios, a quem deu o nome específico de "therapeutae", ou, para as devotas, "therapeutridae". O que distinguia esses terapeutas dos essênios, de acordo com Fílon (nosso único testemunho da existência deles), era a sua devoção a uma vida contemplativa e não ativa. Consta que eles abandonavam suas casas nas cidades para adotar uma vida idílica

> perto do lago Mareotis em uma colina algo baixa, muito bem localizada tanto por causa de sua segurança quanto do ar agradavelmente ameno. A segurança deles é garantida pelas construções das fazendas e dos vilarejos nas vizinhanças, e a amenidade do ar pelas brisas contínuas que vêm tanto do lago que desemboca no mar, quanto do mar aberto nas redondezas. Pois as brisas marítimas são ligeiras, as brisas lacustres próximas, e as duas combinadas produzem uma condição climática muito saudável.

O lago Mareotis, no delta egípcio, fica ao sudoeste da cidade de Alexandria, separado do Mediterrâneo por um istmo estreito. Ali, homens e mulheres da comunidade viviam uma vida de dedicação:

> Eles estão acostumados a rezar duas vezes ao dia, ao nascer e ao pôr do sol. Quando o sol nasce, eles pedem "um belo dia"; o "belo dia" consistindo [que] as

suas mentes sejam preenchidas por uma luz celestial. No segundo momento, eles rezam para que a alma, estando completamente livre da perturbação dos sentidos e se encontrando em seu próprio conselho e tribunal, possa seguir o caminho da verdade. Todo o intervalo da manhã até o anoitecer é para eles um exercício, pois filosofam lendo os escritos sagrados e interpretando alegoricamente a filosofia ancestral. Consideram as palavras do texto literal como símbolos da natureza que foi oculta e que é revelada no sentido subjacente.

Eles confiavam em "escritos elaborados por homens de uma era anterior" e usavam textos alegóricos como exemplos. Consequentemente, "não se limitam à contemplação, mas também compõem hinos e salmos para Deus em todos os tipos de metros e melodias, que eles escrevem com os ritmos necessariamente tornados mais solenes".44

Não surpreende que tenha havido muitas suspeitas de que esses filósofos ascéticos foram uma invenção de Fílon, o dedicado filósofo que era ele próprio incapaz de fugir tanto quanto teria gostado do mundo ativo (ver capítulo 7). A vida dos terapeutas parece intensa demais para ser real. Diz-se que cada um vivia em isolamento (em contraste com a vida comunal dos essênios) a não ser no Shabat, quando eles se reuniam para conversas edificantes. Eles comiam e bebiam apenas após o pôr do sol, e o mínimo possível, alguns se acostumando, "assim como dizem que os gafanhotos fazem, a viver de ar", e se restringindo a pão barato, sal (ou hissopo como guloseima) e água da fonte. Dizem que eles celebravam especialmente o festival do Shavuot, para o qual o número 50 foi designado como sendo "o mais sagrado dos números e o mais profundamente enraizado na natureza". Nessa ocasião, depois de rezar com as mãos estendidas e os olhos voltados para o céu, eles desfrutam de um banquete vegetariano e sem bebidas alcoólicas, cada um recostado de forma organizada em sofás, os homens à direita e as mulheres à esquerda, enquanto os líderes analisam algo nos escritos sagrados, "revelando o sentido oculto nas alegorias", e cantam hinos em perfeita harmonia:

> O coro dos terapeutas de ambos os sexos [...] cria um concerto harmonioso, a música em seu sentido mais exato [...]. E assim eles prosseguem até o alvorecer, bêbados com aquela bebedeira em que não há vergonha, pois não com a cabeça pesada e os olhos sonolentos, porém mais alertas e despertos que quando vieram para o banquete, eles ficam em pé com o rosto e o corpo todo voltados para o leste.45

Dos detalhes na descrição de Fílon que encorajam a confiança de que ele estivesse descrevendo um grupo real de judeus, o mais revelador é a inclusão que ele faz das mulheres como membros de direito, em contraste com as mulheres dos essênios casados descritas por Josefo, cujo papel era apenas o da procriação, e cujo único ato religioso registrado era o de tomar banho "envoltas em linho", enquanto seus maridos usavam um tecido ao redor dos quadris. Já que Fílon, em outros momentos, tinha uma posição antagônica às mulheres como "egoístas, excessivamente ciumentas, hábeis em conquistar a moral de um esposo e em seduzi-lo com infinitos encantos", o fato de ele particularizar o papel integral das mulheres entre os terapeutas dificilmente deve ter surgido de sua imaginação, sem contar a descrição feita por ele das praticidades em permitir que homens e mulheres frequentem juntos o culto de um modo casto:

> Esse santuário comum em que eles se encontram em todo sétimo dia é um recinto fechado duplo, uma porção separada para o uso dos homens, a outra para o das mulheres. Pois as mulheres tomam parte, com bastante regularidade, da audiência com o mesmo fervor e a mesma noção de sua vocação. A parede entre os dois aposentos se ergue do chão até dois ou três côvados, erigida sob a forma de uma fortificação, enquanto o espaço acima até o teto é deixado aberto. Esse arranjo atende a dois propósitos: a modéstia apropriada ao sexo feminino é preservada, enquanto as mulheres, se encontrando a muito pouca distância, podem seguir com facilidade o que está sendo dito, já que não há nada para obstruir a voz de quem fala.

Mais provavelmente o produto da invenção ascética é a observação de Fílon de que em sua maior parte as mulheres são

> virgens idosas, que mantiveram a sua castidade não sob pressão, assim como algumas das sacerdotisas gregas, mas por sua livre vontade, no anseio ardente pela sabedoria. Na ânsia de ter a sua [sabedoria] como companheira de vida, elas rejeitaram os prazeres do corpo e não desejam nenhuma progênie mortal, mas aqueles filhos imortais que apenas a alma que é cara a Deus pode dar à luz sem intervenção porque o Pai semeou nela os raios espirituais, permitindo que contemplasse os princípios da sabedoria.[46]

Fílon observou que a vida contemplativa seria encontrada "em muitas partes do mundo", e que ela é "abundante no Egito [...] e acima de tudo nas vizinhanças de Alexandria" (sua cidade natal), mas, se ele queria dizer que comunidades de terapeutas seriam encontradas nesses locais, bem como perto do lago Mareotis, isso não fica claro. A julgar por sua descrição, de qualquer modo é evidente que grupos religiosos semelhantes, mas não idênticos, aos essênios na Judeia seriam encontrados em outros locais no mundo judaico no século I da Era Comum, e nós teremos mais coisas a dizer a respeito de outros judeus desse tipo quando olharmos as comunidades que produziram os manuscritos do mar Morto. A vida em comum era a essência de cada um desses grupos, e ficamos sabendo pouco a respeito de indivíduos essênios na sociedade judaica, a não ser como profetas. Uma exceção notável foi certo João, o Essênio, que em outubro de 66 da Era Comum foi designado pelo governo revolucionário em Jerusalém para assumir o comando da defesa de áreas ao norte e a oeste da Judeia. Descrito por Josefo como um homem "de força e de inteligência excepcionais", João teria feito uma aliança com o saduceu Ananus e o fariseu Simão, filho de Gamaliel, bem como com o próprio Josefo. João morreu no ataque a Ascalona no início de 67 da Era Comum, e Josefo observa explicitamente o envolvimento dos essênios na guerra e sua prontidão para enfrentar o martírio:

> A guerra contra os romanos pôs à prova suas almas de todos os modos: durante ela, enquanto eram torturados e também subjugados, queimados e também sujeitados, e passando por todos os instrumentos da câmara de tortura, com o objetivo de que pudessem insultar o legislador ou comer algo que não fosse habitual, eles não toleravam ceder de nenhum modo: nem uma vez gratificando quem [os] estava atormentando, ou chorando. Mas, sorrindo em sua agonia, e escarnecendo de quem lhes infligia as torturas, eles com alegria entregavam suas almas, [sabendo] que iriam tornar a recebê-las.[47]

Encontrar adeptos para a continuidade de uma comunidade celibatária não é fácil, como as ordens monásticas cristãs às vezes perceberam. Plínio considerava notável que os essênios tivessem sobrevivido por tanto tempo recrutando penitentes para suas fileiras. Fílon afirmou que apenas "homens de idade madura, já se dirigindo para a velhice", se tornavam essênios, em uma contradição direta com a afirmativa de Josefo de que os essênios celibatários "adotavam crianças dos forasteiros em tenra idade de modo a instruí-las" e com sua referência à "outra ordem de essênios que aceitavam a necessidade do casamento especificamente para a propagação da espécie", caso contrário "a raça logo desapareceria". De qualquer modo, até mesmo alguém nascido como essênio passaria por muitas dificuldades para viver uma vida desse tipo sem uma comunidade à qual se juntar. Naturalmente, não havia necessidade para o Templo de Jerusalém continuar a funcionar que os judeus adotassem o estilo de vida dos essênios. Mas, se o fizeram em momentos posteriores na Antiguidade, eles não deixaram traços nas fontes judaicas registradas depois de 70 da Era Comum, preservadas pelos rabinos.⁴⁸

A "QUARTA FILOSOFIA"

As origens dos essênios são envoltas em mistério; Josefo simplesmente afirmou que na época do sumo sacerdote asmoneu Jônatas, na metade do século II a.C., os essênios já eram uma das três *haireseis* dos judeus, e, se nós formos acreditar em Plínio (como provavelmente não deveríamos), os essênios haviam existido por "milhares de séculos" antes de sua época. Por outro lado, a origem daquela a que Josefo se referia como a "quarta filosofia" foi localizada por ele precisamente no ano 6 da Era Comum, o ano em que os romanos impuseram um censo na Judeia como preparativo para a taxação direta da terra que acompanhava a imposição da lei por um governo romano. Foi então que "certo Galileu de nome Judas incitou os locais à rebelião, dizendo-lhes em tom de censura se eles estavam dispostos a pagar tributos aos romanos e tolerar senhores além de Deus. Esse homem era um sofista de sua própria e peculiar escola, que nada tinha em comum com as outras". Em seu relato paralelo (e mais detalhado) da história desse mesmo ano nas *Antiguidades dos judeus*, escrito pouco tempo depois, Josefo enfatizou especificamente o caráter de novidade dessa filosofia como o motivo para considerá-la perniciosa: "Eis uma lição de que a inovação e a reforma nas tradições ancestrais pesam muito na balança, levando à destruição da congregação das pessoas". Os problemas ocorridos com o corpo político surgiram todos por causa da "natureza previamente não familiar dessa filosofia".⁴⁹

A novidade nessa quarta filosofia se encontrava em seus ensinamentos sobre a autoridade. Os seguidores dessa doutrina, segundo Josefo, "têm uma paixão pela liberdade que é quase indomável, já que estão convencidos de que apenas Deus é o líder e senhor deles". O impacto imediato dessa doutrina, já que ela coincidiu com a imposição do governo romano, foi o de fomentar o sentimento antirromano, mas as implicações da filosofia assim como descrita por Josefo iam muito além. As objeções desses judeus não se relacionavam especificamente ao governo romano ou estrangeiro, pois se poderia esperar que eles se opusessem igualmente à continuidade de um governo judeu. Herodes Arquelau, o filho de Herodes que, no ano 6 da Era Comum, foi enviado pelos romanos para o exílio no sul da Gália, era um "senhor mortal" tanto quanto o imperador romano. Já que Josefo objetava com tamanha veemência a essa nova filosofia, ela não pode ser identificada com a ideia de teocracia que, como vimos (ver Introdução), Josefo descreveu em *Contra Apião* como a glória máxima da constituição judaica, tendo a vontade divina mediada pelo sumo sacerdote. Tampouco, já que se afirma especificamente que ela é nova, pode ser identificada com a objeção à nomeação de um rei para Israel, em vez de confiar em juízes para mediar a palavra de Deus, o que constituía um tema importante dos livros bíblicos de Samuel (ver capítulo 1). Josefo parece ter concebido uma forma de judaísmo anárquico, na qual cada judeu reivindicava uma ligação direta com Deus, talvez por meio de uma leitura isolada dos textos bíblicos (embora ele nada diga sobre o relacionamento desse grupo com as Escrituras).[50]

Nenhum nome é dado por Josefo a essa filosofia em qualquer das três breves passagens em que a descreve, e mesmo dentro dessas descrições ele se contradiz. Segundo a *Guerra dos judeus* e uma das passagens da *Antiguidades*, o líder era um galileu chamado Judas, mas na outra passagem deste último livro é dito que Judas veio de Gamala, no Golã (a leste do mar da Galileia), e que havia sido aliado de certo Saddok, um fariseu. A afirmação explícita em certa passagem de que esse grupo nada tinha em comum com as outras três filosofias é contradita diretamente por outra afirmação de que "essa escola concorda em todos os outros aspectos com as opiniões dos fariseus", a não ser no tocante à paixão deles pela liberdade. Talvez haja algo incongruente na ideia de que Judas "se apresentou como um líder" da quarta das filosofias, apesar de sua oposição ao governo humano de qualquer tipo.[51]

Parece que esse tipo de judaísmo era algo muito diferente do dos fariseus, saduceus e essênios, e não apenas em relação à desaprovação de Josefo. A falta de um nome é significativa: não era um grupo com uma identidade ou com um programa claro (talvez de modo inevitável, tendo em vista seu cerne anárquico). Já vimos (capítulo 5) que, apesar de sua afirmação genérica de que essa escola do judaísmo levou à "insanidade" que se seguiu à eclosão da revolta em 66 da Era Comum (sessenta anos depois de sua origem), Josefo não atribuiu essa filosofia diretamente a qualquer indivíduo judaico em toda a sua detalhada história dos acontecimentos que desaguaram na rebelião e destruição do Templo. Talvez seja melhor pensar nessa *hairesis* mais como uma tendência a uma anarquia política com base religiosa, provocada por um governo romano desastrado, do que como realmente um tipo distinto de judaísmo. De qualquer forma, um acordo com os fariseus deve ter sido o produto da aceitação da tradição ancestral (com exceção do "amor pela liberdade"), e a afirmação exagerada de Josefo na *Guerra dos judeus* de que Judas e seus seguidores nada compartilhavam com todos os outros movimentos dentro do judaísmo marca uma tentativa de destacar a natureza excepcional do princípio da oposição a Roma que surgiu dessa devoção a Deus como o único mestre.[52]

Qualquer tentativa de categorizar sentimentos antirromanos dentro da sociedade judaica como secundários era difícil de sustentar depois de os judeus da Judeia terem acabado de ser derrotados em uma importante guerra contra Roma, e na prática Josefo se referiu a outros grupos judeus entre os anos 6 e 7 da Era Comum que se opunham aos romanos. Desses, um grupo, os *sicarii*, era explicitamente relacionado por Josefo à quarta filosofia quando ele descreveu a defesa da fortaleza de Massada, perto do mar Morto, contra as forças romanas em 74 da Era Comum por um bando de *sicarii* que a havia ocupado desde o ano 66 da Era Comum:

> Essa fortaleza se chamava Massada; e os *sicarii* que a ocuparam tinham como líder um homem influente chamado Eleazar. Ele era descendente do Judas que, como nós havíamos afirmado, induziu multidões de judeus a se recusar a participar do censo, quando Quirino foi enviado como censor para a Judeia. Pois naqueles dias os *sicarii* se uniram contra os que consentiam em se submeter a Roma e de todos os modos tratavam-nos como inimigos, saqueando as propriedades deles, pegando o gado e incendiando suas moradias.

Essa passagem implica que os *sicarii* seguiam a quarta filosofia, e, ao descrever a força moral desses indivíduos torturados pelos romanos, que fugiram para o Egito depois da queda da Judeia, Josefo enfatizou a recusa deles, que estava de acordo com os ensinamentos de Judas, o Galileu, em pronunciar certas palavras que deveriam reconhecer a supremacia de César. Porém, em outro trecho de sua história, Josefo os apresentou como um grupo conhecido não por sua ideologia, mas por suas táticas. Os *sicarii* eram famosos pelo terrorismo urbano, aproximando-se discretamente das vítimas em meio à multidão e apunhalando-as com seus pequenos punhais (*sicae*) antes de desaparecerem na *mêlée*. Josefo afirmou que o grupo apareceu pela primeira vez no início da década de 50 da Era Comum, no período do procurador Felix.

Como Josefo não chamou os seguidores da quarta filosofia de *sicarii* quando descreveu a filosofia em qualquer uma de suas obras históricas, e como não gostava nem um pouco deles e da quarta filosofia, não haveria razão para que não desse tal nome a essa forma de judaísmo ilegítima, se esse fosse o nome que eles atribuíssem a si mesmos. É provável que o elo entre os *sicarii* e Judas da Galileia fosse essencialmente familiar. Eleazar b. Yair, que liderou os defensores de Massada, era apenas um do grupo de descendentes de Judas a dar trabalho para as autoridades romanas no século I da Era Comum. Quantos desses descendentes se filiaram à quarta filosofia, não se sabe.[53]

ZELOTES

Entre os outros tipos de judaísmo descritos nas histórias de Josefo se encontrava mais um grupo que se opunha a Roma, separado dos *sicarii* e com uma identidade grupal mais clara do que a dos adeptos da quarta filosofia. Os zelotes, nos informa Josefo desgostoso, formavam um grupo de salteadores que assumiram esse nome na primavera de 68 da Era Comum quando invadiram o Templo em Jerusalém: "Pois assim eles se denominavam, como se fossem zelotes na causa da virtude e não do vício em sua forma mais desprezível e mais extravagante". Esses zelotes iriam desempenhar o papel principal na guerra civil entre as facções em Jerusalém nos dois anos seguintes, e também na defesa final da cidade contra o assalto das forças romanas. Em 68 da Era Comum, eles tiraram o controle do Templo do saduceu Ananus b. Ananus, a quem acusavam, com certa razão, de falta de vigor em dar continuidade à guerra. A oposição de Ananus levou ao conflito ao redor da área do Templo:

As pessoas também bradavam que Ananus as liderasse contra o inimigo que ele as incitava a atacar, cada homem totalmente pronto para enfrentar o primeiro perigo. Mas, enquanto Ananus estava convocando e liderando recrutas eficientes, os zelotes, ouvindo falar do projetado ataque [...] ficaram furiosos, e irromperam do Templo, em regimentos e pequenas unidades, e não pouparam ninguém que passou pelo seu caminho. Ananus imediatamente reuniu a sua força de cidadãos, que, embora superior na quantidade, em armamentos, pela falta de treinamento, não era páreo para os zelotes. O ardor, entretanto, supriu as deficiências de cada lado. [...] Assim, tomados por seus sentimentos, eles se enfrentaram. [...] Qualquer zelote que fosse ferido subia para o Templo, manchando com seu sangue o pavimento sagrado, e se pode dizer que nenhum sangue a não ser o deles conspurcou o santuário.

Em um intervalo de semanas, a luta levou ao dramático assassinato de Ananus, e, desse ponto até a primavera de 70, os zelotes estavam *de facto* encarregados do recinto interno do Templo e da realização dos sacrifícios. Somente quando as forças romanas sob o comando de Tito iniciaram o cerco à cidade um pouco antes da Páscoa em 70 da Era Comum, os zelotes concordaram em cooperar com outras forças judaicas contra o inimigo comum.[54]

Josefo, que produziu o nosso único relato das ações dos zelotes durante esses anos, dificilmente era um observador objetivo. Em 68 da Era Comum, ele havia se rendido aos romanos, segundo ele por uma instrução divina. Os únicos judeus rebeldes a quem ele tendia a oferecer qualquer legitimidade eram os da facção liderada por seu velho aliado Ananus. Por isso, é difícil saber o quão confiável é a sua descrição dos excessos cometidos pelos zelotes no auge da revolta:

Com uma insaciável ânsia pela pilhagem, eles saquearam as casas dos ricos; o assassinato dos homens e a violação das mulheres eram a diversão deles; eles festejavam com seus espólios, tendo o sangue como acompanhamento; e, por mera satisfação pessoal, inescrupulosamente se entregaram às práticas efeminadas, penteando os seus cabelos e se vestindo com indumentárias femininas, se encharcando de perfumes e pintando as pálpebras para destacar sua beleza. E eles não apenas imitavam o modo de vestir, mas também as paixões das mulheres, concebendo em seus excessos de lascívia prazeres ilegais e chafurdando como se estivessem em um bordel na cidade, que eles conspurcaram de uma ponta a outra com as suas iniquidades. No entanto, mesmo que seus rostos estivessem pintados como os de mulheres, suas mãos eram assassinas, e se aproximando com passos gentis eles repentinamente se transformavam em combatentes e sacando as suas espadas de sob os seus mantos tingidos transpassavam a quem quer que encontrassem.

É improvável que Josefo oferecesse aos seus leitores uma ideia clara da ideologia religiosa de judeus a quem ele tanto desprezava, e como resultado os pontos de vista religiosos dos zelotes devem ser deduzidos essencialmente de seus seguidores e de suas ações, e não da avaliação do autor.[55]

Josefo descreveu os zelotes como salteadores, mas seus líderes parecem ter sido sacerdotes. O mais notável foi Eleazar b. Simon (ou Gion), um sacerdote que, dois anos antes, em outubro de 66, havia sido desprezado pela assembleia nacional na designação de generais, não obstante seu controle de grande parte do tesouro público, porque "eles observaram a natureza tirânica dele, e que os zelotes que estavam com ele se comportavam como guarda-costas". Josefo atribuiu a ascensão final de Simon ao poder a uma combinação de suas astúcias e do controle que ele tinha sobre recursos financeiros, mas a origem sacerdotal dos líderes zelotes e seu ímpeto para proteger o Templo sugerem uma motivação mais religiosa. A confiança que eles tinham na intervenção divina veio à tona em sua decisão de designar um novo sumo sacerdote por sorteio. Josefo, deplorando a decisão, afirmou que os zelotes disseram "que nos dias de antanho o sumo sacerdócio havia sido determinado por sorteio; mas que na realidade a atitude deles era a revogação da prática estabelecida e um truque para que eles se tornassem muito importantes tendo essas designações em suas próprias mãos". Em toda essa vituperação, vale notar que dizem que os zelotes alegavam o costume antigo como sua justificativa. Ao usar o sorteio, naturalmente, a escolha era transferida dos humanos para Deus.[56]

O nome "zelote" parece ter tido uma ressonância particular no período tardio do Segundo Templo, e a mesma terminologia é usada em relação a outros que, ao que tudo indica, não tiveram conexões com o grupo de Eleazar b. Simon, que desempenhou papel central na vida de Jerusalém nos últimos anos antes de sua destruição. Um dos seguidores de Jesus era chamado "Simão, o Zelote", segundo o Evangelho de Lucas. Existia grande fascínio com a história do protótipo dos zelotes, Pinchas ("Phineas", em grego), o neto de Aarão, o sacerdote. Segundo o Livro dos Números, Pinchas matou certo

Zimri com um único golpe quando ele o flagrou mantendo relações sexuais com uma mulher meda, porque ele (Pinchas) "zelou por seu Deus". Ben Sira chamou Pinchas de "terceiro em renome" depois de Moisés e Aarão, por ser zeloso desse modo. O autor do Primeiro Livro dos Macabeus retratou Matatias (pai de Judas Macabeu) mostrando zelo "como agiu Fineias [Phineas]", e textos rabínicos posteriores entram em detalhes sobre a excelência de seu entusiasmo pela justeza. Tal devoção intensa, elevando a religiosidade da obediência comum a um plano mais alto, poderia ser reivindicada por judeus de todos os tipos sem sugerir filiação a qualquer escola filosófica ou partido político. Segundo o Evangelho de João, Jesus agiu com base no zelo ao limpar o Templo. Paulo se identificou como um antigo zelote: "E na minha nação excedia em judaísmo a muitos da minha idade, sendo extremamente zeloso das tradições de meus pais". A Mishná estabelece que "se um homem roubar um utensílio sagrado, zelotes [*kanaim*, o equivalente hebraico do grego *zelotai*] podem recair sobre ele".⁵⁷

O entusiasmo religioso extremo poderia claramente assumir muitas formas, incluindo a violência autorizada em nome da moralidade vigente, e evidentemente, em 60-70 da Era Comum, ela foi controlada por um grupo de judeus para canalizar a oposição ao Estado romano. Nada relaciona esses zelotes aos seguidores da quarta filosofia pregada em 6 da Era Comum por Judas e Zadoque, com a exceção da atribuição feita por Josefo a ambos os grupos da culpa pelo desastre que havia derrocado Jerusalém. Josefo foi generoso ao dividir a culpa entre mais ou menos todos os agentes no drama que descreveu, com exceção dele próprio. Mas parece haver bases muito mais fortes para conectar os zelotes com os *sicarii*. Ficamos sabendo que, em 66 da Era Comum, *sicarii* liderados por certo Menachem, "filho de Judas chamado o Galileu, aquele sofista muito sagaz que nos dias de Quirino havia censurado os judeus por reconhecer os romanos como senhores depois de Deus", pegaram armas do arsenal de Herodes em Massada. Menachem então retornou "como um verdadeiro rei" para Jerusalém, se transformando em "um tirano insuportável", e foi de modo oficial ao Templo "paramentado em vestimentas reais e vigiado por zelotes armados", antes de ser subjugado e assassinado pelos aristocratas da classe sacerdotal que haviam iniciado a revolta contra Roma e não tinham intenção de perder o controle para esse intruso e sua gangue. Mas Josefo relatou nessa mesma passagem que entre os *sicarii* de Menachem estava Eleazar b. Yair, "um parente de Menachem, e subsequentemente déspota de

Massada", e, em sua narrativa do cerco final de Massada, Josefo não mediu esforços para distinguir os zelotes como um grupo separado dos *sicarii*.[58]

Poucos elementos, portanto, sugerem que a filosofia radical anárquica pregada por Judas em 66 da Era Comum chegasse a ser um movimento independente dentro do judaísmo. Vimos no capítulo 5 que, apesar de alegar que a pregação de Judas tinha sido responsável pela destruição de Jerusalém, em todas as suas descrições de sublevações específicas contra Roma entre 6 da Era Comum e a eclosão da revolta em 66, Josefo nada atribuiu aos seguidores de Judas. O autor dos Atos dos Apóstolos colocou na boca do fariseu Gamaliel a afirmação explícita de que "levantou-se Judas, o Galileu, nos dias do alistamento, e levou muito povo após si; mas também este pereceu, e todos os que lhe deram ouvidos foram dispersos".[59]

O relato hostil de Josefo não disfarça a inquietação comum a todos esses grupos anti-Roma relacionada ao culto no Templo, embora eles possam ter se equivocado em suas tentativas de preservá-lo. No caso dos zelotes, sua boa vontade em permitir que outros judeus fizessem o culto no Templo na Páscoa em 70 da Era Comum levou ao fim de sua independência como grupo político com controle do recinto interno do Templo enquanto Jerusalém estava sob ataque:

> Quando o dia do pão ázimo se aproximou [...]. Eleazar e seus homens abriram em parte os portões e admitiram os cidadãos que desejavam fazer o culto dentro do edifício. Mas, João [de Giscala, líder de uma facção rival], fazendo do festival um disfarce para os seus desígnios traiçoeiros, proveu com armas ocultas os menos conspícuos de seus seguidores, a maior parte dos quais não estava purificada, e por meio de suas urgentes incitações fez com que eles sub-repticiamente entrassem no Templo para se apossar dele em seguida. Uma vez lá dentro, tiraram suas indumentárias e repentinamente se revelaram como homens armados. [...] Estando então na posse do recinto interno do Templo e de tudo o que ele continha, puderam desafiar Simão.

A quarta filosofia e os zelotes não deixaram legados diretos nas formas posteriores do judaísmo. Os sábios rabínicos, como foi registrado no Talmude babilônico, iriam recordar a destruição do Templo como resultado do "ódio sem causa" dos judeus daquele período. Os rabinos conservaram um ódio profundo de Roma como o reino da maldade que havia ocasionado o fim do culto no Templo, mas de forma alguma eles defendiam a rebelião. Tampouco reivindicaram que os judeus devessem procurar a liberdade política com base em princípios religiosos.⁶⁰

A YAHAD NOS MANUSCRITOS DO MAR MORTO

A descoberta e a eventual publicação, desde 1947, de cerca de novecentos textos antigos que estiveram escondidos nas cavernas perto de Qumran, nas proximidades do mar Morto, trouxeram à luz alguns tipos de judaísmo do período tardio do Segundo Templo, aos quais nem Josefo nem qualquer outra fonte preservada pelas tradições posteriores judaicas e cristãs fizeram referência. Ao longo dos últimos sessenta anos, historiadores tentaram relacionar os autores de alguns desses textos a grupos previamente conhecidos, incluindo todas as quatro filosofias descritas por Josefo, mas, embora as formas de judaísmo reveladas nesses textos exibam algumas características em comum com cada um desses grupos (o que não chega a surpreender, tendo em vista a sua origem nas mesmas tradições do judaísmo pós-bíblico), eles não parecem ser idênticos a nenhum deles. Josefo estava escrevendo uma história militar e política em vez de etnografia ou teologia, e não há razões para supor que ele tencionasse incluir todas as correntes do judaísmo quando descreveu as quatro filosofias. Mas já que Josefo escreveu em outro momento a respeito de João Batista, Jesus e Fílon, ele provavelmente tinha consciência de que outros tipos de judaísmo existiam em seus tempos. Por isso, em vez de interpretar os manuscritos do mar Morto através das lentes do que Josefo nos diz a respeito de outros grupos (com maior frequência, os essênios), a natureza da comunidade (ou das comunidades) desses sectários específicos tem de ser examinada em seus próprios termos.⁶¹

Muitos dos manuscritos contêm textos bíblicos, hinos, escritos de sabedoria e outros materiais que poderiam ter sido usados por qualquer ramo do judaísmo nesse período. Incluem fragmentos de todos os livros da Bíblia hebraica, com exceção do Livro de Ester, com múltiplas cópias do Pentateuco e dos Salmos, textos de interpretação da Bíblia (tais como o Gênesis Apócrifo aramaico, que simplifica as histórias do Gênesis) e obras litúrgicas como os hinos do sacrifício do Shabat, descrevendo o culto angélico, que teriam sido inspiradores para qualquer judeu engajado em prece devota:

Para o Mestre. Hino da oferenda de elevação do sétimo Shabat no décimo sexto dia do mês. Louvor ao Altíssimo, oh vós elevado entre todos os deuses do conhecimento. Que os sagrados dos "deuses" santifiquem o Rei da glória, que santifica, por meio de sua santidade, todos os seus sagrados. Oh príncipes dos louvores a todos os "deuses", louvai o Deus de louvores majestosos, pois no esplendor dos louvores se encontra a glória de Sua realeza. Nele estão (contidos) os louvores de todos os "deuses" juntos com o esplendor de toda a [Sua] real[eza]. Exaltai a Sua exaltação lá no alto, oh "deuses", acima de todos os deuses lá no alto, e Sua gloriosa divindade acima de todas as mais elevadas alturas. Pois Ele [é o Deus dos deuses], de todos os príncipes nas alturas, e o Rei dos rei[s] de todos os eternos concílios [...].[62]

Porém, juntamente com remanescentes de um judaísmo mais geral, as cavernas também abrigaram cópias de regras que pressupõem uma comunidade – ou comunidades – sectária(s), e de formas distintas de interpretação da Bíblia, que reivindicam que o verdadeiro sentido de algumas partes da escritura se relaciona à história de sua comunidade. De que forma o restante dos manuscritos diz respeito aos textos sectários, tem sido difícil estabelecer. Os manuscritos foram encontrados em onze cavernas naturais espalhadas pelos montes acima dos assentamentos em Qumran. Em sua maior parte, são pergaminhos, mas alguns são feitos de papiro, e um texto enigmático, que lista esconderijos de tesouros, está escrito (por razões desconhecidas) em cobre.

Investigações científicas confirmaram a datação desses objetos como de aproximadamente 2 mil anos, e uma pesquisa árdua já reuniu e decifrou quase todos os fragmentos. Porém, os principais problemas de interpretação permanecem em relacionar os manuscritos uns aos outros e ao local do assentamento em Qumran, que foi escavado principalmente na década de 1950, mas continua a revelar novas informações. Os manuscritos foram escritos em Qumran ou trazidos de outro lugar, talvez de Jerusalém? As descobertas de algumas das cavernas, tais como os documentos gregos encontrados na Caverna 7, deveriam ser tratadas como coleções separadas, ou todos os manuscritos poderiam ser compreendidos como a "biblioteca" de um único grupo? A arqueologia do sítio de Qumran sugere seu uso por judeus devotos, mesmo que sua ocupação não seja relacionada à descoberta dos manuscritos nas proximidades? Entre todas essas incertezas, um fato parece ser indiscutível. Em algum momento no fim do século I da Era Comum, esses manuscritos foram depositados em jarras nas cavernas, para salvaguarda, por judeus devotos. Algo de errado aconteceu, já que esses indivíduos nunca retornaram, provavelmente por causa da intervenção de forças romanas, e o material foi deixado intocado por quase 1.900 anos.[63]

A indicação mais clara da existência de uma comunidade específica como a origem de pelo menos alguns dos manuscritos pode ser encontrada na formulação de parte da Regra da Comunidade:

> O mestre ensinará os santos a viver(?) {segundo o livro} da [Regr]a da Comunidade, para que eles possam procurar Deus de todo o coração e alma, e fazer o que é bom e correto perante Ele como Ele ordenou pela mão de Moisés e todos os Seus servos e profetas. [...] Ele irá admitir na aliança da graça todos aqueles que se dedicaram por livre vontade à observância dos preceitos de Deus, para que eles possam ser incluídos no conselho de Deus e possam viver de modo perfeito perante Ele de acordo com tudo que tem sido revelado em relação aos seus tempos devidos, e para que eles possam amar todos os filhos da luz, cada um segundo o seu destino no desígnio de Deus, e odiar todos os filhos das trevas, cada um segundo as suas culpas na vingança de Deus. [...] Todos aqueles que abraçarem a Regra da Comunidade entrarão na aliança perante Deus para obedecer a todos os Seus mandamentos, de modo que eles não possam abandoná-Lo durante o domínio de Belial devido ao temor, ao horror e à aflição. Ao entrar na aliança, sacerdotes e levitas irão abençoar o Deus da salvação e toda a Sua fidelidade, e todos aqueles que entrarem na aliança irão dizer junto com eles: "Amém, amém!".

A Regra da Comunidade, que parece ter sido concebida para o mestre da comunidade, oferece instrução para a entrada na aliança da comunidade, estatutos para o conselho da comunidade e "regras de conduta para o mestre nestes tempos no tocante ao seu amor e ao seu ódio". O texto é conhecido a partir de cerca de doze manuscritos, dos quais um (oriundo da Caverna 1) preserva onze colunas, e os demais (das Cavernas 4 e 5) são fragmentários. A quantidade dos manuscritos e as diferenças entre eles principalmente em relação à liderança dos "Filhos de Zadoque" sugerem com muita força que a Regra foi colocada em prática (embora isso, por sua vez, faça surgir a questão de por que cópias dela foram preservadas uma vez que ficaram desatualizadas).[64]

A comunidade na Regra é chamada de "Yahad", que parece ser uma autodesignação semiformal, embora em outros trechos os iniciados sejam referidos como os *rabbim* ("os muitos"). O grupo também é chamado por outros termos hebraicos para uma congregação, tais como *edah* ou *kahal*. Parece provável que eles não tenham visto necessidade de um termo específico, já que se consideravam como o verdadeiro Israel, divididos entre sacerdotes e leigos:

> O conselho da comunidade será estabelecido na verdade. Ele será uma plantação eterna, uma casa de santidade para Israel, uma congregação de suprema santidade para Aarão. Eles serão testemunhas da verdade no julgamento, e serão os eleitos da boa vontade que irá expiar pela Terra e recompensar o iníquo com o que lhe é de direito. Ele será aquele muro posto à prova, aquela preciosa pedra angular, cujas fundações não irão nem balançar e nem oscilar em seus lugares. Ele será a mais sagrada moradia para Aarão, com eterno conhecimento da aliança da justiça, e irá oferecer uma doce fragrância. Ele será uma casa da perfeição e da verdade em Israel para que eles possam estabelecer uma aliança de acordo com os preceitos eternos.[65]

A vida sectária tal como foi concebida na Regra da Comunidade assumiu a forma que passaria a ser comum entre monges cristãos em um período muito posterior da Antiguidade. Ela estava centrada em refeições comunais consumidas no estado de pureza, mais ou menos do mesmo modo como entre os essênios e os terapeutas. A autoridade sacerdotal era enfatizada, e o estudo da lei: "E a congregação irá observar em comunidade durante um terço de cada noite do ano, para ler o Livro e estudar a lei e para abençoar conjuntamente. Cada homem irá se sentar em seu lugar: os sacerdotes se sentarão em primeiro lugar, e em segundo lugar, os anciãos, e todos os demais de acordo com sua posição. E assim eles irão ser questionados sobre a lei, e sobre qualquer conselho ou questão que surja perante a congregação, cada homem trazendo o seu conhecimento para o conselho da comunidade". Regras dentro dessa comunidade teriam de ser cumpridas com precisão:

> Se um deles mentiu deliberadamente sobre questões de propriedade, será excluído da pura refeição da congregação por um ano, e irá fazer penitência em relação a um quarto de sua comida. Quem quer que tenha respondido ao seu companheiro com obstinação, ou se dirigido a ele com impaciência, indo até o

ponto de não levar em conta a dignidade de seu companheiro desobedecendo a ordem de um irmão inscrito antes dele, ele tomou a lei em suas próprias mãos; portanto, irá fazer penitência por um ano [e será excluído].⁶⁶

Não é possível reconciliar completamente esse estilo de vida com a rotina muito diferente registrada no chamado Documento de Damasco, do qual fragmentos foram encontrados em três das cavernas de Qumran. Esse documento já era conhecido antes de 1947 a partir de duas cópias medievais incompletas dos séculos X e XII, descobertas em 1896-97 no depósito de uma sinagoga medieval no Cairo (ver capítulo 9). O Livro das Regras, que tem o seu nome devido às frequentes referências à "nova aliança na terra de Damasco", estabelece as instruções para os membros de uma comunidade evidentemente envolvida na vida mais ampla de Israel, incluindo regras "em relação ao juramento de uma mulher", leis relacionadas à propriedade, ao tratamento de servos e servas, às relações sexuais entre um homem e uma mulher, e ao convívio com gentios:

> Nenhum homem irá estender sua mão para derramar o sangue de um gentio por amor às riquezas e aos ganhos. Tampouco irá ele levar nada que lhes pertença, para que eles não blasfemem, a não ser que assim sejam aconselhados pela companhia de Israel. Nenhum homem irá vender animais ou aves puros para os gentios, no caso de que eles os ofereçam em sacrifício. Ele se recusará, com todas as suas forças, a lhes vender qualquer produto de seu celeiro ou de sua adega, e não irá lhes vender seu servo ou sua serva na medida em que eles tenham sido trazidos por ele para a aliança de Abraão.

E se dá como certo que membros da comunidade poderiam se dedicar ao comércio, ainda que sob condições controladas: "Nenhum homem formará qualquer associação para comprar e vender sem informar o guardião do acampamento".⁶⁷

Os fragmentos do Documento de Damasco encontrados na Caverna 4 em Qumran incluem regras a respeito de relações com as mulheres, de modo que não há motivos para supor que essas passagens nas cópias do Cairo sejam acréscimos medievais aos documentos originais: "Quem quer que tenha se aproximado de sua esposa sem ser de acordo com as regras, fornicando, deverá partir e não retornará mais. (Se ele falou) contra os pais, deverá partir e não retornará mais. (Porém, se falou) contra as mães, deverá fazer penitência por dez dias". Como veremos, certo relacionamento entre o grupo que vivia de acordo com essa regra e os que viviam segundo a Regra da Comunidade é sugerido por suas alusões a personagens específicas em uma história sectária compartilhada. A natureza precisa de seu relacionamento não pode ser reconstruída, mas doze fragmentos de um manuscrito que incluía material tanto da lei do Shabat no Documento de Damasco quanto do código penal na Regra da Comunidade sugerem fortemente que ambos os grupos estavam conectados.[68]

Os dois grupos concebiam a autoridade nas mãos dos sacerdotes. Então, por exemplo, um sacerdote recitaria a benção para cada grupo reunido para uma refeição em comum, e "onde estão os dez, nunca deverá faltar um sacerdote que tenha conhecimento do Livro da Meditação, eles todos serão guiados por esse sacerdote" (embora, de acordo com o Documento de Damasco, um dos levitas pudesse substituir um sacerdote se ele fosse mais experiente). Para ambos os grupos, um membro descrito como o "guardião" estava encarregado da admissão de neófitos, e de instruí-los e examiná-los: "Ele deverá amá-los como um pai ama os seus filhos, e deverá conduzi-los em todo o sofrimento deles como um pastor conduz seu rebanho". Nos dois grupos, a iniciação na seita era marcada por um juramento para fazer parte da aliança, e havia encontros anuais para decidir se o comportamento de cada indivíduo exigia que sua posição dentro da comunidade fosse alterada. Foi sugerido que as duas comunidades celebravam essa aliança anual no Shavuot, já que se constatou que os terapeutas davam uma importância especial para esse dia. O livro dos Jubileus, do qual uma quantia de fragmentos foi encontrada em Qumran, considera o Shavuot o mais importante dos festivais porque a renovação da aliança entre Deus e Israel era uma parte central de sua observância, e afirma que ela havia cumprido a sua função desde os tempos de Noé, até mesmo antes de Moisés.[69]

Entre os outros manuscritos encontrados em Qumran que possivelmente tenham sido compostos por uma ou outra das comunidades sectárias está o Manuscrito da Guerra, que descreve a luta simbólica entre os filhos da luz e os filhos das trevas, na qual os sectários se imaginam em uma série de batalhas estilizadas até que Deus destrua Belial e seu reino, e provavelmente o Manuscrito do Templo. Este é um texto muito longo que aborda a lei bíblica, em sua maior parte relacionada ao Templo, aos sacrifícios e aos festivais, mas também às cortes legais, às regulamentações sobre a pureza, os juramentos e muitos outros tópicos. Ele apresenta a harmonização de diferentes textos bíblicos como se fosse uma nova revelação feita por Deus em primeira pessoa: "Justiça, e somente a justiça, vós devereis buscar para que possais viver e herdar a terra que eu vos dou para habitar por todos os dias". Referências frequentes a Belial nos comoventes hinos de graças, que são parecidos com os Salmos bíblicos, sugerem uma origem sectária. Mas, em relação a muitos outros manuscritos, é impossível afirmar se eles são ou não dessa natureza.[70]

Das doutrinas específicas desses sectários, mais significativas eram suas noções de uma nova aliança e do papel na história deles de um mestre da justiça. A maior parte dessa evidência relacionada à carreira desse mestre é encontrada nas impressionantes interpretações das profecias de Habacuc, constantes em um único manuscrito, muito bem preservado, na Caverna I. A interpretação, que em cada caso segue uma citação do texto bíblico, pressupõe o conhecimento da história, de modo que historiadores agora têm que organizar a narrativa das origens da Yahad a partir de uma série de alusões, tais como esta: "Observai o que se passa entre as nações e ficareis estarrecidos; pois o Eterno prepara, para vossos dias, uma ocorrência que não acreditareis ter acontecido, quando mais tarde ela for narrada":

> [Interpretadas, elas dizem respeito a] aqueles que foram infiéis junto com o mentiroso, pois que eles [n]ão [ouviram a palavra recebida pelo] mestre da justiça da boca de Deus. E elas dizem respeito ao infiel à nova [aliança] por eles não acreditarem na aliança de Deus [e profanarem] Seu sagrado Nome. E, igualmente, essa afirmação deve ser interpretada [dizendo respeito àqueles que] serão infiéis no fim dos dias. Eles, os homens da violência e os que rompem a aliança, não acreditarão quando ouvirem tudo que [deverá acontecer com] a geração final do sacerdote [em cujo coração] Deus colocou [entendimento] para que ele possa interpretar todas as palavras de Seus servos os profetas, por meio dos quais Ele anteviu tudo que iria acontecer com o Seu povo e [a Sua terra].

Em outra passagem, a frase bíblica "Por que então olhas para os que agem traiçoeiramente? Porque [sic] Te manténs em silêncio quando um iníquo destrói o que é mais justo que ele?" é interpretada como "Ela diz respeito à casa de Absalão e aos membros de seu conselho que ficaram em silêncio na época da punição do mestre da justiça e não lhe prestaram auxílio contra o mentiroso que desrespeitou a lei em meio a toda a [congregação] deles". Em algum ponto, ao que parece, um mestre havia proclamado novos ensinamentos a esses sectários, por meio dos quais eles se acreditavam eleitos desde que permanecessem fiéis, e todos os demais condenados:

> Nenhum dos homens que entrarem na nova aliança na terra de Damasco, e que a trairem novamente e se afastarem da fonte das águas vivas, deverá ser reconhecido pelo conselho do povo ou inscrito em seu livro a partir do dia da congregação do mestre da comunidade até a vinda do messias de Aarão e de Israel. E assim deverá ser para cada homem que entrar na congregação de homens de perfeita santidade, mas falhar na realização dos deveres do justo. Ele é um homem que se desfez na fornalha; quando suas ações forem reveladas, ele será expulso da congregação como se seu destino jamais tivesse se unido ao dos discípulos de Deus. Os homens de conhecimento irão censurá-lo de acordo com seu pecado no momento em que ele ficará perante a congregação dos homens de perfeita santidade. Mas, quando as suas ações forem reveladas, de acordo com a interpretação da lei segundo a qual os homens de perfeita santidade caminham, que nenhum homem se submeta a ele quanto a dinheiro ou trabalho, pois todos os sagrados do Altíssimo o amaldiçoaram.[71]

O grupo evidentemente guardava um profundo rancor contra quem tivesse traído a comunidade no passado:

> E assim será para todos entre os primeiros e os últimos que rejeitarem (os preceitos), que abrigarem ídolos em seus corações e caminharem na obstinação de seus corações; eles não terão um quinhão na casa da lei. Eles serão julgados da mesma maneira como seus companheiros que desertaram em prol do escarnecedor. Pois eles se pronunciaram contra os preceitos da justiça, e desprezaram a aliança e o pacto – a nova aliança – que fizeram na terra de Damasco. Nem eles nem os seus iguais terão qualquer parte na casa da lei. A partir do dia da congregação do mestre da comunidade até o fim de todos os homens de guerra que desertaram em prol do mentiroso deverão se passar cerca de quarenta anos. E durante esse período a ira de Deus será incitada contra Israel; como Ele disse: "Não haverá rei e nem príncipe, nem juiz, nem homem para censurar com justiça". Porém, os que se afastam do pecado de Jacó, que manteve a aliança de Deus, irão então falar cada homem com seu companheiro, para justificar cada homem o seu irmão,

para que os passos deles possam levar ao caminho de Deus. E Deus irá observar o que eles disserem.

Os textos não nomeiam nem o escarnecedor nem o mentiroso. Supostamente, a identidade deles era óbvia para os próprios sectários.[72]

Só é possível deduzir o conteúdo da nova aliança abraçada pela seita a partir dos questionamentos evidenciados nos manuscritos sectários. Ele pouco tinha em comum com a nova aliança adotada pelos primitivos cristãos algumas gerações mais tarde. Supostamente uma grande parte consistia em instruções para o estilo de vida ascético, abluções rituais e refeições sagradas, que separavam esses judeus dos demais. Inúmeros escritos de sabedoria confirmam uma ênfase tanto na ética quanto no conhecimento: "Vós sois um homem pobre. Não digais: já que sou pobre, não vou procurar o conhecimento. Assumi cada disciplina, e [...] depurai vosso coração e vossos pensamentos com uma carga de entendimento". Percorrendo uma grande parte da literatura sectária se encontra uma preocupação com o fim dos dias, no qual (assim como concebido no Manuscrito da Guerra) se esperava que os membros da Yahad desempenhassem um papel central e os filhos da luz poderiam esperar a vida eterna: "Deus os entregou aos Seus escolhidos como uma posse eterna, e fez com que eles herdassem o destino dos sagrados. Ele juntou à congregação deles os filhos do céu para que sejam um conselho da comunidade, uma fundação do edifício da santidade, uma eterna plantação ao longo de todas as eras vindouras". Inúmeras referências sugerem uma crença de que haveria mais de um messias, tanto o messias de Davi quanto o de Aarão.[73]

O que distinguia o grupo de modo mais imediato era a utilização de um calendário diferente do usado no Templo. A sobrevivência entre os manuscritos (ainda que de forma fragmentária) de inúmeros calendários sugere que o uso pelos sectários de um calendário solar requeria muita dedicação. É significativo que um desses calendários fosse copiado no mesmo manuscrito que o tratado sectário *Miksat Ma'asei haTorah* [Algumas observâncias da lei], um texto geralmente conhecido nos nossos dias como 4QMMT, que falava de modo dogmático sobre questões discutíveis da lei, principalmente em relação à pureza e ao Templo de Jerusalém. Entretanto, não fica claro como esse sistema de calendário alternativo tenha afetado o relacionamento desses sectários com o Templo. Tem sido sugerido com frequência que os membros da Yahad deram as costas ao Templo e construíram para si um novo judaísmo no qual a vida, as preces e as refeições sagradas da comunidade aconteciam no local dos sacrifícios realizados pelos sacerdotes, e que essa separação foi reforçada pelo calendário específico da seita. Porém, já vimos que os fariseus e os saduceus compartilhavam o Templo apesar dos desentendimentos quanto ao calendário, e nenhum texto encontrado entre os manuscritos confirma qualquer ligação entre o calendário e a decisão dos sectários de se separar dos outros judeus, embora o comentário de Habacuc faça de fato referência a um tempo no passado quando a (ou uma) comunidade ou seu líder (o mestre da justeza) rompeu com um sacerdote iníquo, e a um tempo no futuro em que um sacerdote – ou sacerdotes – corrupto(s) sofrerá(ão) por causa de seus pecados:

> Estes dizeres se referem ao sacerdote iníquo, na medida em que este receberá a recompensa que ele próprio dedicou aos pobres. Pois "Líbano" é o conselho da comunidade; e os "animais" são os simples da Judeia que seguem a lei. Como ele próprio tramou a destruição dos pobres, assim Deus o condenará à destruição. E quanto ao que Ele disse, "Pois a terra transborda de crimes sangrentos e a cidade, de violência": interpretado, "a cidade" é Jerusalém, onde o sacerdote iníquo cometeu atos abomináveis e conspurcou o Templo de Deus. "A violência cometida com a terra": estas são as cidades da Judeia onde ele tirou as posses dos pobres.[74]

A comunidade se imaginava de algum modo constituindo um sacrifício oferecido a Deus em expiação pelo pecado, e inúmeros textos sectários sugerem a insatisfação com a forma como o Templo é dirigido. O Manuscrito do Templo concebe um edifício que diferia acentuadamente do Templo, assim como ele foi remodelado no tempo de Herodes, sugerindo uma crença de que o Templo de então não havia sido construído de acordo com o arquétipo divino. Porém, não há evidências diretas de que os sectários em sua própria época tenham se separado do Templo, que, como já vimos, foi o principal lócus para o culto judaico, assim como ordenado em textos bíblicos que os sectários prezavam do mesmo modo como outros judeus.

Nos séculos seguintes, judeus e cristãos iriam aprender a cultuar sem um templo; mas, em um mundo onde os sacrifícios e as ofertas eram normais em todos os sistemas religiosos, seria extraordinário da parte desses sectários dar as costas ao culto em Jerusalém. E, de fato, os manuscritos estão cheios de referências ao seu papel central. Prescrições para sacrifícios e referências ao Templo estão espalhadas em abundância ao longo dos textos bíblicos de

Qumran, e também podem ser encontradas nada menos que 63 referências a Jerusalém nos textos não bíblicos (e poucas a outras cidades). Há regras detalhadas no Manuscrito do Templo para o culto no Templo, construção e apetrechos, frequentes referências aos sacerdotes e a Aarão, e calendários para a realização dos deveres sacerdotais no santuário. O conselho sobre como administrar o Templo encontrado no documento sectário MMT, que sobrevive em várias cópias fragmentárias, refletia a controvérsia entre os judeus a respeito de como isso seria feito, mas não aparenta ser a polêmica de um grupo que havia se separado totalmente do Templo.[75]

Sem dúvida, havia sido perfeitamente possível para judeus em gerações anteriores criticar a confiança nos sacrifícios por parte daqueles que não observavam os demais mandamentos de Deus, sem com isso advogar a abstenção do culto sacrifical. Atitudes sectárias relacionadas ao Templo podem muito bem ter variado ao longo do tempo, sem requerer abstenção do culto a Deus de acordo com a injunção explícita da Torá. O Documento de Damasco prescrevia regras para trazer as oferendas: "Nenhum homem deverá enviar para o altar qualquer oferenda de elevação, ou oferenda de grãos, ou de incenso, ou de madeira, pelas mãos de alguém maculado com qualquer impureza, permitindo assim que se conspurque o altar. Pois está escrito: 'O sacrifício do iníquo é uma abominação para o Eterno, mas a prece do justo é Seu deleite'". Exatamente o que a participação no culto do Templo poderia acarretar para cada sectário é mais difícil dizer. Um texto sugere uma objeção ao pagamento anual da taxa do Templo de meio siclo com base em uma engenhosa interpretação de uma regra bíblica. Para os sacerdotes sectários, uma decisão de não servir no Templo seria uma questão importante, mas, para os não sacerdotes, a participação não tinha, em nenhum caso, de ser frequente, como já vimos.[76]

Não se conhece a quantidade de sectários na Yahad em qualquer período, e tentativas de fazer uma estimativa com base no tamanho do assentamento de Qumran e na quantidade de esqueletos no cemitério adjacente são hipotéticas demais para que tenham qualquer valor, já que não se sabe quantos membros da seita viveram em Qumran (se alguém viveu), e não é certo como o cemitério, que incluía esqueletos de mulheres e crianças, bem como de adultos homens, se relacionava com o assentamento. As próprias regras dividem a comunidade de dezenas até milhares, mas esses números podem ser fantasiosos. Qualquer que tenha sido o tamanho, fica claro que esses judeus se separaram de algum modo psicológico do resto de Israel: "Nós nos separamos das massas do povo". Ao contrário das *haireseis* descritas por Josefo, os membros da Yahad parecem ter encarado a sua interpretação da Torá como a única válida, tornando ambíguo o status daqueles judeus – a maioria – que não compartilhavam de seu ponto de vista. Às vezes, como no Manuscrito da Guerra, os textos sectários categorizam os judeus que pecam como filhos das trevas, condenados com os gentios à danação depois de derrotados pelos filhos da luz.

Os escritos da Yahad, sobretudo alguns dos comentários bíblicos, contêm muitas referências aos acontecimentos que compuseram o pano de fundo para a sua separação, mas estão com frequência envoltos em termos obscuros e alusivos, tais como "o sacerdote iníquo", "o homem das mentiras", "os escarnecedores", "o jovem leão furioso". Portanto, é mais fácil recuperar a memória compartilhada pelos sectários do que o que realmente aconteceu. Por um lado, há referências suficientes para reconhecer figuras políticas ("rei Jônatas", "Emílio", e mais algumas) para tornar plausível a história da Yahad que começou durante a crise dos macabeus da década de 160 a.C., mas que tomou forma pela primeira vez (talvez sob a liderança do mestre da justiça) depois de uma briga com o sumo sacerdote asmoneu Jônatas (o "sacerdote iníquo"?) na metade do século II a.C. É possível que a questão que afastou os sectários de Jônatas fosse a presunção dele ao assumir o sumo sacerdócio, apesar de não ser da linhagem de Zadoque, o que explicaria a proeminência de "filhos de Zadoque" no Documento de Damasco e no texto da Regra da Comunidade encontrado na Caverna 1, e porque a seita, por outro lado, enfatizava as suas próprias credenciais zadoquitas. Se assim for, a influência zadoquita pode ter se encerrado, já que os "filhos de Zadoque" estão visivelmente ausentes das passagens similares da Regra da Comunidade nas cópias encontradas na Caverna 4.77

A comunidade relembrava com raiva a hostilidade desses oponentes do passado: "Isto se refere ao sacerdote iníquo que perseguiu o mestre da justiça à casa de seu exílio para que ele pudesse confundi-lo com sua fúria venenosa. E no período apontado para o descanso, para o Dia do Perdão, ele compareceu perante eles para confundi-los, e para fazer com que dessem um passo em falso no Dia do Jejum, o Shabat deles de descanso". Exatamente o que aconteceu nessa (evidentemente memorável) ocasião é hoje obscuro. Parece provável que o sacerdote iníquo estivesse tirando vantagem da diferença entre seu próprio calendário e aquele da seita, embora não seja dito se o próprio calendário era a causa do desacordo. De qualquer modo, a Yahad antecipava a destruição de seus inimigos:

> "Destruindo muitos povos, pecaste contra a tua alma": interpretado, se refere à casa condenada, cujo julgamento Deus irá pronunciar em meio a muitos povos. Ele a trará para o julgamento, e a declarará culpada em meio a eles, e a castigará com o fogo do enxofre.

De fato, suas esperanças futuras, conforme manifestadas no Manuscrito da Guerra, abrangiam a violência escatológica que iria afetar muitos mais do que seus próprios inimigos imediatos.[78]

Para eles mesmos, os sectários esperavam uma nova encenação de suas refeições comunais na presença do messias sacerdotal e do messias de Israel, quando "o messias de Israel irá estender sua mão sobre o pão, e toda a congregação da comunidade irá pronunciar uma bênção, cada homem de sua dignidade", segundo "a regra para toda a congregação de Israel nos últimos dias, quando eles se unirão [à comunidade para cami]nhar de acordo com a lei dos filhos de Zadoque os sacerdotes e os homens de sua aliança que se afastaram do caminho do povo, os homens de seu conselho que mantiveram sua aliança em meio à iniquidade".[79]

Os sectários do mar Morto expressavam grande esperança para a vida que eles construíam para si, apartados do resto de Israel:

> Eles se apartarão da congregação dos homens da injustiça e se unirão, com respeito à lei e às posses, sob a autoridade dos filhos de Zadoque, dos sacerdotes que observam a aliança, e da multidão dos homens da comunidade que se apegam à aliança. Cada decisão relacionada à doutrina, à propriedade e à justiça será determinada por eles. Eles irão praticar a verdade e a humildade em comum, e a justiça e a integridade e a caridade e a modéstia em todos os modos. Nenhum homem irá caminhar na obstinação de seu coração de modo que se desgarre seguindo o seu coração e os olhos e as más inclinações, mas irá circuncidar na comunidade o prepúcio das más inclinações e da obstinação para que possa estabelecer a fundação da verdade para Israel, para a comunidade da eterna aliança.[80]

Infelizmente, para eles, o legado dessas esperanças foi ínfimo. O assentamento em Qumran foi destruído violentamente por forças romanas em algum momento entre 68 e 73 da Era Comum, e quem ocultou os manuscritos foi incapaz de retirá-los de seus esconderijos. Teria sido possível recriar a Yahad em algum outro lugar se os judeus tivessem tido essa inclinação, mas, se tais grupos sobreviveram, não deixaram traços nas fontes rabínicas e cristãs primitivas ou nas evidências arqueológicas que nos contam a respeito do judaísmo nos séculos seguintes, com exceção das intrigantes cópias medievais do Documento de Damasco que foram encontradas no Cairo nos séculos x e xii da Era Comum.

Fica claro que, em torno do século i da Era Comum, numerosos grupos judaicos com entendimentos muito diferentes de sua tradição religiosa compartilhada coexistiam na sociedade da Judeia. Para a maior parte dos judeus, o Templo de Jerusalém proporcionava uma força unificadora, e não pode haver dúvidas de que fariseus e saduceus compartilhavam dos serviços do Templo tanto como sacerdotes quanto como leigos, apesar de suas diferentes ideias a respeito de princípios fundamentais da teologia e de questões práticas de como o Templo deveria ser administrado. Era uma sociedade em que os judeus de vertentes teológicas completamente diferentes argumentavam e brigavam, mas em última instância se toleravam. Entretanto, os membros da Yahad sectária que tratavam outros judeus com desdém, como "pecadores de Israel", devem ter vivido mais ou menos separados dos demais, e, como veremos, pelo menos uma variante do judaísmo que surgiu no século i da Era Comum iria, com o devido tempo, se afastar do aprisco do judaísmo completamente.

7
Os limites da variedade

Há pessoas que, considerando as leis em seu sentido literal à luz dos símbolos de questões pertencentes ao intelecto, são extremamente meticulosas em relação a estas, enquanto tratam as primeiras com uma tranquila negligência. Tais homens, eu, de minha parte, culparia. [...] É bem verdade que o sétimo dia tem por fim ensinar o poder do não originado e a não ação dos seres vivos criados. Mas que nós, por esse motivo, não suprimamos as leis estabelecidas para a sua observância [...]. É verdade que receber a circuncisão retrata na verdade a excisão dos prazeres e de todas as paixões e o abandonar da arrogância ímpia [...] mas que nós, por causa disso, não anulemos a lei estabelecida para a circuncisão. Ora, nós estaremos ignorando a santidade do Templo e milhares de outras coisas, se não formos prestar atenção a nada a não ser ao que nos é mostrado pelo sentido mais profundo das coisas.

Com esse violento ataque aos judeus que interpretavam a Torá apenas de modo alegórico e não viam valor em observar as leis em seu sentido literal, o filósofo judeu Fílon, cuja própria forma alegorizada de judaísmo será discutida neste capítulo, revelou não haver limites para a variedade na compreensão dos ensinamentos de Moisés. Leituras alegóricas da Bíblia poderiam impor qualquer sentido ao texto naqueles tempos e também agora. Essa breve menção de Fílon em seu comentário sobre a jornada de Abraão conforme descrita no capítulo 12 do Gênesis constitui a única referência a esses alegorizadores extremos conhecidos desde a Antiguidade, e não há evidência de que uma interpretação puramente simbólica das injunções da Torá fosse disseminada. Porém, é claro que Fílon conhecia pelo menos dois desses judeus (já que ele escreveu a respeito deles no plural). Fílon acreditava que a incapacidade desses indivíduos de observar a lei de modo literal e simbólico era repreensível, mas, ao atacá-los, revelou que a interpretação que eles faziam era possível.[1]

Evidentemente, a tipologia de Josefo do judaísmo dividido em apenas três filosofias kosher proporcionava apenas um retrato parcial do judaísmo em sua época, e muitas outras variedades floresciam lado a lado com os fariseus, saduceus e essênios. Josefo poderia ter dito que nenhuma dessas outras vertentes era muito importante, porque nenhuma atraiu grandes quantidades de seguidores em sua época. Se assim for, ele estaria errado no caso de dois ramos do judaísmo do primeiro século, que em seguida causariam um grande impacto no desenrolar dos acontecimentos religiosos dos próximos 2 mil anos. Os sábios rabínicos constituíram apenas um pequeno movimento periférico na Judeia no século I da Era Comum, mas estabeleceram as fundações do judaísmo *mainstream* até os dias atuais. O movimento cristão inspirado por Jesus, que começou como apenas uma variedade a mais do judaísmo, teve início no fim do século I da Era Comum e se desenvolveu fora do judaísmo.

SÁBIOS

"Sábio" (*hakham*) ou "pupilo de um sábio" (*talmid hakham*) era o nome pelo qual os membros do movimento rabínico no século I da Era Comum se referiam a si mesmos. O que os distinguia de outros judeus era a crença de que eles eram parte de um grupo seleto de eruditos que haviam preservado uma cadeia ininterrupta de transmissão de ensinamentos orais. Estes haviam sido transmitidos de mestre para pupilo desde o tempo de Moisés até o presente, assim como foi manifestado de modo sucinto no tratado *Avot* na Mishná:

> Moisés recebeu a lei no Sinai e a entregou a Josué, e Josué para os anciãos, e os anciãos para os profetas; e os profetas a entregaram aos homens da Grande Sinagoga. Eles disseram três coisas: sede cuidadosos no julgamento; educai muitos discípulos, e criai uma proteção ao redor da lei. Simão, o Justo, foi um dos remanescentes da Grande Sinagoga. Antígono de Soko recebeu [a lei] de Simão, o Justo [...]. Jose b. Joezer de Zeredah e Jose b. Johanan de Jerusalém receberam [a lei] deles [...]. Josué b. Perahyah e Nittai, o Arbelita, receberam [a lei] deles. Judas b. Tabbai e Simão b. Shetah receberam [a lei] deles [...]. Hilel e Shamai receberam [a lei] deles. Hilel disse: sede dos discípulos de Aarão, amando a paz e buscando a paz, amando a humanidade e aproximando-a da lei [...]. Rabban Gamaliel disse: providenciai um professor para vós.

Quer tenha realmente havido tal tradição oral datando de muitos séculos antes do século I da Era Comum não se pode saber – a Mishná, que data do início do século III da Era Comum, oferece o mais antigo testemunho dessa ideia, e nem a Bíblia e nem Josefo preservam qualquer relato de tais tradições. Porém, a realidade importa menos que as percepções. Fica claro que os sábios rabínicos acreditavam na existência dessa tradição oral, e que por meio dessa tradição eles teriam recebido autoridade do próprio Moisés.²

A história desse movimento rabínico primitivo é conhecida apenas por meio de fontes preservadas por rabinos de tempos posteriores, para os quais os mestres do século I a.C. e do século I da Era Comum, tais como Hilel, Shamai e Gamaliel, eram predecessores reverenciados. Lendas a respeito desses sábios, com o tempo, se acumularam tanto quanto a respeito das personalidades mais importantes das narrativas bíblicas. Portanto, para uma boa compreensão do movimento antes da destruição do Templo de Jerusalém no ano 70, é prudente deixar de lado testemunhos de quaisquer fontes rabínicas posteriores às tradições contidas na Mishná e outras fontes tanaíticas no século III da Era Comum.

Ficamos sabendo por meio dessas fontes tanaíticas que grupos de estudos compostos por sábios estavam bem estabelecidos pelo menos um século antes da destruição do Templo. A tradição mishnaica remonta, como vimos, ao próprio Moisés, mas dificilmente oferece mais informações sobre os primeiros elos na cadeia além de escritos de sabedoria, tais como a máxima atribuída a Nittai, o Arbelita, em algum momento do período asmoniano: "Mantende-vos afastados de um vizinho iníquo, e não vos associeis com o iníquo e não percais a fé na retribuição". Tradições datadas do fim do século I a.C. atribuídas a Hilel e a Shamai e aos seus seguidores são menos vagas, mas mesmo os duzentos anos entre Hilel e a compilação da Mishná reduziram o conhecimento desses primeiros sábios a uma forma bastante esquemática. Os estudiosos da Torá foram relembrados em cada geração como uma série de duplas, com tradições sobre como cada um da dupla tinha poder sobre as questões do dia, por exemplo, se as mãos deveriam ser colocadas sobre uma oferenda no Templo antes de ela ser abatida, embora os relatos das discussões deles não fossem muito esclarecedores:

> José b. Joezer diz: "[No dia de um festival, um homem] não pode colocar [suas mãos na oferenda antes de ela ser abatida]". Joseph b. Johanan diz: "Ele pode".

Josué b. Perahyah diz: "Ele não pode". Nittai, o Arbelita, diz: "Ele pode". Judas b. Tabbai diz: "Ele não pode". Simão b. Shetah diz: "Ele pode". Shemaiah diz: "Ele pode". Abtalion diz: "Ele não pode". Hilel e Menahem não discordaram, mas Menahem saiu e Shamai entrou. Shamai diz: "Ele não pode colocar as mãos". Hilel diz: "Ele pode".[3]

Assim como essa passagem ilustra, a forma da discussão era característica desse tipo de judaísmo. O papel do pupilo na *beth midrash* ("casa do estudo") era o de decifrar as complexidades da Torá aplicando a lógica aos ensinamentos recebidos – uma tarefa espinhosa se eles simplesmente discordavam um do outro, como no exemplo citado. O efeito era uma tradição mais dinâmica que a simples confiança na autoridade a ser encontrada nas seitas de Qumran, ainda que seja um sistema menos anárquico que o fundamentalismo escritural dos saduceus. Porém, acima de tudo era uma sociedade religiosa em que o estudo e o debate, desde que o tema fosse a elucidação da lei sagrada de Moisés, eram valorizados por si só. Nenhum pupilo iria aprender da passagem acima citada se deve-se ou não colocar as mãos em uma oferenda antes de ela ser abatida, mas certamente iriam aprender que esse era um tema a respeito do qual o debate era razoável.

Das séries de discussões entre os sábios durante o período de existência do Templo, as mais bem preservadas são as das casas de Hilel e de Shamai, que poderiam abranger quase todos os aspectos da vida. Isso incluía, por exemplo, como dizer uma bênção depois de uma refeição:

> Essas são as questões sobre as quais a casa de Shamai e a casa de Hilel diferem no que diz respeito a uma refeição. A casa de Shamai diz: "[No Shabat de um dia de festival] eles dizem a bênção em primeiro lugar sobre o dia e então sobre o vinho". E a casa de Hilel diz: "Eles dizem a bênção em primeiro lugar sobre o vinho e então sobre o dia". A casa de Shamai diz: "Eles lavam as mãos e então misturam o vinho". E a casa de Hilel diz: "Eles misturam o vinho e então lavam as mãos". A casa de Shamai diz: "Um homem limpa as mãos com um guardanapo e então o coloca sobre a mesa". E a casa de Hilel diz: "[Ele o coloca] sobre a almofada". A casa de Shamai diz: "Eles varrem o cômodo e então lavam as mãos". E a casa de Hilel diz: "Eles lavam as mãos e então varrem o cômodo [...]". Se um homem comesse e se esquecesse de dizer a bênção, a casa de Shamai diz: "Ele tem que voltar ao seu lugar e dizê-la". E a casa de Hilel diz: "Ele pode dizê-

-la no local onde ele se lembra [de seu erro]". Até que momento ele pode dizer a bênção? Até que a comida em suas entranhas for digerida.

Por que essas escolas de interpretação eram descritas como "casas" não se sabe – o termo evidentemente quer dizer "escola", mas não é um uso a ser encontrado em outro lugar nem nos tempos do Segundo Templo nem no período posterior. Que as numerosas divergências entre elas não conseguissem impedir que as casas cooperassem precisamente nas áreas de seu maior interesse deveria ser tomado como uma evidência do respeito pelo desacordo com base em tentativas honestas de interpretar a lei:

> Não obstante elas declararem inelegível aquele que as outras declaram ser elegível, no entanto [os homens de] a casa de Shamai não se abstinham de se casar com mulheres das [famílias de] a casa de Hilel, nem [os homens de] a casa de Hilel de se casar com mulheres de [as famílias de] a casa de Shamai; e, apesar de todas as discussões sobre o que é puro e o que é impuro, nas quais elas dizem ser limpo o que as outras consideram não ser limpo, nenhuma tem escrúpulos de usar qualquer coisa que pertença aos outros em questões relacionadas à limpeza.[4]

Cada casa poderia, e evidentemente tentava, mudar a opinião das outras, ocasionalmente com sucesso – a Mishná relata uma série de questões sobre as quais "a casa de Hilel mudou de opinião e ensinou de acordo com a opinião da casa de Shamai". As divergências entre as casas de algum modo coexistiam com a ideia de que se deve seguir a opinião da maioria, de modo que a verdadeira intenção da Torá possa ser decidida por uma votação de estudiosos. Era bastante possível que esse voto não concordasse nem com Shamai e nem com Hilel, como na determinação do momento a partir do qual as mulheres podem ser consideradas impuras por causa do fluxo menstrual:

> Shamai diz: "Para todas as mulheres basta [que elas sejam consideradas impuras apenas a partir] do momento [em que têm um fluxo]". Hilel diz: "[Uma mulher é considerada como sendo impura] desde o exame [anterior] até o exame [presente], ainda que [o intervalo seja de] muitos dias". E os sábios dizem: "Não é de acordo com a opinião de nenhuma das casas".

Muitos séculos depois, rabinos ficariam perplexos com a aparente tolerância, por parte desses sábios, de pontos de vista com os quais eles discordavam, culminando em uma tradição no Talmude palestino, que data do século IV da Era Comum ou um pouco depois, que finalmente um pronunciamento divino (*bat kol*) determinava que "a prática sempre segue a escola de Hilel, e todos que transgridam os ensinamentos da escola de Hilel merecem a morte". No entanto, essa clareza contrasta de modo ainda mais evidente com a aparente aceitação das diferenças pelas próprias casas.[5]

As disputas entre as casas mencionadas nas fontes tanaíticas se referem principalmente a deveres religiosos, à observância do Shabat e dos festivais, às leis de casamento e de pureza. Mas as casas podem ter tido outros interesses também — nós não sabemos se o editor anônimo da Mishná em *c*. 200 da Era Comum — tradicionalmente considerado como tendo sido R. Judah haNasi — poderia, ou desejaria, registrar tudo que era ensinado pelos sábios de dois séculos antes. O que tornava esses sábios diferentes não era o foco em quaisquer assuntos específicos, já que todos eram tópicos discutidos amplamente pelos judeus nos últimos anos do Segundo Templo, mas a devoção à discussão e ao debate sobre as minúcias de tais questões em fraternidades nas quais o estudo da Torá era valorizado por si só. O processo de aprendizagem por parte dos pupilos se dava com perguntas e respostas e raciocínio lógico por parte do professor. O dever do estudante era lembrar fielmente o que havia ouvido.[6]

A Mishná preserva os nomes (ou apelidos, tais como Ben Bag-Bag ou Ben He-He) de cerca de cinquenta sábios cujos ensinamentos podem ser datados entre *c*. 200 a.C. e 70 da Era Comum, mas não sabemos a respeito de muitos deles mais que uma máxima; por exemplo, a Ben He-He é atribuído o dizer que "de acordo com o sofrimento é a recompensa". Já que, como vimos nas disputas entre as casas, a autoridade não parece ter ficado automaticamente nas mãos de um único professor, ao que tudo indica não houve interesse no período tanaítico pelas biografias dos sábios (em um contraste marcante com o enfoque cristão inicial na vida de Jesus), e muito pouco se pode dizer com certeza a respeito da vida deles. Uma atribuição escrupulosa de um ensinamento a um professor específico, que, por sua vez, pode ser contrastado com o anonimato das regras legais nas Regras da Comunidade e no Documento de Damasco usado pela Yahad de Qumran, parece ter cumprido uma função muito mais geral ao explicar o processo de transmissão de mestre para pupilo no qual os sábios baseavam suas tradições de modo geral.[7]

Dentro da comunidade de sábios, a saudação "rabbi" ("meu senhor" ou "meu mestre") era encontrada genericamente como um termo de respeito. No fim do século I da Era Comum, ela era usada também como um título acrescido aos nomes de cada sábio. O título "rabban" ("nosso mestre") é raro nas fontes tanaíticas e é empregado basicamente para designar Rabban Gamaliel ou seus descendentes, evidentemente como uma marca honrosa. Já vimos no último capítulo que era possível estar na dianteira da comunidade de sábios sendo ao mesmo tempo um fariseu. Porém, as diferenças entre sábios e fariseus são claras. Os fariseus, será relembrado, interpretavam a Torá à luz do costume ancestral como observado na prática. Os sábios eram igualmente conservadores, aceitando tais ideias como o limite para deslocamentos no Shabat, ou a partilha de um espaço no recinto em um Shabat, por meio da ficção legal de uma propriedade temporária compartilhada, mas eles o faziam com base em tradições orais transmitidas de mestre para pupilo.[8]

Não sabemos quantos sábios seriam encontrados no século anterior a 70 da Era Comum, mas tudo aponta para um pequeno grupo de elite. Eles parecem ter se concentrado em Jerusalém, ou, pelo menos, na Judeia. Histórias a respeito de suas discussões sugerem um grupo bastante pequeno, e é significativo que eles aparentemente não tenham chamado a atenção nem de Josefo e nem de autores do Novo Testamento. Sua influência sobre a comunidade de modo geral pode ter sido maior antes de 70 da Era Comum se, conforme os rabinos tanaíticos afirmaram no início do século III da Era Comum, eles ensinavam no Templo, dentro do "Recinto da Pedra Talhada", do qual, segundo a Mishná, "a Torá se irradia para todo Israel". Porém, não é possível imaginar, como rabinos muitos séculos depois o fizeram, que os sábios antes de 70 da Era Comum controlassem as instituições religiosas de Jerusalém, dos serviços no Templo ao Sinédrio. Eles eram apenas um grupo de entusiastas religiosos entre muitos. O que os tornava especiais era sua dedicação a estabelecer precisamente como eles, e outros entusiastas religiosos, deveriam viver segundo a lei de Moisés.[9]

NAZIREUS E *HAVERIM*

Entre os entusiastas cuja devoção excessiva foi discutida pelos sábios, estavam os nazireus, a cujos votos especiais toda uma seção da Mishná era dedicada.

A natureza desses votos, envolvendo a abstenção de vinho, de bebidas fortes e de uvas, e de deixar o cabelo crescer e (a não ser para nazireus vitalícios) evitar o contato com impurezas corporais até mesmo para o enterro de um parente próximo, é apresentada claramente na Bíblia no Livro dos Números. Outros textos bíblicos descrevem os votos em ação, particularmente nas histórias sobre Samuel e Sansão, que eram ambos dedicados ao nazireado vitalício desde antes do nascimento. A maior parte dos votos dos nazireus era feita por um curto período por aquele que quisesse se consagrar a Deus por cerca de um mês por motivos especiais, tais como ação de graças por benefícios recebidos ou na esperança do auxílio divino quando estivesse com problemas.[10]

O voto dos nazireus era evidentemente comum tanto na diáspora quanto na Judeia no período tardio do Segundo Templo. A tradução da Septuaginta do capítulo relevante do Livro dos Números mostra o voto do nazireu como "os grandes votos". O apóstolo Paulo provavelmente é descrito nos Atos dos Apóstolos prestando o voto dos nazireus, e a princesa judia Berenice, quando, em 66 da Era Comum, interveio para tentar impedir a rebelião contra Roma, estava em Jerusalém para completar os seus dias como nazireu. Esse voto talvez fosse particularmente atraente para a piedade excessiva de mulheres ricas e poderosas como Berenice, que desejavam demonstrar devoção. É contada também uma história da rainha Helena de Adiabena como nazireu. Segundo a Mishná:

> Aconteceu que o filho da rainha Helena foi para a guerra e ela disse: "Se o meu filho retornar em segurança da guerra, eu farei o voto dos nazireus por sete anos". E seu filho retornou da guerra, e ela cumpriu o voto por sete anos. No fim dos sete anos, ela foi à terra [de Israel], e a casa de Hilel ensinou-lhe que ela deveria cumprir esses votos por mais sete anos; e no fim desses sete anos ela contraiu impureza. Por isso, continuou cumprindo os votos dos nazireus por vinte e um anos.[11]

A respeito da religiosidade dos *haverim*, ou "companheiros", o que sabemos chegou até nós por intermédio dos textos tanaíticos. Uma definição do que é ser um "companheiro" foi inserida, sem explicação, em uma seção da Tosefta que diz respeito ao tratamento dos produtos agrícolas sobre os quais há certa dúvida se o dízimo foi ou não devidamente cobrado:

Quem se compromete a fazer quatro coisas, eles o aceitarão como um *haver* – não para fazer as oferendas de elevação e [não para dar] o dízimo a [um sacerdote que é] uma pessoa comum [*am haarets* – ou seja, um não *haver*], e não para preparar alimentos que requerem condições de pureza para [...] uma pessoa comum, e para comer comida não consagrada em um estado de pureza.[12]

Tanto essa passagem quanto outras na Tosefta assumem que alguns judeus se dedicavam com cuidado especial à pureza e ao pagamento do dízimo. Eles não apenas insistiam em que qualquer dízimo que oferecessem a um sacerdote deveria ser consumido por ele no estado de pureza requerido após as abluções rituais, mas também assumiram a exigência não bíblica de garantir que tudo que eles comessem – incluindo comida não consagrada – deveria ser consumido em estado de pureza. Já vimos que muitos judeus, tais como os essênios, os terapeutas e os membros da Yahad, levavam a pureza muito a sério durante o último século antes de o Templo ser destruído em 70 da Era Comum, mas os *haverim* eram aparentemente diferentes quanto ao tratamento dado à própria pureza e à responsabilidade sobre o dízimo como o ponto principal de seu grupo, e a viver suas vidas dedicadas dentro da comunidade judaica mais ampla apesar da constante ameaça que isso representava para a sua devoção.

Segundo as injunções bíblicas, as oferendas e o dízimo encarados com tanta seriedade por esses judeus eram tributos dados aos sacerdotes e aos pobres. Já foi visto o significado de tais oferendas para os vencimentos dos sacerdotes e, por conseguinte, a manutenção do culto no Templo. Porém, as preocupações dos *haverim* parecem ter sido mais voltadas para a operação de doar do que para os efeitos do que era dado. As regras bíblicas eram complexas e confusas. A Bíblia não prescreve a proporção adequada da produção agrícola a ser deixada de lado para uma oferenda de elevação, mas a Mishná relata que: "A medida adequada da oferenda de elevação, se o homem é liberal, é uma quadragésima parte (a casa de Shamai diz: uma trigésima parte); se ele for medianamente liberal, uma quinquagésima parte; se ele for avarento, uma sexagésima parte". A lei bíblica se refere a dar o dízimo apenas sobre o trigo, o vinho e o óleo, mas alguns judeus evidentemente expandiram a aplicação: "Uma regra geral foi estabelecida a respeito do dízimo: o que quer que seja usado como alimento e for cuidado e cresça do solo é sujeito a dízimo".

A definição de produtos que requeriam dízimo deixa muito espaço para incertezas sobre quando uma colheita amadureceu o suficiente para se transformar em comida: "Quando as frutas são sujeitas ao dízimo? Figos – depois do primeiro amadurecimento; uvas e uvas selvagens – depois de as sementes ficarem visíveis; sumagre e amoras – depois de se tornarem vermelhos (e todas as frutas vermelhas [são sujeitas] depois de elas ficarem vermelhas); romãs – depois de macias; tâmaras – depois de começarem a aumentar de tamanho; pêssegos – depois de começarem a mostrar veios vermelhos; nozes – depois de suas cascas tomarem forma". A observância escrupulosa de tais regras poderia ser uma questão de dedicação por si só, sem necessariamente se tornar um problema particular para as leis de pureza:

> "Quem se propõe a ser confiável – paga o dízimo do que come, do que vende e do que compra. E não aceita a hospitalidade de uma pessoa comum", palavras de R. Meir. E os sábios dizem: "Quem aceita a hospitalidade de uma pessoa comum é confiável". Disse a eles R. Meir: "[Se] ele não é confiável em relação a si mesmo, deveria ser confiável em relação a mim?". Eles lhe disseram: "Chefes de família nunca se abstiveram de comer na companhia de outros, não obstante, da produção em seus próprios lares [isto é, os lares daqueles que se propuseram a ser confiáveis] é devidamente pago o dízimo".[13]

A dedicação a uma vida como *haver* parece ter envolvido algum tipo de declaração formal perante uma *havurah* ("comunhão"). Esta aparentemente não se assemelhava ao voto de dedicação de um nazireu. É relatada uma discussão em nome dos sábios rabínicos da metade do século II da Era Comum sobre a possibilidade de um *haver* que renegou sua obrigação ser aceito de volta na comunhão: "'E [quanto a] todos aqueles que renegaram [depois de terem sido aceitos como *haverim*], eles nunca mais os aceitam', palavras de R. Meir. R. Judas diz: 'Se eles renegaram em público, eles os aceitam [de novo]; em segredo, eles não os aceitam'". R. Simeon e R. Joshua b. Qorha dizem: "De qualquer modo, eles os aceitam, assim como está escrito, 'Retornai, oh filhos sem fé'". Parte da explicação para tal leniência pode ser a aparente incompatibilidade de algumas ocupações com as obrigações de um *haver*: "A princípio eles diriam: 'Um *haver* que se torna um coletor de impostos – eles o expulsam de sua *havurah*'. Eles mudaram de ideia para dizer: 'Enquanto for coletor de impostos, ele não é confiável. [Se] ele se afastar de sua tarefa de coletor de impostos, ele é [outra vez] confiável'".[14]

Grande parte das evidências para as condições relativas à vida desses *haverim* é preservada para nós, como vimos, nos nomes dos sábios rabínicos a partir de certo tempo após a destruição do Templo em 70 a.C. Porém, tradições de uma disputa entre as casas de Hilel e de Shamai sobre a duração de experiência para um futuro *haver* – o período de trinta dias proposto pela Casa de Hilel contrasta acentuadamente com o outro muito mais longo dos aspirantes a essênios – sugerem que comunhões desse tipo já eram um fenômeno do século I da Era Comum, ou até mesmo antes.

A dedicação particular de um indivíduo poderia causar muita tensão dentro de uma família. A Tosefta se preocupa com o que poderia acontecer se o filho de um *haver* fosse para a casa de seu avô materno, um judeu comum. O compilador da Tosefta explicita de modo leniente que "seu pai não se preocupa no caso de [o avô] lhe oferecer alimentos que requerem condições de limpeza" – a não ser que ele saiba que isso vai acontecer, e nesse caso é proibido. Comerciar alimentos com judeus comuns, ou emprestar ou dar comida, criava todos os tipos de dilemas morais, mas os textos rabínicos que relatam essas questões pressupõem que os contatos aconteciam e simplesmente eram superados:

> Uma pessoa comum que trabalhou em uma loja [de propriedade de um *haver*] – embora o *haver* vá e volte –, vejam bem, isso é admissível, e ele [o *haver*] não se preocupa caso ela [a pessoa comum] tenha substituído [produtos que não pagaram o dízimo de sua propriedade pela mercadoria do *haver* sobre a qual já foi pago o dízimo]. Se ele [o marido] é confiável [em questões de pagamento de dízimo] e sua esposa não é confiável, eles compram [produtos] dele, mas não aceitam a sua hospitalidade.

Tais *haverim* nunca são descritos em quaisquer fontes agindo como um grupo, assim como faziam fariseus, saduceus ou essênios, e até mesmo nazireus. Tanto quanto se sabe, eles também não envolviam outros judeus em discussões relacionadas à pureza e ao pagamento do dízimo. Tratava-se de uma dedicação puramente pessoal. Ela acarretava implicações para a realidade social de suas vidas religiosas apenas por causa das implicações práticas: uma preocupação escrupulosa com o preparo da comida era possível apenas em lares de pessoas igualmente dedicadas.[15]

Qual era o relacionamento desses *haverim* com os sábios rabínicos que relataram todas essas regras relacionadas ao modo como os primeiros deveriam se comportar? O ato de registrar por si só não implica nada sobre a identidade: como já vimos, os editores da Mishná e da Tosefta dedicaram um tratado para o correto cumprimento dos votos dos nazireus sem sugerir que eles considerassem que os sábios iguais a eles deveriam se tornar nazireus. Uma passagem na Tosefta pode sugerir uma crescente suposição entre os sábios rabínicos, logo após a destruição do Templo no fim do século I da Era Comum, a de que a observância escrupulosa da pureza e das leis de pagamento de dízimos poderia ser dada como certa por parte de um sábio rabínico, mesmo que em tempos pregressos tivessem pedido a ele que fizesse uma declaração formal e pública de seu desejo de se filiar a uma comunhão:

> Quem chega a assumir [as obrigações de ser um *haver*] – mesmo [que seja] um discípulo dos sábios – deve assumir [ou seja, deve fazer uma declaração formal e pública]. Porém, um sábio que se apresenta em sessão [na corte] não tem que assumir [de modo formal e público], pois ele já havia assumido a partir do momento em que entrou na sessão [na corte]. Abba Saul diz: "Até mesmo um discípulo dos sábios não tem que assumir [de modo formal e público] e ademais outros já assumiram antes dele".[16]

O foco dos textos tanaíticos nas questões religiosas confrontadas por adultos rabínicos camufla a significativa abertura para a religiosidade pessoal que ser um *haver* proporcionava tanto para mulheres quanto para escravos:

> A filha de um *haver* que se casou com uma pessoa comum, a esposa de um *haver* que [subsequentemente] se casou com uma pessoa comum, o servo de um *haver* que foi vendido para uma pessoa comum – vejam bem, eles continuam com seu status pressuposto [como um *haver*] até que se suspeite deles. R. Simeon b. Eleazar diz: "Eles devem assumir [as obrigações de ser um *haver*] outra vez". [...] Certa vez uma mulher estava casada com um *haver* e ela atava as tiras dos *tefillin* para ele. [Então] ela se casou com um coletor de impostos e atou os selos dos impostos para ele.

Assim como uma mulher poderia se tornar nazireu, ela também poderia assumir as obrigações de uma observância escrupulosa de pureza e de pagamento do dízimo. Mas, nesse caso, a disposição dela de assim agir afetaria de modo significativo a vida religiosa de todo o lar. Como a Tosefta observou, se um homem é confiável quanto ao pagamento do dízimo, mas sua esposa não, "é como se ele habitasse na mesma jaula com uma serpente". O texto afirma de modo negativo o fato de que esses *haverim* – homens e mulheres – concentrassem os seus esforços religiosos na produção e no consumo de refeições em um ambiente doméstico no qual se supunha que as mulheres devessem desempenhar o papel principal. Por isso a suposta alegação feita por Rabban Gamaliel a favor de sua filha na metade do século I da Era Comum: "Rabban Gamaliel casou sua filha com Simeon b. Natanael, o sacerdote, e fez um acordo com ele que isso aconteceria com a condição de que ela não preparasse alimentos que necessitassem de condições de pureza sob a supervisão de uma pessoa comum".[17]

O entusiasmo pelo pagamento escrupuloso do dízimo que distinguia esses *haverim* havia perdido seu atrativo no período medieval. Em parte isso se deu porque os rabinos medievais decretaram que o dever de separar a porção do dízimo não se aplicava à diáspora, tendo por base uma regra na Mishná de que "cada preceito dependente da terra [de Israel] é válido apenas naquela terra". Uma preocupação com a pureza permanecia, mas, em torno do século VI da Era Comum dentro de círculos rabínicos, o termo *haver* passou a ser transferido para os próprios sábios, de modo que se dizia que "os *haverim* não são nada mais que os eruditos". Porém, um legado importante dos *haverim* originais que permaneceu ao longo da história do judaísmo foi a centralidade do lar, e especialmente da cozinha, como um lócus de devoção. Era ali que as leis alimentares kosher poderiam e deveriam ser observadas com um cuidado escrupuloso.[18]

ALEGORIZADORES

O filósofo Fílon, contemporâneo de Rabban Gamaliel, teria concordado com os *haverim* quanto à importância da pureza e das leis de pagamento de dízimo na Torá. Ele observou com aprovação que Moisés "ordena que devam ser pagas as primícias de todas as outras posses; vinho de cada adega, trigo e cevada de cada celeiro, igualmente óleo das oliveiras, e frutos de outros pomares, de modo que os sacerdotes não possam ter simplesmente as necessidades básicas, apenas se mantendo vivos em condições de comparativa esqualidez, mas desfrutem da abundância dos luxos da vida e passem os seus dias em meio a um conforto feliz e ilimitado no estilo que convém à posição deles". Porém, para Fílon a importância de seguir a Torá de modo tão escrupuloso não se encontrava apenas no ato em si, mas em seu significado mais profundo, e por isso ele dedicou boa parte de sua vida, e muitos tratados, para elucidar qual poderia ser esse significado.[19]

Muito se sabe a respeito da vida de Fílon a partir de seus escritos, para que seja possível estabelecer com precisão o meio cultural e social em que vivia, mesmo que os detalhes de sua carreira sejam imprecisos. Nasceu em *c.* 10 a.C. em uma importante família na comunidade judaica estabelecida havia muito tempo em Alexandria, logo após a conquista do Egito pelos romanos ter degradado a cidade de capital real dedicada ao consumo conspícuo a um fervilhante entreposto no qual uma população descontente testemunhava o poder e a riqueza local sendo exportados para Roma.

A cidade, fundada por Alexandre, o Grande, três séculos e meio antes, fora construída em uma planta ortogonal em uma faixa estreita de terra limitada pelo Mediterrâneo ao norte e o lago Mareotis ao sul, e era equiparada apenas à própria Roma em tamanho e magnificência. Em seu centro se encontravam os bairros reais ou gregos, com ruas ladeadas por colunas e inúmeros prédios públicos espetaculares, em uma mistura de estilos grego com egípcio. Era dominada pelo palácio dos Ptolomeus e o grande centro de ensino no museu, onde a famosa biblioteca da cidade se localizava até ser queimada acidentalmente por Júlio César em 48 a.C. e substituída por outra no templo de Serápis, no bairro egípcio. Era uma cidade internacional, ligada ao resto do Mediterrâneo pelo porto protegido pelo Farol de Alexandria, uma das maravilhas do mundo. Os gregos de lá conservavam a ideia de direito derivada das origens da cidade como uma ilha de cultura grega superior e deliberadamente distinta da sociedade egípcia que os rodeava (e pela qual eles eram sustentados por meio de uma riqueza fabulosa).

Porém, na época de Fílon, o mundo desses gregos sofisticados estava sendo ameaçado tanto pelo influxo de não gregos – sobretudo egípcios e judeus, que haviam por muito tempo tido seus próprios bairros na cidade – quanto pelas aparentemente arbitrárias intervenções de governadores romanos cujos interesses se encontravam menos no bem-estar da cidade do que no de Roma. As pressuposições dos gregos de Alexandria sobre a superioridade do helenismo foram adotadas em uma medida considerável por pelo menos uma parte dos judeus da cidade. Fílon era um cidadão de Alexandria de pleno direito, e havia desfrutado de uma educação grega em gramática, matemática e música, bem como em literatura, drama e esportes. Circulava nos mais elevados grupos judeus. Um sobrinho dele, Marco Julio Alexandre, se casou com a princesa herodiana Berenice, que posteriormente iria se tornar amante do imperador romano Tito. Outro, o irmão de Marco, Tibério, se tornou governador da Judeia em nome de Roma em 46-8 da Era Comum e depois, na década de 60, prefeito do Egito. Tibério ficou conhecido por abandonar suas tradições ancestrais durante sua espetacular carreira política, em um contraste marcante com seu tio Fílon. Este era claramente dedicado ao seu povo e à sua religião: em pelo menos uma ocasião ele fez uma peregrinação ao Templo de Jerusalém e, no outono de 39 da Era Comum, viajou a Roma para interceder junto ao imperador Calígula em nome dos direitos civis da comunidade judaica de Alexandria.[20]

Em algum momento de sua educação, Fílon travou conhecimento não apenas com a retórica grega e os pontos de vista padrão da filosofia estoica de seu tempo, mas com algumas das mais importantes obras de Platão, especialmente o *Timeu* e *Fedro*. Exatamente de que forma ele adquiriu esse conhecimento, não sabemos. Sua família teria sido rica o suficiente para que ele tivesse um preceptor, mas a intricada filosofia de Platão, que havia escrito no século IV a.C., não era popular no século I da Era Comum, e a predileção de Fílon por seus textos era idiossincrática. Ainda mais idiossincrático seria o uso que Fílon fez de seu conhecimento filosófico. Pois ele afirmaria, com detalhes e muito engenho, que a lei de Moisés, quando devidamente interpretada por meio da alegoria, deveria ser entendida como uma versão da filosofia de Platão – ou, mais precisamente, que Platão e Moisés haviam visto as mesmas verdades.

Fílon escreveu muito, e grande parte do que escreveu sobrevive. Suas obras foram preservadas, principalmente em seu original grego, mas em alguns casos em uma tradução armênia do século VI e em latim, por meio dos esforços de copistas cristãos, para os quais a interpretação de Fílon da lei judaica era útil. No fim do século II da Era Comum, Clemente de Alexandria foi o primeiro escritor cristão a citar as leituras alegóricas de Fílon da versão grega da Bíblia judaica, a Septuaginta, que também era então o Velho Testamento cristão. Uma geração depois, na metade do século II da Era Comum, os cristãos gentios *mainstream* haviam sido atacados por Marcião, o influente e carismático professor cristão, que insistia com eles para que abandonassem por completo o Velho Testamento, já que eles não mais desejavam manter suas injunções de modo literal, como os judeus o faziam. Em resposta, Clemente, não desejando se libertar completamente das Escrituras que os cristãos primitivos haviam citado como cumpridas em Cristo, inaugurou um novo modo de ler o Velho Testamento por meio da alegoria platonizante. Nessa tentativa, os escritos de Fílon se mostraram inestimáveis. Na metade do século IV, o historiador da Igreja Eusébio se referiu a Fílon como "amplamente conhecido por muitas pessoas, um homem da maior distinção não apenas entre as pessoas da nossa tradição, mas também entre aqueles que partiram da tradição da aprendizagem profana".[21]

A interpretação alegórica da Torá feita por Fílon tinha por objetivo proporcionar a seus leitores um verdadeiro entendimento dos ensinamentos de Moisés, que havia "alcançado o ápice da filosofia e [...] sido divinamente instruído na grande e essencial parte do amor da natureza". Então, por exemplo, as leis alimentares que restringem quais animais podem ser consumidos simbolizam o modo de adquirir conhecimento e, por conseguinte, escolher a virtude:

> De todos os números a partir da unidade, dez é o mais perfeito, e, como diz Moisés, mais divino e sagrado, e com isso ele sela sua lista dos tipos puros de animais quando deseja apontá-los para o uso dos membros de sua comunidade. Ele acrescenta um método geral para provar e testar os dez tipos, baseado em dois sinais, o casco fendido e a ruminação. Qualquer tipo que não tenha ambos, ou um desses, é impuro. Ora, esses dois são símbolos do professor e do aprendiz do método mais adequado para a aquisição de conhecimento, o método pelo qual o melhor é distinguido do pior, e assim se evita a confusão. Pois assim como um animal ruminante depois de mastigar todo o alimento o mantém parado no esôfago, de novo após certo tempo torna a mastigá-lo e então o manda para a barriga, dessa forma o pupilo, depois de receber do professor, através de seus ouvidos, os princípios e o amor à sabedoria, prolonga o processo de aprendizagem, já que ele não pode imediatamente apreender e conservá-los com segurança, até que, usando a memória para retomar cada coisa que ouviu por meio de constantes exercícios que agem como o cimento das concepções, ele grava

uma firme impressão deles em sua alma. Porém, a firme apreensão de conceitos é claramente inútil a não ser que nós os discriminemos e distingamos de modo que possamos escolher o que devemos escolher e evitemos o contrário, e essa distinção é simbolizada pelo casco fendido. Pois o caminho da vida é duplo, um lado conduzindo ao vício e o outro, à virtude; e nós devemos nos afastar de um e jamais abandonar a outra. Portanto, todas as criaturas cujos cascos são uniformes ou multiformes são impuras, as primeiras porque indicam a ideia de que bem e mal têm uma e a mesma natureza, o que se parece com confundir o côncavo e o convexo, ou aclive e declive em uma estrada; as segundas porque eles colocam perante nossas vidas muitos caminhos, que, na verdade, não são caminhos, para nos enganar, pois onde há uma variedade da qual fazer uma escolha não é fácil encontrar o caminho melhor e mais útil.[22]

O Moisés assim revelado por Fílon era um professor platonizado. Que evidência melhor poderia haver para a existência das formas platônicas que a visão do Tabernáculo concedida a Moisés antes de sua construção:

Foi determinado, portanto, produzir um tabernáculo, um lavor da maior santidade, cuja construção foi demonstrada para Moisés no Monte [Sinai] por meio de pronunciamentos divinos. Ele viu, com os olhos da alma, as formas imateriais dos objetos materiais que seriam feitos, e essas formas tinham de ser reproduzidas em cópias percebidas pelos sentidos, extraídas do esboço original, por assim dizer, e de padrões concebidos na mente. [...] Portanto, a forma do modelo foi impressa na mente do profeta, um protótipo secretamente pintado ou modelado, produzido por formas imateriais e invisíveis; e então o lavor final foi construído de acordo com aquela forma pelo artista imprimindo as formas nas substâncias materiais necessárias em cada caso.

O *Timeu* de Platão era com frequência referido por Fílon para ilustrar a veracidade dos *insights* de Moisés, o que não significava que apenas Platão teria visto a verdade, pois Fílon também recorria a argumentos dos estoicos em sua discussão sobre a providência, e seu fascínio com aritmologia foi adotado dos neopitagóricos como em sua discussão dos Dez Mandamentos:

Nossa admiração é imediatamente suscitada pela sua quantidade, que não é nada mais nada menos do que o supremamente perfeito, dez. Dez contém todos os diferentes tipos de números, pares como o 2, ímpares como o 3, e composto por pares e ímpares como o 6, e todas as razões, quer de um número para seus múltiplos ou frações, quando um número é ou aumentado ou diminuído por alguma parte de si mesmo.[23]

De acordo com sua inclinação platônica, Fílon separava o mundo em dois reinos. Apenas no reino superior e inteligível a verdade pode ser encontrada, e o objetivo da vida deve ser o de elevar a alma para "ver Deus", embora Deus às vezes seja descrito por ele habitando uma esfera acima até mesmo do mundo das ideias e, por conseguinte, "inefável, inconcebível e incompreensível". Esse transcendentalismo extremo levou Fílon a afirmações um tanto contraditórias de que, embora Deus seja o único objeto que vale a pena conhecer, ele não tem característica e, portanto, não se pode conhecer.[24]

Fílon frequentemente salientava a unidade de Deus, identificando o nome divino como pronunciado para Moisés no êxodo com a forma das formas conforme definida por Platão. Como poderia um Deus tão exaltado ter qualquer relação com o mundo corporal da "opinião" em que os seres humanos vivem, sem comprometer a perfeição do divino? O problema não era típico de Fílon, e por isso a variedade de intermediários divinos pressuposta em outros escritos judeus do período tardio do Segundo Templo. Porém, a solução de Fílon, que era central para o seu pensamento, era característica e poderosa. Muitos filósofos gregos haviam discutido o papel na vida humana de *lógos*, significando "fala" ou "ordem racional", e *lógos* se encontra no episódio da sabedoria de Salomão como o agente de Deus: "é a sua palavra [*lógos*], oh Senhor, que cura todo o povo". Para Fílon, *lógos* é o poder principal de Deus que o aproxima do homem e o homem dele. A ideia não era totalmente consistente. *Lógos* é uma cópia de Deus, e a inteligência humana é uma cópia de *lógos*. Há dois *logoi*:

> Um é a razão arquetípica acima de nós, a outra, a cópia dela que nós possuímos. Moisés chama a primeira de "imagem de Deus", a segunda, o molde daquela imagem. Pois Deus, diz Moisés, fez o homem não "a imagem de Deus", mas "à imagem". E, portanto, a mente de cada um de nós, que em seu sentido verdadeiro e completo é o "homem", é uma expressão indireta do Criador, enquanto entre eles está a razão, que serve como modelo para nossa razão, mas é por si só as efígies ou a representação de Deus.

Às vezes, Fílon identificava *lógos* com a mente de Deus. Em outras instâncias, era visto como "a meio caminho entre o homem e Deus". E, na verdade, Fílon muitas vezes recorria a uma linguagem que assumia o funcionamento de poderes divinos dentro da alma humana assim como tinham sido concebidos no pensamento estoico. Mas a consistência era menos importante que a implicação de Fílon de que por meio de *lógos*, e com o auxílio de uma verdadeira compreensão dos textos bíblicos, o homem pode ascender ao reino divino.[25]

Essa visão da natureza da realidade causou impacto no modo como Fílon compreendia a ética. Já que o homem é composto de corpo e alma, seu corpo o conectando à matéria, e a alma ao divino, ele se encontra em uma luta constante para controlar suas paixões por meio da razão. E daí a versão de Fílon do verdadeiro sentido da migração de Abraão da Mesopotâmia como recontado no Gênesis:

> "E o Eterno disse a Abrão: 'Vai-te de tua terra, da tua parentela e da casa de teu pai, para a terra que te mostrarei. E farei de ti uma grande nação e abençoar-te-ei, e engrandecerei teu nome e serás uma bênção. E abençoarei os que te abençoarem, e aqueles que te amaldiçoarem, amaldiçoarei; e serão benditas em ti todas as famílias da terra" (Gn 12:1-3). Deus começa a cumprir a Sua vontade de purificar a alma do homem dotando-a de um ponto inicial para a salvação completa em sua remoção de três localidades, a saber, corpo, sensação e fala. "Terra" ou "país" é um símbolo do corpo; "parentela" da sensação; "a casa de teu pai" da fala. Como assim? Porque o corpo tirou a sua substância do solo (ou terra) e é uma vez mais transformado em terra. [...] Sensação, uma vez mais, é da mesma parentela e família que o entendimento, o irracional com o racional, pois ambos são partes de uma alma. E a fala é a "casa do pai", "do pai" porque a mente é o nosso pai.[26]

A técnica alegórica usada por Fílon nessa passagem é típica de seu procedimento nos 31 tratados de seus *Comentários alegóricos*, que foram evidentemente dirigidos a leitores judeus muito cultos e com um interesse na análise bastante detalhada do sentido profundo do livro do Gênesis. As *Perguntas e respostas sobre o Gênesis* de Fílon, que em sua maior parte sobrevive apenas na tradução armênia, oferece interpretações semelhantes do texto para um público leitor menos sofisticado, distinguindo explicitamente em cada caso entre o sentido literal e o outro mais profundo:

Por que (as Escrituras) dizem: "Tudo que se move vos servirá de alimento"?[1] A natureza dos répteis é dupla. Uma é venenosa, e a outra é mansa. Venenosas são aquelas serpentes que, no lugar dos pés, usam a barriga e o peito para se arrastar; e mansos são os que têm pernas acima dos pés. Esse é o sentido literal. Mas, quanto ao sentido profundo, as paixões se assemelham a répteis impuros, enquanto a alegria (se assemelha) aos (répteis) limpos. Pois junto com os prazeres sensuais existe a paixão da alegria.

Esse método exegético, combinando uma análise detalhada do sentido literal do texto e da etimologia das palavras com a afirmação de um significado mais profundo, foi emprestado da sabedoria estoica, principalmente no estudo de Homero, quando a técnica foi usada com frequência para salvá-lo de uma acusação de impiedade. No caso muito diferente de Fílon, o sentido alegórico do texto bíblico geralmente acrescentava algo a uma compreensão direta e era usado apenas raramente para afastar o sentido literal:

"E o Eterno Deus fez cair um sono profundo sobre o homem e ele adormeceu; então tomou uma de suas costelas" e o que se segue. Essas palavras, em seu sentido literal, são da natureza de um mito. Pois como poderia alguém admitir que uma mulher, ou um ser humano, surgisse das costelas de um homem? E o que haveria para impedir a causa primeva de criar a mulher, assim como Ele criou o homem, do pó da terra? Pois não apenas era o Criador o mesmo Ser, mas o material também, do qual todas as espécies foram moldadas, era praticamente ilimitado. E por que, quando havia tantas partes das quais escolher, Ele formou a mulher não de alguma outra parte, mas da costela? E qual lado Ele pegou? Pois nós podemos assumir que apenas dois são indicados, já que na verdade não há nada para sugerir um grande número deles. Ele pegou o lado esquerdo ou o direito? Se Ele preencheu com carne (o lado) daquele que Ele pegou, devemos nós supor que o lado que Ele deixou *não* era feito de carne? Certamente, os nossos lados são iguais em todas as suas partes, e são feitos de carne. O que então devemos dizer? "Costelas" é um termo da vida comum para "força". [...] Tendo dito isso, nós temos de prosseguir para observar que a mente, quando ainda não envolta e não limitada pelo corpo (e é da mente quando não está assim confinada que ele está falando), tem muitos poderes.

Uma opção apreciada pelos estudiosos de Homero era a de corrigir qualquer texto que eles considerassem insatisfatório, mas Fílon não poderia se permitir fazer isso com o texto da Septuaginta, já que ele acreditava que este havia sido produzido por tradutores que deveriam ser considerados como "profetas e sacerdotes dos mistérios, cuja sinceridade e honestidade de pensamento lhes permitiu ir lado a lado com o mais puro dos espíritos, o espírito de Moisés".[27]

Fílon não foi o primeiro e nem o último judeu a basear uma interpretação idiossincrática da Torá em uma alegorização explícita. Já vimos que os sectários da Yahad, que afirmavam que o "verdadeiro sentido" das passagens em Habacuc ou Naum se relacionava à história da comunidade deles, estavam fazendo algo muito parecido. Ocasionalmente, iremos encontrar um procedimento semelhante nas primeiras interpretações rabínicas da Bíblia, que podem remontar ao período do Segundo Templo (ver capítulo 11). Nada sugere que Fílon tivesse ciência ou dos grupos de judeus que produziram esses comentários sobre as Escrituras ou dos próprios comentários. Algumas poucas interpretações específicas de alguns dos textos chegaram até Fílon e os rabinos, vindas de uma tradição em comum. No entanto, Fílon não abordava questões legais específicas, assim como os rabinos fizeram. Ele revelava, pelo contrário, uma preocupação em demonstrar a racionalidade das leis e a excelência de suas implicações morais.

Teria sido mais provável Fílon entrar em contato com os escritos de Aristóbulo, um predecessor em Alexandria. Aristóbulo escreveu interpretações filosóficas dos ensinamentos de Moisés na metade do século II a.C., afirmando que "Platão seguiu a tradição da lei que nós usamos [...] assim como Pitágoras, tendo emprestado muitas das coisas em nossas tradições, encontrou espaço para elas em seu próprio sistema de doutrinas". Aristóbulo fez grande esforço para insistir em que referências antropomórficas a Deus no texto bíblico deveriam ser lidas de maneira alegórica: "Pois o que nosso legislador Moisés deseja dizer, ele o faz em muitos níveis, usando palavras que parecem ter outros referentes (eu quero dizer as coisas que podem ser vistas); no entanto, ao fazê-lo, ele na verdade fala sobre condições 'naturais' e estruturas de uma ordem mais elevada [...]". Portanto, Aristóbulo garantia aos seus leitores que o Shabat se refere ao "princípio séptuplo [...] por meio do qual nós temos o conhecimento das coisas tanto humanas quanto divinas". Ele se referia, para apoiar sua interpretação, a versos que teriam sido de autoria dos poetas gregos Hesíodo, Homero e Linus, embora alguns desses pelo menos fossem falsificações.²⁸

O uso que Aristóbulo fez da alegoria parece ter sido diferente do de Fílon apenas em sua falta de sofisticação, e vemos que os dois filósofos judeus reagem ao mesmo ambiente cultural em Alexandria (ainda que com um espaço cronológico de aproximadamente dois séculos). Porém, não há fortes motivos para vê-los como parte de uma escola ou tradição característica na cidade, pois Fílon aparentemente não citou ou fez referências à filosofia de Aristóbulo em nenhum ponto de sua voluminosa obra. Por outro lado, alegorizar era evidentemente um modo popular de exegese entre os judeus de Alexandria, já que Fílon faz observações com certa frequência sobre interpretações habituais de textos específicos, assim como na interpretação de uma das passagens do Gênesis, na qual Abraão e Sara foram ao Egito e o rei do Egito foi atacado pela praga por causa de seu desejo por Sara:

> Eu também ouvi alguns filósofos naturais que consideraram a passagem de modo alegórico, e não sem um bom motivo. Eles dizem que o marido era uma representação para a mente sã, julgando pelo sentido dado para a interpretação desse nome que ele significava uma boa disposição da alma. A esposa, eles disseram, era a virtude, seu nome sendo em caldeu Sara, mas em nossa língua, uma senhora soberana, porque nada é mais soberano ou dominante que a virtude.

Em outros momentos, Fílon se refere a alegorizadores contemporâneos, dos quais ele discorda; vimos anteriormente a veemência de sua oposição aos alegorizadores radicais que tratavam a interpretação literal das leis "com uma tranquila negligência" porque pensavam apenas nos sentidos simbólicos.²⁹

Se quaisquer outros desses alegoristas da época de Fílon chegaram a escrever interpretações dos textos bíblicos, nenhuma delas sobreviveu. As obras de Aristóbulo são conhecidas apenas por meio da citação de fragmentos por autores cristãos dos séculos III e IV, principalmente Clemente e Eusébio. A preservação de tão grande quantidade da exegese bíblica alegórica de Fílon por esses autores, em contraste com os pequenos trechos de Aristóbulo, e a completa ausência em suas obras de outros comentários bíblicos judaicos alegorizantes, sugere que a obra de Fílon foi ou única em sua formação ou (igualmente provável) singular em sua preservação em forma de manuscrito durante o século e meio entre a morte do autor e a primeira citação cristã exata de sua obra.

A favor do judaísmo de Fílon como algo um tanto excepcional em sua época é a referência a ele feita por Josefo, que o mencionou apenas uma vez em conexão com a embaixada dos judeus de Alexandria junto a Calígula, mas notou que ele não era "inexperiente em filosofia", um elogio que ele não concedeu a nenhum outro judeu contemporâneo em sua narrativa. A descrição foi merecida talvez menos pelas obras religiosas de Fílon do que por seus tratados filosóficos, tais como os dois diálogos *Da providência* e *Sobre os animais*, que citam fontes gregas e não a Bíblia, supõem um público leitor que tem conhecimento da filosofia helenista e são apresentados como diálogos com certo Alexandre, que provavelmente pode ser identificado com o sobrinho de Fílon, o apóstata Tibério Júlio Alexandre.

Parece não haver dúvidas de que Fílon tentou alcançar um público leitor mais amplo do que o formado por judeus que apreciariam o denso argumento do comentário alegórico, pois a série de obras em sua *Exposição da lei* e suas discussões *Da virtude* e *Recompensas e castigos* são muito mais acessíveis, explicando para a comunidade judaica mais ampla os princípios da lei e parafraseando o material bíblico junto com interpretações alegóricas. Se Fílon tinha em mente, ao menos em parte, uma audiência não judaica para a *Exposição*, não se sabe, mas ele explicitamente se voltou para os não judeus nos dois livros que constituem a *Vida de Moisés*, um tipo de acompanhamento para a *Exposição*:

> Eu tenciono escrever a vida de Moisés, a quem algumas pessoas descrevem como o legislador dos judeus; outras, como o intérprete das leis sagradas. Espero trazer a história desse maior e mais perfeito dos homens ao conhecimento daqueles que merecem não permanecer na ignorância dele; pois, enquanto a fama das leis que ele deixou percorreu todo o mundo civilizado e alcançou os confins do mundo, o próprio homem, como ele realmente era, é conhecido por poucos. Homens de letras gregos se recusaram a tratá-lo como um membro digno de ser lembrado, possivelmente por inveja, e também porque em muitos casos os decretos dos legisladores dos diferentes Estados se opõem aos dele.

Não temos a menor ideia de quem na verdade leu as volumosas obras de Fílon antes de elas serem apropriadas pelos cristãos a partir do fim do século II da Era Comum por razões que ele teria desaprovado fortemente: Clemente era atraído pela alegoria como um modo de evitar uma interpretação literal das partes legais do texto bíblico; então suas simpatias teriam sido dirigidas exatamente aos alegorizadores radicais aos quais Fílon teria considerado com desaprovação. No século I da Era Comum, Josefo pode ter recorrido ao tratado filosófico de Fílon *Todo homem é livre* para seu breve relato sobre os essênios no *Antiguidades*; mas, se assim for, o resultado foi um tanto truncado. Em outras partes da história de Josefo em que as obras de Fílon teriam lançado uma luz sobre sua narrativa, tais como seu relato dos acontecimentos em Roma na época de Calígula, ele não mostra ter lido a versão de Fílon.[30]

Ainda que os escritos alegorizantes de Fílon tenham sido amplamente ignorados pelos judeus, isso não implica que ele tenha ocupado uma posição marginal dentro do judaísmo de sua época, já que, sem dúvida, ele estava profundamente mergulhado na vida religiosa de sua comunidade em Alexandria. Ele nunca sugeriu que uma compreensão literal da Torá fosse errada, apenas que ela era insuficiente. Estava tão abatido quanto os outros embaixadores judeus junto a Calígula quando o imperador respondeu às súplicas deles para o Templo em Jerusalém perguntando, perplexo: "Por que vocês se recusam a comer carne de porco?". Fílon escreveu que "Nós respondemos: 'Diferentes povos têm diferentes costumes' [...]". Ele não deu a resposta filosófica que havia oferecido aos seus leitores judaicos na *Exposição*, que a carne de porco era proibida para os judeus precisamente porque ela é a mais deliciosa das carnes, de modo que a abstenção poderia encorajar o autocontrole. Tal resposta filosófica poderia ter soado bastante plausível na Roma da metade do século I da Era Comum, quando muitos filósofos aderiam a vagas ideias cínicas de abstinência. Porém, é provável que Fílon fosse visto pelo imperador menos como um filósofo do que como um judeu.[31]

Nenhum traço preciso sobreviveu de qualquer continuação do judaísmo de Fílon nos séculos imediatamente posteriores a 70 da Era Comum. As cenas bíblicas nos afrescos da sinagoga do século III em Dura-Europo na moderna Síria (ver capítulo 12) foram interpretadas como referências às alegorias místicas de Fílon, mas a proposta é duvidosa. Possíveis traços de influência de Fílon foram encontrados na abertura de *Bereshit Rabbah*, um comentário rabínico sobre o Gênesis dos séculos IV a VI da Era Comum, no qual R. Oshaiah Rabbah teria dito que a Torá declara: "Eu era o instrumento de trabalho do Sagrado, abençoado seja Ele. Na prática humana, quando um rei mortal constrói um palácio, ele não o constrói com seu próprio talento, mas com o talento de um arquiteto. O arquiteto, além do mais, não o constrói de sua cabeça, mas utiliza plantas e diagramas para saber como organizar os cômodos e os portões. Assim Deus consultou a Torá e criou o mundo". A formulação parece bastante semelhante à do comentário de Fílon em *Da criação do mundo*:

> Deus, sendo Deus, considerou que uma bela cópia jamais seria produzida se não fosse de um belo padrão, e que nenhum objeto perceptível seria impecável que não fosse feito à semelhança de um original vislumbrado somente pelo intelecto. Então, quando Ele desejou criar este mundo visível, Ele em primeiro lugar formou completamente o mundo inteligível, de modo que Ele pudesse ter uso de um padrão totalmente divino e incorpóreo para produzir o mundo material, como uma criação posterior, a própria imagem de um anterior, para conter em si mesmo objetos perceptíveis de tantos tipos quanto o outro continha objetos de inteligência.

Porém, se isso foi influenciado por Fílon, não foi dado o reconhecimento, e por um milênio e meio a variedade do judaísmo de Fílon não ficou ao alcance dos judeus, com exceções ocasionais como a do autor que escreveu o manuscrito da *Midrash Tadsha* (provavelmente) na Provença do século XI. O grande erudito italiano Azaria de' Rossi reintroduziu Fílon, sob o nome Yedidiah, a um atônito mundo judeu no século XVI. No século XIX, sua alegorização iria suscitar uma reação emocional entre judeus da Reforma e liberais. Mas apenas no século XXI alguns de seus escritos, traduzidos em hebraico, foram introduzidos na liturgia de algumas congregações da Reforma.[32]

JESUS E PAULO

Em sua narrativa dos acontecimentos políticos quando Pôncio Pilatos era governador da Judeia no tempo do imperador Tibério, Josefo seguiu um relato de uma revolta contra a construção de um aqueduto usando dinheiro do tesouro sagrado com a descrição de um tipo diferente de perturbação. Nos manuscritos medievais de *Antiguidades dos judeus*, essa descrição é transmitida de modo notável:

Por essa época, vivia Jesus, um homem sábio, se é que alguém poderia chamá-lo de homem. Pois ele era alguém que realizou feitos surpreendentes e era um professor daquelas pessoas que aceitam a verdade com alegria. Ele conquistou muitos judeus e muitos dos gregos. Ele era o messias [Cristo]. Quando Pilatos, ao ouvi-lo acusado por homens de alta posição entre nós, o tinha condenado a ser crucificado, os que haviam em primeiro lugar passado a amá-lo não abandonaram sua afeição por ele. No terceiro dia, ele apareceu para eles restaurado em vida, pois os profetas de Deus haviam profetizado essa e outras coisas maravilhosas a respeito dele. E a tribo dos cristãos, assim chamados por causa dele, ainda nos dias de hoje não desapareceu.[33]

Mais foi escrito na Antiguidade a respeito desse contemporâneo mais jovem de Fílon, Jesus de Nazaré, do que a respeito de qualquer outro judeu nos últimos séculos do Segundo Templo. Portanto, pode parecer bastante surpreendente que, durante grande parte do século XX, historiadores declarassem ser impossível dizer qualquer coisa a respeito da vida e dos ensinamentos de Jesus. Essa falta de coragem foi causada diretamente pela quantidade de informações: já que tanta informação é contraditória e evidentemente concebida para apresentar Jesus sob um ponto de vista específico, parecia impossível extrair uma imagem clara daquilo que realmente aconteceu. O Novo Testamento, compilado em *c.* 120 da Era Comum, a partir de documentos escritos por diversos autores logo após a crucifixão de Jesus, contém em seus quatro Evangelhos quatro biografias de Jesus que, apesar de seus muitos pontos em comum (derivados em parte do uso de fontes em comum), oferecem relatos um tanto diferentes de alguns aspectos importantes da carreira de Jesus. As diferenças são explicadas pelo enfoque teológico do gênero. "Evangelho" traduz a palavra grega *evangelion*, que significa "boas notícias", e já era compreendida nos primeiros escritos no Novo Testamento como uma referência à notícia da salvação da humanidade por meio da morte e ressurreição de Jesus Cristo.

No século II, acreditava-se que os quatro evangelhos canônicos tivessem sido transmitidos pelos apóstolos de Jesus. Eles eram claramente vistos pelos compiladores do cânone do Novo Testamento como tendo em comum o suficiente para que fossem adotados como textos de referência em preferência às narrativas secundárias encontradas em muitos dos evangelhos "apócrifos" conhecidos por meio de citação nos escritos cristãos posteriores, ou pela descoberta dos códices de papiro em Nag Hammadi, no Egito. É desconcertante observar que as mais antigas evidências cristãs, os escritos de Paulo, que datam da metade do século I da Era Comum, praticamente não mencionem a carreira e os ensinamentos de Jesus, exceto a crucificação. Fontes romanas não revelavam nada a respeito de Jesus até o início do século II, quando elas demonstram ter ciência das origens dele na Judeia e do nome "Cristus". As histórias polêmicas preservadas na literatura rabínica a respeito de Yeshu, ou "aquele homem", conhecido na tradição medieval como *Toledot Yeshu* [A história da vida de Jesus], são todas versões hostis às histórias contadas pelos cristãos. Elas podem retroceder a uma contranarrativa judaica aos Evangelhos que circulavam a partir do século I da Era Comum entre os judeus que rejeitavam Jesus.[34]

O relato explícito da carreira de Jesus citado acima é encontrado em todos os manuscritos existentes de *Antiguidades* de Josefo. Tem a aparência de uma história objetiva. Mas, desde o século XVII, sua autenticidade tem sido posta em dúvida – com bons motivos, pois Josefo, que não era cristão, dificilmente poderia ter dito a respeito de Jesus que "ele era o messias". Parece quase certo que Josefo tenha escrito algo sobre Jesus, e pode até ser possível identificar na passagem, assim como ela foi encontrada nos manuscritos, as palavras que um interpolador cristão provavelmente não teria acrescentado. Porém, isso não deixaria muito mais informação além de que Jesus teria vivido mais ou menos em determinada época, que foi crucificado por Pilatos e que a "tribo dos cristãos, assim chamada por causa dele, até os dias de hoje não desapareceu".[35]

Nos anos mais recentes, ficou claro que o desespero histórico era prematuro e desnecessário. Sem dúvida, algumas antigas informações sobre Jesus são mais suspeitas que outras, mas é razoável supor que esses elementos da tradição acerca de sua vida e de seus ensinamentos que menos se encaixavam na perspectiva das comunidades cristãs que as preservaram devem ter sobrevivido na tradição simplesmente por serem verdadeiras. Tais critérios nos permitiriam afirmar com segurança alguns fatos praticamente certos a respeito de Jesus. Ele nasceu em uma família de uma cidadezinha na Galileia, em uma camada mais baixa da sociedade. Entrou em contato com João Batista, um carismático professor judeu, ativo pelo menos a partir de *c.* 28 da Era Comum, que desafiou Jesus a se arrepender dos seus pecados e a marcar o arrependimento por meio da imersão nas águas purificadoras do rio Jordão. Jesus pregava apenas para os judeus, mostrando pouco interesse pelos gentios. Foi crucificado de forma horrível e vergonhosa como se fosse uma ameaça política, a mando de Pôncio Pilatos, governador romano. Algumas outras histórias contadas sobre Jesus, tais como seu nascimento em uma manjedoura em Belém, possivelmente são ficções (nesse caso, com o objetivo de associar Jesus à cidade real de Davi). Entre os detalhes prováveis e os claramente fictícios, existem muitas histórias plausíveis, mas menos exatas, porque estão de acordo com as prioridades dos cristãos primitivos que as preservaram, tais como Jesus pregando o arrependimento "porque é chegado o reino dos céus" e seus atos milagrosos de cura e de exorcismo. Porém "menos exatas" não significa "falsas", e é bastante plausível, apesar da aparente separação entre Jesus e Paulo, que outros membros do movimento de Jesus após a sua morte tenham se declarado seus seguidores exatamente porque sentiam que compartilhavam dos mesmos ideais.[36]

De todos os aspectos da vida de Jesus que o diferenciam de outras figuras religiosas judaicas, a sobrevivência após a sua morte de um grupo conhecido pelo nome dele é o mais notável. O paralelo mais próximo seria o mestre da justeza em Qumran, já que sua influência também continuou por gerações posteriores, mas os manuscritos sectários não nomeiam o mestre. Assim como o autor dos Atos dos Apóstolos diz que o fariseu Gamaliel observou, outros grupos haviam desaparecido assim que seu líder deixou de existir. Na maior parte dos outros aspectos, o próprio Jesus é retratado nos Evangelhos como sendo igual a qualquer outro judeu, desde sua circuncisão logo após o nascimento, passando pela observância do Shabat, a ida aos serviços da sinagoga para ouvir a leitura da Torá, a observância dos festivais e a peregrinação ao Templo. Apesar das dúvidas cristãs posteriores relacionadas à eficácia dos sacrifícios, Jesus é retratado nos Evangelhos aceitando tais oferendas como normais, instando apenas que, "portanto, se trouxeres a tua oferta ao altar, e aí te lembrares de que teu irmão tem alguma coisa contra ti, deixa ali diante do altar a tua oferta, e vai reconciliar-te primeiro com teu irmão e, depois, vem e apresenta a tua oferta".[37]

Jesus restringia a sua dieta a alimentos kosher. A declaração do autor do Evangelho de Marcos, após uma comparação entre "o que entra na boca" e "o que sai da boca", que Jesus "[declarou] puras todas as comidas" é omitida na passagem paralela no Evangelho de Mateus. Essa deve ser uma glosa posterior, já que não leva em conta o relato de Lucas, nos Atos dos Apóstolos, da visão de Pedro, em que ele é retratado atônito por ter sido instruído a comer alimentos impuros:

E no dia seguinte, indo eles no seu caminho, e estando já perto da cidade, subiu Pedro ao terraço para orar, quase à hora sexta. E, tendo fome, quis comer; e, enquanto lho preparavam, sobreveio-lhe um arrebatamento de sentidos. E viu o céu aberto, e que descia um vaso, como se fosse um grande lençol atado pelas quatro pontas, e vindo para a terra. No qual havia de todos os animais quadrúpedes e feras e répteis da terra, e aves do céu. E foi-lhe dirigida uma voz: Levanta-te, Pedro, mata e come. Mas Pedro disse: De modo nenhum, Senhor, porque nunca comi coisa alguma comum e imunda. E pela segunda vez lhe disse a voz: Não faças tu comum ao que Deus purificou.

As objeções retratadas nos Evangelhos não são ao que Jesus comia, mas às pessoas com as quais ele fazia suas refeições. Em uma sociedade em que uma devoção excepcional era marcada para alguns, como os essênios, os membros da Yahad de Qumran e os *haverim*, pela companhia à mesa de entusiastas com ideias semelhantes, era notável que acreditassem que Jesus deliberadamente tivesse procurado prostitutas, coletores de impostos e outros pecadores como seus companheiros de refeição.[38]

O que havia em Jesus que atraía seguidores? Era possível encontrar uma explicação para as multidões nos milagres e exorcismos públicos, mas multidões poderiam se dispersar sob pressão (e o faziam). Para seus seguidores mais próximos, seu evidente carisma e a linguagem escatológica de um eminente reino dos céus suscitaram entusiasmo e lealdade, reforçados por tais ações simbólicas como a "limpeza do Templo":

[...] e Jesus, entrando no Templo, começou a expulsar os que vendiam e compravam no templo; e derrubou as mesas dos cambiadores e as cadeiras dos que vendiam pombas. E não consentia que alguém levasse algum vaso pelo templo. E os ensinava, dizendo: Não está escrito: A minha casa será chamada, por todas as nações, casa de oração? Mas vós a tendes feito covil de ladrões.

Um incidente de pouca monta como esse nas imediações do Templo teria causado pouco impacto na administração dessa imensa instituição, mas seu simbolismo causou um efeito duradouro em seus admiradores, principalmente alguns anos após a sua morte, quando sua profecia de que o grande edifício de Herodes iria, no devido tempo, ser destruído, assim como aconteceu com seu antecessor:

E, saindo ele do Templo, disse-lhe um dos seus discípulos: Mestre, olha que pedras, e que edifícios! E, respondendo Jesus, disse-lhe: Vês estes grandes edifícios? Não ficará pedra sobre pedra que não seja derrubada. E, assentando-se ele no Monte das Oliveiras, defronte do templo, Pedro, e Tiago, e João e André lhe perguntaram em particular: Dize-nos, quando serão essas coisas, e que sinal haverá quando todas elas estiverem para se cumprir.³⁹

Uma conclamação profética ao arrependimento e uma adesão mais intensa ao cerne dos ensinamentos das Escrituras, assim como no Sermão da Montanha, com sua fórmula, "Ouvistes que foi dito aos antigos [...]. Eu porém vos digo", combinada com a esperança escatológica, poderiam ser suficientes para explicar o impacto de Jesus sobre seus contemporâneos judeus durante seu período de vida. O debate entre Jesus e os "escribas e fariseus" sobre as minúcias da observância da Torá é parecido em estilo e em conteúdo com os debates entre fariseus e saduceus ou as discussões relatadas nos textos sectários de Qumran. A postura atribuída a Jesus varia da interpretação leniente à rigorosa de que Moisés permitia o divórcio somente "por causa da dureza dos vossos corações": "Porém, desde o princípio da criação, Deus os fez macho e fêmea. Por isso deixará o homem a seu pai e a sua mãe, e unir-se-á a sua mulher. E serão os dois uma só carne; e assim já não serão dois, mas uma só carne. Portanto, o que Deus ajuntou não o separe o homem".⁴⁰

Nada nesses debates sugere uma brecha fundamental entre Jesus e seus seguidores judeus que pudesse levar a uma acusação de blasfêmia. Segundo os três primeiros Evangelhos (Mateus, Marcos e Lucas), não foram os escribas e os fariseus, mas sim o sumo sacerdote Caifás e seus conselheiros, que entregaram Jesus às autoridades romanas para punição. Segundo o Evangelho de Marcos, a acusação de blasfêmia surgiu posteriormente nos procedimentos:

E os principais dos sacerdotes e todo o concílio buscavam algum testemunho contra Jesus, para o matar, e não o achavam. Porque muitos testificavam falsamente contra ele, mas os testemunhos não eram coerentes. E, levantando-se alguns, testificaram falsamente contra ele, dizendo: Nós ouvimos-lhe dizer: Eu derrubarei este templo, construído por mãos de homens, e em três dias edificarei outro, não feito por mãos de homens. E nem assim o seu testemunho era coerente. E, levantando-se o sumo sacerdote no Sinédrio, perguntou a Jesus, dizendo: Nada respondes? Que testificam estes contra ti? Mas ele calou-se, e nada respondeu. O sumo sacerdote lhe tornou a perguntar, e disse-lhe: És tu o Cristo, filho do Deus bendito? E Jesus disse-lhe: Eu o sou, e vereis o filho do homem assentado à direita do poder de Deus, e vindo sobre as nuvens do céu. E o sumo sacerdote, rasgando as suas vestes, disse: Para que necessitamos de mais testemunhas? Vós ouvistes a blasfêmia; que vos parece? E todos o consideraram culpado de morte.

Qualquer que seja a verdade relativa aos detalhes dessa narrativa, a razão pela qual Jesus acabou sendo crucificado por ordem de Pôncio Pilatos era evidentemente política, já que a inscrição na cruz afirmando a acusação contra ele dizia "O Rei dos Judeus". É provável que a inquietação de Caifás fosse igualmente política. Era perigoso para as autoridades judaicas ter uma grande multidão se reunindo em Jerusalém em um estado de fervor escatológico na véspera de um dos grandes festivais de peregrinos, independentemente do conteúdo das pregações de Jesus.[41]

Se Jesus realmente alegou ser o messias, como está relatado no Evangelho de Marcos, não podemos saber, mas as referências frequentes a ele pelo nome de Cristo nas cartas de Paulo mostram claramente que esse status lhe foi atribuído por seus seguidores após sua morte. O que o nome implicava é mais difícil de precisar, já que, como veremos (capítulo 8), as ideias judaicas a respeito das origens e das funções do profetizado messias variavam muito nesse período. A palavra *Christos* não transmitia conotações específicas nas epístolas de alguém "chamado apóstolo de Cristo Jesus pela vontade de Deus".

Paulo pregava que "o Senhor Jesus Cristo" era o filho de Deus, "o pai das misericórdias e o deus de toda a consolação". A expressão "filho de Deus" tem muitos sentidos diferentes nos escritos de Paulo. Ela se refere (assim como em muitas partes da Bíblia hebraica) a Israel como um povo, ou a devotos cristãos, bem como a Jesus. Porém, os Evangelhos de Mateus e de Lucas ligam a filiação de Jesus mais especificamente à sua concepção e ao seu nascimento, e o Evangelho de João vai ainda além ao descrever a filiação dele como uma relação que existia desde a eternidade, por meio da qual Deus deu ao seu filho "poder sobre toda a carne, para que dê a vida eterna a todos quantos lhe deste". Ideias sobre a relação de Jesus com Deus se desenvolveram rapidamente dentro do movimento cristão primitivo, culminando na imagem de sua divindade. No entanto, é surpreendente que para Paulo, cujas cartas constituem as mais antigas evidências do pensamento cristão, a parte mais notável da carreira de Jesus aconteça no fim, quando ele foi "declarado filho de Deus em poder, segundo o espírito de santificação, pela ressurreição dentre os mortos".[42]

A ressurreição é a chave para a continuação do seu movimento após Jesus ter sofrido uma morte vergonhosa e dolorosa por meio da crucifixão. Nada na história anterior do judaísmo havia preparado para isso. Até nas histórias sobre a própria trajetória de Jesus, não se acreditava que a ressurreição de Lázaro implicasse algo especial relacionado ao próprio Lázaro. Era considerado que algumas figuras bíblicas seletas, sobretudo Enoque e Elias, nunca houvessem realmente morrido, mas a ideia no cerne da mensagem de Paulo, da importância central da morte e ressurreição, era nova dentro do judaísmo.[43]

Essa não era a única novidade no movimento que brotou poucas semanas após a morte de Jesus, aproximadamente no ano 30 da Era Comum. Os seguidores de Jesus começaram a proclamar que ele havia sido enviado por Deus para redimir toda a humanidade, que a morte dele havia sido uma parte necessária da instauração do reino de Deus, e que, de modo central, uma crença no poder de Jesus, agora exalçado ao lado direito de Deus, iria preparar qualquer pessoa que se voltasse para ele buscando a salvação no julgamento vindouro e para a vida eterna. Jesus havia vivido entre camponeses e artesãos, e ensinado na pequena comunidade de vilarejos das montanhas do oeste da Galileia. Esses eram assentamentos modestos, com oliveiras e adegas e locais para armazenar grãos cortados no calcário. Jesus havia evitado (ao que parece) até mesmo as pequenas cidades gregas da Galileia, tais como Séforis, que se situa a apenas poucos quilômetros ao sul de Nazaré. Ele havia alcançado um número maior de seguidores judeus apenas no contexto das pouco frequentes visitas à cidade sagrada de Jerusalém. Todavia, poucos anos após sua morte, ensinamentos a respeito dele, e inspirados por ele, alcançariam o outro lado do Mediterrâneo.

Recolher as crenças desses primeiros seguidores de Jesus nos textos cristãos sobreviventes sem contaminação com as doutrinas posteriores nem sempre é fácil. Aos olhos dos gentios cristãos de períodos posteriores que haviam passado por um processo de afastamento das práticas judaicas, a judaicidade dos cristãos judeus era com frequência suspeita. Qualquer cristão que fosse suspeito de assumir a Torá de modo muito literal estava vulnerável à acusação de ser um judeu. Já que a maior parte de nossas evidências provêm de fontes gentias cristãs, é difícil saber quanto as suas origens étnicas importavam para os cristãos que haviam nascido judeus e desejavam combinar a nova fé com a antiga.⁴⁴

É provável que alguns dos seguidores de Jesus tenham se reunido depois da crucifixão de seu líder na Galileia, onde um "homem jovem, usando roupas brancas", disse para eles que o Jesus ressuscitado seria visto. Mas, durante as primeiras décadas após 30 da Era Comum, tanto as cartas de Paulo quanto a narrativa dos Atos dos Apóstolos se referem em sua maior parte à "assembleia" (*ekklesia*) em Jerusalém. O relato da Igreja primitiva nos Atos tem sido posto em dúvida por alguns estudiosos como produto de uma história de salvação distintiva e tratada com igual ceticismo como uma evidência para o Jesus histórico. Em relação à trajetória de Paulo, esse ceticismo tem certa justificativa. Porém, não há razão para duvidar do relato dos Atos dos Apóstolos sobre reuniões comunais para confraternização e preces bastante semelhantes às da Yahad, dos essênios e dos *haverim*, mas com ênfase específica em seus ensinamentos sobre o papel crucial de Jesus como portador da salvação. Daí a oração original atribuída a Pedro, um dos discípulos mais próximos de Jesus e uma figura dominante na comunidade cristã em Jerusalém, em Shavuot (Pentecostes):

> Homens irmãos, seja-me lícito dizer-vos livremente acerca do patriarca Davi que ele morreu e foi sepultado, e entre nós está até hoje a sua sepultura. Sendo, pois, ele profeta, e sabendo que Deus lhe havia prometido com juramento que do fruto de seus lombos, segundo a carne, levantaria o Cristo, para o assentar sobre o seu trono. Nesta previsão, disse da ressurreição de Cristo que a sua alma não foi deixada no inferno, nem a sua carne viu a corrupção. Deus ressuscitou a este Jesus, do que todos nós somos testemunhas. De sorte que, exaltado pela destra de Deus, e tendo recebido do Pai a promessa do Espírito Santo, derramou isto que vós agora vedes e ouvis. Porque Davi não subiu aos céus, mas ele próprio diz: Disse o Senhor ao meu Senhor: Assenta-te à minha direita. Até que ponha os teus inimigos por escabelo de teus pés. Saiba pois com certeza toda a casa de Israel que esse Jesus, a quem vós crucificastes, Deus o fez Senhor e Cristo.

A população internacional de Jerusalém na época do festival, quando, segundo os Atos dos Apóstolos, "estavam habitando judeus, homens religiosos, de todas as nações que estão debaixo do céu", levou à rápida disseminação da mensagem desses entusiastas às sinagogas judaicas na diáspora do leste do Mediterrâneo pelos apóstolos que eram em muitos dos casos, como Felipe, Barnabé, Prisca, Áquila e Apolo, bem como Paulo, eles próprios judeus da diáspora.[45]

Um impulso para essa missão da diáspora foi a perseguição em Jerusalém, e principalmente o martírio do judeu da diáspora Estêvão, que havia sido atacado por uma multidão de pessoas que "com grande voz [...] arremeteram unânimes contra ele [...] [e] expulsando-o da cidade, o apedrejaram" até que ele morresse. Na narrativa dos Atos dos Apóstolos, essa atitude da multidão foi provocada por um longo discurso de Estêvão ao estilo dos profetas bíblicos, muito crítico da cegueira espiritual de Israel ao longo de toda a história. Não é possível saber a historicidade desse relato. Mas, embora nos digam que, logo após a morte de Estêvão, começou "uma grande perseguição contra a Igreja que estava em Jerusalém; e todos foram dispersos pelas terras da Judeia e de Samaria, exceto os apóstolos", a continuação de uma comunidade cristã na cidade até a eclosão da revolta em 66 da Era Comum sugere que judeus não cristãos de modo geral tratavam os que pregavam a salvação em Cristo como inconformistas, e não como perigosos. Apesar da perseguição ocasional, ainda havia uma comunidade em Jerusalém durante a década de 50 e início da década de 60 da Era Comum, e eles continuaram a pregar e a rezar no Templo. Desse modo, Paulo acabaria sendo preso alguns anos após o martírio de Estêvão. A execução de Tiago, irmão de Jesus, em Jerusalém pelo sumo sacerdote saduceu Ananus, já discutida (capítulo 6), aconteceu em 62 da Era Comum. Os judeus cristãos não eram mais estranhos na Jerusalém do século I da Era Comum que outros, tais como o profeta Jesus, filho de Ananias, que decretou grande pesar em Jerusalém desde o ano após a morte de Tiago até a destruição final da cidade em 70 da Era Comum, sobre quem falaremos mais no capítulo 8.[46]

O próprio Paulo não poderia ter sido mais explícito em sua carta aos filipenses a respeito de seu status como judeu:

> Ainda que também podia confiar na carne; se algum outro cuida que pode confiar na carne, ainda mais eu: circuncidado ao oitavo dia, da linhagem de Israel, da tribo de Benjamim, hebreu de hebreus; segundo a lei, fui fariseu. Segundo o zelo, perseguidor da igreja, segundo a justiça que há na lei, irrepreensível.

De modo semelhante, em sua carta aos romanos, perto do fim da vida: "Digo, pois: porventura rejeitou Deus o seu povo? De modo nenhum; porque também eu sou israelita, da descendência de Abraão, da tribo de Benjamim".

Quando, em sua segunda carta aos coríntios, Paulo se vangloriou ao responder para seus críticos que ele, assim como eles, era hebreu, israelita e descendente de Abraão, e prosseguiu, enquanto demonstrava sua devoção a Cristo pelos açoites que havia sofrido por causa de sua missão, para indicar, de passagem, até que ponto ele iria para manter seu pertencimento à comunidade judaica, afirmando: "Recebi dos judeus cinco quarentenas de açoites menos um". Ser punido por uma corte judaica implicava inclusão. Os juízes em uma corte judaica em uma cidade nas províncias romanas orientais na metade do século I da Era Comum poderiam julgar, condenar e punir somente outros judeus. E já que Paulo poderia a qualquer momento ter interrompido a punição afirmando não mais ser parte da comunidade judaica (por exemplo, assim como seu contemporâneo mais novo, Tibério Júlio Alexandre), sua disposição para sofrer o açoitamento demonstra de forma contundente a importância para ele de continuar a pertencer ao judaísmo.[47]

Se Paulo fosse um cidadão romano, sua submissão a uma corte judaica teria sido ainda mais notável, mas nossas evidências de que ele tivesse esse status não provêm de suas próprias cartas, e sim da narrativa menos confiável de sua carreira, encontrada nos Atos dos Apóstolos, quando sua cidadania demonstra ser crucial para lhe permitir escapar de um açoitamento:

> O tribuno mandou que o levassem para a fortaleza, dizendo que o examinassem com açoites, para saber por que causa assim clamavam contra ele. E, quando o estavam atando com correias, disse Paulo ao centurião que ali estava: É-vos lícito açoitar um romano, sem ser condenado? E, ouvindo isto, o centurião foi, e anunciou ao tribuno, dizendo: Vê o que vais fazer, porque este homem é romano. E, vindo o tribuno, disse-lhe: Dize-me, és tu romano? E ele disse: Sim. E respondeu o tribuno: Eu com grande soma de dinheiro alcancei este direito de cidadão. Paulo disse: Mas eu o sou de nascimento. E logo dele se apartaram os que o haviam de examinar; e até o tribuno teve temor, quando soube que era romano, visto que o tinha amarrado.

O fato de que esse episódio proporciona ao autor dos Atos dos Apóstolos o elo crucial na sua narrativa do deslocamento da missão cristã dos judeus em Jerusalém para os gentios em Roma tem sido considerado como uma razão ou para acreditar que seja verdadeiro, ou para julgar que tenha sido inventado. O certo é que o autor dos Atos dos Apóstolos olhava em retrospectiva para a carreira de Paulo a partir do ponto de vista de uma comunidade cristã de gentios, e que sua narrativa incluía muita coisa que não é encontrada nas próprias cartas de Paulo. Isso não implica que tudo que não consta das cartas tenha de ser inverídico, já que não havia razão para que elas incluíssem cada detalhe a respeito da vida de Paulo. Mas, a princípio, seria bom compreender Paulo como um judeu, sem dúvida complexo, basicamente a partir do que ele próprio escreveu. Até mesmo esse procedimento não é despido de dificuldades, uma vez que seis das treze cartas no Novo Testamento atribuídas a ele parecem ter sido escritas por seus seguidores nas décadas que se seguiram à sua morte. E faz parte da natureza das cartas compostas para uma audiência ou ocasião específicas ser indireto e alusivo de um modo que teria sido totalmente compreensível para seus destinatários originais, ainda que sejam desconcertantes para nós.[48]

Apesar de tais problemas, sabemos muito mais a respeito de Paulo do que sobre a maior parte dos judeus de sua época. Nascido com o nome de Saulo, em Tarso, na Cilícia (no sudoeste da Turquia), foi criado como fariseu e, segundo os Atos dos Apóstolos, "criado aos pés de Gamaliel". Já observamos a afirmação dele, em sua epístola aos gálatas, de que na juventude ele havia sido zelote por tradições ancestrais. Como judeu da diáspora, ele escreveu em grego, com competência em retórica desse idioma, e provavelmente conhecia a Bíblia sobretudo a partir de sua tradução também em grego. Logo após a crucifixão de Jesus, quando Paulo entrou pela primeira vez em contato na Judeia com seus seguidores, ele "perseguiu a Igreja de Deus", como disse aos coríntios. Por que ele estava "tentando destruir" a Igreja ele não explicou em nenhuma de suas epístolas. O livro dos Atos dos Apóstolos o retrata tendo tomado a iniciativa de ter autoridade para sua perseguição junto ao sumo sacerdote em Jerusalém: "E Saulo, respirando ainda ameaças e mortes contra os discípulos do Senhor, dirigiu-se ao sumo sacerdote. E pediu-lhe cartas para Damasco, para as sinagogas, a fim de que, se encontrasse alguns desses no caminho, quer homens quer mulheres, os conduzisse presos a Jerusalém". Essa viagem a Damasco, em 33 da Era Comum, iria alterar tudo, pois, durante o trajeto, teve uma visão de "Jesus, nosso Senhor" na qual ele posteriormente iria basear sua reivindicação de ser um apóstolo de Cristo.[49]

A visão de Paulo é narrada com grande força dramática mais de uma vez pelo autor dos Atos dos Apóstolos, e se tornou o pilar central da forma como entenderia sua própria missão na vida:

> E, indo no caminho, aconteceu que, chegando perto de Damasco, subitamente o cercou um resplendor de luz do céu. E, caindo em terra, ouviu uma voz que lhe dizia: Saulo, Saulo, por que me persegues? E ele disse: Quem és, Senhor? E disse o Senhor: Eu sou Jesus, a quem tu persegues. [...] Levanta-te, e entra na cidade, e lá te será dito o que te convém fazer. E os homens, que iam com ele, pararam espantados, ouvindo a voz, mas não vendo ninguém. E Saulo levantou--se da terra, e, abrindo os olhos, não via a ninguém. E, guiando-o pela mão, o conduziram a Damasco. E esteve três dias sem ver, e não comeu nem bebeu.

Ele havia sido, conforme escreveu para os coríntios, "arrebatado ao terceiro céu [...] se no corpo, se fora do corpo, [...] Deus o sabe [...] arrebatado ao paraíso", onde ele "ouviu palavras inefáveis, que ao homem não é lícito falar". A visão compartilha muito dos apocalipses descritos em outros textos judaicos (ver capítulo 8), mas, neste caso, Paulo sentia-se feliz ao declarar que ele a tivera, em vez de se proteger por trás de um pseudônimo – e de usá-la como a base de sua autoridade.[50]

Paulo declarou ter sido chamado por Deus, por meio da revelação de seu filho, "para que pregasse entre os gentios". Suas extensas viagens ao redor do mundo mediterrâneo oriental, de *c.* 33 da Era Comum até *c.* 60, tinham como objetivo básico fazer com que os não judeus procurassem a salvação por meio da fé em Cristo sem que primeiro se tornassem judeus. Não se esperava que os membros das novas comunidades que ele fundou se vissem como parte do judaísmo. Ele próprio, entretanto, estava preparado para ser "como um judeu para os judeus", e visitou a assembleia de judeus que acreditavam em Jesus em Jerusalém em 49-50 da Era Comum para discutir com eles "o evangelho que prego entre os gentios [...] para que de maneira alguma não corresse ou não tivesse corrido em vão".[51]

Na versão dos Atos do encontro de Paulo com Pedro, Tiago e outros da Igreja de Jerusalém, a discussão se relacionava aos padrões mínimos morais que seriam esperados dos gentios convertidos. Paulo é descrito se comportando como um judeu comum, tendo seus cabelos cortados para cumprir um voto, oferecendo sacrifícios no Templo, passando pelo ritual de purificação, pagando as custas de uma cerimônia de nazirato para outros, e afirmando no Sinédrio ser um fariseu. As referências do próprio Paulo à sua atitude para com o judaísmo são mais ambivalentes, talvez refletindo ou mudanças em suas próprias crenças de tempos em tempos, ou a retórica de uma epístola específica, ou ambas. Desse modo, em sua última epístola, dirigida à comunidade cristã em Roma, Paulo afirmou que aos israelitas, seus "parentes segundo a carne", cabem "a adoção de filhos; deles é a glória divina, as alianças, a concessão da lei, a adoração no templo e as promessas. Deles são os patriarcas, e a partir deles se traça a linhagem humana de Cristo, que é Deus acima de tudo". Posteriormente, na mesma epístola, ele instou seus leitores cristãos gentios a reconhecer que, embora "Israel experiment[asse] um endurecimento em parte" (por eles não conseguirem reconhecer Cristo), "todo o Israel será salvo, como está escrito: 'Virá de Sião o redentor que desviará de Jacó a impiedade'". De acordo com Paulo, "mas quanto à eleição, [os israelitas] são amados por causa dos pais. Porque os dons e a vocação de Deus são sem arrependimento". Mas, por outro lado, Paulo havia escrito anteriormente aos gálatas a respeito da insuficiência da Torá para trazer a salvação – "pelas obras da lei nenhuma carne será justificada" – e ele havia observado especificamente que "nós somos judeus por natureza, e não pecadores dentre os gentios; sabendo que o homem não é justificado pelas obras da lei, mas pela fé em Jesus Cristo".

Parece provável que, quando o principal objetivo de uma epístola fosse o de persuadir os gentios cristãos da pouca importância da observância da Torá por parte deles, Paulo diminuísse a importância da Torá também para si. A epístola aos gálatas reflete o problema assim como foi sentido pelos companheiros missionários de Paulo em sua acusação contra Cefas (outro nome para o apóstolo Pedro):

> E, chegando Pedro à Antioquia, lhe resisti na cara, porque era repreensível. Porque, antes que alguns tivessem chegado da parte de Tiago, comia com os gentios; mas, depois que chegaram, se foi retirando, e se apartou deles, temendo os que eram da circuncisão. E os outros judeus também dissimulavam com ele, de maneira que até Barnabé se deixou levar pela sua dissimulação. Mas, quando vi que não andavam bem e direitamente conforme a verdade do evangelho, disse a Pedro na presença de todos: Se tu, sendo judeu, vives como os gentios, e não como judeu, por que obrigas os gentios a viverem como judeus?

Apenas ao se dirigir a um público leitor judeu Paulo afirmaria que "a lei é santa, e o mandamento santo, justo e bom", e para enfatizar que a sua doutrina de que "Deus é um só, que justifica pela fé a circuncisão, e por meio da fé a incircuncisão" não "anula" a lei: "De maneira nenhuma, antes estabelecemos a lei".⁵²

Quem era aquele que Paulo acreditava ter visto em sua visão? Suas epístolas estão repletas de imagens impressionantes:

> De sorte que haja em vós o mesmo sentimento que houve também em Cristo Jesus. Que, sendo em forma de Deus, não teve por usurpação ser igual a Deus. Mas esvaziou-se a si mesmo, tomando a forma de servo, fazendo-se semelhante aos homens. E, achado na forma de homem, humilhou-se a si mesmo, sendo obediente até à morte, e morte de cruz. Por isso, também Deus o exaltou soberanamente, e lhe deu um nome que é sobre todo o nome. Para que ao nome de Jesus se dobre todo o joelho dos que estão nos céus, e na terra, e debaixo da terra. E toda a língua confesse que Jesus Cristo é o Senhor, para glória de Deus Pai.

Essa descrição poética de Cristo como Senhor provavelmente foi adotada por Paulo de um hino preexistente. Ele apresenta a preexistência de Cristo, antes da encarnação como Jesus, em um papel similar ao da sabedoria em textos judaicos primitivos, ou do *lógos* em Fílon. É notável quão pouco Paulo se refere a textos anteriores sobre a ideia do esperado messias. Sua imagem de Cristo tem mais em comum com a veneração de figuras mediadoras como os anjos exalçados nos textos místicos de Qumran e de outros lugares.

A retórica poderosa de Paulo produziu muitas metáforas a respeito da natureza e do papel de Cristo que são difíceis de condensar em uma única teologia coerente. De suma importância para Paulo era a crença de que a morte de "Jesus Cristo nosso Senhor" havia sido um sacrifício, e que a sua ressurreição era o início de uma ressurreição geral para uma nova era. Tudo é parte de um plano divino, do qual Cristo é um instrumento: "Deus enviou seu filho, nascido de mulher, nascido sob a lei, para remir os que estavam debaixo da lei, a fim de recebermos a adoção de filhos". Porém, apesar dessa origem divina, é dito que quem acredita em Cristo deve ser "batizado em Cristo", sugerindo uma unidade dos crentes com Cristo, e os próprios crentes como "um só corpo em Cristo". Em outros momentos, ele fala sobre "revestir-se" de Cristo, como uma indumentária. A relação entre Deus e Cristo como seu filho não é resolvida para Paulo, assim como não é para outros cristãos primitivos (sua resolução levaria muitos séculos, e daria ocasião para diversas controvérsias), embora ele chegue perto de afirmar a identidade deles em sua ânsia de enfrentar o politeísmo de suas congregações cristãs gentias:

> Porque, ainda que haja também alguns que se chamem deuses, quer no céu quer na terra (como há muitos deuses e muitos senhores), todavia para nós há um só Deus, o Pai, de quem é tudo e para quem nós vivemos; e um só Senhor, Jesus Cristo, pelo qual são todas as coisas, e nós por ele.[53]

Paulo era evidentemente um judeu muito incomum, até mesmo em um período no qual a variedade florescia, e nós veremos que seus ensinamentos, no devido tempo, levaram a uma separação entre judaísmo e cristianismo. Mas parece improvável que sua teologia tenha levado à perseguição pelas comunidades judaicas na década de 50 da Era Comum, sobre a qual ele se vangloriou na Segunda Epístola aos Coríntios. A imposição das "quarentenas de açoite menos um" era perigosa para os líderes das comunidades judaicas, e a ameaça representada por Paulo teria, portanto, de ter sido muito grande. Nada, nem em suas epístolas nem no relato nos Atos dos Apóstolos, sugere um movimento significativo de judeus da diáspora para se juntar ao movimento dele. Pelo contrário, segundo os Atos dos Apóstolos, ele reclamava com certa veemência de que havia sido rejeitado por eles e por isso teria se voltado aos gentios. Era uma questão de importância para ele que suas novas comunidades cristãs de gentios não pensassem em si mesmas como judeus, já que a fé em Cristo era, por si só, suficiente para a salvação. Os que mais provavelmente ficariam perturbados com a sua missão entre os gentios para que acreditassem em Cristo e deixassem de adorar seus deuses ancestrais não seriam seus companheiros judeus, mas as autoridades gentias das cidades e os representantes dos cultos pagãos, tais como os ourives em Éfeso, que faziam as estátuas da deusa local, Ártemis, e que poderiam ver o costumeiro culto da comunidade cívica sendo ameaçado. A preocupação dos "governantes da sinagoga" era provavelmente a de que um ataque aos costumes religiosos da sociedade gentia local, feito por um judeu visitante como Paulo, poderia colocar em dúvida a delicada posição dos judeus locais como uma minoria que era tolerada desde que eles não infringissem a boa ordem da comunidade gentia mais ampla e o relacionamento dessa comunidade com seus deuses.[54]

Paulo, o judeu, considerava a fé em Cristo como o cumprimento da aliança de Deus com Israel. Ele via sua própria missão entre os gentios como uma tarefa ordenada de forma divina, semelhante à dos profetas, que haviam, eles próprios, previsto que as nações iriam cultuar o Deus de Israel nos últimos dias. Fica claro, a partir de seu relato, que até mesmo seus companheiros judeus que acreditavam em Jesus precisaram de um pouco de persuasão quanto à validade de seu "evangelho da incircuncisão". Suas epístolas contêm muita polêmica contra os que exigiam que os gentios se convertessem ao judaísmo bem como à fé em Cristo para alcançar a salvação, e seu relacionamento com a comunidade cristã judia em Jerusalém liderada por Pedro e Tiago era por vezes difícil. Pois para aqueles judeus, a cujos olhos Jesus era apenas outro entusiasta religioso que havia tido um triste fim por meio das ações das autoridades romanas na Judeia, a missão de Paulo era irrelevante. Os cristãos nas comunidades estabelecidas por Paulo não pensavam em si mesmos como judeus, e judeus geralmente reagiam tratando os cristãos gentios como irrelevantes para eles. Paulo lamentou a incapacidade da maior parte de seus companheiros judeus de ser esclarecida por sua mensagem: "Moisés [...] punha um véu sobre a sua face, para que os filhos de Israel não olhassem firmemente para o fim daquilo que era transitório. Mas os seus sentidos foram endurecidos; porque até hoje o mesmo véu está por levantar na lição do Velho Testamento, o qual foi por Cristo abolido".[55]

No fim do século I da Era Comum, a maior parte dos cristãos era gentia em sua origem, e viam sua fé como separada do judaísmo. Porém, ao longo dos séculos II e III da Era Comum, as doutrinas advogadas pelos diferentes grupos que professavam o cristianismo eram tão variadas quanto as do judaísmo do primeiro século. Entre esses grupos, havia pequenos círculos de cristãos que se declaravam judeus ou porque essa era a sua origem étnica, ou como uma afirmação da aderência à Torá junto com sua fé em Jesus como salvador. A maior parte do que nos contaram a respeito desses judeus cristãos chega até nós por meio de testemunhas hostis e não confiáveis dentro daquilo que se transformou no *mainstream* da Igreja. Então, por exemplo, é a partir dos ataques de estudiosos de heresias, como Ireneu, Hipólito e Epifânio, que ficamos sabendo sobre os ebionitas, cristãos judeus que observavam a Torá, rejeitavam as epístolas de Paulo e acreditavam que Jesus era o filho humano de José e Maria, e que o Espírito Santo desceu sobre ele no momento do batizado. Consta que os ebionitas teriam florescido entre os séculos II e IV da Era Comum, e às vezes, nessas antigas fontes, eles são localizados especificamente a leste do rio Jordão. O nome deles se origina provavelmente da palavra hebraica *evyon*, "pobre", o que pode refletir o rigoroso ascetismo que dizem ter sido adotado por eles. Que se descrevessem como cristãos pode ser deduzido da polêmica de outros cristãos. Quer eles também tenham se descrito como judeus, ou fossem descritos com justeza e de modo polêmico como judeus por seus oponentes por causa de suas atitudes em relação à Torá, não se sabe.[56]

No século IV, tanto o grande teólogo cristão Jerônimo quanto o estudioso de heresias Epifânio observam a existência de um evangelho em aramaico sendo usado por um grupo na Síria chamado de nazarenos. Dizia-se que esses nazarenos fossem cristãos de origem judaica que continuaram a obedecer à grande parte da Torá, mas eram cristãos "ortodoxos" em outros aspectos. A relação entre esse grupo e os ebionitas é debatida, mas o termo "nazarenos" provavelmente se referia a Nazaré como o local de residência de Jesus e se relaciona ao termo *notsrim*, encontrado em referência aos cristãos nos textos rabínicos. Tentativas posteriores de atrair os judeus para a crença cristã, até o movimento moderno Judeus para Jesus, todos começaram não como algo de dentro do judaísmo, mas como missões para os judeus por parte do *mainstream* cristão gentio. Muitos desses grupos cristãos hebraicos – alguns, como Beth Sar Shalom, do século XIX – pregam veementemente para judeus não cristãos que a aceitação de Jesus como o messias não é uma rejeição do judaísmo, mas, pelo contrário, seu cumprimento. De modo a encorajar essa missão, eles próprios chegam a observar rituais religiosos judeus, tais como Sêder, e se consideram completamente judeus.

Bem diferentes em sua origem são os grupos judaizantes que se separaram do *mainstream* cristão ao longo dos séculos, tais como os Szombatos ("sabatarianos") na Transilvânia do século XVII, que insistiam em que a observância literal das leis no Velho Testamento deveria ser uma parte integral da religião de todos os cristãos, não apenas daqueles nascidos judeus. Os Subbotniki, uma seita que emergiu na Rússia no fim do século XVIII, defendia a observância do Shabat judeu, a circuncisão, a abstenção de animais impuros, e o monoteísmo rígido. Exilados para a Sibéria em 1826, mantiveram uma identidade distinta até o século XX, quando alguns deles adotaram o judaísmo não cristão e se assentaram como judeus na Palestina.[57]

A atitude de muitos cristãos em relação ao judaísmo ao longo de grande parte dos dois últimos milênios tem sido mais hostil, mas as visões extremistas manifestadas por Marcião, que alegavam que o Deus do Velho Testamento era uma figura inferior do mundo material a ser distinguida do Deus salvador proclamado no Novo Testamento, foram totalmente rejeitadas pelo que se tornou a Igreja *mainstream*. A teologia de Marcião teria exigido um rompimento total entre o judaísmo e a cristandade, mas ele foi denunciado por seus companheiros cristãos e por fim excomungado. Para os cristãos que se posicionavam contra Marcião durante os séculos seguintes, uma separação total entre sua fé e o judaísmo era impossível, desde que eles continuassem a recorrer às suas próprias interpretações das profecias bíblicas encontradas na Septuaginta.

Porém, a necessidade dos cristãos que seguiam as Escrituras de relacionar a sua nova crença ao judaísmo não foi contrabalançada por quaisquer exigências religiosas para que os judeus se relacionassem à cristandade paulina. Nem mesmo o nome Paulo é encontrado em nenhum dos escritos judeus que sobreviveram da Antiguidade tardia. Ao contrário de Jesus, contra quem os rabinos, como já vimos, conceberam uma polêmica codificada, Paulo e os cristãos de épocas posteriores, ao que parece, foram simplesmente ignorados.

Dentro da igreja mais abrangente do judaísmo no século I da Era Comum, era possível combinar diferentes interpretações da lei mosaica com uma variedade de entusiasmos pela devoção excessiva sem qualquer conflito. Por isso, Rabban Gamaliel, o mestre de Paulo antes que este se tornasse um seguidor de Jesus, era tanto um fariseu quanto um sábio rabínico. Também era possível ser ou um fariseu ou um saduceu ou um sábio rabínico e também ser um *haver* ou nazireu. Era possível, em princípio, interpretar a Bíblia de modo alegórico, como Fílon o fez, e pertencer a qualquer uma das três filosofias do judaísmo destacadas por Josefo e discutidas no capítulo 6.

Ainda mais curiosa, então, é a separação final de caminhos entre o cristianismo e o judaísmo que marcou os limites da variedade dentro do judaísmo. Definir e datar a separação tem se mostrado controverso, já que o judaísmo e o cristianismo têm continuado a compartilhar a herança comum da Bíblia hebraica até o presente. Como vimos, o único elemento do cristianismo primitivo que parece ter sido sem paralelos em qualquer outro momento no judaísmo do século I foi a fundação de um novo movimento religioso com o nome de seu líder após a morte dele.

Grande parte da discordância a respeito da natureza e da data da divisão entre cristianismo e judaísmo deriva da diferença de perspectiva. Alguém considerado judeu por um cristão poderia não se considerar judeu. Ele ou ela poderiam ou não ser considerados judeus por judeus não cristãos. O contato e o conflito entre os membros dos distintos grupos, e o fato de eles compartilharem noções teológicas ou práticas litúrgicas, poderiam ou não implicar uma falta de clareza para os antigos participantes de cada grupo a respeito das diferenças entre eles.

Estudiosos modernos às vezes ficam perplexos ao tentar decidir se os textos sobreviventes escritos até o século IV da Era Comum eram judaicos ou cristãos. Porém, para a maior parte dos cristãos, o rompimento com o judaísmo havia começado na época de Paulo, com o crescimento de uma Igreja dos gentios que se via como o verdadeiro Israel, em contraste com os judeus da velha aliança. Em última análise, a causa da separação se encontra menos em qualquer incompatibilidade da teologia cristã dentro do panorama religioso variegado do judaísmo contemporâneo do que na autodefinição dos cristãos, para os quais os apelos de Paulo para ver a fé deles em Cristo como nova e abrangente foram reforçados pela tendência do mundo romano mais geral de tratar o cristianismo como a religião dos gentios que haviam abandonado os seus deuses ancestrais, e não uma ramificação do judaísmo.[58]

8
Preocupações e expectativas

Terá ficado claro no decorrer dos dois últimos capítulos que até mesmo os judeus que discordavam de pontos fundamentais durante o período tardio do Segundo Templo compartilhavam de uma preocupação comum com as questões nas quais eles concentravam o seu entusiasmo. Judeus de muitas vertentes religiosas diferentes, ao que parece, tinham pontos de vista sobre a pureza e como observar o Shabat. Havia consideráveis discussões sobre o cálculo correto do calendário e a validade dos votos. Existia muita especulação sobre demônios e anjos, e também uma grande preocupação com a profecia relacionada ao futuro imediato e escatológico, e debate sobre o valor do martírio e a expectativa da vida depois da morte. Nenhuma dessas preocupações pertencia exclusivamente a qualquer dos grupos ou das filosofias dentro do judaísmo no século I da Era Comum. Pelo contrário, essas preocupações eram amplamente compartilhadas e constituíam os principais tópicos para a inovação e discussão ao longo de todo o espectro do judaísmo do período tardio do Segundo Templo.

PUREZA, SHABAT E CALENDÁRIO

As leis sobre a pureza foram apresentadas em detalhes consideráveis no Pentateuco, mas no período tardio do Segundo Templo muitos judeus discutiam intensamente tanto a relação entre contaminação e pecado quanto os mecanismos para se contaminar e ser purificado. As ideias bíblicas de impureza se aplicavam à contaminação ritual que provinha de processos naturais como a morte, relações sexuais e doenças, e eram consideradas fisicamente contagiosas, causando impureza em um grau menor, e também à contaminação moral. Portanto, a linguagem da impureza ritual se aplicava metaforicamente ao pecado, de modo que o salmista suplicava: "Asperge-me com hissopo até que eu me purifique", e Isaías antecipava o momento "quando o Eterno tiver lavado a impureza das filhas de Sião e purgado de seu meio o sangue de Jerusalém pelo espírito do julgamento e da justiça".

A linguagem alusiva da Torá não deixava claro em que constituía a contaminação. O livro do Levítico usa a palavra *tame* ("impuro") para se referir em poucos capítulos em primeiro lugar a animais impróprios para consumo, e então a uma mulher após o parto, e a um homem com doença de pele. A mesma palavra era usada para condenar um casamento ilegítimo: "E o homem que tomar a mulher de seu irmão, é impureza". O texto bíblico deixava espaço para imensas discussões sobre questões muito precisas. Por isso o debate sobre se um fluxo ininterrupto de líquido transfere a impureza corrente acima foi discutido tanto por fariseus e saduceus, quanto na missiva sectária MMT enviada da Yahad do mar Morto para (provavelmente) o sumo sacerdote em Jerusalém: "E, ademais, em relação ao derramamento (de líquidos), nós dizemos que isso não contém pureza. E, além disso, o derramamento não separa o impuro {do puro}, pois o líquido derramado e aquele no receptáculo são iguais, um líquido".[1]

Muitos judeus nesse período parecem ter levado as ideias sobre pureza muito além da base bíblica. A lógica das leis alimentares no Levítico era que "não vos façais impuros [...] porque Eu sou o Eterno vosso Deus e vos santificarei". Elas tinham sido, para muitos judeus, um símbolo também da separação do mundo dos gentios. Nos Jubileus, compostos no século II a.C., compartilhar refeições com gentios, por si só, é visto como profanação. Um tabu quanto ao uso de óleo de oliva feito pelos gentios era disseminado entre os judeus pelo menos desde o século II a.C., de modo que a venda para os judeus da Síria de óleo judaico da Galileia era um comércio lucrativo durante o primeiro ano do Estado judeu independente de 66-70 da Era Comum. Em Jerusalém, na Galileia e em Qumran foram encontrados muitos fragmentos de jarros de pedra, usados para comida e bebida provavelmente porque a pedra não era considerada suscetível a impurezas. A Mishná atribui às casas de Hilel e de Shamai no século I da Era Comum uma ideia de que deveria haver uma proibição geral de comer carne e leite juntos tendo por base a injunção bíblica de não cozinhar um cabrito no leite de sua mãe. A proibição mais ampla, que causou impacto substancial na cozinha judaica até os tempos modernos, aparentemente não era conhecida por Fílon em Alexandria, já que ele lia o texto bíblico de modo literal e não via nada de errado em misturar carne e leite, desde que o leite da mãe animal não fosse usado, e o tabu pode originalmente ter se limitado aos círculos de sábios rabínicos, mas é provavelmente mais disseminado: a proibição não é enfatizada na Mishná, e os sábios do século I são retratados debatendo se ela seria estendida a evitar colocar aves na mesma mesa de jantar com queijos.

Já vimos que a linguagem da pureza e da contaminação permeia os textos sectários encontrados entre os manuscritos do mar Morto, nos quais os membros da comunidade exigiam a pureza de corpo, bem como a do espírito, para uma vida de perfeita santidade: "Eles não entrarão na água para compartilhar da pura refeição dos homens de santidade, pois eles não serão purificados a não ser que se afastem de sua maldade: pois todos os que transgridem a Sua palavra são impuros". Nós também já vimos que os essênios estendiam a noção de contaminação ao ato de defecar. Os *haverim* comiam alimento do dia a dia no mesmo estado de pureza necessário para que os sacerdotes comessem produtos pelos quais havia sido pago o dízimo. Os Evangelhos retratam Jesus censurando os fariseus por hipocrisia em sua preocupação com a pureza: "Fariseu cego! Limpa primeiro o interior do copo e do prato, para que também o exterior fique limpo".[2]

A contaminação ritual poderia ser purificada por meio do banho, e entre alguns judeus esse banho assumiu um novo significado. Identificar banhos rituais nas muitas estruturas encontradas por arqueólogos que podem ter sido usadas com tais propósitos não é fácil, já que os tanques não tinham necessariamente uma função ritual, mas o número de possíveis tanques encontrados em sítios arqueológicos judaicos sugere que seu uso era comum. Os essênios praticavam abluções diárias, assim como supostamente o faziam os hemerobatistas ("banhistas diários"), um grupo judeu do século I conhecido apenas em textos cristãos posteriores. Mais notável era o uso do banho para assinalar o perdão dos pecados por João Batista, como foi descrito por Josefo. João "havia exortado os judeus [...] para que se unissem no batismo. [...] Eles não o devem usar para alcançar o perdão por quaisquer pecados cometidos, mas como uma consagração do corpo, implicando que a alma já estava totalmente purificada pelo comportamento correto".[3]

As regras bíblicas para a observância do Shabat mostraram ser igualmente suscetíveis a múltiplas interpretações. O costume dos judeus de parar de trabalhar uma vez por semana era uma das suas características conhecidas de modo mais geral no mundo mediterrâneo mais amplo, em parte talvez porque algumas cidades gregas concediam aos judeus privilégios especiais para não comparecer nas cortes no Shabat – como já vimos, alegoristas radicais foram atacados por Fílon precisamente por não observar esse tabu. Os essênios interpretavam as restrições do Shabat com grande rigor, recusando-se a sair de seus acampamentos até mesmo para defecar até o fim do dia, ao passo que os *tannaim* adotavam a ideia de um "limite do Shabat" como uma distância de 2 mil côvados, que não contavam como um trajeto proibido nos dias de descanso. O costume sancionado pelos *tannaim* de isolar uma área entre duas casas para o propósito do Shabat com o intuito de permitir que objetos fossem transportados no que, caso contrário, seria um espaço público era uma inovação não reconhecida pelos saduceus, cuja falta de cooperação poderia ser um obstáculo se eles fossem vizinhos.

A extensão das alterações na observância do Shabat era reconhecida de modo explícito nos livros dos Macabeus em relação às campanhas militares aos sábados. A profanação do Shabat tinha sido um dos primeiros elementos na perseguição do judaísmo por Antíoco, de modo que os rebeldes devotos originalmente não estavam inclinados a cometer tal profanação na luta por sua causa. Como resultado, morreram de um modo pavoroso, refugiados em esconderijos em locais desertos: "Então o inimigo rapidamente os atacou. Mas eles não reagiram, nem atiraram uma pedra neles, ou bloquearam os seus esconderijos, porque eles disseram: 'Que nós todos morramos em nossa inocência [...]'. Então, eles os atacaram no Shabat, e eles morreram". Como resposta, Matatias (pai de Judas Macabeu) e seus companheiros decidiram que a guerra defensiva teria que ser justificada:

> Mas disseram uns aos outros: "Se todos nós agirmos como nossos irmãos, e se não pelejarmos contra os estrangeiros para pormos a salvo nossas vidas e nossas leis, exterminar-nos-ão bem depressa da terra". Tomaram, pois, naquele dia a seguinte resolução: "Mesmo que nos ataquem em dia de sábado, pugnaremos contra eles e não nos deixaremos matar a todos nós, como o fizeram nossos irmãos no seu esconderijo".[4]

Para Josefo, essa interpretação das leis do Shabat havia se tornado padrão: "A lei permite que nos defendamos contra aqueles que iniciam uma batalha e nos atacam, mas não nos permite lutar contra um inimigo que não faz nada mais", mas ele próprio apresentou evidências de que essa ideia não havia conseguido alcançar outras partes do mundo judeu dois séculos depois de Matatias. Em uma história reveladora a respeito de alguns salteadores judeus na Mesopotâmia em meados do século I da Era Comum, Josefo observou que um deles, um tecelão chamado Asinaeus de Nehardeah, quando ficou sabendo por um de seus batedores que cavaleiros partas estavam prestes a atacar seu acampamento, e ao ser lembrado de que "nossas mãos estão atadas, porque o mandamento de nossa lei ancestral nos ordena a não trabalhar", havia decidido por conta própria lutar no dia do Shabat: "Ele achou que seria uma melhor observância da lei, em vez de agradar o inimigo por meio de uma morte sem nada realizar, tomar coragem em suas mãos, deixar que a situação difícil em que ele havia se encontrado justificasse a violação da lei, e morrer, se ele devesse, infligindo uma justa vingança".[5]

A observância mais rígida do Shabat é aquela ordenada no livro dos Jubileus, que apresentava o Shabat como a unidade básica do tempo de Deus, acrescentando às proibições bíblicas do trabalho uma série de novas restrições, incluindo carregar peso, tirar água, ter relações sexuais e jejuar. Para os jubileus, o Shabat era a base do calendário de 364 dias ao qual o autor atribuía imensa importância. Esse calendário esquemático, no qual o ano era dividido em exatamente quatro quartos de 91 dias, e incorporava todos os tipos de regularidades com base nos números 4, 7 e 13, tinha um uso disseminado nos últimos séculos antes da Era Comum. Ele é também encontrado em uma parte do Primeiro Livro de Enoque, composto provavelmente no século III a.C., que se autodenomina "Livro das Luminárias Celestiais" e contém revelação de conhecimento astronômico ao patriarca Enoque pelo anjo Uriel:

> Esta é a primeira lei das luminárias: a luminária (chamada de) o sol emerge através dos portões celestiais a leste e se põe através dos portões ocidentais do céu. Eu vi seis portões através dos quais o sol surge e seis portões através dos quais o sol se põe. A lua se ergue e se põe naqueles portões e os líderes das estrelas com aqueles que eles lideram, seis a leste e seis a oeste, todos eles – um logo após o outro. Havia muitas janelas à direita e à esquerda desses portões.

Fragmentos desse texto de Enoque, ou algo semelhante, foram encontrados entre os manuscritos do mar Morto, e alguns dos manuscritos sectários tratam o ano de 364 dias como um sistema ordenado de modo divino e que reflete a verdadeira ordem do mundo.

Ao contrário desse calendário, que seguia um padrão solar aproximado, a contagem do tempo lunar era mais comum entre os judeus: "Da lua surge o sinal para os dias de festival, uma luz que diminui quando ela completa o seu curso". Tanto Josefo quanto Fílon pressupuseram um calendário que funcionava de acordo com a lua, e os antigos rabinos davam como certo que um mês só começaria quando a lua nova tivesse sido observada e confirmada por autoridades apropriadas. Discrepâncias até mesmo entre esses calendários que tinham por base a lua poderiam suscitar questões muito práticas, como vimos nas diferenças entre fariseus e saduceus a respeito da data do festival das oferendas no Templo.[6]

VOTOS, JURAMENTOS E ASCETICISMO

Especulações sobre o calendário talvez possam ser atribuídas à falta de clareza sobre o assunto nos textos bíblicos. O caso oposto se relaciona aos votos e aos juramentos, dos quais a Bíblia tem muitos exemplos, enquanto acautela vivamente contra jurar em falso sobre o nome de Deus e exige sacrifícios pelo não cumprimento de um juramento, ainda que tenha sido feito em erro. Até a discussão bíblica sobre o direito de um homem adulto às vezes anular votos e juramentos feitos por sua esposa ou filha assume a força de tais pronunciamentos obrigatórios. Disso vêm as imprecações de Ben Sira no século II a.C. contra qualquer tipo de juramento: "Não acostumeis vossa boca a proferir juramentos, e não pronuncieis habitualmente o nome do Sagrado; pois, assim como um servo que está constantemente sob o escrutínio não vai deixar de ter ferimentos, assim também a pessoa que sempre jura e pronuncia o Nome jamais será purificada do pecado. Quem faz muitos juramentos está repleto de iniquidade". Fílon instava a abstenção de juramentos e de votos sempre que possível. Josefo afirma que os essênios evitavam juramentos por completo (embora ele também observe que o rito de iniciação deles incluísse "juramentos impressionantes", de modo que eles talvez não fossem consistentes).

Jesus é retratado no Evangelho de Mateus tomando a mesma posição:

Outrossim, ouvistes que foi dito aos antigos: "Não perjurarás, mas cumprirás os teus juramentos ao Senhor". Eu, porém, vos digo que de maneira nenhuma jureis; nem pelo céu, porque é o trono de Deus; nem pela terra, porque é o escabelo de seus pés; nem por Jerusalém, porque é a cidade do grande rei. [...] Seja, porém, o vosso falar: "Sim, sim"; "Não, não"; porque o que passa disto é de procedência maligna.

Em contraste, tanto os fariseus quanto os primeiros rabinos assumiam que votos e juramentos seriam feitos (assim como previsto na Bíblia) e que o que importava era a observância escrupulosa – portanto, a veemente acusação atribuída a Jesus:

Ai de vós, condutores cegos! pois que dizeis: "Qualquer que jurar pelo templo, isso nada é; mas o que jurar pelo ouro do templo, esse é devedor". Insensatos e cegos! Pois qual é maior: o ouro, ou o templo, que santifica o ouro? E aquele que jurar pelo altar isso nada é; mas aquele que jurar pela oferta que está sobre o altar, esse é devedor. Insensatos e cegos! Pois qual é maior: a oferta, ou o altar, que santifica a oferta? Portanto, o que jurar pelo altar, jura por ele e por tudo o que sobre ele está. [...] E, o que jurar pelo céu, jura pelo trono de Deus e por aquele que está assentado nele.

Tendo como pano de fundo essa situação, é notável que o voto do nazirato fosse evidentemente comum tanto na diáspora quanto na Judeia durante todo esse período.[7]

Alguns judeus desse período atribuíam valor religioso ao ascetismo, do qual o voto do nazirato era apenas um exemplo, de pleno direito. A mais clara expressão dessa atitude pode ser encontrada na descrição de Josefo de um professor chamado Bannus, com quem ele alegava ter vivido por três anos em sua juventude. Josefo escreveu que o havia descoberto vivendo no deserto, "usando roupas [feitas] de árvores, procurando comida que crescia sem ser cultivada, e se banhando frequentemente para purificação – com água gelada, noite e dia". É difícil dizer quanto da devoção que Josefo evidentemente atribuía a esse professor era oriunda da dureza de sua vida e quanto do fato de ele evitar a contaminação pelo uso de roupas e de comida manufaturada. Em muitos aspectos, João Batista é retratado nos Evangelhos como alguém semelhante a Bannus em sua insistência quanto à pureza, já que (exceção feita às abluções) ele usava roupas de pelo de camelo e uma pele atada ao redor dos quadris, e apenas comia gafanhotos e mel selvagem, não ingerindo pão e nem vinho; mas, pelo menos em uma passagem do Evangelho de Mateus, ele é descrito como notável não apenas pela pureza de sua comida, mas por sua abstinência: em comparação com Jesus, que "veio [...] comendo e bebendo, e dizem: 'Eis aí um homem comilão e beberrão'", "veio João, não comendo nem bebendo, e dizem: 'Tem demônio'".[8]

Já vimos (capítulo 4) que a prática de jejuns para o arrependimento era bem estabelecido na Bíblia, mas jejuar parece ter ficado muito mais comum entre os judeus no período tardio do Segundo Templo. O historiador romano Tácito escreveu que os judeus "por meio de jejuns frequentes [...] relembram a prolongada fome que sofreram outrora", e Josefo destacou os jejuns entre as características do judaísmo (junto com o Shabat e os tabus alimentares) que se disseminaram às multidões dos gentios: "Não há uma única cidade, grega ou bárbara, nem uma única nação, onde os jejuns [...] não sejam observados". Falta de chuvas ou outros desastres naturais poderiam ocasionar um jejum público, como foi descrito (ou talvez apenas imaginado) na Mishná:

> Nos primeiros três dias de jejum, os sacerdotes da ordem jejuaram, mas não o dia inteiro; e os que eram da casa paterna não fizeram o menor jejum. Nos segundos três dias, os sacerdotes da ordem jejuaram durante todo o dia, e os da casa paterna jejuaram, mas não o dia todo. Mas, nos últimos sete dias, ambos jejuaram durante o dia inteiro. Também R. Joshua. Mas os sábios dizem: Nos primeiros três dias de jejum ninguém jejuou. Nos segundos três dias, os sacerdotes da ordem jejuaram, mas não o dia inteiro, e os que eram da casa paterna não jejuaram. Nos últimos sete dias, os sacerdotes da ordem jejuaram durante o dia inteiro, e os da casa paterna jejuaram, mas não o dia inteiro.[9]

Esse jejum em prol da chuva poderia assumir formas muito ritualísticas, assim como nas histórias sobre jejuns e preces do devoto Honi, o Fazedor de Círculos, que parece ter vivido na primeira metade do século I a.C.:

> Certa vez eles disseram a Honi, o Fazedor de Círculos: "Rezai para que a chuva possa cair". Ele respondeu: "Ide e trazei fornos de Páscoa que não sejam deformados". Ele rezou, mas a chuva não caiu. O que ele fez? Ele desenhou um círculo e ficou dentro dele e disse perante Deus: "Oh, Senhor do mundo, vossos filhos voltaram os rostos dele para mim, pois eu sou igual a um filho da casa perante vós. Eu juro pelo Vosso grande nome que eu não vou sair daqui até que Vós tenhais piedade de vossos filhos".

A chuva caiu, mesmo que para alcançar o nível correto de precipitação para satisfazer o público – nem muito fraco, nem muito violento – fossem necessárias ainda mais preces. Com o devido tempo, a chuva veio em tal abundância que Honi teve que rezar para a "chuva da boa vontade, da bênção e da benevolência" ir embora.

Poderia se esperar que o jejum individual levasse a pessoa mais perto de Deus para experimentar visões apocalípticas, mas também poderia ser uma simples marca de piedade humilde, como a da bela viúva Judith, que "jejuava todos os dias, exceto [...] os dias de festival e os dias de alegria da casa de Israel. [...] Não havia quem falasse mal a seu respeito, porque ela temia a Deus com grande devoção". Essa imagem da devoção de Judith no lar é retratada, no livro nos Apócrifos que traz o nome dela, como totalmente individual, até que uma emergência nacional a leva a uma ação pública, cortando a cabeça de Holofernes, o comandante do exército assírio, e recebendo louvores de toda a comunidade. Uma imagem como essa é típica de uma quantidade de heroínas da literatura do Segundo Templo: Ester era a mulher virtuosa preparada para se infiltrar na corte persa para salvar seu povo; e Susana, cuja história de sedução fracassada constituiu uma novela na versão grega do livro de Daniel, era uma esposa virtuosa, que preferiu morrer a sucumbir.[10]

MAGIA, DEMÔNIOS E ANJOS

Ezequiel havia denunciado mulheres "que preparam almofadas para apoio dos braços e fazem véus para encobrir a cabeça de pessoas de toda estatura, para caçarem almas!", e o livro do Êxodo destaca especificamente a feiticeira como um perigo ("Feiticeira não deixarás viver"), mas a magia pós-bíblica judaica se desenvolveu (tanto quanto se saiba) por praticantes homens, e suas ações poderiam ser tratadas como devotas se realizadas com o intuito correto. Nós já vimos o poder de Honi, o Fazedor de Círculos, para trazer a chuva. As fontes rabínicas primitivas atribuem milagres semelhantes ao devoto Hanina b. Dosa, que é conhecido na Mishná como "o homem das ações" capaz de predizer o destino dos doentes:

> Certa vez, o filho de R. Gamaliel ficou doente. Ele enviou dois eruditos para pedir a R. Hanina b. Dosa que rezasse por ele. Quando os viu, ele foi a um quarto

superior e rezou por ele. Quando desceu, ele disse para os dois: "Ide, a febre o abandonou". Eles lhe disseram: "Sois um profeta?". Ele respondeu: "Não sou nem um profeta nem o filho de um profeta, mas aprendi isso com a experiência. Se minhas preces são fluentes em minha boca, eu sei que elas são aceitas: mas se não forem, sei que ela são rejeitadas". Eles se sentaram e anotaram o momento exato. Quando eles retornaram a R. Gamaliel, ele disse para os dois: "Pelo serviço do templo! Vós não vos adiantastes e nem vos atrasastes, mas assim aconteceu: naquele exato momento a febre o abandonou, e ele pediu água para beber".

A oposição à magia era frequente e veemente. Uma história atribui a causa da escravidão de Israel nas mãos dos medos nos tempos bíblicos à crença do povo de Israel no mago Aod (que "lidava com seus truques mágicos [...] e o povo de Israel foi enganado [...] e Deus disse: 'Eu vou entregá-los nas mãos dos medos, porque eles foram enganados por eles'"). Mas as linhas entre a prece legítima e a magia, entre a medicina e a magia, eram difusas, e Josefo traçou até Salomão os encantamentos de cura que ainda exorcizavam demônios em seus tempos:

> Deus também lhes deu condição de aprender a técnica contra demônios para benefício e cura dos humanos. Ele compunha encantamentos por meio dos quais as doenças são mitigadas, e deixou práticas exorcistas com as quais esses demônios são expelidos, de modo que eles não voltem mais. E a mesma forma de cura permanece muito forte entre nós até hoje. Pois travei conhecimento com certo Eleazar de meu próprio povo, que, na presença de Vespasiano e de seus filhos, junto com seus tribunos e uma multidão de soldados, livrou as pessoas possuídas pelos demônios.

O Novo Testamento descreve vários desses exorcismos, tanto realizados por Jesus quanto por outrem, embora algumas dessas curas sejam recontadas com aprovação e outras, com desdém:

> E Deus pelas mãos de Paulo fazia maravilhas extraordinárias. De sorte que até os lenços e aventais se levavam do seu corpo aos enfermos, e as enfermidades fugiam deles, e os espíritos malignos saíam. E alguns dos exorcistas judeus ambulantes tentavam invocar o nome do Senhor Jesus sobre os que tinham espíritos malignos, dizendo: "Esconjuro-vos por Jesus a quem Paulo prega". E os que faziam isto eram sete filhos de Ceva, judeu, principal dos sacerdotes. Respondendo, porém, o espírito maligno,

disse: "Conheço a Jesus, e bem sei quem é Paulo; mas vós quem sois?". E, saltando neles o homem que tinha o espírito maligno, e assenhoreando-se de todos, pôde mais do que eles; de tal maneira que, nus e feridos, fugiram daquela casa.[II]

Exorcismos pressupõem um mundo cheio de forças maléficas invisíveis que podem agir contra os interesses dos homens a não ser que Deus intervenha. A Bíblia hebraica pouco tem a dizer a respeito da natureza dos demônios e dos espíritos maléficos (embora sua existência seja pressuposta), mas no fim do século III a.C. o Livro dos Vigilantes, preservado no Primeiro Livro de Enoque, atribuía as origens dos espíritos maléficos ao relacionamento proibido entre anjos caídos (ou "vigilantes") e mulheres humanas. Esses espíritos maléficos são apresentados em alguns textos encontrados em Qumran em oposição (como os filhos das trevas) aos filhos da luz; nos últimos dias, segundo o Manuscrito da Guerra (composto provavelmente no século I a.C.), "em três lotes irão os filhos da luz se unir em batalha para acabar com a iniquidade, e em três lotes irá Belial se preparar para repelir o exército de Deus". O papel de Belial (e de outras figuras, tais como Mastema, que às vezes é identificado com Belial) como líder desses "espíritos do anjo da destruição" reflete uma visão moderadamente dualística do cosmos na qual, apesar do imenso poder de Deus como criador, o estado do mundo atual é governado por tensões de poderes conflitantes, com o mundo e a humanidade divididos em duas forças opostas, mas não coeternas, assim como descritas no Livro dos Jubileus:

> Durante a terceira semana desse jubileu, demônios impuros começaram a enganar os netos de Noé, para fazer com que eles agissem impensadamente, e para destruí-los. Então os filhos de Noé foram até seu pai Noé e lhe contaram sobre os demônios que estavam enganando, cegando e matando os netos dele. Ele rezou perante o Senhor seu Deus e disse: "Deus dos espíritos que se encontram em todas as criaturas animadas [...] porque vossa misericórdia para comigo tem sido grande e vossa bondade para comigo tem sido grande: possa vossa misericórdia ser transmitida para os filhos dos vossos filhos; e possam os espíritos maus não governar sobre eles de modo a destruí-los deste mundo. Agora Vós abençoais a mim e aos meus filhos, de modo que possamos aumentar, ficar numerosos, e povoar a terra. Vós sabeis como os vossos vigilantes, os pais desses espíritos, têm agido durante minha vida. Quanto a esses espíritos que permaneceram vivos, aprisionai-os e conservai-os cativos no local do

julgamento. Possam eles não causar destruição entre os filhos do vosso servo, meu Deus, pois eles são selvagens e foram criados com o propósito de destruir.[12]

Tais ideias podem ter ajudado a explicar como a divindade suprema e benevolente permite que o mal floresça no mundo, mas elas coexistiram com o conceito deuteronômico da punição divina para o pecado que torna possível o livre-arbítrio humano. Conforme observou Josefo, lamentando a incapacidade dos judeus de reconhecer os sinais divinos que avisavam sobre a desastrosa destruição do Templo se eles não alterassem seu comportamento, "pensando sobre essas coisas, a pessoa vai descobrir que Deus cuida dos homens, e por todos os tipos de sinais premonitórios mostra para Seu povo o caminho da salvação, enquanto eles devem a sua destruição à insanidade e às calamidades de sua própria escolha". Entretanto, é notável que até mesmo esse equilíbrio, que poderia parecer implícito em toda a narrativa bíblica da relação de Deus com Israel, tenha sido contestado nos tempos de Josefo pelos saduceus, como já vimos no capítulo 6. Segundo a Mishná, R. Akiva diria no século II da Era Comum que "tudo é previsto, mas a liberdade de escolha é concedida".[13]

O problema de estabelecer um elo entre a esfera humana e a divina foi em parte abordado por especulações a respeito do papel dos anjos, que havia sido mal definido na Bíblia, mas ficou cada vez mais preciso nos últimos séculos do Segundo Templo, se expandindo em especulações sobre a natureza de todo um mundo divino, repleto de anjos de diferentes tipos. Vimos no capítulo 6 que tais anjos são concebidos nos Cânticos do Sacrifício do Shabat, encontrados entre os manuscritos do mar Morto como profundamente engajados em adoração: "Os [queru]bins se prostram perante ele e abençoam. Enquanto eles se levantam, uma voz divina sussurrada [é ouvida], e há um clamor de louvor. Quando eles baixam as suas asas, há uma voz divina [sussurra]da. O querubim abençoa a imagem do carro-trono acima do firmamento, [e] eles louvam [a majesta]de do firmamento luminoso sob o trono de glória Dele".[14]

Anjos têm papel ativo na batalha escatológica junto com os filhos da luz contra os filhos das trevas no Manuscrito da Guerra. Eles são organizados em hierarquias, liderados pelos arcanjos Miguel, Gabriel, Rafael e Uriel, e agem como sacerdotes no templo celestial: "Ele nos deu o dia do Shabat como um grande sinal, de modo que nós possamos trabalhar por seis dias, e que nós observemos o Shabat afastados de todo o trabalho no sétimo dia. Ele nos disse

– todos os anjos da presença e todos os anjos da santidade (esses dois grandes tipos) – para observar o Shabat com ele no céu e na terra". Porém, os anjos também desempenhavam um papel importante ao trazer perante Deus as preces dos justos e ao intervir em nome deles no mundo. Daí a extraordinária história encontrada em Macabeus, com um cenário ficcional no século III a.C., do embargo de uma tentativa do rei Ptolomeu IV Filópator de fazer com que os judeus fossem pisoteados até a morte no hipódromo pelos elefantes:

> Assim que Eleazar estava terminando sua prece, o rei chegou ao hipódromo com os animais e toda a arrogância de suas forças. E, quando os judeus viram isso, eles elevaram um grande clamor aos céus, de modo que até os vales das vizinhanças ressoaram com eles, e ocasionaram um terror incontrolável no exército. Então o mais glorioso, todo-poderoso e verdadeiro Deus revelou seu rosto sagrado e abriu os portões celestiais, dos quais dois gloriosos anjos de aspecto temível desceram, visíveis para todos menos os judeus. Eles confrontaram as forças do inimigo e as encheram de confusão e de terror, atando-as com grilhões que não se podiam tirar. Até o rei começou a tremer fisicamente, e ele se esqueceu de sua insolência taciturna. Os animais se voltaram contra as forças armadas que os seguiam, e começaram a pisoteá-las e a destruí-las.

Tais ideias sobre os anjos existiam juntamente com outras especulações a respeito de intermediários entre Deus e a humanidade, como vimos, por exemplo, o papel de *lógos* na filosofia de Fílon (capítulo 7). O autor da Sabedoria de Salomão, composto provavelmente no século II a.C., se baseou na tradição da sabedoria bíblica para retratar a figura personificada da própria sabedoria como uma companheira de Deus (embora, na descrição um tanto apressada, a relação exata não fique clara, talvez de modo deliberado):

> Pois a sabedoria é mais mutável que qualquer movimento; devido à sua pureza, ela se infiltra e penetra em todas as coisas. Pois ela é um sopro do poder de Deus, e uma pura emanação da glória do Todo-Poderoso; portanto, nada que é conspurcado tem permissão de nela entrar. Pois ela é um reflexo da luz eterna, um espelho imaculado do trabalho de Deus, e uma imagem da bondade Dele. [...] Ela atinge, poderosa, de um extremo a outro da terra, e ela ordena muito bem todas as coisas. Eu a amava e a procurava desde minha juventude; eu desejava tê-la como esposa, e me enamorei de sua beleza. Ela glorifica seu nobre nascimento vivendo com Deus, e o Senhor de

todas as coisas a ama. Pois ela é um iniciado no conhecimento de Deus, e uma companheira nas obras dele.[15]

VISÕES E PROFECIA

Tanto a figura da sabedoria quanto os anjos poderiam trazer mensagens divinas para os seres humanos. Os anjos desempenhavam esse papel especialmente na narrativa dos textos apocalípticos, dos quais uma grande quantidade desse período chegou até nós, sobretudo por causa de sua popularidade entre os cristãos de épocas posteriores. Então, por exemplo, o Apocalipse de Abraão, preservado apenas em eslavônico eclesiástico, contém a instrução do patriarca pelo anjo Yaoel: "O anjo que ele me enviou se me apareceu à imagem de um homem, e ele me pegou pela mão direita e me colocou em pé". Nesses textos apocalípticos, o entendimento teológico chega ao sábio vindo do exterior, por iniciativa divina e por intermédio de uma visão, assim como no livro bíblico de Daniel:

> No terceiro ano de Ciro [Córesh] como rei da Pérsia, Daniel, chamado de Belteshtsar, teve uma revelação sobre o verdadeiro significado de uma visão que lhe ocorrera. Naqueles dias, eu, Daniel, guardava luto durante três semanas. [...] No 24º dia do primeiro mês, estando junto ao grande rio Tigre, levantei os meus olhos e avistei um homem vestido de linho cujas costas estavam cingidas de ouro puro. Seu corpo era como o crisólito, seu rosto tinha o brilho de um relâmpago e seus olhos eram como tochas flamejantes. Seus braços e pés tinham a cor do cobre polido e sua voz ressoava como o barulho de uma multidão. Somente eu, Daniel, percebi a visão; os homens que me acompanhavam não a enxergaram, mas um grande temor deles se apoderou e fugiram para se esconder. Fiquei só, apreciando essa visão espantosa. Fiquei sem energia, empalideceu meu semblante com a palidez da morte, e me faltaram forças. Ao ouvir o som de suas palavras, caí num sono profundo, com meu rosto encostado no solo.

Não se sabe como tais experiências, assim como narradas nos textos, se relacionavam às experiências vividas. Daniel, em seu relato, afirmou que ele "não comia pão que fosse apetitoso, nem carne nem vinho entravam em minha boca, e não me massageava com unguentos, até que se completassem três semanas" (de luto) antes de a sabedoria chegar, o que pode sugerir que tais narrativas reflitam práticas ascéticas resultando em sonhos semelhantes a transes e escrita automática. Tal comportamento é verificado em outras sociedades e é exemplificado na visão mística do autor (provavelmente judeu) do livro do Apocalipse no Novo Testamento:

> Eu fui arrebatado no espírito no dia do Senhor, e ouvi detrás de mim uma grande voz, como de trombeta, que dizia: "[...] e o que vês, escreve-o num livro, e envia-o às sete igrejas [...]". E virei-me para ver quem falava comigo. E, virando-me, vi sete castiçais de ouro. E no meio dos sete castiçais um semelhante ao Filho do Homem, vestido até aos pés de uma roupa comprida, e cingido pelos peitos com um cinto de ouro. E a sua cabeça e cabelos eram brancos como lã branca, como a neve, e os seus olhos como chama de fogo. E os seus pés, semelhantes a latão reluzente, como se tivessem sido refinados numa fornalha, e a sua voz como a voz de muitas águas. E ele tinha na sua destra sete estrelas; e da sua boca saía uma aguda espada de dois fios; e o seu rosto era como o sol, quando na sua força resplandece.[16]

Tais revelações talvez não causassem surpresa em um sistema religioso baseado na revelação a Moisés no Monte Sinai. No entanto, há numerosas tradições do fim do Segundo Templo de que a profecia havia se acabado alguns séculos antes. Tais tradições refletem um aparente fracasso da força religiosa, o que também pode ser responsável pela atribuição de muitos dos textos apocalípticos que sobrevivem desse período a antigos sábios do passado bíblico, tais como Enoque, Abraão, Daniel e Esdras. Josefo sugeriu, de modo obscuro, que a "sucessão exata dos profetas" havia sido interrompida no tempo de Artaxerxes cinco séculos antes de ele escrever. Uma tradição semelhante foi registrada pelos primeiros rabinos: "Quando o último dos profetas bíblicos morreu, o espírito santo se acabou em Israel"; daquele momento em diante, "eles eram informados por meio de uma voz celestial".

A tradição de que a verdadeira profecia havia chegado ao fim discordava das atividades, descritas pelo próprio Josefo, de inúmeros profetas. Destes, o mais preciso era Jesus, filho de Ananias (ver capítulo 5), "um rude camponês", que ficava no Templo desde o festival dos Tabernáculos em 62 da Era Comum até a destruição em 70 da Era Comum, profetizando a sua queda: "Uma voz vinda do leste, uma voz do oeste, uma voz dos quatro ventos; uma voz contra Jerusalém e o santuário, uma voz contra o noivo e a noiva, uma voz contra todo o povo". Parece, entretanto, ser significativo que, embora

Josefo pudesse se vangloriar a respeito de sua própria capacidade de interpretar sonhos e de sua habilidade "em adivinhar o significado dos enunciados ambíguos da Divindade" – uma habilidade atribuída à sua ascendência sacerdotal, o que significava que ele não era "ignorante da profecia dos livros sagrados" –, ele nunca se refira a si mesmo como profeta, assim como não chama Jesus, filho de Ananias, de profeta. Pelo contrário, rotulou inúmeros líderes religiosos de "pseudoprofetas" que desencaminhavam o povo. Evidentemente, os contemporâneos que alegavam ter a inspiração divina poderiam esperar escárnio. "Nenhum profeta é aceito em sua própria cidade natal", como se diz que Jesus observou, com tristeza, e a adoção de um pseudônimo, ou o anonimato, eram mais garantidos. A maior parte dos manuscritos sectários do mar Morto é, na verdade, anônima, e a prática da pseudoepígrafe para o apocalipse era auxiliada por seu uso constante em outros gêneros. A sabedoria era comumente atribuída a Salomão; os salmos, a Davi; as interpretações legais, a Moisés, simplesmente porque tais desenvolvimentos de pensamento eram considerados essencialmente como elaborações dos paradigmas criados pelas figuras bíblicas fundadoras.[17]

ESCATOLOGIA E MESSIANISMO

As mensagens transmitidas aos sábios que usavam pseudônimos nesses apocalipses depois de eles terem subido ao céu às vezes se relacionavam ao destino de indivíduos. No Testamento de Abraão, um texto admirável do século v da Era Comum preservado pelos cristãos em várias línguas, mas provavelmente composto originalmente em grego por um judeu egípcio no século I ou início do século II da Era Comum, o autor imaginava, com certo humor, os últimos dias de Abraão, e retratava o patriarca aprendendo com o arcanjo Miguel a respeito da inevitabilidade de morte e do funcionamento do julgamento divino. Porém, a maior parte dos apocalipses conhecidos do período tardio do Segundo Templo se refere a revelações de uma nova era ou ordem mundial que iria ofuscar a era presente com sua glória.

A prevalência dessas ideias escatológicas nos principais apocalipses judaicos preservados pelos cristãos, tais como I Enoque e IV Esdras, pode refletir preocupações cristãs para ter um entendimento dos mistérios do cosmos e seu futuro. Mas a descoberta de alguns desses textos apocalípticos, tais como

1 Enoque, em Qumran, junto com fragmentos de escritos apocalípticos até então desconhecidos, mostra que a especulação escatológica era também encontrada entre outros judeus. Os sectários de Qumran antecipavam, assim como outros judeus, o "fim dos tempos". Até mesmo Fílon especulava sobre a natureza do fim, quando todos que retornarem à lei de Deus irão se reunir na terra sagrada:

> Pois embora eles habitem nas partes mais distantes da terra, escravos daqueles que os levaram embora cativos, um sinal, por assim dizer, um dia irá trazer a liberdade para todos. Essa conversão em corpo à virtude irá assombrar os seus senhores, que os libertarão, envergonhados por governar homens melhores que eles próprios. Quando eles tiverem alcançado essa inesperada liberdade, aqueles que agora estão dispersos na Grécia e no mundo mais além em ilhas e em continentes irão se levantar e se postar de todos os lados com um único impulso para o lugar já designado, guiados em sua peregrinação por uma visão divina e sobre-humana invisível para outros, mas manifesta para eles enquanto saem do exílio para seus lares. [...] Quando eles tiverem chegado, as cidades que agora se encontram em ruínas serão cidades uma vez mais; a terra devastada será habitada; o que é estéril se transformará em fertilidade; toda a prosperidade de seus pais e ancestrais irá se parecer com um minúsculo fragmento, tão exuberantes serão as abundantes riquezas que eles possuirão, as quais, fluindo da abençoada abundância de Deus como uma fonte perene, irão trazer para cada um individualmente e para todos em comum um profundo fluxo de riqueza que não deixará espaço para a inveja. Tudo repentinamente será invertido [...].

Outras expectativas, encontradas esparsas em textos desde o Manuscrito de Guerra de Qumran aos apocalipses e à literatura rabínica primitiva, especulam sobre a confusão anterior aos dias finais, as grandes batalhas contra poderes hostis, e a final reparação de Jerusalém, a reunião das pessoas dispersas e um reino de glória na terra sagrada: "Vós, Oh Senhor, Vós escolhestes Davi rei de Israel, e Vós lhe fizestes um juramento sobre a progênie dele para sempre, que o palácio dele nunca cairia perante Vós. [...] E ele irá reunir um povo sagrado, a quem vai liderar rumo à justeza, e ele irá julgar as tribos do povo que foi santificado pelo Senhor, seu Deus".[18]

Não há bons motivos para acreditar que tais especulações a respeito do destino de Israel, por mais comuns que tenham sido, desempenhassem um papel predominante na vida religiosa de muitos judeus no período tardio do Segundo Templo. Fílon, pelo menos, apesar de seu interesse pelo fim dos tempos, estava contente por aguardar o cronograma divino. Os cristãos primitivos (que preservaram muitos desses textos) foram pouco comuns ao definir sua visão de mundo por meio do prisma dos últimos dias, que eles acreditavam já ter chegado. Por outro lado, o comportamento de certos grupos judeus na Judeia do século I sugere expectativas semelhantes. Um certo Teudas, na metade da década de 40 da Era Comum, reuniu uma multidão de seguidores e os persuadiu a pegar suas posses e a segui-lo até o Jordão, alegando "que ele era um profeta e que ao seu comando o rio seria dividido e iria oferecer-lhes uma passagem tranquila". A iniciativa foi frustrada pela cavalaria romana e a captura e execução de Teudas. Porém, o entusiasmo gerado implica expectativas de uma mudança milagrosa, mesmo que, como consta que o fariseu Gamaliel teria dito ao Sinédrio em Jerusalém, a rebelião não tivesse tido resultado porque o empreendimento era de origem humana e não "de Deus". Uma década mais tarde, um judeu do Egito, igualmente se declarando profeta, reuniu um grande grupo de seguidores no deserto, tencionando levá-los ao Monte das Oliveiras, afirmando "que ele desejava demonstrar de lá que ao seu comando a muralha de Jerusalém iria cair, e por ali lhes prometia uma entrada para a cidade". Uma vez mais, as autoridades romanas intervieram antes que a alegação fosse colocada à prova.[19]

Josefo não afirmou que Teudas ou o egípcio tivessem se apresentado como um messias, e fica claro que o messianismo em seu sentido mais restrito, envolvendo a identificação de um indivíduo como um messias, era muito menos comum que uma crença geral na redenção escatológica. E isso não ocorre porque Josefo tenha tentado suprimir informações a respeito das esperanças dos judeus por um líder messiânico, pois, como já vimos no capítulo 5, o que ele fez foi enfatizar em sua narrativa da destruição de Jerusalém que "o que, acima de tudo mais, os incitou à guerra foi um oráculo ambíguo [...] no sentido de que naquela época alguém de seu território passaria a ser o governador do mundo". Esse oráculo foi especialmente significativo para Josefo, já que o que ele interpretou como seu sentido correto, "a soberania de Vespasiano, que foi proclamado imperador no solo judeu", recebera a princípio o reconhecimento do próprio Josefo por meio da graça divina e havia levado à impressionante reviravolta de sua sorte, o que explicava a sua liberdade para escrever sobre esses acontecimentos no conforto de Roma. Josefo tinha pleno conhecimento do termo grego *Christos*, "o ungido", como uma tradução do hebraico *mashiah*, mas ele o usou apenas em referência aos cristãos, e não para quaisquer outros entusiastas religiosos cujo papel na Judeia do século I ele documentou.[20]

Segundo os Atos dos Apóstolos, o nome *Christianoi* foi pela primeira vez dado aos cristãos – por outrem – em Antioquia na metade do século I, para indicar "seguidores de Cristo". Os cristãos formam o único grupo conhecido a ter sido caracterizado por crenças messiânicas desse modo. A esperança escatológica não requisitava a expectativa de um papel para uma figura messiânica. Chama a atenção o fato de a descrição mais detalhada das batalhas dos últimos dias em qualquer dos manuscritos do mar Morto, apresentada minuciosamente no Manuscrito da Guerra, conceber os filhos da luz sob a liderança de um príncipe e de um sacerdote, e do próprio Deus:

> E quando [Belial] se paramentar para ir ao socorro dos filhos da escuridão, e quando os mortos entre os soldados de infantaria começarem a cair pelos mistérios de Deus, e quando todos os homens designados para a batalha forem postos à prova por eles, os sacerdotes soarão as trombetas de convocação para outra formação da reserva avançar na batalha; e eles irão ocupar as suas posições entre as formações. E para os que estão envolvidos [em batalha], eles irão soar a "retirada". Então, o sumo sacerdote irá se aproximar, e parado à frente da formação, ele irá, por meio do poder de Deus, reforçar os corações [e as mãos] deles em Sua batalha. Falando, ele dirá [...] os mortos, pois vós ouvistes dos tempos antigos por meio dos mistérios de Deus. [...] Este é o dia designado por Ele para a derrota e a destruição do príncipe do reino da iniquidade, e ele irá enviar o auxílio eterno para a companhia dos Seus redimidos pelo poder do principesco anjo do reino de Miguel. Com uma luz duradoura, Ele irá iluminar com alegria [os filhos] de Israel. [...] Ele irá exalçar o reino de Miguel em meio aos deuses, e o reino de Israel em meio a toda a carne. A justeza irá se rejubilar no alto, e todos os filhos de Sua verdade irão jubilar no conhecimento eterno. E vós, os filhos de Sua aliança, sereis fortes no ordálio de Deus! Seus mistérios irão vos defender até que Ele mova a Sua mão para que Suas tribulações cheguem ao fim.[21]

Especulações acerca da natureza do messias, de qualquer modo, assumiram formas completamente diferentes no período tardio do Segundo Templo. O papel de Elias como mensageiro de Deus "antes do grande e terrível dia do

Senhor" foi afirmado de modo explícito pelo profeta Malaquias: "E ele fará volver o coração dos pais (para o Eterno) através dos filhos, e o coração dos filhos (para o Eterno) através dos pais, para que eu não venha a desferir sobre esta terra uma destruição completa". A Regra da Comunidade de Qumran se referia de modo mais genérico a "o profeta", aludindo ao futuro profeta semelhante a Moisés prometido no livro do Deuteronômio. O autor do Evangelho de João assumia que as perguntas óbvias para João Batista quando ele aparecesse no milênio, tendo ele negado ser o messias, seriam: "És tu Elias?" e "És tu profeta?".[22]

O próprio messias às vezes era visto como um rei terreno e governador da casa de Davi, dotado por Deus de poderes especiais: "E ele conduzirá a todos com equidade, e não haverá entre eles arrogância, para que nenhum seja escravizado. Essa é a majestade do rei de Israel, que Deus conheceu, para elevá-lo sobre a casa de Israel e assim discipliná-la". Em outros momentos, ele era visto como uma figura sobrenatural, um "filho do homem" cujo nome era pronunciado "perante o Senhor do Espírito antes que as estrelas do céu tivessem sido feitas", com qualidades excepcionais:

> Pois ele é poderoso em todos os segredos da justiça; e a improbidade irá desaparecer como uma sombra. Pois o Escolhido assumiu sua posição na presença do Senhor dos Espíritos; e sua glória é para todo o sempre, e seu poder, para todas as gerações. Nele habitam o espírito da sabedoria e o espírito do discernimento, e o espírito da instrução e do poder, e o espírito daqueles que adormeceram na justiça. Ele irá julgar as coisas que são secretas, e uma mentira ninguém será capaz de proferir em sua presença; pois ele é o Escolhido [...]

Algumas das representações mais sobrenaturais do messias nos escritos judaicos foram influenciadas pelos copistas cristãos dos manuscritos em que elas foram encontradas, mas certamente livre de influência cristã são as impressionantes referências nos manuscritos sectários do mar Morto a uma grande variedade de imagens messiânicas. Os manuscritos às vezes se referem ao sacerdotal "Messias de Aarão", às vezes ao "rei Messias", e às vezes a ambos juntos, assim como na injunção aos membros da comunidade na Regra da Comunidade: "Eles não irão se afastar de nenhum dos conselhos da lei para caminhar em toda a obstinação de seus corações, mas serão governados pelos preceitos primitivos nos quais os homens da comunidade foram instruídos até que venham o profeta e os messias de Aarão e de Israel".

Já vimos (capítulo 5) que Simão, filho de Gioras, comandante-chefe dos rebeldes judeus nos últimos dias de guerra contra Roma, pode ter acreditado que era um messias, mas ninguém realmente sabia com que iria se parecer o messias. Quando, na metade do século I, Paulo pregou à sua congregação cristã não judaica como um "apóstolo de Cristo Jesus", a palavra "Cristo" agia como um nome próprio, sem nenhum conteúdo descritivo. É difícil saber por que qualquer de seus leitores teria interpretado o apelativo "Ungido" como implicando qualquer coisa relacionada aos últimos dias do mundo. O milenarismo estava no ar, mas não há razão para pensar que ele estivesse juntando forças no período tardio do Segundo Templo.[23]

VIDA APÓS A MORTE E MARTÍRIO

A especulação escatológica com frequência incluía uma ressurreição geral e o julgamento dos mortos. De acordo com o Primeiro Livro de Enoque, as almas que partem são mantidas em apriscos, "três escuros e um iluminado" (com o iluminado reservado aos bons), "até o grande dia do julgamento". Essa ideia das almas dormindo até o fim da história era disseminada. Porém, muitos judeus também começavam então a esperar por uma ressurreição individual após a morte, antes dos últimos dias, embora eles diferissem em suas expectativas quanto à natureza dessa vida. A heroica mãe de sete filhos condenados à morte na perseguição aos macabeus é retratada pelo autor do Segundo Livro dos Macabeus encorajando-os com uma expectativa de um retorno à vida física por meio da graça de Deus: "Mas o criador do mundo, que formou o homem na sua origem e deu existência a todas as coisas, vos restituirá, em sua misericórdia, tanto o espírito como a vida, se agora fizerdes pouco-caso de vós mesmos por amor às suas leis". A história termina com a morte da mãe também. O autor do Livro dos Jubileus, que provavelmente também estava escrevendo no século II a.C., disse sobre os justos que "seus corpos irão descansar na terra e seus espíritos terão muita alegria". O autor do Livro de Daniel imaginou que os sábios resplandecerão "como o esplendor do firmamento, e os que ensinam as multidões como viver em integridade brilharão para sempre, como as estrelas". Tanto o autor da Sabedoria de Salomão quanto Fílon adotaram a ideia platônica de que a alma é imortal, "sobrecarregada pelo corpo mortal": "Ele que, ainda há pouco, nasceu da terra, e em breve voltará a ela, de onde foi tirado, quando lhe serão pedidas as contas de sua vida".[24]

Epitáfios judeus desse período se referem apenas ocasionalmente a uma vida após a morte, embora alguns oriundos do Egito mencionem "expectativas cheias de esperança" e um afirme que a alma do morto foi se juntar aos sagrados. Parece que a maior parte dos judeus, assim como os contemporâneos gentios, estava disposta a não oferecer uma opinião muito firme sobre a sua doutrina nessa área. Josefo relata as ideias muito diferentes a respeito da vida depois da morte encontradas entre os fariseus, saduceus e essênios, de uma versão judaica da ideia grega das Ilhas Afortunadas para as almas dos justos (atribuída aos essênios) à ressurreição ou reencarnação (atribuída aos fariseus) e à negação de qualquer tipo de vida após a morte, atribuída aos saduceus. Os Evangelhos descrevem essa negativa dos saduceus de uma vida após a morte como uma questão de contendas públicas com os fariseus, nas quais os saduceus confrontam os fariseus com a implicação da ressurreição de uma viúva de sete irmãos: "na ressurreição, de qual dos sete será a mulher?". Segundo os Atos dos Apóstolos, Paulo interrompeu uma reunião do Conselho dos Sumo Sacerdotes exclamando que, como fariseu, filho de fariseus, "no tocante à esperança e ressurreição dos mortos sou julgado".[25]

Atribuição de tal importância a essa questão teológica específica era, tanto quanto sabemos, rara, principalmente porque a negação dos saduceus de uma vida após a morte parece ter se transformado em um ponto de vista periférico no século I da Era Comum. Os textos apocalípticos imaginam as almas dos justos subindo ao céu, e especulam sobre os níveis do mundo celestial, observando as ideias gregas sobre a ascensão do corpo físico às partes mais elevadas do cosmos. Que o Jardim do Éden, o lar primordial da humanidade, também seja o lar dos justos que estão mortos é comprovado em primeiro lugar no Evangelho de Lucas, quando Jesus garante a um dos ladrões crucificados ao seu lado que "hoje estarás comigo no *paradeisos*". Essa era supostamente uma ideia judaica existente, já que também é encontrada nos *targumim* (traduções aramaicas parafrásticas da Bíblia, que são difíceis de datar, mas contêm muitas tradições dos primeiros séculos da Era Comum) e no Testamento de Abraão, no qual Deus diz: "Levai meu amigo Abraão ao paraíso, onde se encontram as cabanas dos justos. [...] Lá não há labuta, nem pesar, nem suspiros, mas paz e júbilo, e vida infinita".[26]

A ubiquidade de tal expectativa é citada por Josefo em seu sumário do judaísmo em *Contra Apião*: "Cada indivíduo [...] passou a acreditar – como o legislador profetizou, e como Deus ofereceu a plena certeza – que quem segue as leis e, caso seja necessário, morre por elas, enfrenta a morte com prontidão, Deus lhe concede uma existência renovada e a comprovação de uma vida melhor na virada [das eras]". Para Josefo, essa esperança futura estava intimamente associada à disposição dos judeus de morrer por suas crenças. Ele observou que ele teria hesitado em escrever sobre essa devoção "não tivessem os fatos tornado os homens cientes de que muitos de nossos compatriotas têm, em muitas ocasiões, até mesmo agora preferido enfrentar todos os tipos de sofrimento em vez de pronunciar uma só palavra contra a lei". Uma disposição universal de enfrentar a morte foi colocada por Josefo como o ponto alto de sua descrição da constituição transmitida ao povo judeu por Moisés:

> Quanto a nós, então, alguém já conheceu – não colocando o número tão elevado – até dois ou três que traíram as leis ou temeram a morte, e eu não quero dizer a mais tranquila das mortes, que sobrevém àqueles que estão em batalha, mas aquela acompanhada por tortura física, que parece ser a mais hedionda de todas? Eu acho que alguns de nossos conquistadores aplicaram isso àqueles que estão sob seu poder não por ódio, mas porque eles queriam ver, como um espetáculo chocante, se havia qualquer pessoa que acreditasse que o único mal com que eles se defrontavam era o de ser forçado ou a fazer algo contrário às suas leis ou a dizer uma palavra em transgressão a elas.

Em seu relato sobre a importância dos livros bíblicos para os judeus, Josefo alegou que "uma vez depois da outra tem sido testemunhada a visão dos prisioneiros sofrendo tortura e morte nas mais variadas formas nos anfiteatros em vez de proferir uma só palavra contra as leis e os documentos a elas ligados".[27]

Essa veneração pelo martírio pode ser remontada à descrição recém-mencionada no Segundo Livro dos Macabeus das mortes heroicas da mãe e de seus sete filhos sob as ordens de Antíoco IV Epifânio, durante a perseguição que levou à revolta dos macabeus. As mortes dos mártires são narradas em detalhes vívidos e macabros, encorajando o leitor a imaginar a cena e a sentir empatia pelo sofredor:

Havia também sete irmãos que foram um dia presos com sua mãe, e que o rei, por meio de golpes de azorrague e de nervos de boi, quis coagir a comerem a proibida carne de porco. Um dentre eles tomou a palavra e falou assim em nome de todos: "Que nos pretendes perguntar e saber de nós? Estamos prontos a morrer antes de violar as leis de nossos pais". O rei, fora de si, ordenou que aquecessem até a brasa sertãs e caldeirões. Logo que ficaram em brasa ordenou que cortassem a língua do que falara (por) primeiro, e depois que lhe arrancassem a pele da cabeça, que lhe cortassem também as extremidades, tudo isso à vista de seus irmãos e de sua mãe. Em seguida, mandou conduzi-lo ao fogo inerte e mal respirando, para assá-lo na sertã. Enquanto o vapor da panela se espalhava em profusão, os outros com sua mãe exortavam-se mutuamente a morrer com coragem.[28]

Um culto ao martírio, no qual a disseminação de histórias a respeito de resistência heroica era tão crucial quanto a resistência em si, pode ser encontrado em muitas ramificações do judaísmo posterior, como vimos no capítulo 6, na descrição dos essênios feita por Josefo. Uma esperança pela ressurreição reforçava a determinação tanto desses essênios quanto dos primitivos mártires cristãos, que viam explicitamente os heróis macabeus como seus modelos. Com o devido tempo, rabinos na Antiguidade tardia, do século III em diante, iriam competir na concepção de suas próprias histórias de martírio com narrativas macabras, porém inspiradoras, da tortura até a morte de R. Akiva pelos romanos (ver capítulo 10). Já no século I, a história de Isaac sendo atado, que na versão original do Gênesis constituía um teste para a boa vontade de Abraão de sacrificar seu filho sob as ordens de Deus, havia sido alterada para enfatizar a boa vontade de Isaac de se submeter ao martírio. Na reescrita de Josefo da história nas *Antiguidades dos judeus*, se diz que Isaac teria 25 anos quando subiu ao monte Moriá com seu pai, apenas para saber de Abraão que ele seria sacrificado. Isaac respondeu com a devida devoção:

> E Isaac, pois era necessário para alguém que havia tido tal pai ser nobre em sua atitude, recebeu essas palavras com alegria; e dizendo que não era nem ao menos correto de sua parte ter nascido em primeiro lugar, se ele fosse rejeitar a decisão de Deus e seu pai, e não se oferecesse prontamente aos desejos de ambos, ainda que apenas seu pai estivesse escolhendo isso teria sido injusto desobedecer, ele foi rapidamente para o altar e a morte.

Essa tradição de Isaac como uma vítima voluntária é disseminada na literatura judaica na Antiguidade tardia, sobretudo nos *targumim*, nos quais sua popularidade posterior pode dever alguma coisa à rivalidade com a imagem cristã da submissão voluntária de Jesus ao pavoroso sofrimento da morte por crucifixão.²⁹

O judaísmo pelo qual valia morrer aos olhos daqueles mártires era a aliança entre Deus e Israel conservada na lei de Moisés, e vale a pena enfatizar, depois do exame de tal variedade de interpretações dessa lei, a centralidade antes de 70 da Era Comum do culto no Templo de Jerusalém. Josefo descreveu de forma vívida a disposição das multidões de judeus de se sacrificarem para proteger o Templo da profanação pelo imperador romano Calígula, quando ele tentou colocar uma estátua sua lá em 40 da Era Comum:

> Quando os judeus fizeram apelo à sua lei e ao costume de seus ancestrais, e declararam que eram proibidos de colocar uma imagem de Deus, muito menos a de um homem, não apenas em seu santuário, mas até em qualquer local não consagrado por todo o país, o governador romano perguntou: "Então vós entrareis em guerra com César?", ao que os judeus responderam que eles faziam sacrifícios duas vezes ao dia para César e o povo romano, mas que, se ele quisesse colocar aquelas estátuas, ele deveria em primeiro lugar sacrificar toda a nação judaica; e que eles se apresentavam, e às suas esposas e seus filhos, prontos para o massacre.³⁰

Qual seria a reação religiosa dos judeus quando, apenas trinta anos mais tarde, seu santuário foi reduzido a ruínas por outro César, o futuro imperador Tito?

PARTE III
A formação do judaísmo rabínico
(70-1500 da Era Comum)

6. O mundo judaico no século VI da Era Comum

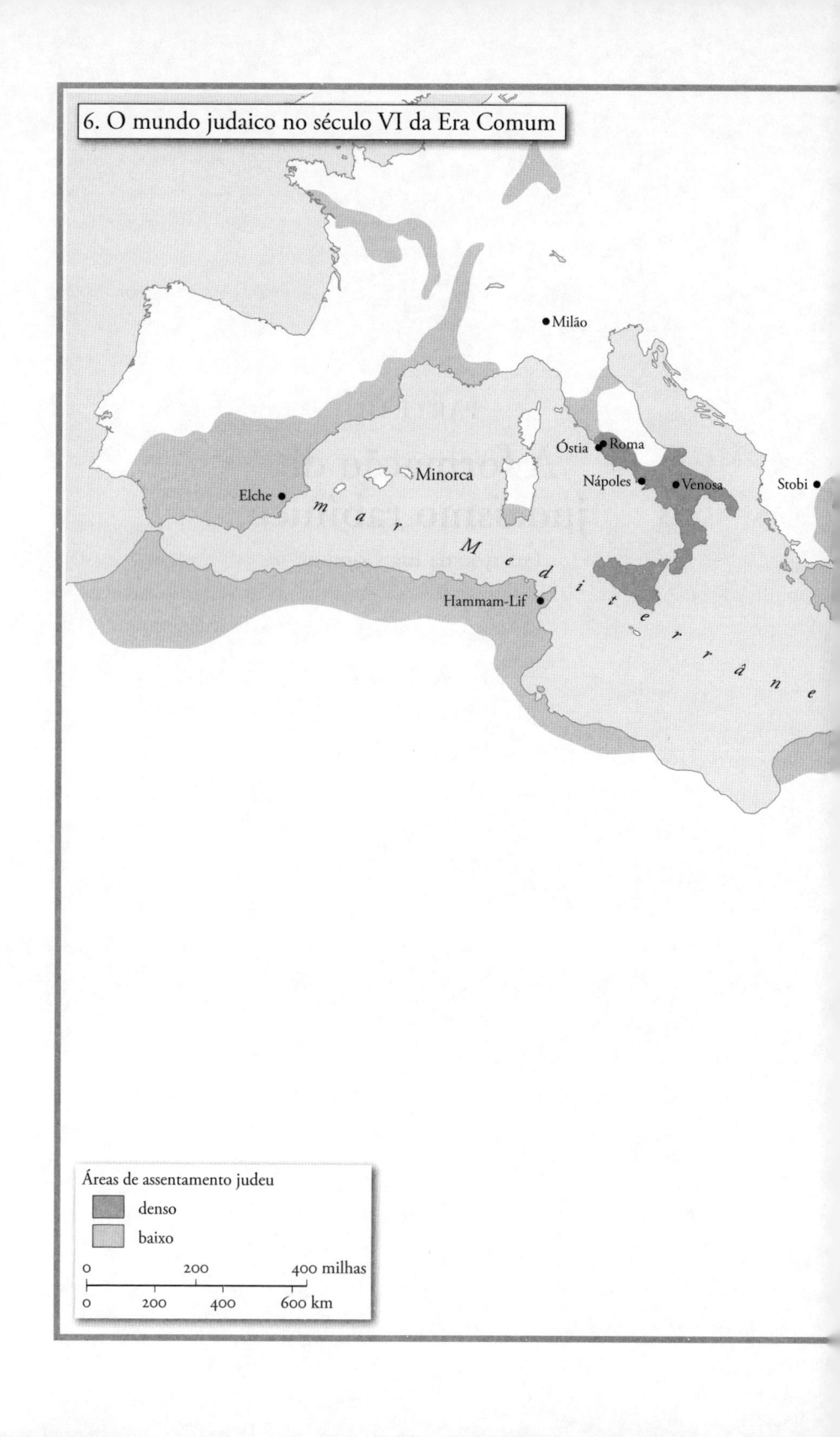

- Milão
- Óstia
- Roma
- Minorca
- Elche
- Nápoles
- Venosa
- Stobi
- Hammam-Lif

mar Mediterrâneo

Áreas de assentamento judeu
- denso
- baixo

0   200   400 milhas
0   200   400   600 km

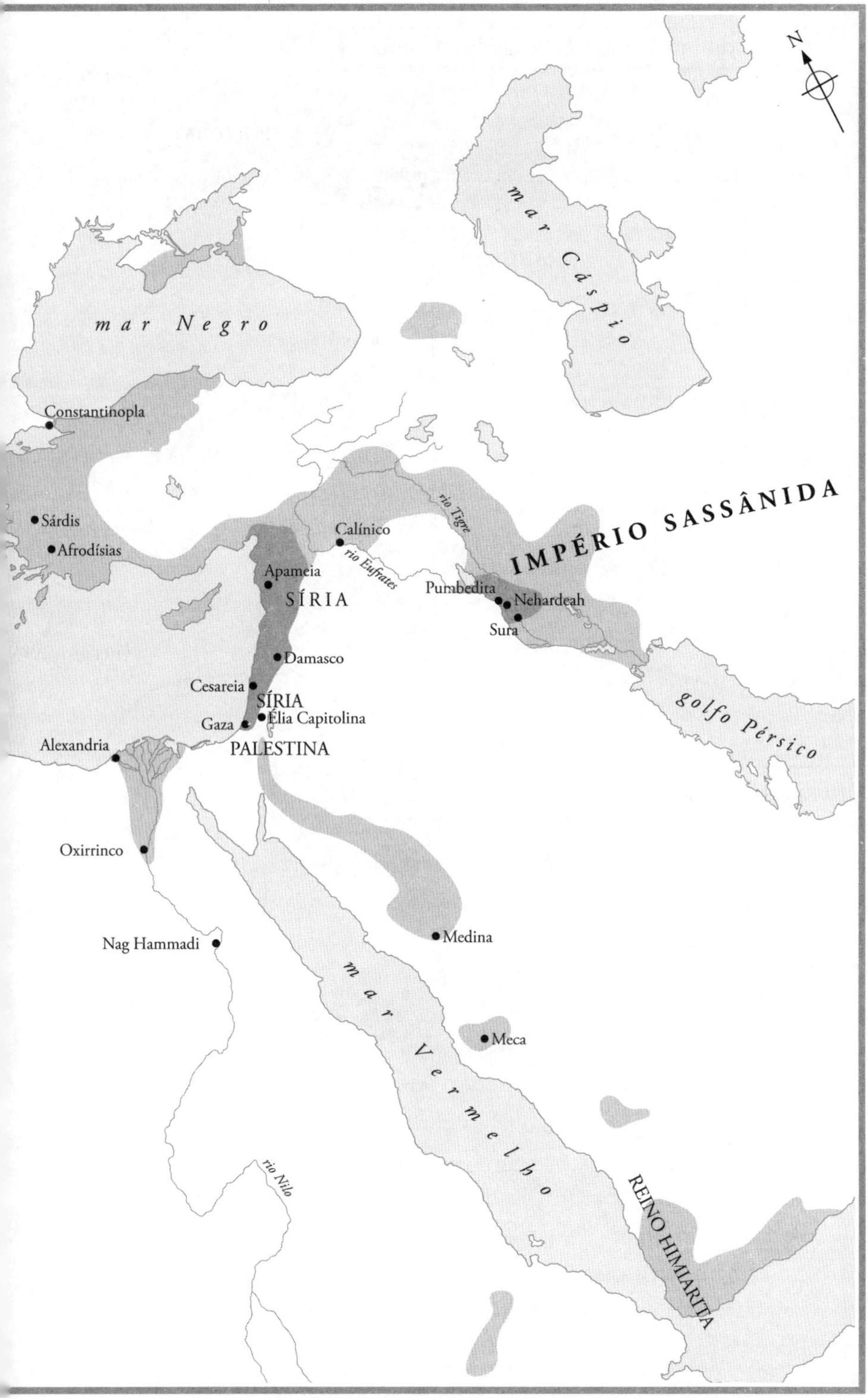
N
mar Cáspio
mar Negro
Constantinopla
Sárdis
Afrodísias
Calínico
rio Tigre
rio Eufrates
IMPÉRIO SASSÂNIDA
Apameia
SÍRIA
Pumbedita
Nehardeah
Sura
Damasco
Cesareia
SÍRIA
Gaza
Élia Capitolina
PALESTINA
Alexandria
golfo Pérsico
Oxirrinco
Medina
Nag Hammadi
mar Vermelho
Meca
rio Nilo
REINO HIMIARITA

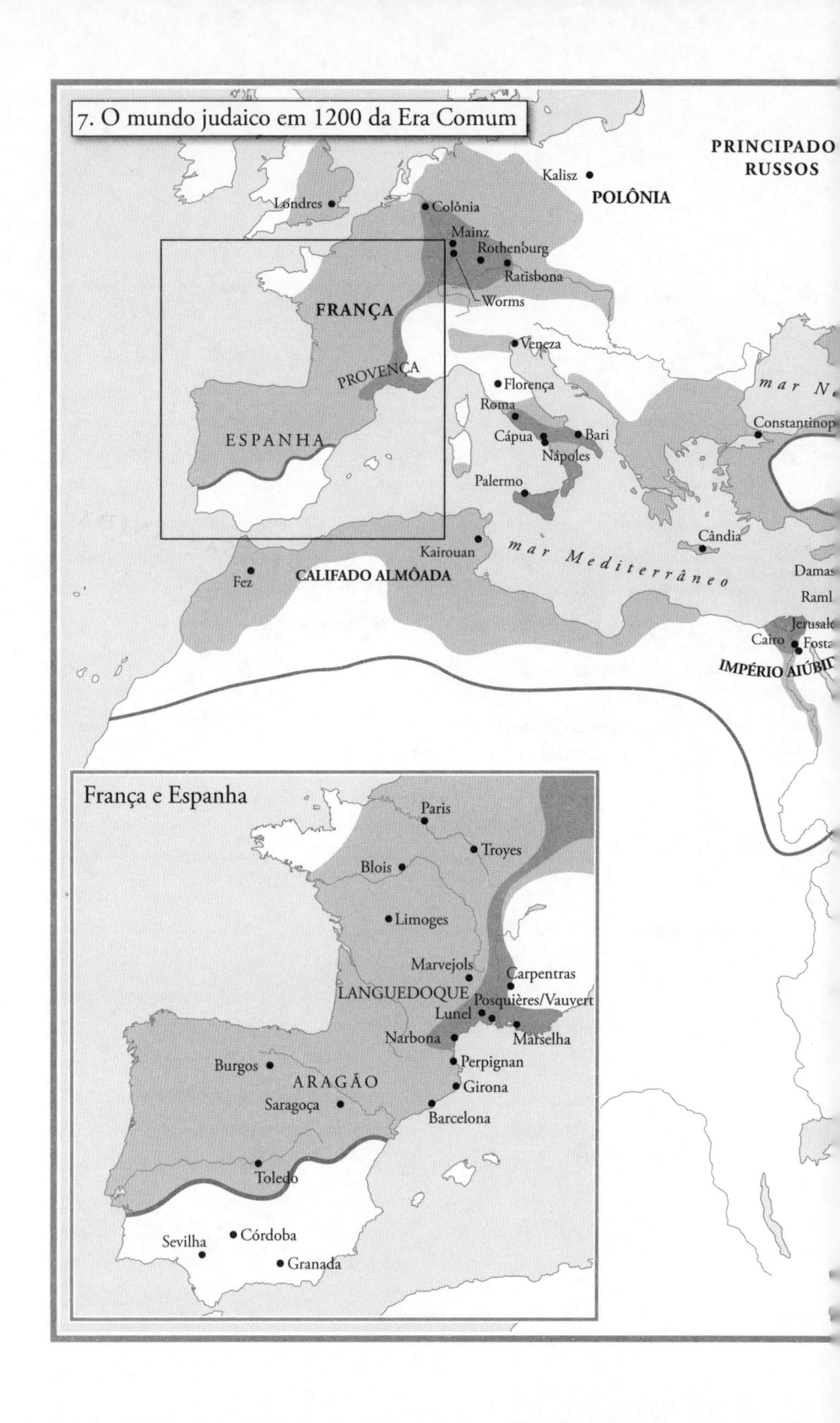

7. O mundo judaico em 1200 da Era Comum

- Londres
- Colônia
- Mainz
- Rothenburg
- Ratisbona
- Worms
- Kalisz
- **POLÔNIA**
- **PRINCIPADO RUSSOS**
- **FRANÇA**
- PROVENÇA
- **ESPANHA**
- Veneza
- Florença
- Roma
- Cápua
- Bari
- Nápoles
- Palermo
- Constantinop[la]
- mar N[egro]
- Cândia
- mar Mediterrâneo
- Kairouan
- Fez
- **CALIFADO ALMÔADA**
- Damas[co]
- Raml[a]
- Jerusalé[m]
- Cairo
- Fosta[t]
- **IMPÉRIO AIÚBI[TA]**

França e Espanha

- Paris
- Troyes
- Blois
- Limoges
- Marvejols
- Carpentras
- **LANGUEDOQUE**
- Posquières/Vauvert
- Lunel
- Narbona
- Marselha
- Burgos
- Perpignan
- **ARAGÃO**
- Girona
- Saragoça
- Barcelona
- Toledo
- Sevilha
- Córdoba
- Granada

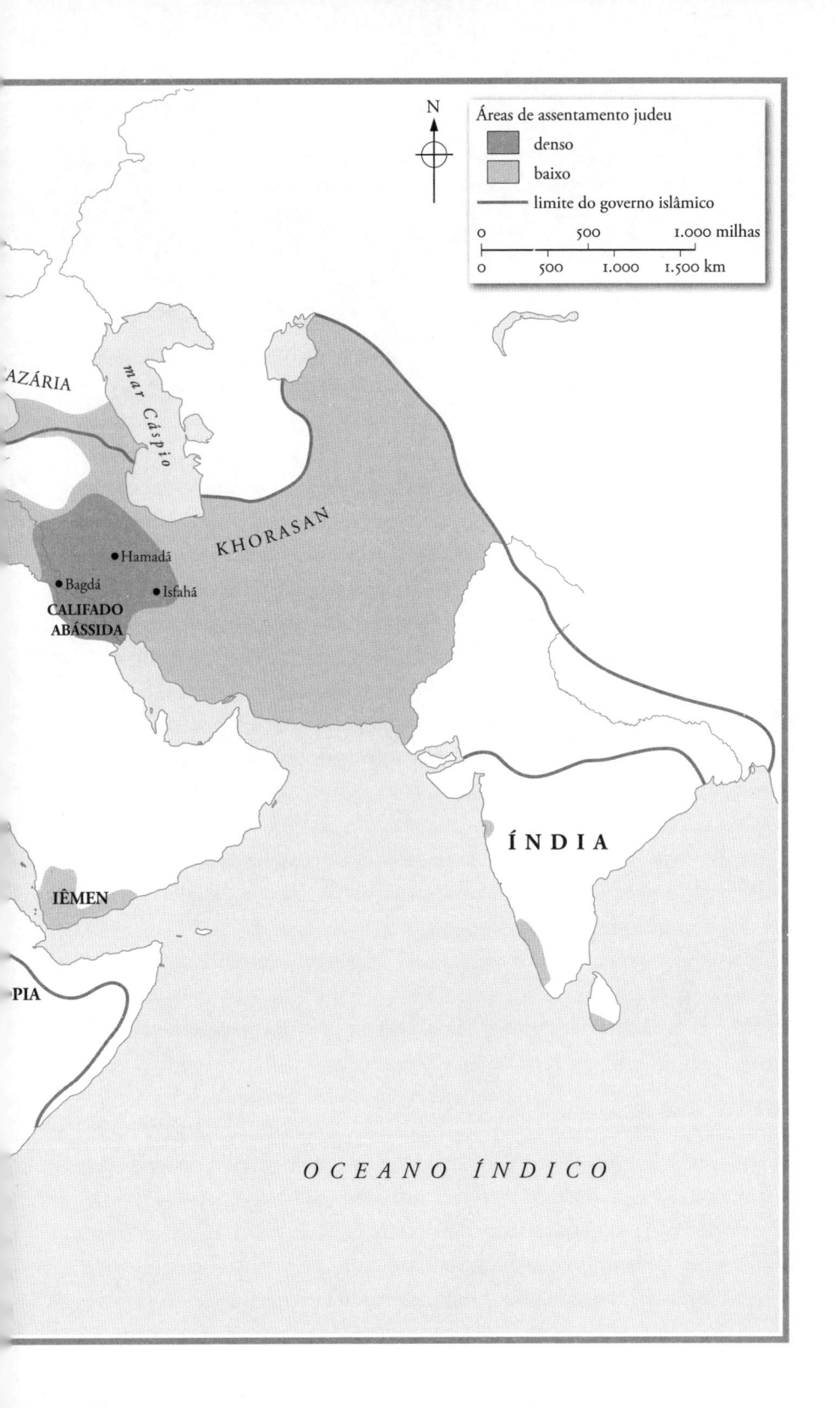

Áreas de assentamento judeu
- denso
- baixo
— limite do governo islâmico

0 — 500 — 1.000 milhas
0 — 500 — 1.000 — 1.500 km

AZÁRIA

mar Cáspio

KHORASAN

● Hamadá
● Bagdá ● Isfahã
CALIFADO ABÁSSIDA

ÍNDIA

IÊMEN

PIA

OCEANO ÍNDICO

9
Da Roma pagã ao islã e à cristandade medieval

A conquista de Jerusalém em 70 da Era Comum alterou de modo irrevogável as relações entre o Estado romano e os judeus. Tenha sido ou não a destruição do Templo proposital, uma vez o fato acontecido, a nova dinastia imperial chefiada por Vespasiano tratou o episódio como uma bênção para a paz imperial. No triunfo ao longo das ruas de Roma em 71 da Era Comum, durante o qual os adornos do Templo foram carregados em procissão, no ponto mais alto se encontrava uma cópia da lei judaica. Os judeus não teriam mais permissão de Roma para fazer o culto com sacrifícios e oferendas em Jerusalém. Pelo contrário, todos os judeus no império receberam a ordem de pagar para o tesouro imperial uma taxa especial, originalmente concebida para a reconstrução do templo de Júpiter Capitolino em Roma. Dos privilégios ancestrais de que eles outrora haviam desfrutado para a celebração de sua religião, os judeus agora somente podiam se vangloriar do limitado conforto de um direito negativo de se recusar a participar de ritos religiosos direcionados a outros deuses.[1]

Josefo, escrevendo logo após a destruição, parece ter acreditado que o verdadeiro sentido do sonho de Nabucodonosor, revelado séculos antes pelo profeta Daniel a respeito da destruição final de sucessivos impérios de ouro, prata, bronze e ferro por uma grande pedra, era que, com o tempo, o poder romano também iria chegar ao fim por meio da intervenção do Deus dos judeus, mas, apesar das esperanças judaicas de uma vingança contra o "reino iníquo", muitos anos se passariam antes que essa parte do plano divino fosse cumprida. A Roma imperial floresceu, expandindo as suas fronteiras no século II, sobretudo no Oriente Próximo. Havia contratempos nas fronteiras do norte e do leste no século III, mas o Estado emergiu intacto e próspero no início do século IV, apenas para passar por uma transformação notável, com a conversão de Constantino à fé cristã e a gradual cristianização de uma grande parte da sociedade romana, especialmente a partir do fim do século. À medida que o poder romano no norte da Europa e no oeste do Mediterrâneo ruiu com o ataque das invasões germânicas durante o século v, os estados sucessores estabeleceram as suas próprias sociedades cristãs (se bem que nem sempre do mesmo tipo de cristianismo que o dos imperadores romanos). As velhas religiões não desapareceram em todos os lugares imediatamente, mas a maior parte dos habitantes da Europa durante a Antiguidade tardia até a Alta Idade Média viveu em sociedades cristãs de um tipo ou de outro.[2]

De todos os grandes impérios confrontados por Roma durante sua ascensão ao poder, apenas a dinastia parta na Mesopotâmia nunca sucumbiu completamente ao poder romano; mas, na década de 220 da Era Comum, o Estado parta foi controlado por uma dinastia iraniana. Os sassânidas reivindicavam uma espúria continuidade com os aquemênidas, tais como Ciro e Xerxes, de quinhentos anos antes e, já no século III da Era Comum, defendiam o zoroastrismo como religião do Estado. O Império Romano que falava grego a leste do Mediterrâneo e da Síria, desde o início do século IV da Era Comum, com base na segunda capital de Constantino em Bizâncio (então renomeada "Constantinopla"), se encontrava em conflitos frequentes com o Estado persa sassânida, que nutria ambições expansionistas tão grandes quanto as de Roma, até os sassânidas serem removidos, de modo muito repentino, no século VII, pela ascensão do islã – um movimento político que, tendo por base a península Arábica, levou a conquistas tão rápidas quanto as de Alexandre um milênio antes. A Palestina caiu sob controle muçulmano, bem como o Egito e, um pouco depois, a costa do Mediterrâneo do Norte da África. Bizâncio continuou a resistir como o centro de uma mutilada cristandade grega até 1453, mas de modo geral a influência política cristã no Levante foi limitada a tentativas periódicas de reconquista da Palestina pelos cruzados do ocidente latino do fim do século XI até o século XIII. No outro lado do Mediterrâneo, partes da Espanha ficaram sob controle muçulmano desde a conquista do califado omíada no século VIII até 1492, quando o emir de Granada entregou a última cidade controlada pelos muçulmanos na península aos reis católicos de Castela e de Aragão.

Os judeus – já muito dispersos antes de 70 da Era Comum, com assentamentos da diáspora em diversas regiões costeiras do leste do Mediterrâneo, bem como estabelecidos em grande quantidade no Egito, na Babilônia e na cidade de Roma, e ainda mais dispersos depois da devastação de sua terra natal – foram afetados por todas essas mudanças no mundo mais amplo. Dentro do Império Romano, assentamentos judeus são verificados entre os séculos II e V da Era Comum tão a oeste quanto a Espanha e tão ao norte quanto a Gália e a Alemanha. Essas áreas se transformariam em grandes centros de vida judaica no começo do segundo milênio da Era Comum.

Na terra de Israel, uma população muito reduzida na Judeia após o desastre de 70 da Era Comum foi privada de todo o autogoverno político. Porém, a população judaica em si não desapareceu. Em 132 da Era Comum, os judeus da Judeia se revoltaram pela segunda vez contra Roma sob a liderança de Simão bar Kosiba, um rebelde carismático e impiedoso conhecido em parte das tradições posteriores como Bar Kokhba, "filho de uma estrela". Após o sangrento fracasso da revolta, os judeus foram proibidos de viver na área de Jerusalém. O assentamento judeu foi concentrado principalmente na Galileia, uma região suficientemente obscura aos olhos dos romanos para que a população dos vilarejos judaicos fosse entregue aos seus próprios desígnios. Na Palestina bizantina dos séculos IV a VI, quando a riqueza imperial foi dirigida à Terra Santa cristã, uma quantidade de assentamentos judeus na Alta Galileia foi abandonada, mas em outros locais belos pisos de mosaico revelam a quantidade, a riqueza e a concentração religiosa de judeus na Baixa Galileia e mais ao sul, tanto na costa do Mediterrâneo quanto perto do mar Morto em locais como Ein Gedi.

A prosperidade econômica não encorajou o amor a um Estado bizantino que tratava os judeus, assim como a todos que ele considerasse divergentes religiosos, como cidadãos de segunda classe, e, quando a Pérsia sassânida atacou o Estado bizantino no início do século VII, os persas foram vistos pelos judeus como potenciais mensageiros de uma era messiânica. Após as forças persas terem conquistado Jerusalém das mãos dos bizantinos em maio de 614, entregaram o controle da cidade aos judeus; no período de três anos foi posto um fim a essa autonomia local judaica pelos próprios persas, e em 627 um exército bizantino renovado, sob a liderança do imperador Heráclio, reconquistou o controle da Palestina, entrando em Jerusalém no dia 21 de março de 629 em uma procissão magnífica. Sob a pressão do clero cristão local, os judeus foram expulsos de novo de Jerusalém e de suas vizinhanças. Muitos se converteram ao cristianismo ou fugiram para outros países.[3]

O governo bizantino da Palestina cedeu em dez anos, em 637 ou 638, aos invasores árabes inspirados pela nova fé em Maomé, que morreu em 632.

Segundo as antigas tradições islâmicas, Maomé tinha muita simpatia pelo judaísmo no início de sua missão na Arábia. A cidade de Medina, para a qual ele migrou de sua casa em Meca, era ela própria lar para algumas tribos judaicas. Maomé fez acordos com esses judeus locais; mas, segundo as tradições muçulmanas posteriores, ele se voltou violentamente contra eles quando não aceitaram o seu chamado, massacrando alguns e expulsando outros da península à medida que seu poder aumentava, deixando no Corão e em seus ensinamentos um legado complexo que poderia apoiar tanto a tolerância quanto a intolerância ao "povo do livro".

Nas fontes islâmicas é dito que os judeus do sul da Palestina negociaram com o próprio Maomé, e a conquista árabe certamente deu um alívio à perseguição bizantina. Porém, a população judaica da terra de Israel não iria crescer muito novamente por muitos séculos, embora a comunidade judaica prosperasse durante os primeiros cinquenta anos de controle árabe, protegida pelo fundador da dinastia omíada, o califa Mu'awiya. As condições pioraram no século VIII, com a introdução, por Omar II, das restrições à conduta pública e à observância religiosa dos não muçulmanos. O nível de tais restrições aos judeus e cristãos como uma população não muçulmana protegida (os *dhimmi*) variou pelos séculos seguintes, e alguns judeus pelo menos devem ter aceitado o convite para a conversão ao islã. Esses judeus que permaneceram no território geralmente eram encontrados em cidades comerciais, tais como Ramla. Havia uma concentração um pouco maior até o século IX em Tiberíades, na Galileia, depois que Jerusalém novamente se tornou o principal centro de população judaica na Palestina por dois séculos até o alvoroço ocasionado pelos cruzados a partir do fim do século XI. Ao longo dos séculos seguintes, as comunidades menores que sobreviveram foram reforçadas ocasionalmente por colonos da Europa, com novos centros populacionais em Acre e em Ascalona. O retorno do governo muçulmano em 1291 sob os mamelucos trouxe um período de paz e, a partir do século XV, uma ressurgência de assentamentos judaicos em Jerusalém.

Os judeus da diáspora mediterrânea foram afetados pelas mesmas agitações no mundo mais amplo. Desordens no Egito e em Cirene (na atual Líbia), logo depois da destruição de Jerusalém em 70 da Era Comum, foram rapidamente suprimidas pelo Estado romano, apenas para irromper de novo em uma grande insurreição, de 115 a 117 da Era Comum, dos judeus no sudeste do Mediterrâneo. Essa revolta nos últimos anos do imperador Trajano resultou no desaparecimento de toda a poderosa comunidade judaica do Egito e de Alexandria. Cem anos mais tarde, Cássio Dio relatou que qualquer judeu que colocasse os pés na ilha de Chipre ainda seria condenado à morte. Os judeus da Ásia Menor e da Grécia pareciam ter ficado mais em paz, com comunidades florescendo pelo menos até o século VI da Era Comum, mas com frequência sujeitos a restrições por parte dos imperadores cristãos depois de Constantino. Às vezes eles se encontravam sob a pressão física direta do clero cristão: quando uma sinagoga em Calínico (atual Raqqa), na Mesopotâmia, foi incendiada por uma multidão em 388, o imperador Teodósio I, ansioso por preservar a ordem imperial, tentou punir os criminosos e exigiu que eles a reconstruíssem às próprias custas, apenas para ser impedido por Ambrósio, bispo de Milão, que considerou tal reconstrução como sacrílega.

A severidade das restrições feitas aos judeus pelo Estado cristão e a eficiência com que elas foram postas em prática naturalmente variaram muito ao longo do milênio seguinte até a queda de Bizâncio em 1453. Após a conquista islâmica da terra de Israel e do Egito, os judeus eram encontrados nas principais cidades ainda controladas por Bizâncio (que incluíam, após sua reconquista por Justiniano na metade do século VI, grande parte do sul da Itália). O imperador Justiniano II, em 692 da Era Comum, proibiu que judeus e cristãos tomassem banho juntos em locais públicos. Decretos foram emitidos por Basílio I (em 873-4) e Romano I Lecapeno (em 930), ordenando a conversão forçada dos judeus. É evidente que os judeus no império que continuaram a seguir sua fé só o fizeram com sofrimento. Mas havia um bairro judeu, Pera, em Constantinopla, na época da Quarta Cruzada em 1204, e ainda havia uma quantidade suficiente de judeus na Grécia e nos Bálcãs no século XIII, para atrair a atenção dos governantes bizantinos locais, tais como Teodoro I Angelus, que, entre 1214 e 1230, proibiu o judaísmo na região de Epiro e de Salônica sob seu controle.[4]

Alguns judeus dessas terras fugiram para a Cazária, um reino turco ao nordeste do mar Negro, na região do baixo Volga, estabelecendo comunidades que floresceram (em certas épocas se estendendo bastante para o oeste) do século VIII ao X. A Cazária foi governada por uma dinastia que, em *c.* 730, adotou o judaísmo como religião do Estado, provavelmente em parte como um subterfúgio em suas complexas relações diplomáticas com os vizinhos bizantinos cristãos e árabes muçulmanos. Eles não foram os primeiros a ver as vantagens do judaísmo como uma religião que iria preservar a independência das ambições imperialistas cristãs de Bizâncio. Já no fim do século IV da Era Comum, o rei da tribo himiarita, no sul da Arábia, havia protegido seu poder no Iêmen contra a Bizâncio cristã no norte e o reino cristão de Aksum na Etiópia, do outro lado do mar Vermelho, se convertendo ao judaísmo. Os cazares eram geralmente conhecidos entre os seus vizinhos muçulmanos como judeus, mas quanto da população adotou a religião não se sabe. Muçulmanos, cristãos e pagãos formavam a maior parte da população e lhes foi concedida a autonomia interna, e relatos das origens do judaísmo cazar se referem a aproximadamente 4 mil nobres que adotaram a fé judaica junto com seu rei Bulan. Benjamin de Tudela, viajante judeu do século XII, não fez menção à Cazária como um reino judeu, mas ele se referiu aos cazares em Constantinopla e em Alexandria, e há evidências de que pelo menos alguns documentos de judeus cazares foram encontrados nos séculos seguintes também na Ucrânia e na Polônia.[5]

O destino dos judeus na Babilônia foi muito diferente daquele de seus correligionários sob o governo romano e cristão. Pouco se sabe sobre a comunidade babilônica nos últimos séculos do Segundo Templo, embora houvesse grande contato com a Judeia via peregrinações a Jerusalém. Herodes aproveitou os babilônios para guarnecer parte de Batanea na rota da peregrinação, e designou um babilônio para a posição de sumo sacerdote no começo de seu governo. Ao contrário de seus correligionários judeus em Adiabena, mais ao norte na Mesopotâmia, os babilônios não parecem ter participado da guerra para defender o Templo em Jerusalém, embora eles possam ter sido envolvidos na revolta da diáspora de 115 a 117, que irrompeu quando o imperador Trajano estendeu o poder militar romano perigosamente próximo deles durante suas campanhas no leste. Deixados em paz pelo Estado parta, também foram, de modo geral, tolerados pelos sassânidas depois da metade da década de 220, apesar da proeminência de magos zoroástricos dentro do regime e de tentativas ocasionais por parte do Estado de extirpar religiões não zoroástricas, como foi gravado em uma inscrição do fim do século III em Ka'ba-yi Zardusht [Caaba de Zaratustra] pelo sumo sacerdote Kartir:

> E reino após reino, e lugar após lugar, por todo o império, os serviços de Ahura Mazda e dos deuses passaram a ser superiores. [...] E os judeus e Sramans

budistas e brâmanes [...] e nazarenos e cristãos e maktak e zandiks no império foram atacados.⁶

Assim como indicava a inscrição de Kartir, os judeus não eram a única minoria religiosa dentro do Estado. O líder político da comunidade judaica, chamado *resh galuta* ("exilarca") nos textos rabínicos, foi encarregado pelo Estado de autoridade considerável a partir do século III até o período islâmico. Ele tinha o direito de designar juízes tanto nos casos civis quanto criminais quando os judeus estavam envolvidos; por sua vez, os judeus reconheciam a autoridade do Estado sassânida de um modo bastante diferente de sua oposição ao "reino iníquo" de Roma. Os judeus parecem ter tido uma vida muito melhor sob os sassânidas que seus vizinhos cristãos, cuja afiliação religiosa sugeria muita simpatia para com o inimigo romano. Não obstante, há evidências de uma deterioração drástica na condição dos judeus no século VI, e perseguições foram suficientes para que os judeus da Babilônia adotassem com entusiasmo a conquista islâmica do século VII.

Sob o califado árabe e uma renovação da autoridade secular do exilarca judeu no governo islâmico, a comunidade judaica do que é agora conhecido como Iraque floresceu, apesar da discriminação ocasional contra os judeus junto com outros *dhimmis*. Inevitavelmente afetados pelos caprichos da sorte política de diferentes dinastias islâmicas, de modo que para Benjamin de Tudela a comunidade de Bagdá no século XII parecia estar em declínio, eles continuaram, não obstante, numerosos, e conservaram uma influência considerável até mesmo depois da conquista mongol na metade do século XIII. Apenas depois da conquista do Iraque em 1393 por Tamerlão, que destruiu grande parte de Bagdá e de outras cidades, houve um êxodo considerável, com os judeus não retornando até o fim do século XV.⁷

Os judeus da Babilônia já estavam, no século VIII, no centro de uma civilização islâmica que se estendia bastante para o oeste. À medida que a influência árabe crescia, também aumentava a influência dos judeus de Bagdá sobre as comunidades na Síria, na Palestina, no Egito, no Norte da África e na Espanha. Bagdá havia sido fundada no século VIII como uma cidade caracteristicamente islâmica junto com a antiga Babilônia, mas na época de seu apogeu durante os séculos X e XI, ela havia se expandido bem além de suas fortificações circulares originais em uma rica cultura urbana que integrava cristãos e zoroastristas bem como judeus, com uma série de palácios, pátios, lagos e jardins irrigados pelos canais que ligavam os rios Tigre e Eufrates, seis grandes mesquitas, 1.500 casas de banho registradas e mercados tão opulentos que inspiraram as histórias do livro *As mil e uma noites*. Os judeus que lá viviam devem ter sentido que se encontravam no centro do mundo civilizado.

Em séculos posteriores, outras cidades islâmicas com grandes populações judaicas também alcançariam níveis parecidos de prosperidade e sofisticação, principalmente o Cairo, onde o lucrativo comércio de especiarias entre o oceano Índico e o Mediterrâneo se juntava à renda das colheitas do fértil vale do Nilo. O lócus da autoridade judaica mudou para se adaptar. Na época do pensador judeu Maimônides, século XII, o Cairo eclipsou Bagdá como centro da vida intelectual judaica. O período mais importante do Cairo foi durante os séculos XIII e XIV, sob o sultanato mameluco, quando sultões e emires competiam na construção de mesquitas, colégios e mosteiros, com uma população sempre crescente, comércio intensivo, jardins e pavilhões. R. Meshulam de Volterra, em visita num domingo 17 de junho de 1481, jurou que "se fosse possível colocar Roma, Veneza, Milão, Pádua, Florença e mais quatro cidades juntas, elas não se igualariam em riqueza e em população à metade daquela do Cairo". Mais para o oeste, muitos judeus também viviam em Kairouan, na moderna Tunísia, que havia sido fundada em 670 por Uqba ibn Nafi, o conquistador do Norte da África, e que floresceu até o saque da cidade pelos árabes do Egito em 1057.[8]

O declínio da hegemonia babilônica sobre o desenvolvimento religioso do judaísmo foi ligado ao esfacelamento do mundo islâmico em califados independentes a partir do século XI, e particularmente à influência da comunidade judaica na Espanha islâmica. Os judeus tinham se estabelecido naquele país pelo menos em meados do século IV, já que o Concílio de Elvira em 305 tentou impor restrições às relações sociais dos judeus com os cristãos, proibindo estes de viver na casa de judeus, ou de comer em sua companhia, ou de abençoar a produção de seus campos; e em 417 ou 418 a comunidade em Minorca foi convertida em massa e à força, depois de um tumulto vividamente descrito em uma carta que comemorava o acontecimento, redigida por um bispo local. Eles tiveram um pouco mais de sorte sob os reis visigodos que suplantaram o Estado romano na península Ibérica quando o império enfraqueceu. Quando, em 613, o rei Sisebuto, que reinava sobre a Hispânia e a Septimânia (no sudoeste da França), ordenou que todos os judeus fossem batizados ou abandonassem o reino, muitos partiram para o exílio. Os que permaneceram, ou retornaram nos anos seguintes sob regimes mais lenientes, se tornaram, em muitos casos, criptojudeus. Eles, ou os seus descendentes, estavam entre aqueles que acolheram a chegada de invasores muçulmanos em 711 – segundo relatos árabes, os invasores entregaram cidades importantes, como Córdoba, Granada, Toledo e Sevilha, para que os judeus as guarnecessem.⁹

Seria errado caracterizar os séculos seguintes da vida dos judeus na Espanha islâmica como idílicos, principalmente porque os judeus (assim como os cristãos) eram sujeitos a pesados impostos do Estado islâmico. Porém, os judeus prosperaram especialmente sob o regime tolerante dos omíadas, com a sua capital em Córdoba, que se tornou um importante centro judaico. Diversos dignitários judeus serviram na administração e nos exércitos desses governantes islâmicos, sendo atraídos para a complexa política dinástica após a conquista de Córdoba pelos berberes em 1013. A ascensão de tais dignitários nem sempre teve consequências positivas para a população judaica de modo geral – ela foi, por exemplo, a causa do dramático massacre de judeus em Granada em 1066 – mas, de modo geral, a vida judaica se expandiu na Espanha islâmica até a metade do século XII, quando a dinastia almôade do Marrocos invadiu e impôs uma grande quantia de conversões forçadas ao islã.

Já a partir do início do século XI, a posição dos judeus dentro da sociedade islâmica foi complicada pelo começo da reconquista cristã a partir do norte e a periódica disposição dos reis cristãos, cientes das vantagens do apoio político e econômico dos judeus, de garantir a seus súditos judeus muitos mais direitos do que eles haviam desfrutado sob os regimes cristãos anteriores. Tal tolerância não perdurou: em 1235, o Concílio de Tarragona tentou controlar a influência dos judeus por meio de restrições financeiras e políticas, e, em 1250, um ataque mais sistemático aos judeus locais foi desencadeado em Saragoça. As atitudes dos monarcas católicos em relação aos judeus variaram durante o século XIV, com a tensão entre os reis (que precisavam da renda oriunda dos impostos cobrados dos judeus), o clero e a classe dos comerciantes. No dia 4 de junho de 1391, tumultos contra os judeus foram desencadeados em Sevilha, instigados pelos violentos sermões de um clérigo chamado Ferrand Martinez, e a desordem se disseminou por toda a península, com as autoridades reais impotentes para proteger os judeus, dos quais muitos, se sobreviveram, foram obrigados a se converter.

A quantidade de tais conversões durante o século XV demonstrou ser um problema para os cristãos, bem como para os judeus, já que havia muita dúvida, real ou imaginária, sobre a fé genuína desses "cristãos novos". Um desejo de purificar o Estado persuadiu Isabel e Fernando, monarcas a partir de 1479 de um reino unido de Castela e Aragão, a solicitar que os dominicanos começassem uma inquisição sobre "judaizar" entre esses "conversos". Os inquisidores parecem ter achado impossível descobrir tais judeus camuflados, enquanto os que abertamente professavam sua fé ainda estavam por lá. Em 1483, eles foram expulsos da Andaluzia, e, no outono do mesmo ano, Tomás de Torquemada foi designado inquisidor geral. Quando Granada, o último reduto muçulmano na Espanha, caiu nas mãos de Fernando e Isabel em janeiro de 1492, o momento parecia propício para remover os judeus de toda a Espanha, e, no dia 31 de março de 1492, o édito de expulsão foi assinado em Granada.[10]

Parte da intolerância contra os judeus havia penetrado na Espanha católica provindo das comunidades cristãs localizadas mais ao norte, em regiões da Europa onde os judeus viviam em pequenas comunidades durante o período medieval. Alguns provavelmente se estabeleceram no norte da Catalunha e no sul da França logo depois de 70 da Era Comum, mas evidências para assentamentos judeus na França são encontradas em sua maior parte a partir do século V e depois, sob os reis francos e merovíngios, quando a quantidade de judeus aumentou com os refugiados da Espanha visigótica. Eles prosperaram principalmente sob o governo carolíngio nos séculos VIII e IX, com o estabelecimento de importantes centros de estudos judeus em Limoges, Narbona e Troyes, no século XI. A chegada dos judeus à Alemanha provavelmente ocorreu mais tarde. Deve ter havido alguns judeus em Colônia em 321 da Era Comum, quando o imperador romano decretou que eles poderiam ser chamados para servir no conselho da cidade. Mas o assentamento posterior dos judeus foi apenas gradual, basicamente por intermédio da chegada de mercadores da Itália e da França, como a família Kalonymus de Luca, na Itália, que se estabeleceu em Mainz no século X. A paz das comunidades francesas e alemãs foi destruída durante as Cruzadas. Os cruzados se voltaram contra os judeus do vale do Reno a caminho da Terra Santa de abril a junho de 1096 na Primeira Cruzada; e mais violência se seguiu nas Cruzadas posteriores. Em 1215, o Quarto Concílio Laterano decretou que os judeus tinham de usar um distintivo especial para distingui-los dos cristãos, e uma onda de perseguições pode ser evidenciada por meio dos anais dessas comunidades até o fim da Idade Média.[11]

A origem de uma frequente centelha de violência contra os judeus era a acusação de libelo de sangue ou crime ritual, visto pela primeira vez na França (em Blois) em 1171, na Espanha (em Saragoça) em 1182, e na Alemanha (em Fulda) em 1235. Porém, antes que qualquer um desses apareceu na Inglaterra, onde, em 1144, foi alegado que os judeus haviam comprado o "mártir-menino" William antes da Páscoa, "e o torturaram com todas as torturas por meio das quais nosso Senhor foi torturado, e em uma Sexta-Feira Santa o enforcaram em um crucifixo por ódio ao nosso Senhor". Os judeus haviam se estabelecido na Inglaterra apenas no encalço da conquista normanda em 1066. A maior parte viera do norte da França e tinha ligações com a monarquia, oferecendo serviços financeiros à Coroa, e por isso eles se estabeleceram em muitas das maiores cidades, com o assentamento mais importante em Londres. O papel do intermediário financeiro entre o povo e o rei pode explicar em parte a força do sentimento contrário aos judeus, exacerbado pelo ímpeto cruzado de Ricardo Coração de Leão. A hostilidade contra os judeus culminou em setembro de 1189 com a pilhagem do bairro judeu de Londres, e em 1190 com o suicídio em massa dos judeus de York na Torre de Clifford no Castelo de York. Os judeus ingleses permaneceram subjugados durante o século seguinte, até que, em 18 de julho de 1290, Eduardo I expediu um édito para o banimento deles – a primeira expulsão geral dos judeus de qualquer país na Idade Média.[12]

Seja por causa de tais expulsões, ou por comércio, ou por outras razões, a demografia dos assentamentos judeus se alterou de modo constante durante a Idade Média. Alguns judeus da Alemanha foram para o leste, estabelecendo-se na Polônia, na Lituânia e na Rússia, levando com eles um característico dialeto judeu alemão que iria se transformar no ídiche. Muitos judeus italianos emigraram nos últimos séculos do primeiro milênio da Era Comum, alguns em direção ao norte, e outros atravessando o Mediterrâneo para o Norte da África. Carlos Magno assentou judeus italianos em Mainz no século VIII. E eruditos italianos levaram seus conhecimentos para as escolas rabínicas em Fostate (ao sul do Cairo) e em Kairouan no mesmo período. Os próprios judeus italianos estavam em contato íntimo com a Palestina, ajudando a transferência de tradições religiosas palestinas para o norte da Europa.

Fica claro que um relato simples e "lacrimoso" da história dos judeus ao longo desses séculos seria enganoso. Houve períodos e locais, particularmente sob o governo islâmico no Egito, no Norte da África e na Espanha, que testemunharam o florescimento pacífico de comunidades judaicas. Uma ênfase nos desastres é um produto das evidências produzidas por alguns judeus em comemorações e em lamentos, e é impossível reconstruir a história de certas comunidades judaicas com alguma clareza. Algo pode ser inferido, por exemplo, a respeito da história dos judeus do Iêmen a partir de inscrições locais em pedras e em textos fragmentários preservados no Cairo, mas esses apenas de modo ocasional são detidamente examinados. Então, por exemplo, o líder deles, Jacob b. Nathanael al-Fayyumi, procurou conselho em *c.* 1170 a respeito de um movimento messiânico local, fazendo com que Maimônides escrevesse no Egito sua *Epístola do Iêmen*. Muito menos se pode dizer a respeito da vida dos assentamentos judeus na costa sudoeste da Índia, além do fato de que a eles foram concedidos privilégios, preservados pela comunidade em Cochin, do governante hindu de Malabar no fim do século X ou início do XI da Era Comum, e são mencionados por viajantes e geógrafos a partir do século XII. Tampouco se pode dizer muita coisa sobre os judeus kaifeng da China, que se estabeleceram na província de Henan, provavelmente no século IX ou X, ou sobre a história dos beta israel na Etiópia, conhecidos por outros como falashas (que significa "exilados" em língua amárica), que acreditavam ser descendentes de Menelik, o filho do rei Salomão e da rainha de Sabá. Qualquer que seja a verdade relacionada a essas crenças, é certo que pelo menos alguns judeus se estabeleceram na Etiópia antes da conversão ao cristianismo da dinastia aksum, sob influência do Império Romano no século IV da Era Comum, e que cativos judeus do reino himiarita, no sul da Arábia, estavam estabelecidos na Etiópia no século VI.[13]

Grande parte das evidências da vida dos judeus em todas essas diferentes regiões vem de restos arqueológicos de sinagogas, inscrições funerárias, comentários feitos por escritores cristãos e muçulmanos, e da literatura de judeus religiosos preservada em manuscritos do século XI e posteriores. Porém, uma luz particularmente reveladora é lançada em um canto desse mundo judeu por meio da análise de cerca de 200 mil fragmentos descobertos na *geniza* da sinagoga de Fostate, no Cairo. Esses escritos, depositados ali a partir de *c.* 882 até o fim do século XIX para evitar o sacrilégio por meio de sua destruição, caso eles contivessem o nome divino, incluíam grandes quantidades de documentos seculares e cartas, bem como obras bíblicas e outras religiosas. Eles revelam contratos entre judeus do Egito e diversas outras partes do mundo judaico ao longo de todos esses séculos e demonstram quão parcial nosso conhecimento deve ser sobre essas áreas de assentamento judeu para as quais as evidências como as da *geniza* não sobrevivem.¹⁴

A dispersão geográfica dos judeus por si só criou variação no judaísmo de diferentes regiões. Jerusalém estava perdida como um centro religioso depois de 70 da Era Comum, e os judeus registraram suas ideias religiosas não apenas em hebraico, aramaico e grego, mas em árabe, que, por alguns séculos, se tornou a língua franca em grande parte do mundo judeu, e em outras línguas locais. Veremos nos capítulos seguintes como judeus passaram de uma comunidade para outra – da Palestina à Babilônia, ou na direção oposta na Antiguidade tardia, ou da Espanha para França, Alemanha ou Inglaterra, ou a leste da Polônia para a Rússia – levando com eles ideias e costumes religiosos. Uma abundância de cartas na *geniza* do Cairo revela um desejo por um contato formal para aconselhamento religioso, bem como sobre comércio e outras questões mais mundanas.

Apesar de tais contatos, as comunidades judaicas se desenvolveram em ritmos distintos e de modos divergentes. Veremos que o fim do judaísmo "medieval" aconteceu muito mais tarde em partes da Europa Oriental do que na Alemanha. O tratamento separado dado neste livro à história do judaísmo moderno a partir de 1500 será mais valioso ao destacar a mudança religiosa na Itália e na Holanda do que, por exemplo, no Iêmen (ver parte IV). Porém, também iremos notar as evidências frequentes de contatos entre judeus que encorajavam a unidade apesar do reconhecimento da diferença.

10
O judaísmo sem um Templo

A destruição de Jerusalém por tropas romanas em 70 da Era Comum exigiu uma explicação religiosa. Se Deus, o regente supremo do universo, havia permitido que tal desgraça recaísse sobre seu povo, deveria ser como parte de um plano divino. O autor de um texto apocalíptico que diz descrever as visões proféticas de Esdras, o sacerdote e escriba do século v a.C., mas que deve, provavelmente, ter sido composto nas últimas décadas do século I da Era Comum, previu a vingança divina sobre o Império Romano. Ele imaginou Roma como uma águia de três cabeças destinada à destruição durante os últimos dias que estavam recaindo sobre a Terra:

> O Altíssimo contemplou os seus tempos; agora eles se acabaram, e as idades deles alcançaram a completude. Portanto vós, águia, com certeza desaparecereis, vós e vossas asas terríveis, vossas asinhas tão malévolas, vossas cabeças maldosas, vossas garras tão malévolas, e todo o vosso corpo inútil, de modo que toda a Terra, livre da vossa violência, possa ser revigorada e libertada, e possa esperar pelo julgamento e misericórdia daquele que a criou.

Porém, não temos a menor ideia de quantos outros judeus compartilhavam dessa esperança escatológica. O Quarto Livro de Esdras foi preservado apenas por meio de cópias e traduções realizadas por cristãos, entre os quais o texto demonstrou ser extremamente popular, supostamente em parte devido ao grande interesse deles pelo iminente fim dos tempos, mas não se sabe se o conteúdo exercia um apelo semelhante entre os judeus não cristãos.[1]

Para os judeus comuns, assim como Josefo, a explicação óbvia para o desastre já estava prevista nos textos bíblicos relacionados às maldições que estavam à espera de Israel por não conseguir manter a aliança com Deus, e nas inúmeras promessas de redenção quando Israel se arrepende de seus pecados.

O então abismo de miséria era simplesmente parte de um círculo regular de pecado, punição, arrependimento, perdão e renovação traçado ao longo de inúmeras gerações nos livros bíblicos dos Reis. Como consequência, a um Israel reformado era garantido o auxílio divino e, com o devido tempo, o exílio da cidade sagrada de Jerusalém iria chegar ao fim.

A otimista nota de confiança no poder do Deus de Israel permeia os escritos de Josefo, todos eles compostos no período posterior à guerra. Os leitores romanos de *Guerra dos judeus* e *Antiguidades dos judeus* poderiam ter ficado surpresos ao saber, com sua narrativa apaixonada, que os acontecimentos que haviam culminado na destruição da capital dos judeus haviam sido orquestrados pelo mesmo Deus judeu, cujo santuário havia sido saqueado, mas essa era exatamente a mensagem que Josefo desejava transmitir. O corolário era que os judeus precisavam apenas retornar ao caminho da devoção para que Deus cuidasse novamente de seu povo castigado.

É possível supor que nem todos os judeus fossem igualmente otimistas em relação ao futuro sob os cuidados do Deus judaico. Sabemos que, assim como Tibério Júlio Alexandre, sobrinho de Fílon, alguns abandonaram o judaísmo completamente à medida que se embrenhavam nos meandros da elite imperial romana. No fim do século II da Era Comum, os nomes dos descendentes de Herodes, o Grande, podem ser encontrados em inscrições que não dão mostras de suas conexões judaicas. Outros judeus simplesmente se tornaram não identificáveis nas evidências para as populações mistas das cidades romanas, nas quais grupos étnicos podem ser observados apenas quando se esforçam para preservar suas culturas específicas.[2]

Porém, se a maior parte dos judeus compreendia o plano divino na mesma luz bíblica que Josefo, a implicação teológica não era a mudança, mas a continuidade, ou, mais precisamente, um compromisso renovado com a aliança da Torá, pois apenas ela poderia garantir uma reviravolta da sorte por meio da graça divina. Portanto, é sensato assumir que o entendimento da Torá teria permanecido tão variegado após 70 da Era Comum quanto antes. A versão do judaísmo à qual os fariseus reafirmaram a sua lealdade terá sido farisaica. O mesmo, *mutatis mutandis*, vale para os saduceus e essênios. Surpreendentemente, poucas vezes se percebe que, quando Josefo escreveu nas décadas de 70, 80 e 90 do século I da Era Comum sobre essas diferentes filosofias judaicas, ele o fez no tempo presente, sem nenhuma indicação de que qualquer uma delas tivesse deixado de existir desde o desastre de 70 da

Era Comum. Era bem possível que o judaísmo passasse a ser mais variado, e não menos, com o desaparecimento do Templo como instituição comunal na qual as diferenças em teologia e prática tinham o suporte de uma plataforma pública.

A reivindicação comum feita por historiadores do judaísmo de que o ano de 70 da Era Comum pôs um ponto final a tal variedade, e mesmo de explicar essa mudança como o produto da solidariedade ante o desastre, é baseada em uma ilusão causada por uma mudança, não na diversidade do judaísmo, mas na diversidade das evidências para aquele tipo de judaísmo. A tradição cristã, que preservou os escritos judaicos em grego tais como as obras de Josefo compostas antes de 100 da Era Comum, perdeu o interesse pela preservação de escritos judaicos não cristãos após *c.* 100 da Era Comum, porque os cristãos estavam criando uma extensa literatura própria. Como resultado, a natureza do judaísmo do fim do século 1 até o fim do primeiro milênio da Era Comum tem de ser descoberta basicamente a partir da grande massa de tradições religiosas preservadas por rabinos que tinham pouco ou nenhum interesse em formas de judaísmo não rabínicas (ver capítulo 11), embora (como veremos no capítulo 12) traços dessas outras formas de judaísmo ainda possam ser encontrados nos registros arqueológicos e epigráficos.

Já observamos que, segundo Josefo, para uma testemunha do lado de Roma, a destruição do Templo em agosto de 70 da Era Comum não era prevista pelo alto-comando romano. No caos do assédio, o fogo iniciado por uma tocha acesa atirada no santuário por um soldado romano se espalhou rapidamente e ficou fora de controle, e tentativas feitas por Tito de salvar o edifício foram em vão. Josefo deixou claro que Tito havia sido o instrumento do Deus judaico para punir seu povo pelos pecados dele. Era igualmente claro que, assim como Deus havia assegurado a reconstrução do Templo após sua destruição pelos babilônios em 586 a.C., essa nova reconstrução também poderia ser esperada. A Torá continha injunções explícitas para que os judeus fizessem sacrifícios e oferendas; então, decidir que isso não era mais possível dificilmente seria uma opção óbvia. O Templo de Jerusalém não foi o único edifício religioso a ser incendiado por acidente no Império Romano – na verdade, o templo de Júpiter Capitolino em Roma havia sido destruído pelo fogo no ano anterior. A opção mais evidente para os judeus era esperar e rezar por uma rápida reconstrução de seu santuário e para que eles se esforçassem ao máximo para proporcioná-la.[3]

Josefo, escrevendo na metade da década de 90 da Era Comum, dava como certo que os judeus ainda esperavam fazer o culto no Templo, se vangloriando em *Contra Apião* sobre a excelência dele:

> Um templo do único Deus – pois os iguais se atraem – comum para todas as pessoas como pertencente ao Deus comum de todos. Os sacerdotes irão continuamente adorá-lo, e aquele que é o primeiro por sua ascendência irá sempre estar à frente deles. Ele, junto com os demais sacerdotes, irá fazer o sacrifício para Deus, irá salvaguardar as suas leis, irá julgar nas contendas, e irá punir os que forem condenados. [...] Nós oferecemos sacrifícios, não para nossa gratificação ou embriaguez – pois isso não é desejável para Deus e seria um pretexto para a violência e os gastos exorbitantes –, mas os que são sóbrios, ordeiros, bem-comportados, de modo que, principalmente quando estivermos fazendo sacrifícios, nós possamos agir com uma moderação sóbria. E nos sacrifícios devemos em primeiro lugar oferecer preces para o bem-estar comum, e então para nós mesmos; pois nascemos para uma comunidade, e a pessoa que se importa mais com isso e não com seus próprios problemas pessoais seria especialmente agradável para Deus.

Nada nesse hino de louvor ao Templo insinua o fato, que teria sido tão flagrante para seus leitores quanto para Josefo, que ele havia sido destruído 25 anos antes.[4]

Josefo estava enganado em sua expectativa de que o Templo de Jerusalém seria reconstruído. Já que estava em ruínas, Vespasiano e Tito investiram muito capital político em propaganda a respeito da derrota dos judeus como justificativa para seu controle do poder em Roma para permitir qualquer sugestão de que a destruição seria lamentada, quanto mais que uma nova construção devesse se erguer em seu lugar. A dedicação dos judeus que haviam defendido o santuário durante o cerco, bem como as vantagens defensivas do local, desencorajou seus sucessores imediatos de permitir a reconstrução. A fundação da colônia romana de Élia Capitolina por Adriano no terreno de Jerusalém em 130 da Era Comum acabou com a possibilidade de um novo Templo judaico para os séculos remanescentes de governo romano. Uma tentativa fracassada feita pelo imperador pagão Juliano de reconstruir o Templo em 364 da Era Comum com o intuito de aborrecer os cristãos foi impedida pela morte prematura de Juliano em campanha. O Monte do Templo ficou abandonado até o fim do século VII da Era Comum, quando o califa omíada

Abd al-Malik construiu no local o magnífico templo islâmico do Domo da Rocha, que ainda se encontra lá nos dias de hoje.⁵

Josefo provavelmente não estava sozinho entre os judeus na expectativa de que o Templo fosse reconstruído. Cem anos depois dele, o compilador da Mishná, em c. 200 da Era Comum, incluiu uma discussão da detalhada prática do culto no Templo – não apenas os festivais com data definida (Shabat, festivais dos peregrinos, Dia do Perdão), mas o tratamento geral das "coisas santificadas" (oferendas de animais e de alimentos, sacrilégios) e as dimensões do prédio do Templo e de suas partes constituintes. Pelo menos alguns não judeus, para os quais o culto com sacrifício, libações e outras oferendas se encontravam entre as características mais normais do judaísmo, parecem ter compartilhado a suposição de que, no devido tempo, o Templo de Jerusalém fosse outra vez abrigar multidões de peregrinos. Mais tarde, no século III, duzentos anos depois da destruição, o orador pagão Menandro de Laodicea (na Ásia Menor) ainda estava indicando os festivais de peregrinos em Jerusalém como o exemplo mais impressionante de peregrinação em massa. Ele observou que "a glória de [um] festival [religioso] é realçada quando os que se reúnem são ou muito grandes em número ou da mais alta reputação. Um exemplo de alta reputação [...] é Olímpia, onde pessoas de grande renome se encontram", porém, ele observou, "as maiores multidões são encontradas no festival dos hebreus que vivem na Palestina síria, já que se reúnem em quantidades muito grandes vindos da maior parte das nações".⁶

Com o devido tempo, os judeus iriam desenvolver novas expressões de judaísmo que chegaram a um acordo com a perda do Templo, mas não fica claro quanto tempo foi necessário para que o anseio de reconstruir o templo diminuísse. Algumas das moedas dos rebeldes liderados por Bar Kokhba em 132-5 da Era Comum traziam imagens do Templo e os dizeres "Para Jerusalém". A tentativa de reconstrução por Juliano na metade do século IV passa quase sem ser notada nos escritos rabínicos da Palestina nesse período, mas isso pode ter acontecido porque, tendo sido por instigação de um governante pagão e não pelos esforços de sacerdotes judeus, ela tenha sido considerada inválida. Imagens do Templo e referências aos "deveres" sacerdotais em muitas inscrições em mosaicos nos pisos das sinagogas dos séculos V e VI da Era Comum encorajaram especulações de que os judeus nesse período acalentavam esperanças de uma reconstrução iminente, porém essa pode ser uma hiperinterpretação. De qualquer modo, a reconstrução não era uma possibilidade prática sob os governos cristãos com a intenção de tornar a Palestina uma terra sagrada na qual a previsão de Jesus sobre a destruição do Templo poderia ser dada como cumprida. Somente no século XII, em um mundo islâmico onde o sacrifício não mais fazia parte da cultura geral, Maimônides iria afirmar que Deus encorajara o culto sacrifical em primeiro lugar com o intuito de afastar os judeus dos sacrifícios humanos encontrados entre as populações vizinhas.[7]

Até Maimônides acreditava que nos últimos dias o Templo seria restaurado por Deus, como era assumido nas orações diárias que tinham sido usadas regularmente, pelo menos entre os judeus rabínicos, desde logo depois de 70 da Era Comum:

> E a Jerusalém, Tua cidade, retorna com misericórdia, e pousa nela a Tua glória, como disseste. Reconstrói-a prontamente em nossos dias, em construção eterna, e o trono de Davi, Teu servo, restabelece depressa nela. Bendito sejas Tu, Eterno, que reconstróis Jerusalém. Abençoado sejas, Senhor, que constróis Jerusalém. [...] Ó Eterno, nosso Deus, que Teu povo Israel seja aceitável perante Ti e recebe as Suas preces. Restaura o serviço no palácio de Tua casa, a fim de que as ofertas queimadas de Israel e suas preces possam ser rapidamente aceitas por Ti, com amor e favor; e o serviço religioso de Teu povo Israel que seja sempre aceitável perante Ti.[8]*

Enquanto isso, a resposta dos sábios rabínicos em 70 da Era Comum à destruição do Templo era rigorosamente prática:

> Se um dia de Festival do Ano Novo cair em um Shabat, eles podem soar o *shofar* na Cidade Sagrada, mas não nas províncias. Depois de o Templo ter sido destruído, Rabban Yohanan b. Zakkai ordenou que eles pudessem soá-lo onde quer que houvesse uma corte. R. Eliezer disse: "Rabban Yohanan b. Zakkai ordenou isso somente para Yavne". Eles retrucaram: "Não faz diferença se era Yavne ou qualquer outro lugar onde houvesse uma corte". [...] Antigamente se levava *lulav* sete dias no Templo, mas nas províncias somente um dia. Depois de o Templo ter sido destruído, Rabban Yohanan b. Zakkai ordenou que nas províncias se fosse levado *lulav* por sete dias em

---

* As traduções das preces judaicas foram tiradas de *Sidur Completo*, com tradução e transliteração. Organização, edição e realização de Jairo Fridlin. São Paulo: Sêfer, 1997.

recordação do Templo. [...] Antigamente, eles costumavam aceitar as evidências sobre a lua nova durante todo o dia. Uma vez as testemunhas tardaram tanto a vir que os levitas foram perturbados em seus cantos; então foi ordenado que as evidências pudessem ser admitidas somente após a oferenda da tarde. [...] Depois de o Templo ser destruído, Rabban Yohanan b. Zakkai ordenou que eles pudessem admitir evidências sobre a lua nova durante o dia.[9]

A ênfase em assegurar a continuidade litúrgica é significativa. Nos séculos que se seguiram a 70 da Era Comum, a construção de sinagogas gradualmente começou a assumir uma aura de santidade, embora em um nível inferior àquele do Templo. Inscrições em mosaicos de sinagogas em aramaico e em grego registram as doações dos judeus devotos a "este lugar santo" em inúmeros locais na Galileia nos séculos V e VI. Gastos consideráveis em tais mosaicos, muitos dos quais representando de modo elaborado cenas bíblicas tais como Isaac sendo amarrado por Abraão, por si só atestam a nova veneração concedida a esses edifícios.

No início da década de 1930, arqueólogos encontraram em Dura-Europo, no Eufrates, uma sinagoga do século III da Era Comum decorada com uma notável série de pinturas ilustrando diversas histórias bíblicas, de Miriam resgatando Moisés do Nilo à visão de Ezequiel da ressurreição do vale dos ossos secos. No centro da parede principal, nos afrescos de Dura-Europo, há um nicho no qual estava representado o Templo judaico e alguns de seus adornos. A mesma imagem será encontrada em muitos dos mosaicos na Palestina na Antiguidade tardia, junto com versões estilizadas de ramos de palmeiras, chifres de carneiro e outros itens associados aos grandes festivais. A sinagoga havia se transformado, na Antiguidade tardia, no que os rabinos descreviam às vezes como um "pequeno santuário", em alusão às palavras de Deus no livro de Ezequiel: "Ainda que Eu os tenha dispersado entre nações distantes e os espalhado por muitos países, aonde quer que cheguem continuo junto deles quando vêm aos pequenos santuários".

Nos séculos seguintes, as sinagogas seriam cada vez mais embelezadas. Muitas eram profusamente decoradas em seu interior de acordo com os estilos locais, como na inclusão de motivos artísticos islâmicos no magnífico trabalho de estuque que ainda sobrevive nas paredes da sinagoga de El Trânsito, do século XIV, em Toledo. Sabemos que vitrais tinham sido usados nas janelas da sinagoga de Mainz por meio das objeções feitas por um rabino no século xii, que ordenou a remoção deles. Evidentemente, os judeus haviam passado a considerar que gastos conspícuos na decoração do culto na sinagoga era um ato de devoção. Consequentemente, também os muitos exemplos refinados de arte litúrgica judaica, os quais geralmente eram executados por artistas cristãos com base em desenhos supostamente contratados com seus patrões judeus encontrados nas iluminuras de livros de orações hebraicos. Tais manuscritos com iluminuras atingiram um nível de sofisticação no norte da Europa, na Itália e na Espanha cristã no século xiv em tais obras de arte, como a Haggadah de Sarajevo.[10]

A oração comunal foi adaptada. Qualquer que tenha sido a formulação original da oração Amidá (ver capítulo 3), é certo que ela foi alterada depois de 70 da Era Comum com o acréscimo de orações para a reconstrução do Templo. O Shabat e os festivais de preces desenvolveram formulações específicas nas quais a descrição dos sacrifícios substitui o sacrifício em si:

> Que seja a vossa vontade, Senhor nosso Deus e Deus de nossos ancestrais, nos reconduzir em alegria à nossa terra e nos colocar dentro de nossas fronteiras. Lá, nós prepararemos para Vós nossas oferendas obrigatórias. [...] E a oferenda adicional desse dia de Shabat nós iremos preparar e oferecer perante Vós com amor, de acordo com o mandamento da Vossa vontade, assim como Vós escrevestes em Vossa Torá por meio de Vosso servo Moisés, por Vossa própria palavra, como foi dito: "E no dia de Shabat, oferecereis em oferta de elevação ao Eterno dois cordeiros de um ano de idade, sem defeito, e duas décimas de *efá* de flor de farinha de trigo amassada no azeite, e sua libação. Esta será a oferta de elevação de cada Shabat, além da oferta de elevação contínua de cada dia e sua libação".

Exatamente quando tal formulação passou a ser comum entre os judeus não se sabe, mas a tradição no Talmude babilônico de que a ordem, o conteúdo geral e as fórmulas de bênção foram padronizados em Yavne por Rabban Gamaliel ii e seus colegas no fim do século i da Era Comum mostra que esses elementos eram constantes pelo menos na Babilônia no século vi. Nos séculos seguintes, versões da Amidá foram escritas. A *kedushah*, uma oração que descreve a santificação de Deus pelos anjos no céu, conforme encontrada no livro de Isaías, e a imitação de tal santificação por Israel na Terra, já estava imbuída na repetição da Amidá na Antiguidade tardia. Esse fato reflete um desejo primitivo de instilar um elemento místico nas mais solenes porções dessa oração comunal: "Santo, santo, santo é o Eterno dos exércitos; Sua glória envolve o mundo inteiro".[11]

Com o passar do tempo, essa liturgia foi sendo adornada. Perto do século V, judeus na Palestina começaram a compor hinos para inserção nas preces regulares. Tais *piyyutim* (poemas) eram com frequência obras de considerável complexidade e beleza, e muitos eram atribuídos a autores específicos – na Palestina bizantina, dos séculos V ao VII, principalmente Yosi b. Yosi, Yannai e Eleazar Kallir. Escolas de *paytanim* (poetas) foram fundadas no sul da Itália bizantina no século IX, e mais para o norte da Itália no século X. Uma série de grandes *paytanim* era encontrada na Alemanha e na Espanha mais ou menos no mesmo período. Música litúrgica parece ter sido desenvolvida de forma menos extensiva nesse período, sem uso de instrumentos musicais no culto da sinagoga. Mas a dispersão das comunidades judaicas levou ao gradual desenvolvimento de melodias regionais distintas para o canto tanto da leitura da Torá quanto das preces comunais. O culto envolvia o corpo inteiro, e a postura continuou a ser um importante elemento na prece, com o desenvolvimento de costumes a respeito de ficar em pé e de fazer reverências em momentos específicos, embora a dança tivesse um papel menor no culto que em outras tradições religiosas – as *Tanzhaus* nas comunidades judaicas medievais na Alemanha eram basicamente dedicadas às celebrações comunais de casamentos.[12]

No centro do Shabat e da liturgia dos festivais se encontrava a leitura regular da Torá que havia sido estabelecida muito antes de o Templo ser destruído (ver capítulo 3), e foi feito um grande esforço para a preservação da integridade do texto bíblico e o encorajamento de seu estudo. A multiplicidade de leituras em diferentes livros bíblicos, que parece ter sido o padrão no período tardio do Segundo Templo, assim como nos manuscritos bíblicos encontrados em Qumran, havia cedido lugar, mil anos mais tarde, a um texto consolidado no qual as divisões em palavras, sentenças e parágrafos, e (de modo crucial) a vocalização do texto consonantal, padronizaram seu significado. Os estudiosos responsáveis pela produção do que ficou sendo conhecido como *masorah*, ou "texto tradicional", trabalharam principalmente na segunda metade do primeiro milênio da Era Comum, e em sua maior parte na terra de Israel, culminando no texto bíblico determinado na escola de Tiberíades no século X. Suas anotações críticas incluíam marcar cada lugar onde o que é lido no texto (*keri*) deve ser diferente do que está escrito (*ketiv*). Esse processo poderia alterar completamente o sentido aparente de um trecho, lendo (por exemplo) *lo* (com um *vav*) significando "para ele" em vez de *lo* (com um *aleph*) significando "não" em Isaías 63,9. Em vez de ler que "não era um mensageiro nem um anjo, mas sua própria Face que os salvava", os massoretas entendiam que o texto dizia "e Se tornou seu salvador. Ante sua angústia Ele se angustiava", com a importante implicação de que Deus sofre com os sofrimentos de Israel. O impulso para tal clarificação dos textos, juntamente com a cuidadosa enumeração das palavras, os usos de letras específicas e outras minúcias, reflete uma crescente veneração do texto por si só. Esse processo teve seu próprio ímpeto, mas as inquietações dos caraítas como fundamentalistas bíblicos (ver capítulo 12) podem ter desempenhado um papel em suas etapas posteriores.

A interpretação litúrgica da Torá continuou a ser intensificada em algumas congregações, assim como no período do Segundo Templo, por traduções consecutivas do texto hebraico em aramaico. Os *targumim* aramaicos, alguns dos quais incorporam uma grande quantidade de comentários em suas versões do original, ainda estavam em uso em grande parte do primeiro milênio da Era Comum, até que versões específicas foram colocadas em sua forma final e adotadas por diferentes comunidades perto do século V da Era Comum: Targum Onkelos era usado na Babilônia, e uma série de diferentes *targumim* é conhecida da Palestina; destes, um, encontrado em apenas um manuscrito, foi descoberto apenas em 1956 no Vaticano.

A exegese do texto era o papel do *darshan*, ou "expositor", que é concebido no Talmude babilônico como um pregador encarregado de fazer um sermão no Shabat e nos dias de festival. Pelo menos algumas das obras de exegese bíblica preservadas por meio da tradição rabínica da Antiguidade tardia parecem ter se originado nesse ambiente da sinagoga. Então, por exemplo, o ciclo Pesikta (literalmente, "seção") de *midrashim* palestinos, que trabalha com passagens selecionadas do Pentateuco e dos Profetas e existe em duas versões, uma aparentemente em sua maior parte do século V, e a outra em sua maior parte do século IX, segue o ciclo do calendário de Rosh Hashaná. A exposição se divide em lei, bem como em narrativa para propósitos homiléticos, geralmente colocando um versículo bíblico em aposição a outro:

"Entretanto, o justo se mantém firme em seu caminho, e aquele cujas mãos são limpas (de pecados) se fortalece cada vez mais" (Jó 17:9). "Pois justo é o Eterno, que ama a retidão, e os puros contemplarão Sua face" (Ps 11:7); "São Teus olhos por demais puros para contemplar o mal, e não Te podes deter na observação de perversões" (Hab 1:13); "e aquele cujas mãos são limpas (de pecados) se fortalece cada vez mais" é uma vez mais o Sagrado que fortalece a força dos justos para lhes permitir cumprir a Sua vontade. Outro comenta: "Entretanto, o justo se mantém firme em seu caminho" se aplica a Moisés, de quem se diz: "justiça executou diante do Eterno e os Seus juízos para com Israel" (Deut 33:21) [...] O rabino Azariah, citando o rabino Judah bar Rabi Simon, disse: "Sempre que os homens justos cumprem a vontade do Sagrado, eles fortalecem a força do Todo-Poderoso".[13]

A comunidade para a qual essa liturgia pública existia era basicamente masculina, e é incerto se as mulheres chegavam a ir à sinagoga na Antiguidade tardia. No entanto, o pátio das mulheres, separado da seção masculina por um divisor formal (a *mehitsah*), não era incomum nas sinagogas medievais. Na Provença, no fim da Idade Média, as mulheres ouviam o serviço através de uma treliça no teto de um aposento embaixo da sinagoga. Na Alemanha, as mulheres faziam suas preces em aposentos separados paralelos à sinagoga dos homens. Em comunidades nas terras muçulmanas, as mulheres geralmente não tinham um espaço separado reservado para elas, mas podiam ouvir os serviços por uma janela do lado de fora do prédio da sinagoga.[14]

As comunidades que construíram esses edifícios para as preces públicas com frequência assumiam a provisão de instalações compartilhadas para outras necessidades religiosas, tais como a purificação após a contaminação ritual. Não há como dizer quem era o proprietário e construiu os inúmeros banhos rituais (*mikvaot*) encontrados em assentamentos judeus na Palestina entre os séculos IV e VI da Era Comum. Muitos, talvez a maior parte, podem ter sido particulares. Porém, em muitas partes da Europa durante a Idade Média, tais banhos rituais eram propriedade comunal e eram tratados como um pré-requisito essencial para a vida religiosa, especialmente para a purificação das mulheres depois da menstruação e do parto. Em algumas comunidades europeias, como Espira, no século XII, valores consideráveis foram gastos para proporcionar um majestoso plano arquitetônico para o banho ritual.[15]

No início do período medieval, as comunidades também passaram a ver a aquisição e a manutenção de um cemitério judaico como um dever religioso. A Mishná na Palestina do século III considera a comunidade como responsável pela delimitação de túmulos para evitar a impureza acidental. Porém, é no Talmude babilônico que é enunciado pela primeira vez o princípio de que o enterro ao lado de uma pessoa justa, e, por conseguinte, que também seja judeu, é desejável:

> Pois R. Aha b. Hanina disse: "E de onde se pode inferir que um homem iníquo não possa ser enterrado ao lado de um justo?". Do versículo: "E estavam sepultando um homem, quando viram a tropa e lançaram o homem na sepultura de Elishá. E, ao tocar os ossos de Elishá, reviveu e se levantou sobre os seus pés". [...] E assim como uma pessoa iníqua não é enterrada ao lado de uma justa, uma pessoa que seja extremamente iníqua não deve ser enterrada ao lado de uma moderadamente iníqua. Então, não deveria haver dois cemitérios? É uma tradição que deva haver apenas dois.

Uma ideia semelhante provavelmente era a base do costume exibido entre os séculos III e VI em Beth Shearim, na Baixa Galileia, de trazer corpos de locais distantes em ossuários para o enterro na proximidade de rabinos eruditos. Para outros judeus da diáspora, o desejo de ser enterrado perto de outros judeus levou às vezes à compra, feita por famílias judaicas, de locais específicos para esse propósito, tais como as catacumbas judaicas de Roma (usadas do século III ao V) e as catacumbas de Venosa, mais ao sul da Itália, na Apúlia (usadas do século IV ao VIII). Um cemitério não era por si só santificado; mas, no começo do período medieval, comunidades judaicas tanto em terras cristãs quanto muçulmanas compravam lotes para o enterro comunal. Entre os mais antigos que conhecemos está o cemitério de Worms, que data do século X.[16]

Contrastando com sua exclusão parcial da vida religiosa pública da comunidade, as mulheres e as crianças eram integradas no desenvolvimento da liturgia religiosa dentro do grupo familiar doméstico. Já na Mishná se assume que a responsabilidade pela vida religiosa de um lar recai (com graves consequências), em alguns pontos cruciais, sobre a esposa do dono da casa: "Por tais transgressões, mulheres morrem no parto: porque elas foram negligentes em relação aos seus períodos de separação [após a menstruação], em relação à consagração do primeiro pedaço de massa, e no acender das luzes do Shabat". Segundo a Mishná, "acender as luzes" é um dos comandos principais que um homem tem de dar à sua família quando a escuridão está se aproximando na véspera do Shabat. O acender das velas do Shabat nas noites de sexta-feira permanece disseminado na maior parte das formas do judaísmo até os dias atuais.[17]

Os preparativos para o Shabat, portanto, não eram destituídos de ansiedade para as mulheres de uma casa, mas elas participavam de forma integral dos prazeres da celebração quando, na sexta-feira à noite, o dia do Shabat era abençoado pelo dono da casa sobre o vinho e o pão:

> Bendito sejas Tu, Eterno, nosso Deus, Rei do Universo, que nos santificaste com Teus mandamentos e nos quizeste [sic], concedendo-nos com amor e agrado o Teu santo dia de Shabat, em recordação à obra da criação, pois que é a primeira das datas santas, em memória à partida do Egito. Porque Tu nos escolheste e nos santificaste dentre todos os povos, e o Teu sagrado Shabat, com amor e agrado, nos deste de herança. Bendito sejas Tu, Eterno, que santificas o Shabat.

Quando o Shabat chegava ao fim, uma forma semelhante de palavras marcava, sobre o vinho, as especiarias e as velas acesas, a passagem para a semana de trabalho na cerimônia da *havdalah* ("separação"):

> Bendito sejas Tu, Eterno, nosso Deus, Rei do Universo, que fazes separar o santo do profano, a luz da escuridão, Israel dos demais povos, e o sétimo dia dos seis dias de trabalho. Bendito sejas Tu, Eterno, que separas o santo do profano.

Em diversas versões dos serviços da *havdalah* do fim da Idade Média, são feitas menções à vinda iminente de Elias, como prenúncio do messias, seguindo uma crença, que parece ter sua origem no norte da Europa após as Cruzadas (supostamente como um reflexo de um anseio escatológico em um tempo de profundo sofrimento), de que a chegada de Elias aconteceria em uma noite de sábado.[18]

A observância do Shabat não foi afetada pela destruição do Templo, mas o restante do ano litúrgico passou por grande transformação depois de não ser mais possível a peregrinação três vezes ao ano como foco do culto, e criou o ritmo do ciclo anual dos festivais e dos jejuns que perdura até os dias atuais. A essência do Pessach se transformou na recitação da Haggadah na refeição Sêder na véspera do Pessach (na primavera), na qual a narrativa básica do Êxodo foi expandida por costumes, histórias e canções que se acumularam gradualmente ao longo dos séculos depois de 70 da Era Comum:

> Por que esta noite é diferente de todas as outras noites? Em todas as outras noites nós comemos ou *hametz* [pão fermentado] ou *matzah* [pão ázimo], mas nesta noite apenas o *matzah*. Em todas as outras noites, nós comemos todos os tipos de ervas, mas nesta noite, apenas as ervas amargas. Em todas as outras noites, nós não colocamos o pão no sal nem ao menos uma vez, mas nesta noite, duas vezes. Em todas as outras noites, nós podemos comer ou sentados ou reclinados, mas nesta noite todos nós nos reclinamos.

O restante do Pessach era celebrado com a abstenção de comida fermentada, assim como prescrito na Bíblia, por sete dias, com o primeiro e o último dias marcados pela abstenção do trabalho. A incerteza em relação ao calendário na diáspora, com base na ideia de que levava tempo para transmitir o anúncio da lua nova na terra de Israel, levou ao desenvolvimento de uma tradição que cada um desses festivais deveria ser observado em dois dias, em vez de um, de modo que o Pessach durava oito dias, e não sete.[19]

O Shavuot passou a ser visto menos como um festival da colheita que como um momento de celebrar a entrega da Torá, embora a leitura do livro bíblico de Rute na sinagoga no Shavuot possa refletir tanto o tema da colheita da cevada quanto a aceitação de Rute da Torá. É mais difícil perceber por que a alguns dos outros *megillot* (rolos) foram designados seus postos litúrgicos no ciclo anual de leitura – o Cântico dos Cânticos é lido no Pessach e Eclesiastes durante o Sucot –, embora a leitura pública das Lamentações no Jejum de 9 Av no fim de julho ou começo de agosto, que relembra a destruição do Templo tanto em 586 a.C. quanto em 70 da Era Comum, apresente uma lógica mais clara. O Jejum de Av é o único jejum que dura 24 horas, de um anoitecer ao outro anoitecer, com exceção do Yom Kippur. Todos os outros jejuns começam ao amanhecer, incluindo o jejum de Tammuz, que marca a lembrança do rompimento das muralhas de Jerusalém antes da queda da cidade em 586 a.C. e inicia o período das três semanas de luto que ficam mais intensas nos nove dias a partir de 1 Av e culminam no jejum do dia 9.

O início do outono era marcado pelos dez dias de reflexão e de arrependimento entre Rosh Hashaná (Ano Novo) e Yom Kippur. A Bíblia pouco tinha a dizer sobre Rosh Hashaná, 1 Tishri, além de uma exigência de que ele fosse "um dia de descanso solene, um memorial proclamado com o soar do *shofar*, uma convocação sagrada", mas a Mishná já considera esse dia o início da penitência, uma vez que em Rosh Hashaná "todos os que entraram no mundo passam perante ele [para o julgamento] como um rebanho de cordeiros". A liturgia da sinagoga, combinando o foco no toque do *shofar* (o chifre de carneiro) com a confissão e a súplica, foi bem estabelecida no século VI da Era Comum, e ficou cada vez mais elaborada com o acréscimo de inúmeros hinos no início da Idade Média. Já que esse festival caía no primeiro dia do mês, nem mesmo os que estavam na terra de Israel podiam saber com antecedência quando o mês começava, e Rosh Hashaná era (e é) celebrado por dois dias em Israel, bem como na diáspora.[20]

O ponto máximo da penitência no jejum do Yom Kippur começava com Kol Nidrei, um pronunciamento público em aramaico, em nome de toda a congregação, de que todos os tipos de votos feitos perante Deus e não intencionalmente deixados de cumprir deveriam ser considerados nulos e sem efeito. Bem estabelecido no fim do primeiro milênio da Era Comum, apesar da forte oposição das autoridades rabínicas tanto naquela época quanto nas gerações seguintes, o pronunciamento se refere em algumas comunidades ao ano recém-terminado, em outras, ao ano vindouro, e, ainda em outras, a ambos. A liturgia durante o dia de jejum contém inúmeras alusões ao ritual do Templo, mas o foco principal é o arrependimento pessoal, com afirmação frequente da necessidade da confissão total e de uma intenção de evitar repetir as mesmas ofensas no ano vindouro.

Sucot, que acontece apenas cinco dias depois do Yom Kippur, conservou sua característica básica de festival da colheita, com o agitar das quatro espécies (palmeira, cidra amarela, murta e salgueiro) nas sinagogas e refeições feitas na *sukkah*, uma tenda com vegetação cortada como cobertura para passar luz. A observância era mais difícil em alguns dos climas menos clementes da diáspora que na terra de Israel, e regras se desenvolveram sobre o grau de desconforto por causa do frio ou da umidade que tornavam o uso da *sukkah* inapropriado.

Durante a Antiguidade tardia, gradualmente se desenvolveu o costume de que as quatro espécies deveriam ser carregadas em procissão ao redor da sinagoga cada dia com acompanhamento do canto de *hoshana* em recordação dos circuitos ao redor do altar no período do Templo. No sétimo dia, havia sete circuitos, e esse dia passou a ser conhecido como Hoshana Rabba, "Grande Hoshana", que também era ocasião para bater nos ramos de salgueiro. *Hoshana* significa "Oh Redentor", e preces *hoshanot*, dirigindo-se a Deus por diferentes epítetos e implorando o seu auxílio, eram elaboradas com frequência entre os séculos VI e VII da Era Comum por poetas como Elazar Kallir. Originalmente preces pedindo a chuva, acompanhando o período do festival de Sucot, elas se tornaram bastante comuns na liturgia à medida que esta se desenvolveu.

O fim do Sucot era marcado por um oitavo dia final (Shemini Atseret) no qual nenhum trabalho poderia ser feito. Na diáspora, em que dois dias do festival eram observados, o segundo dia, com o devido tempo, assumiu uma característica particular na celebração do término do ciclo anual de leituras da Torá e o início do novo ciclo com o livro do Gênesis. Essa celebração, conhecida como Simhat Torá, não é atestada até o início do segundo milênio da Era Comum, mas se tornou um importante festival para os judeus da diáspora, com muitos cantos e danças na congregação.

O mês de Heshvan, que vem na sequência de todos esses festivais, não tem comemorações ou jejuns especiais, de modo que o festival seguinte é Chanucá, que começa perto do fim do mês de Kislev (geralmente em dezembro). O festival comemora a rededicação do Templo por Judas Macabeu (ver capítulo 5), mas os judeus rabínicos não liam o relato completo nos livros dos Macabeus, que sobreviveram apenas em grego, e o Talmude babilônico explicava o acender das luzes por oito dias como uma recordação de um milagre na época de vitória de Judas: apenas óleo puro suficiente para um dia foi encontrado no Templo quando ele foi rededicado, mas o óleo continuou a queimar durante oito dias até que novos suprimentos de óleo puro pudessem ser trazidos.

O festival de Purim em Adar (geralmente março) também professa comemorar um momento da salvação divina, neste caso registrado no livro bíblico de Ester (ver capítulo 2). A leitura do rolo de Ester era uma parte estabelecida da liturgia da sinagoga, como os rabinos no início do século III da Era Comum já sabiam, já que todo um tratado da Mishná era dedicado à sua regulamentação. A tradição de acompanhar a leitura com carnaval parece remontar à Antiguidade tardia. Segundo o Talmude babilônico, ouvir a leitura em voz alta do rolo é um dever que compete às mulheres bem como aos homens, e as pessoas são encorajadas a ficar tão bêbadas que não sejam capazes de diferenciar o herói da narrativa, Mordecai, do vilão Hamã.

Algumas dessas liturgias dos festivais eram concentradas com o restante da comunidade na sinagoga, mas grande parte – do Sêder de Pessach às luzes da Chanucá – acontecia basicamente em casa, e o desejo de embelezar tais práticas litúrgicas encorajava a produção de objetos domésticos cerimoniais específicos, tais como as lamparinas e candelabros do Shabat, taças de prata para o *kiddush* do vinho para santificar o Shabat e pratos para *chalá* (o pão trançado especial do Shabat), vasilhas para especiarias para a *havdalah*, candelabros de oito braços para as luzes de Chanucá e vasilhas decorativas para os alimentos especiais dos Sêders do Pessach. Tais objetos, com a *mezuzah* nos batentes das portas, indicariam a afiliação religiosa de um lar judeu com tanta clareza quanto uma imagem de Cristo poderia indicar um lar cristão, ou um versículo do Corão um islâmico.[21]

O impacto das culturas religiosas predominantes que rodeavam as comunidades judaicas se dava tanto por meio da oposição judaica quanto por imitação e adoção. Nos primeiros séculos depois de 70 da Era Comum, quando os judeus em todos os lugares foram forçados a reagir de algum modo ao que eles consideravam pagãos idólatras, os rabinos mostraram ser hábeis na simplificação e na caricatura de grande parte da vida pagã em torno deles, confinando sua preocupação à abstenção por parte dos judeus de qualquer coisa que pudesse ter cara de idolatria: "Durante três dias antes dos festivais dos gentios, é proibido ter negócios com eles. [...] E estes são os festivais dos gentios: as calendas, a saturnália, a comemoração do império, os aniversários dos reis, e o dia do nascimento e o dia da morte". Os judeus de Dura-Europo encomendaram a um pintor local uma imagem para sua sinagoga da destruição do ídolo Dagon e parecem ter chegado perto de uma polêmica contra os inúmeros cultos pagãos nas proximidades deles. Porém, numerosos mosaicos de sinagogas do período tardio da Palestina romana retratam o deus sol Helios em sua carruagem puxada por quatro cavalos e rodeado pelos signos do zodíaco, e o piso da sinagoga do século VI em Gaza retrata o rei Davi como uma figura de Orfeu com sua lira, sem qualquer preocupação aparente de que tais imagens pagãs pudessem diluir o judaísmo de quem frequentava o culto.[22]

A resposta religiosa dos judeus ao cristianismo foi igualmente diversificada. Alguns judeus parecem ter conseguido ignorar completamente o cristianismo, mesmo em períodos e em locais onde se tivesse podido esperar que a sua influência fosse particularmente forte. Portanto, os rabinos que compilaram o Talmude palestino no século IV não mostram o menor conhecimento, ao discutir os costumes religiosos dos não judeus, de que desde a década de 320 a província da Palestina havia sido beneficiada por doações de dinheiro feitas pelos imperadores, de Constantino em diante, com o objetivo de criar uma nova Terra Santa cristã. Por outro lado, foi feita a suposição bastante razoável de que a interpretação da Bíblia judaica na Antiguidade tardia esteve pelo menos em algumas ocasiões envolvida em uma disputa velada com o entendimento cristão das mesmas passagens das Escrituras. Isso é particularmente provável em interpretações dos textos bíblicos usados pelos cristãos para dar sustentação à sua própria fé, embora evidências mais explícitas de tais disputas surjam de fontes cristãs tais como o *Diálogo com Trifão* de Justino Mártir, em que Trifão é retratado se posicionando contra a interpretação de Justino da profecia em Isaías de que "eis que a moça grávida dará à luz um filho". Justino, seguindo o Evangelho de Mateus, considerava a passagem como referência a Cristo e a Maria, mas Trifão insistia em que o filho na passagem era Ezequias, e que Justino estava errado ao entender a palavra para "moça" (*alma*, em hebraico) como "virgem". Em outro trecho do *Diálogo*, Trifão objeta à alegação dos cristãos de ser Israel, e é provavelmente a mesma alegação cristã de ser o verdadeiro Israel que é confrontada de modo polêmico no *Rabbah do Cântico dos Cânticos*, uma *midrash* escrita no início do século VII na Palestina:

> A palha, as cascas e o restolho se engajaram em uma controvérsia. Este diz: "Por minha causa a terra foi semeada", e aquele outro diz: "Por minha causa a terra foi semeada". Disse o trigo para eles: "Esperem até que a colheita se aproxime, e nós iremos ver por causa de quem a terra foi semeada". Quando chegou a época da colheita, e todos foram para a eira, o proprietário foi debulhar, as cascas foram lançadas aos ventos; ele pegou a palha e a lançou no chão; ele pegou o restolho e o queimou; ele pegou o trigo e o colocou em uma grande pilha e todos o beijaram. Da mesma maneira, as nações dizem: "Nós somos Israel, e por nossa causa o mundo foi criado". E aquelas dizem: "Nós somos Israel, e por nossa causa o mundo foi criado". E diz Israel para elas: "Esperem até o dia do Sagrado, bendito seja Ele, e nós iremos saber por causa de quem o mundo foi criado", como está escrito, "Pois aproxima-se [sic] o dia que se abrasará como um forno". (Ml 3:19).[23]

Seria incorreto ler cada interpretação bíblica feita pelos judeus em um mundo cristão à luz de tal polêmica anticristã, já que (como vimos) os rabinos tinham bons motivos para refletir sobre a importância da escritura sem qualquer incentivo desse tipo, mas não se pode duvidar do embate real com o pensamento cristão necessário para as discussões formais impostas aos judeus em partes da Europa a partir do século XIII. Na Disputa de Paris em 1240, que surgiu por causa de uma bula papal ordenando que os livros judeus fossem examinados, a delegação judaica não conseguiu evitar a condenação do Talmude e grandes quantidades de livros judeus foram queimados no que é atualmente a Place de l'Hôtel de Ville. Em 1263, o grande rabino Moses Nahmanides de Girona (ver capítulo 13) enfrentou uma tentativa por parte de frei Paulo Cristão, um apóstata do judaísmo, de demonstrar que os próprios textos rabínicos revelavam a verdade da cristandade, rejeitando o milagroso como contrário à razão:

> A doutrina em que vós acreditais, e que é a base de vossa fé, não pode ser aceita pela razão, e a natureza não oferece fundamentos para ela, tampouco os profetas jamais a expressaram. Tampouco o milagroso pode se estender até o ponto, como eu explicarei com evidências no momento e no local adequados, de que o Criador dos céus e da terra tenha recorrido ao ventre de certa judia e lá se desenvolveu por nove meses e nasceu como um infante, e em seguida cresceu e foi traído nas mãos de seus inimigos, que o condenaram à morte, e que depois, como vós dizeis, ele voltou à vida e retornou ao seu lugar de origem. A mente de um judeu, ou de qualquer outra pessoa, não consegue tolerar isso; e vós proferis as vossas palavras totalmente em vão, pois este é o cerne de nossa controvérsia.

Longe do olhar dos cristãos, o tom da polêmica judaica contra a cristandade era menos racional. Fica evidente, a partir da quantidade de manuscritos que chegaram até nós, que as versões grosseiras da vida de Jesus no *Toledot Yeshu* (ver capítulo 7) eram leitura popular entre os judeus no fim da Idade Média.[24]

Porém, longe de tais disputas, os judeus também adotavam ideias e práticas religiosas de seus vizinhos cristãos. A estrutura das comunidades judaicas na Palestina da Antiguidade, como congregações religiosas agrupadas ao redor de uma sinagoga, pode se dever em boa parte à tendência do Estado romano cristão tardio de caracterizar os seus súditos em termos religiosos, ainda que essa forma de vida judaica não fosse totalmente modelada em comunidades cristãs agrupadas ao redor de igrejas. A proibição da bigamia pelos rabinos na Alemanha no século X deve refletir a cultura cristã circundante, já que os rabinos não tentaram banir a poligamia entre os judeus que viviam em terras islâmicas, onde a prática era comum. Em algum ponto entre a imitação e a competição se encontra a adoção, por parte dos judeus, de martirológios similares àqueles que provaram ser tão poderosos na provisão de narrativas sobre santos para inspirar os cristãos primitivos, que, por sua vez, foram modeladas nas narrativas de martírio dos macabeus (ver capítulo 8). Para os rabinos, a morte de Akiva se tornou uma história arquetípica de nobre sofrimento "para santificar o nome de Deus":

> Quando R. Akiva foi levado para ser executado, era a hora da recitação do Shemá, e, enquanto eles riscavam a carne dele com pentes de ferro, ele estava aceitando para si mesmo a realeza celeste. Seus discípulos lhe disseram: "Mestre nosso, até este ponto?". Ele lhes respondeu: "Todos os meus dias eu vivi perturbado por este versículo: 'com toda a tua alma', [que eu interpreto] 'mesmo que Ele tire a tua alma'. Eu disse: 'Quando eu terei a oportunidade de cumprir isso?'. Agora que eu tenho a oportunidade, não deverei cumpri-la?". Ele prolongou a palavra "*one*" [a última palavra do Shemá] até expirar enquanto a proferia.[25]

O entusiasmo por tais histórias de martírio aumentou imensamente na Alemanha durante a época das Cruzadas, como nas *Crônicas* de Solomon bar Simson do autossacrifício dos mártires em Mainz em 1096:

> Quando o povo da aliança sagrada viu que o decreto celestial havia sido emitido e que o inimigo os havia derrotado e estava entrando no átrio, todos eles apelaram juntos – velhos e jovens; donzelas e crianças; servos e servas – ao Pai deles no céu. Eles choraram por eles e por suas vidas e proclamaram a justiça do julgamento celestial, e disseram uns aos outros: "Que nós tenhamos coragem e suportemos o jugo do credo sagrado, pois agora o inimigo só nos pode matar pela espada, e a morte pela espada é a mais fácil das quatro mortes. Nós iremos então merecer a vida eterna, e nossas almas irão residir no Jardim do Éden na presença do grande *speculum* luminoso para sempre". [...] Então, com uma voz forte eles exclamaram em uníssono: "Nós não precisamos tardar, pois o inimigo já está se aproximando de nós. Que nós nos apressemos e nos ofereçamos como um sacrifício perante

Deus. Qualquer um que possua uma faca deveria examiná-la para ver se ela não tem defeitos, e que ele então comece a nos matar para exaltação do Único e Eterno, depois matando a si mesmo – ou cortando a sua garganta, ou enfiando a faca em seu estômago".[26]

A influência do islã sobre o judaísmo seria muito diferente e difícil de superestimar. Teologia, poesia, leis e até mesmo interpretações bíblicas rabínicas refletem tendências contemporâneas dentro do islã a partir dos últimos séculos do primeiro milênio da Era Comum até a Alta Idade Média. As discussões em Bagdá, no século X, resumidas no *Book of Beliefs and Opinions* [Livro das crenças e das opiniões] de Saadiah Gaon, aconteceram em uma atmosfera relativamente livre e filosófica, embora a acusação muçulmana de que os judeus haviam falsificado o texto da Bíblia no período de Esdras, imaginando Deus em termos antropomórficos, tenha levado Maimônides a proibir tais debates devido à "crença deles de que essa Torá não havia sido dada pelos céus". Na questão crucial do monoteísmo, judeus e muçulmanos compartilhavam uma abordagem comum, em oposição à crença cristã na trindade. Muitos pensadores judeus foram atraídos pelos ensinamentos do escolasticismo islâmico (*kalam*), que teve início no século VIII, sobre a unidade e a incorporalidade absolutas de Deus, ao qual nenhum atributo pode ser atribuído, e a perfeição da justiça divina. O vigor da filosofia islâmica, que incorporava muito da filosofia e das ciências naturais dos gregos, especialmente de Aristóteles, foi adotado por diversos pensadores judeus que escreviam em árabe no mundo islâmico, principalmente na Espanha muçulmana. Várias obras foram, por sua vez, transmitidas aos judeus do resto da Europa por extensas traduções no século XII, do árabe para o hebraico, por Abraham ibn Esdras, ele próprio um grande comentarista da Bíblia, poeta, gramático, filósofo e astrônomo. Ao longo de quatro gerações no sul da França, nos séculos XII e XIII, a família ibn Tibbon traduziu inúmeras obras árabes sobre filosofia, medicina, matemática e astronomia, bem como comentários sobre as Escrituras, para o hebraico.[27]

Por esses meios, a filosofia islâmica iria transformar grande parte do discurso teológico do judaísmo na Europa cristã, bem como no mundo islâmico, na primeira metade do segundo milênio da Era Comum, como veremos no capítulo 13. À medida que o islã progredia, também progredia a adoção, por parte dos judeus, de ideias religiosas islâmicas. Consequentemente, por exemplo, a influência do sufismo, a tradição mística dentro do islã que ambicionava a união mística com Deus por meio da abstinência e incorporava muitas noções do neoplatonismo grego, no piedoso *Os deveres do coração* de Bahya ibn Pakuda, que escreveu na Espanha na segunda metade do século XI e citou profusamente autores sufistas:

> Como deve a abstinência especial ser definida, e que necessidade têm dela os seguidores da Torá? Quanto à sua definição, os estudiosos estão divididos. Uns dizem que a abstinência especial é a renúncia a tudo que perturba a pessoa [e a afasta] do [serviço de] Deus. Outros dizem que isso quer dizer sentir repugnância por este mundo e cercear os desejos. Outros dizem que a abstinência é a tranquilidade da alma e afastar as suas reflexões de tudo que apenas gratifica a imaginação ociosa. Outros dizem que a abstinência é a confiança em Deus. Outros dizem que ela significa se limitar a um mínimo de roupas requeridas pela decência, comer alimentos apenas o necessário para aplacar a fome, e rejeitar todo o resto. Outros dizem que ela significa o abandono da afeição pelos seres humanos e o amor à solidão. Outros dizem que a abstinência é a gratidão pelos benefícios recebidos e suportar as provações com paciência. Outros dizem que a abstinência significa negar a si mesmo todo o descanso e os prazeres físicos, limitando-se à mera satisfação de necessidades naturais, sem as quais a pessoa não pode existir, e excluindo todo o restante da mente. Esta última definição é mais adequada à abstinência ensinada em nossa Torá que qualquer outra das definições acima expostas.

Uma partilha semelhante de ponto de vista religioso emergiu na celebração, tanto por judeus quanto por muçulmanos, de festivais ligados à peregrinação ao suposto túmulo do profeta Ezequiel no aniversário de sua morte:

> Uma lamparina queima dia e noite sobre o sepulcro de Ezequiel; sua luz tem sido mantida acesa desde o dia em que ele próprio a acendeu, e eles continuamente renovam seu pavio, e repõem o óleo até os dias atuais. Uma grande casa pertencente ao santuário está repleta de livros, alguns deles datando dos tempos do primeiro templo. [...] Os judeus que vão lá rezar passando pela terra da Pérsia e do Império medo trazem o dinheiro que seus concidadãos ofereceram à sinagoga de Ezequiel, o Profeta. [...] Ilustres muçulmanos também vão lá para rezar, tão grande é o amor deles por Ezequiel, o Profeta [...].[28]

Porém, o impacto do islã, do cristianismo e de qualquer outra fé ainda estava muito distante no futuro não imaginado quando Rabban Yohanan b. Zakkai e um grupo de sábios rabínicos se encontraram em Yavne, uma cidadezinha na planície costeira da Judeia, logo após a destruição de Jerusalém em 70 da Era Comum.

11
Rabinos no Leste
(70-1000 da Era Comum)

Rab Judah disse em nome de Rav: "Quando Moisés ascendeu nas alturas, ele encontrou o Sagrado, abençoado seja Ele, ocupado em afixar enfeites às letras". Moisés disse: "Senhor do Universo, Quem detém a Vossa mão?". Ele respondeu: "Irá surgir um homem, no fim de muitas gerações, Akiba b. Joseph é o nome dele, que irá detalhar pilhas e pilhas de leis sobre cada diacrítico". "Senhor do Universo", disse Moisés, "permiti que eu o veja." Ele retrucou: "Dá uma volta". Moisés foi e se sentou atrás de oito fileiras [e ouviu os discursos sobre a lei]. Não sendo capaz de seguir os argumentos deles, ele se sentia intranquilo, mas quando eles chegaram a certo assunto e os discípulos disseram ao mestre: "De onde vós conheceis isso?", e o mestre respondeu: "É uma lei dada a Moisés no Sinai", ele se sentiu reconfortado. Após o que ele retornou para junto do Sagrado, abençoado seja Ele, e disse: "Senhor do Universo, Vós tendes tal homem e Vós dais a ele a Torá por meu intermédio!". Ele retrucou: "Fica em silêncio, pois tal é Meu decreto". Então disse Moisés: "Senhor do Universo, Vós haveis me mostrado a Torá dele, mostrai-me a recompensa dele". "Dá uma volta", disse Ele, e Moisés se voltou e os viu pesando a carne dele nas bancas do mercado. "Senhor do Universo", exclamou Moisés, "tal Torá, e tal recompensa!". Ele retrucou: "Fica em silêncio, pois tal é o Meu decreto".

Essa lenda do Talmude babilônico ilustra que os rabinos na Mesopotâmia do século VI tinham profunda ciência de até que ponto o judaísmo que eles praticavam e ensinavam havia evoluído a partir das Escrituras que eles acreditavam lhes terem sido dadas por intermédio de Moisés, e eles exultavam na devoção à Torá, que havia levado Akiva, séculos antes, a uma morte macabra como mártir. Não é acidental que o cenário para a história seja uma academia lotada de estudantes sentados em filas. O judaísmo rabínico foi criado por sábios e para sábios, cuja característica especial, já antes de 70 da Era Comum, como vimos no capítulo 7, era a devoção ao aprendizado por si só.¹

Essa devoção ao estudo estimulou a produção de um imenso *corpus* de obras rabínicas no decorrer do primeiro milênio da Era Comum. Já fizemos um uso considerável das compilações rabínicas do período tanaíta reunidas no século III, principalmente a Mishná e a Tosefta, e dos comentários exegéticos sobre o Êxodo, o Levítico e o Deuteronômio, porque eles contêm informações importantes sobre o período anterior a 70 da Era Comum (ver capítulo 2). A Mishná é dividida em seis *sedarim* (ordens), que, entre elas, contêm 36 tratados: *zeraim* ("sementes"), sobre as leis agrícolas; *mo'ed* ("festivais fixos"), sobre as leis dos festivais; *nashim* ("mulheres"), sobre o status das mulheres quando ele se relaciona aos homens (leis de noivado, casamento e divórcio); *nezikin* ("danos"), sobre leis civis e criminais; *kodashim* ("coisas sagradas"), abrangendo basicamente as regras para as oferendas no Templo; *tohorot* ("purezas"), relativas à impureza e como ela é transmitida. A maior parte dos tratados começa considerando as implicações de uma lei bíblica. Assim, por exemplo, o primeiro tratado, *berachot* ("bênçãos"), descrevia quando e como o Shemá deveria ser recitado na manhã e no anoitecer, mas a forma não é a exegese bíblica: o texto bíblico relevante é pressuposto em vez de citado no início de cada tratado; e alguns tratados, como o *ketubot* ("contratos de casamento"), lidam com tópicos para os quais não há uma base bíblica. A Tosefta ("acréscimos") é muito parecida com a Mishná em sua estrutura, tom, conteúdo e tamanho, mas não tem marcas de qualquer trabalho perceptível de edição. A Tosefta contém material tanaítico que não consta da Mishná, às vezes apenas preservado de modo independente, e outras como um complemento à discussão correspondente na Mishná.

Essas obras são superadas em tamanho e em abrangência pelo Talmude babilônico, uma maciça compilação de debates legais, citações éticas, exegese bíblica, injunções rituais, regras litúrgicas, comentários sociais, narrativas e homilias, e muitos outros elementos díspares, de astronomia a astrologia, e de magia a medicina. Estruturado como um comentário extenso (denominado *gemara*, "completamento") sobre a maior parte da Mishná, o Talmude babilônico compreende basicamente dizeres de *amoraim* ("falantes" ou "intérpretes"), rabinos da Babilônia e da Palestina que ensinaram entre *c*. 200 e *c*. 500 da Era Comum, embora ele também contenha dizeres tanaíticos que não são encontrados nem na Mishná e nem na Tosefta. Compilado em *c.* 600 da Era Comum, o comentário tenta mostrar como todas as afirmações aparentemente redundantes na Mishná podem ser compreendidas como necessárias se devidamente interpretadas. Às vezes, isso leva a explicações um tanto implausíveis dessas afirmações, particularmente desde que qualquer opinião atribuída a um rabino específico deve ser consistente com todas as outras opiniões atribuídas a ele em outros lugares. O Talmude babilônico é a mais longa obra literária produzida na Antiguidade tardia: a edição moderna mais usada, publicada pela primeira vez em Vilnius, na Lituânia, no século XIX, é impressa em mais de 6.200 páginas.

Entre outras compilações rabínicas desse período, o Talmude palestino (provavelmente do século IV) tem conteúdo e estrutura semelhantes ao do babilônico, mas em uma forma menos refinada e com menos dialética. Alguns dos comentários discursivos bíblicos (*midrashim*) da Palestina nos séculos IV e VI provavelmente foram concebidos como sermões de sinagogas. Os rabinos também preservaram uma série de textos místicos. A literatura Hekhalot ("Templo celestial") contém relatos da ascensão de místicos pelos sete céus e lugares celestiais até o trono de Deus. O *Alphabet of Akiva* [Alfabeto de Akiva], uma obra midráshica dos séculos VII a IX, contém especulações místicas e escatológicas sobre as letras do alfabeto hebraico. Diferentes versões do *Shiur Komah* ("A Medida do Corpo"), provavelmente do mesmo período que o *Alphabet of Akiva*, tentam transmitir a majestade de Deus descrevendo suas dimensões em hipérboles impossíveis: "As solas de Seus pés ocupam o universo inteiro, como é afirmado [na escritura]: 'Assim disse o Eterno [...] a terra é o estrado para Meus pés'. A altura [...] de Suas solas corresponde a 30.000.000 [parasangas]".[2]

Dos últimos séculos do milênio também são preservadas coleções de *responsa* [respostas] dos chefes das academias rabínicas da Babilônia, e uma antologia de perguntas e respostas homiléticas atribuídas a Rav Aha' de Shabha no século VIII. *Halakhot Gedolot*, uma compilação das *responsa* legais feita por uma grande variedade de rabinos, da metade do século VI até a época do compilador, data do século IX. O livro de preces de Amram bar Sheshna, contendo tanto textos litúrgicos quanto instruções halákhicas (ou seja, legais), pertence ao mesmo período. As obras de Sherira Gaon, um século mais tarde, incluem uma notável carta que ele enviou em 986-7 aos judeus de Kairouan para explicar as origens dos inúmeros textos rabínicos aos quais seus contemporâneos ao longo do mundo judaico haviam passado a recorrer para o ensino confiável.³

Na época em que Sherira Gaon escreveu sua carta para os judeus de Kairouan, as obras às quais ele se referia existiam todas em forma escrita, mas no século III os rabinos se referiam especificamente aos seus ensinamentos como "Torá da boca", em contraste com a Torá da escritura, e essa forte tradição de transmissão oral dentro do movimento rabínico desencorajou a escrita dos textos por muitos séculos. Como resultado, quase todo o nosso conhecimento dessas obras sobrevive agora por meio de manuscritos copiados na Europa depois do ano 1000 da Era Comum. Os mais antigos manuscritos completos do Talmude babilônico datam do século XII e do Talmude palestino, do século XIII. Textos fragmentários de períodos anteriores, tais como uma seção do Sifre para o Deuteronômio sobre as fronteiras da terra de Israel, encontrada no piso da sinagoga do século VI em Rehov, perto de Bete-Seá na Palestina, ou os numerosos fragmentos, alguns ainda do século VIII, de ambos os talmudes encontrados na Geniza do Cairo, demonstram que essas partes de textos maiores certamente tinham uma existência anterior. Porém, eles não podem remover todas as dúvidas sobre a possibilidade de alterações medievais nos manuscritos completos que sobreviveram, os quais eram, afinal, copiados como textos religiosos de um significado contínuo dentro de uma vibrante cultura medieval rabínica. Assim, por exemplo, alguns dos textos que professam se referir às experiências místicas dos rabinos no período tanaítico até *c.* 200 da Era Comum podem ser de autoria indeterminada e evidências apenas da imaginação mística dos círculos rabínicos que copiavam os textos na Alemanha medieval.

Na época de Sherira, as discussões dos rabinos estavam acontecendo em instituições eruditas formais que operavam dentro do que havia passado a ser uma estrutura tradicional baseada em uma hierarquia de conhecimento e autoridade, atraindo o apoio entusiasmado e a admiração até de judeus incapazes de frequentar as academias em tempo integral e que faziam a maior parte de seus estudos por conta própria. Nathan, o Babilônio, cronista do século X, descreveu as sessões de estudos comunais periódicas (chamadas, por razões desconhecidas, *kallah*, ou "noiva") para quem estudava em casa:

> Eles se reúnem e vêm de todos os lugares no mês de *kallah*, que é o mês de Elul no verão e Adar no inverno. E, durante os cinco meses [desde a última *kallah*],

cada um dos discípulos esteve estudando diligentemente em casa o tratado que lhes foi anunciado pelo chefe da academia quando o deixaram. Em Adar ele diria: "Nós iremos estudar o tratado tal e tal em Elul". Do mesmo modo, em Elul ele anunciaria para eles: "Nós iremos estudar o tratado tal e tal em Adar". E eles todos vêm e se sentam perante o chefe das yeshivas em Adar e em Elul, e o chefe da academia supervisiona o estudo deles e os examina. E esta é a ordem em que eles se sentam [...]

Na época de Nathan, os chefes das academias de Sura e Pumbedita, na Babilônia, por muito tempo tinham sido reconhecidos pelos judeus ao longo do mundo rabínico como a suprema autoridade. Desde o século VII, a eles era dado o título formal de *gaon*, "excelência". Esses eruditos eram com frequência, na época de sua nomeação, bastante idosos: posse de um conhecimento excepcional do Talmude era um pré-requisito para o cargo, e a maior parte alcançava essa posição somente depois de toda uma vida percorrendo uma série de posições mais modestas nas academias. Exerciam um considerável poder secular entre os judeus da Babilônia de modo geral, bem como autoridade rabínica sobre judeus rabínicos no mundo todo. Para pessoas como Sherira, que acreditavam pertencer a uma tradição que se estendia por séculos em uma linha ininterrupta, era tentador imaginar que as academias no fim do século I tinham sido bastante parecidas com as grandes instituições de seus próprios tempos. Na verdade, muita coisa havia mudado nesse espaço de novecentos anos.[4]

O próprio Sherira tinha ciência de que a tradição por ele herdada havia sido o produto de mudanças ao longo de séculos, ainda que apenas no sentido de que ele e seus contemporâneos supusessem que os rabinos de gerações precedentes tivessem tido maior autoridade que os de épocas mais recentes. Por isso, aos professores do período tanaítico que haviam produzido a Mishná era dado um status mais elevado que aos *amoraim*, cujas discussões entre o início do século III e o século VI constituíam a parte principal dos ensinamentos registrados nos dois talmudes. Quanto aos *savoraim* ("expositores") que acreditavam (pelo menos em meados do século VIII) terem sido responsáveis pela edição final do texto talmúdico, a eles era atribuído um status tão desprovido de importância na época de Sherira, que a maior parte de seus ensinamentos era preservada de modo anônimo. Os *savoraim* permanecem figuras indistintas para pesquisadores modernos, embora seja certo que as discussões de rabinos que os precederam, registradas no Talmude babilônico, tenham sido editadas por uma ou mais pessoas, cuja autoridade era considerável, principalmente porque muitas das discussões terminavam com o comentário feito pela voz anônima (*stam*) ou decidindo a questão levantada no argumento talmúdico, ou, não com pouca frequência, declarando *teyku* ("deixem como está"), para indicar que o problema permanecia sem solução. É bastante estranho, à luz do imenso prestígio do Talmude babilônico no judaísmo rabínico posterior, que essa voz não seja identificada no próprio texto talmúdico e, aparentemente, fosse desconhecida para as sucessivas gerações de rabinos.[5]

Sherira também sabia que os centros de tradição rabínica por ele registrados se localizavam entre as populações judaicas ou na Mesopotâmia ou a leste do Mediterrâneo, sobretudo na Palestina. Os textos rabínicos produzidos na primeira metade do primeiro milênio se referem à vida dos judeus dentro de um espaço geográfico limitado (essencialmente, a terra de Israel, a Babilônia e a "Síria", concebida como uma região mal definida ao norte da Palestina). Os rabinos não manifestavam interesse pelas comunidades judaicas falantes de grego do Mediterrâneo (ver capítulo 12), e muito menos pelas mais distantes diásporas na Etiópia ou na Índia. Os rabinos da Babilônia de vez em quando sucumbiam a um patriotismo local relacionado à aura religiosa adquirida por sua terra natal por meio de sua própria erudição; mas, para esses rabinos, bem como para todos os judeus, ideias bíblicas a respeito do papel especial da terra de Israel no judaísmo (ver capítulo 4) conservavam a sua força.

O Templo não estava mais em pé, mas os rabinos ainda imaginavam um mundo em que o local mais sagrado na Terra fosse o Santo dos Santos. O resto da terra de Israel poderia ser menos sagrado que o Templo ou a cidade de Jerusalém, mas a terra de Israel, não obstante, excedia em muito o resto do mundo em santidade, principalmente porque muitos deveres religiosos, tais como o dízimo de produtos agrícolas, eram válidos apenas lá. Os rabinos debatiam se era um dever religioso morar na terra (embora os rabinos da Babilônia evidentemente tenham decidido por conta própria que qualquer dever semelhante poderia ser sobrepujado por outras considerações, tais como a erudição a ser alcançada nas academias da Babilônia).

Os rabinos também debatiam as fronteiras precisas da terra, que não estavam claras nos textos bíblicos, como vimos (capítulo 4). Definir as fronteiras era muito importante para aqueles que, assim como os habitantes de Rehov, viviam perto dos limites orientais e precisavam saber, por exemplo, quais dos campos locais poderiam ser cultivados com consciência tranquila em um ano sabático. Os rabinos estabeleceram uma fórmula para as fronteiras apenas de modo gradual, entre os séculos II e V da Era Comum. A fórmula escolhida por eles foi em parte baseada na descrição da terra no Livro dos Números, e em parte em demografia contemporânea, de modo que as regiões nas fronteiras com uma população mista, como Cesareia, foram consideradas como parte da terra de Israel apenas se a maioria da população fosse judaica.[6]

Depois do ano 70, um grupo de sábios rabínicos que havia sobrevivido à guerra se estabeleceu em Yavne, uma cidadezinha na planície costeira da Judeia, ao sul da capital provincial, Cesareia, para continuar seus estudos sob a liderança de Rabban Yohanan b. Zakkai. O pequeno grupo de estudos ao redor de Yohanan, que se encontrava no andar superior de uma casa ou em um vinhedo perto de um pombal, arrogou a si mesmo os atributos de uma corte de justiça. Não sabemos quantos outros judeus deram atenção às suas deliberações, mas é provável que a influência deles tenha aumentado ao longo das décadas seguintes com a ascensão dentro do movimento de Rabban Gamaliel II, o neto do Gamaliel que havia ensinado a são Paulo.

Essas academias rabínicas primitivas eram mais como um círculo de discípulos ao redor de um mestre do que uma instituição formal, mas é provável que, para as decisões legais, os sábios se organizassem assim como eles imaginavam que os procedimentos do Sinédrio em Jerusalém tivessem funcionado quando o Templo ainda existia:

> O Sinédrio estava organizado como a metade de uma eira redonda, de modo que todos pudessem ver uns aos outros. Perante eles ficavam os dois escribas dos juízes, um à direita e um à esquerda, e eles anotavam as palavras daqueles que favoreciam a absolvição e as palavras daqueles que favoreciam a condenação. R. Judah diz: "Havia três: um anotava as palavras daqueles que favoreciam a absolvição, e um anotava as palavras daqueles que favoreciam a condenação, e o terceiro anotava as palavras tanto de quem favorecia a absolvição como de quem favorecia a condenação. Perante eles sentavam-se três filas de discípulos dos sábios, e cada um sabia qual era o seu devido lugar".

Era dado como certo que, assim como nas escolas dos sábios anteriores a 70 da Era Comum, questões difíceis dentro dessas pequenas academias poderiam ser decididas por votos:

> Eles votam somente em um local amplo. E eles votam apenas na base de uma tradição que alguém ouviu. [Se] alguém fala em nome de uma tradição que tenha ouvido, e os demais dizem: "Nós não ouvimos falar disso", em tal caso, eles não se levantam para votar. Mas, se um proíbe e um permite, um declara ser impuro e o outro puro, e todos eles declaram: "Nós não ouvimos falar de uma tradição sobre esse assunto", em tal caso eles se levantam e votam.[7]

No início do século II da Era Comum, grupos de sábios se transferiram para Lida; e após a guerra de Bar Kokhba de 132-5 para Usha na Baixa Galileia e depois para Tiberíades e Séforis mais a leste. O relacionamento entre os sábios pode ser deduzido a partir das antigas tradições sobre as quais os rabinos transmitiam os ensinamentos dos professores, e ocasionalmente por meio de histórias tais como a narrativa extraída da Mishná que acabou chegando à Haggadah de Pessach: "É relacionada ao rabino Eliezer, rabino Joshua, rabino Elazar ben Azariah, rabino Akiva e rabino Tarfon, que eles se encontraram para o Sêder em Bnei Brak, e falaram sobre o êxodo do Egito durante a noite toda, até que seus discípulos vieram até eles e disseram: 'Mestres! Chegou a hora de dizer o Shemá matutino!'".[8]

É provável que, na Palestina, ensinamentos e estudos rabínicos tenham permanecido situados dentro desses pequenos grupos de discípulos pelo menos até o século IV, quando o Talmude palestino chegou à sua forma final. O círculo de discípulos era a forma padrão da escola filosófica na Antiguidade, e tal informalidade favoreceu o surgimento de centros locais de aprendizagem rabínica na Palestina bizantina. Tal, por exemplo, era o grupo de pupilos junto de R. Hoshaiah na Cesareia do século III, onde os sábios estavam mais expostos à influência da população não judia da Palestina do que na Galileia, que era quase inteiramente povoada por judeus. Hoshaiah viveu na Cesareia no mesmo período que o teólogo cristão Orígen, com quem ele pode ter estado em contato, mas por cujas ideias não parece ter sido diretamente influenciado.[9]

Como vimos no capítulo 7, dos séculos II ao V da Era Comum, os cristãos foram muito mais afetados por suas relações com o judaísmo, enquanto eles desenvolviam a sua teologia básica e tentavam entender o papel do Velho Testamento nela, do que os judeus foram influenciados pelo cristianismo. Mas a cristandade pode ter afetado os rabinos da Palestina de modos mais sutis. É possível que a ausência de referências no Talmude palestino a quaisquer discussões de *amoraim* palestinos após meados do século IV, quase dois séculos antes de os últimos mestres amoraicos registrados no Talmude babilônico, e a aparente falta de edição do texto possam ter relação com as dificuldades passadas pelas academias rabínicas que funcionavam dentro de um Império Romano cristão, mas é difícil reconciliar tal explicação com a aparente prosperidade das comunidades judaicas que solicitaram e financiaram os belos pisos de mosaico de sinagoga datados dos séculos V e VI, dos quais uma boa quantidade tem sido escavada ao longo das últimas décadas (ver capítulo 10). O maior engajamento dos rabinos palestinos com o texto bíblico do que com seus equivalentes na Babilônia pode ser atribuído de modo mais plausível às relações com a cultura cristã majoritária nos séculos V e VI. Tal atitude levou, no século V e (provavelmente) no VI, à produção de muitos comentários rabínicos (*midrashim*) sobre partes de livros bíblicos, tais como Gênesis Rabbah (finalizado provavelmente no século V da Era Comum) e Levítico Rabbah. Os *midrashim* do Cântico dos Cânticos, do Livro de Rute, das Lamentações, do Eclesiastes e do Livro de Ester parecem ter sido todos compilados na Palestina entre os séculos V e VII.

No início do século III, o movimento rabínico na Palestina reconhecia a liderança de um de seus membros como um governante quase monárquico dentro da comunidade judaica. R. Judah haNasi, o compilador da Mishná, é o primeiro sábio a cujo nome a tradição posterior acrescentou o título permanente de *nasi*, "príncipe". Não há certeza se as mais antigas figuras de autoridade dentro do movimento, como Rabban Gamaliel II, tinham o título ou desempenhavam o mesmo papel dentro da sociedade judaica, mas os rabinos registraram uma série de *nesi'im* ao longo do século III, e fontes legais romanas, que se referem aos *nasi* como *ethnarches* em grego e *patriarcha* em latim, tinham conhecimento dessas figuras religiosas na sociedade judaica até o primeiro quarto do século V.

Um esplêndido mosaico na sinagoga de Hamat Tiberias na Galileia, retratando o deus sol rodeado pelos signos do zodíaco, foi criado (segundo a inscrição do mosaico) por um membro da casa do *patriarcha* no fim do século IV. Naquela época, o patriarca era uma figura de considerável importância dentro da comunidade mais ampla, tanto judaica quanto imperial. Porém, em torno do século IV, as fontes rabínicas ficam em silêncio sobre os *nasi* e, portanto, é possível que os detentores da posição não mais estivessem intimamente ligados ao movimento rabínico, preferindo, pelo contrário, enfatizar sua (possivelmente fantasiosa) descendência de Hilel e sua (claramente fantasiosa) descendência de Davi. A sinagoga de Hamat Tiberias reflete uma cidade de certa sofisticação nesse período, que se distinguia somente por seu tamanho comparativamente pequeno e ausência de templos pagãos do imenso sítio de Citópolis (conhecida pelos rabinos como Beit She'an) ao sul do lago, com seu teatro e odeon, ou da grande capital provincial de Cesareia na costa, com hipódromo, anfiteatro e palácio do governador. Textos rabínicos preservam histórias de rabinos palestinos que atuavam nessas cidades também, mas o movimento rabínico na Galileia sempre conservou certa coloração rural. Nos séculos V e VI, grande parte das evidências epigráficas dos rabinos igualmente provém do interior da Galileia, ou de locais como Dabburra no Golã.[10]

No relato do movimento rabínico palestino do século após 70 da Era Comum que emerge do Talmude babilônico, de importância central na sobrevivência do judaísmo após a rebelião de Bar Kokhba era a transmissão da autoridade através da *semikha*, "ordenação", de seus discípulos por um sábio chamado R. Judah b. Babba, que foi martirizado pelos romanos:

> Um homem apenas não pode ordenar? Rab Judah não disse em nome do Rab: "Possa este homem na verdade ser recordado por sua bênção – seu nome é R. Judah b. Baba. [...] O que R. Judah b. Baba fez? Ele foi e se sentou entre duas grandes montanhas, [que se encontram] entre duas grandes cidades; entre os limites do Shabat das cidades de Usha e de Shefaram, e lá ordenou cinco anciãos: a saber, R. Meir, R. Judah, R. Simeon, R. Jose e R. Eliezer b. Shamua".

O Talmude babilônico também transmitiu a ideia de que durante o período de Judah haNasi (no início do século III) foi decretado que apenas quem tinha a devida autorização obtida dessa maneira poderia tomar decisões relacionadas às leis religiosas, incluindo aquelas puramente cerimoniais; porém, embora o Talmude palestino preserve tradições relacionadas à nomeação de juízes na Palestina por patriarcas e a insistência dos rabinos no século III de que isso deveria ser feito em acordo com uma corte, tal noção precisa de autoridade rabínica é muito mais difícil de discernir nas próprias fontes palestinas. Até na Babilônia, os mais antigos círculos de discípulos formados ao redor de Abba bar Aivu (conhecido como Rav) e de Samuel no século III parecem ter sido bastante informais. O ponto de vista no Talmude babilônico provavelmente reflete o crescimento, em séculos posteriores, da influência do exilarca babilônico, cuja autoridade passou a ser necessária para a nomeação dos juízes: "Disse Rav: 'Quem quer que deseje tomar decisões relativas a dinheiro por si só, e ser livre de responsabilidade no caso de uma decisão errônea, deve obter a sanção do exilarca'".[11]

Já no período sassânida, antes da finalização do Talmude em c. 600 da Era Comum, o exilarca na Babilônia, como autoridade política, às vezes entrava em desacordo com os chefes das academias à medida que suas instituições cresciam em tamanho e em distinção. Rav fundou a academia em Sura, que sobreviveu de uma forma ou de outra durante quase oitocentos anos até a metade do século XI. A academia de Samuel em Nehardeah foi forçada a se mudar na metade do século III, mas a academia de Pumbedita, que se viu como sucessora da primeira, continuou a existir junto com Sura durante o restante do primeiro milênio, ainda que com uma mudança para Bagdá em c. 900 da Era Comum. Os sábios dessa escola no século IV – sobretudo Rabbah bar Nahmani, Yosef b. Hiyya, Abbaye e Rava – são mencionados com frequência no Talmude babilônico como fontes de ensinamentos e discussões que compõem a obra. A maior parte do que sabemos sobre a vida judaica nas cidades onde essas academias se encontravam se origina do próprio Talmude babilônico. Pumbedita, às margens do Eufrates no norte da Babilônia, e atravessada por canais, tinha um excelente clima para a agricultura, sobretudo tâmaras e linho, e boas conexões com a rota das caravanas para a Síria, que deram à cidade uma dimensão comercial internacional; enquanto Sura, mais ao sul, era conhecida por sua produção de uvas, trigo e cevada, e seu mundo azafamado de artesãos e de pequenos comerciantes.

Essas academias exercem grande influência muito além de seus próprios limites, como já vimos por meio da carta de Rav Sherira Gaon, *gaon* de Pumbedita no século X. Porém, o sucesso delas como instituições educacionais e produtoras de textos levou, nos últimos séculos do primeiro milênio, a um enfraquecimento de sua autoridade, à medida que novos centros de erudição rabínica surgiam em diversos lugares, com base nesse trabalho.

Dentro do mundo islâmico, a partir da metade do século VII, judeus podiam viajar bastante, e o faziam, e estudiosos de renome da Babilônia haviam se estabelecido em Kairouan, na Tunísia, no século VIII. Em torno do século X, a academia de Kairouan estava em contato íntimo com estudiosos também no Egito, na Itália e na Palestina. Pouco sabemos sobre a academia em Lucena mencionada por Natronai, *gaon* de Sura no século IX, mas, no século X, Moses b. Hanokh, oriundo do sul da Itália, foi nomeado rabino de Córdoba, na Espanha. Sob a proteção de um político judeu, Hisdai ibn Shaprut, que exercia muita influência sobre o califa omíada, Moses b. Hanok ajudou a acabar também com a dependência dos estudiosos espanhóis da autoridade dos professores da Babilônia.

Dois séculos depois, o filósofo espanhol Abraham ibn Daud preservou em seu *Sefer haKabbalah* [Livro da tradição], que relatava a cadeia de tradição rabínica do bíblico Moisés até seus próprios tempos, uma lenda na qual Moses b. Hanokh aparecia como um dos quatro rabinos que haviam partido de Bari, na Itália, durante o século X, sido capturados pelos muçulmanos e resgatados pelas comunidades judaicas, nas quais eles estabeleceram importantes academias:

> O comandante de uma frota, cujo nome era Ibn Rumahis, partiu de Córdoba, tendo sido enviado pelo rei muçulmano da Espanha. [...] Esse comandante de uma poderosa frota partiu para capturar os navios dos cristãos e as cidades que se localizavam perto da costa. Eles navegaram até a costa da Palestina, e se voltaram para o mar grego e as ilhas nele localizadas. [Lá] eles encontraram um navio transportando quatro grandes eruditos, que estavam viajando da cidade de Bari até uma cidade chamada Sefastin, e que estavam a caminho de uma convenção de Kallah. Ibn Rumahis capturou o navio e fez os sábios prisioneiros. [...] Esses sábios não comentaram a respeito de si mesmos ou de sua sabedoria com ninguém. O comandante vendeu R. Shemariah em Alexandria do Egito; [R. Shemariah] prosseguiu até Fostate, onde ele se tornou chefe [da academia]. Então ele vendeu R. Hushiel na costa da Ifríquia. De lá, rumou para a cidade de Qairawan, que, naquela época, era a mais poderosa de todas as cidades muçulmanas na região do Magreb, onde se tornou o chefe [da academia] e onde ele teve seu filho Rabbenu Hananel. Então, o comandante chegou a Córdoba, onde vendeu R. Moses junto com R. Hanok.

Trata-se de uma lenda, mas sua invenção reflete a necessidade dos judeus nos séculos seguintes de explicar a crescente importância das academias na África e na Espanha à medida que a autoridade dos centros babilônicos diminuía.[12]

A autoridade das academias na Palestina como centros de estudos rabínicos era muito mais fraca que a das escolas da Babilônia nos últimos três séculos do primeiro milênio, embora tenhamos observado (capítulo 10) o papel especializado dos massoretas em Tiberíades ao estabelecer a forma final dos textos bíblicos por meio de sua reconhecida especialização em preservar tradições ligadas à vocalização, acentos, divisões, ortografia e convenções de escribas. Esses massoretas estiveram empenhados em tal trabalho erudito, basicamente na Palestina, por cerca de cinco séculos a partir da metade do primeiro milênio, e a proeminência da escola de Tiberíades devia muito à influência de uma família de estudiosos. Aharon b. Moshe b. Asher produziu no século X da Era Comum o que se tornaria o texto bíblico padrão, usando um sistema de vogais e de acentos para cantilação (canto ritual) que se tornou normativa em primeiro lugar nos manuscritos e posteriormente nas edições impressas. Ele pertencia à quinta geração de uma família dedicada ao mesmo trabalho. Fica claro que eles fizeram mais que simplesmente registrar os pontos de vista de seus antecessores, pois o texto de um códice bíblico contendo os Profetas, copiado em Tiberíades pelo pai de Aharon, Moshe, em 897 da Era Comum, e que foi preservado na sinagoga caraíta no Cairo, frequentemente discorda da vocalização e das tônicas preferidas pelo próprio Aharon.

Em algum momento depois do século VI, e possivelmente já no IX, Jerusalém e Ramleh se transformaram em centros de estudos rabínicos no lugar de Tiberíades, embora a ligação com a academia primitiva fosse evidentemente preciosa. Daniel b. Azariah, que liderou a academia de Jerusalém de 1051 a 1062, assinava "*nasi* e *gaon* de Tiberíades" em uma carta encontrada na Geniza do Cairo. O próprio Daniel era descendente de um exilarca da Babilônia, e era considerado, portanto, pertencente à casa de Davi. Mas a honra em que ele era tido como "a Luz de Israel, o Grande Príncipe e Chefe da Academia da Majestade de Jacó", como ele era chamado na sinagoga da comunidade judaica palestina no Antigo Cairo, se devia mais ao seu nascimento que ao conhecimento rabínico e à autoridade de sua academia.[13]

A difusão da erudição rabínica da Palestina para a Itália e mais para o norte da Europa aconteceu principalmente após o fim do primeiro milênio, mas uma história encontrada em diversas fontes medievais judaicas alemãs, de que certo "rei Karl" (supostamente uma referência a Carlos Magno, embora nesse período ele já estivesse morto), em 917, levou a família Kalonymus, especialista em literatura rabínica, de Luca, no norte da Itália, para Mainz, pressupõe conhecimento dos estudos rabínicos em Luca nesse período. Antes de se estabelecer por lá no século XI, consta que R. Kalonymus b. Moses tenha ensinado em Roma, supostamente na *yeshivah* local que é mencionada pela primeira vez como um centro de estudos talmúdicos em Roma nesse período. Pelo menos nos círculos rabínicos, o estudo do judaísmo em Roma naquele momento era evidentemente feito em hebraico e aramaico, e não em grego. Por outro lado, as grandes academias da Alemanha e da França, que iriam demonstrar exercer tanta influência no desenvolvimento do judaísmo rabínico a partir do século XI, ainda estavam em um estágio embrionário no século X, até que a influência de R. Gershom b. Judah, que morreu no ano 1028, colocou a academia de Mainz no centro de estudos do pensamento talmúdico no norte da Europa.[14]

A sociedade rabínica, no fim do primeiro século, tinha regras bem estabelecidas de controle social, principalmente *herem* ("excomunhão"). Em seu sentido bíblico original, condenar alguém a *herem* era invocar a destruição, mas, no contexto do judaísmo rabínico, era um mecanismo pelo meio do qual uma corte de rabinos poderia ordenar o ostracismo ou afastamento das pessoas a respeito das quais se supunha que tivessem violado as normas da comunidade. À medida que o judaísmo rabínico se disseminou, e com ele a autoridade dos rabinos de locais distantes, também se espalhou a possibilidade de banimento para aqueles cujo quinhão na comunidade era essencialmente um pertencimento abstrato a todo Israel. Dois desses banimentos atribuídos a Rabbenu Gershom b. Judah ilustram o esfacelamento da autoridade rabínica no fim do primeiro milênio. Por um lado, o *herem bet din* ("banimento pela corte") dava autoridade às cortes locais sobre todos aqueles que passassem por uma comunidade: "Se um homem passa por uma comunidade onde há um banimento da corte e ele é convocado à corte sob o banimento na presença das devidas testemunhas, mesmo que esteja na praça do mercado, o banimento recai sobre ele até que retorne à corte para pleitear o seu caso". Por outro lado, já observamos (capítulo 10) que o banimento que proibia a poligamia (também atribuído a Rabbenu Gershom de modo convencional, mas provavelmente incorreto) foi tomado como oficial por todo o mundo judaico na Alemanha e na França, mas ignorado pelos judeus das terras islâmicas.[15]

Tanto os temas quanto a forma do discurso rabínico haviam se desenvolvido bastante nos mil anos entre o período de Yohanan b. Zakkai e Rabbenu Gershom. Dentro das academias era feito um esforço muito grande na pormenorização de minúcias de decisões legais derivadas originalmente tanto da Bíblia quanto dos costumes. Traçar o desenvolvimento desse discurso halákhico ao longo das gerações é complicado pela prática, comum nos textos talmúdicos, de atribuir a um professor rabínico anterior um ponto de vista que – assim o compilador imaginava, de acordo com os pontos de vista conhecidos desse professor sobre outros assuntos – ele teria adotado quando confrontado com uma questão suscitada por uma geração posterior. Não obstante, é possível discernir pelo menos o arcabouço dos debates em períodos específicos, e observar que em sua maior parte os tópicos discutidos eram gerados dentro das próprias academias por uma paixão por lógica e precisão, e não tanto por necessidade de responder a pressões externas.

Os métodos hermenêuticos empregados por eruditos rabínicos no detalhamento da lei seguiam princípios que poderiam ser, e tinham sido, sistematizados no mais tardar no século III da Era Comum. Eram muito complexos:

> Qualquer coisa que seja incluída na declaração geral e que seja especificada de modo a ensinar [algo], ensina não apenas a respeito de si mesma, mas também ensina a respeito de tudo incluído na declaração geral. [...] Qualquer coisa que seja incluída na declaração geral e que seja especificada como uma exigência referente a outra exigência que está de acordo com a declaração geral é especificada de modo a tornar [a segunda declaração] menos rigorosa e não mais rigorosa. [...] Qualquer coisa que seja incluída na declaração geral e que seja especificada como uma exigência na declaração geral e que é especificada como uma exigência referente a outra exigência que não está de acordo com a declaração geral é especificada para tornar menos ou mais rigorosa. [...] Hilel, o Ancião, expôs sete métodos perante os anciãos de Bethyra. *A fortiori*, e analogia, e dois versículos, e uma declaração geral, e uma declaração específica, e algo parecido com isso em outro local, e uma coisa é explicada a partir de seu contexto.

Listas como essa (de *Sifra*) foram refinadas e expandidas muitas vezes em círculos rabínicos na Antiguidade, refletindo tanto um alto grau de autoconsciência metodológica entre os intérpretes rabínicos quanto a boa vontade dos sábios para buscar os meios exatos de alcançar o que parecia para eles o melhor efeito religioso para a prática de vida. As listas refletiam, mais do que moldavam, os processos reais de formulação da lei. O relacionamento das listas com a prática de interpretação era complexo. Alguns princípios incluídos em todas as listas raramente são encontrados em uso real, e parece ter havido uma aceitação tácita de que alguns dos métodos mais imaginativos considerados apropriados para interpretar as narrativas devessem ser evitados quando fosse o caso da interpretação de textos legais.

O recurso a citações bíblicas geralmente dava apoio a uma opinião legal já alcançada por outros meios. Por isso, os *midrashim* do período tanaítico (*Mekhilta* no Êxodo, *Sifra* no Levítico e *Sifre* para o Livro dos Números e Deuteronômio) podem ser compreendidos como tentativas de alinhar um discurso separado com base em raciocínio legal ao texto bíblico:

> "Quando houver um fogo" etc. Por que isso é dito? Mesmo que isso não tivesse sido dito, eu poderia ter raciocinado: Já que ele é responsável por danos feitos por algo que é de sua propriedade, não deverá ser responsável por danos ocasionados por ele próprio? E se, então, eu conseguir provar isso por meio de raciocínio lógico, que necessidade há de se dizer: "Quando houver um fogo"? Simplesmente esta: a Escritura vem para declarar que, em todos os casos de responsabilidade por danos mencionados na Torá, alguém que está agindo sob coação é considerado como uma pessoa que está agindo com base em seu livre-arbítrio, alguém que age de modo não intencional é considerado como alguém que age de modo não intencional, e a mulher é considerada como o homem.

Com esse propósito, foi considerado como legítimo tirar o significado de uma palavra de seu contexto bíblico original:

> A Lei Divina não diz: "Olho por olho"? Por que não assumir isso de forma literal querendo dizer [arrancar] o olho [do transgressor]? Não permitais que isso entre em vossa mente, já que foi ensinado: Vós podeis pensar que, quando ele arrancou o olho dele, o olho do transgressor deveria ser arrancado, ou quando ele cortou o braço dele, o braço do transgressor deveria ser cortado, ou, uma vez mais, quando ele que-

brou a perna dele, a perna do transgressor deveria ser quebrada. [Não é bem assim; pois] está escrito: "E o homem que ferir de morte toda a alma de pessoa [...]". "E o que ferir de morte um animal [...]", assim como no caso de ferir de morte um animal uma recompensa deve ser paga, também no caso de ferir de morte um homem uma recompensa deve ser paga.

Tal busca pelo sentido "verdadeiro" do texto bíblico às vezes levava os rabinos a recorrerem à decifração do código das Escrituras para estabelecer o sentido desejado por meio de anagramas e abreviações de palavras bíblicas. Em outras ocasiões, eles recorreram à *gematria* (do grego *geometria*, "geometria"), que envolvia acrescentar os valores numéricos das letras em uma palavra (já que em hebraico "aleph" equivale a "um", "beth" a "dois", e assim por diante):

> R. Simlai, quando estava pregando, disse: Seiscentos e treze preceitos foram comunicados a Moisés, trezentos e sessenta e cinco preceitos negativos, correspondendo ao número de dias solares [no ano], e duzentos e quarenta e oito preceitos positivos, correspondendo ao número de membros do corpo do homem. Disse R. Hammuna: Qual é o texto correspondente a isso? Ele é: "Moisés nos entregou a Torá, uma herança da congregação de Jacó", "Torá" sendo, em valores de letras, igual a seiscentos e onze; "eu sou" e "Não terás [outros deuses]" [tem de ser acrescentado porque] nós os ouvimos diretamente da boca do Todo-Poderoso [nos Dez Mandamentos].[16]

Com o uso de tais métodos e intenso debate erudito ao longo de gerações, os rabinos criaram um imenso volume de interpretação. Quando casos reais para discussão não se apresentavam, eles inventavam cenários imaginados. Estes às vezes podiam alcançar níveis de implausibilidade inaceitáveis até mesmo para os próprios rabinos, como indicado pelos comentários ocasionais dos editores do texto que uma questão está fora do alcance da resolução, assim como na seguinte discussão sobre as evidências de que o pão fermentado, que deveria ser excluído dos lares durante a Páscoa, poderia ter sido trazido para dentro de casa por um camundongo:

> Raba perguntou: "E se um camundongo entrar com um pão em sua boca, e um camundongo sair com um pão em sua boca: nós dizemos, o mesmo que entrou

saiu; ou talvez seja um diferente? Vós diríeis, o mesmo que entrou saiu – e se um camundongo branco entrasse com um pão em sua boca, e um camundongo negro saísse com um pão em sua boca? Ora, este é com certeza um camundongo diferente; ou talvez ele tenha arrancado o pão do outro? E vós diríeis, os camundongos não arrancam uns dos outros – e se um camundongo entrar com um pão em sua boca, e uma doninha sair com um pão em sua boca? Ora, a doninha certamente arranca algo de um camundongo; ou talvez seja diferente, pois, se tivesse ela arrancado o pão do camundongo, o camundongo teria [agora] sido encontrado em sua boca? E vós diríeis, se ela o tivesse arrancado do camundongo, o camundongo teria sido encontrado em sua boca, e se um camundongo entrar com um pão em sua boca, e então uma doninha sair com um pão e um camundongo na boca da doninha? Neste caso, ele certamente é o mesmo; ou talvez, se fosse o mesmo, o pão teria sido mesmo encontrado na boca do camundongo; ou talvez ele tenha caído [da boca do camundongo] por causa de [seu] terror, e ela [a doninha] o pegou?".

Por trás do humor está uma preocupação verdadeira de estabelecer os limites de responsabilidade para procurar evidências para garantir uma existência vivida de acordo com as prescrições da Torá. Em contraste com o alto nível de abstração dos tratados escritos então pelos cristãos, tais como Origen (no século III) ou Agostinho (no fim do século IV e início do V), que refletiram sobre questões teológicas a respeito da natureza do divino sob influência da filosofia grega, os rabinos talmúdicos se dedicavam com afinco aos modos práticos de alcançar a santidade em um nível humano. A filosofia grega não entrou na tradição rabínica até Saadiah, muito depois do período talmúdico, quando sua adoção aconteceu sob influência do islã.[17]

Não raro, rabinos confiavam em argumentos e na lógica, apenas ocasionalmente recorrendo à confiança exclusiva na autoridade bíblica. Porém, havia exceções, como em uma história sobre Yohanan b. Zakkai encontrada na compilação amoraica *Pesikta de-Rab Kahana*:

> Um pagão questionou Rabban Yohanan ben Zakkai, dizendo: "As coisas que vós, judeus, fazeis parecem ser um tipo de feitiçaria. Um novilho é trazido, é queimado, é triturado até virar cinzas, e suas cinzas são recolhidas. Então, quando alguém fica impuro por meio do contato com um cadáver, duas ou três gotas das

cinzas misturadas com água são borrifadas sobre a pessoa, e lhe dizem: 'Vós estais limpo!'". Rabban Yohanan perguntou ao pagão: "O espírito da loucura alguma vez vos possuiu?". O pagão respondeu: "Não". "Vós já vistes um homem possuído pelo espírito da loucura?" O pagão respondeu: "Sim". "E o que vós fazeis por tal homem?" "Raízes são trazidas, e se faz com que a fumaça da queima delas se erga sobre o homem, e água é borrifada sobre ele até que o espírito da loucura fuja." Rabban Yohanan então disse: "Vossos ouvidos não ouvem o que a vossa boca diz? É a mesma coisa com um homem que foi tornado impuro pelo contato com um cadáver – ele também está possuído por um espírito, o espírito da impureza, e [assim como a loucura], a Escritura diz: 'Farei também com que se retirem daqui os (falsos) profetas e que desapareça o espírito da impureza' (Zac 13:2)". Então, quando o pagão se afastou, os discípulos de Rabban Yohanan disseram: "Nosso mestre, vós afastastes aquele pagão com uma mera resposta, mas que resposta vós dareis para nós?". Rabban Yohanan respondeu: "Por vossas vidas, eu juro: o cadáver não tem por si só o poder de tornar impuro, tampouco tem a mistura de cinzas com água o poder, por si só, de purificar. A verdade é que o poder purificador da vaca vermelha é um decreto do Sagrado. O Sagrado disse: 'Eu ordenei como um estatuto, eu emiti como um decreto. Vós não tendes permissão de transgredir Meu decreto. Este é o estatuto da Torá'" (Num 19:1).

Tampouco era somente a palavra divina que poderia ter autoridade sem discussão, pois os rabinos também atribuíam a si mesmos, ou pelo menos às suas principais figuras, o poder de emitir *takkanot*, "decretos", para complementar a lei da Torá. Tal, por exemplo, foi o decreto atribuído no Talmude babilônico a autoridades do período tanaíta, e nem sempre seguido, de que a educação deveria ser dada a todos os meninos a partir dos seis anos.[18]

Vale a pena notar, entretanto, que tal confiança na autoridade é pouco comum em discussões talmúdicas, e que as decisões não eram geralmente atribuídas à intervenção divina direta. Na verdade, a revelação sobrenatural como uma solução para questões legais complexas é especialmente desconsiderada em uma história impressionante no Talmude babilônico:

> Naquele dia, R. Eliezer apresentou todos os argumentos imagináveis, mas eles não os aceitaram. Ele lhes disse: "Se a lei está de acordo comigo, que esta alfarrobeira o prove!". Após o que a alfarrobeira foi arrastada cem côvados de seu lugar – outros afirmam quatrocentos côvados. "Nenhuma prova pode ser dada

por uma alfarrobeira", eles retrucaram. E de novo ele lhes disse: "Se a lei está de acordo comigo, que este curso d'água o prove!". E com isso o curso d'água fluiu para trás. "Nenhuma prova pode ser dada por um curso d'água", eles retrucaram [...] ele lhes disse: "Se a lei está de acordo comigo, que seja provado pelo céu!". E com isso uma voz celestial exclamou: "Por que vós discutis com R. Eliezer, vendo que em todas as questões a lei está de acordo com ele?!". Mas R. Joshua se levantou e exclamou: "A voz não está no céu". O que ele quis dizer com isso? Disse R. Jeremiah: "Que a Torá já havia sido dada no Monte Sinai; nós não prestamos atenção em uma voz celestial, porque vós já havíeis escrito fazia muito tempo na Torá no Monte Sinai: 'Perante uma maioria, uma pessoa tem de ceder'". R. Nathan se encontrou com Elijah e lhe perguntou: "O que o Sagrado, Abençoado seja Ele, fez naquela hora?". Ele riu [de alegria], e respondeu, dizendo: "Meus filhos Me derrotaram, Meus filhos Me derrotaram".

O fato de os sábios em geral não recorrerem à revelação individual em discussões talmúdicas sugere com muita força que nessa história a recusa da maioria em permitir tal apelo por parte de R. Eliezer era a abordagem padrão, embora seja encontrada em um trecho do Talmude babilônico uma notável afirmação de que as discussões entre as casas de Hilel e de Shamai, que na Mishná está explicitamente declarado terem sido deixadas sem solução, foram decididas de uma vez só a favor da de Hilel por uma "voz celestial":

R. Abba afirmou em nome de Samuel: Por três anos houve uma discussão entre a casa de Shamai e a casa de Hilel, a primeira afirmando: "A lei está de acordo com nossos pontos de vista", e a outra discordando: "A lei está de acordo com nossos pontos de vista". Então, uma voz celestial surgiu, anunciando: "[Os pronunciamentos] de ambas são palavras do Deus vivo, mas a lei está de acordo com as determinações da casa de Hilel".

Já em outro momento, os rabinos invocam fortes limitações em sua própria capacidade de acarretar uma mudança. Afirmam em uma passagem no Talmude de Jerusalém que nem mesmo uma intervenção milagrosa por parte de Elijah poderia mudar o modo como um ritual imposto na Bíblia é realizado, já que o costume seguido pelas pessoas "passa por cima da lei".[19]

Os rabinos talmúdicos não deixavam de ter interesse por teologia e ética, mas ideias como a providência de Deus e a centralidade de Israel e da Torá no plano divino para o mundo eram geralmente supostas em histórias e em apotegmas, em vez de discutidas. Porém, os ensinamentos éticos contidos no tratado mishnaico *Avot*, "os dizeres dos ancestrais", eram mais explícitos. *Avot* é uma coleção de provérbios pouco parecida, em sua forma literária, com a Mishná e com a literatura rabínica de modo geral. Seus ensinamentos estão agrupados livremente em formas mnemônicas com frequência baseadas em numeração:

> Cada [um] disse três coisas. R. Eliezer disse: "Que a honra de vosso companheiro seja tão cara para vós quanto a vossa própria, e não seja facilmente provocada, e arrependei-vos um dia antes da vossa morte; e aquecei-vos perante o fogo dos sábios, mas tende cuidado com os carvões incandescentes deles, para que não vos queimeis, pois a mordedura deles é a mordida de um chacal, e o ardor deles a ferroada de um escorpião, e o sibilar deles é o sibilar de uma serpente, e todas as palavras deles são como carvões incandescentes. [...] Se o amor depende de alguma coisa [transitória], e a coisa [transitória] se esvai, o amor também se esvai; mas, se ele não depende de alguma coisa [transitória], ele nunca irá se esvair. Qual amor depende de alguma coisa [transitória]? Esse era o amor de Amnon e de Tamar. E qual não depende de alguma coisa [transitória]? Esse era o amor de Davi e de Jônatas".

Como uma compilação de tradições de sabedoria, o *Avot* se relaciona mais com os textos de sabedoria bíblica, como o Livro dos Provérbios, mas ocasionalmente parece ter tido em mente o ambiente específico erudito das academias rabínicas:

> Há quatro tipos entre eles que se sentam na presença dos sábios: a esponja, o funil, o filtro e a peneira. "A esponja" – que absorve tudo; "o funil" – que recebe por uma ponta e deixa sair por outra; "o filtro" – que deixa sair o vinho e coleta a borra; "a peneira" – que extrai a farinha grosseiramente moída e coleta a flor da farinha.

Por outro lado, uma ênfase na doação caridosa como uma obrigação religiosa era muito mais relevante para todos os judeus, e reflete um tema ético recorrente:

> Há quatro tipos de indivíduos que dão esmolas: aquele que é disposto a dar, mas não que outros deem – ele inveja o que pertence a outrem; aquele que considera

que outros devem dar, mas não que ele deva dar – ele dá o que é seu com relutância; aquele que é disposto a dar e também que outros devam dar – ele é um homem santo; aquele que considera que ele não precisa dar, e que outros não deem – ele é um homem iníquo.

Avot é pouco característico no *corpus* rabínico em seu foco especificamente na ética, mas ambos os talmudes têm muito a dizer circunstancialmente a respeito da importância de *hesed* ("piedade") e *teshuvah* ("arrependimento pelo pecado"), bem como dos principais tópicos herdados da Bíblia, tais como a aliança entre Deus e Israel. Ensinamentos éticos são apresentados de forma menos organizada na maior parte do restante da literatura rabínica desse período até o surgimento de um gênero ético distinto no período gueônico (entre os séculos VI e XI da Era Comum) sob a influência do pensamento islâmico. O mais antigo tratado rabínico que se conhece dedicado somente à ética é o capítulo final, sobre "Man's Conduct" [Conduta do homem], do *Book of Beliefs and Opinions* [Livro das crenças e das opiniões] de Saadiah.[20]

Discussões rabínicas abrangentes sobre a lei, como ela afetava todas as partes da vida, com o devido tempo moldaram rituais que assumiram novas formas à luz de suas decisões. Por exemplo, a prece Kaddish, que pode ter se originado como uma marca da conclusão das sessões de aprendizado na academia, passou a ser no fim do primeiro milênio uma doxologia usada em várias formulações para separar cada seção do serviço da sinagoga:

> Exaltado e santificado seja o Seu grande Nome (AMEN), no mundo que Ele criou por Sua vontade. Queira Ele estabelecer o Seu Reino e determinar o ressurgimento da Sua redenção e apressar o advento do Seu Ungido (AMEN) no decurso da vossa vida nos vossos dias e no decurso da vida de toda Casa de Israel, prontamente e em tempo próximo e dizei AMEN. Seja o Seu grande Nome bendito eternamente e para todo o sempre; Seja bendito, louvado, glorificado, exaltado, engrandecido, honrado, elevado e excelentemente adorado o Nome do Sagrado, bendito seja Ele (AMEN), acima de todas as bênçãos, hinos, louvores e consolações que possam ser proferidos no mundo; e dizei AMEN. Que haja uma paz abundante emanada do céu, e vida boa para nós e para todo o povo de Israel; e dizei AMEN. Aquele que firma a paz nas alturas, com sua misericórdia, conceda a paz sobre nós e sobre todo o Seu povo Israel; e dizei AMEN.

Dos novos rituais que se originavam totalmente dentro das academias rabínicas, o mais impressionante pode ser a celebração de Lag BaOmer. O período de contagem do *omer* em sua formulação bíblica não envolvia nada além de um ritual para celebrar a passagem da Páscoa para o Pentecostes; porém, foi decretado nos textos rabínicos da Antiguidade tardia que ele seria um período de luto, por causa da lenda de que, em um ano na metade do século II, uma praga medonha aconteceu nos dias de *omer* quando 24 mil discípulos de R. Akiva morreram com a peste porque "eles não honravam de modo suficiente uns aos outros". Como se considerava que a praga tivesse chegado ao fim no trigésimo terceiro dia, o aniversário era celebrado depois disso.[21]

Fica claro que as principais preocupações das academias rabínicas nesses séculos se concentravam no desenvolvimento da lei e na interpretação da Bíblia. Porém, os textos também revelam outros interesses religiosos (talvez em um nível menos formal) que se relacionavam aos desenvolvimentos em outras formas de judaísmo antes ou depois desse período. Dentro da tradição rabínica foram preservados textos escatológicos como *Sefer Zorobabel*, um apocalipse hebraico originalmente composto no século VII da Era Comum em algum local do Império Bizantino, no qual visões são atribuídas a Zorobabel, que havia sido governador de Judá no período persa. Segundo a revelação, um messias, "filho de José", deverá ser morto, mas um segundo messias, "filho de Davi", irá predominar sobre os seus inimigos, inaugurando a construção de um novo Templo. Tal fervor escatológico se encaixa bem nas expectativas dos judeus de século VII, enquanto eles testemunhavam em primeiro lugar a conquista da Palestina pelos persas e depois as invasões islâmicas (ver capítulo 10). Uma quantidade de textos apocalípticos compostos nesse período chegou até nós, alguns atribuídos a figuras bíblicas como Zorobabel e Elias e outros a rabinos tanaíticos como Shimon bar Yohai. É improvável que esses apocalipses sejam derivados originalmente de autores rabínicos, mas é significativo que eles continuaram a ser copiados dentro dos círculos rabínicos em diferentes recensões em gerações posteriores.[22]

Difíceis de relacionar à cultura rabínica *mainstream* são as correntes místicas que emergem ocasionalmente em textos rabínicos. A Mishná proíbe em termos obscuros o ensino de temas especiais e de passagens específicas da Bíblia, especialmente o começo do Gênesis e o primeiro capítulo do Livro de Ezequiel, com sua visão do carro ou trono divino: "Os níveis proibidos não podem ser interpretados perante três pessoas, nem a história da criação perante duas, nem [o capítulo do] carro perante apenas uma, a não ser que ele seja um sábio que compreenda por conta própria". Fica claro que essas passagens eram vistas como potencialmente perigosas de vários modos. Os "níveis proibidos" são as regras interditando relações sexuais entre parentes próximos, e a inibição no estudo de tal tópico supostamente se relaciona à possibilidade de que uma análise minuciosa das relações sexuais proibidas possa ser excitante. Uma razão semelhante é possível que explique a aparentemente estranha seleção, no período medieval, dessa passagem para a recitação pública, mas não a exposição, no serviço vespertino na sinagoga no Dia do Perdão, um dos momentos mais solenes e sérios no ano litúrgico. Acreditava-se que a história da criação e a visão de Ezequiel contivessem mistérios ocultos que deveriam ser estudados apenas por quem fosse capaz de compreendê-los de modo responsável.

No século XII da Era Comum, especulações sobre essas passagens iriam produzir uma tradição mística em larga escala, mas se devemos acreditar que tais interpretações, e (ainda mais) práticas místicas, já seriam encontradas entre os rabinos na Antiguidade tardia depende de nossa própria compreensão de uma pequena quantidade de histórias obscuras em compilações amoraicas sobre os sábios tanaíticos:

> Quatro entraram no jardim. Um lançou um olhar e morreu. Um lançou um olhar e enlouqueceu. Um lançou um olhar e ceifou os brotos. Um entrou em segurança e partiu em segurança. Ben Azzai lançou um olhar e enlouqueceu. A respeito dele, a escritura diz: "Encontraste mel? Come somente o quanto te é suficiente para que não te fartes e o vomites" (Prov 25:16). Ben Zoma lançou um olhar e morreu. A respeito dele, a Escritura diz: "Difícil é, a Seus olhos, a morte de Seus devotos" (Sl 116:15). Aher lançou um olhar e ceifou os brotos. [...] R. Akiva entrou em segurança, e partiu em segurança.[23]

Pelo menos uma parte dessas histórias místicas surgiu de um desejo natural de atribuir qualidades sobre-humanas aos sábios do passado, assim como o heroico Shimon bar Yohai, a respeito de quem se acreditava ter vivido em uma caverna por doze anos na época da revolta de Bar Kokhba no século II da Era Comum com o intuito de preservar a Torá, fortificado por uma milagrosa alfarrobeira e um poço de água e visitado pelo profeta Elias.

Um estranho escrito cosmológico, *Sefer Yetsirah*, "O Livro da Criação", apresenta uma visão sistemática da criação do mundo por meio de "trinta e dois caminhos da sabedoria", constituídos pelos dez primeiros números e as 22 letras do alfabeto hebraico. Ele parece ter se originado no século III ou IV da Era Comum. Ele seria tratado no período medieval como uma fonte de muita especulação mística, mas se isso já era válido na época de sua composição não se sabe com certeza. Os conteúdos obscuros do texto pouca ajuda oferecem:

> As dez *sefirot* são a base; a medida delas é dez, pois elas não têm limites: dimensão de começo e dimensão de fim, dimensão de bem e dimensão de mal, dimensão de acima e dimensão de abaixo, dimensão de leste e dimensão de oeste, dimensão de norte e dimensão de sul. E o Deus único, um rei divino e confiável, governa sobre todos eles de seu reino sagrado para todo o sempre.

O termo *sefirah*, que literalmente significa "enumeração" e iria adquirir grande importância no misticismo judaico posterior, evidentemente tinha certa importância mística para o autor desse texto, mas o estilo do livro é tão alusivo que é difícil saber exatamente o que ele tencionava transmitir. A forma obscura pode ter sido deliberada. Ela certamente não impediu que o texto se tornasse popular.

Igualmente entremeada no discurso rabínico estava a astrologia, com frequentes referências nos talmudes a *mazal*, "planeta", ou "sorte", dos indivíduos, apesar da hostilidade de pessoas, como R. Yohanan no século III, que afirmavam que "Israel não tem planeta". Também profundamente entremeadas, apesar de uma oposição bastante semelhante por parte de alguns rabinos, estavam a magia e a interpretação dos sonhos:

> R. Hisda também disse: "Um sonho que não é interpretado é como uma carta que não é lida". R. Hisda também disse: "Nem um sonho bom nem um sonho ruim são completamente realizados". R. Hisda também disse: "Um sonho ruim é melhor que um sonho bom". R. Hisda também disse: "A tristeza causada por um sonho ruim é suficiente para ele, e a alegria que um sonho bom proporciona é suficiente para ele". [...] Ben Dama, o filho da irmã de R. Ishmael, perguntou a R. Ishmael: "Eu sonhei que minhas mandíbulas caíram; [o que isso significa]?". Ele lhe respondeu: "Dois conselheiros romanos fizeram um complô contra ti, mas eles morreram".

Bar Kappara disse para o rabi: "Eu sonhei que meu nariz caiu". Ele lhe respondeu: "Uma raiva profunda foi removida de ti". Ele lhe disse: "Eu sonhei que minhas duas mãos haviam sido cortadas fora". Ele respondeu: "Tu não precisarás do labor das tuas mãos".²⁴

O interesse dos rabinos pela astrologia reflete, ainda que não tenha conduzido a isso, a incorporação de noções astrológicas no culto por parte de uma comunidade judaica mais ampla pelo menos na Palestina do século IV ao VI. Desenhos de signos do zodíaco eram uma característica comum na decoração do piso das sinagogas, de uma representação encantadoramente simples em Beth Alpha a uma versão mais sofisticada encontrada mais recentemente em Séforis. A atribuição no próprio mosaico da responsabilidade pela imagem do zodíaco em Hamat Tiberias, uma das mais sofisticadas, a uma doação de certo Severus da casa "dos ilustres patriarcas" torna difícil argumentar (como os arqueólogos inicialmente se sentiam inclinados a fazer) que tais zodíacos eram uma evidência de um tipo de judaísmo desaprovado pelos rabinos. Para as práticas mágicas refletidas no Talmude babilônico, a confirmação surgiu do Iraque sob a forma de milhares de vasilhas nas quais encantamentos eram pintados com o intuito de aprisionar demônios e evitar o mal para os habitantes das casas onde elas foram colocadas. As vasilhas usam uma terminologia aramaico-judaica específica, e parecem ter funcionado exatamente do mesmo modo como as produzidas por cristãos e zoroastristas. A esse respeito, pelo menos, os judeus da Babilônia, incluindo os rabinos, adotaram costumes locais nos últimos séculos antes do islã.²⁵

Tal variação nas culturas vizinhas pode ser responsável pelo reconhecimento, dentro de círculos rabínicos, de que as práticas locais em algumas áreas importantes da vida judaica variavam, e que tal variedade deveria ser respeitada e apoiada. A Mishná já reconhecia os diferentes costumes de noivado da Judeia e da Galileia, e estabeleceu uma regra geral: que, "de modo a evitar conflitos, ninguém poderia se afastar dos costumes locais". Um judeu deveria observar os costumes rígidos tanto de seu lugar de origem quanto do lugar que estivesse visitando. Mas tal tolerância dentro da comunidade rabínica não era universal. Por exemplo, certo Pirkoi b. Baboi, um erudito da Babilônia, em *c.* 800 da Era Comum, escreveu em hebraico uma polêmica carta para os judeus do Norte da África e da Espanha, na qual ele elaborou um veemente ataque aos costumes dos judeus rabínicos da Palestina. Ele desacreditou as práticas deles, quando julgava que fossem contrárias à *Halacha*, porque elas não tinham autoridade, fruto da tradição palestina ter sido interrompida pela perseguição cristã.²⁶

Na época de Pirkoi, a quantidade de judeus envolvidos em estudos rabínicos deve ter chegado aos milhares, em contraste com o punhado de sábios que haviam se reunido em torno de Yohanan b. Zakkai em 70 da Era Comum. Seu impacto sobre a comunidade judaica mais ampla tinha, portanto, aumentado significativamente. As preocupações um tanto solipsísticas dos autores rabínicos se concentravam na vida religiosa de judeus rabínicos como eles, para os quais o estudo na academia era uma parte integral da devoção. Em sua maior parte, os outros judeus, caracterizados como *ammei ha'arets*, "pessoas da terra", significando essencialmente "ignorantes" ou "leigos", eram simplesmente ignorados. Na Babilônia, onde as grandes academias rabínicas parecem ter funcionado em um círculo fechado autossuficiente no período amoraico, a indiferença às vezes podia se expressar como antagonismo (com frequência em uma retórica exagerada):

> Nossos rabinos ensinaram: "Que um homem sempre venda tudo que ele possui e se case com a filha de um erudito, porque, se ele morrer ou for exilado, ele tem a garantia de que seus filhos serão eruditos. Mas que não seja permitido que ele se case com a filha de um *am ha'arets*, porque, se ele morrer ou for exilado, os seus filhos serão *ammei ha'arets*". [...] R. Eleazar disse: "Um *am ha'arets*, é permitido apunhalá-lo [até mesmo] no Dia do Perdão que caia em um Shabat". Os discípulos lhe disseram: "Mestre, quer dizer matá-lo [ritualmente]?". Ele respondeu: "Essa [morte ritual] requer uma bênção, ao passo que [apunhalar] não requer uma bênção. [...] Maior é o ódio com que os *ammei ha'arets* odeiam o erudito que o ódio com o qual os pagãos odeiam Israel, e suas esposas [odeiam ainda] mais que eles [...]". Nossos rabinos ensinaram: "Seis coisas foram ditas sobre os *ammei ha'arets*: Nós não testemunhamos para eles; nós não aceitamos testemunho deles; nós não revelamos um segredo para eles; nós não os designamos como guardiões para os órfãos; nós não os nomeamos administradores dos fundos de caridade; e nós não devemos nos unir a eles na rua".

É difícil saber quanto dessa vituperação deveria ser levada a sério.²⁷

***

No mundo mediterrâneo, um relacionamento mais próximo entre rabinos e outros judeus nos mesmos séculos pode ter sido em parte um produto da intervenção do Estado romano cristão a partir do fim do século IV da Era Comum, quando os imperadores, com a intenção de impor a ortodoxia cristã, começaram a categorizar todos os seus súditos em termos religiosos. Tendo decidido que os judeus, diferentemente dos pagãos, deveriam ter permissão de persistir em seu "erro", eles delegaram autoridade ao patriarca judeu (*nasi*) na Palestina para controlar as comunidades da sinagoga da diáspora, bem como as da terra natal, como em uma lei promulgada pelos imperadores Arcádio e Honório no dia 1º de julho de 397:

> Os judeus deverão seguir os seus ritos; ao passo que nós deveremos imitar os antigos conservando os privilégios deles, pois foi estabelecido nas leis deles e confirmado por nossa divindade que os que são sujeitos ao governo dos ilustres patriarcas, ou seja, os *archisynagogues*, os patriarcas, os presbíteros e os demais que se ocupam no rito dessa religião, irão continuar a manter os mesmos privilégios que são reverentemente outorgados aos primeiros clérigos da venerável lei cristã.

O patriarca pode muito bem ter interferido nos assuntos das comunidades não rabínicas a leste do Mediterrâneo um século mais tarde, pois uma enigmática inscrição de uma sinagoga em Stobi, na Macedônia, datada provavelmente do século III, estipula uma imensa multa a ser paga ao patriarca por qualquer pessoa a respeito de quem se soubesse ter violado os termos financeiros combinados entre o doador do terreno da sinagoga e a comunidade. Porém, é apenas a partir do século V que é possível traçar um uso cada vez maior do hebraico e não do grego em inscrições funerárias tão a oeste como a Itália, e uma dispersão de indivíduos designados nas inscrições especificamente como "rabbi" ou "ribbi", como em um epitáfio do século IV ou V da Era Comum, de Brusciano, na Campânia, que proclama "Paz. Aqui jaz o rabino Abba Maris, o honrado". Evidentemente que é possível que o termo "rabino" estivesse sendo usado, mesmo no século V, apenas como uma designação honrosa para um mestre judeu, assim como tinha acontecido com Jesus no século I, apesar do relacionamento dele com os sábios na academia da Palestina ou da Babilônia; porém, à medida que cada vez mais inscrições como essa são publicadas, tal ceticismo passou a ser considerado menos plausível.[28]

Já no século I, os sábios se defrontavam com a necessidade de lidar com judeus que não apenas estavam fora do aprisco rabínico, mas que, aos olhos dos rabinos, eram heréticos. Como, por exemplo, iriam os sábios depois do ano 70 se relacionar com os saduceus ou os essênios, para não falar dos judeus cristãos? Chama a atenção, como já observamos (capítulo 7), que os *tannaim*, conforme registrado na Mishná e na Tosefta, não dão muita atenção a esses grupos, quanto menos descrevem os seus pontos de vista e as suas práticas como parte de uma polêmica à moda dos heresiólogos cristãos contemporâneos deles. Ignorar a existência dessas pessoas consideradas divergentes pode ser visto por si só como uma forma distinta de oposição, e um corolário do quase solipsismo rabínico já observado. Por outro lado, os *tannaim* usaram bastante um novo termo, *min*, "herético", que (tanto quanto se saiba) fora inventado por eles. Esse termo (derivado de *min*, "tipo", ou "espécie") passou a ser parte tão integrante de sua visão de mundo que eles também inventaram o nome *minut* para designar "heresia" como um nome abstrato. Para os rabinos, esses *minim* pertenciam a uma categoria única pelo fato de todos eles serem judeus que erravam, embora a natureza de seus supostos erros fosse muito variada, da negação do mundo vindouro (como se sabia que os saduceus o faziam) às curas em nome de Jesus b. Pantera (supostamente uma referência aos judeus cristãos):

> R. Eleazar b. Dama foi picado por uma cobra. E Jacob de Kefar Sama veio para curá-lo em nome de Jesus filho de Pantera. E R. Ishmael não permitiu a ele [que aceitasse a cura]. Eles lhe disseram: "Vós não tendes permissão [de aceitar a cura por parte dele], Ben Dama". Ele lhe disse: "Eu vou trazer provas de que ele pode me curar". Mas ele não teve tempo de trazer a prova [prometida] porque caiu morto. Disse R. Ishmael: "Sois feliz, Ben Dama, pois expirastes em paz, mas não rompestes a barreira construída pelos sábios. Pois quem quer que quebre a barreira construída pelos sábios acaba sendo punido, como é dito, 'Aquele que rompe uma barreira é picado por uma cobra'".

Segundo as tradições talmúdicas, em algum momento nas décadas posteriores a 70 da Era Comum, esses heréticos eram considerados pelos rabinos como suficientemente ameaçadores para que introduzissem em suas preces diárias uma décima nona bênção, a ser acrescentada às dezoito herdadas do período do Segundo Templo (ver capítulo 4), por meio da qual Deus é abençoado por amaldiçoar os *minim*: "Nossos rabinos ensinaram: 'Simeon ha Pakuli organizou as dezoito bênçãos perante Rabban Gamaliel em Yavne'. Disse Rabban Gamaliel para os Sábios: 'Alguém dentre vós pode compor uma bênção relacionada aos *Minim*?'. Samuel, o Menor, levantou-se e a compôs". Se essa bênção tinha por objetivo quaisquer hereges em particular, não se sabe. Uma reclamação no *Dialogue with the Jew Trypho* [Diálogo com o judeu Trypho], de Justino Mártir, composto na metade do século II da Era Comum, pode sugerir que alguns judeus cristãos acreditavam que ela fosse direcionada a eles: "Pois vós matastes o Justo, e seus profetas antes dele; agora com toda a força do vosso poder vós desonrais e amaldiçoais em vossas sinagogas todos aqueles que acreditam em Cristo". No entanto, só é possível especular como a maldição sobre os *minim* pode ter funcionado na prática, já que *min* não era uma forma de autodesignação de qualquer judeu (incluindo os judeus cristãos). No fim do século IV, Jerônimo considerava que a maldição da sinagoga fosse voltada especificamente para um grupo de judeus cristãos que ele diferenciava da Igreja *mainstream*.[29]

De qualquer modo, na antiga teologia rabínica, pontos de vista inaceitáveis eram indicados com bastante clareza por meio da afirmação de que certos grupos não iriam herdar o mundo vindouro:

> Todos os israelitas têm uma quota no mundo vindouro, pois está escrito: "[teu povo], todos serão justos, eles herdarão a terra para sempre. [...] ramo de Minha plantação, obra das Minhas mãos, e por ele serei glorificado". E esses são os que não têm uma quota no mundo vindouro: aquele que diz que não há ressurreição dos mortos prescrita na lei, e [aquele que diz] que a lei não veio dos céus, e um epicurista. R. Akiva diz: "E também aquele que lê livros heréticos, ou que pronuncia encantamentos sobre um ferimento".

Afirmações feitas por rabinos específicos no século II sobre outros comportamentos considerados merecedores do mesmo castigo divino sugerem um interesse considerável por tais limites. Porém, talvez esse tenha sido mais um exercício acadêmico que um modo de lidar com uma ameaça real de heresia:

> Eles acrescentaram à lista daqueles [que não têm uma quota no mundo vindouro] quem quebra o jugo, viola a aliança, interpreta mal a Torá, pronuncia o Nome Divino assim como ele é escrito. [...] R. Akiva diz: "Quem cantarola o Cântico dos

Cânticos em um salão de banquetes e o torna um tipo de canção de amor não tem um lugar no mundo vindouro".³⁰

Igualmente acadêmicas são as primeiras discussões rabínicas sobre os samaritanos, que eram às vezes tratados como se fossem judeus (por exemplo, para inclusão em um grupo de três pessoas reunidas para dar graças após as refeições), mas em outras ocasiões como gentios, de modo que o pão samaritano é proibido por R. Eliezer nos mais fortes termos: "Quem quer que coma o pão de um samaritano, é como se tivesse comido carne de porco". Tal ambivalência, às vezes, resolvida pela declaração de que os samaritanos devem ser simplesmente tratados como gentios (como decretado pelos rabinos do século III na Palestina, de acordo com o Talmude babilônico), mostra estranhamente pouco conhecimento da existência, revelada a nós por suas atividades políticas contra o Estado romano, de uma comunidade samaritana real e poderosa na Palestina entre os séculos IV e VI.³¹

Por outro lado, as reações rabínicas aos caraítas (ver capítulo 12) foram específicas e diretas. Eles atacaram diretamente a teologia caraíta, refletindo a séria ameaça representada pelo caraísmo, que se estabeleceu em oposição direta aos rabinos. O *gaon* babilônio Saadiah, que desempenhou um papel importante no século X combatendo o caraísmo no Oriente, também escreveu para o benefício de sua congregação rabínica um tratado profundamente político contra os "duzentos comentários críticos sobre a Bíblia" que haviam sido compostos na Pérsia no século IX por certo Hiwi al-Balkhi. A polêmica de al-Balkhi, baseada em comentários céticos de muitas fontes anteriores (algumas delas cristãs, e algumas dualistas), atacou a Bíblia de modos que eram repugnantes tanto para os caraítas quanto para os rabinos.³²

O legado do sistema religioso constituído pelas escolas rabínicas ao longo dos mil anos após 70 da Era Comum tem sido fundamental para a maior parte das formas posteriores do judaísmo, com a produção, no fim do primeiro milênio, de um texto bíblico definitivo pelos massoretas e o estabelecimento de uma prece estabelecida em formas fixas englobadas nas obras litúrgicas dos *geonim*, sobretudo Amram e Saadiah. Acima de tudo, a Mishná e os talmudes (e especialmente o Talmude babilônico) se tornaram os textos-base para o desenvolvimento de uma lei rabínica a partir do século VI até os dias de hoje. Formas de estudo rabínicas, em instituições de educação que se transformaram de pequenos grupos de estudo em grandes academias, se disseminaram a partir de começos insignificantes em Yavne, abrangendo a Babilônia a leste e a Espanha a oeste.

Como resultado, em meados do ano 1000 da Era Comum, grande parte do mundo judeu era afetada pelos rabinos. Porém, algumas formas de judaísmo se desenvolveram em direções muito diferentes durante o primeiro milênio da Era Comum, e elas serão o tema do próximo capítulo.

12
Judaísmo além dos rabinos

JUDAÍSMO GREGO

A vívida luz lançada pelos escritos de Josefo e de Fílon no mundo dos judeus falantes de grego na diáspora mediterrânea no último século do Segundo Templo fica embaçada após *c*. 100 da Era Comum, uma vez que, passados mil anos, ou mais, quase nenhuma fonte literária composta por um judeu falante de grego sobreviveu. Como já observamos no capítulo 10, deveria se considerar que a cessação de tais evidências refletisse não o fim de formas distintas de judaísmo em língua grega durante esses séculos, mas simplesmente uma mudança nos mecanismos de sobrevivência de escritos religiosos judaicos: os rabinos preservavam obras judaicas apenas em hebraico e em aramaico, e, pelo fato de os cristãos desde o início do século II terem sua própria literatura, eles deixaram de usar e de preservar os escritos de judeus não cristãos, de modo que qualquer coisa escrita em grego pelos judeus depois dessa data não foi preservada nas tradições medievais manuscritas.

Apesar da falta de tais resquícios literários, a sobrevivência de inúmeras inscrições judaicas gregas entre os séculos II e VII da Era Comum confirma a existência de comunidades falantes de grego às margens do Mediterrâneo durante toda a Antiguidade tardia. A escavação de sinagogas em inúmeros sítios arqueológicos confirma o compromisso dessas comunidades com o judaísmo, embora tenha havido, inevitavelmente, muito debate a respeito da exata importância religiosa da formulação das inscrições (em sua maior parte, funerárias ou honoríficas) e do estilo e decoração desses prédios. Como veremos, algo pode ser aprendido com os comentários sobre a vida religiosa judaica nos códigos legais romanos. Comentários feitos por escritores cristãos a respeito dos judeus com frequência refletem a imagem dos judeus caracterizada no Novo Testamento e não os judeus de sua própria época, mas há exceções, como os ataques de João Crisóstomo em Antioquia no fim do século IV aos judeus que estavam (assim ele afirmava) atraindo sua congregação cristã para as sinagogas deles. Apenas um pequeno número de papiros judaicos em grego oriundos do Egito sobreviveu após a destruição de maior parte da comunidade judaica em 117 da Era Comum, mas uma tradição litúrgica grega contínua pode ser deduzida da sobrevivência de documentos gregos (às vezes em escrita hebraica) datados do fim do primeiro milênio na Geniza do Cairo.¹

Que o grego tenha permanecido a língua religiosa escolhida por muitos judeus do Mediterrâneo pelo menos durante a primeira metade do primeiro milênio da Era Comum pode ser conjecturado menos pela escolha desse idioma pelos judeus para as inscrições em regiões como a Ásia Menor e a Síria, onde o grego era a língua da população em geral, do que pelo uso do grego na cidade de Roma, onde uma preferência pelo grego em detrimento do latim distinguia os judeus como um subgrupo específico dentro do corpo principal da plebe urbana. Essas inscrições também proporcionam as melhores evidências para a organização desses judeus em comunidades em torno de uma sinagoga lideradas por membros chamados de "pai da sinagoga", "dirigente da sinagoga", "*gerousiarch*", "presbítero" e títulos semelhantes. Como, e por quem, esses líderes eram nomeados não se sabe com certeza, mas referências frequentes aos que tinham sido *disarchon* ("duas vezes dirigente") sugerem algum tipo de eleição.

Essas comunidades provavelmente mostraram a mesma devoção a uma versão grega do texto bíblico que vimos nos círculos de Fílon e que foi transferida do judaísmo grego para os cristãos no século I da Era Comum. Terá sido para benefício de tais judeus que versões revisadas da Septuaginta foram feitas no século II da Era Comum de modo a trazer o texto grego das Escrituras mais próximo do sentido do texto hebraico da época. Vimos que esse processo já havia sido iniciado no período tardio do Segundo Templo, mas os esforços de Teodócio, Símaco e especialmente Áquila (ver capítulo 2) foram muito além das alterações mínimas vistas em alguns dos textos bíblicos gregos encontrados em Qumran. Para Áquila, era essencial representar não apenas o sentido do hebraico, mas também a estrutura das sentenças hebraicas, de modo que ele estava pronto para inventar novas palavras gregas e para criar um estilo grego idiossincrático, de modo a dar o sabor do original: sua inserção da palavra grega *syn* duas vezes na primeira sentença do Gênesis para representar o hebraico *et*, que funciona simplesmente para indicar que "céu" e "terra" são objetos do verbo "criar", foi ridicularizada por Jerônimo no fim do século IV.²

O próprio Áquila pode ter agido dentro de um ambiente rabínico na Palestina, mas sua tradução tinha uma circulação maior pelo menos até o século VI, como fica claro com uma intervenção do imperador Justiniano no dia 8 de fevereiro de 553 em resposta (assim o imperador alegava) a sérias altercações entre os judeus relacionadas ao uso de línguas no culto da sinagoga:

> Era correto e adequado que os hebreus, quando ouvindo os Livros Sagrados, não aderissem aos escritos literais, mas procurassem as profecias neles contidas, por meio das quais eles anunciam o Grande Deus e o salvador da raça humana, Jesus Cristo. Entretanto, embora eles tenham se afastado da doutrina correta até os dias de hoje, inclinados como são às interpretações sem sentido, quando soubemos que eles discutem entre si, não conseguimos tolerar deixá-los com uma controvérsia não resolvida. Ficamos sabendo, por meio das petições deles dirigidas a nós, que, enquanto alguns mantêm a língua hebraica apenas, e querem usá-la na leitura dos Livros Sagrados, outros consideram correto admitir o grego também, e eles já estiveram brigando entre si a respeito disso por um bom tempo. Tendo, portanto, estudado essa questão, decidimos que a melhor posição é daqueles que desejam usar também o grego na leitura dos Livros Sagrados, e geralmente em qualquer língua que seja a mais adequada e a mais conhecida pelos ouvintes em cada localidade. [...] Além do mais, os que leem em grego deverão usar a tradição da Septuaginta, que é mais precisa que todas as outras. [...] Que todos usem principalmente essa tradução; mas, de modo que nós não aparentemos proibir para eles todas as outras traduções, damos permissão para o uso também da tradução de Akilas, embora ele fosse gentio e em algumas interpretações se afaste, e não pouco, da Septuaginta. O que eles chamam de Mishná, por outro lado, nós proibimos inteiramente, pois ela não está incluída entre os Livros Sagrados, tampouco foi transmitida do céu pelos profetas, mas é uma invenção dos homens em sua tagarelice, exclusivamente de origem terrena, e nada tendo de divino.³

A afirmação de Justiniano de que Áquila era gentio segue uma tradição cristã, encontrada em primeiro lugar em Irineu de Lyon no século II da Era Comum, de que Áquila era um prosélito judeu; a mesma tradição é encontrada no Talmude palestino: "Áquila, o prosélito, traduziu a lei perante R. Eliezer e R. Joshua; e eles o elogiaram e lhe disseram: 'Vós sois o mais formoso entre os filhos dos homens'". Há todas as razões para supor que pelo menos alguns judeus falantes de grego continuaram a usar alguma das versões gregas da escritura durante a Idade Média. A maior parte dos textos gregos transliterados em alfabeto hebraico encontrados na Geniza do Cairo são textos bíblicos ou comentários da Bíblia, e até 1547 uma edição poliglota do Pentateuco foi publicada em Constantinopla com o texto apresentado em grego transliterado, bem como em hebraico e em aramaico, e em espanhol transliterado.[4]

Não há razões para acreditar que os tipos de judaísmo que floresceram na diáspora grega ao longo desses séculos tenham se desenvolvido todos da mesma maneira. Sem a instituição central do Templo de Jerusalém para oferecer um foco comum para as devoções religiosas, cada comunidade judaica terá sido moldada por influências locais distintas, assim como em Sárdis, na Ásia Menor, onde uma grande construção, provavelmente uma sinagoga, contendo símbolos judaicos, tais como *menorot* (candelabros), foi encontrada em escavações. Erigida no local de um antigo complexo com banhos e ginásio, essa construção estava em uso provavelmente no século IV da Era Comum, e até mesmo antes, e continuou sendo usada pelo menos até o século VI. Um pátio de entrada com uma fonte de mármore tem um colorido piso de mosaico, no qual inscrições encomendadas pelos doadores são incorporadas aos padrões geométricos. O salão principal, que se supõe ter acolhido até mil pessoas, tem uma abside circular na extremidade oeste rodeada por bancos de mármore, com um mosaico com imagens de pavões. Estátuas de leões (um motivo artístico comum na região de Sárdis) e uma grande mesa de mármore decorada com uma águia eram colocadas no centro desse salão, e as paredes, incrustadas com mármore, eram cobertas por cerca de oitenta inscrições, quase todas elas em grego, relembrando doações feitas por indivíduos identificados ora por seu status secular na cidade ou no império, ora por suas ocupações (por exemplo, ourives, escultores de mármore e mosaicistas) e por sua devoção: seis das inscrições dos doadores descrevem a pessoa em questão como um *theosebes* ("reverenciador de deus").

Os apetrechos dessa construção em Sárdis sugerem uma liturgia grandiosa e impressionante. Mas, se ela sempre incluía ensinamentos e a leitura da lei, assim como em outras sinagogas, é mais incerto, já que o tamanho da construção deve ter tornado difícil a audição da leitura da Torá. Não é impossível que a construção, que é muito maior e mais suntuosamente decorada que outras construções identificadas como sinagogas, tenha sido originalmente criada não por judeus, mas por gentios que cultuavam o Deus judaico e se apropriaram dos símbolos da divindade judaica à moda eclética, algo comum no mundo romano, especialmente no século IV da Era Comum. Se assim for, a construção parece ter sido adaptada para uso como uma sinagoga pelos judeus nos séculos V e VI, quando o nome de "Samoe, sacerdote e mestre sábio", foi inserido no piso de mosaico do salão principal.

Que a liturgia às vezes fosse ouvida por grande parte da congregação apenas de certa distância é registrado especificamente a respeito da grande sinagoga de Alexandria, na qual, segundo uma descrição lendária na Tosefta, foi pedido a uma pessoa que abanasse um tecido para dar um sinal visual no fim das bênçãos, de modo que a congregação soubesse quando responder "Amen":

> R. Judah disse: "Quem nunca tenha visto a dupla colunata [a basílica-sinagoga] de Alexandria, no Egito, nunca viu a glória de Israel em toda a sua vida. Ela era um tipo de basílica grande, uma colunata dentro da outra. Às vezes havia lá o dobro de pessoas que saíram do Egito. Então havia colocados lá setenta e um tronos dourados, um para cada um dos setenta e um anciãos, cada um deles valendo vinte e cinco talentos de ouro, com uma plataforma de madeira no meio. O ministro da sinagoga fica nele, com um pedaço de tecido em sua mão. Quando alguém começa a ler, o outro balança o tecido, de modo que o povo responda 'Amen'".[5]

Tanto a sinagoga de Alexandria (que deve ter desaparecido com o fim da comunidade em 117 da Era Comum) quanto a sinagoga de Sárdis eram construções muito mais consideráveis que as outras sinagogas da diáspora, das quais remanescentes foram encontrados, de Elche, na Espanha, no lado ocidental do Mediterrâneo, a Dura-Europo no Eufrates, a leste. Identificadas basicamente pelas inscrições e imagens judaicas – acima de tudo, a menorá –, elas compartilham uma orientação na direção de Jerusalém e, em quase todos os casos, um receptáculo para a Torá como um acessório proeminente em seus salões principais, mas em praticamente todos os outros aspectos elas variam demais quanto ao tamanho, projeto e decoração.[6]

Já mencionamos, com referência à possível influência posterior de Fílon (capítulo 7), a rica iconografia da sinagoga descoberta em 1932 em Dura-Europo, na Síria, que foi usada do fim do século II até a metade do III, quando foi destruída durante o cerco à cidade pelos sassânidas, em 256. A sinagoga, originalmente construída dentro de uma residência particular, foi ampliada com a incorporação de um segundo edifício apenas uma década antes de sua destruição. Ela era adornada com afrescos retratando cenas bíblicas. A própria suntuosidade da iconografia no prédio de uma pequena comunidade em uma cidade pequena nos limites orientais do Império Romano sugere fortemente que os artistas recorriam a uma tradição mais ampla de arte de sinagogas em sua época, mas nada comparável já foi encontrado ou na diáspora ou na Palestina. Por outro lado, as imagens de Dura refletem, em parte, o ambiente local, por exemplo, com o receptáculo da Torá parecido na construção e na aparência com as *aediculae* em templos pagãos locais.[7]

Quando os afrescos foram descobertos em Dura-Europo na década de 1930, de maneira geral acreditou-se que a adoção de normas artísticas gregas deveria refletir uma forma helenizada de judaísmo comparável ao judaísmo de Fílon; mas já vimos (capítulo 11) que as imagens pagãs, por exemplo, a representação do deus Sol, Hélio, poderiam ser usadas nos mosaicos das sinagogas até nas áreas mais rabínicas da Palestina, como Hamat Tiberias. Alguns dos motivos nas pinturas de Dura, como as representações do infante Moisés no rio Nilo, com seus olhos em primeiro lugar fechados e depois abertos, parecem retomar motivos encontrados em *midrashim* rabínicos posteriores, e descobertas de inscrições em aramaico e em hebraico junto com as em grego sugerem uma comunidade que poderia ter participado da cultura religiosa em desenvolvimento dos rabinos na Babilônia. Porém, nada dentre o material escavado em Dura indica qualquer relação direta com os rabinos.[8]

Um aspecto do judaísmo evidentemente compartilhado pelos judeus de Sárdis e de Dura era a disposição para gastar grandes quantias de dinheiro em seus locais de culto. Em Apamea, na Síria, no fim do século IV, em uma sinagoga localizada no centro da cidade, um grupo de doadores ricos celebrou suas doações de partes do piso de mosaico com seus padrões geométricos complexos e menorá: "Thaumasis com seu esposo Hesychius e [seus] filhos e a sogra [dele ou dela] Eustathia fizeram cem pés [do mosaico]". A maior parte das inscrições celebra doações realizadas por, ou em honra de, uma família, e nove dos doadores são mulheres. A sinagoga era talvez mais que apenas uma questão local, já que grande parte do piso foi doado por certo Iliasos, "*archisynagogos* dos antioquenses". Antioquia não ficava longe de Apamea; e supostamente as duas comunidades tinham um bom relacionamento, de modo que era diplomático da parte de Iliasos pedir pela "paz e a misericórdia para toda a sua sagrada congregação". A grande sinagoga não parece ter durado muito; no início do século v, ela fora destruída e convertida em uma igreja.[9]

Nenhuma sinagoga da Antiguidade foi encontrada em Roma, mas inscrições funerárias das catacumbas comunais, que estavam sendo usadas a partir do fim do século II até o v da Era Comum, se referem a algo entre dez e dezesseis sinagogas na cidade, a maior parte das quais provavelmente situadas em Trastevere, na margem direita do Tibre, onde os judeus já haviam se estabelecido na época de Augusto. O costume de enterrar em catacumbas pode por si só refletir a absorção, pelos judeus romanos, de muitos aspectos da cultura local, apesar de sua obstinada preferência em muitos casos pelo grego como uma língua de religião, e não pelo latim, até o século v. Seu apreço por incluir nas catacumbas objetos de vidro com incrustações de ouro retratando imagens judaicas, tais como a menorá, reflete sua adaptação a um costume local para seus próprios desígnios religiosos.

Sobre a possível aparência de pelo menos algumas das sinagogas romanas, temos um vislumbre a partir da escavação da monumental sinagoga localizada fora das muralhas da cidade em Óstia, com sua bela entrada tripartida conduzindo a um *propylaeum* [propileu] com colunas com mais de quinze pés de altura, e um grande salão principal com um pódio elevado e uma abside, supostamente para guardar os rolos da Torá. Entre as decorações encontradas na sinagoga estão imagens de uma menorá, o chifre de carneiro, *lulav* e cidra amarela, e (no piso do salão principal) um pequeno fragmento de um leão de pedra. A data do momento em que o edifício se transformou em uma sinagoga é objeto de grande discussão. Não pode haver dúvidas de que sua função principal, em sua fase final entre os séculos IV e v da Era Comum, era a leitura da Torá assim como previsto em uma inscrição anterior (parte em latim, parte em grego) reutilizada no vestíbulo do lado de fora da entrada do edifício: "Para a segurança do imperador, Mindius Faustus com sua família [a] construíram e fizeram com suas próprias doações, e colocaram a arca para a lei sagrada". Porém, o projeto do edifício segue as práticas locais, assim como em Dura, e se parece com outras edificações em Óstia, construídas para acolher as guildas religiosas.[10]

As imagens decorativas encontradas nessas sinagogas (e também nas sinagogas no período posterior da Palestina romana) supostamente tinham significados religiosos simbólicos para as pessoas da época, embora seja difícil para nós, agora, ir muito além de seu significado como afirmações da identidade judaica e, em alguns casos, tais como a menorá (que passou a ser o mais onipresente dos símbolos judaicos) e a pá de incenso, uma lembrança do Templo de Jerusalém. As mesmas imagens são encontradas nas catacumbas romanas, juntamente com o uso totêmico de palavras ocasionais em hebraico (com mais frequência, *shalom*). Porém, há problemas óbvios na dedução, a partir desses usos, dos contornos da vida religiosa dos judeus romanos, pois os símbolos judaicos poderiam ser usados por não judeus (como, na verdade, era com frequência o caso de uso de nomes divinos hebraicos e judaicos em papiros mágicos). Por outro lado, os judeus poderiam se apropriar de imagens pagãs: assim, por exemplo, como vimos, a representação de Orfeu tocando a sua lira, com um aviso em hebraico na sinagoga em Gaza do século VI informando aos devotos que ela tinha por objetivo representar Davi.

Uma impressionante inscrição judaica do fim do século IV encontrada em Afrodísias (na moderna Turquia), que honra 53 *theosebeis* ("reverenciadores de deus") com nomes não judaicos ao lado de vários judeus e três indivíduos designados especificamente como *proselytai*, sugere que, pelo menos nessa comunidade e época, judeus aceitavam convertidos em sua comunidade, mas que eles também estavam preparados para conceder o reconhecimento por sua devoção a uma grande quantidade de gentios que apoiavam a comunidade judaica. Isso suscita a possibilidade de que tais gentios pudessem adotar símbolos judaicos para uso próprio sem pensar em si mesmos, ou ser considerados pelos judeus, como judeus. Como foi visto no capítulo 10, a ideia de que todos os judeus acreditassem, durante o fim do primeiro milênio da Era Comum, que fosse necessário ser enterrado apenas na companhia de outros judeus não era absolutamente clara; por isso, definir como "judias" algumas catacumbas específicas em Roma, Monteverde ou Vigna Randanini, só porque seus epitáfios revelam que alguns dos mortos lá enterrados certamente eram judeus, pode ser enganador. Alguns dos judeus aparentemente liberais que incluíam em seu local de enterro o que parecem ser para nós imagens pagãs, podem não ter sido de modo algum judeus. E, naturalmente, é impossível discernir o perfil religioso de todos aqueles judeus cujos epitáfios não continham nenhuma imagem judaica.[11]

O relacionamento de todos aqueles judeus com o mundo mais abrangente do Império Romano foi afetado pela cristianização ocorrida após Constantino, não apenas porque o Estado deu início a uma política de restrição e proteção à prática do judaísmo dentro do império, mas também porque o Estado passou a assumir que as comunidades judaicas seriam organizadas em linhas mais ou menos iguais às dos cristãos. No império pagão dos três primeiros séculos da Era Comum, líderes comunais judeus adotaram títulos e receberam honrarias de um modo semelhante ao das elites das cidades nas quais viviam, se organizando de acordo com o modelo de associações voluntárias. Estas eram com frequência estabelecidas como sociedades de enterro mútuo, que eram uma característica comum da vida urbana grega e romana. Mas o Estado cristão tratava os judeus simplesmente como uma comunidade religiosa em linhas mais ou menos iguais às das igrejas cristãs locais, referindo-se a uma "sinagoga da lei judaica" como um "local de religião". Em 330 da Era Comum, o imperador Constantino até eximiu dos deveres pesados em nome do Estado "aqueles que se dedicaram com devoção total às sinagogas dos judeus". Tal tratamento das comunidades judaicas como essencialmente religiosas nem sempre funcionou para sua vantagem à medida que a elite romana ficava cada vez mais entusiasmada, a partir do fim do século IV, com a imposição da ortodoxia cristã e ciosa da proteção do culto cristão. Em meados do século VI, por exemplo, o imperador Justiniano solicitou que os judeus alterassem a data do Pessach, de modo que não caísse antes da Páscoa católica, como Procópio relatou em sua *História secreta*:

> Interferência diária e constante com as leis dos romanos não foi tudo que o imperador fez: ele também fez o máximo possível para abolir as leis reverenciadas pelos hebreus. Sempre que acontecia de os meses embolísticos colocarem o festival da Páscoa antes da celebração feita pelos cristãos, ele não permitia que os judeus a celebrassem em seu devido tempo, nem que oferecessem alguma coisa a Deus nesse festival, nem que realizassem qualquer de suas cerimônias habituais. Muitos deles foram levados a julgamento por aqueles que foram nomeados governadores e acusados de ofensa contra as leis do Estado, por eles terem comido cordeiros nesse período. Eles então foram condenados a pagar multas pesadas.[12]

A integração cultural de muitos judeus mediterrâneos na sociedade circunvizinha, mesmo enquanto mantinham suas identidades étnicas e religiosas, levou, no devido tempo, no Mediterrâneo ocidental, à adoção, por parte de algumas comunidades, do latim para as inscrições na sinagoga, bem como de motivos artísticos locais. Em uma sinagoga descoberta em 1883 em Naro (Hammam-Lif), na Tunísia, por soldados franceses, o salão principal tinha tido um elaborado piso de mosaico representando imagens de peixes, patos, pelicanos, um touro, um leão e dois pavões e uma série de outros motivos muito parecidos com aqueles encontrados nas igrejas locais entre os séculos IV e VI. Uma inscrição proeminente relata em latim: "sua serva, Juliana, que com sua própria renda pavimentou o mosaico da sagrada sinagoga de Naro para sua salvação". Entretanto, judeus da cidade de Roma parecem ter demorado a abandonar o uso do grego para propósitos religiosos, e os judeus de Elche, na costa leste da Espanha, perto de Alicante, preferiam o grego ao latim para se referir ao "local de preces das pessoas". Não há evidências de que judeus falantes de latim alguma vez tivessem sido tentados a conceber uma liturgia latina na Antiguidade, embora as citações bíblicas no curioso *Collatio Legum Mosaicum et Romanarum* [Compilação de leis mosaicas e romanas], uma obra do século IV que justapõe trechos da lei judaica do Êxodo a similares romanos, podem sugerir que uma versão judaica do Pentateuco em latim existisse naquela época.[13]

Vimos no capítulo II o limitado alcance geográfico do movimento rabínico na primeira metade do primeiro milênio da Era Comum, sem dúvida em parte porque os judeus falantes de grego teriam precisado de instrução linguística para participar do discurso rabínico conduzido inteiramente em hebraico e em aramaico (embora, tendo em vista a natureza esotérica desse discurso, que teria impossibilitado o devido entendimento das discussões rabínicas até por parte de muitos judeus familiarizados com as línguas semíticas, essa questão linguística não devesse ser exagerada). Porém, no reinado de Justiniano, na metade do século VI, é provável que muitas das comunidades judaicas do Mediterrâneo tivessem entrado, pelo menos até certo ponto, em contato com rabinos na Palestina e na Babilônia. Histórias em textos rabínicos relacionados a viagens feitas por rabinos a Roma para divulgar seus ensinamentos no século II da Era Comum deveriam provavelmente ser tratadas como fantasiosas – a imagem da cidade de Roma nos antigos textos rabínicos é totalmente irreal – e não há evidências do intenso contato epistolar entre as comunidades que uniram grupos cristãos dispersos desde o início da cristandade. Porém, é possível que a influência rabínica fosse disseminada no século

IV e início do V por meio de autoridade delegada pelo Estado romano ao patriarca rabínico na Palestina. Como observamos no capítulo 11, inscrições da sinagoga de Stobi, na Macedônia, relatam (provavelmente) no século III da Era Comum a ameaça, feita por um doador dos edifícios, de uma enorme multa a ser paga ao patriarca por qualquer pessoa que infringisse os acordos financeiros estipulados pela doação:

> No ano 311 [?], Claudius Tiberius Polycharmos, também chamado Acyrios, pai da sinagoga em Stobi, tendo vivido toda a minha vida segundo o judaísmo, por cumprimento de um voto, [ofereci] os edifícios ao lugar sagrado e o *triclinium*, junto com o *tetrastoon*, com meus próprios recursos, sem ter tocado de modo nenhum nos [fundos] sagrados. Mas a propriedade e a disposição de todos os cômodos superiores devem ser mantidas por mim, Claudius Tiberius Polycharmos, e por meus herdeiros por toda a vida. Quem quer que tente de algum modo alterar qualquer dessas minhas disposições deverá pagar ao patriarca 250 mil denários.

Se esse patriarca for identificado com o *nasi* na Palestina, como é provável, trata-se da mais antiga evidência da extensão do poder do patriarca na diáspora mediterrânea.[14]

No fim do século IV, o Estado romano cristão tratava o patriarca palestino como responsável pela nomeação de líderes religiosos para as comunidades judaicas por todo o império. No dia 3 de fevereiro de 398, foi dado o direito aos patriarcas, assim como aos clérigos romanos dentro de suas próprias comunidades, de decidir casos civis entre judeus e de ter essas decisões ratificadas pelo Estado. No ponto máximo de sua influência, no fim do século IV e início do século V, a função de patriarca acarretava alto status romano e proteção da dignidade pelo Estado – "se alguém ousar fazer em público uma menção insultuosa aos ilustres patriarcas, ele será submetido a uma sentença vindicativa" – e o direito de coletar impostos dos judeus em todo o império. No entanto, em 415, o patriarca Gamaliel havia caído em desgraça porque (assim alegava o imperador Teodósio II) ele "supunha que poderia transgredir a lei com impunidade ainda mais por haver sido elevado ao ponto máximo das dignidades". Uma lei de 30 de maio de 429 confiscava em nome do tesouro imperial os impostos que haviam anteriormente chegado às mãos dos "primados" dos judeus na Palestina e em outras províncias, referindo-se ao "fim dos patriarcas" e seu costume em épocas pregressas de cobrar tais impostos "em nome da coroa dourada". Evidentemente, em torno de 429, o apoio do Estado para os patriarcas como uma força unificadora para o judaísmo dentro do mundo romano havia chegado ao fim. Mas, naquela época, a iniciativa do Estado havia pelo menos permitido aos líderes dos judeus palestinos a garantia de que sua forma de judaísmo fosse levada ao conhecimento da diáspora falante de grego.[15]

Os rabinos na Palestina nos séculos IV e V sabiam grego, como já vimos principalmente a partir das evidências de inúmeras inscrições palestinas gregas. Porém, seus discursos religiosos eram feitos em hebraico e em aramaico, e é plausível conectar a gradual propagação do hebraico no mundo mediterrâneo ocidental a partir do século V da Era Comum, com a crescente influência dos rabinos nessas comunidades falantes de grego. Se assim for, o processo de influência foi gradual, como pode ser visto no caso da família de certo Faustinus em Venosa, na Itália. Uma inscrição pintada em vermelho proclama em grego: "Tumba de Faustinus, o pai", com "Paz a Israel. Amen" acrescentado em hebraico; uma tabuleta, no lado esquerdo da galeria onde o túmulo foi encontrado, observa em latim: "O nicho onde Faustino, o pai, descansa". Letras hebraicas são encontradas em inscrições funerárias em Venosa a partir do século V em quantidades muito maiores do que no isolado uso de *shalom* característico das catacumbas judaicas em Roma. Às vezes, as letras hebraicas exprimem grego na transliteração, mas em outros casos elas indicam palavras hebraicas, usando frases bíblicas, em alguns casos junto com uma tradução em latim (e não em grego).[16]

A disseminação do hebraico pode ter sido lenta, mas foi inexorável, e no fim do primeiro milênio a vida religiosa daqueles que permaneceram fiéis ao judaísmo no Mediterrâneo ocidental raramente se manifestava em grego. Por conseguinte, no século IX, inscrições judaicas de um cemitério separado descoberto em Venosa estão totalmente em hebraico. As razões para o desaparecimento do judaísmo grego em locais como Roma, onde a língua grega havia sido um claro marcador cultural, não são evidentes. A diminuição nos casos de judeus falantes de grego em muitas regiões da Europa Ocidental coincide com a diminuição das evidências da vida dos judeus nessas regiões de modo geral entre os séculos VIII e X. A quantidade e o tamanho das comunidades judaicas podem também ter diminuído durante esse período em parte devido à atração ou à ameaça de conversão ao cristianismo (ver capítulo 9).

De qualquer modo, na época em que essas comunidades se tornaram novamente visíveis nas evidências no fim do primeiro milênio, sua língua religiosa era o hebraico, e não o grego, e sua aparência, essencialmente rabínica. Portanto, no sul da Itália em meados do século X, o autor anônimo, conhecido para a tradição posterior judaica como Yosippon, de uma narrativa em hebraico da história dos judeus no período do Segundo Templo obteve suas informações sobre o período nas *Antiguidades dos judeus* e na *Guerra dos judeus*, de Josefo; porém, embora Yosippon tenha vindo de uma parte da Itália que estava dentro do Império Bizantino, onde a língua oficial era o grego, ele conhecia Josefo somente por meio de uma versão latina escrita por um cristão chamado Hegésipo, na segunda metade do século IV. Um século mais tarde, um cronista e poeta de Cápua, na Itália, Ahimaaz b. Paltiel, cujo relato rimado escrito em hebraico dos sucessos de sua família desde o século IX foi descoberto na biblioteca da catedral de Toledo em 1895, alegava ser descendente dos que haviam sido levados como cativos a Jerusalém por Tito, mas ele demonstrava ter pouco conhecimento de grego. No Mediterrâneo oriental, por outro lado, os judeus continuavam a usar o grego, ainda que em letras hebraicas, em documentos religiosos tais como contratos de casamento e exegese bíblica. Em Constantinopla, nos Bálcãs e na Ásia Menor, judeus romaniotas, cujo nome se refere às origens de seu rito litúrgico no Império Bizantino, continuaram a usar o tal greco-judaico durante a Idade Média, especialmente para a leitura do livro de Jonas no Dia do Perdão. Porém, com exceção de tal uso ocasional de grego na liturgia, apenas outros poucos costumes greco-judaicos chegaram até o início dos tempos modernos, tais como recitar as sete bênçãos matrimoniais na cerimônia de noivado e não na de casamento.[17]

Exatamente por que o movimento rabínico acabou sendo tão mais bem-sucedido que o judaísmo grego em grande parte do mundo mediterrâneo não é fácil de explicar, uma vez que os ensinamentos religiosos promulgados pelo próprio judaísmo rabínico não eram nem facilmente acessíveis (já que poucos judeus do Mediterrâneo no fim do primeiro milênio teriam conseguido ler em hebraico ou aramaico) nem facilmente compreensíveis (já que um discurso religioso baseado em interpretações de discussões talmúdicas era essencialmente esotérico). Porém, a transmissão eficaz de uma autoridade religiosa entre os judeus para uma elite rabínica instruída em uma linguagem especialmente erudita refletia a autoridade dos clérigos cristãos instruídos em latim dentro de uma sociedade europeia mais ampla.

1. Um minúsculo rolo de prata datado de cerca de 600 a.C. inscrito com um trecho da bênção sacerdotal em Num 6,24-6. Ele foi encontrado em uma câmara mortuária em Ketef Hinnom, em Jerusalém, e provavelmente era usado como amuleto. A escrita nele constitui o mais antigo texto da Bíblia hebraica que chegou até nós.

2. Parte interna de uma cápsula de *tefillin* para usar na cabeça, datada do século I da Era Comum, provavelmente de Qumran. Feito de couro de novilho, ela mede apenas 13 mm × 22 mm. As quatro tiras dobradas nas partes inferiores contêm passagens do Pentateuco escritas em letras minúsculas.

3. Um rolo quase completo do livro bíblico de Isaías em 54 colunas, descoberto em Qumran em 1947. As colunas oito a dez, aqui reproduzidas, contêm Isaías 8,8 – 11,12. Datado de *c.* 125 a.C., o texto no rolo de Isaías diverge em apenas pequenos detalhes do texto tradicional encontrado em manuscritos medievais que constituem a base das bíblias modernas.

4. Uma inscrição cautelar escrita em grego da balaustrada do Templo entre o Pátio dos Gentios e o Pátio de Israel, datada do século I da Era Comum e onde se lê: "Nenhum forasteiro deve entrar na área ao redor do santuário. Quem quer que seja flagrado será culpado da morte que se seguirá".

5. O Monte do Templo (Haram al-Sharif) em Jerusalém, visto do Monte das Oliveiras. O Domo da Rocha, com seu teto dourado, foi construído no século VII da Era Comum como uma mesquita sobre a plataforma construída por Herodes.

6. O Muro Ocidental da parte externa do Monte do Templo tem sido um local para preces judaicas desde a destruição do Segundo Templo em 70 da Era Comum. As imensas pedras agora visíveis na altura da rua eram as fundações do muro original.

7. A fachada do Templo de Jerusalém representada em um tetradracma por rebeldes judeus na Judeia em 132 da Era Comum. A lembrança do Templo continuou a ser um elemento extremamente importante no judaísmo muito tempo depois de o próprio Templo ter sido destruído.

8. Um bloco de pedra entalhado de Migdal, na Galileia, com a mais antiga imagem conhecida da menorá do Templo encontrada em uma sinagoga. A pedra, que tem 60,9 cm de comprimento, 50,8 cm de largura e 45,7 cm de altura e é apoiada em pernas de pedra, se localizava no centro do edifício, que data do século I da Era Comum.

9. Massada, a grande fortaleza e local do suicídio em massa dos sicarii em 74 da Era Comum. O palácio de Herodes se localiza ao norte da rocha, na parte de trás. O mar Morto é visível do lado esquerdo.

10. Parte do livro de Ben Sira (Eclesiástico) encontrada em Massada. Este fragmento, contendo porções do Eclesiástico 39,27 – 43,30, foi copiado no século i da Era Comum, 150 anos após o livro ter sido escrito.

11. Qumran, nas proximidades do mar Morto, mostrando o local do assentamento ocupado nos primeiros séculos a.C. e da Era Comum e algumas das cavernas nas quais os Manuscritos do Mar Morto foram encontrados.

12. Colunas dezesseis e dezessete do Grande Rolo dos Salmos, contendo partes dos Salmos 136, 108 e 145. O rolo, datado da primeira metade do século I da Era Comum, foi encontrado na Caverna 11 em Qumran. O nome divino, que aparece no meio da primeira linha da coluna da direita e é recorrente no texto, é destacado pelo uso de características letras paleo-hebraicas.

13. Vasilhas de pedra provenientes de Jerusalém no período tardio do Segundo Templo. Tais vasilhas eram populares na Judeia e na Galileia no século I da Era Comum, em parte provavelmente porque a pedra, ao contrário da cerâmica, era considerada como não suscetível à impureza ritual.

14. Mikveh em Qumran do século I da Era Comum. Muitos desses banhos para garantir a pureza ritual foram encontrados em sítios arqueológicos na Palestina romana.

15. Base de uma vasilha de vidro, que deveria ser colocada perto de um nicho tumular, datada da Roma do século IV. O desenho em folha de ouro, fixado entre duas camadas de vidro translúcido, mostra a arca da Torá com três filas de rolos, acima de uma menorá.

16. Uma das muitas cenas bíblicas encontradas nas paredes da sinagoga da metade do século III em Dura-Europo, na Síria, quando o edifício foi descoberto em 1932. Moisés é mostrado liderando os filhos de Israel para fora do Egito e através do mar Vermelho, auxiliado pelo forte braço direito de Deus.

17. Mosaico do piso da sinagoga do século IV em Hamat Tiberias, na Galileia. O painel principal retrata os signos do zodíaco (identificados em hebraico), com o deus sol no medalhão central e as estações do ano nos quatro cantos. O painel acima retrata o Templo ladeado por imagens de uma menorá, de *lulav*, do *shofar* e da pá para o incenso; o painel abaixo nomeia os doadores em grego, incluindo Severos, um membro da casa dos "ilustres patriarcas".

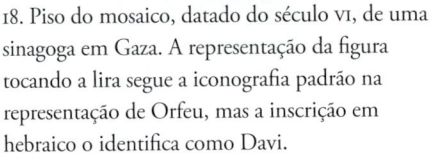

18. Piso do mosaico, datado do século VI, de uma sinagoga em Gaza. A representação da figura tocando a lira segue a iconografia padrão na representação de Orfeu, mas a inscrição em hebraico o identifica como Davi.

19. Vasilha mágica de bronze da Babilônia (séculos V e VI da Era Comum). Tais vasilhas, com o interior coberto de encantamentos de proteção, eram colocadas de cabeça para baixo nas entradas para aprisionar demônios e impedir a entrada deles nas casas.

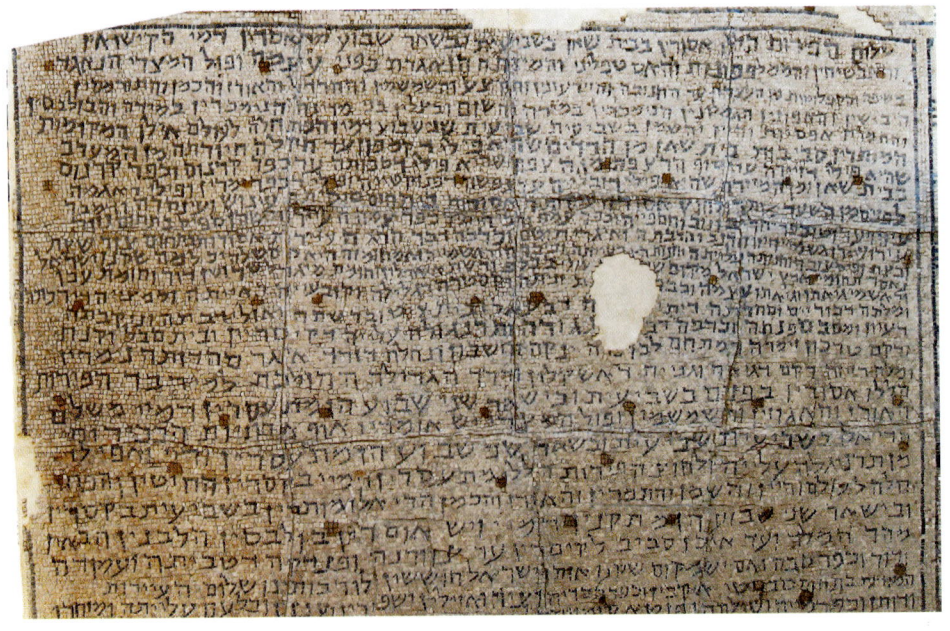

20. Mosaico de piso halákhico datado da sinagoga do século VI em Rehov, perto da fronteira da terra de Israel conforme definida pelos rabinos. A inscrição, que aborda a implementação do ano sabático na área das vizinhanças de Rehov, é a mais antiga versão escrita de um texto rabínico que chegou até nós.

21. Mesa de mármore na monumental sinagoga (118,8 m × 18,2 m) em Sardis, datada do século IV. Convertida de um antigo edifício público provavelmente no fim do século III e sendo usada pelo menos até o século VI, ela podia acolher até mil pessoas.

22. Tampa do sarcófago de Faustina, uma mulher enterrada em Roma, provavelmente no fim do século III. O nome de Faustina está escrito em grego, mas o *shofar*, a menorá e o *lulav* indicam sua origem judaica, assim como a palavra hebraica *shalom*. Máscaras de teatro são uma característica comum em sarcófagos.

23. Esboço escrito por Maimônides, em letras cursivas hebraicas em *c.* 1180, de uma parte de sua obra *Mishneh Torah*, o primeiro código sistemático da lei judaica, encontrado na Geniza do Cairo.

24. Parte de uma *ketubah* (contrato de casamento) em hebraico, aramaico e judeu-árabe, entre uma mulher caraíta e um homem rabanita, escrita em 1082 da Era Comum, provavelmente no Cairo. Cláusulas especiais determinam que o noivo não forçará a noiva a comprometer seus princípios caraítas e que a noiva irá observar os festivais rabanitas com seu marido.

25. A sinagoga de El Tránsito, construída em Toledo no século XIV. Sua altura e proeminência são pouco usuais e refletem a influência política em Castela de seu fundador, Samuel haLevi Abulafia. A catedral [sic] atrás foi construída no século anterior no local de uma mesquita perto do bairro judeu. Judeus, cristãos e muçulmanos viviam em grande proximidade na cidade.

26. Trabalho em estuque no interior da sinagoga de El Tránsito, com monumentais inscrições em hebraico. A elaborada decoração interior é fortemente influenciada por estilos artísticos islâmicos.

27. A Altneuschul em Praga, construída em 1270 em estilo gótico, e que ainda é usada atualmente. Seu impressionante exterior é um testemunho da importância da comunidade judaica na cidade.

28. A nova sinagoga na Oranienburger Strasse no centro de Berlim, por Emile Pierre Joseph de Cauwer (1828-73). Concebida em estilo mourisco e grande o suficiente para acomodar 3 mil pessoas, a sinagoga foi inaugurada na presença de Otto von Bismarck em 1866.

29. A esnoga portuguesa em Amsterdã, obra de um pintor flamengo desconhecido. Finalizada em 1675, a sinagoga era uma das maiores edificações na cidade.

30. A sinagoga Bevis Marks na cidade de Londres, construída em 1701 pelas comunidades espanhola e portuguesa, em um estilo influenciado tanto pela recentemente finalizada esnoga de Amsterdã quanto pelas capelas dissidentes contemporâneas na Inglaterra.

31. Ilustração do Sêder de Pessach da Haggadah de Sarajevo, um manuscrito ricamente decorado com iluminuras datado da metade do século XIV.

32. Texto de b. Meilah 20a-21a no Talmude babilônico impresso por Daniel Bomberg em Veneza em 1519. Os painéis centrais, nos quais a Mishná é seguida pela *gemara* (a discussão amoraica), são ladeados por comentários medievais em uma escrita ("Rashi") menos formal.

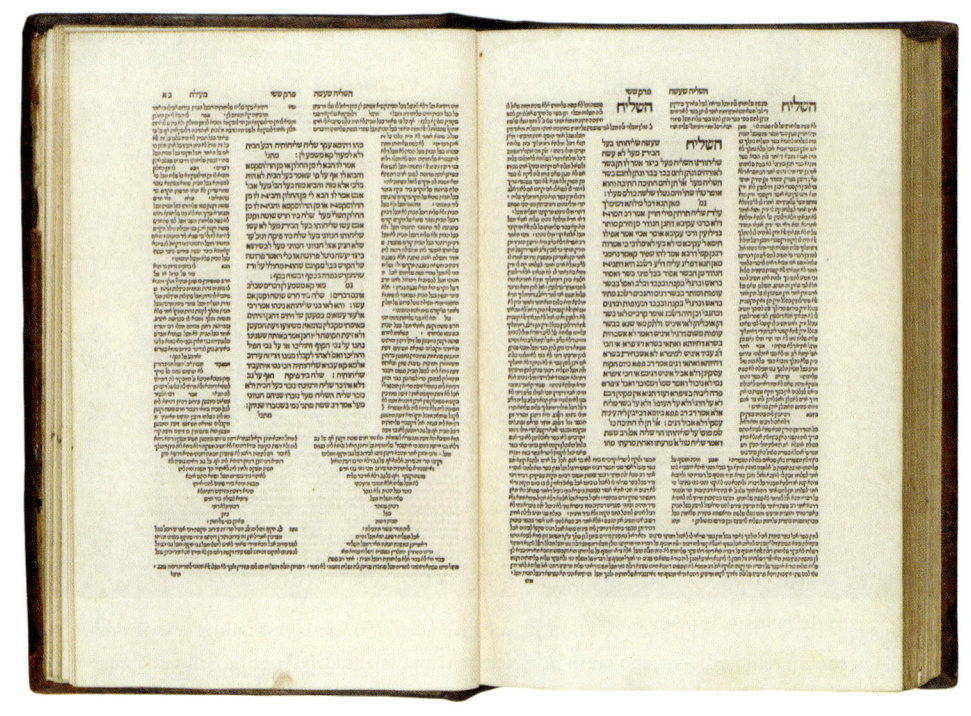

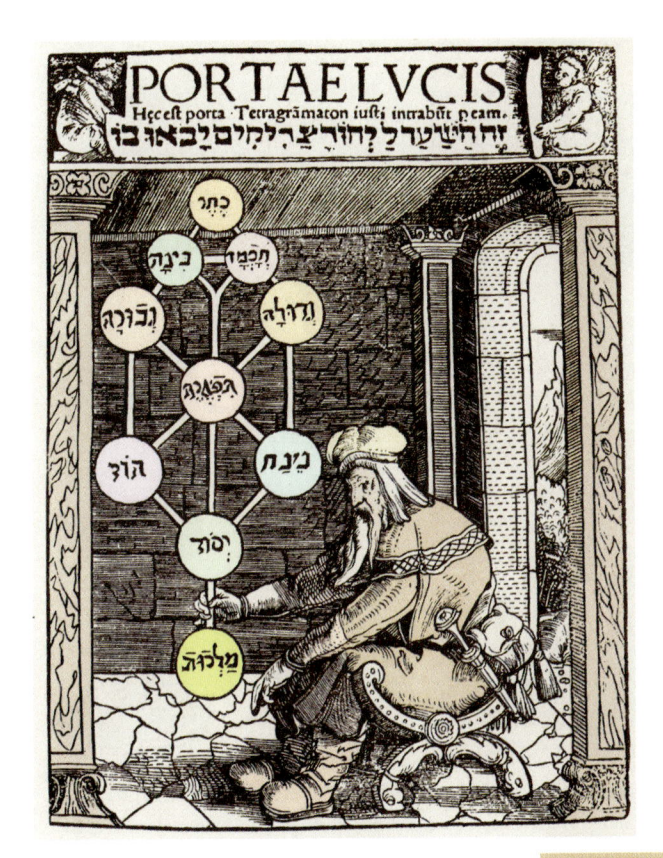

33. O sistema das *sefirot* retratado em 1516 na capa de uma tradução em latim de uma obra cabalística, *Sha'arei Orah* ("Portões da Luz"), de Yosef b. Avraham Gikatilla. O tradutor, Paulo Riccio, era um judeu convertido ao cristianismo.

34. Frontispício de um *tikkun*, um pequeno livro de orações que deveriam ser recitadas dia e noite pelo autoproclamado messias Sabbatai Zevi. Publicado em Amsterdã em 1666, o ano em que Sabbatai anunciou que a redenção iria acontecer, ele o mostra entronado como rei e sentado a uma mesa com doze anciãos.

35. (*acima, à esquerda*) Vinho e velas para a cerimônia de *havdalah*, retratada em uma miniatura na Haggadah de Barcelona, datada do século XIV. Havia um costume disseminado para que se desse a uma criança a vela a ser segurada.

36. (*acima, à direita*) Caixas de especiarias de estanho e de prata feitas nos séculos XVIII e XIX na Alemanha e na Europa Oriental para a cerimônia de *havdalah*. Tais objetos rituais eram preciosas posses domésticas, juntamente com as velas para o Shabat.

37. Pintura de Marco Marcuola (1740-93) de uma circuncisão feita em Veneza (1780). O bebê é segurado por dois homens, cada qual usando um *tallit* (xale para as orações). A cadeira elevada à esquerda da pintura é reservada para o profeta Elias. A operação na criança não pode ser vista pelas mulheres, que estão sentadas ao longo da parede à direita da pintura.

38. (*acima, à esquerda*) Baruch Espinoza (1632-77), o grande filósofo do Iluminismo, retrato feito por um pintor flamengo desconhecido do século XVII.

39. (*acima, à direita*) Retrato de um judeu holandês do mesmo período. Suas roupas, assim como as de Espinoza, naturalmente refletem um estilo contemporâneo flamengo, mas ele também está usando um grande *tallit* e segurando o rolo da Torá encimado por *rimmonim* (ornamentos) e uma coroa.

40. Megillah (rolo) do Livro de Ester para uso no Purim (século XVIII; flamengo). Decorações das *megillot* do Purim eram comuns. Observem a representação dos signos do zodíaco mais ou menos do mesmo modo como em Hamat Tiberias no século IV (Figura 17).

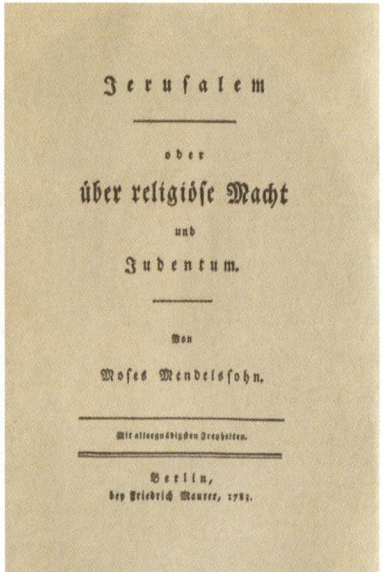

41. (*acima, à esquerda*) O filósofo Moses Mendelssohn (1729-86), pintado por Anton Graff em 1771. Mendelssohn, à primeira vista, aparece como uma figura barbeada do Iluminismo, mas ele tem uma barba abaixo do queixo e das mandíbulas.

42. (*acima, à direita*) Página de rosto da primeira edição (1783) da obra mais influente de Mendelssohn, *Jerusalém*.

43. Uma gravura de Louis François Couché (1782-1849) celebrando a "reintegração da religião judaica no dia 30 de maio de 1806" por Napoleão. Na prática, isso constituiu o estabelecimento de uma Assembleia de Judeus Notáveis para representar a comunidade judaica.

44. *Sukkah* (cabana) de madeira de Fischach, sul da Alemanha, *c.* 1837. O teto tem uma cobertura de folhas com frutos pendurados para decoração. Um pintor local retratou nas paredes tanto o vilarejo de Fischach quanto uma Jerusalém idealizada.

45. Litogravura de *Shabbat in the Shtetl* (*c.* 1914), do artista ucraniano Issachar Ber Ryback (1897-1935), que viajou pelo interior da Rússia para estudar a vida e a arte popular dos judeus.

46. Par de *rimmonim* de prata do fim do século XIX baseado em um pagode chinês de dois andares, com balaustradas com padrão de flores de cerejeira e telhado chinês no primeiro nível, e com ganchos para os sinos em cada nível.

47. (*acima, à direita*) Estojo de madeira para a Torá, originário do Iêmen (século XIX). O uso de tais estojos de madeira para a Torá, com o rolo mantido em pé dentro do estojo para a leitura, é encontrado não apenas no Iêmen, mas também em algumas comunidades judaicas do Iraque, do Irã, do Afeganistão, do Curdistão, da Síria e do Norte da África.

48. Cobertura de veludo para os rolos da Torá com franjas douradas, do Norte da África, século XX. A arca mourisca no centro contém uma inscrição dedicatória em hebraico em honra de uma pessoa falecida. A mão direita aberta (*hamsah*) retratada no fim dos padrões do arabesco em cada canto e acima da arca é um sinal de proteção contra o olho maligno comum entre os cristãos e os muçulmanos, bem como entre os judeus.

49. Reunião de *hasidim* Satmar no Brooklyn no septuagésimo primeiro aniversário da fuga de seu *rebbe*, Yoel Teitelbaum, da Hungria, em dezembro de 1944.

50. (*à esquerda*) Estudante *lubavitch* no Brooklyn sob um gigantesco retrato do *rebbe* Lubavitch, Menahem Mendel Schneerson, 2004.

51. (*acima*) Meninas ajudam suas amigas a acender as velas em suas celebrações *bat mitzvah* em um salão de festas em Manhattan, 1998. Rituais para que as meninas marquem seu *bat mitzvah* continuam a ser desenvolvidos.

52. Carregando novos rolos da Torá para uma sinagoga em Pinner, noroeste de Londres, em 1993. O rabino Jonathan Sacks (*ao centro*) lidera a procissão como líder espiritual da Sinagoga Unida, a maior união das comunidades ortodoxas na Grã-Bretanha.

53. A ordenação do rabino Alina Treiger em 2010 no Abraham Geiger Kolleg, em Potsdam, foi a primeira ordenação de um rabino mulher na Alemanha desde o Holocausto.

54. Dança com a Torá no Simhat Torah em Jerusalém, em 2013, como celebração do fim do ciclo anual de leituras da Torá.

Fica a impressão de que os judeus gregos confrontados com o prestígio dos rabinos equipados com tal conhecimento se sentiram incapazes de defender suas próprias tradições. Os judeus de Candia, em Creta, que copiaram no fim do século XIV um texto grego de Jonas que agora se encontra na biblioteca Bodleian, se sentiram impelidos, na primeira metade do século XVI, a escrever para Meir Katzenellenbogen, o rabino asquenaze de Pádua, solicitando (com sucesso) sua autoridade explícita para o uso litúrgico que faziam do grego. Agora evidentemente não bastava para eles simplesmente continuar com o judaísmo grego de seus ancestrais.[18]

CARAÍTAS

À medida que o judaísmo grego foi gradualmente absorvido em grande parte do mundo cristão mediterrâneo pelo vigor intelectual e autoconfiança dos intérpretes rabínicos da Torá, rabinos provocaram nas terras islâmicas um movimento de rejeição que, no fim do primeiro milênio, se cristalizou na denominação específica e poderosa dos caraítas, que se recusavam a aceitar as tradições rabínicas na interpretação da lei bíblica e negavam completamente a autoridade das tradições orais preservadas no Talmude e o valor do discurso rabínico na interpretação do próprio Talmude.

Os mitos fundadores defendidos pelos próprios caraítas sobre a separação deles do rabinismo, em uma tradição literária rica e muito bem preservada que chega até os dias de hoje, e os igualmente suspeitos insultos às motivações e às doutrinas dos primeiros mestres caraítas propagados pelos rabinos, tanto em retrospectiva quanto na época do surgimento do caraísmo, precisam ser interpretados à luz das consideráveis evidências preservadas na Geniza do Cairo sobre as complexas relações entre os caraítas e os seguidores da tradição rabínica (designados "rabanitas" por seus oponentes caraítas) ao longo dos primeiros séculos do novo movimento. O caraísmo foi essencial para a história do judaísmo medieval, tanto no que ele contribuiu para o desenvolvimento da religião de modo geral, quanto pelas reações que os caraítas suscitaram por parte do movimento rabínico.[19]

Quando tudo isso começou? Segundo um relato rabanita escrito em algum momento entre os séculos X e XII, tudo começou com a animosidade de certo Anan b. David, um sábio rabínico provavelmente de Bagdá, que foi passado para trás, em algum ponto do século VIII, para o posto de exilarca na Babilônia:

> Anan tinha um irmão mais jovem chamado Hananiah. Embora Anan excedesse esse irmão tanto em conhecimento quanto em idade, os eruditos rabanitas contemporâneos se recusaram a nomeá-lo exilarca, por causa de seus grandes desmandos e falta de devoção. Portanto, eles se voltaram para o irmão dele, Hananiah, por causa da sua grande modéstia, temperamento tranquilo e temor do céu, e eles o designaram exilarca. Com isso, Anan foi tomado por um sentimento iníquo – ele, e com ele todos os tipos de homens maus e sem valor dentre os remanescentes da seita de Zadoque e de Boethus; eles estabeleceram uma seita dissidente – em segredo, por temerem o governo muçulmano que estava então no poder – e eles designaram Anan seu próprio exilarca.

A história do nascimento nobre de Anan, e de ele ser suplantado por seu irmão, parece, no entanto, ter sido desconhecida por autores anteriores, tanto rabanitas quanto caraítas, e a versão do grande erudito caraíta al-Kirkisani nas últimas décadas do século X registra apenas a sabedoria rabanita de Anan e a hostilidade que seus ensinamentos suscitaram:

> O surgimento de Anan ocorreu nos dias do califa Abu Ga'far al-Mansur. Ele foi o primeiro a esclarecer grande parte da verdade a respeito das ordenanças divinas. Ele tinha conhecimento da sabedoria dos rabanitas, e nenhum deles poderia suplantar a sua erudição. Consta que Hai, o presidente da academia rabanita, junto com seu pai, traduziu o livro de Anan do aramaico para o hebraico, e não encontrou nele nada cujas fontes eles não fossem capazes de encontrar na sabedoria rabanita. [...] Os rabanitas fizeram o máximo possível para assassinar Anan, mas Deus os impediu de assim proceder.[20]

Nas duas tradições, a atribuição de um movimento religioso a um único fundador pode ser um lugar-comum que dissimula até que ponto Anan se encaixava em um movimento mais amplo de dissidência dentro do mundo do judaísmo babilônio durante as décadas que se seguiram à ascensão do islã. As conquistas islâmicas da Pérsia e da Babilônia na metade do século VII descortinaram novas regiões de assentamento para os judeus, bem como para outros povos, e diminuíram a pressão sobre as comunidades judaicas distantes de Bagdá, tanto por parte do exilarca da Babilônia quanto das autoridades religiosas nas academias rabínicas da Babilônia. Já no início do século VIII, certo Abu 'Isa, originalmente chamado Yitzhak b. Yaakov, mas conhecido por seus seguidores como Obadiah ("Servo do Senhor"), liderou uma considerável rebelião armada dos judeus de Isfahan, um grande centro de assentamento judeu, contra o Estado abássida. Ele alegava ser o último dos cinco mensageiros (após Abraão, Moisés, Jesus e Maomé) que iria preceder a vinda do messias. O próprio Abu 'Isa foi morto em combate, mas ele deixou um claro legado ascético e místico, alimentado por ideias islâmicas, a seus seguidores que sobreviveram, e esses isawitas, como eles eram conhecidos, ainda seriam encontrados, mesmo que em pequenos grupos, no século X em Damasco.

Entre os pupilos de Abu 'Isa, certo Yudghan, oriundo de Hamadan, na Pérsia, se afastou das normas rabínicas alegando ser um profeta daqueles seguidores de Abu 'Isa que acreditavam que ele era o messias. O historiador caraíta al-Kirkisani escreveu na metade do século X a respeito dos yudghanitas que eles "proibiam carne e bebidas estimulantes, observavam muitas preces e muitos jejuns, e afirmavam que os Shabats e os feriados agora já não são mais obrigatórios". No século X, os caraítas ficaram assustados com a extensão da revolução religiosa de Yudghan, e al-Kirkisani se opunha totalmente ao pequeno grupo de yudghanitas que ainda viviam em Isfahan nessa época. Porém, foi do fermento que originou esses movimentos – e outros da mesma fonte, tais como os shadganitas e os mushkanitas, a respeito dos quais nada confiável pode ser extraído das fontes hostis, que mencionam apenas os seus nomes e especulações infundadas a respeito de suas ideias heréticas – que os ensinamentos de Anan adquiriram consistência.[21]

As doutrinas de Anan, assim como manifestadas em seu *Sefer haMitzvot* [Livro dos preceitos], escrito em aramaico, parecem ter sido bem menos radicais que as daqueles outros líderes não rabínicos, e ele não parece ter rejeitado completamente o método dos rabanitas de usar a tradição oral, mas conservou a ênfase no ascetismo na comemoração da destruição do Templo, remodelando a liturgia da sinagoga à luz do culto no Templo e insistindo em uma interpretação bíblica rígida mesmo quando ela levasse a uma observância ascética. Desse modo, por meio de um processo de interpretação restritiva das Escrituras, Anan estabeleceu que nenhum fogo poderia ser aceito no Shabat, ainda que tivesse sido aceso antecipadamente:

Poder-se-ia dizer talvez que é apenas o ato de acender o fogo no Shabat que é proibido, e que, se o fogo foi aceso no dia precedente, pode ser considerado de acordo com a lei permitir que ele permaneça aceso durante o Shabat. Ora, o Misericordioso escreveu aqui: "Não acendereis fogo", e em outro trecho: "Não farão nenhuma obra" (Êxodo 20,10), e ambas as proibições começam com a letra *taw*. No caso do trabalho, a respeito do qual está escrito: "Tu, teu filho [...] não farão nenhuma obra", é evidente que mesmo que o trabalho tivesse sido começado em um dia comum, antes da chegada do Shabat, é necessário desistir dele com a chegada do Shabat. A mesma regra, portanto, deve ser aplicada ao ato de acender o fogo, a cujo respeito está escrito: "Não acendereis fogo", significando que mesmo que o fogo tivesse sido aceso em um dia comum, antes da chegada do Shabat, ele deveria ser apagado.[22]

Tais interpretações ascéticas dos textos bíblicos têm algo em comum com aspectos do judaísmo de alguns dos grupos judeus do período tardio do Segundo Templo, mais especificamente os saduceus, a Yahad de Qumran e os essênios, mas não é possível demonstrar qualquer ligação genealógica direta entre Anan e esses grupos, tampouco entre Anan e os movimentos sacerdotais da época do Segundo Templo com os quais ele também tivesse algo em comum. Igualmente impossível de demonstrar é qualquer influência direta do xiismo, embora a rejeição de Anan dos ensinamentos rabínicos seja semelhante à dos ensinamentos sunitas pelos xiitas persas no islamismo daquele período, e os descendentes de Anan foram reverenciados por seus seguidores assim como os filhos de Ali eram reverenciados por muçulmanos xiitas.[23]

Anan parece ter ensinado entre 762 e 767. Seus seguidores próximos nunca foram numerosos, e poucos judeus se identificavam como ananitas no século X, mas ele passou a ser visto pelos rabanitas como fundador do caraísmo. Os caraítas, em gerações subsequentes, atribuíam as suas origens tanto a Anan quanto a outro mestre persa, Benjamin b. Moses al-Nahawandi, que, segundo al-Kirkisani, também havia no século IX mergulhado nos ensinamentos rabínicos antes de elucidar uma teologia específica e de adotar o nome Kara'i, que provavelmente se referia à sua ênfase específica em *mikra* (escritura). Na conclusão de seu *Book of Rules* [Livro das regras], que não foi escrito em aramaico (como o Talmude) ou em árabe (como a maior parte dos ensinamentos posteriores dos caraítas), mas em hebraico, a atitude de Benjamin em relação a esses aspectos do judaísmo para os quais nenhuma injunção das Escrituras pode ser identificada é abrandada:

> Que haja paz abundante para todos os exilados [quer dizer, os judeus fora da terra de Israel], de minha parte, Benjamin filho de Moisés – possa sua memória ser abençoada junto com a de todos os justos. Eu, que sou pó e cinzas sob as solas dos vossos pés, escrevi este *Livro das Regras* para vós, caraítas, de modo que vós possais julgar segundo ele os vossos irmãos e amigos. Pois, para cada regra eu indiquei o versículo pertinente da Escritura. Quanto às outras regras, que são observadas e registradas pelos rabanitas e para as quais eu não consegui encontrar um versículo bíblico pertinente, eu as escrevi também, para que vós possais observá-las do mesmo modo, se assim vós desejardes.

A ênfase na autoridade da escritura tornava os ensinamentos de Benjamin, assim como os de Anan, adequados para a reputação posterior de ambos como fundadores do caraísmo; mas, em outros aspectos, as doutrinas de ambos foram deixadas de lado ou rejeitadas. Benjamin defendia uma ideia específica do divino como não conspurcado pela intervenção do mundo, advogando uma teologia parecida com a teoria do *lógos* proposta oitocentos anos antes por Fílon de Alexandria, segundo a qual o mundo havia sido criado por um anjo como intermediário entre o mundo divino e o criado. Não se sabe se Benjamin foi diretamente influenciado por Fílon por meio de uma tradução da obra deste em árabe.[24]

De qualquer modo, tais ideias foram vigorosamente negadas por caraítas de períodos posteriores, incluindo, no fim do século IX, em Jerusalém, pela mais forte influência na doutrina caraíta, Daniel b. Moses al-Kumisi, que, por outro lado, interpretava todas as referências bíblicas a anjos como indicadoras de forças naturais sob controle divino. A ênfase em uma confiança na escritura abria espaço para uma grande variedade na interpretação independente dos textos bíblicos, recebida provavelmente de bom grado por Benjamin. Al-Kumisi foi um dos primeiros a oferecer leituras racionalistas dos textos bíblicos. Seus sucessores caraítas rapidamente desenvolveram as suas próprias tradições, justificadas como o "jugo da herança" sancionado por consenso comunal e desse modo distinto da alegação rabanita de que a Torá oral deles tinha uma autoridade igual à do texto escrito. Por isso, o historiador caraíta al-Kirkisani no século X atribuiu a Anan (provavelmente de modo fictício) a injunção de "procurar minuciosamente na Torá" e "não confiar em minha opinião". A multiplicidade de ideias não era uma questão para se lamentar:

> Pois essa acusação [...] se atribui a eles [os rabanitas] apenas, já que eles reivindicam que todos os seus ensinamentos pela tradição se originam dos profetas. Se as coisas assim são, não deveria haver desavença; o fato de que a desavença tenha surgido é uma crítica ao que eles reivindicam. Nós, por outro lado, chegamos ao conhecimento por meio de nossos intelectos, e, quando é este o caso, é inegável que a desavença vá surgir.[25]

Informações sobre outras formas dissidentes de judaísmo que podem ser vistas como precursoras do caraísmo desde antes da época de al-Kirkisani podem ser conseguidas apenas em breves referências na história dele. Consta que os ukbaritas (de perto de Bagdá), um movimento de curta duração na segunda metade do século IX, tenham começado (entre outras práticas distintas) seu Shabat nas madrugadas de sábado, e não no anoitecer da sexta-feira, como os demais judeus. Em Ramleh, na terra de Israel no mesmo período, Malik al-Ramli desferiu um golpe na cozinha kosher fazendo um juramento no local do Templo de que as galinhas tinham sido usadas como sacrifício no Templo e, portanto, poderiam ser comidas – e assim contradizendo o ponto de vista de Anan de que as galinhas deveriam ser identificadas com *dukhifat* no Levítico 11,19, que era proibido, e o ponto de vista de al-Kumisi de que: "Quem teme a Deus não pode usar nenhuma ave como alimento a não ser a rola-comum e filhotes de pombos, e também pombos selvagens, 'até o momento em que o mestre da justiça tenha vindo', porquanto todos que comem aves proibidas ou peixes perecerão, e serão reduzidos a nada no Dia do Julgamento".[26]

Na época de al-Kirkisani, na metade do século X, um conjunto distinto de doutrinas caraítas estava começando a surgir, e no século XII os outros grupos dissidentes desapareceram ou se misturaram ao movimento caraíta, com uma gradual supressão do individualismo que havia caracterizado o grupo em seu período inicial. O princípio de que todo ensinamento religioso deveria depender apenas da Bíblia foi parcialmente aceito e modificado com a aceitação de argumentos por analogia e a razão humana. Novos meses foram meticulosamente estabelecidos por meio da observação visual da lua nova, ignorando os cálculos matemáticos dos rabanitas, e a postergação do Ano Novo pelos rabanitas em casos específicos (por exemplo, quando ele pudesse fazer com que o Dia do Perdão fosse seguido pelo Shabat), de modo que os caraítas poderiam frequentemente celebrar os festivais em um dia diferente dos demais judeus. Chanucá, na qualidade de festival não bíblico, não era observado. A observância tanto do Shabat quanto das leis alimentares em muitos casos era mais rígida do que a dos rabanitas, rejeitando a ideia talmúdica de que é necessária uma quantidade mínima de substância proibida para que o alimento seja invalidado. As regras rabanitas relacionadas à impureza menstrual também foram rejeitadas. Uma distinta liturgia da sinagoga foi adotada, com dois serviços de preces por dia nos dias da semana (em vez de três), consistindo em sua maior parte em passagens da Bíblia (sobretudo os Salmos) e referências ao ritual do Templo, e no uso da prece Amidá que formava elemento especialmente central na liturgia rabanita. Na época de Elijah b. Moses Basyatchi, no fim do século xv, os princípios caraítas poderiam até mesmo ser codificados, como a seguir:

> Toda criação física, ou seja, os planetas e tudo que se encontra neles, foi criada. Ela foi criada por um Criador que não criou a Ele próprio, mas é eterno. O Criador não tem aparência e é único em todos os aspectos. Ele enviou o profeta Moisés. Ele enviou, junto com Moisés, a Sua lei, que é perfeita. É dever do crente conhecer a linguagem da lei e sua interpretação. Deus inspirou também os outros verdadeiros profetas depois de Moisés. Deus irá ressuscitar toda a humanidade no Dia do Julgamento. Deus recompensa cada pessoa segundo seus costumes e os frutos de suas ações. Deus não abandonou o povo da dispersão; ou melhor, eles estão sofrendo o justo castigo do Senhor, e eles devem esperar todos os dias pela Sua salvação pelas mãos do messias, o descendente do rei Davi.

O sexto princípio, de que os caraítas tinham o dever de conhecer a linguagem da lei, ocasionou uma grande quantidade de estudos deles sobre o texto bíblico: "Assim sendo, toda pessoa da sagrada semente de Israel deve estudar a língua sagrada e deve ensinar os seus filhos a conhecer a linguagem da nossa lei e das palavras dos profetas de um modo próprio e adequado, com condições especiais que facilitem o seu estudo".[27]

No século x, Jerusalém se tornou um centro para estudos intensos do texto bíblico pelos caraítas, com uma produção de trabalhos eruditos, sobretudo comentários da Bíblia, lexicografias e estudos de gramática hebraica. Se os caraítas eram cada vez mais encontrados por lá, bem como em Damasco, no Cairo e no Norte da África, isso era em parte o produto de uma missão deliberada para persuadir os rabanitas de sua insensatez, principalmente por meio do ataque ao antropomorfismo a ser encontrado na interpretação rabínica da Bíblia. Os caraítas tinham suas próprias sinagogas e academias, mas seus líderes tendiam a procurar influenciar por meio de escritos e de decisões legais em vez de qualquer hierarquia formal, e não tinham a autoridade institucional para impor seus pontos de vista se não fosse por meio da persuasão.[28]

Ainda mais notável é até que ponto chegou a influência caraíta sobre os rabanitas no auge do caraísmo entre os séculos X e XI. Em parte isso se dava porque rabanitas e caraítas operavam no mesmo mundo religioso: então, por exemplo, Yefet b. Eli, um erudito caraíta em Jerusalém na segunda metade do século X, forneceu uma tradução literal da escritura em árabe logo depois de Saadiah ter composto para os rabanitas sua versão imensamente influente da escritura em judeu-árabe (árabe em escrita hebraica). Não há evidências de que os rabanitas alguma vez tenham se convertido ao caraísmo *en masse* como resultado da propaganda caraíta, mas a ameaça do caraísmo suscitou uma profícua reação rabanita, da qual a primeira foi ocasionada pelo próprio Saadiah: aos 23 anos, Saadiah publicou um ataque (em árabe) contra Anan, e ele tem sido considerado o responsável por conter a maré de caraísmo por meio de sua energia e oposição inflexível.

Por outro lado, já vimos que Saadiah e eruditos caraítas podiam se unir, e realmente o fizeram, em sua oposição às ideias muito mais perigosas de Hiwi al-Balkhi (de Khorasan, que se localizava então na Pérsia), cujas críticas à Bíblia na segunda metade do século IX questionavam (entre outras coisas) a justiça, a onisciência, a onipotência, a constância e a singularidade de Deus, e a coerência e a racionalidade dos relatos bíblicos. Assim Saadiah repreendeu Hiwi al-Balkhi:

> Tu fizeste mais perguntas sobre os tipos de sofrimento; fome e doença, temor e desolação e destruição, e frio e fogo, por que eles não são apartados dos homens. [...] Sabe e compreende que Deus castiga Suas criaturas para o bem delas. [...] Tu reclamaste: "Por que Ele deixou um remanescente da semente dos réprobos?". Mas, por que razão não deveria Ele ter deixado Noé já que ele não havia pecado.

Tivesse Ele o destruído, tu terias dito, "Ele consome em chamas o justo juntamente com o iníquo!".²⁹

Os caraítas concordariam tranquilamente com o rabanita Saadiah nessa defesa da tradição bíblica, e apesar da guerra de palavras literária ao longo de séculos, e o fato de Saadiah tratar os caraítas como *minim* (heréticos), os dois grupos coexistiram por todo Oriente Próximo como membros de uma comunidade judaica única, ainda que turbulenta, até pelo menos o século XII. Como líder da comunidade judaica no Cairo, Maimônides iria acabar sendo um porta-voz dos caraítas tanto quanto dos rabanitas junto dos muçulmanos, e instava seus seguidores a respeitar os caraítas:

> Esses caraítas, que vivem aqui em Alexandria, no Cairo, em Damasco, e em outros lugares da terra de Ishmael [islã] e fora dela, deveriam ser tratados com respeito e interpelados com honestidade. A pessoa deveria se portar em relação a eles com modéstia e no intuito da verdade e da paz, desde que eles se comportem para conosco com integridade, evitando as falas inescrupulosas e a conversa desonesta, e a pregação da deslealdade para com os sábios rabanitas da geração; ainda mais se eles evitam zombar das palavras de nossos santos sábios (a paz esteja com eles), os tanaítas, os sábios da Mishná e do Talmude, cujas palavras e costumes nós seguimos, que eles estabeleceram para nós de Moisés e do Todo-Poderoso. Portanto, nós devemos honrá-los e saudá-los, mesmo em suas casas, e circuncidar os filhos deles, mesmo no Shabat, enterrar os seus mortos, e confortar os que por eles pranteiam.

Do mesmo modo, embora os caraítas variassem em sua atitude para com os ensinamentos rabanitas, os contatos sociais eram frequentemente íntimos, como fica claro nos casamentos entre caraítas e rabanitas registrados em uma série de documentos da Geniza do Cairo, com arranjos com um tom surpreendentemente moderno para dar espaço aos diferentes costumes na observância dos festivais e de outros arranjos domésticos:

> Ele não deverá acender as velas do Shabat contra a vontade dela, e não deverá forçá-la em sua comida e em sua bebida. [...] E essa Rayyisa aceitou em favor de seu supracitado marido que ela não profanará contra a vontade dele os festivais de nossa irmandade, os rabanitas, durante todo o tempo em que ela estiver com ele. [...] Ambos decidiram entre si ficar juntos com toda a resolução, boa vontade e honestidade,

e a se comportar de acordo com os costumes dos caraítas que observam os festivais sagrados de acordo com a visão da lua.

Os relacionamentos envolvendo as datas discrepantes dos festivais não eram sempre tão tolerantes: um rabanita em Bizâncio no século XI escreveu para seu irmão no Egito que: "Os caraítas nos atacaram de novo ano passado e profanaram os festivais do Senhor. [...] Agora uma inimizade violenta se desenvolveu entre nós e grandes brigas aconteceram". Mas, no século XIII, Sa'ad ibn Kammuna, um filósofo rabanita que vivia no Iraque e descreveu as acusações mútuas dos dois lados e as respostas dadas em cada caso, insinuou que não valia a pena continuar as desavenças entre eles. Em Creta, no século XIV, o rabanita Shemariah b. Elijah argumentou que ambos os lados entrassem em acordo, de modo que "toda Israel pudesse uma vez mais se transformar em uma união de irmãos".[30]

É plausível, mas impossível provar, que todo o movimento caraíta tenha tomado grande parte de seu impulso das correntes de dentro do islã. Paralelos entre as atitudes caraítas em relação à Bíblia e a rejeição do Hádice por alguns teólogos muçulmanos decididos a preservar a autoridade do Corão são perceptíveis apenas em fontes com quase dois séculos de diferença. Anan havia rejeitado o conhecimento secular, mas caraítas de períodos posteriores abraçaram a ciência árabe com entusiasmo, e no século XI o filósofo caraíta Joseph b. Abraham haKohen haRo'eh al-Basir (ou seja, "o Cego"), que veio do Irã para Jerusalém, e também seu pupilo Yeshua b. Judah (ambos escrevendo em judeu-árabe) foram influenciados, ainda mais do que Saadiah havia sido, pela teologia escolástica islâmica dos mutazilites, com sua ênfase na unidade de Deus e da criação do mundo.[31]

Meio século depois de al-Basir, o centro da vida caraíta iria se afastar das terras islâmicas (com exceção do Egito) e perder a vitalidade estimulada pela cultura muçulmana que a rodeava. A comunidade caraíta de Jerusalém parece ter sido destruída em 1099 pela Primeira Cruzada junto com o restante dos judeus da cidade, e do século XII ao XVI a maior parte dos caraítas seria encontrada no Império Bizantino, com uma considerável literatura religiosa caraíta escrita em Constantinopla. A partir de c. 1600, muitos caraítas foram para o norte, primeiro para a Crimeia e depois para a Lituânia e a Polônia, onde seu relacionamento com os rabanitas foi afetado de modo decisivo pela incorporação à Rússia, primeiro da Crimeia em

1783, e depois da Lituânia em 1795. Quando o Estado russo, no reinado de Catarina, a Grande, em 1795, impôs taxas diferentes aos judeus caraítas e rabanitas, e permitiu que os caraítas comprassem terras, foi possível para os cerca de 2 mil caraítas, que eram, em muitos casos, proprietários de terra da classe média, argumentar que, já que não aceitavam o Talmude, eles não eram judeus de modo algum, e em 1835 eles foram renomeados como "caraítas russos da fé do Velho Testamento". Em 1840, tiveram permissão de se estabelecer como uma religião independente com o mesmo status dos muçulmanos. Entre os mais prósperos líderes caraítas, e mais entusiasmado para estabelecer a independência dos caraítas do judaísmo rabínico, se encontrava a curiosa figura de Abraham Firkovich, originalmente vindo de Lutsk, na Volínia, cuja busca, no século XIX, por antigos manuscritos e relíquias arqueológicas, bem como túmulos, em grandes viagens da Crimeia e do Cáucaso para Jerusalém e Constantinopla, tinha por objetivo demonstrar a história dos caraítas ao converter os cazares ao judaísmo. Seu legado foi a impressionante coleção de manuscritos hebraicos na biblioteca de São Petersburgo, que até hoje tem grande importância.[32]

No começo do século XX, havia cerca de 13 mil caraítas oficialmente registrados na Rússia, com números menores na Polônia, em Constantinopla, no Cairo, em Jerusalém e em mais alguns poucos lugares. Na Europa Oriental, a separação do judaísmo foi muito útil para os caraítas durante o Holocausto na metade do século XX, de modo que ficaram livres da perseguição nazista, em alguns casos com o auxílio ativo de judeus rabanitas. Depois de 1945, as relações entre esses caraítas europeus e o judaísmo rabanita permaneceram distantes, mas depois de 1948 um grande número de caraítas egípcios migrou para Israel e passaram a formar parte da multifacetada vida religiosa judaica da região nos dias de hoje. O Estado judaico os acolheu, emitindo em 2001 um selo proclamando (em inglês) "Os judeus caraítas", em homenagem àqueles que haviam lutado por Israel. Muitos rabinos em Israel também retornaram à posição de Maimônides de que os caraítas são judeus, ainda que equivocados em suas ideias. Há cerca de 40 mil caraítas em Israel no século XXI, principalmente em Ramleh, Asdode e Berseba. Outros 4 mil vivem nos Estados Unidos, onde a maior concentração se localiza na área de San Francisco, e há comunidades menores em Istambul e na França. Nos últimos anos, os caraítas começaram a tentar disseminar suas ideias pela internet. Os caraítas podem alegar, como têm feito desde o tempo de al-Kumisi em Jerusalém no fim do século IX, que eles se voltaram para a lei de Moisés da qual outros judeus haviam se afastado: pois, para al-Kumisi, os rabanitas "não me ensinaram a suportar o jugo dos ritos religiosos assim como estabelecidos na lei de Moisés, mas, pelo contrário, me afastaram com 'um rito religioso dos homens aprendido por meio de repetição', e é hora de se arrepender".[33]

Por que o judaísmo grego perdeu a força e o caraísmo sobreviveu até os dias de hoje? Um dos motivos podem ser as raízes do movimento caraíta em uma oposição de princípios ao *mainstream* rabínico, que com frequência os deixou em um isolamento desconfortável, mas forneceu-lhes uma identidade distinta. Os judeus gregos, por outro lado, herdaram uma visão de mundo compatível com a dos rabinos, e com o tempo suas particularidades se misturaram àquela dos rabinos treinados em tradições mais vigorosas em outros locais do mundo judaico. É possível observar mais casos de eliminação das diferenças por meio de tais processos em períodos posteriores da história do judaísmo até os dias atuais.

13
Rabinos no Ocidente
(1000-1500 da Era Comum)

O último dos *geonim* da Babilônia a exercer influência em todo o mundo judeu foi Hai Gaon. Após sua morte em 1038, a autoridade dentro do judaísmo rabínico se dispersou entre vários novos centros no mundo mediterrâneo e no norte da Europa, onde os judeus ficaram sob a hegemonia não apenas dos administradores islâmicos na Palestina, no Egito, no Norte da África e na Espanha, mas também de uma variedade de estados cristãos unidos pelo reconhecimento da jurisdição papal, exercida por Roma, sobre as questões religiosas. Na Espanha, na França e na Alemanha, rabinos com profundo respeito e conhecimento do Talmude babilônico, assim como dos textos bíblicos, consolidaram a expressão da lei como guia para a vida diária enquanto desenvolviam, por meio de especulações místicas, e também de análises filosóficas, novas teologias sobre o relacionamento de Deus com sua criação.

A conexão entre a erudição intelectual talmúdica e as questões práticas dos judeus europeus foi facilitada por um novo papel para os rabinos como árbitros locais comunais nas comunidades judaicas na Renânia e na França a partir do século XI. À medida que as atividades comerciais ficavam mais complexas nos novos assentamentos judeus nos centros urbanos ao longo das grandes rotas comerciais do norte da Europa, a legislação comunal por parte de representantes nomeados ou eleitos e a autoridade de mercadores ricos como líderes comunais seculares às vezes provavam ser insuficientes para a resolução de disputas internas entre os judeus, e as comunidades se voltavam para os rabinos como especialistas na lei judaica. A seleção de um *rav*, o título usado a partir da segunda metade do século XI para se referir ao rabino de uma cidade, parece ter se dado por consenso de líderes seculares e não por intermédio de qualquer procedimento formal. A habilidade dos rabinos locais de exercer controle sobre uma comunidade dependia do apoio de tais líderes, principalmente porque, se desejassem contestar uma de suas decisões, eles poderiam como último recurso apelar para as autoridades do Estado.

Portanto, a dimensão em que um rabino local controlava a sua comunidade nos países europeus ou no Norte da África variava muito. Por volta do século XIII, esperava-se que ele assumisse a responsabilidade pelos procedimentos dos abatedouros e dos açougueiros locais no preparo da carne kosher, pela correta preparação do *mikveh* (banho ritual) e pela proclamação de um divórcio. Ocasionalmente, outros membros da comunidade tinham condição de liderar as preces e ler a Torá, mas com frequência se esperava que o rabino assumisse o papel principal no culto da sinagoga. Em troca, ele recebia honra e respeito, mas não uma garantia de manter o posto por toda a vida. Tampouco ele recebia qualquer salário direto (já que o pagamento para falar sobre a Torá era visto como sacrilégio), embora as comunidades que desejassem conservar seus rabinos descobrissem outros modos de recompensar os serviços deles por meio de presentes e privilégios. Em última análise, o prestígio do rabino dependia de sua reputação como erudito, muito aumentada se ele fosse capaz de atrair alunos de outros lugares para estudar o Talmude na *yeshivah* dele. Mais ambivalente como fonte de autoridade moral era o reconhecimento de uma nomeação para rabino pelo Estado cristão, como naquela em 1270, feita pelo rei de Nápoles e da Sicília, de "Maborach Fadalchassem, o judeu, habitante de Palermo, nosso fiel que foi eleito por vocês para exercer o sacerdócio em sua sinagoga, para abater em seu matadouro, e para ter a posse do selo do notário entre vocês".[1]

A diversidade encorajada por tal jurisdição rabínica local era contrabalançada pelos bem-sucedidos contatos inter-regionais ao longo das rotas comerciais pelo Mediterrâneo e ao longo dos grandes rios e das velhas estradas romanas da Europa. Rabinos locais procuravam se aconselhar, em casos difíceis, com colegas mais instruídos. Em qualquer região, com frequência havia apenas um sábio rabínico amplamente reconhecido como "líder de sua geração". Livros viajavam por meio das cópias de manuscritos, dos quais números cada vez maiores foram preservados em coleções europeias reunidas do século XII em diante. A quantidade de cópias feitas e a quantidade de citações de uma obra em outra proporcionam um vislumbre da influência de ideias dentro dos círculos rabínicos.

RASHI E O DESENVOLVIMENTO DA HALACHA

Entre os séculos x e xi, uma consequência da vigorosa difamação por parte dos caraítas do projeto rabínico de promover a elucidação da Torá oral como uma expressão válida da lei de Moisés foi a consolidação da afirmação rabínica de seu entendimento da Torá dual. Nos séculos seguintes, a *Halacha* (lei), firmemente baseada na autoridade das discussões rabínicas registradas no Talmude babilônico, que os caraítas negavam com tanta veemência, iria se expandir muito em seu alcance, profundidade, complexidade e variedade. O processo pode ser traçado em muitos de seus intrigantes detalhes porque, apesar da ênfase na oralidade da Torá, uma grande parte da discussão halákhica encontrou seu espaço em textos escritos para o benefício dos judeus que habitavam locais distantes. Como resultado, os desenvolvimentos halákhicos com frequência assumiam uma forma quase epistolar, por meio da transmissão de *responsa* [respostas] mais ou menos do mesmo modo como o desenvolvimento da teologia cristã por meio de correspondência entre igrejas nos primeiros séculos da cristandade. Alguns desses textos sobrevivem em sua forma original em fragmentos na Geniza do Cairo. Outros foram copiados e conservados para uso das comunidades judaicas durante a Idade Média, indo parar nas coleções de eruditos humanistas, agora depositadas em bibliotecas de universidades. No entanto, outros foram preservados nos arquivos dos mosteiros e das catedrais, onde a atitude ambivalente dos bibliotecários cristãos em relação a tal conhecimento judaico às vezes levou à preservação acidental de textos hebraicos nas encadernações de outras obras. O processo complexo de separar tais textos e identificar a sua natureza em bibliotecas por todo o sul da Europa, principalmente na Itália e na Espanha, é uma tarefa que começou apenas recentemente.[2]

Que tipo de obra era escrita por rabinos nesses séculos? Os caraítas tinham rejeitado a autoridade do Talmude, e os eruditos rabinos iriam reagir com comentários sobre o texto talmúdico, baseados na cultura exegética que havia se iniciado no século IX com os comentários bíblicos de Saadiah. Já na primeira metade do século XI, Hananel b. Hushiel em Kairouan produziu um sucinto sumário em hebraico da *Halacha* a ser encontrado em cada página do Talmude, esclarecendo partes difíceis do argumento. Seu contemporâneo em Kairouan, Nissim b. Yaakov b. Nissim ibn Shahin, produziu comentários em árabe sobre muitos temas talmúdicos. Mas os esforços deles seriam minimizados em sua influência pelo comentário talmúdico linha por linha do grande erudito rabínico R. Shlomo Yitzhaki, mais conhecido como Rashi, em Troyes, em um período posterior desse século, e pelos suplementos ao seu trabalho feitos por numerosos tosafistas (autores de *tosafot*, "acréscimos"), do século XII ao fim do XIV, que procuraram melhorar o trabalho de Rashi e solucionar aparentes contradições tanto nos comentários dele quanto no próprio texto do Talmude.³

Comentários sobre o Talmude surgiram do estudo da *Halacha per se*, mas o processo envolvido em viver de acordo com a *Halacha* também ocasionou uma grande literatura sob a forma de *responsa* [respostas]. Já vimos como as *responsa* dos *geonim* na Babilônia estabeleceram sua autoridade entre os judeus no mundo islâmico nos últimos séculos do primeiro milênio. Correspondentes solicitavam aos *geonim* esclarecimentos de todos os tipos de questões relacionadas à doutrina, à liturgia e outros problemas legais. Grande parte dessas *responsa* era bastante sucinta (apenas "proibido" ou "permitido"). Os *geonim* poderiam manifestar irritação, assim como na reclamação enviada de Sura por Nahshon Gaon aos eruditos de Kairouan no século IX sobre a prática de enviar uma dúvida idêntica às duas academias de Sura e de Pumbedita: "Não é uma profanação do Divino Nome [...] que vós digais: 'Eles discutem entre si?'. [...] Ora, nós [...] vos avisamos que, se vós endereçardes uma única dúvida [tanto] para nós quanto para Pum[bedita], nada [a título de resposta] será enviado para vós ou de Pum ou por nós".

No fim do século X, eruditos em outros centros de estudos rabínicos (tais como Córdoba, Kairouan e Luca) começaram a assumir o papel de decisores de jurisprudência frequentemente envolvendo status pessoal, autoridade comunal ou costumes religiosos. Sobreviveram muitas das *responsa* de Moshe b. Hanokh, a cujo respeito se dizia que havia levado o conhecimento talmúdico no século X à Espanha, onde ele fundou uma *yeshivah*; de acordo com o *Book of Tradition*, "todas as perguntas que antes haviam sido dirigidas às academias eram então endereçadas a ele". As *responsa* com frequência usavam exemplos do Talmude como precedentes para decidir problemas contemporâneos, ou, em países islâmicos, precedentes nas *responsa* dos *geonim*. Porém, em países cristãos, os rabinos geralmente confiavam em seu próprio raciocínio (incluindo casuística de textos bíblicos ou talmúdicos) com o intuito de oferecer respostas precisas para as perguntas. O *corpus* de *responsa* de qualquer rabino poderia ser muito grande, e as decisões de tais indivíduos foram cada vez mais coletadas em volumes para o benefício de gerações vindouras. Assim, R. Meir b. Baruch, de Rothenburg, que morreu na prisão na Alsácia em 1293, ele próprio um reconhecido *posek* ("decisor") para judeus da França e da Alemanha, começou em sua academia a coleção de *responsa* de rabinos asquenazes de todos os trezentos anos precedentes. Os volumes resultantes, com frequência copiados em um período medieval posterior, se transformaram em uma importante fonte de lei judaica.⁴

Os estímulos duplos do estudo talmúdico e a necessidade de aplicar a Torá à vida real se combinaram para produzir dois outros tipos de literatura halákhica com o objetivo de esclarecer a lei em casos difíceis para indivíduos comuns incapazes de lidar com a dialética esotérica do Talmude, por meio ou de seus próprios estudos dessa nova literatura ou (de modo mais comum) por meio do conselho de um rabino local com acesso aos textos eruditos. Por um lado, os rabinos da Alemanha e da França do século XII produziram volumes de *hiddushim* ("novidades"), que aplicam uma dialética sofisticada derivada do Talmude às questões legais não abordadas no texto talmúdico em si com o intuito de ampliar o alcance da *Halacha* na vida contemporânea. Ao mesmo tempo, uma série de autoridades rabínicas procurou codificar essa florescente literatura legal de uma forma passível de ser manejada para que quem não estivesse suficientemente embrenhado nos comentários talmúdicos conseguisse encontrar seu caminho sem tal orientação. No século XI, Yitzhak Alfasi (conhecido como o Rif), que produziu seu *Sefer haHalakhot* em Fez, perto do fim da sua vida, na Espanha, apresentou uma compilação das conclusões legais no texto talmúdico com sumários confiáveis da legislação dos *geonim*. Em alguns casos, ele apresentou suas próprias regras para determinar a lei quando o Talmude deixasse alguma questão por explicar. O *Sefer haMitzvot* [Livro dos preceitos] árabe, de Hefets b. Yatsliah, um contemporâneo de Rif e um dos últimos eruditos da Babilônia a exercer uma influência duradoura sobre os rabinos no Ocidente, dividiu os mandamentos em 36 capítulos organizados por tema, cada qual com mandamentos positivos e negativos apresentados separadamente e citações de passagens bíblicas e rabínicas relevantes.⁵

Os dois códigos foram amplamente usados por Maimônides em sua *Mishneh Torah* [Repetição da Torá], que foi escrita no Egito na segunda metade do século XII. Maimônides almejava especificamente superar o que ele via como o declínio do conhecimento em sua época, esquematizando cada aspecto da lei judaica em um hebreu mishnaico incrivelmente claro, sem turvar o texto com o acréscimo de justificativas ou fontes para as decisões apresentadas. Essa obra revolucionária foi muito além da forma de compêndio de Hefets b. Yatsliah, já que Maimônides desejava produzir não um apoio para o aprendizado do Talmude – sua obra não se referiu aos escritos de Rashi nem ao menos uma vez –, mas sim instruções para viver no mundo real. A busca pela clareza e pela finalidade na codificação da lei empreendida por Maimônides e seu contemporâneo mais jovem, Eleazar b. Yehudah, que escreveu um código halákhico bastante claro em Worms para o uso dos judeus na Alemanha e no norte da França, estava em conflito com a originalidade e a inovação de rabinos dedicados a *hiddushim* que constantemente expandiam a *Halacha*.

Os codificadores não esconderam sua frustração com o que eles viam como o obscurantismo de seus colegas rabínicos que se deliciavam em complicar a lei, segundo a qual os judeus se esforçavam ao máximo para viver com devoção. Yaakov b. Asher reclamou na primeira metade do século xiv que "não há lei que não tenha uma diferença de opiniões". Seu próprio pai, Asher b. Yehiel, conhecido como o Rosh, havia produzido um influente compêndio halákhico que abrangia toda a prática halákhica da época tanto para a Alemanha (onde o Rosh havia estudado) quanto para Toledo, na Espanha, onde ele se transformou no chefe da academia rabínica em 1305; mas, na opinião de Yaakov, muita incerteza ainda permanecia. A solução adotada por ele foi a de organizar a *Halacha* em seu *Arba'ah Turim* segundo um novo arranjo de quatro "fileiras" (em memória das quatro fileiras de pedras preciosas no peitoral do sumo sacerdote): *Orah Hayyim*, para deveres diários como as bênçãos; *Yoreh De'ah*, para leis rituais tais como as regulamentações alimentares; *Even haEzer*, para a lei familiar; e *Hoshen Mishpat*, para a lei civil. Em um contraste marcante com Maimônides na *Mishneh Torah*, Yaakov citava as autoridades usadas para basear suas decisões. O dele era um código rigidamente prático que deixava de lado toda lei que não tivesse mais sido aplicada desde a destruição do Templo cerca de doze séculos e meio antes. Sua influência seria considerável.[6]

Mesmo com todos esses métodos no desenvolvimento da *Halacha*, a autoridade provinha da erudição ou da argúcia intelectual dos sábios envolvidos, assim como reconhecidos pelos seus colegas rabinos. Algumas dessas autoridades, como o próprio Yaakov b. Asher, se recusavam a aceitar qualquer posição rabínica. Ele preferia se dedicar ao estudo legal, apesar de viver na pobreza. Dizem que alguns halakhistas eram de uma devoção exemplar, mas tal reputação não era necessária para a aceitação das decisões. Excepcionais eram as técnicas usadas por certo Jacob, de Marvège, no centro-sul da França, que escreveu em seu *Responsa from Heaven* [Respostas do Céu] a *Halacha* que lhe fora revelada em sonhos como uma resposta às suas indagações a Deus:

> Eu perguntei, na noite do terceiro dia, no décimo nono dia de Kislev, se ela havia vindo até mim por meio de Deus ou não. Foi assim que eu perguntei: Ó Superno Rei, O Grande, Poderoso e Impressionante Deus, Que mantém Sua aliança de misericórdia com aqueles que O amam, mantende Vossa aliança de misericórdia conosco. Ordenai que Vossos anjos sagrados designados a dar respostas às perguntas feitas em sonhos me respondam o que eu pergunto perante Vosso glorioso trono. Permiti que seja uma resposta verdadeira e correta, cada coisa em seu lugar, claramente definida, quer em conexão com a Escritura ou com as decisões legais, de modo que não mais sejam possíveis dúvidas futuras. Vede, eu pergunto: Todas essas coisas que chegam à minha boca como resultado das perguntas que fiz relacionadas à imersão daqueles que tiveram uma emissão seminal; essas coisas vieram até mim por meio do espírito sagrado? É vantajoso e correto revelá-las para meu genro, rabino Joseph, e instruí-lo a informar aos sábios da terra deles, ou elas vieram para mim por meio de outro espírito, de modo que elas não oferecem vantagem e é melhor, para mim, ocultá-las e escondê-las? Eles responderam: Elas foram verdadeiramente a palavra do Senhor e as palavras são antigas, o antigo dos dias, disseram eles.

É ainda mais surpreendente que as respostas que Jacob alegava ter recebido em seus sonhos – nenhuma das quais divergia dos ensinamentos de outros rabinos franceses da época – fossem citadas como decisões halákhicas por autoridades de épocas vindouras.[7]

Os centros nos quais os desenvolvimentos halákhicos foram amplamente discutidos tinham se tornado geograficamente dispersos por volta do século XI, e tal dispersão aumentou durante do resto da Idade Média. Entre 900 e 1100, a preeminência das academias babilônicas em Sura e em Pumbedita foi desafiada dentro do mundo islâmico por Tiberíades na Palestina, Kairouan no Norte da África e Córdoba na Espanha, e no norte da Europa pelas academias de Troyes na França e de Worms na Alemanha. A partir de 1100, novas academias na Provença e no que são agora a Áustria e a

República Tcheca se tornaram centros, bem como as academias na Polônia a partir do início do século XIV. Sem uma instituição central para controlar os desenvolvimentos, não chega a surpreender que variações regionais na lei e na liturgia surgissem, apesar de tentativas de codificação; mas até dentro dessa cultura difusa a autoridade de uns poucos indivíduos parece ter alcançado reconhecimento por todo o mundo rabínico. Um desses indivíduos era R. Shlomo Yitzhaki (Rashi), cuja carreira extraordinária na segunda metade do século XI foi responsável por transformar o norte da França e da Alemanha em centros para os estudos bíblicos e talmúdicos. Assim como outros grandes eruditos desse período (incluindo, como vimos, o Rif e o Rosh), Shlomo Yitzhaki era geralmente conhecido dentro dos círculos rabínicos por um acrônimo de seu nome.[8]

Rashi nasceu em Troyes, uma cidade de certa importância às margens do Sena, a sudeste de Paris. Esse não era um vilarejo provincial: existiu uma cidade naquele local desde os tempos romanos, com um bispo desde o século IV e uma catedral desde o IX. Na época de Rashi, Troyes havia se desenvolvido como centro de uma importante rota comercial, o que pode explicar o assentamento de judeus lá uma geração antes de Rashi. De qualquer modo, foi em Troyes que ele estabeleceu uma academia depois de estudar com eruditos em outros lugares, sobretudo Worms. É difícil separar os fatos das lendas sobre sua vida, a não ser por sua ocupação na viticultura e o conhecimento de francês, que aparece em muitos trechos de seus escritos quando ele explicava palavras hebraicas fazendo referência a seus equivalentes em francês. Porém, sua influência, tanto em sua própria época quanto nas gerações futuras, pode inegavelmente ser atribuída diretamente à impressionante clareza e meticulosidade de sua exposição dos dois textos básicos para a educação rabínica de sua época: a Bíblia e o Talmude babilônico.

Em seus comentários bíblicos, que abrangeram todos os livros das Escrituras com exceção das Crônicas (e possivelmente Esdras e Neemias), Rashi enfatizou muito mais que os comentaristas antes dele a importância de estabelecer o sentido básico do texto (*peshat*) usando a razão e a filologia, e ocasionalmente confessando ignorância quando não era capaz de oferecer uma explicação. Isso não significa que Rashi rejeitasse os sentidos homiléticos atribuídos ao texto bíblico por rabinos anteriores a ele, apenas que ele reivindicava subordinar tais interpretações ao sentido básico. Então, por exemplo, em sua exposição da passagem do Gênesis, "Então ouviram a voz do Eterno

Deus, que passeava no jardim, na direção do pôr do sol", ele observou que: "Há muitas explicações mishdráshicas e nossos professores já as colocaram em seus lugares apropriados em Bereshith Rabbah e em outras *midrashim*. Eu, entretanto, estou apenas preocupado com o sentido básico da escritura, e com tais ensinamentos que explicam as palavras da escritura de um modo que seja adequado a elas". Tal ênfase na necessidade de esclarecer o sentido básico do texto da Escritura seria seguida pelos comentaristas medievais da Bíblia no século XII, tais como Abraham ibn Esdras na Espanha e Yosef Kimhi na Provença.[9]

Até certo ponto, a alegação de Rashi de preferir o sentido básico agiu como um dispositivo retórico para a inclusão de muito material midráshico anterior, como em sua interpretação da revelação a Moisés no Monte Sinai, na qual ele fez uso da compilação midráshica tanaítica na Mekhilta, com sua proibição do uso de instrumentos de ferro na confecção do altar:

> Assim vós podeis saber que, se erguerdes vosso instrumento de ferro sobre ele, vós o profanais. A razão para isso é, como o altar é criado para aumentar os dias do homem, e o ferro foi criado para encurtar os dias do homem, não é correto que um objeto que encurte a vida do homem possa ser erguido sobre aquilo que os aumenta. [...] E uma razão adicional é: porque o altar estabelece a paz entre Israel e o Pai deles no céu, e, portanto, não poderia vir sobre ele qualquer coisa que corte e destrua.

A transmissão de tais ensinamentos morais à guisa de uma simples interpretação de um texto bíblico pode ser considerada um método extremamente eficaz de disfarçadamente fazer um sermão.[10]

O comentário de Rashi seria muito usado pelo exegeta bíblico cristão Nicholas de Lyre no século XIV, e há muitas evidências, principalmente em manuscritos bilíngues latim-hebraico, do interesse cristão pela erudição bíblica judaica no norte da Europa na Alta e Baixa Idade Média. Influência na direção inversa é mais difícil de mostrar, embora o mnemônico PaRDeS, que ficou popular nos círculos rabínico a partir do fim do século XIII como um meio de se referir a quatro modos diferentes de interpretar a Bíblia (*peshat*, "sentido básico"; *remez*, "alusão"; *drash*, "interpretação homilética"; *sod*, "sentido místico"), possa muito bem ter alguma conexão com a ideia cristã medieval do sentido quádruplo das Escrituras. Porém, o próprio Rashi, apesar de sua integração ao mundo secular de Troyes e seu conhecimento da indústria, da agricultura e do comércio, parece não ter conhecido latim e ter trabalhado sem uma influência perceptível do mundo intelectual não judaico de sua época.

A motivação de Rashi para explicar as Escrituras para um público leitor judaico mais amplo de nível médio de educação – ele pressupõe um conhecimento básico do texto bíblico, então não tinha a intenção de chegar até aos totalmente ignorantes – parece ter sido a mesma que levou ao seu comentário detalhado de quase todo o Talmude babilônico. Seu trabalho apresenta os argumentos encontrados no Talmude com grande clareza, não tentando ir além do texto talmúdico até os desenvolvimentos posteriores da *Halacha*, em um contraste marcante (como já vimos) com quem usava o Talmude como base para suas próprias inovações halákhicas. O que permitiu que o comentário de Rashi suplantasse todos os anteriores foi sua capacidade ímpar de esclarecer a metodologia do Talmude, deslindando a construção de passagens complexas, explicando termos pouco comuns, oferecendo um pano de fundo quase histórico e descrições realistas para lançar luz nas histórias talmúdicas e geralmente tornando o texto vivo. Foi um feito extraordinário, e garantiu que seu comentário permaneça o acompanhamento padrão para os estudos talmúdicos depois de quase mil anos, apesar das numerosas desavenças com suas interpretações específicas suscitadas por seus pupilos e sucessores. Os escritos de Rashi abordam com frequência temas favoritos tais como a relação única de Israel com Deus, e o valor da prece, o estudo da Torá e a modéstia. Porém, seu objetivo e seu legado estão contidos menos no que ele próprio disse do que na revolução educacional que possibilitou, sobretudo por meio de seus comentários talmúdicos, trazendo o mundo esotérico do Talmude ao alcance de um leque muito maior de leitores do que havia sido possível até então.[11]

Entre os estudantes mais notáveis e críticos mais mordazes de Rashi se encontravam vários de seus netos, a progênie de suas três filhas, que deram continuidade à sua tradição de estudos do Talmude à sombra da Primeira Cruzada (1095-6) e das perseguições na Renânia do século seguinte. Até certo ponto, esses estudiosos se basearam em um movimento existente em Worms e em Mainz no fim do século XI para sintetizar os vários textos talmúdicos com o intuito de esclarecer decisões práticas, mas, a partir do século XII, a crítica assumiu a forma de *tosafot*, acréscimos aos comentários de Rashi. Estes, apresentados sob a forma de uma discussão oral com uma academia – "e se fôsseis dizer" e "é possível dizer" são fórmulas comuns –, com frequência questionavam os comentários de Rashi com base em suas afirmações em outros momentos ou em novas informações não apresentadas como evidência pelo próprio Rashi, tais como leituras de manuscritos de novas cópias do Talmude do Norte da África ou material do Talmude palestino, que geralmente eram menos estudados. O mais influente desses primeiros tosafistas, por meio de notas sobre seus ensinamentos incorporadas aos manuscritos do Talmude por seus pupilos, foi Jacob b. Meir Tam, um neto de Rashi, conhecido como Rabbenu Tam. Há claras semelhanças entre as academias dos tosafistas e as novas escolas catedralícias no norte da Europa no século XII, e há paralelos entre as atividades dos tosafistas e as dos glosadores cristãos desse período, mas, se houve conexões intelectuais diretas entre eles a esse nível, não se sabe.[12]

Rabbenu Tam não tinha medo de defender revisões bastante drásticas relacionadas às interpretações tradicionais da Torá se a sua leitura dos textos talmúdicos sugerisse que isso fosse necessário. Assim, por exemplo, indo contra a opinião de seu avô, Rashi, ele defendeu que o conteúdo dos *tefillin* (filactérios) deveria ser mudado, de modo que os textos bíblicos neles contidos fossem escritos em uma ordem diferente – as discussões entre dois homens são tão delicadamente equilibradas que alguns judeus devotos atualmente colocam dois conjuntos de *tefillin*, cada um de acordo com as regras de cada professor rabínico. Tais leituras intensas do Talmude poderiam levar a incômodas discussões de *dictum* talmúdicos, tais como o procedimento, apresentado em nome do *tanna* R. Ilai, para lidar com os incontroláveis desejos de pecar e a importância de manter as aparências e evitar ser visto pecando: "Se um homem vê que seu desejo [maléfico] o está conquistando, que ele vá a um lugar onde não seja conhecido, use roupas pretas e se cubra de preto, e faça o que seu coração deseja, mas que ele não profane em público o nome de Deus". Esse ensinamento específico, os tosafistas (de um modo que não chega a surpreender) não estavam dispostos a aceitar literalmente.[13]

Por outro lado, a teoria legal era frequentemente usada pelos tosafistas para justificar a prática existente quando ela entrava em conflito com a lei conforme fora estabelecida no Talmude. Às vezes eles discutiam com base em uma opinião da minoria sobre o Talmude. Em outras, alegavam que a prática existente salvaguarda outros valores que justificam ignorar as regras talmúdicas. Com maior frequência, afirmavam que as condições pressupostas no

Talmude não mais se aplicavam. Então, por exemplo, os tosafistas afirmavam que, na França daquela época, era justificado negligenciar o papel da lavagem das mãos depois das refeições conforme prescrito no Talmude: o Talmude havia exigido tal procedimento para remover o "sal de Sodoma", que era usado na comida e poderia causar cegueira se entrasse em contato com os olhos, mas esse sal não era mais usado. O Talmude havia defendido a regra da Mishná de que dançar e bater palmas são proibidos em um dia de festival, propondo que tais atividades poderiam encorajar o conserto de um instrumento musical, o que definitivamente seria proibido; mas, já que na verdade os judeus franceses apreciavam dançar e bater palmas, os tosafistas alegavam, de modo não muito plausível, que a habilidade de produzir ou de consertar instrumentos musicais havia sido perdida, de modo que a proibição original não mais se aplicava. R. Asher b. Yehiel, o Rosh, escreveu no começo do século XIV sobre sua própria mudança de ponto de vista, ao partir da Alemanha para a Espanha, a respeito das regras relativas às indumentárias feitas de material misturado, que poderia levar a uma aparência de desrespeitar a lei bíblica que proíbe o uso da lã e do linho juntos em uma indumentária (ver capítulo 4):

> Quando estava na Alemanha, proibi que se costurasse uma indumentária de tela sob uma indumentária de lã porque as indumentárias de tela não são sempre encontradas na Alemanha, e as pessoas imaginariam que elas fossem uma indumentária de linho. Atualmente, também, as indumentárias de seda são com frequência encontradas entre nós, de modo que todos as reconhecem pelo que elas são. Consequentemente, agora é permitido costurar uma indumentária de seda sob uma indumentária de lã e tiras de seda também são permitidas em uma indumentária de lã.

Em casos excepcionais, quando o costume comum entre os judeus religiosos havia divergido completamente das regras do Talmude, o proeminente rabino alemão do século XV, Israel b. Petahyah Isserlein, o desculpava simplesmente ignorando o Talmude em bases pragmáticas. Por esse motivo surgem as regras dele sobre a recitação noturna do Shemá enquanto ainda havia luz, como era padrão nos climas ao norte durante o verão, quando os dias são longos:

> Não existe defesa para a prática segundo a teoria e a explicação do Talmude. Porém, a pessoa tem de supor que o hábito foi adotado como resultado da fraqueza que des-

ceu sobre o mundo, de modo que a maioria das pessoas está com fome e quer fazer a sua refeição enquanto a luz do dia ainda brilha com força nos dias longos. Se fossem fazer a sua refeição antes das preces noturnas, elas iriam ocupar tanto tempo com isso que não iriam à sinagoga de jeito nenhum. [...] Por causa disso, os estudiosos não conseguiram impedir que as pessoas fizessem as suas preces e recitassem o Shemá enquanto o dia ainda está claro.

Tais decisões com base no costume comum nem sempre resultavam em leniência: Maimônides observou em seu *Yad* que: "O serviço noturno não é obrigatório como os serviços matutinos e vespertinos. Não obstante, todos os israelitas, onde quer que eles tenham se estabelecido, adotaram o costume do serviço noturno e o aceitaram como obrigatório".[14]

As viagens de rabinos como o Rosh entre as diferentes comunidades despertaram a consciência das variações na *Halacha* entre os judeus de diferentes regiões. Isso não era novidade – já vimos que os rabinos no tempo do Talmude tinham plena consciência das diferenças entre a Babilônia e a Palestina –, mas o direito de discordar foi sustentado pelas autoridades rabínicas locais com veemência crescente à medida que a complexidade halákhica aumentava. No Egito, Maimônides afirmava que qualquer pessoa que ignorasse a proibição da Mishná de beber líquidos que tivessem ficado expostos, caso uma cobra os tivesse envenenado, deveria ser açoitado, mas na França a proibição era considerada sem valor pelos tosafistas, com base no fato de não haver cobras venenosas no país. Já no início do século XIII, a existência de costumes locais diferentes que haviam sido cristalizados no status de lei obrigatória era celebrada por Avraham b. Natan de Lunel, que viajava bastante na Provença, no norte da França, na Alemanha, na Inglaterra e na Espanha, e descreveu tais costumes, especialmente em relação às preces e aos rituais na sinagoga, em seu *Manhig Olam* (frequentemente chamado de *Sefer haManhig*, "O Guia"). O livro se tornou um guia útil para outros judeus em suas viagens.

Variações litúrgicas se tornaram particularmente distintas durante esse período, com diferenças entre os ritos palestinos, romaniotas, do norte da França, asquenazes ocidentais, asquenazes orientais, babilônios, persas e espanhóis, algumas das quais continuaram até os tempos modernos. Porém, a divisão mais clara a surgir no fim da Idade Média foi entre os sefarditas e os asquenazes. Os judeus da França, da Alemanha e da Boêmia, cujas comunidades remontavam as suas origens à Renânia no século x (e por isso "asquenaze", a palavra hebraica para Alemanha), em torno do século XVI compartilhavam tradições suficientes na língua, na pronúncia do hebraico, nas preces e nos poemas acrescentados às estruturas básicas compartilhadas da liturgia para que passassem a se considerar diferentes dos sefarditas da península Ibérica (sendo considerado que "sepharad" significava Espanha em hebraico), que, por sua vez, se apegavam às suas tradições com muito vigor. Quando os costumes se espalhavam de um grupo ao outro, levava tempo para que fossem aceitos. Então, por exemplo, a prática de *tashlich*, o costume popular de recitar os versículos da escritura relativos ao arrependimento e ao perdão dos pecados na tarde do Rosh Hashaná ao lado de um rio, ou de outro curso d'água, simbolizando o ato de lançar os pecados ao mar (como em Miqueias 7,19), que é atestado pela primeira vez nos escritos do início do século XV do rabino alemão Yaakov b. Moshe haLevi Molin, conhecido como o Maharil, um renomado expoente dos costumes asquenazes, não é mencionado em nenhuma fonte sefardita até bem mais de um século mais tarde.[15]

Alguns festivais foram especificamente locais, tais como os "purims" locais de Narbona (instituídos em 1236) e do Cairo (instituídos em 1524) para comemorar a libertação local do perigo com celebrações análogas ao Purim. Em Narbona, uma rixa entre um judeu e um pescador, que acabou em homicídio, desencadeou uma manifestação contra os judeus suprimida pelo visconde Amauri, e o acontecimento era relembrado anualmente no dia 29 Adar. Essa liturgia local era mais formalizada que os costumes populares de reverenciar túmulos de santos, que em grande parte do Oriente Próximo medieval os judeus compartilhavam com seus vizinhos muçulmanos. As objeções do teólogo caraíta Sahl b. Matzliah, morador de Jerusalém, no século x, contra os judeus que "visitam túmulos, os perfumam com incenso, acreditam em espíritos, solicitam aos mortos a satisfação de suas necessidades e passam a noite junto do túmulo" não conseguiram suprimir tais costumes: já vimos (capítulo 10) que o suposto local de enterro do profeta Ezequiel, por exemplo, situado no interior de uma sinagoga no Iraque, atraía peregrinos de longe, muçulmanos e judeus.

Um costume que no período medieval gradualmente assumiu força legal em algumas comunidades era a exigência de que os homens cobrissem a cabeça. Não há evidências de que essa prática fosse disseminada no período talmúdico, mas agir assim durante as preces tornou-se comum na Babilônia nos séculos seguintes e se disseminou particularmente entre os judeus nos países islâmicos. A justificativa para essa prática era a alegação de R. Huna b. Yehoshua, como registrada no Talmude babilônico, de que ele nunca iria caminhar quatro côvados sem estar com a cabeça coberta porque "a Presença Divina está acima de minha cabeça". Cobrir a cabeça passou a ser um sinal de devoto reconhecimento de que Deus está em todas as partes, e a prática foi reforçada pelo uso comunal de cobrir a cabeça durante as preces pelos muçulmanos. Yitzhak Alfasi, em Fez no século XI, considerava que era obrigatório que os homens cobrissem a cabeça. Mas no século XIII ainda havia alguns judeus na França que liam a Torá com a cabeça descoberta, suscitando a desaprovação, em Viena, de Yitzhak b. Moshe, autor de *Or Zarua*, um relato da *Halacha* e de costumes religiosos e observâncias na França e na Alemanha: "O costume de nossos rabinos na França de recitar as bênçãos com a cabeça descoberta não recebe a nossa aprovação".[16]

Muitas variações nos costumes e nas práticas, tais como venerar túmulos, tinham claramente sido influenciadas por culturas vizinhas entre as quais os judeus se encontravam em sua dispersão, mas em algumas comunidades uma ideologia distintiva amparava a sua atitude para com a *Halacha*. Isso talvez tenha ficado mais evidente entre os hassidim asquenazes, círculos de pietistas na Renânia do século XII ao início do XIV, liderados basicamente por membros da família Kalonymus em Mainz e em Worms (ver capítulo 9). Seu ascetismo e devoção ética, contidos no *Sefer Hasidim* escrito no início do século XIII por R. Yehudah b. Shmuel haHasid de Ratisbona, foram afirmados em uma teologia mística muito particular. O *Sefer Hasidim* delineia as normas da vida rabínica, com seções dedicadas ao ritual, ao ensinamento e ao estudo da Torá, e à vida social e familiar, mas também inclui muitas histórias edificantes para demonstrar o comportamento correto:

> Havia um homem que não desejava libertar a esposa de seu falecido irmão da obrigação de se casar com ele, e o pé dele começou a doer, com o que lhe disseram: "O próprio erro de não remover o seu sapato está fazendo o seu pé doer". Então, ele tirou o sapato e o pé foi curado. É contada uma história sobre um homem que costumava ir de cidade em cidade para conseguir se sustentar. Ele era pobre, mas rico em conhecimentos e em boas ações, e não queria contar o seu nome, ou quanto ele sabia. As pessoas lhe davam um dinheirinho. Ele então

conversava sobre a lei com os eruditos da cidade, e, quando viam o quanto ele sabia, as pessoas iam acrescentar ao que elas lhe haviam dado, mas ele se recusava a aceitar. Ele dizia: "Vós já me destes a esmola de um homem pobre, mas o que quereis me dar agora por meu conhecimento eu não vou aceitar".

Muitas outras narrativas descrevem milagres e demônios, refletindo as crenças populares na Alemanha do século XII. Foi entre os hassidim asquenazes nos séculos XII e XIII que a ideia da criação de um *golem* (um ser humano artificial) por meio da magia com a utilização de nomes sagrados, um mito muito conhecido na tradição popular dos judeus na Europa Oriental nos séculos seguintes (ver capítulo 15 sobre as lendas a respeito do Maharal de Praga), foi encontrada pela primeira vez como o ponto mais alto de um estudo ritual de textos místicos. Subjacente a toda a abordagem da *Halacha* pelos hassidim asquenazes se encontrava a ideia de que "a raiz da santidade é o homem ir além da letra da lei", e que isso levaria ao ascetismo.

Já vimos (capítulo 10) que, um século antes, na Espanha muçulmana, Bahya ibn Pakuda se fundamentava em uma tradição diferente, com base no misticismo islâmico ou sufismo, em sua obra *Duties of the Heart* [Deveres do coração], que pregava o dever de mostrar gratidão a Deus em todos os momentos e de adotar uma atitude moderada em relação ao ascetismo. Bahya ensinava que o afastamento da sociedade seria errado para qualquer ser humano, principalmente para um judeu que tivesse sido escolhido por Deus:

> Pessoas que vivem segundo a definição do mais elevado tipo de ascetismo, de modo que elas se assemelham a seres espirituais [...] renunciam a tudo que as afaste do pensamento de Deus. Elas fogem de lugares habitados para os desertos ou as altas montanhas, onde não há companhia, sociedade. [...] O amor de Deus as deleita tanto que elas não pensam no amor dos seres humanos. [...] De todas as classes, essa é a que está mais afastada do "sentido" que nossa religião ensina, porque elas renunciam completamente aos interesses terrenos. E nossa religião não nos pede que renunciemos à vida social completamente, como já citamos anteriormente: "[...] e que formou a terra e a estabeleceu, não para ser deserta e, sim, para ser habitada [...]".[17]

Seria errado deduzir dessa variedade que a inovação e a mudança aconteceram sem contestação durante esses séculos. Costumes judeus variáveis praticados por correligionários a uma distância segura poderiam ser tolerados com mais facilidade que aqueles dentro da comunidade local. Quando, no século IX, certo Eldad chegou a Kairouan para anunciar à comunidade local suas origens em um reino judaico independente na África criado a partir de várias tribos perdidas (incluindo Dã, à qual ele dizia pertencer), os judeus locais ficaram perturbados com a forma duvidosa do abate ritual (*shehitah*) que Eldad praticava, apenas para serem tranquilizados por uma carta do grande rabino Tsemach Gaon, em Bagdá, de que tal diversidade não era herética porque ela só podia ser esperada na diáspora. Rosh, que havia fugido da Alemanha para a Espanha em 1306, reivindicava menos justificativas legais quando endossou a decisão dos rabinos de Córdoba de executar um blasfemo: embora, em seu ponto de vista, isso não fosse permitido pela *Halacha*, ele deu sua aprovação com o intuito de evitar um maior derramamento de sangue e que as autoridades islâmicas privassem a comunidade judaica de autojurisdição.[18]

O princípio por trás das decisões rabínicas implícitas na Mishná e no Talmude, como vimos (capítulo II), tinha sido o de que a legislação de acordo com a maioria dos sábios deveria ser obrigatória para todos, mas, com a dispersão dos rabinos por inúmeros países, o princípio não mais era fácil de seguir. O neto de Rashi, Rabbenu Tam, tentou no século XII insistir, em vez disso, em um consenso unânime, mas foi algo ainda menos prático, e entrou em conflito com suas próprias controvérsias com seus contemporâneos, como sua discussão com o erudito da Provença Meshullam b. Yaakov de Lunel sobre as regras precisas para acender as velas para o Shabat e outros costumes. Críticas às decisões halákhicas de outros até se transformaram em um gênero literário distinto nos escritos de um contemporâneo mais jovem de Rabbenu Tam, Avraham b. David, conhecido como Rabad, que liderava a sua própria academia em Posquières no sul da França. Rabad dedicou tratados às notas críticas (*hassagot*) sobre as obras de codificadores tanto no passado distante (como Yitzhak Alfasi) quanto em sua própria época, principalmente sua *bête noire*, Zerahyah b. Ytzhak b. Levi Gerondi (que havia, ele próprio, criticado o código de Alfasi). Seu ataque à *Mishneh Torah* de Maimônides foi feroz:

> Ele tencionava melhorar, mas não melhorou, pois abandonou o caminho de todos os autores que o precederam. Eles sempre incluíam as provas para suas afirmações e citavam as autoridades adequadas para cada afirmação; isso era muito útil, pois às vezes o juiz seria inclinado a proibir ou permitir algo, e sua prova se baseava em

alguma outra autoridade. Tivesse ele sabido que havia uma autoridade maior que interpretara a lei de modo diferente, ele poderia ter se retratado. Agora, portanto, eu não sei por que eu deveria revogar a minha tradição ou os meus pontos de vista corroborantes por causa do compêndio desse autor. Se quem discorda de mim é maior que eu – bom; e, se eu sou maior que ele, por que deveria eu anular a minha opinião em defesa da dele? Além do mais, há questões a respeito das quais os *geonim* discordam, e esse autor selecionou a opinião de um e a incorporou ao seu compêndio. Por que deveria eu confiar na escolha dele quando ela não me é aceitável e eu não sei se a autoridade rival é competente para discordar ou não? Só pode ser que pelo fato de que "um espírito arrogante se encontra neste homem".[19]

Os desenvolvimentos halákhicos no período posterior da Idade Média causaram um impacto decisivo na forma do judaísmo rabínico nos séculos seguintes. A divisão entre sefarditas e asquenazes ficou maior e foi reconhecida, enquanto todas as correntes de judaísmo rabínico adotaram com entusiasmo os comentários de Rashi e de seus sucessores no estudo do Talmude. Porém, as relações entre as academias rabínicas nas quais a *Halacha* se desenvolveu e os sábios que dominavam esses desenvolvimentos foram muito complicadas pela intrusão, nos mesmos círculos rabínicos, de novas ideias sobre filosofia e misticismos, às quais trataremos agora.

MAIMÔNIDES: FÉ E FILOSOFIA

O islã modelou o desenvolvimento do judaísmo no Oriente Próximo, no Norte da África e na Espanha de vários modos, desde o século IX até o XV, em grande parte o mais radical deles se encontrava na prática da filosofia como um baluarte para a doutrina religiosa por meio do argumento racional. Já vimos que Fílon, no último século do Segundo Templo, havia adotado ideias platônicas com esse propósito, e que a discussão filosófica em um alto nível de abstração era característica do desenvolvimento da teologia cristã a partir do século III, mas que o discurso talmúdico se concentrava em outras questões. A reintrodução da filosofia no judaísmo refletiu o desafio das reivindicações islâmicas (e, posteriormente, cristãs) de suas próprias versões da verdade definitiva, porém muitas das mais duradouras ideias filosóficas que seriam adotadas pelas três religiões eram, em sua origem, os argumentos dos gregos pagãos, principalmente Platão e Aristóteles. A especulação filosófica não era vista por todos os judeus como totalmente isenta de seus próprios perigos. Uma busca pela explicação racional da religião poderia parecer debilitar a autoridade da revelação.

Na Babilônia, na primeira metade do século X, a autoridade de Saadiah Gaon, cujo papel como líder da academia rabínica em Sura e a veemente oposição aos caraítas nós já comentamos, integrou ao judaísmo rabinista a adoção pelo filósofo babilônio David ibn Marwan Mukammis (também conhecido como David haBavli) da abordagem de *kalam* dentro do islã. *Kalam* era uma forma de escolasticismo que, desde a metade do século VIII, havia abordado questões do livre-arbítrio, da física (com frequência na forma de teorias atomistas), a impossibilidade de atribuir qualidades a Deus e a perfeição da justiça divina. Uma doutrina de Mu'tazilah, como a primeira escola de *kalam* ficou conhecida, de que o Corão não existia eternamente, mas havia sido criado junto com o resto do universo, foi até declarada oficial pelo califa al-Mamun em 833, apenas para ser negada por seu sucessor al-Mutawakkil em 847. Na época de Saadiah, a abordagem kalamica era, por conseguinte, ao mesmo tempo bem estabelecida e controversa na cultura islâmica circunvizinha. Mas as razões para seguir os métodos da interpretação racional da escritura usadas por *kalam* dadas por Gaon em seu *Book of Beliefs and Opinions* [Livro das crenças e das opiniões], escrito em judeu-arábico, não tinham desculpas:

> O leitor deste livro deveria saber que questionamos os ensinamentos de nossa religião e especulamos sobre eles por dois motivos: primeiro, para descobrir por nós mesmos o que aprendemos como conhecimento transmitido dos profetas de Deus; e, em segundo lugar, para ter condição de refutar qualquer pessoa que discuta contra nós em relação a qualquer coisa ligada à nossa religião. [...] Desse modo, nos dedicamos às especulações e aos questionamentos, de modo a tornar nosso o que nosso Senhor nos ensinou por meio do conhecimento transmitido. Isso inevitavelmente suscita uma questão que nós agora devemos considerar. Pode ser perguntado: "Se os ensinamentos da religião podem ser descobertos por questionamentos e especulações corretos, como nosso Senhor nos informou, o que levou a sabedoria dele a transmiti-los para nós por meio de profecias e a confirmá-los por meio de provas visíveis e milagrosas, e não por meio de demonstrações racionais?". Para essa pergunta, com o auxílio de Deus, iremos dar uma resposta completa. [...] Portanto, fomos imediata-

mente obrigados a aceitar os ensinamentos da religião, junto com tudo que eles implicam, porque eles foram verificados pelo testemunho dos sentidos. (Nós também somos obrigados a aceitá-los com base no fato de eles terem sido transmitidos a nós totalmente autenticados pela tradição confiável, como iremos explicar posteriormente.) Mas Deus nos comandou para que fôssemos lentamente com nossos questionamentos racionais até que pudéssemos chegar por meio de argumentos à verdade da religião, e não abandonássemos a nossa busca até termos encontrado argumentos convincentes a favor dela e fôssemos forçados a acreditar na revelação de Deus por meio do que nossos olhos viram e nossos ouvidos escutaram. No caso de alguns de nós, nossos questionamentos podem levar muito tempo antes de serem finalizados, mas isso não nos deveria preocupar; ninguém impedido por qualquer empecilho de seguir com seus questionamentos é deixado sem orientação religiosa.

Assim como quem seguia *kalam*, Saadiah alegou que a criação tinha partido do nada, e que a existência de Deus pode ser inferida da criação. Ele descreveu a Torá como a razão revelada e o propósito da criação ser a felicidade, que é alcançada por meio dos mandamentos da Torá. A filosofia de Saadiah, portanto, servia de base para as suas obras halákhicas por ele distinguir entre os mandamentos éticos, que seriam observados sem a revelação, já que eles estão de acordo com a razão, e os mandamentos cerimoniais, que dependem apenas da revelação.[20]

A influência de Saadiah sobre a filosofia rabínica de períodos posteriores seria imensa, porém mais por meio de sua introdução do pensamento grego no mundo rabínico que por meio de *kalam*. Seu contemporâneo na Babilônia, David ibn Marwan Mukamis, seguiu a doutrina *kalam* em suas provas para a existência de Deus, nas quais ele enfatizou que, uma vez que as qualidades divinas são diferentes das humanas, as qualificações de Deus não podem afetar a sua unidade:

> O Criador do mundo é, em todos os aspectos, diferente do mundo. Assim sendo, e já que o mundo é compósito, seu Criador não é compósito; já que o mundo contém uma variedade de coisas, não existe diversidade em seu Criador; já que o mundo é finito, seu Criador é infinito; já que o mundo é substância e acaso, seu Criador não é nem substância e nem acaso.

Tal pensamento racionalista foi trazido por Saadiah ao mundo rabínico *mainstream*, junto com ideias aristotélicas e neoplatônicas que Mukammis havia tirado da cristandade. Saadiah e Mukammis também foram citados pelo moralista Bahya ibn Pakuda, cujos ensinamentos éticos já vimos na Espanha do século XI. Mas a maior parte da teoria filosófica que dava base à orientação piedosa de Bahya para a espiritualidade tinha sua origem na tradição neoplatônica: para Bahya, a alma de cada pessoa havia sido colocada no corpo por decreto divino, e é a tarefa de uma vida espiritual permitir que a alma cresça, apesar das tentações do corpo, por meio da inspiração tanto da razão quanto da Torá.[21]

A penetração das ideias neoplatônicas no pensamento judeu atingiu o ponto alto com as reflexões filosóficas do contemporâneo de Bahya na Espanha, Shlomo ibn Gabirol, cuja produção literária em uma vida breve e obscura foi impressionante. A principal obra filosófica de ibn Gabirol, *Fons Vitae* [A fonte da vida], foi originalmente composta em árabe, mas, com a exceção de algumas passagens do original árabe citadas por Moses ibn Esdras, ela é preservada somente em uma tradução latina e algumas passagens traduzidas em hebraico alguns séculos mais tarde. Seu conteúdo se relaciona tão puramente com a metafísica que, apesar do (ou talvez por causa do) uso disseminado da versão latina por cristãos sob o nome de "Avicebron", foi identificado como um texto judaico apenas no século XIX. Ibn Gabirol abordou a existência do mundo material apesar da natureza totalmente espiritual de Deus, postulando que o mundo havia sido criado por uma cadeia de emanações na qual a vontade divina primordial ainda tinha certa presença. A ideia do homem como um microcosmo, no qual parte do mundo inteligível subsiste junto com o corpóreo, permitiu a ibn Gabirol argumentar que os homens têm a capacidade de compreender formas espirituais com seu próprio poder.

Nem a filosofia metafísica de ibn Gabirol nem sua poesia secular hebraica sobre o vinho e a amizade estavam intimamente ligadas a tradições judaicas precedentes, e talvez não seja surpreendente que seu tratado sobre "o aperfeiçoamento das qualidades morais" advogasse um sistema ético que seria válido para todas as tradições religiosas:

> Nós chamamos a nossa obra de "O aperfeiçoamento das qualidades", em grande parte para o benefício das massas, de modo que as pessoas possam adquirir o conhecimento da natureza do que é nobre e compreender esse assunto por meio de vários métodos de expressão. Nós introduzimos no texto a seguir quaisquer argumentos lógicos e de-

monstráveis que nos ocorreram; e, além do mais, tanto quanto estava em nosso alcance, citamos versículos das Escrituras. Tampouco, após apresentá-los, vejo eu qualquer problema em citar brevemente alguns pronunciamentos dos sábios; e irei seguir esse preceito embelezando (o que eu disse) com versos dos literatos, e alguns versos dos poetas, e qualquer coisa incomum que se me ocorra, e qualquer coisa mais que eu possa lembrar, de modo que meu livro possa ser completo em todas as suas partes.

Tal literatura ética, no mesmo estilo do tratado de Saadiah um século antes, procurava definir não apenas o comportamento correto, como na *Halacha*, mas as bases filosóficas de tal comportamento. Ela se tornaria popular entre os judeus nos séculos seguintes, sobretudo depois da tradução dos escritos de Saadiah para o hebraico, na segunda metade do século XII.

Não obstante a natureza abstrata de sua filosofia e de seus versos seculares que tratavam dos temas *standard* do vinho, da amizade, do amor e do desespero, a poesia religiosa de ibn Gabirol mostrava uma profunda sensibilidade espiritual em hinos de penitência e glorificação da majestade de Deus, como no seu poema "A coroa do reino", que passou a fazer parte de algumas tradições litúrgicas para recitação particular e contemplação no Yom Kippur:

> Misteriosas são Tuas obras, minh'alma bem o sabe
> Teus, Senhor, são a majestade, toda pompa e poder,
> Realeza cujo esplendor ainda mais esplêndido reluz
> Sobrepujando toda glória e dote da riqueza.
> Para Ti celestiais criaturas, e a semente
> Do fruto da terra concedes
> Todos devem perecer, Tu apenas permaneces,
> O segredo de cuja força em muito sobrepuja
> Nosso pensamento, como Tu transcendes nosso frágil ser.[22]

Passados setenta anos da morte de ibn Gabirol, Judah Halevi, outro que contribuiu para o que havia se tornado a idade de ouro para a composição da poesia religiosa na Espanha, escreveu em árabe entre 1140 e 1170 um tipo de tratado filosófico bastante diferente. Seu *Kuzari*, estruturado sob a forma de um diálogo dramático assim como os de Platão, imaginava uma discussão entre o rei dos cazares e um rabino sobre o lugar do judaísmo na história mundial. Os cazares haviam de fato adotado o judaísmo cerca de quatrocentos anos antes (ver capítulo 9), mas o pano de fundo histórico significativo para a grande obra de Judah Halevi foi a luta entre muçulmanos e cristãos pelo controle de sua cidade natal de Toledo e o destino precário dos judeus entre essas duas potências.[23]

O objetivo do *Kuzari* era o de demonstrar a inadequação da filosofia e a supremacia da revelação – e, especificamente, a revelação superior concedida por Deus aos judeus. Halevi insistia em que Deus é conhecido por meio da experiência e, sobretudo, da história de Israel, e não por especulações abstratas relacionadas à causa primeira. Ele afirma que os antigos filósofos poderiam justificar sua preferência pela argumentação racional com base em "que eles não tinham o benefício da profecia ou da luz da revelação", e que por isso eles não poderiam ser censurados: "Pelo contrário, eles merecem nosso louvor por aquilo que conseguiram alcançar simplesmente por meio da força da argumentação racional. Suas intenções foram boas, eles estabeleceram as leis do pensamento e rejeitaram os prazeres deste mundo. A eles pode, de qualquer modo, ser atribuída a superioridade, já que eles não eram obrigados a aceitar nossas opiniões. Nós, no entanto, somos obrigados a aceitar qualquer coisa que vejamos com nossos próprios olhos, ou qualquer tradição bem fundamentada, o que equivale a ver por si mesmo". A afirmativa de Halevi sobre o lugar glorioso de Israel na história pode ter sido composta em árabe, mas foi escrita com caligrafia judaica e entremeada de citações hebraicas. Nunca poderia ter sido confundida com a obra de um cristão, como a *Fons Vitae* de ibn Gabirol havia sido.[24]

O ataque de Halevi aos filósofos reconhecia o papel fundamental que a filosofia desempenhava dentro dos círculos intelectuais dos judeus espanhóis em sua época, e acima de tudo na classe mais alta da corte à qual ele próprio pertencia. Nesses círculos, pessoas ricas de diferentes conexões religiosas compartilhavam de um estilo de vida culto, com poesia, música e literatura, e uma educação comum em currículo filosófico aristotélico, que havia se desenvolvido no âmbito escolar islâmico em Alexandria, em Bagdá e na Espanha muçulmana. O grau de tolerância a ser encontrado na *convivencia*, na qual as três culturas do islã, do cristianismo e do judaísmo floresceram de modo simbiótico, não deveria ser exagerado, mas o notável a respeito da vida religiosa dessa sociedade mista era sua abertura intelectual, tanto quanto para as minorias judias e cristãs quanto para os muçulmanos que as governavam.[25]

Dentro do judaísmo, o ponto máximo do impacto dessa cultura islâmica no mundo mediterrâneo foi a carreira e a influência impressionante, durante o século XII e depois dele, de Moses b. Maimon. A prolífica produção de Maimônides na codificação da *Halacha*, já notada em relação à *Mishneh Torah*, se aliava a uma determinação de reconciliar a filosofia com a tradição judaica. Ambas deram-lhe uma excepcional influência entre os judeus das extremidades ocidentais até as orientais do mar Mediterrâneo e incitaram uma controvérsia, que iria se propagar durante séculos após sua morte, sobre o papel da razão dentro do judaísmo. A dimensão da influência de Maimônides sobre as gerações vindouras foi resumida por uma frase que começou a circular em círculos rabínicos um século depois de sua morte: "De Moisés a Moisés, não havia igual a Moisés".[26]

A influência de Maimônides deve algo às viagens que lhe foram impostas por suas circunstâncias pessoais e pelas consideráveis mudanças ocorridas no mundo islâmico nos anos de vida dele. Córdoba já havia sido a capital de al-Andalus, o nome árabe para a Espanha muçulmana, por cerca de quatrocentos anos, quando Maimônides nasceu lá em 1138, e a grande mesquita havia por muito tempo dominado a paisagem urbana. Com uma grande população de árabes, berberes, vândalos, visigodos e judeus, a cidade havia sido estabelecida sob o governo do califado como um centro cultural para a ciência, a medicina, a filosofia, a poesia e a arte. Constava que a biblioteca islâmica de Hakam III contivesse cerca de 400 mil livros, e, embora estes tivessem sido espalhados após sua morte, tanto o mercado de livros quanto a erudição continuaram a florescer no período de Maimônides – o grande filósofo e polímata ibn Rushd, conhecido na Europa cristã como Averróis, foi um contemporâneo mais velho na cidade.

Maimônides cresceu na região sob a dinastia berbere almorávida, que ofereceu relativa proteção às suas minorias religiosas, incluindo os judeus, como era o padrão da lei islâmica. Porém, quando tinha dez anos, a cidade foi capturada pelos almôades, uma nova dinastia, também de origem berbere, cuja interpretação da lei islâmica sunita era muito menos liberal e pode ter levado sua família a nominalmente se converter ao islã. A mudança de regime iria alterar a vida de Maimônides completamente. A família partiu de Córdoba ou para a Espanha cristã no norte ou para Sevilha. Mas, em 1160, quando Maimônides tinha 22 anos, ele foi para Fez, perto da capital almôada, antes de viajar para o leste em *c.* 1165, rumo à Palestina, na época sob o controle dos cruzados. Maimônides não chegou à Palestina e se estabeleceu no Egito, onde, no devido tempo, se transformou no médico da corte aiúbida, até sua morte em 1204. Tampouco foram as suas peregrinações pessoais a única base para sua perspectiva internacional. Em um período central de sua vida no Egito, Maimônides se envolveu no comércio de pedras preciosas, que implicava contatos no Extremo Oriente – seu irmão Davi se afogou no oceano Índico em uma expedição comercial. E Maimônides também esteve em contato com as comunidades judaicas da Provença e do norte da França e da Renânia, cuja independência das autoridades judaicas no mundo islâmico estava sendo cada vez mais afirmada exatamente no período de vida de Maimônides, principalmente porque a Europa cristã estava afirmando seu poder contra a propagação do islã na lenta Reconquista da Espanha.[27]

O *Guia dos perplexos* de Maimônides tinha como público-alvo aqueles que queriam seguir tanto a Torá quanto a filosofia. Ele insistia que as duas eram perfeitamente compatíveis. Ideias aristotélicas, que Maimônides conhecia a partir de traduções ao árabe feitas por eruditos muçulmanos nos séculos IX e X, foram apresentadas em defesa da Torá com a suposição de que a filosofia de Aristóteles era verdadeira – em todos os aspectos, com exceção da teoria sobre a eternidade do universo, que Maimônides acreditava entrar em conflito com a Bíblia e, portanto, deveria estar errada:

> Há três opiniões dos seres humanos, a saber, de todos aqueles que acreditam que há uma divindade existente, no que diz respeito à eternidade do mundo ou à sua produção no tempo. A primeira opinião, que é a opinião de todos os que acreditam na lei de Moisés, nosso mestre, a paz esteja com ele, é que o mundo como um todo – eu quero dizer, cada criatura existente além de Deus, possa Ele ser exalçado – foi trazido à existência por Deus depois de ter sido pura e absolutamente não existente, e que Deus, possa Ele ser exalçado, havia existido sozinho, e nada mais – nem um anjo, nem uma esfera, nem o que subsiste dentro da esfera. Em seguida, por meio de Sua vontade e de Sua volição, a partir do nada Ele trouxe à existência todos os seres assim como eles são, o tempo por si só sendo uma das coisas criadas. Pois o tempo resulta do movimento, e o movimento é um acidente do que se move.

O *Guia* de Maimônides causaria um imenso impacto sobre seus contemporâneos judeus, porém menos por sua discussão técnica de questões específicas (tais como suas provas da existência, incorporalidade e unidade de Deus, e sua interpretação da natureza da providência que reivindica que o livre-arbítrio não é afetado pela onisciência e presciência de Deus) do que por sua justificativa geral do uso da filosofia como um guia para a religião e um modo de compreender as partes aparentemente irracionais da Bíblia. O *Guia* abordava como falar sobre Deus usando linguagem humana. Ele harmonizava o antropomorfismo na Bíblia com uma compreensão filosófica da natureza do divino, e demonstrava que os mandamentos da Torá têm um propósito racional, o de desenvolver o potencial moral e intelectual do ser humano. O papel de Maimônides em trazer Aristóteles para os judeus seria equiparado, no século seguinte, por Aquino entre os cristãos.[28]

A filosofia era a base de todas as contribuições de Maimônides para a história do judaísmo, apesar de sua grande variedade. Antes de completar 23 anos, ele havia escrito um tratado sobre lógica. Sua codificação da *Halacha* na *Mishneh Torah*, já discutida anteriormente, insistia em que "um homem nunca deveria colocar a sua razão atrás de si, pois os olhos estão colocados na frente, não nas costas". Sua insistência sobre a clareza das ideias como a base do judaísmo estava contida em seu *Comentário sobre a Mishná*, que ele havia completado aos trinta anos, logo após sua chegada ao Egito. Foi dentro desse *Comentário*, em uma discussão a respeito de um pequeno trecho do tratado mishnaico *Sinédrio*, que categorizava os pecadores que não herdarão uma porção do mundo vindouro, que Maimônides apresentou pela primeira vez treze princípios fundamentais da Torá, enumerados assim:

> 1. A existência do Criador: há um ser que existe no mais perfeito modo de existência, e ele é a causa da existência de todos os outros seres. 2. A unidade de Deus: sua unicidade não é como aquela de um corpo simples que é numericamente um. [...] Pelo contrário, ele é uno com a unidade que é absolutamente única. [...] 3. A negação da corporeidade de Deus: nenhum dos acidentes dos corpos, tais como o movimento ou o descanso, se aplica a ele ou por sua essência ou por acidente. 4. A preexistência de Deus. 5. Deus é o único que deve ser adorado e exalçado. 6. Profecia. 7. A profecia de Moisés, nosso mestre: nós devemos crer que Moisés foi o pai de todos os profetas. 8. A Torá tem sua origem no céu: nós devemos acreditar que toda a Torá que está em nossas mãos é a mesma Torá que foi entregue a Moisés, e que em sua totalidade ela se originou da boca do Todo-Poderoso. Ou seja, que toda a Torá chegou até ele por intermédio de Deus de um modo que é metaforicamente chama-

do de "fala", embora ninguém conheça a verdadeira natureza dessa comunicação a não ser Moisés, a quem ela foi feita. Ele cumpriu a função de um escriba que ouve um ditado. 9. Ab-rogação: essa Torá de Moisés não será ab-rogada, nem outra Torá surgirá de Deus. 10. Deus tem conhecimento de todas as ações dos homens e não os despreza. 11. Deus recompensa quem obedece aos mandamentos da Torá e pune o que transgride as suas proibições. 12. A idade messiânica: nós devemos acreditar e afirmar que o messias virá. 13. A ressurreição dos mortos.

Os treze princípios eram, efetivamente, um credo. Geraram tanto um apoio entusiasmado quanto uma forte oposição, que continuam até os dias atuais.[29]

Algumas das posturas de Maimônides em seu judaísmo filosófico parecem ter sido inspiradas em oposição aos postulados do islá, mas a relação entre a sua forma de pensar e o islá era complexa, principalmente porque ele entrou em contato com muçulmanos de tipos muito diferentes. Os almorávidas sunitas, sob cujo governo ele havia nascido, quase sempre se opunham completamente à especulação racional, ao passo que os xiitas fatímidas, que controlavam o Egito quando Maimônides lá chegou pela primeira vez, desenvolveram uma teologia ismaelita baseada no neoplatonismo. Os aiúbidas sunitas, entre os quais Maimônides terminou os seus dias, adotavam uma teologia especulativa distinta, associada ao filósofo e místico persa Ghazali, cujos livros haviam sido queimados em praça pública no Magreb pelos almorávidas em 1109. Ao adotar um elemento da teologia islâmica, então, Maimônides poderia implicitamente desacreditar a abordagem de uma corrente diferente do islá, e há evidências em suas cartas de que ele tinha ciência da necessidade de ter cuidado quanto ao impacto que sua obra poderia ter em relação aos seus patronos muçulmanos. No entanto, um exemplo característico de sua herança do islá almôada, que havia dominado tanto a vida de Maimônides como um exilado de Córdoba em seus anos de juventude, quanto como um jovem adulto vivendo aparentemente como muçulmano, pode ser a insistência na unidade de Deus e o desejo de baseá-la em uma definição de crença correta para erradicar a heresia – e por isso a necessidade de um credo. Os treze princípios de Maimônides seriam entesourados na liturgia da sinagoga sob a forma do hino *Yigdal*, composto em Roma provavelmente no século XIV e em uso constante desde então na conclusão dos serviços noturnos do Shabat e dos festivais:

Grande é o Deus vivo e louvado.
Ele existe, e Sua existência vai além do tempo.
Ele é Uno, e não há unidade como a Dele.
Insondável, a unicidade Dele é infinita [...]
No fim dos dias, Ele nos enviará nosso messias,
para redimir quem espera pela Sua salvação final.
Deus irá reviver os mortos em Sua grande misericórdia.
Louvado seja para sempre Seu glorioso nome![30]

Maimônides escreveu basicamente em judeu-árabe, mas, aos quarenta anos, escreveu a *Mishneh Torah* em hebraico mishnaico, e posteriormente cooperou com a tradução em hebraico de seu *Guia* filosófico feita por Samuel ibn Tibbon, um rabino em Lunel, na Provença. Ele parece ter tido cada vez mais ciência da necessidade de usar o hebraico com o intuito de alcançar um público leitor judeu na Europa cristã, para o qual o árabe, até mesmo em caracteres hebraicos, era inacessível. A ampla distribuição da prolífica correspondência de Maimônides ficou clara com a descoberta de inúmeras cartas escritas por ele na Geniza do Cairo. É difícil entender como ele encontrou tempo para compor seus tratados médicos, ou para cumprir seus deveres como líder de uma comunidade judaica turbulenta e pouco coesa no Cairo.[31]

A excepcional influência de Maimônides como líder comunal e halakhista durante sua vida – um dos títulos que lhe foram atribuídos foi o de "Grande Águia", do livro bíblico de Ezequiel, indicando seu status quase régio dentro da comunidade judaica – tanto deu autoridade aos seus tratados filosóficos quanto os deixou vulneráveis a ataques. Polêmicas relacionadas aos seus escritos já eram ferozes enquanto ele estava vivo, mas o ataque à sua filosofia ganhou forças apenas nas décadas seguintes à sua morte. As polêmicas mais fortes provinham de alguns dos rabinos na Provença mais envolvidos em círculos místicos, com objeções específicas à crença de Maimônides de que a ressurreição (que ele considerava um princípio fundamental do judaísmo, assim como os seus oponentes) iria ser a da alma, e não a do corpo (embora o próprio Maimônides, em seu *Treatise on Resurrection* [Tratado sobre a ressurreição], argumentasse que um conceito espiritual não precisava entrar em conflito com a ideia de que a alma poderia retornar para o corpo). O endurecimento de posições entre os racionalistas e os místicos foi encorajado por tumultos no mundo mais amplo, tanto judeu quanto cristão. A controvérsia sobre Maimônides no século XII foi semelhante ao conflito nos círculos cristãos entre Pedro Abelardo e Bernardo de Claraval, mas, para os judeus, com o estímulo adicional dos exércitos cruzados passando pela Renânia e a Reconquista na península Ibérica, com o temor de que a religião racional não daria certo.[32]

Meir b. Todros haLevi Abulafia, originalmente de Castela, mas que ensinava em Toledo, precipitou o ataque, observando que se não há ressurreição física: "Com que intuito os corpos velavam por seu Deus, eles penetraram na escuridão por amor a seu Deus? Se os corpos não ressuscitam, onde se encontra a esperança deles e onde eles devem procurá-la?". Oponentes de Maimônides atacaram todas as tentativas de explicar racionalmente os milagres. Quem apoiava Maimônides respondia alegorizando ainda mais, com histórias milagrosas no Talmude fornecendo material adequado. Oponentes de Maimônides na Espanha e na Provença pediram o apoio dos rabinos no norte da França, cujo admirável conhecimento do Talmude e da *Halacha* nunca havia sido conspurcado com o conhecimento de Aristóteles. O apoio deles foi encorajado pela falta de apreço pelo estilo de vida faustoso desfrutado pelos judeus filosoficamente educados da Espanha islâmica. A filosofia por si só não levava ao hedonismo, mas deve ter sido essa a impressão para os judeus empobrecidos do norte da Europa. Tais ideias preconcebidas foram reconhecidas no século XIII pelo único líder rabínico da Espanha com estatura suficiente para mediar entre as partes, Moshe b. Nahman, também conhecido como Nahmanides ou Ramban.[33]

As próprias obras halákhikas de Nahmanides sintetizavam as tradições das análises talmúdicas no norte da França com os métodos analíticos de Maimônides, e ele estava suficientemente envolvido em especulações místicas e messiânicas para ser ouvido com simpatia pelos cabalistas da Provença na década de 1230, principalmente porque sua busca pelo sentido mais profundo do texto bíblico levou-o a se opor à busca de Maimônides pela explicação racional dos milagres. Porém, ele ficou horrorizado com o *herem* (banimento) imposto em 1232 pelos rabinos da Provença ao estudo da filosofia de Maimônides, e pelas tentativas por parte dos rabinos provençais de persuadir os talmudistas no norte da França a aplicar um castigo semelhante. A carta de Nahmanides aos rabinos do norte da França argumentando contra semelhante atitude afirmava não que a filosofia fosse boa por si só, mas que nas mãos de Maimônides ela havia sido uma importante arma na luta para se abster do erro maior dos judeus de classe alta da Espanha, que "encheram as suas barrigas com a comida [...] dos gregos", de modo que, se não fosse pelos escritos de Maimônides, "eles teriam decaído de modo quase completo".[34]

Tal mediação foi em vão à luz dos sentimentos exacerbados de ambos os lados e da clareza dos argumentos tanto a favor quanto contra o uso da filosofia para um melhor entendimento da Torá. À medida que cada lado bania o outro, com uma enxurrada de cartas, de sermões e comentários polêmicos circulando livremente, e os rabinos viajando de um lado para o outro para conseguir apoio, a batalha chegou à atenção das autoridades cristãs. Em 1232, os dominicanos na Provença intervieram queimando os livros de Maimônides como heréticos. O choque causado a todos os envolvidos na controvérsia foi imenso. Consta que Jonah b. Avraham Gerondi, um importante *partisan* na Provença e na Espanha entre os opositores de Maimônides, se arrependeu tão profundamente de seu envolvimento na luta que planejou uma peregrinação ao túmulo de Maimônides em Tiberíades, na Palestina.

Essas diferenças entre judeus racionalistas e não racionalistas dentro do judaísmo rabínico perderam força em comparação aos acontecimentos ocorridos em Paris, onde certo Nicholas Donin, um judeu que havia sido excomungado por seu professor, R. Yehiel b. Joseph, por causa de seus pontos de vista heréticos ao repudiar a Torá oral de um modo semelhante ao dos caraítas, apostatou e se converteu ao cristianismo, unindo-se aos franciscanos e atacando o Talmude como um texto obsceno repleto de blasfêmias contra Jesus, Maria e a cristandade. Na discussão que se seguiu, acontecida em Paris em 1240 com o apoio do papa, o Talmude foi condenado, e o carregamento de 24 carroças cheias de obras talmúdicas foi queimado em 1242. Ambos os lados da controvérsia ligada a Maimônides teriam concordado com os argumentos desesperados apresentados por R. Yehiel à rainha Branca de Castela contra a profanação do que, para filósofos e místicos e também para os halakhistas, era a base de sua fé:

> O Talmude é muito antigo, e ninguém reclamou dele antes. Vosso sábio Jerônimo conhecia todo o conhecimento judaico, incluindo o Talmude, e ele teria dito alguma coisa se houvesse algo de errado com a obra. Por que deveríamos lutar por nossas vidas contra esse pecador, que negou a autoridade do Talmude e se recusou a acreditar em qualquer coisa a não ser a Torá de Moisés sem interpretação? Porém, vós

sabeis que tudo requer interpretação. Foi por essa razão que nós o excomungamos, e desde esse momento ele tramou contra nós. Porém, morreremos a ter de abrir mão do Talmude, que é a menina dos nossos olhos. Mesmo que vós decidísseis queimar o Talmude na França, ele continuará a ser estudado no resto do mundo, pois nós, judeus, estamos espalhados no mundo todo. Nossos corpos, mas não as nossas almas, estão em vossas mãos.[35]

As questões que haviam causado tamanha rixa tinham uma base profunda demais para desaparecer por completo, e no fim do século os ânimos foram exaltados pela dimensão com que a alegorização foi adotada pelos racionalistas. Em Barcelona, no fim do século XIII, Shlomo b. Avraham Adret, conhecido como Rashba, tentou chegar a um acordo. Apesar de sua oposição à alegorização extrema, ele próprio havia estudado filosofia e defendido os escritos filosóficos de Maimônides. Porém, ele se preocupava achando que a filosofia e outros estudos seculares iriam afastar os jovens estudantes da Torá, "que está acima dessas ciências", e emitiu um banimento no dia 26 de julho de 1305, afirmando que: "Nós decretamos para nós, para os nossos filhos e para todos aqueles que se juntem a nós, que pelos próximos cinquenta anos, e sob a ameaça de sermos banidos da comunidade, ninguém dentre nós com menos de 25 anos irá estudar, ou no original, ou em traduções, livros escritos em grego sobre filosofia religiosa ou ciências naturais. [...] Excluídos, no entanto, desse banimento geral se encontram os livros da ciência da medicina".

Para muitos rabinos racionalistas nessa época, tal banimento não era aceitável, ainda que eles próprios não se dedicassem à filosofia, e Menahem Meiri, um grande talmudista de Perpignan, na Provença, escreveu explicitamente para Adret se opondo, apontando os (então) muitos eruditos talmúdicos que haviam sido filósofos. Um contemporâneo mais jovem da Provença, Yosef b. Abba Mari Caspi, que escreveu um comentário sobre o *Guia* de Maimônides e, de fato, foi ainda mais longe ao aceitar argumentos aristotélicos ao argumentar a favor da eternidade do universo, deixou em uma carta testamentária para seu filho um esboço do currículo educacional que ele acreditava ser o mais adequado para os jovens. Ele incluía, juntamente com as ciências práticas e a ética, o estudo da lógica, da teologia, da *Metafísica* de Aristóteles e (é claro) do *Guia* de Maimônides:

Há, meu filho, duas inclinações entre os judeus contemporâneos que devem ser firmemente evitadas por ti. A primeira classe consiste nesses que têm conhecimento superficial, cujos estudos não foram longe o suficiente. Eles são destruidores e rebeldes, escarnecem das palavras dos rabinos de abençoada memória, tratam os preceitos práticos como se fossem de pouca importância, e aceitam interpretações inconvenientes de narrativas bíblicas. Eles inegavelmente traem seu conhecimento inadequado dos escritos filosóficos de Aristóteles e de seus discípulos. [...] A segunda classe acima mencionada inclui aqueles dentre o nosso povo que desprezam a genuína filosofia como foi apresentada nas obras de Aristóteles e de outros iguais a ele. Bem, meu filho, eu não culpo a essa classe porque eles dedicam todo o seu tempo à argumentação talmúdica. [...] Meu filho! Quando tu encontrares tais homens, dirige-te a eles do seguinte modo: Meus mestres! Que pecado vossos pais detectam no estudo da lógica e da filosofia? É um crime nefasto usar as palavras com precisão? E então, que dizeis da obra de Aristóteles e de Maimônides? Vós examinastes o conteúdo dos livros deles? Se vós conhecêsseis mais que as capas deles, vós saberíeis com certeza que os livros são uma exposição e uma justificativa de nossos preciosos preceitos. Se vós tendes idade avançada, e ainda não lestes as palavras dos filósofos [...] então, abri vossos ouvidos antes que o sol escureça![36]

A afirmação do valor da *Metafísica* de Aristóteles e a aceitação dos argumentos aristotélicos a favor da eternidade do mundo colocaram lado a lado Caspi e seu contemporâneo provençal, Levi b. Gershon, também conhecido como Gersonides ou Ralbag, o último teólogo judeu a fazer grande uso da filosofia aristotélica. As *Wars of the Lord* [Guerras do Senhor] de Gersonides abarcavam em seis volumes a imortalidade da alma, profecia, conhecimento divino, providência divina, astronomia e matemática, e a criação do mundo. Essas eram as mais importantes questões filosóficas da época, e, apesar de seu grande conhecimento judaico como comentarista da Bíblia e talmudista, Gersonides (contrastando com Maimônides, cuja obra ele frequentemente submetia a críticas) deu proeminência aos argumentos aristotélicos sobre esses assuntos, e não às revelações da tradição judaica, recorrendo para a sua compreensão de Aristóteles às obras do contemporâneo de Maimônides na Espanha do século XII, o filósofo islâmico Averróis (ibn Rushd), sobre cujas obras ele escreveu comentários.[37]

Em meados do século XIV, após a morte de Gersonides, a racionalidade aristotélica iria perder seus atrativos para muitos dos pensadores judeus na

Espanha, à medida que outras abordagens da Torá, especialmente o misticismo, ficavam mais populares, e a influência islâmica diminuiu com a retirada do controle muçulmano do sul da Espanha. Hasdai b. Abraham Crescas, que vinha de Barcelona e foi nomeado pelo reino cristão de Aragão, a partir de 1387, como rabino da corte para representar a comunidade judaica junto ao governo, escreveu no fim de sua vida, em 1410, uma crítica feroz à tradição aristotélica dentro do judaísmo. Ele atacou Gersonides chamando-o de herético e defendendo a substituição dos pontos de vista de Maimônides (a quem ele chamava de "o Mestre") pelo que ele apresentava como uma forma de judaísmo mais judaica. Nos escritos de Crescas, o que foi deixado da abordagem filosófica iria ser encontrado menos nas doutrinas específicas do que nos métodos racionalistas. Quase tanto quanto os escolásticos por ele criticados, Crescas escreveu sobre provas, proposições, princípios e razão, embora ele alegasse que (por exemplo) a autoridade para a existência de Deus deveria ser atribuída somente à Bíblia. Para Crescas, que assim como Maimônides era basicamente um líder comunal que tinha proximidade com os governantes da época, o aristotelismo era perigoso porque havia sido usado por intelectuais judeus para justificar a deserção ao judaísmo. Naturalmente, é irônico que a polêmica do próprio Crescas mostrasse um grande conhecimento da tradição que ele atacava. Seus ataques à filosofia de Aristóteles deveriam ser vistos junto com sua *Refutation of the Principles of the Christians* [Contestação dos princípios dos cristãos], publicada em catalão em 1397-8, contendo uma crítica extremamente lógica às principais doutrinas cristãs tais como o pecado original, a Trindade, a encarnação e o nascimento de uma virgem, em um esforço para reconquistar judeus que haviam se convertido ao cristianismo.[38]

Um impulso semelhante para reagir à ameaça da cristandade se encontrava por trás do *Livro dos princípios* do pupilo de Cresca, Yosef Albo. Albo era um dos porta-vozes dos judeus em uma contenda pública e prolongada em Tortosa, de janeiro de 1413 a abril de 1414, em consequência da qual muitos judeus se converteram ao cristianismo, encorajados, sem dúvida, também pelas lembranças da violência comunal sofrida pelos judeus de Aragão em 1391, durante a qual o filho do próprio Crescas havia sido vítima de assassinato. O livro de Albo, com seu enfoque na lei como base da salvação, contém uma implícita mensagem anticristã no ato de relegar a crença em um messias a um nível abaixo daquele de um princípio no judaísmo. Segundo Albo, a falta de capacidade de acreditar que um messias iria vir seria um pecado, mas não constituiria uma heresia. Albo conhecia as obras de escolásticos cristãos tais como Tomás de Aquino, e em discussões com cristãos ele tinha profunda ciência da fraqueza da formulação dos treze princípios da fé de Maimônides, incluindo a esperança em um futuro messias. Crescas havia proposto uma lista mais curta de seis princípios, que Albo, por sua vez, reduziu a três: a existência de Deus; a revelação divina; a recompensa e o castigo. É irônico que essa lista, que Albo provavelmente pegou emprestada de seu contemporâneo mais velho Shimon b. Tsemach Duran (que lecionou em Algiers após uma revolta contra os judeus em sua nativa Maiorca em 1391), tenha sido tirada originalmente do aristotélico islâmico Averróis, que havia afirmado que qualquer pessoa que negasse qualquer um desses princípios não era um crente islâmico. O *Livro dos princípios* de Albo se tornaria imensamente popular em gerações vindouras, auxiliado pela disponibilidade de uma edição impressa a partir de 1485.[39]

Por volta do século XV, uma abordagem filosófica das ideias religiosas havia então passado a parecer natural para muitos judeus, mesmo enquanto o equilíbrio da autoridade entre a razão e a revelação permanecesse um ponto constante de discussão. Assim, Yitzhak Arama, um rabino espanhol da segunda metade do século XV, adotou dos sermões cristãos a prática de apresentar ideias filosóficas em pronunciamentos semanais na sinagoga à luz da leitura da Torá para aquele Shabat. Ele usava textos rabínicos apropriados e empregava com habilidade a alegoria para popularizar ideias filosóficas para uma audiência mais ampla. Então, por exemplo, "No princípio, ao criar Deus os céus e a terra" deveria ser explicado afirmando que "bem no início Deus tirou os céus e a terra da absoluta não existência. A palavra 'céus' indica os dois elementos, o mundo espiritual (inteligências) que teve de ser criado em primeiro lugar, e também a matéria das esferas que estava mais próxima de Deus na ordem da criação".

Porém, a confiança do próprio Arama na razão humana era limitada, já que ele sabia, a partir do texto bíblico, que a árvore do conhecimento, da forma que fora descrita no Jardim do Éden, era a árvore do conhecimento do mal, assim como do bem, e que a razão humana, que poderia fazer o bem se temperada com a fé, iria se inclinar na direção do mal se lhe fosse permitido ultrapassar os limites da fé. A "verdadeira ciência" para Arama não era a filosofia, mas a cabala. Ele foi um dos primeiros comentadores da Torá a usar como fonte clássica o Zohar, o texto mais influente produzido pelos místicos do judaísmo medieval, que estiveram à frente de grande parte da oposição ao racionalismo da filosofia.[40]

O *ZOHAR* E A CABALA

Exatamente onde, entre as minúcias de viver de acordo com a *Halacha*, a racionalização da filosofia e os argumentos escolásticos dos talmudistas, judeus medievais iriam encontrar uma noção da transcendência do divino? A arquitetura etérea da mesquita de Córdoba na Espanha islâmica e as grandes catedrais do norte da Europa, que instilavam a reverência religiosa em seus contemporâneos muçulmanos e cristãos, não têm correspondente arquitetônico na vida religiosa dos judeus, tanto porque as comunidades medievais judaicas eram pequenas e não tinham necessidade de sinagogas em grande escala, quanto, em muitos casos, por causa das restrições impostas pelas autoridades cristãs à altura das construções judaicas, que não deveriam exceder a das igrejas mais próximas. Esses judeus que tinham dinheiro para gastar em arquitetura religiosa acabavam por gastar nas decorações internas. A sinagoga de Worms, fundada em 1034 para uma comunidade de mercadores que floresceu sob a proteção régia e foi lar para uma série de eruditos rabínicos especialistas na *Halacha*, continuou a ser um simples retângulo, mesmo depois de seu espaço interno ter sido reorganizado no fim do século XII, com uma nave dupla composta por colunas romanescas parecidas com as usadas na construção contemporânea da catedral de Worms. Eram prédios concebidos para proporcionar a sensação de solenidade às reuniões comunais, que nas comunidades medievais se concentravam cada vez mais na sinagoga, mesmo quando o assunto a ser discutido não era religioso. Excepcional era a bela Altneuschul de Praga, uma impressionante construção gótica com uma nave dupla baseada na arquitetura cristã de então; construída em 1270, ainda é usada até hoje.[41]

Para alguns judeus medievais – assim como para certos cristãos medievais – a noção da transcendência era encontrada em especulações místicas, embora, como veremos, os círculos em que tal misticismo florescia permanecessem restritos durante toda a Idade Média. Os místicos já haviam especulado sobre a natureza do reino divino no período talmúdico, como vimos em nossa discussão sobre o misticismo Hekhalot (capítulo 11), mas o misticismo apenas começou a assumir um papel mais central na liturgia comum e nas orações, e a encontrar seu caminho para todas as outras áreas da vida religiosa judaica (incluindo a *Halacha*), com a promulgação da obra extraordinária chamada *Zohar* ("esplendor") nas últimas décadas do século XIII. O *Zohar*, uma desorganizada coleção de cerca de vinte tratados separados escritos em uma linguagem cujo intuito era o de soar impressionante e exaltada, incorporou ao *mainstream* do pensamento religioso judaico uma teologia mística que considerava as narrativas bíblicas simbólicas do mundo divino e explicava o mundo por meio das qualidades divinas que emanavam do Deus oculto.

Se alguém analisar o *Zohar* por si só, essa teologia mística constitui um conhecimento mais elevado que a *Halacha* e vem diretamente da escritura por meio da interpretação do sábio rabínico do século II Shimon bar Yohai. Shimon, que havia vivido na Palestina na época da guerra de Bar Kokhba e de quem se dizia que havia se escondido em uma caverna por sete anos para escapar dos romanos, também era considerado o autor do *Zohar* sob a inspiração do profeta Elias, e assim revelando verdades sublimes:

> O rabino Shimon disse: "Ai do homem que diz que a Torá tenciona apresentar meras histórias e palavras comuns! Se assim fosse, então nós poderíamos na mesma hora escrever uma torá com palavras comuns, uma de valor muito maior. Se a Torá tenciona revelar questões cotidianas, então os príncipes do mundo possuem livros de maior excelência. Que nós os procuremos e façamos com eles uma torá. Entretanto, todas as palavras da Torá são mistérios sublimes e divinos. Observai: o mundo superior e o mundo inferior estão em equilíbrio perfeito – Israel embaixo correspondendo aos anjos acima. [...] A Torá tem um corpo [...] os mandamentos da Torá, que são chamados de "corpos", i.e., os princípios fundamentais, "da Torá". Esse corpo está envolto em indumentárias compostas por histórias terrestres. Pessoas simplórias olham apenas para essas indumentárias, as histórias da Torá: elas nada mais sabem e não olham para o que está por baixo da indumentária. As que são mais sábias olham não para a indumentária, mas para o corpo por baixo. Porém, os verdadeiros sábios, os servos do Mais Elevado Rei, os que ficaram no Monte Sinai, olham apenas para a alma da Torá, que é a raiz principal de tudo, a verdadeira Torá, e no mundo vindouro eles estão destinados a olhar para a alma da alma da Torá".

Porém, o *Zohar* era na verdade muito mais uma reflexão da vida judaica em um mundo medieval cristão – por isso, por exemplo, as frequentes referências no *Zohar* a Deus como uma unidade ternária, aparentemente promulgando de modo deliberado uma versão anticristã da Trindade cristã.[42]

O *Zohar* foi o herdeiro de uma tradição mística muito bem estabelecida. Já vimos anteriormente como, a partir da segunda metade do século XII até o XIII, os pietistas na Renânia e no norte da França desenvolveram uma intensa forma de ética compreendida no imensamente popular *Sefer Hasidim*. Os mesmos círculos estipularam uma série de ensinamentos esotéricos nas cidades de Worms e de Mainz, sobretudo sob a liderança de membros da família Kalonymus que haviam imigrado de Luca, no norte da Itália, para Mainz no século X, e agido como líderes comunais na Renânia, antes e depois da Primeira Cruzada.

Não fica claro se a família Kalonymus trouxe ensinamentos da Itália ou apenas desenvolveu ideias místicas quando se instalou na Renânia. Claramente produtos da Renânia são as séries de livros de R. Eleazar b. Yehudah de Worms após 1217, nos quais ele celebrou a total espiritualidade e transcendência de Deus, de cujo ser oculto a glória visível emana para conectar o divino à criação. Esses livros devem algo ao trauma que Eleazar havia sofrido quando sua esposa e suas filhas foram assassinadas por cruzados na sua frente, mas a metafísica de sua teologia não era de fato coerente. Assim como outros dos hassidim asquenazes, ele parece ter estado mais preocupado em alcançar a devoção por meio da penitência. Era uma característica deles a ênfase no cuidado especial e na precisão na prece, até o ponto de reunir grandes quantidades de conhecimento numerológico esotérico como um caminho para se concentrar nas petições, que eles preferiam aprender de cor e não ler, de modo que pudessem se concentrar somente na adoração em si.[43]

Entre as diferentes ideias místicas desenvolvidas por outros místicos na mesma região e no mesmo período, a mais importante era a especulação sobre o papel do termo "querubim único" como uma designação antropomórfica do Ser divino. Essa ideia foi encontrada em uma série de textos anônimos ou erroneamente atribuídos, e havia sido citada por R. Elhanan b. Yaakov de Londres no começo do século XIII. No fim desse século, essas ideias estavam sendo atribuídas a Judas, o Piedoso, um primo e contemporâneo de Eleazar de Worms. Porém, elas dificilmente são compatíveis com os ensinamentos místicos defendidos por Eleazar e outros membros da família Kalonymus, e devem, na verdade, ter se originado em outros grupos, talvez no norte da França e não na Renânia. É possível que o ascetismo dos hassidim asquenazes, sobretudo sua prática da mortificação da carne, deva algo à influência cristã, principalmente dos franciscanos, embora tal ascetismo fosse conhecido em uma tradição judaica anterior tanto no período do Segundo Templo quanto na cultura rabínica nos tempos talmúdicos, e os paralelos com o ascetismo cristão, que nunca são reconhecidos em nossas fontes, possam simplesmente ser o reflexo de uma era em que tais tipos de autoexpressão religiosa parecessem naturais.44

A influência cristã de um tipo muito diferente pode também explicar em parte os elementos dualistas das doutrinas místicas específicas defendidas por um desconhecido autor no norte da Espanha ou na Provença, que compôs, no fim do século XII, o *Sefer haBahir*, o "Livro da Luminosidade". O *Sefer haBahir* pode muito bem ter sido moldado por influência dos cátaros, que defendiam um forte dualismo envolvendo um Deus da bondade oposto a outro do mal. O catarismo foi tão predominante naqueles anos no Languedoc que, em 1209, provocou a Cruzada Albigense, na qual os cristãos do norte da França tentaram instilar a verdadeira fé nos heréticos cátaros no sul – por meio de matanças, se necessário. Escrito sob a forma de uma *midrash* atribuída a rabinos da época da Mishná, com muitos ensinamentos apresentados sob a forma de parábolas, o *Sefer haBahir* discute a natureza do divino em uma série de imagens, incluindo a de uma árvore de ponta-cabeça. O autor alegava registrar uma sequência de pronunciamentos de Deus e atribuía um papel importante (pela primeira vez na especulação mística judaica) ao aspecto feminino do divino sob a forma da *Shekhinah* (a "presença divina"). O nome *Shekinah* é feminino em sua forma, mas foi uma inovação no *Sefer haBahir* que esse aspecto fosse enfatizado pelo autor.45

Normalmente há uma forte impressão de que os místicos que produziram tais obras agiam ou independentes uns dos outros ou em pequenos grupos. Eles citavam as obras dos outros apenas quando lhes convinha. Contrastando com as limitações da teologia cristã, ou na verdade com o desenvolvimento da *Halacha* ou das teorias filosóficas dentro do judaísmo, a especulação mística era relativamente livre. Acusações mútuas certamente eram feitas, como ainda veremos, mas não havia uma ideia para os judeus (como havia para os cristãos) de que a incapacidade de representar de modo correto a natureza do mundo divino iria, de modo inevitável, levar a uma acusação de heresia. No *Sefer haBahir* se dizia que as origens do mal se encontravam no próprio divino, nos dedos da mão esquerda de Deus, e o aspecto feminino do mundo divino era identificado como a origem do mal. Ideias parecidas podem ser encontradas nos antigos textos gnósticos cristãos, bem como nas doutrinas dos cátaros, mas nenhuma das influências explica a adoção pelo autor do *Sefer haBahir* de uma crença na transmigração da alma após a morte: a ideia pode ter sido defendida pelos fariseus no período do Segundo Templo (ver capítulo 6), e ela aparentemente foi defendida por alguns judeus no século x, já que Saadiah e seus contemporâneos caraítas censuraram a doutrina como sendo "tolice", mas ela não havia sido adotada antes dentro dos círculos rabínicos.[46]

Aparentemente contemporâneas do autor do *Sefer haBahir* eram as especulações teosóficas na Provença de Rabad e seu filho Isaac, o Cego. Foi na época deles que o termo "cabala" pela primeira vez se tornou padrão para tais especulações. A escolha do termo (traduzido literalmente como "recepção") é significativa, já que ela implicava que as doutrinas que estavam sendo descobertas por uma intensa concentração nos textos bíblicos e a natureza do universo já eram na verdade conhecidas desde a Antiguidade e precisavam apenas ser redescobertas: eram precisamente as supostas origens antigas que lhes conferiam autoridade. Florescendo ao mesmo tempo na Provença ou do outro lado dos Pireneus em Castela, havia um grupo de místicos cuja teosofia foi influenciada por duas outras obras anônimas, o especulativo *Sefer halyyum* ("The Book of Contemplation" [O livro da contemplação]), que descrevia dez (ou, em algumas versões, treze) poderes que emanavam do divino, e as ruminações encontradas no *Maayan haHokhma* ("The Spring of Wisdom" [Fonte da sabedoria]), que explicava as origens do mundo em parte por meio de sequências de letras primordiais. Os autores dos inúmeros tratados místicos curtos desse período que chegaram até nós se distinguem tanto por sua independência de pensamento como pelas ideias que tinham em comum. A atribuição de seus livros a figuras antigas – o *Maayan haHokhma* foi atribuído ao próprio Moisés – parece mascarar uma verdadeira contemplação mística, tanto quanto falsas atribuições de autoria podem ter encoberto visões verdadeiras na criação de apocalipses no período do Segundo Templo.

O objetivo dessa cabala teosófica era a compreensão teológica, alcançada, como nos círculos filosóficos (judeus, bem como cristãos e islâmicos), não por argumentos lógicos sobre a natureza do divino, mas por meio da profunda contemplação dos significados ocultos dos textos antigos, sobretudo a Bíblia. Tal contemplação poderia trazer à luz a natureza de Deus e sua relação com o mundo tal como revelada pelo próprio Deus nos interstícios da escritura. Isso era misticismo como uma ramificação do currículo erudito esotérico que constituía o estudo rabínico, a ser combinado com aquele currículo, e não a ser tentado por qualquer pessoa sem um treinamento para entrar em tais círculos de elite. A cabala iria exercer uma influência enorme no futuro do judaísmo assim como ele era vivido pelos judeus em todos os níveis de aprendizagem, mas começou com um auxílio para o estudo talmúdico que era a sustentação do judaísmo rabínico na Idade Média.

Os místicos que produziram muitas dessas obras são com frequência descritos por historiadores como um grupo simplesmente por causa da similaridade de suas ideias, mas não se sabe exatamente como eles se relacionavam uns com os outros. Entretanto, nos encontramos em um terreno mais firme ao apresentar o crescimento em Girona, no nordeste da Espanha, em meados do século XIII, do primeiro centro de cabala na península Ibérica sob a liderança de Esdras b. Solomon e de Azriel b. Menahem. Antigos alunos de Isaac, o Cego, eles combinaram as doutrinas do *Sefer haBahir* com terminologia neoplatônica, sistematicamente amalgamando os novos símbolos da cabala com histórias do Talmude. Os místicos de Girona, que se nomeavam como uma "associação sagrada" (*havurah kedoshah*), assumiam, assim como outros cabalistas, que o conhecimento esotérico tem de ser a atividade exclusiva de uma elite privilegiada. Porém, eles tiveram um efeito decisivo na disseminação dessas ideias teosóficas por meio dos comentários da Torá de seu compatriota Nahmanides, nos quais as doutrinas místicas foram reveladas a um público leitor judeu mais amplo.[47]

Totalmente diferente das especulações sedentárias de Nahmanides e dos místicos de Girona era o misticismo extático de seu contemporâneo mais jovem, Abraham Abulafia, cujas especulações a respeito do mundo divino eram o resultado de uma vida aventurosa e dramática. Nascido em Saragoça e criado em Tudela, em Navarra, Abulafia viajou aos vinte anos ao outro lado do Mediterrâneo para buscar na terra de Israel o mítico rio Sambatyon, apenas para ser frustrado em Acre pelas guerras entre muçulmanos e cristãos na Terra Santa e forçado a voltar para a Europa. Viajando via Grécia, ele parou na Itália e começou a estudar em Verona a cabala por meio dos comentários no *Sefer Yetsirah*. Após voltar brevemente para a Espanha, onde começou a reunir ao seu redor um grupo seleto de discípulos, voltou novamente para a Itália, Sicília ou Grécia em 1273, e começou a divulgar a ideia de que o grande Maimônides, em seu *Guia para os perplexos*, havia realmente sido um cabalista. Uma série de breves "Books of Profecy" [Livros de profecia] levou um grupo de eruditos a se reunir ao redor dele, e, em 1280, uma voz íntima o fez viajar para Roma para solicitar ao papa Nicolau III que pusesse fim aos sofrimentos dos judeus; em resposta ao seu pedido, ele foi condenado a morrer queimado, o que foi evitado apenas porque o papa morreu em agosto daquele ano.

Sendo nessa época uma celebridade, e profundamente cônscio de tudo que havia descoberto desde "quando eu tinha 31 anos, na cidade de Barcelona, Deus me despertou de meu sono", Abulafia causou grande comoção com um anúncio de que o messias iria vir no ano judaico de 5050, que correspondia a 1290 da Era Comum, e coincidia com seu próprio aniversário de cinquenta anos. Os pontos de vista de Abulafia sobre o messianismo eram complexos, mas é bastante possível que às vezes ele se visse como um messias. De qualquer modo, o anúncio causou alvoroço, persuadindo muitas pessoas a se preparar para viajar para a terra de Israel, mas também provocando condenação do principal halakhista na Espanha, Shlomo b. Avraham Adret de Barcelona (Rashba), que chamou Abulafia de charlatão. Forçado a viver em exílio na ilha de Comino, perto de Malta, Abulafia se defendeu vigorosamente em uma série de tratados que tinham por alvo os seus críticos, e diversas obras místicas, incluindo um comentário sobre a Torá e outro sobre o *Sefer Yetsirah*.[48]

Abulafia pegou dos hassidim asquenazes da Renânia a doutrina das emanações divinas, às quais (ao contrário deles) ele aplicou o termo técnico *sefirot* (literalmente, "enumerações"). Ele ampliou as técnicas deles de combinação de letras (*tseruf*), acrescentando o número equivalente das letras nas palavras (*guemátria*) e considerando as letras e as palavras como símbolos das sentenças (*notarikon*) com o intuito de descobrir sentidos ocultos nos textos das Escrituras. Mas ele também acreditava que o "Caminho do Divino Nome" permitia aos homens comungar diretamente com Deus por meio do poder profético, um estado de consciência elevado que trazia não apenas o conhecimento, mas a redenção e o gozo no mundo atual dos deleites do mundo vindouro. Essa era uma forma de misticismo prático bem diferente da especulação dos teosofistas em Girona – que o próprio Abulafia rejeitava, assim como eles, por sua vez, rejeitavam os ensinamentos dele. Outros, entretanto, adotaram as ideias dele com entusiasmo, como fica claro através dos inúmeros manuscritos de suas obras que chegaram até hoje.[49]

O misticismo extático de Abulafia se baseava na pseudorracionalidade, como fica claro em sua tentativa de impor suas ideias a Maimônides, e nesse aspecto as doutrinas dele eram parecidas com as do sufismo no islã. No caso de Abulafia, isso dificilmente resultou de uma influência direta do islã, mas no Egito os descendentes de Maimônides (principalmente seu filho Abraham e seu neto Obadiah) defenderam de modo bastante específico a adoção de práticas sufistas por judeus como um modo de alcançar a perfeição e a união com Deus:

> Primeiramente, cabe a vós reduzir vosso relacionamento com as pessoas comuns. [...] Então, vós deveis vos habituar a falar pouco, a não ser aquilo que vos traga proveito neste mundo e felicidade no mundo futuro. [...] A seguir, vós deveis corrigir a vossa dieta tanto quanto possível, reduzindo vosso deleite até que vos acostumeis a comer alimentos de forma infrequente, de modo que vossos pensamentos desistam deles. Esforçai-vos também para reduzir vosso sono. [...] Então, treinai vossas almas progressivamente para que elas não pensem em nada além Dele ou naquilo que vos aproxime Dele até que vossas almas fiquem fortes o suficiente para vos ajudar a alcançar o fim a que vós aspirais. Além do mais, na hora da prece, purificai vossas intenções e tende plena consciência do que dizeis. Vede, após ter alcançado esse estado, tão ardoroso será vosso enlevo que vós não tolerareis vos separar Dele, nem por um instante. E, à medida que vosso júbilo aumenta, também irá vosso ardor aumentar, e vós não vos deliciareis com comida, nem com bebida, nem com o descanso.

Textos judaicos sufistas escritos em árabe pertencem firmemente à tradição do sufismo islâmico e apresentam um contato muito maior com os místicos muçulmanos, como ibn Arabi, que com outros ramos do misticismo judaico. Já vimos como os ensinamentos morais de Bahya ibn Pakuda, na Espanha do século XI, mostram traços de influência sufista.

Porém, assim como os ensinamentos reformistas dos hassidim asquenazes no centro da vida espiritual dos judeus da Renânia no mesmo período, e na verdade como a pobreza absoluta advogada por místicos cristãos de uma época posterior como Santa Teresa de Ávila, esse movimento também demonstrou como uma intensa religiosidade entre os líderes de uma comunidade poderia conduzir a ensinamentos éticos e filosóficos que assumiam um matiz místico específico. Os piedosos eram incitados a buscar uma vida como herdeiros espirituais dos profetas bíblicos, sobretudo Elias, por meio do ascetismo, do controle das paixões e da concentração do pensamento em Deus, "se vestindo com as indumentárias de trapos e as indumentária[s] semelhantes dos pobres que se assemelham às vestimentas dos sufistas de nossos tempos, e [também quanto à ideia deles da] restrição da comida ao ponto de se contentar com migalhas e algo parecido [...] com o intuito de que as pessoas possam acreditar a respeito deles [que elas estavam defendendo] o caminho dos profetas que [adota] a abstinência e o contentamento [...]".⁵⁰

Esse, portanto, era o pano de fundo judaico do *Zohar* quando ele começou a circular no fim do século XIII, mais ou menos na mesma época que os ensinamentos do grande sufista místico ibn Arabi começaram a circular entre os muçulmanos espanhóis. O *Zohar* é um curioso amálgama de diferentes tipos de material, repleto de imagens mitológicas, de poesia e de ecos da filosofia neoplatônica e aristotélica, junto com superstições populares, teurgia e psicologia mística:

> A "alma" é o impulso mais básico. Ela dá apoio ao corpo e o alimenta. O corpo está intimamente ligado à "alma" e a "alma" ao corpo. Quando a "alma" foi aperfeiçoada, ela se transforma em um trono, no qual o "espírito" pode descansar, quando a "alma" que é ligada ao corpo é despertada, como dizem as Escrituras: "Até que do alto retorne para nós o espírito". Quando "alma" e "espírito" se aperfeiçoaram, eles se tornam dignos de receber a "superalma", pois o espírito age como um trono, no qual reside a "superalma". Essa "superalma" fica mais elevada que tudo, escondida e completamente misteriosa. Então, descobrimos que há um trono dando apoio a um trono, e um trono para o mais elevado que está acima de tudo. Quando vós estudais essas gradações da alma, vós descobris nelas o segredo da sabedoria divina, pois é sempre judicioso investigar mistérios ocultos desse modo. Observai que a alma, o mais básico impulso, se agarra ao corpo, assim como na chama de uma vela a luz na parte inferior se agarra ao pavio, do qual não pode ser separada e sem o qual ela jamais poderia ser acesa. Mas, quando ela foi totalmente acesa no pavio, se transforma em um trono para a luz branca acima que reside sobre aquela luz escura. Quando tanto a luz escura quanto a clara foram totalmente acesas, a luz branca, por sua vez, se transforma em um trono para uma luz oculta, pois o que repousa naquela luz branca não pode ser nem visto nem conhecido. Assim, a luz é totalmente formada. E

assim acontece com o homem que alcança a perfeição completa, e, como resultado, é chamado de "sagrado".

O *Zohar* insiste na correspondência entre o mundo inferior e o superior, de modo que as ações e as preces feitas pelos humanos têm significado cósmico. Sempre há o perigo de que o mal causado pelos pecados humanos (incluindo os pensamentos impróprios) possa, portanto, causar uma disjunção em *sefirot*, os dez estágios do mundo superior, por meio dos quais Deus desce do infinito (*Ein Sof*) para a manifestação divina na *Shekhinah*, que é tanto a última dos *sefirot* e a imagem no céu da comunidade de Israel. O que importa é o equilíbrio harmônico na união da *Shekhinah* (concebida como feminina) com os aspectos masculinos do divino, tais como *sefirah*, ou julgamento.[51]

Quem escreveu o *Zohar*? A ideia de que o texto é o que ele parece ser, o produto de discussões entre os *tannaim* reunidos em torno de Shimon bar Yohai no século II, é desmentida pela artificialidade do aramaico e falta de referências à obra antes do fim do século XIII. Há agora uma ampla aceitação da hipótese de que o autor na verdade fosse o cabalista Moshe de Leon, que publicou o texto pela primeira vez alegando que havia sido copiado de um antigo manuscrito que ele havia conseguido na terra de Israel, mas que ninguém mais chegou a ver (e que sua viúva e sua filha afirmavam, após a morte dele, jamais ter existido). Moshe passou sua vida viajando por Castela, e ficou amigo de outros cabalistas, principalmente Yosef b. Avraham Gikatilla, um seguidor do misticismo prático de Abulafia (e sob essa forma ele escreveu análises místicas do Tetragrammaton e do alfabeto hebraico). Gikatilla passou para uma forma mais teosófica de indagações místicas na meia-idade, produzindo em seus *Gates of Light* e *Gates of Justice* [Portões da luz e Portões da justiça] relatos particularmente nítidos do papel das *sefirot* em relação à Divindade. O próprio Moshe produziu uma série de escritos cabalísticos em hebraico, dos quais uma quantidade foi dedicada à discussão das *sefirot*, ou em paralelo com a composição do *Zohar*, ou para chamar atenção para ele.[52]

O impacto do *Zohar* sobre os místicos em todo o mundo judaico foi imediato, e é provável que acréscimos ao texto fossem rapidamente feitos à medida que ele circulava após a morte de Moshe. Anexadas ao comentário místico sobre o sentido profundo das Escrituras estão seções que descrevem, entre outras questões, a vida de Shimon bar Yohai e discussões da fisiognomonia e da quiromancia, e partes em hebraico, e não em aramaico. Durante os dois séculos seguintes, círculos cabalísticos foram fundados na Itália, na Grécia e na terra de Israel, e os escritos de Isaiah b. Joseph de Tabriz, na Pérsia, na década de 1320, e de Nathan b. Moses Kilkes, em Constantinopla, na década de 1360, revelam que a cabala havia alcançado os judeus do leste, do mesmo modo como foi adotada na Alemanha por místicos que combinavam o *Zohar* com as tradições dos hassidim asquenazes.

Em muitos locais no mundo judaico, as ideias do *Zohar* foram misturadas com conceitos de escritos místicos anteriores produzidos por judeus rabínicos que buscavam compreender o local do homem e de Deus no universo, encorajados pela adoção das ideias cabalísticas por muitas das maiores autoridades no estudo do Talmude e da *Halacha*. Apesar de sua forte oposição a Abraham Abulafia, o próprio grande talmudista Rashba indicou claramente em seus escritos um grande conhecimento da cabala (assim como seu mestre Nahamides havia feito). Os diversos comentários compostos pelos alunos de Adret sobre a parte mística do comentário feito por Nahamides sobre o Pentateuco revelam o papel desempenhado por sua escola na transmissão da cabala teosófica para as gerações futuras por um caminho separado do *Zohar*.[53]

Qual era a origem de todas essas ideias? Por um lado, é possível remontar muitos motivos específicos na cabala desenvolvida ao misticismo Hekhalot da Antiguidade tardia, e a prática continuada de copiar manuscritos antigos do século XII por si só confirma que essas tradições ainda estavam vivas. Por outro lado, é possível verificar uma explosão de ideias especificamente da Provença e da Espanha dos séculos XII e XIII nas quais as ideias esotéricas foram geradas no âmbito de intensas associações de místicos ou muito discutidas como resposta à variedade de textos especulativos produzidos durante um período muito breve. Parece claro que tais manifestações religiosas não podem ser delineadas em uma história precisa de desenvolvimento. A fecundidade da especulação se derivava precisamente dessa falta de restrições. Em um contraste marcante com os controles rígidos sobre a especulação teológica nos círculos contemporâneos cristãos, e as necessárias limitações para os próprios rabinos quando estivessem tomando decisões sobre a *Halacha*, era possível sonhar com poucas restrições sobre a natureza do divino e sua revelação secreta por meio das enigmáticas palavras da escritura. Os diferentes caminhos da especulação evidentemente floresciam paralelamente.

A especulação mística não era sempre fácil de combinar com o resto da vida sendo um judeu rabínico, como vimos de modo mais marcante na carreira de Abraham Abulafia: por um lado, a cabala prometia tudo, mas ela também podia levar ao perigo. Moses de Burgos, um eminente cabalista em Castela no século XIII (com seus mestres Jacob e Isaac Cohen), uma importante influência sobre Moshe de Leon e a composição do *Zohar*, bem como um repositório de tradições que o *Zohar* omite, afirmou categoricamente sobre os filósofos de seu tempo que "a posição alcançada por suas cabeças só chega à altura da posição de nossos pés", mas também que, apesar da eficácia das tradições cabalísticas para a recitação dos nomes divinos, ele próprio nunca havia tentado colocar isso em prática. Por um lado, havia um perigo evidente que a prática cabalística pudesse se misturar à magia, enquanto, por outro lado, os cabalistas poderiam atacar os especialistas na *Halacha* por não terem uma intensidade religiosa verdadeira: uma homilia mística no *Tikkunei Zohar* se refere à Mishná como "o local de sepultamento de Moisés". O que fica claro, entretanto, é que nenhum extremo era padrão, de modo que muitos halakhistas se dedicavam à especulação cabalística, e nenhum cabalista medieval acreditava que seus *insights* místicos eximiriam a eles e a outros judeus da necessidade de seguir a *Halacha* escrupulosamente. Os cabalistas da Provença haviam liderado a oposição à filosofia de Maimônides que resultara na desastrosa queima de livros de 1232, mas vimos que o aristotelismo de Maimônides não havia impedido Abraham Abulafia de ver sua própria cabala profética como tendo base nos ensinamentos dele. De modo mais positivo, a tradição neoplatônica da filosofia judaica, que pode ser remontada a Isaac b. Solomon Israeli em Kairouan na primeira metade do século X, e as citações de Platão feitas por ibn Gabirol na Andaluzia em seu *Fons Vitae* exerceram uma influência direta sobre o autor do *Sefer haBahir* por meio do filósofo espanhol do século XII Avraham bar Hiyya. A teoria das emanações, que iria ter uma longa história na especulação de cabalistas a respeito das *sefirot*, era um elemento intrínseco do pensamento neoplatônico; e o neoplatonismo iria desempenhar um importante papel na apropriação cristã da cabala no Renascimento.[54]

As imagens e os conceitos da cabala, e especialmente do *Zohar*, foram gradualmente adotados em quase todas as correntes do judaísmo medieval a partir do início do século XIV, até mesmo entre aqueles que se recusavam a se dedicar à introspecção mística ou às especulações teosóficas, mas que aceitavam os *insights* das gerações precedentes como parte da Torá. Alguns cabalistas continuaram a fazer acréscimos à complexidade do sistema da cabala à medida que eles lutaram com o problema intratável em seu cerne – a relação de Deus com o mundo material –, enquanto a maior parte dos judeus aceitava as ideias cabalistas como imagens simbólicas para engrandecer a liturgia em suas preces.

A popularidade de tais imagens comprova um disseminado anseio entre os judeus por um arcabouço teológico complexo para seu judaísmo prático em harmonia com a *Halacha*, com o intuito de proporcionar uma noção de algo mais numinoso e misterioso do que as promessas e ameaças concretas na aliança bíblica entre Deus e Israel. Pode muito bem ter sido exatamente a proibição da discussão e da análise de ideias cabalísticas com pessoas estranhas à elite rabínica que deu poder e fascínio a essas ideias entre os laicos não rabínicos, de modo que, por menos que ela fosse entendida pela maior parte dos judeus, a cabala se transformou no arcabouço teológico para todo o judaísmo rabínico no início do período moderno.

PARTE IV
Autoridade e reação
(1500-1800)

8. O mundo judaico em 1500 da Era Comum

- Haarlem
- Roterdã
- Antuérpia
- **POLÔNIA**
- Wittenberg
- **LITUÂNIA**
- Lwów
- Dubno
- **SACRO IMPÉRIO ROMANO-GERMÂNICO**
- Genebra
- Avignon
- **CASTELA**
- Roma
- Adrianópolis (Edirne)
- Istambul
- Salônica (Tessalônica)
- **IMPÉRIO OTOM[ANO]**
- Esmirna
- **ANDALUZIA**
- Náxos
- *mar Mediterrâneo*
- Fez
- **MARROCOS**
- Jerus[além]
- Cairo
- RÚSS[IA]

Norte da Itália

- Milão
- Verona
- Pádua
- Veneza
- Cremona
- Mântua
- Módena
- Ferrara
- Luca
- Livorno
- Florença
- Arezzo
- Volterra
- Roma

Áreas de assentamento judeu

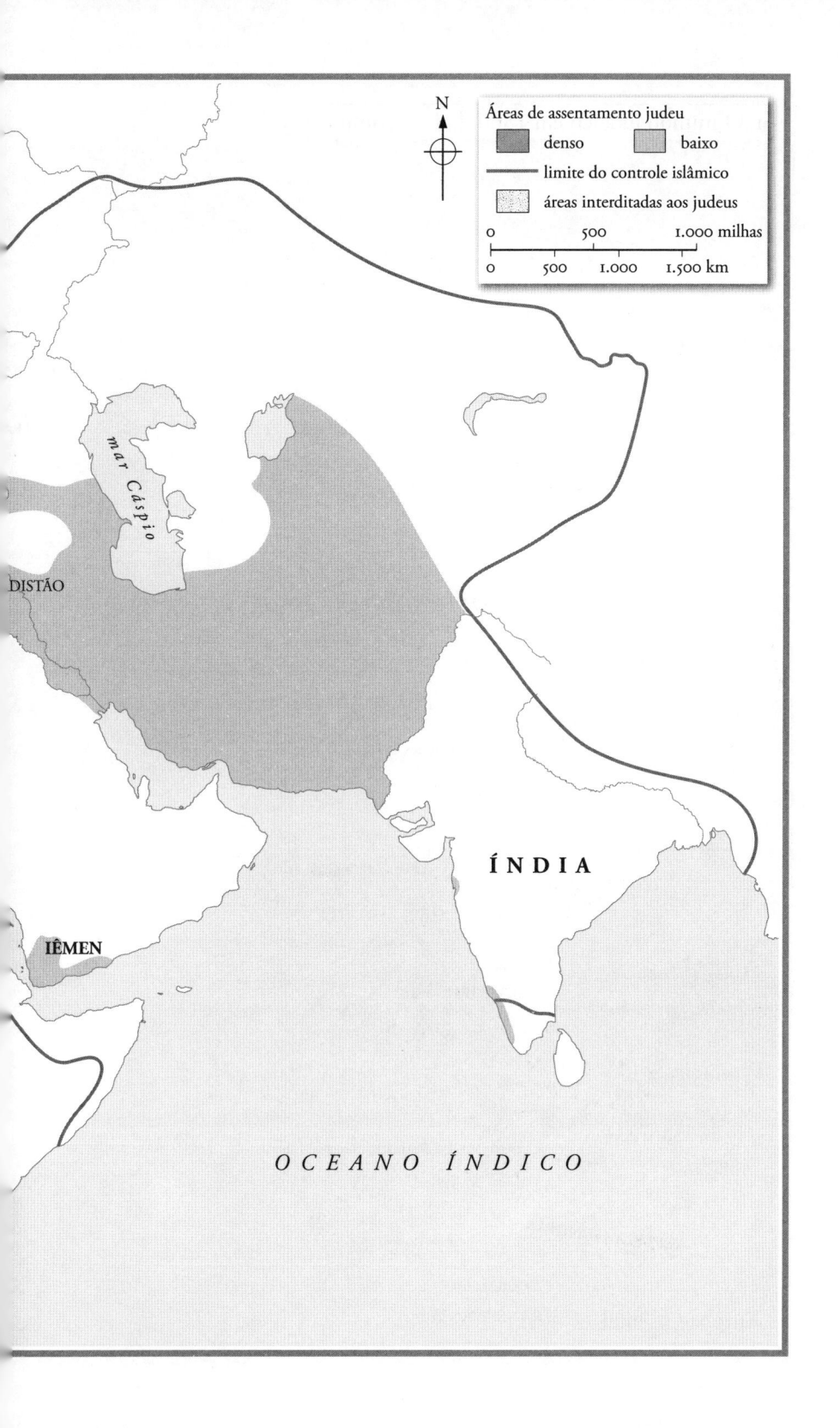

- denso
- baixo
- limite do controle islâmico
- áreas interditadas aos judeus

0   500   1.000 milhas
0 500 1.000 1.500 km

mar Cáspio

DISTÃO

IÊMEN

ÍNDIA

OCEANO ÍNDICO

9. O mundo judaico em 1800 da Era Comum

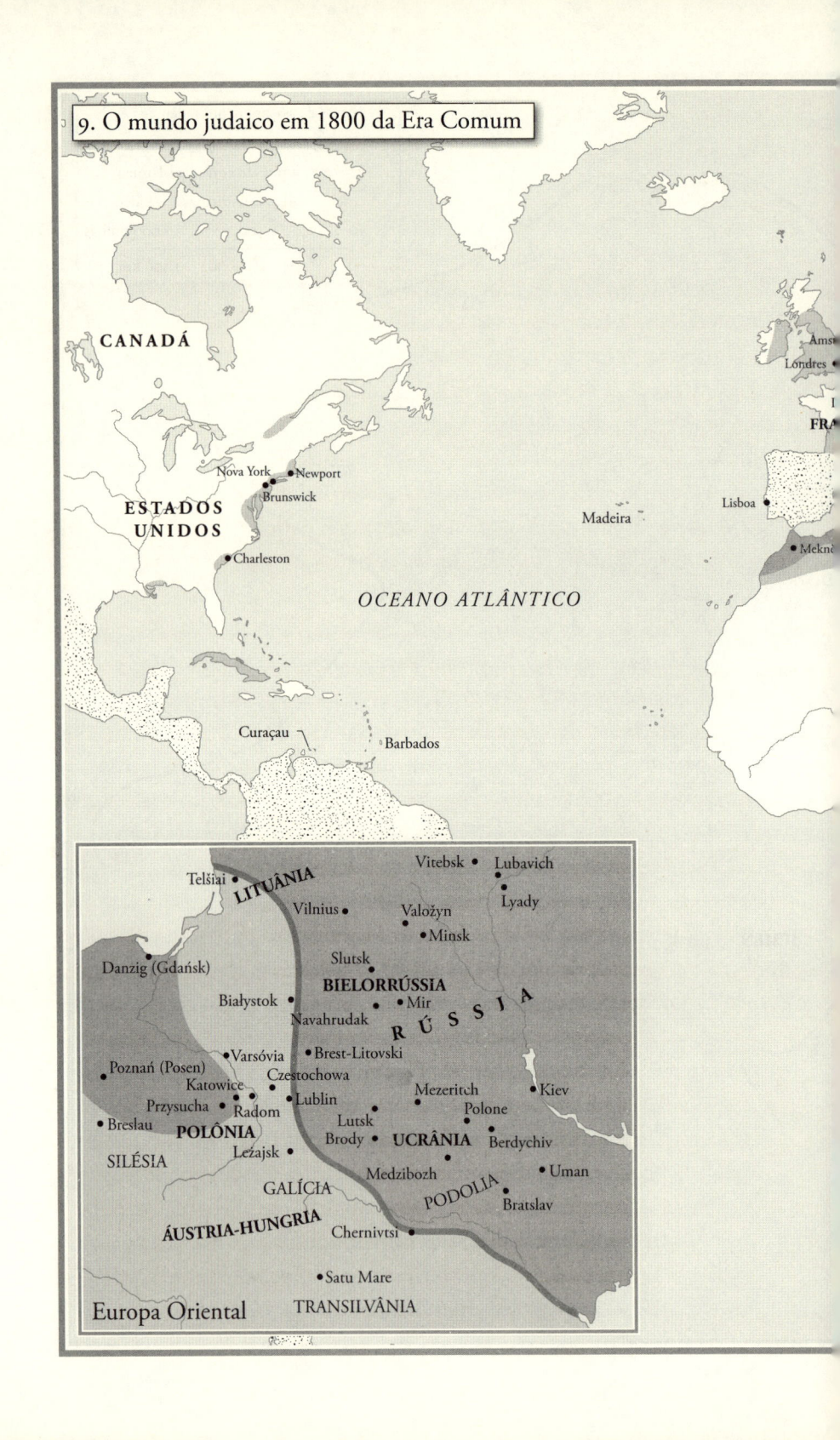

CANADÁ

Nova York • Newport
Brunswick

ESTADOS UNIDOS

• Charleston

Madeira

Lisboa •

• Mekn

Amst
Londres
FRA

OCEANO ATLÂNTICO

Curaçau • Barbados

Europa Oriental

Telšiai •
LITUÂNIA
Vitebsk • Lubavich
Vilnius • Valožyn • Lyady
• Minsk
Slutsk
Danzig (Gdańsk)
BIELORRÚSSIA
Białystok • Mir
Navahrudak
RÚSSIA
• Varsóvia • Brest-Litovski
Poznań (Posen)
Katowice Czestochowa
Przysucha • Lublin Mezeritch • Kiev
• Breslau Radom Polone
POLÔNIA Lutsk UCRÂNIA
SILÉSIA Leżajsk • Brody Berdychiv
GALÍCIA Medzibozh • Uman
ÁUSTRIA-HUNGRIA PODOLIA
Chernivtsi • Bratslav

• Satu Mare
TRANSILVÂNIA

N

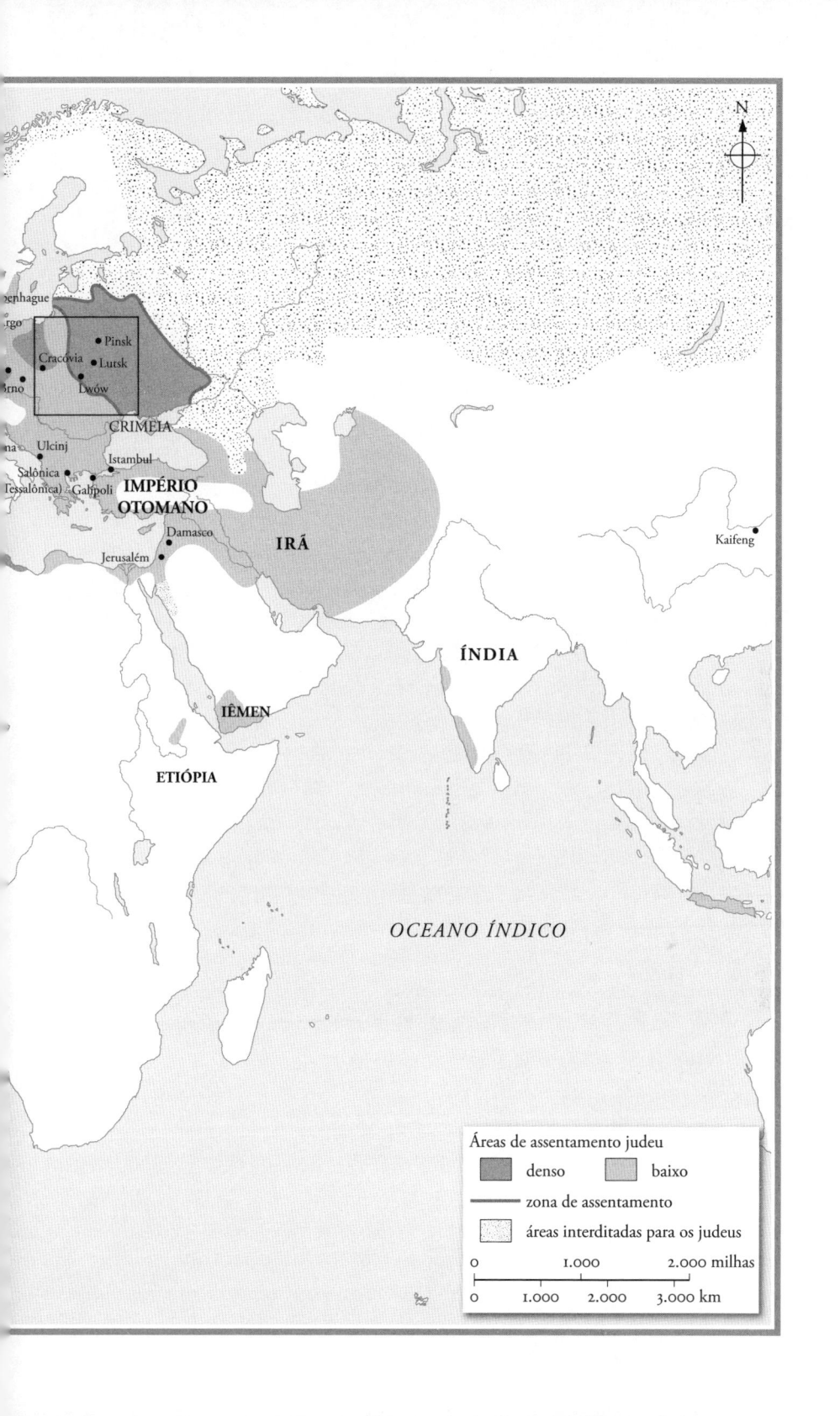

Cracóvia • Pinsk
• Lutsk
Brno • Lwów

CRIMEIA

Ulcinj
Salônica • Istambul
(Tessalônica) Galípoli

IMPÉRIO OTOMANO

Damasco

Jerusalém

IRÃ

Kaifeng •

ÍNDIA

IÊMEN

ETIÓPIA

OCEANO ÍNDICO

Áreas de assentamento judeu

■ denso   ■ baixo

— zona de assentamento

▒ áreas interditadas para os judeus

| 0 | 1.000 | 2.000 milhas |
| 0 | 1.000 | 2.000 | 3.000 km |

14
O Renascimento europeu e o Novo Mundo

No outono de 1523, um judeu que se apresentava como David Reuveni apareceu em Veneza. Com cerca de quarenta anos, ele alegava ser comandante-chefe do exército das dez tribos perdidas de Israel, e irmão de José, rei das tribos de Rúben e Gade, e da meio-tribo de Manassés. Segundo o que se apresenta como seu diário, Reuveni havia viajado pelo Oriente visitando Alexandria no Egito, Jerusalém e Safed na terra de Israel, e Damasco, antes de embarcar para a Itália. Ao chegar a Veneza, persuadiu alguns dos judeus locais a ajudá-lo em uma missão junto ao papa Clemente VII em Roma, na qual ele propôs um tratado entre as tribos perdidas de Israel e os cristãos contra os muçulmanos. Apesar do apoio do cardeal humanista Egídio de Viterbo, e de alguns judeus ricos de Roma, Reuveni obteve do papa somente uma carta para o rei de Portugal e outra para o rei da Etiópia, mas isso foi suficiente para que ele fosse recebido pelo rei de Portugal em 1525-7 com toda a solenidade de um embaixador oficial. O sucesso acarretou suspeitas, pois os judeus do país que haviam sido forçados a adotar o cristianismo consideraram a vinda dele como evidência da iminente chegada do messias, uma ideia que Reuveni não se preocupou em afastar. Quando um jovem português de família criptojudaica chamado Diego Pires se circuncidou, assumindo o nome hebraico de Salomon Molcho, Reuveni foi expulso do país. Preso na costa da Espanha, foi preso por dois anos pelo lorde de Claremont até um resgate ser pago pelos judeus de Avignon e de Carpentras. De volta a Veneza em 1530, encorajou maiores esperanças messiânicas, mas sua notoriedade também havia suscitado inimizade entre alguns dos judeus, e isso levaria à sua derrocada.

Quando Reuveni compareceu perante o imperador Carlos V no verão de 1532, foi na companhia do convertido português Salomon Molcho, que havia passado esse período de sete anos em longas viagens na parte leste do Mediterrâneo e na Itália, estudando a cabala em Salônica e buscando sinais da redenção iminente. Molcho estava convencido de que ele próprio era o messias, demonstrando sua convicção sentando-se vestido como mendigo por trinta dias em uma ponte sobre o rio Tibre, perto da residência papal, para cumprir uma das histórias encontrada no Talmude babilônico:

> R. Joshua b. Levi se encontrou com Elijah parado à entrada da tumba de R. Shimon b. Yohai. Ele lhe perguntou: "Eu tenho uma parte no mundo vindouro?". Ele respondeu: "Se este mestre assim o desejar". [...] Ele então lhe perguntou: "Quando o messias virá?" – "Vá e lhe pergunte", foi a resposta dele. "Onde ele está sentado?" – "Na entrada de Roma." "E por qual sinal posso reconhecê-lo?" – "Ele está sentado entre os pobres leprosos: todos eles desatam [seus pensos] todos ao mesmo tempo, e os tornam a atar juntos, ao passo que ele desata e torna a atar cada um separadamente, pensando, caso eu seja necessário, não posso me atrasar."

De modo notável, Molcho havia conseguido ganhar a proteção do papa, que ficou impressionado quando ele previu corretamente uma enchente em Roma e (em janeiro de 1531) um terremoto em Portugal. Até mesmo quando foi condenado pela Inquisição por judaizar, foi salvo da execução pela intervenção direta do papa. Pode ser que na época em que ele compareceu perante o imperador na companhia de Reuveni em 1532, em Ratisbona, Molcho sentisse que era intocável. Se esse foi o caso, estava enganado: mais para o fim desse ano, ele foi julgado e morreu queimado em Mântua. Reuveni foi levado acorrentado para a Espanha e acusado de incitar os cristãos-novos portugueses à conversão ao judaísmo. Morreu enquanto ainda estava na prisão, provavelmente em 1538.[1]

Os percursos dramáticos de Reuveni e de Molcho aconteceram tendo como pano de fundo as novas perspectivas que se abriam para os europeus no começo do século XVI. Na Europa cristã, a ideia de que o islã era uma ameaça para a cristandade estava firmemente estabelecida desde que os otomanos haviam conquistado Constantinopla em 1453. O controle otomano se estendeu no século XVI ao sul para a Síria, a Palestina, o Egito e o Norte da África, a oeste para a Hungria e ao leste para o Iraque e o Iêmen. Ao mesmo tempo, refugiados de Constantinopla trouxeram a cultura grega para o Ocidente latinizado e encorajaram a redescoberta do conhecimento perdido que passou a ser conhecido de modo um tanto vago como o Renascimento. Para eruditos humanistas em todas as camadas sociais da vida (incluindo cardeais como Egídio de Viterbo), parecia que se abriam possibilidades ilimitadas para um novo entendimento do mundo e de sua relação com o divino. Tais esperanças foram reforçadas pelo descobrimento e exploração dos surpreendentes recursos do Novo Mundo do outro lado do Atlântico, para onde Colombo havia viajado em 1492, ao mesmo tempo que os países da Europa estavam abalados pelas guerras de religião entre católicos e protestantes, nas quais as diferenças teológicas na interpretação das liturgias e dos credos cristãos levaram à divisão tanto entre estados quanto dentro de suas fronteiras, com um grau de violência sangrenta até então desconhecido na história da cristandade.

Os três séculos compreendidos entre 1500 e 1800 testemunharam a expansão da civilização europeia ao redor do globo como resultado da descoberta de novos mundos e de melhoramentos gerais no transporte marítimo que permitiram o crescimento de um comércio intercontinental imensamente lucrativo. Em 1500, a Europa Ocidental ainda era um local atrasado econômica e politicamente em comparação com os impérios otomano e safávida no Oriente Médio. O islã ainda estava sendo difundido no centro e no sudeste da Ásia e na África subsaariana, e a cristandade estava em grande parte confinada à Europa. Em torno de 1800, o cristianismo havia sido difundido por imperialistas europeus por toda a América e nos postos comerciais na África ocidental e no Sudeste Asiático.

As variadas formas de cristianismo levadas pelos impérios para os confins do mundo refletiam a desunião da cristandade dentro da Europa. A Europa Ocidental no século XVI foi dividida por protestos devidos às visíveis inadequações da Igreja Católica Romana. Cerca de 40% dos habitantes da Europa adotavam uma teologia reformada seguindo os passos de Lutero, Zuínglio e Calvino. A resposta da hierarquia católica foi tanto a Contrarreforma, para lidar com a parte pior dos excessos que haviam desacreditado a Igreja, quanto o auxílio militar dos governantes simpatizantes, sobretudo o imperador romano-germânico. A Paz de Vestfália em 1646, que estabeleceu por um século as políticas religiosas e de Estado na Europa – com a maior parte dos habitantes da França, da Boêmia, da Áustria e da Polônia sendo católicos, e o norte da Europa, incluindo grande parte da Alemanha, em sua maior parte protestante –, colocou fim aos mais de cem anos de contendas políticas, bem como religiosas. Dentro da Europa, apenas os cristãos ortodoxos nos esparramados territórios em expansão governados pelos czares russos permaneceram imunes a esse tumulto religioso. A própria Rússia havia se transformado, saindo de uma posição isolada como um país atrasado às margens da Europa no século XV para se tornar um poderoso agente na política europeia no fim das guerras napoleônicas em 1815, impulsionada por um rápido crescimento econômico no século XVIII e pela expansão territorial para o oeste rumo à Estônia e à Lituânia.

A emergente economia global, do comércio de peles ao norte, que demonstrou ser tão lucrativo para a Rússia, ao comércio transatlântico e importações da Índia e da China que beneficiaram a Europa Ocidental, gradualmente transferiu o equilíbrio de poder dentro da Europa a partir do fim do século XV. No mundo mediterrâneo, as cidades italianas perderam seu predomínio sob a pressão dos Habsburgo espanhóis a oeste e dos turcos otomanos a leste; no início do século XVII, turcos controlavam o Mediterrâneo oriental, deixando a Espanha com o resto. Maior poder e prosperidade foram alcançados pelas potências atlânticas, Espanha, Portugal, Inglaterra e a República das Sete Províncias Unidas dos Países Baixos, às quais a França se uniu com atraso na segunda metade do século XVII durante o reinado de Luís XIV, cuja prosperidade era simbolizada pelo vasto Palácio de Versalhes.

Era um mundo conectado, dentro do qual muitos judeus se moviam, estabelecendo novas congregações no meio das comunidades existentes e transplantando tradições locais, há muito tempo valorizadas, para outras localidades. A diáspora sefardita da Espanha e de Portugal iria se assentar não apenas nas terras ao redor do Mediterrâneo e no norte da Europa, mas nas Américas. Na Europa Oriental, a migração constante da Alemanha e da Polônia a partir do século XIII aumentaria muito durante as guerras de religião na Europa Central do século XVI e início do XVII. Os efeitos desse transplante foram variados, às vezes encorajando alguns exilados de sua terra natal a enfatizar suas diferenças em relação à sociedade judaica circunvizinha na qual eles se encontravam, outras vezes gerando uma mistura de tradições por meio de casamentos mistos e de outras formas de contato social. A primeira tendência foi vista na adoção do ídiche, um dialeto alemão, pelos judeus asquenazes na Polônia, diferenciando-os da população local. A segunda tendência, na direção de uma maior uniformidade, foi promovida pela rápida adoção por parte dos judeus europeus da impressão de livros religiosos, permitindo uma disseminação geográfica mais ampla e mais rápida das ideias religiosas que no período medieval, bem como uma comparativa democratização do estudo por meio da disponibilidade de textos para os judeus fora da elite rabínica.

O comentário de Rashi sobre o Pentateuco já estava sendo impresso em 1475, e a primeira edição impressa do Talmude babilônico foi finalizada pelo tipógrafo cristão Daniel Bomberg em Veneza em 1532, com a aprovação do papa Leão x, tornando os estudos talmúdicos mais fáceis, sobretudo com os comentários de Rashi impressos nas margens do texto talmúdico. Livros de preces impressos passaram a ser amplamente disponíveis, de modo que os líderes das preces poderiam ser repreendidos pela congregação caso se afastassem das palavras impressas nas páginas. A impressão em hebraico na primeira metade do século xvi se concentrou principalmente na Itália, onde Gershon Soncino produziu a primeira Bíblia hebraica impressa, mas havia tipografias também em Constantinopla e em Salônica, e de maneira cada vez maior ao longo do século no norte da Europa. No século xvii, o papel de Amsterdã como centro de impressão para livros encorajou uma grande produção de publicações em diversas línguas, com o intuito de fornecer para um mercado judeu de livros religiosos por toda a Europa. Menos positivo foi o papel dos censores cristãos, muitas vezes convertidos do judaísmo, no monitoramento do conteúdo das obras judaicas.[2]

Igualmente significativa como catalisadora da mudança no mundo judaico foi a expulsão dos judeus da Espanha em 1492 e de Portugal em 1497-8 pelos reis católicos Fernando e Isabel. A expulsão enviou uma grande quantidade de refugiados para o leste, para a relativa tolerância do regime otomano. Muitos se estabeleceram em Constantinopla, em Salônica e em Adrianópolis, mas outros criaram congregações em locais dispersos na Ásia Menor e na Grécia, e outros ainda foram viver no Egito e (em menor quantidade) na terra de Israel, especialmente Safed e Jerusalém. Em torno do século xvii, alguns estados na Europa protestante também ofereceram abrigo para judeus fugindo da perseguição católica, inclusive para aqueles que tinham vivido como cristãos e procuravam a liberdade para praticar sua religião abertamente. Já em torno de 1590 havia uma comunidade secreta de conversos em Amsterdã, para os quais a língua natural para o discurso religioso não era o hebraico, nem o holandês, mas sim o espanhol. Em 1605, judeus receberam permissão de construir sinagogas em Roterdã e em Haarlem, e, embora o status cívico dos judeus variasse bastante nas várias regiões dos Países Baixos, eles ficaram cada vez mais integrados à sociedade em geral.

O percurso de um rabino de Amsterdã, Manasseh b. Israel, batizado Manoel Dias Soeiro, nascido na Ilha da Madeira em 1604, em uma família que vivia como cristã, foi especialmente admirável. Levado para os Países Baixos ainda criança, suas habilidades teológicas e a notoriedade que conquistou por meio da imprensa que estabeleceu em 1626 lhe granjearam uma reputação entre os cristãos, bem como entre os judeus. Em 1655, ele negociou com Oliver Cromwell a volta dos judeus para a Inglaterra, de onde eles haviam sido banidos desde 1290. Durante a viagem de Cristóvão Colombo em 1492, o primeiro europeu a pisar o solo americano foi Luis de Torres, um ex-judeu, e conversos da Espanha e de Portugal rapidamente se estabeleceram no Novo Mundo. No Brasil, no fim do século XVII, muitas comunidades de conversos se declararam abertamente judaicas quando passaram para o controle holandês, apenas para ter de fugir da Inquisição para o norte, indo para o Caribe e a América do Norte quando as áreas brasileiras sob controle holandês foram reconquistadas pelos portugueses na década de 1650. Eles se estabeleceram basicamente em Nova Amsterdã (que posteriormente seria rebatizada Nova York). A sinagoga do Touro em Newport, Rhode Island, a mais antiga construção judaica sobrevivente nos Estados Unidos, foi dedicada em 1763, quase um século depois da chegada dos judeus de Barbados à cidade em 1677.[3]

Na Europa Oriental, a população judaica da Polônia e da Lituânia havia crescido desde o século XIII sob um sistema de proteção do Estado, em parte por meio da autoridade concedida para os conselhos judaicos locais, que encorajaram a migração da Alemanha para o leste e o assentamento em cidadezinhas na Ucrânia. Já em 1264, uma carta patente geral conhecida como o Estatuto de Kalisz havia dado aos judeus da Polônia amplos direitos legais, incluindo a jurisdição das questões judaicas por cortes judaicas. Como resultado, a população judaica se expandiu muito a partir dos últimos 25 anos do século XVI sob o patrocínio da nobreza polaco-lituana, de modo que, no início do século XVII, a Polônia e a Lituânia haviam se tornado os maiores centros da cultura asquenaze. Esse predomínio diminuiu, mas não acabou, com a destruição de centenas de comunidades judaicas nos levantes cossacos e revoltas camponesas contra o governo polonês na Ucrânia liderados em 1648-9 por Bogdan Chmielnicki.

Os massacres de Chmielnicki suscitaram uma vasta quantidade de poemas litúrgicos e de lamentos e um êxodo de refugiados judeus de volta ao oeste rumo aos Países Baixos, onde uma população asquenaze de formação social e perspectiva cultural muito diferente, tendo o ídiche como sua primeira língua judaica, se estabeleceu junto da comunidade sefardita de Portugal e da Espanha. Os refugiados da Ucrânia que foram parar em pequenos estados na Alemanha trouxeram uma intensa vida religiosa para as comunidades nas quais eles se estabeleceram. Judeus comuns desfrutavam de um relacionamento complexo com os judeus da corte que ofereciam serviços comerciais e financeiros para os príncipes autocráticos por todo o Sacro Império Romano Germânico e estados adjacentes, como a Polônia e a Dinamarca. A atuação de muitos desses *Hofjuden* no ambiente da corte onde eles agiam auxiliou suas comunidades. Por exemplo, Samuel Oppenheimer, fornecedor de suprimentos militares para o exército do imperador austríaco no fim do século XVII, foi um notável benfeitor de inúmeras sinagogas e academias e exerceu imensa influência dentro da comunidade judaica, apesar de sua própria falta de instrução.[4]

As diferentes tendências dentro da vida judaica se encontraram durante esse período de um modo particularmente espetacular na Itália, onde as comunidades judaicas haviam florescido nos séculos XIV e XV por meio de empréstimos financeiros em pequena escala para financiar a expansão geral da economia local, geralmente mantendo sua posição civil apesar da hostilidade ocasional de certos frades. Quando os judeus foram exilados da Espanha em março de 1492, tanto a Sicília quanto a Sardenha se encontravam sob o controle da Coroa de Aragão; e em 1503 o Reino de Nápoles também passou para o controle espanhol e expulsou a maior parte de seus judeus. Na Itália central e do norte, por outro lado, os papas e as cidades-Estado, principalmente os Medici em Florença, acolheram os refugiados durante a primeira metade do século XVI. Porém, a acolhida não durou muito. Como parte da luta da Contrarreforma, o papa começou a impor restrições aos judeus e, em 1553, o papa Júlio III ordenou a queima de todas as cópias do Talmude na Itália com a justificativa de que a obra era uma blasfêmia contra a cristandade.

A partir de 14 de julho de 1555, judeus foram obrigados pelo papa Paulo IV a se recolher em guetos durante a noite. O gueto original havia sido estabelecido em Veneza em 1516 em um bairro perto de uma fundição (*ghetto*) que foi declarado pelas autoridades como a única área da cidade onde os judeus tinham permissão de se estabelecer. No fim do século XVI, a maior parte das cidades na Itália tinha esses bairros judeus, geralmente fechados à noite. Às vezes (como em Roma), eles eram superlotados e insalubres, mas em outros casos o gueto se tornou um centro para uma intensa atividade cultural judaica encorajada pela mistura de diferentes tipos de judeus em um espaço limitado. Em Veneza, por exemplo, junto com a comunidade italiana que remontava pelo menos ao século XI, havia comunidades do Levante e da Alemanha, bem como os recém-chegados da península Ibérica. Os judeus do Levante e do Ocidente, em especial, desfrutaram de certa proteção da República de Veneza, apesar de ocasionais ordens de expulsão sob pressão da Inquisição, por causa de suas conexões com comunidades judaicas ultramarinas e o papel delas no encorajamento do comércio.[5]

Se o isolamento social imposto aos judeus italianos não os afastou completamente do fermento intelectual do Renascimento, isso ocorreu em grande parte por causa do fascínio dos humanistas eruditos cristãos em obter conhecimento de antigas tradições hebraicas para colocar ao lado da nova erudição grega que estivera se desvelando para eles desde 1453. A procura pelo conhecimento hebraico foi estimulada especificamente pela esperança de Pico della Mirandola e de outros cristãos no fim do século XV de que seria possível desvendar os segredos da cabala, que Pico considerava que provava a divindade de Cristo. A alegação estimulou o humanista alemão Johannes Reuchlin a publicar em 1494 o primeiro livro em latim sobre a cabala e, em 1517, um tratado completo, *On the Art of the Kabbalah* [Da arte da cabala], que tentava demonstrar as origens do neoplatonismo e da cabala nas mesmas doutrinas místicas por meio das quais o nome de Jesus (na idiossincrática ortografia hebraica defendida por Reuchlin, o Tetragrama, com a adição da letra *shin*, significando o *lógos*) havia sido revelado. A motivação desses cristãos cabalistas não era sempre simpática para com o judaísmo tradicional. Pelo contrário, eles contrastavam a cabala como o verdadeiro judaísmo com os adulterados ensinamentos do Talmude. Parte do objetivo deles era o de usar a cabala como uma arma em um desafio ao rígido escolasticismo cristão.

Nos primeiros anos, grande parte desse ensinamento cabalístico tinha sua origem em traduções do hebraico para o latim, feitas por convertidos ao cristianismo, mas alguns humanistas cristãos também foram envolvidos em discussões e debates com judeus que permaneciam fiéis às suas tradições. Em 1571, um médico judeu chamado Azariah de' Rossi, que estava em Ferrara por ocasião de um terrível terremoto e procurara abrigo nos campos que rodeavam a cidade, se encontrou com um erudito cristão que o interrogou a respeito do verdadeiro sentido de uma passagem na Carta de Aristeias, que o cristão supunha (erroneamente) ter existido em hebraico assim como em grego. Segundo De' Rossi, os resultados foram surpreendentes:

> Durante esse período assustador em que, como disse, fui forçado a abandonar as ruínas de meu lar e me abrigar onde quer que eu pudesse, meu destino me colocou entre muitas pessoas pacíficas ao sul do rio Po. Um de nossos vizinhos, um erudito cristão, para passar o tempo e afastar seus pensamentos do angustiante terremoto, estava se distraindo lendo o livro que eu havia começado a discutir com ele, o qual relaciona a história da tradução de nossa Torá. Foi nessa época que ele veio me saudar e então me perguntou se por meio da versão hebraica (pois ele achava que nós, judeus, tivéssemos o livro) eu poderia esclarecer e elucidar algumas das passagens que ele considerava obscuras em latim, uma língua com a qual ele estivera familiarizado por muito tempo. Quando informei para ele que nós não possuíamos tal livro, ele ficou profundamente espantado com o fato de tal glória poder ter se afastado de Israel, que mereceria alcançar grande prestígio por causa dela [...].⁶

De' Rossi, um erudito surpreendentemente talentoso e independente, traduziu a Carta de Aristeias para o hebraico. Com o devido tempo, essa tradução passou a ser parte da obra maior dele, *The Light of the Eyes* [A luz dos olhos], publicada por ele em Mântua em 1574, apenas poucos anos antes de sua morte. Ela passou a ser parte de um impressionante estudo da história, da cronologia, da poesia e da cultura judaica, que utilizava uma vasta gama de escritores clássicos, tanto em latim (que ele dominava) quanto em grego (para o qual ele usava traduções latinas e italianas).

Particularmente interessante para De' Rossi eram os escritos judaicos em grego do período helenista, que haviam sido esquecidos na tradição rabínica. Ele se dedicou a um profundo estudo de Fílon (a quem ele chamava, em hebraico, de Yedidiah ha-Alexandroni) e à demonstração de que a história hebraica de Yosippon constituía, na verdade, uma paráfrase não confiável do texto grego de Josefo, conforme preservado pela Igreja. De acordo com o espírito investigativo de erudição humanista, De' Rossi usou evidências de quaisquer fontes que ele conseguisse encontrar, incluindo escritos sobre história judaica do historiador da Igreja do século IV, Eusébio, e outros antigos escritos cristãos. Chegou até a usar a teologia de Tomás de Aquino e de outros teólogos medievais cristãos e o cabalista cristão Pico della Mirandola, cujos métodos de pesquisa ele admirava.

Uma abordagem crítica das histórias do Talmude não era por si só uma novidade no pensamento judaico, mas o uso que De' Rossi fez de fontes não judaicas para esse propósito o era, e a publicação de *The Light of the Eyes* provocou muitos protestos. O problema não se encontrava nos ensinamentos religiosos de De' Rossi, que estavam de acordo (assim como seu comportamento pessoal) com as normas de devoção rabínica. Mais problemática era a implicação de sua pesquisa acadêmica de que a sabedoria externa à tradição rabínica poderia ser usada não apenas para ampliar e elucidar essa tradição à moda dos filósofos medievais judeus em seu uso de escritos islâmicos, mas, de modo muito mais fundamental, desafiar essa tradição. Em 1574, os rabinos de Veneza proclamaram banimento contra qualquer pessoa que usasse o livro sem permissão especial deles, e banimentos semelhantes foram preparados não apenas em muitas partes da Itália, mas também em Safed, na Palestina. Judah Loew, o maharal de Praga, dedicou uma grande parte de seu livro *Be'er-haGolah*, publicado em 1598, a um ataque direto aos ensinamentos de De' Rossi, embora estivesse escrevendo cerca de vinte anos após a morte deste. Por cerca de um século, o trabalho de De' Rossi era lido apenas de modo furtivo – até em Mântua, onde o livro foi impresso, ele só era permitido para quem tivesse mais de 25 anos, considerado capaz de lidar com os potenciais perigos de suas doutrinas. Em muitos aspectos, De' Rossi havia caminhado com cuidado, evitando qualquer crítica à Bíblia e se limitando a questões técnicas acadêmicas como a cronologia da história judaica antiga, utilizando uma abordagem para o texto sagrado parecida com a dos eruditos cristãos contemporâneos no Renascimento. A força da oposição que ele suscitou é um testemunho da consciência de seus contemporâneos de que mostrar desse modo os ensinamentos habituais ao escrutínio em relação a autoridades literárias externas poderia demonstrar ser muito perigoso para os que estivessem envolvidos na preservação da integridade da tradição.[7]

Apesar de sua grande fama, De' Rossi nunca alcançou um posto rabínico e propagou suas ideias, essencialmente, como uma figura solitária – até mesmo alguns de seus amigos mais íntimos o abandonaram quando se defrontaram com a força da oposição que ele havia provocado e a sua atitude aparentemente não cerimoniosa em relação às tradições estabelecidas. Porém, outros tiveram mais êxito ao infundir aspectos do Renascimento no perfil intelectual dos judeus italianos. Em 1587, menos de dez anos depois da morte de De' Rossi, e no auge da controvérsia sobre os escritos dele, Judah b. Joseph Moscato, já por quase vinte anos o pregador oficial nas sinagogas da comunidade de Mântua onde De' Rossi vivera e publicara seu livro, foi nomeado o principal rabino de lá.

Uma série de 52 sermões pregados em Mântua e publicados em Veneza em 1589, a obra de Moscato, *Nefutsot Yehudah*, revelou um professor totalmente dedicado à estética da retórica renascentista. Em seu *Kol Yehudah* (1594), um comentário sobre o *Kuzari* de Judah Halevi, Moscato defendeu tanto os seguidores medievais do neoplatonismo quanto, de modo mais controverso, Fílon. Assim como De' Rossi, Moscato citava Pico della Mirandola com aprovação:

> Primeiro Deus emanou um intelecto criado como um efeito, unitário e perfeito; Ele o dotou com os padrões de todas as coisas. [...] Na emanação desse efeito, Deus não apenas criou todas as coisas, mas Ele as criou da maneira mais perfeita. Esse seu intelecto havia sido chamado pelos adeptos do platonismo e outros antigos filósofos de "filho de Deus", conforme foi registrado pelo sábio Pico della Mirandola em um curto ensaio que escreveu sobre o celestial e divino amor.

O "filho de Deus" a que Moscato se refere é o *lógos* que Fílon postulava como o elo entre o humano e o divino. Essa combinação de erudição moderna com tradição medieval filosófica judaica, incluindo referências ocasionais a expressões italianas e ideias contemporâneas sobre música e astronomia, uma coloração mística proporcionada por citações frequentes (normalmente não atribuídas) ao *Zohar*, e um enfoque geral para agradar sua audiência por meio das qualidades estéticas de seu sermão (tanto no conteúdo quanto na expressão oral), estabeleceu entre os judeus italianos a ideia de que uma homilia deveria ser uma obra de arte.[8]

Sabemos que os sermões de Moscato atraíram uma audiência não judaica, e é possível que ele pregasse em italiano, bem como em hebraico. É certo que no século seguinte o pregador veneziano dissidente Leone Modena escreveu em italiano com a mesma facilidade com que escrevia em hebraico, e que mantinha um relacionamento muito próximo com um grande círculo de eruditos cristãos, publicando, entre outras obras, um relato dos costumes judaicos (*Historia de' riti Ebraici*) para o embaixador inglês em Veneza presentear o rei Jaime I. Segundo a autobiografia de Leone Modena, entre as inúmeras ocupações a que ele se dedicava para sustentar seu vício em apostas se encontrava a de músico. Ele se tornou *maestro di cappella* da academia musical estabelecida no gueto em Veneza, na década de 1630, e desempenhou papel ativo no encorajamento do uso no culto da sinagoga da música composta por seu amigo Salomone de' Rossi, que introduziu o estilo de Palestrina com base no contraponto na liturgia judaica. Leone Modena alegava, em sua introdução aos arranjos de De' Rossi dos textos hebraicos para os festivais, que eles haviam recriado a música do Templo. Porém, a música refletia de modo mais óbvio a adoção de aspectos da liturgia cristã, tanto quanto a arquitetura da sinagoga imitava o estilo local, por exemplo, na sinagoga barroca espanhola em Veneza, originalmente construída no século XVI, mas reestruturada na metade do século XVII pelo arquiteto da igreja de Santa Maria della Salute, e o estilo huguenote da sinagoga em Bevis Marks, em Londres, construída pelas comunidades judaicas espanhola e portuguesa em 1702.[9]

Muitas comunidades judaicas no mundo cristão também adotaram artes e artefatos contemporâneos para o aprimoramento da prática religiosa doméstica. Em relação às sinagogas, grande atenção era dedicada aos ornamentos colocados no alto das hastes que contêm as duas pontas do rolo da lei enquanto o rolo é carregado em procissão. Tais ornamentos (*rimmonim*) com frequência eram exemplos muito refinados de um elaborado trabalho em metal. A mais antiga cortina bordada que chegou até nós, e é usada por uma comunidade para cobrir a arca da Torá na qual os rolos são guardados, foi feita na Itália no século XVI. O costume de encomendar tais brocados para a arca e os envoltórios bordados para os próprios rolos era disseminado, com frequência proporcionando um meio para que mulheres hábeis nos trabalhos manuais expressassem sua devoção em um espaço público e também encorajando em algumas comunidades o desenvolvimento de bordado artístico como uma forma de arte distinta adotada por artesãos judeus especializados.

Para os rituais em casa, os judeus consideravam uma marca de devoção, definida como "glorificação do dever religioso" (*hiddur mitzvah*), utilizar taças *kiddush*, lamparinas e caixas de especiarias de metal finamente trabalhado para celebrar o Shabat, e pratos especiais para o Sêder de Pessach. Eles eram normalmente, mas nem sempre, concebidos e feitos por artesãos judeus. Para as imagens usadas como ilustração dos livros, então muito mais disseminadas que no período medieval por causa da adoção da imprensa, a influência cristã é flagrante (por exemplo) na reutilização em textos judaicos de entalhes de madeira originalmente concebidos para outros propósitos. Judeus fora das terras islâmicas parecem não ter se preocupado com representações da figura humana até mesmo em manuscritos produzidos para fins religiosos. Portanto, era comum representar a história do Livro de Ester em rolos usados para a celebração do Purim, e contratos de casamento (*ketubot*) extremamente elaborados eram com frequência decorados com as belas ilustrações de cenas de casamento, às vezes intensamente copiadas por meio de gravuras.

É significativo que em Londres a arquitetura de Bevis Marks tenha sido a dos cristãos não conformistas, já que os judeus às vezes se identificavam em termos sociais com as minorias dentro de uma cultura cristã dividida. Nos domínios dos Habsburgo, os judeus tinham o cuidado de demonstrar que eram leais ao regime católico, mas, quando a Igreja Católica se fragmentou com as contestações à sua interpretação da Bíblia, o judaísmo foi visto por alguns protestantes, incluindo humanistas cristãos tais como Reuchlin e Erasmo, e pelos líderes da Reforma dentro da Igreja, como um repositório de uma verdade escritural mais antiga. A "batalha dos livros" de 1507 a 1521 entre Reuchlin e Johannes Pfefferkorn, um judeu que havia se convertido ao cristianismo em *c.* 1504 em Colônia, colocou as atitudes em relação ao Talmude no centro da controvérsia entre correntes reacionárias e liberais dentro da Igreja Católica. Pfefferkorn, instruído pelos dominicanos de Colônia, atacou o Talmude e exigiu que o imperador Maximiliano autorizasse o confisco de todos os livros judaicos com exceção da Bíblia. Quando ele recebeu a oposição de Reuchlin, os dois lados se empenharam em uma guerra panfletária de acrimônia extraordinária e uma grande dose de insultos pessoais de ambos os lados. Não foi por acaso que as teses de Martinho Lutero foram postadas em Wittenberg, em 1517, no ponto máximo da controvérsia, na qual o obscurantismo de elementos na Igreja tinha sido revelado de modo tão eficaz pelos seguidores de Reuchlin, que incluíam muitos dos principais humanistas da época. Tanto Reuchlin (que interveio para ajudar os judeus de Pforzheim) quanto Lutero originalmente condenaram a perseguição aos judeus, bem como o confisco de literatura rabínica. Porém, a partir de meados de 1520, Lutero ficou mais hostil aos judeus contemporâneos, já que eles não aceitaram o cristianismo mesmo quando apresentado em sua forma mais elevada, e, nos três anos anteriores à sua morte em 1546, publicou uma série de panfletos, começando com *Sobre os judeus e suas mentiras*, em 1543, que insistia para que eles fossem banidos ou mantidos em sujeição. No fim das contas, a Igreja Luterana fundada por ele sentia uma aversão tão grande pelo judaísmo quanto o catolicismo do qual ele havia se afastado. O antagonismo de Lutero pode ter sido influenciado por seu desejo de opor a conversão ao judaísmo entre seitas protestantes como os sabatianos, aos quais ele condenava claramente.[10]

O contemporâneo mais jovem de Lutero, João Calvino, criticava os judeus tanto quanto Lutero, mas tinha pouco contato com judeus no Estado teocrático instituído por ele em Genebra na década de 1540, já que os judeus haviam sido expulsos da cidade em 1490. O entusiasmo dele pela lei do Velho Testamento iria encorajar entre seus seguidores e sucessores uma devoção à erudição hebraica pelo entendimento da Bíblia e uma inclinação cada vez maior de permitir aos judeus que também se voltassem para a escritura para buscar a iluminação à maneira deles. Desse modo, na Holanda calvinista, em 1619 os judeus tiveram permissão de se estabelecer com total liberdade religiosa, desde que se comportassem como uma comunidade religiosa assim como os próprios calvinistas, e acreditassem, por exemplo, que "existe vida após a morte, na qual as boas pessoas recebem sua recompensa e as más, sua punição". É provável que a punição de Espinoza pela comunidade judaica de Amsterdã por causa do ataque dele à origem divina da escritura (ver a seguir) tenha sido induzida pela preocupação tanto com a reação de calvinistas locais quanto pela ameaça aos próprios judeus.[11]

Algumas correntes dentro do cristianismo, por exemplo, o impulso milenarista que cativou grande parte da Europa protestante na metade do século XVII, exerceram influência direta sobre a vida judaica, incluindo, provavelmente, o entusiasmo de Cromwell pelo retorno dos judeus à Inglaterra na década de 1650. Mais tênue, não obstante verdadeiro, foi o impacto da ideologia cristã sobre o pensamento judaico, mas, como veremos, parece implausível imaginar que o entusiasmo mostrado pelos seguidores de Sabbatai Zevi não tivesse nenhuma conexão com os movimentos semelhantes no mundo cristão, tais como as expectativas milenaristas dos Homens da Quinta Monarquia na Inglaterra no regime de Cromwell. A influência mais direta de ideias cristãs se deu por meio dos conversos que importaram as pressuposições de sua educação ibérica cristã quando retornaram ao judaísmo: para os judeus de Curaçau, por exemplo, os laços de sangue – a *famiya* – eram a influência mais forte em sua vida religiosa durante toda a história da comunidade. Conversos eram judeus pouco comuns, principalmente por terem determinado sua própria identidade religiosa. Em muitos casos, eles se ajustaram com dificuldade às tradicionais práticas judaicas, como as minúcias das leis da alimentação, que eles consideravam tão difíceis de engolir quanto o catolicismo que haviam rejeitado, preferindo levar uma vida secular ou até oscilar entre judaísmo e cristianismo, conforme a conveniência.[12]

A versão do judaísmo adotada por um desses conversos portugueses em Amsterdã no século XVII, Uriel da Costa, não teve bons resultados. Nascido em Portugal em uma família de marranos (ou seja, criptojudaicos), Costa ficou cético quanto às doutrinas cristãs após ler a Bíblia hebraica e fugiu para Amsterdã, só para descobrir que o judaísmo a que ele havia se convertido não era o que esperava. Conforme explicou em sua autobiografia, suas tentativas de debilitar a tradição rabínica (por ser não bíblica), e especialmente as doutrinas da imortalidade e da ressurreição, levaram à sua excomunhão em 1624 pelas alarmadas autoridades judaicas:

> Observei que os costumes e as cerimônias dos judeus modernos eram muito diferentes daquelas determinadas por Moisés. Ora, se a lei deve ser observada literalmente, assim como está expressamente declarado, os intérpretes judaicos não estão justificados ao acrescentar a ela interpretações muito contrárias ao texto original. Isso me levou a me opor abertamente a eles. Não, eu considerei a defesa manifesta da lei contra tais inovações como um serviço a Deus. Os rabinos modernos, assim como seus ancestrais, são uma raça de homens obstinados e persistentes. [...] A situação me levou a escrever um tratado em minha defesa e a provar claramente com base na lei de Moisés a vaidade e a invalidade da tradição e das cerimônias dos fariseus, bem como o conflito deles com a lei. Depois de ter começado esse trabalho (pois me considero obrigado a relatar tudo de modo claro e circunstancial), aconteceu que concordei totalmente com a opinião daqueles que limitam as recompensas e as punições propostas no Velho Testamento apenas para esta vida e pouco se relacionam com a vida futura ou a imortalidade da alma. [...] O passo seguinte que eles deram foi o de colocar os filhos deles contra minha pessoa nas ruas. Eles me insultavam *en masse* enquanto eu caminhava, me insultando e me injuriando. Eles gritavam: "Lá vai um herético, lá vai um impostor". Em outras ocasiões, eles se reuniam na frente da minha porta, jogavam pedras nas janelas e faziam todo o possível para me perturbar e me aborrecer de modo que eu não podia viver em paz em minha própria casa.

Essa história de violência e intimidação é ainda mais espantosa por acontecer em uma cidade que havia celebrado um crescimento financeiro extraordinariamente rápido desde o começo do século ao adotar a liberdade como forma de encorajar grupos minoritários, tais como os menonitas, os muçulmanos e mesmo os judeus, para fortalecer os negócios. Em Amsterdã, judeus sefarditas podiam empregar a fortuna que haviam feito por meio do comércio com seus homólogos sefarditas nos mercados públicos do Norte da África, ou do outro lado do Atlântico em locais como Curaçau, na construção de casas particulares magníficas e (em 1675) de uma estupenda sinagoga no coração da cidade cristã. Amsterdã abrigava inúmeras tipografias e um florescente comércio de livros. Mas mesmo lá, em um local de incomparável autoconfiança, prosperidade e liberdade, Uriel da Costa não podia seguir seu raciocínio até o ponto em que este o encorajava a ir. Ele retrocedeu, mas no devido tempo reverteu à sua oposição aos rabinos, alegando ser um deísta que obedecia às leis naturais – uma posição que ele justificou em sua biografia, composta pouco antes de cometer suicídio em 1640.[13]

Igualmente ineficaz no desenvolvimento do judaísmo em seu próprio tempo, apesar de sua importância na história mais abrangente do pensamento europeu como precursor do Iluminismo que iria avançar pela Europa Ocidental no século seguinte, bem como nas apropriações judaicas posteriores de sua imagem como o "primeiro judeu moderno", foi o contemporâneo bem mais jovem de Uriel da Costa, Baruch Espinoza. Tendo oito anos quando Costa morreu, Espinoza provinha de uma família de marranos portugueses estabelecida em Amsterdã. Recebeu educação tradicional judaica na comunidade espanhola e portuguesa, adquirindo um notável conhecimento da Bíblia e da língua hebraica. Em contraste com Costa, Espinoza provinha de uma rica família de mercadores e de qualquer modo poderia se sustentar com o polimento de lentes (uma ocupação que deve ter contribuído para sua morte, por tuberculose, em 1677, aos 45 anos). Em seu *Tratado teológico-político*, Espinoza desenvolveu uma crítica não apenas do judaísmo, mas de toda a religião sobrenatural, insistindo que tudo deveria ser julgado de acordo com a razão, e que os milagres, portanto, não eram possíveis. Acusado por seus inimigos de ateísmo, Espinoza na verdade alegava que a natureza é governada pelos decretos necessários e eternos de Deus. Em sua *Ética*, concluiu que tudo no mundo é, na verdade, um aspecto de Deus, uma forma de panteísmo que negava qualquer possibilidade de conhecimento revelador e debilitava os ingredientes básicos das cosmologias, tanto a judaica quanto a cristã. Nesse aspecto, o estudo da Bíblia também tem de usar os mesmos instrumentos científicos de análise empregados para compreender a natureza. Excomungado por sua própria comunidade em Amsterdã aos 24 anos após ter negado que o Pentateuco pudesse ter sido escrito por Moisés, Espinoza viveu, tanto quanto possível, uma vida tranquila de contemplação em Haia, longe das questões públicas, apesar dos frequentes ataques à sua pessoa de todos os lados do cristianismo, bem como do judaísmo, por seus famosos textos. No fim da vida, a maior parte de seus amigos era composta por cristãos, embora ele próprio sentisse aversão pela perspectiva de se converter ao cristianismo e conseguisse, de modo pouco comum em sua época, evitar pertencer a qualquer grupo religioso.[14]

A pressão para se conformar era, em geral, menor para os judeus que viviam no Império Otomano. Mais impressionante foi o percurso de dom Joseph Nasi, nascido em uma rica família marrana em Portugal em *c.* 1524, que partiu de Lisboa para Antuérpia quando era jovem, em 1537, e depois de muitas viagens pela Europa finalmente desenvolveu, em Constantinopla, um relacionamento próximo com o sultão Selim III, que subiu ao trono em 1566. Titulado duque da ilha de Naxos, Joseph e Gracia Nasi, sua tia igualmente poderosa, obtiveram concessões na Palestina, restaurando as muralhas da cidade de Tiberíades e escrevendo para os judeus da Itália, convidando-os para que se estabelecessem por lá. Porém, tal tolerância nunca poderia ser garantida, e, algumas décadas mais tarde, porém mais a leste, na Pérsia, o xá Abbas I, o primeiro reinante muçulmano na Pérsia a mostrar algum interesse pela Bíblia hebraica, se voltou contra os seus súditos judeus por razões que agora são difíceis de descobrir, e forçou os judeus da capital Isfahan a aceitar o islamismo. Eles retornaram abertamente à sua religião ancestral quando Abbas morreu em 1629, mas a conversão ao islã foi obrigatória novamente em 1656, da parte de Abbas II, com a imposição extra sobre os judeus de promessas para romper com seu passado judaico e uma designação como "novos muçulmanos" (*Jedid al-Islam*) que, na verdade, reconhecia a contínua devoção secreta deles às práticas judaicas.[15]

A dispersão de comunidades judaicas para locais isolados como o Caribe e a presença em alguns centros (como Istambul, Veneza e Amsterdã) de comunidades judaicas com diferentes origens, liturgias e costumes inevitavelmente criavam problemas de autoridade religiosa, os quais eram apenas parcialmente contrabalançados pelo crescimento de poderosas organizações comunais judaicas laicas como o Council of the Four Lands [Conselho dos Quatro Países] que administrava uma grande federação de comunidades locais e regionais judaicas na Europa Oriental. Quanto mais elaboradas, complexas e poderosas essas organizações passaram a ser, menos poder se encontrava nas mãos dos rabinos, principalmente na Europa Ocidental.[16]

No início do século XVI, o trabalho de um rabino local havia se transformado em uma profissão, empregado pela comunidade para desempenhar tarefas regulamentares, desde decidir casos legais e lidar com casamentos e divórcios até a pregação na sinagoga, dar aulas sobre a Mishná para qualquer judeu local interessado todos os dias depois das preces matutinas na sinagoga, e ensinar o Talmude para os alunos da *yeshivah* em um nível mais avançado. A nomeação continuava a ser por um período específico. As congregações asquenazes valorizavam muito os serviços de um precentor capaz de liderar as preces com uma voz agradável e talento musical, independentemente de seu posicionamento moral ou religioso, muito menos do seu grau de conhecimento rabínico; e, embora alguns rabinos cumprissem essa função de modo adequado, ela era frequentemente deixada nas mãos de outro profissional. Os rabinos sefarditas provavelmente seriam mais solicitados a desempenhar toda a gama de deveres religiosos exigidos para o funcionamento tranquilo da congregação.

Todo o sistema rabínico pressupunha uma comunidade essencialmente obediente e conformista, de modo que eram inconcebíveis os desafios religiosos às autoridades rabínicas partindo de dentro da própria comunidade, e as comunidades eram, portanto, despreparadas para tais desafios quando eles aconteciam, como vimos nos casos de Costa e de Espinoza em Amsterdã. Essa conformidade geral é ainda mais notável em cidades onde as comunidades eram mistas, como Veneza, onde judeus de diferentes tradições viviam com tolerância uns com os outros. Se um rabino local tivesse de temer alguma coisa, seria a possibilidade de que seu contrato não pudesse ser renovado no fim do período pelos ricos líderes laicos, aos quais o controle das finanças da congregação na prática dava uma considerável influência, ainda que na teoria eles se submetessem nas questões religiosas ao conhecimento e à devoção do rabino. Um rabino poderia ser sujeito à aprovação de um conselho de sábios, se eles fossem solicitados a controlar o comportamento ou os ensinamentos dele, mas na maior parte do mundo judaico as opiniões de tais conselhos não exerciam autoridade além da estatura moral dos rabinos participantes.

Na primeira metade do século XVI, uma tentativa foi feita por Yaakov Berab, um erudito talmúdico originariamente da Espanha, que havia se estabelecido em Safed depois de passar períodos como rabino em Fez e no Egito, de reintroduzir a *semikhah*, a ordenação rabínica, com a mesma autoridade que se acreditava ter tido na Palestina na época dos *amoraim* mil anos antes (capítulo 11). De acordo com o Talmude babilônico, a ordenação poderia ser feita apenas na terra de Israel e somente por aqueles que haviam sido eles mesmos ordenados. Maimônides havia considerado que essa regra significava que, como a cadeia havia sido rompida desde o fim do século IV, tal ordenação poderia ser revivida apenas pelo acordo unânime de todos os rabinos reunidos na terra de Israel. Em 1538, Berab declarou que essa condição havia sido então cumprida, e que o povo judaico seria reunido sob uma autoridade espiritual, desse modo apressando a redenção de Israel. O primeiro rabino a ser ordenado desse modo, com o apoio de 25 rabinos em Safed, foi o próprio Berab. Ele, por sua vez, ordenou quatro outros, incluindo seu antigo aluno, o cabalista Yosef Karo, sobre cujo código da lei judaica falaremos no capítulo seguinte. Porém, essa tentativa de impor unidade acabou, ironicamente, em profunda acrimônia. Ela suscitou a oposição veemente de R. Levi ibn Habib de Jerusalém, que não havia sido consultado por seus colegas em Safed e escreveu um tratado completo para provar a ilegalidade das ações de Berab. Este havia esperado que, no devido tempo, os efeitos práticos da ordenação restaurada levassem ao restabelecimento de um Sinédrio que poderia impor multas e exigir a flagelação pelos pecados, mas seus oponentes temeram que tal inovação fosse suscitar falsas esperanças messiânicas, e que seria melhor aguardar a iniciativa divina para que o Sinédrio fosse restabelecido. A oposição prevaleceu e, após a morte de Berab em 1541, o processo de ordenação que ele havia iniciado gradualmente desapareceu.[17]

Já que a autoridade de um rabino dependia basicamente das opiniões sobre a sua sabedoria e o seu conhecimento, a influência religiosa rabínica era com frequência compartilhada com outros professores menos eruditos. Um pregador popular (*maggid*), de modo característico, era nomeado juntamente com um rabino pelas comunidades russas e polonesas a partir do século XVII para a instrução da congregação e poderia exercer um efeito mais direto sobre a vida espiritual dos judeus do que até o mais erudito dos sábios rabínicos, como transparece nos relatos de suas pregações preservados por Judah Leib Pukhovitser na Polônia na segunda metade do século XVII:

> Era nosso costume pregar palavras de reprimenda ética a cada dia, e por meio delas encorajar a humildade. Todo Shabat eu pregaria uma nova interpretação da Torá referente à lição semanal, baseada principalmente nas narrativas nas obras de Alsheikh e naquelas no *Sefer haGilgulim* atribuídas ao Ari. [...] A isso se seguia o conteúdo ético do *Zohar* e outros escritos éticos. [...] Também era nosso costume admoestar em relação a algumas das leis que são negligenciadas, de acordo com a declaração talmúdica. [...] É necessário designar em cada comunidade judaica um grande erudito, de mais idade, um que tenha temido a Deus desde a juventude, para censurar as massas e apontar o caminho por meio do arrependimento. [...] Esse erudito também tem de se esforçar para conhecer os pecados das pessoas em sua comunidade, mesmo que eles não sejam aparentes. [...]

Pregar o arrependimento era parte integrante do serviço.[18]

Para uma proporção cada vez maior de judeus no início da era moderna, a instrução religiosa poderia vir através da leitura pessoal. *Ts'enah uReenah*, uma popular miscelânea ídiche escrita na década de 1590 na Polônia, contendo uma paráfrase das leituras da Torá na sinagoga e as *haftaroth* (leituras dos Profetas em seguida às leituras da Torá na liturgia da sinagoga), combinada com lendas, homilias e seleções dos comentários bíblicos do Rashi e de outros, foi reimpressa inúmeras vezes durante o século XVII, tornando acessível para aquelas pessoas com conhecimento insuficiente de hebraico uma visão dos principais ensinamentos do judaísmo. O livro se tornou uma leitura padrão para mulheres judaicas devotas durante os séculos seguintes, com centenas de reimpressões. Havia também inúmeras impressões do fim do século XVI de *tehinnus* (uma palavra ídiche derivada do hebraico *tehinnot*, "súplicas"), orações piedosas, com frequência com conteúdo místico, escritas em ídiche e que deveriam ser recitadas de modo voluntário e em particular, basicamente por mulheres. Também amplamente disponíveis eram as antologias dirigidas especificamente para o que era visto como os deveres das mulheres, tais como acender as luzes do Shabat, tirar a porção do chalá da massa, observar as leis da pureza menstrual, da gravidez, do parto e das visitas aos cemitérios, a observância dos festivais, e o fabrico de velas para a sinagoga. Muitos desses livros eram escritos por filhas de rabinos, como Serl, filha do pregador Yaakov

b. Wolf Kranz, o famoso "*maggid* de Dubno", protegido pelo grande *gaon* de Vilna, cuja autoridade será discutida no capítulo seguinte.

Homens asquenazes frequentemente liam o *Ts'enah u-Reenah*, apesar de fingir desprezá-lo como sendo literatura para mulheres. Entre os sefarditas na Europa Ocidental e nos países do Mediterrâneo, *Me'am Loez*, um comentário judaico-espanhol sobre a Bíblia, desempenhou em séculos posteriores um papel semelhante na popularização das ideias religiosas para ambos os sexos. Iniciado por Yaakov Culi em Constantinopla nas primeiras décadas do século XVIII, *Me'am Loez* é um amálgama de *Halacha*, *midrash* e cabala, com lendas, provérbios e histórias. Apenas o volume sobre o Gênesis havia sido impresso na época da morte de Culi em 1732, mas o restante de seus comentários sobre o Pentateuco foi publicado postumamente durante os cinquenta anos seguintes. Por todo o século XIX, outros eruditos fizeram suas próprias contribuições para o que havia se tornado um best-seller, principalmente por meio do apelo de seu estilo literário cativante.[19]

A partir da popularidade desse tipo de livro, fica claro que seria difícil subestimar o impacto da imprensa como um agente de mudança religiosa. Já no século XVI, a disponibilidade de cópias impressas do Talmude babilônico começou a encorajar novas abordagens para o estudo nas academias, com discussões intensas sobre cada mínimo detalhe do texto. A impressão das *halakhot* começou a disseminar normas e expectativas muito além de qualquer localidade específica. Como veremos no próximo capítulo, no século XVI a lei judaica foi codificada como nunca havia sido antes.

15
Novas certezas e novo misticismo

CODIFICADORES

É um dever religioso visitar os doentes. Parentes e amigos podem fazê-lo imediatamente, e desconhecidos depois de três dias. Se, no entanto, um homem adoecer repentinamente, ambos podem visitá-lo imediatamente. Até uma pessoa eminente deveria visitar uma mais humilde, até várias vezes ao dia, e até se ele for da mesma idade que o inválido. Quem quer que visite com frequência é considerado digno de louvor, desde que ele não canse a pessoa doente. Glosa: algumas pessoas dizem que um inimigo pode visitar uma pessoa doente. Entretanto, isso não me parece correto. É melhor que um homem não visite um doente ou conforte uma pessoa enlutada por quem tenha inimizade, caso quem sofre pense que ele se regozija com sua infelicidade e apenas fique nervoso. Esse me parece ser o ponto de vista correto. Quem visita o doente não pode se sentar em uma cama, ou em uma cadeira, ou em um banquinho, mas tem de se cobrir reverentemente e sentar-se na frente do inválido, pois a Shekinah está acima da cabeceira da sua cama. Glosa: isso é válido somente se o inválido estiver deitado no chão, de modo que a pessoa que se sente fique em posição mais alta que ele; mas, se ele estiver deitado em uma cama, o visitante tem a permissão de se sentar em uma cadeira ou banco. Este é o nosso costume. Uma pessoa não deveria visitar o doente durante as três primeiras horas do dia, pois a enfermidade de qualquer doente é menos severa na parte da manhã, e então a pessoa não irá se dar ao trabalho de rezar por ele. Tampouco deve alguém fazer visita durante as três últimas horas do dia, pois então a doença fica pior e a pessoa vai perder a coragem de rezar por ele. Glosa: quem visitar uma pessoa doente e não rezar por ela não cumpriu o dever religioso de visitar os doentes.

Com tais conselhos sobre cada aspecto da vida, por mais doméstico ou íntimo, o *Shulhan Aruk* ("Mesa Posta") de Yosef Karo com as glosas (*Mappah*, ou "Toalha de Mesa") de Moses Isserles, dos quais as passagens acima são citadas, se transformaram em um guia padrão para a maior parte das comunidades judaicas logo após a sua publicação no século XVI, com Karo como o guia para as comunidades sefarditas e Isserles para as asquenazes. Com grande clareza e precisão, esses sábios estabeleceram regras para a devoção na vida diária, intercalando perfeitamente os ensinamentos éticos com a halakhá prática. Abordaram bênçãos, preces, o Shabat e os festivais; leis alimentares; leis para as pessoas enlutadas, votos, respeito aos pais e caridade; status pessoal (incluindo casamento e divórcio); e a lei civil judaica assim como ela era aplicada na diáspora. Mas como esses códigos passaram a exercer tanta influência?¹

O admirável diário pessoal do sábio sefardita Yosef Karo, intitulado *Maggid Mesharim* ("Pregador da Justeza"), relata as visitas noturnas ao longo de cerca de cinquenta anos de um *maggid* (neste caso, querendo dizer um professor celestial), uma personificação da Mishná, que instigava o sábio não apenas ao comportamento moral, mas ao ascetismo, censurando-o por beber muito vinho ou comer carne, encorajando-o a esperar pela morte de um mártir, e exortando-o a estudar os mistérios da cabala. Por mais que pareça difícil estabelecer uma ligação entre a clareza precisa do *Shulhan Arukh* e um *maggid* místico que escreveu seus ensinamentos sob a forma de um discurso automático que saía da boca de Karo, fica claro que esse *maggid* também era vivenciado por Karo como parte integral de sua persona religiosa, quando engajado no esclarecimento da cabala. Era necessária uma concentração intensa para que o *maggid* viesse, como Karo reconhecia:

> Eu me levantei cedo como de costume para recitar trechos da Mishná. Eu recitei cerca de quarenta capítulos, mas, como ainda era noite, voltei a dormir e dormi até o sol brilhar sobre a terra. Então eu comecei a recitar. Eu estava lamentando que talvez não fosse visitado como de costume, e continuei a recitar até que me foi dito: "Sede forte e tende coragem [...], pois ainda que vós tenhais pensado que eu havia partido e vos tivesse abandonado [e isso não procede], embora isso seja o que vós merecestes".

A autoridade de Karo advinha não apenas de seu excepcional conhecimento halákhico, mas de uma profunda e amplamente reconhecida piedade pessoal.²

Tendo deixado a península Ibérica logo após seu nascimento, Karo havia passado grande parte da juventude estudando com cabalistas na Grécia, sob o regime otomano, indo para Safed na Galileia em 1536 aos 48 anos. Nessa época, ele já havia passado mais de uma década trabalhando em um comentário sobre um código do século XIV, o *Arba'ah Turim* de Yaakov b. Asher (ver capítulo 13), com o objetivo explícito de solucionar regras conflitantes em códigos existentes e de acabar com a variedade de costumes locais que haviam se desenvolvido. O objetivo de Karo era prático: "Garantir que haja uma lei e uma Torá". O *Arba'ah Turim* se apresentava como a base de seu trabalho porque oferecia as opiniões da maior parte dos tomadores de decisões precedentes, ao contrário do clássico código de Maimônides. Uma vantagem a mais em comparação com Maimônides era sua omissão de leis que não eram mais aplicáveis, como aquelas relacionadas aos sacrifícios, e sua inclusão dos pontos de vista de rabinos franceses e alemães que haviam sido ignorados por Maimônides – embora Karo se esforçasse para evitar quaisquer sugestões de que ele estivesse tencionando rejeitar Maimônides, cuja obra, na verdade, ele usava frequentemente com total reconhecimento. Os comentários de Karo, intitulados *Beth Yosef* ("Casa de José"), levaram vinte anos para serem finalizados, constituindo um guia enciclopédico para o desenvolvimento da halakhá desde o Talmude até a época do autor, indicando a opinião majoritária dos principais rabinos das gerações precedentes, sempre que ela possa ser discernida. Karo citou opiniões extraídas de uma grande gama de erudição rabínica, alegando ter consultado nada menos que 32 outras obras. Originalmente ele tencionava usar seu próprio discernimento ao optar entre as autoridades, mas acabou decidindo que estava além de sua capacidade e que iria seguir, sempre que possível, os pontos de vista de pelo menos duas entre as maiores autoridades reconhecidas em sua época – Maimônides, Alfasi e Asher b. Yehiel.

O *Beth Yosef* não foi publicado até 1555, e tal obra monumental seria lida apenas por quem era excepcionalmente instruído. Seu impacto sobre o mundo judaico, portanto, aconteceu basicamente por meio da autoridade que ela proporcionou ao resumo de sua grande obra, que Karo preparou para "jovens estudantes". O *Shulhan Arukh*, escrito "de um modo sucinto e com clareza de linguagem", objetivava, como o código de Maimônides, permitir a eruditos que tomassem decisões claras e aos alunos que aprendessem a halakhá a partir de tenra idade. O livro tinha todas as vantagens do código de Maimônides, ao mesmo tempo que evitava as fortes críticas feitas a ele de que havia deixado de mencionar visões discordantes e as autoridades nas quais suas próprias decisões haviam sido baseadas, já que os usuários do *Shulhan Arukh* poderiam encontrar toda essa informação apresentada com uma precisão exemplar no *Beth Yosef*. Assim como a tradução de Martinho Lutero da Bíblia em vernáculo usou a circulação em massa de livros, o que havia se tornado possível por meio da imprensa para o empoderamento religioso dos leigos cristãos, Karo igualmente ofereceu para os judeus não treinados na lei rabínica um caminho direto para a correta interpretação da Torá, conforme estabelecida por discussões de sábios rabínicos por mais de 1.500 anos desde a época de Hilel e Shamai, enquanto o Templo ainda existia. O *Shulhan Arukh* foi um best-seller imediato desde a primeira edição em Veneza em 1564-5. A sexta edição, publicada também em Veneza em 1574, foi concebida em formato de bolso, "de modo que pudesse ser levada pela pessoa para ser consultada a qualquer hora e em qualquer lugar, enquanto descansando ou viajando".³

A reputação imediata alcançada pelo *Shulhan Arukh* pode ser avaliada pela reação à sua publicação por parte de Moses Isserles, uma importante autoridade rabínica asquenaze na Cracóvia, a centenas de milhas de Safed e de Veneza. Isserles, conhecido como o Rama, era um jovem erudito proveniente de uma família rica já bastante conhecido fora da Polônia. Estava empenhado em seu comentário sobre o *Arba'ah Turim* de Yaakov b. Asher quando descobriu que Karo estava finalizando seu comentário no *Beth Yosef*. Então, Isserles decidiu compilar em seu *Darkhei Moshe* ("Caminhos de Moisés") notas suplementares de eruditos asquenazes para acrescentar ao trabalho de Karo. Quando o *Shulhan Arukh* foi publicado, Isserles usou o material em *Darkhei Moshe* para seu *Mappah*, com glosas à compilação de Karo cujo objetivo era o de explicar e complementar o texto e, principalmente, incluir os costumes daqueles eruditos asquenazes ignorados por Karo. Tais glosas às vezes poderiam subverter todo o peso da decisão original de Karo, como na proibição do uso de cortes não judaicas:

> Mesmo que o querelante possua um documento no qual está escrito que ele pode convocar o réu segundo a lei dos gentios – ainda assim ele não tem permissão de convocá-lo perante as cortes gentias. Se o querelante entregou o documento para a corte gentia de modo que ela possa convocar o réu segundo suas leis, ele é obrigado a reembolsar o réu por quaisquer perdas que ele lhe tenha causado, além de qualquer coisa que o réu tenha de pagar segundo as leis de Israel. Glosa:

toda essa decisão se aplica apenas ao caso em que uma das partes pode obrigar a outra a comparecer perante uma corte judaica, mas, se um devedor demonstrar ser violento, um credor pode entregar tal documento a uma corte gentia.

O procedimento de Isserles foi auxiliado pelo fato de que Karo havia explicitamente estabelecido no *Beth Yosef* que, se sua decisão entrasse em desacordo com os costumes judaicos em qualquer país, os judeus nesse país estavam livres para desconsiderar sua decisão. Os dois homens eram amigos, empenhados em uma correspondência sobre questões relacionadas à halakhá, com Isserles, muito mais jovem, escrupulosamente cortês. O *Mappah* foi incluído na edição de 1569-70 do *Shulhan Arukh* publicado na Cracóvia, apenas alguns anos após a primeira edição da obra de Karo em 1564-5 em Veneza.[4]

Não se deve imaginar que a extraordinária popularidade das codificações de Karo e Isserles tenha posto um fim à variedade halákhica. Todo o procedimento de codificação foi violentamente atacado no período de vida deles por Hayyim b. Betsalel, que havia estudado com Isserles, mas se tornou rabino de Worms e Friedberg e ficou particularmente irritado com a incapacidade de Isserles de dar peso suficiente aos costumes alemães. Hayyim apresentou uma grande quantidade de objeções ao *Mappah*, começando com os princípios gerais de que é errado obrigar um rabino que esteja tomando uma decisão a decidir a halakhá de acordo com o ponto de vista da maioria, que os códigos causam a negligência aos estudos do Talmude e levam à ignorância, e que rabinos iriam perder a autoridade porque as pessoas iriam confiar em livros publicados. Hayyim observou que, de qualquer modo, se Isserles conseguia discordar de Karo, seria, por sua vez, permitido a outros rabinos não concordar com Isserles.[5]

Hayyim tinha razão tanto em suas esperanças quanto em seus temores. Por um lado, a ampla circulação do *Shulhan Arukh*, com suas glosas, no devido tempo levou a uma democratização do conhecimento halákhico, que, por sua vez, encorajou a observância das leis por meio da pressão dos judeus dentro das comunidades judaicas tanto no mundo sefardita quanto asquenaze. Na verdade, com o fácil acesso às cópias impressas dos textos, a pressão por parte daqueles que eram capazes de ler as seções relevantes do *Shulhan Arukh* poderia levar à interferência em detalhes ínfimos da vida muito além da observância da halakhá, nas áreas da vida definidas pelo Talmude e, por conseguinte, por Karo, como *derekh erets*, "o costume da terra", que estipulava o que era o comportamento decente. Então, por exemplo, o *Shulhan Arukh* contém uma longa seção sobre os modos à mesa e outro sobre o comportamento quando se vai ao banheiro: "Ele deve ser modesto quando estiver no banheiro, não se expondo até estar sentado". Isserles acrescenta a glosa de que "dois homens não deveriam estar lá ao mesmo tempo, e a porta deveria ser fechada, por modéstia". Por outro lado, rabinos independentes mantinham autoridade suficiente para questionar a decisão nos códigos. Até na Polônia, apenas uma geração depois do grande Isserles, o chefe da academia de Lublin, Meir b. Gedalyah (conhecido como Maharam) considerava o *Shulhan Arukh* nada além de uma coleção de regras e reservou seu direito de tomar suas próprias decisões.

Inúmeras comunidades se aproveitaram dos comentários de Isserles sobre a autoridade dos costumes, que em geral ele afirmava que deveria ser obrigatória mesmo na ausência de uma fonte halákhica. Essa abordagem ia um pouco contra a afirmação ocasional de Isserles de que um costume particular é errado, ou "se eu tivesse o poder, eu suprimiria o costume. Pois ele é baseado em um erro, e não há razão para confiar nele". De qualquer modo, não era possível que os códigos cobrissem todas as eventualidades, e líderes rabínicos locais inevitavelmente mantinham um papel na decisão de questões particulares. Porém, é provavelmente significativo que líderes religiosos de comunidades menores tivessem sentido a necessidade de afirmar o direito à diversidade religiosa. Portanto, na primeira metade do século XVIII, o grande líder espiritual dos judeus de Marrocos, Yaakov ibn Zur, decretou que em uma comunidade pequena um único juiz (*dayyan*) tem tanta autoridade para tomar decisões quanto uma corte completa de três juízes, e que uma decisão tomada em um local não poderia ser contestada em outro.[6]

Karo e Isserles estavam cientes de que até mesmo estipulações legais bastante claras no Talmude não eram mais observadas em sua época, e que era inútil objetar ao modo como os judeus haviam reagido ao longo dos séculos às condições alteradas. Assim sendo, o Talmude babilônico explicitamente exige que os trabalhadores recitem apenas uma forma simples de graças após as refeições porque o tempo que eles gastam nesse ato é um custo para seus empregadores, mas Karo decidiu que "atualmente" eles deveriam recitar a forma completa. Por outro lado, Isserles endossou a prática universal de seu tempo, quando judeus viviam entre não judeus, de acender as luzes da Chanucá em casa, e não na rua, conforme estipulado na Mishná. E assim, também, depois da compilação do *Shulhan Arukh* e do *Mappah*, rabinos de épocas posteriores sentiram-se capazes de alegar que as condições haviam mudado. Por isso, R. Joel Sirkes, na Polônia no século XVII, contradisse a decisão de Karo de que dois homens jamais poderiam ficar sozinhos juntos por temor a atos homossexuais, observando que "em nossas terras, onde não se ouve falar de ninguém que seja descuidado nessa questão, não existe a necessidade de separação".[7]

Ao mesmo tempo, surgiram alguns novos costumes que se apossaram da imaginação religiosa das comunidades e se tornaram centrais para a vida de muitos judeus, tais como a recitação do Kaddish por uma pessoa enlutada. A ideia de que uma pessoa enlutada devesse recitar essa expressão de louvor a Deus, que havia por muito tempo sido usada para separar as partes do serviço na sinagoga, não é mencionada por Karo no *Shulhan Arukh*. A prática, que parece ter se tornado comum apenas na Alta Idade Média, foi aparentemente limitada às comunidades asquenazes. Mas Isserles discutiu os procedimentos para o Kaddish recitado pela pessoa enlutada em detalhes, e é evidente que na Polônia o costume foi observado com grande tenacidade:

> A pessoa deve recitar o Kaddish pelo pai. Portanto, é a prática adotada recitar o último Kaddish doze meses pelo pai e pela mãe. [...] É a prática adotada recitar o Kaddish pela mãe, mesmo que o pai ainda esteja vivo. [...] É um dever religioso jejuar no dia em que o pai e a mãe morreram. [...] É habitual que quando chegue o dia em que o pai ou a mãe de alguém morre, sempre seja recitado o Kaddish da pessoa enlutada por eles. Quem sabe como conduzir o serviço completo deve fazer isso. Entretanto, se há outras pessoas enlutadas, é costumeiro que, no período de sete dias de luto, elas tenham a precedência e ele não tenha direitos [em relação] ao Kaddish. [...] Se não há ninguém presente na sinagoga que esteja de luto pelo pai ou pela mãe, esse Kaddish pode ser recitado por alguém que não tenha nem pai nem mãe em nome de todos os mortos de Israel. Há localidades onde é costumeiro que outros parentes próximos recitem o Kaddish por seus familiares quando [estes não deixam] parentes enlutados. [...] Em toda essa [questão], nós seguimos o costume que é aceito, desde que o costume seja estabelecido na cidade [específica].[8]

Com o devido tempo, o Kaddish da pessoa enlutada também passaria a ser uma parte integral da cultura sefardita, junto com o *yahrzeit*, a observância do aniversário da morte de um parente para o qual se deve manter o luto com o ato de acender uma vela e um papel a ser desempenhado na liturgia pública da sinagoga. Rezar pelos parentes próximos falecidos e fazer caridade em nome deles se tornou um costume popular tanto no ritual asquenaze, em que a prece que começa com Yizcor, "que ele se lembre", é recitada nos três festivais de peregrinos e no Dia do Perdão, quanto nas sinagogas sefarditas, onde cada pessoa chamada para a leitura da Torá pode recitar, ou ouvir, uma prece pela memória de seus parentes. A prática não era livre de controvérsias – no século X, Hai Gaon havia se oposto de modo específico a ela, com base no fato de que tais preces não têm valor, já que Deus apenas leva em conta as ações de um indivíduo em seu período de vida – mas a oferenda de preces pela memória, com oferendas caridosas "para o descanso das almas que partiram", se tornou uma prática popular, sobretudo no ritual asquenaze, em que o desejo de comemorar os mártires das Cruzadas e dos massacres poloneses do século XVII levou as comunidades a manter listas dos mortos (em ídiche, *yizker-buch*), de modo que os nomes daqueles que não tivessem parentes vivos também fossem incluídos nas preces comunais. É impressionante que tal costume, que passou a ter grande significado emocional para muitos judeus dentro da liturgia da sinagoga, pareça ter surgido sem qualquer justificativa teológica ou discussão sobre o status das almas dos mortos para cujo benefício essas preces eram recitadas: "Lembra, ó Deus, a alma de ... que partiu para seu mundo supremo, porquanto comprometo-me, sem promessa, doar caridade em seu favor. Em função disto, possa sua alma estar ligada à corrente da vida eterna, junto com as almas de Abraão, Isaac e Jacob, Sara, Rebeca, Rachel e Lea, e demais justos e justas que estão no Jardim do Éden". A popularidade de tais costumes de luto com quase toda certeza deve muito ao mundo cristão católico que rodeava os judeus asquenazes.[9]

Portanto, a ampla circulação dos códigos teve o efeito de disseminar certos costumes que haviam sido previamente restritos, enquanto deu forças a algumas outras diferenças. Entre essas, se encontram as regras específicas dos sefarditas e dos asquenazes nas categorias dos alimentos proibidos no Pessach: os asquenazes se abstêm de comer *ktniot* (legumes e grãos, tais como arroz, ervilha, feijões e amendoins) que são permitidos para os sefarditas. A origem da restrição é incerta. A melhor hipótese é a preocupação de que eles pudessem estar contaminados com grãos proibidos (*hametz*) quando armazenados.

Mas o resultado desses diferentes costumes pode ser considerável, pois torna o alimento dos mais devotos judeus sefarditas proibido para um asquenaze durante toda a Páscoa.¹⁰

Por isso a preocupação de Hayyim b. Betsalel que os códigos de Karo e de Isserles pudessem acabar com as variedades locais demonstrou ser exagerada. Assim como seu aviso de que os estudantes iriam negligenciar o estudo do Talmude se tudo de que eles precisassem fossem essas obras práticas de referência. Na verdade, os séculos XVI e XVII testemunharam uma explosão em estudos nas *yeshivah* na Europa Oriental, com importantes centros em Lublin, Cracóvia, Praga, Lwów, Brest-Litovski, Pinsk e Slutsk, e inúmeras *yeshivot* menores em outras comunidades. O estudo talmúdico floresceu na Itália (sobretudo em Veneza e em Livorno) e na Grécia (especialmente em Salônica), e em Constantinopla, e nos dois grandes centros na terra de Israel, Jerusalém (onde a pequena população judaica do fim do período medieval tardio havia sido aumentada por um influxo de sefarditas após 1492) e Safed. Quando as *yeshivot* na Polônia e na Lituânia passaram por um período de declínio temporário após os massacres de Chmielnicki em 1648-9, muitos eruditos europeus migraram para lecionar em comunidades alemãs em Frankfurt am Main, Hamburgo, Metz e outros locais. Alguns foram para a Hungria, em Eisenstadt e Pressburg (atual Bratislava, na Eslováquia), e no século XIX as comunidades da Europa Central e Ocidental desenvolveram as suas próprias tradições eruditas locais (capítulos 17-19).¹¹

Por outro lado, as abordagens ao estudo do Talmude realmente mudaram, com uma preocupação muito menor de descobrir a partir dos textos antigos a halakhá na prática, que agora era facilmente acessível por meio dos códigos. Característica do estudo nessas academias, em regiões asquenazes, ainda era a intensiva instrução no texto do Talmude, com os comentários de Rashi e outros da tradição medieval da França e da Alemanha. Porém, o método de ensino, *pilpul*, devia algo a uma ênfase humanista na independência intelectual, embora ainda aliada ao respeito pelas fontes tradicionais. *Pilpul* (uma palavra derivada do verbo *pilpel*, "temperar" ou "condimentar") envolvia uma intensa discussão verbal entre o líder da *yeshivah* e o aluno. Seu objetivo era o de encorajar o raciocínio lógico e a capacidade de diferenciar por meio de argumentos casuísticos até os mais ínfimos detalhes no Talmude. *Pilpul* assumia que todas as frases no Talmude devem conter algum significado especial que só precisava ser extraído pela imaginação, pela percepção, pela intuição e pelo trabalho árduo, ainda que isso exigisse se concentrar em detalhes ínfimos e a subversão do sentido básico do texto.

É difícil apreender o sabor de tal forma de ensino com base nos textos que chegaram até nós sem uma citação muito extensa precisamente porque é uma característica do método seguir todos os caminhos possíveis que partem do texto original. Um exemplo pode bastar. Aryeh Leib b. Asher Gunzberg, líder de uma *yeshivah* em Metz, na Lituânia, de 1765 até sua morte em 1785, depois de ter postos em Minsk e em Valožyn, e autor de uma série de obras que moldaram as abordagens lituanas ao estudo do Talmude até os dias atuais, provou a exatidão de um ponto de vista de comentários prévios sobre o Talmude e a falta de correção de outro por meio da análise de duas passagens talmúdicas, como se segue:

> O Talmude diz que a procura e a remoção de alimento fermentado na véspera da Páscoa são meramente uma prescrição rabínica; pois é suficiente, de acordo com os mandamentos da Torá, se apenas em palavras ou em pensamentos o proprietário declara ela ter sido destruída e ser reduzida a pó. Rashi diz que o fato de essa declaração do proprietário ser suficiente provém de uma expressão na Escritura. As *tosafot*, entretanto, alegam que isso não pode ser proveniente dessa expressão específica na Escritura, já que a palavra nela significa "remover", e não "declarar estar destruído". A mera declaração de que ela está destruída é suficiente pelo motivo de que, por meio dela, o proprietário abre mão de seus direitos de propriedade, e o alimento fermentado é visto como não tendo dono, e como alimento pelo qual ninguém é responsável, já que na Páscoa apenas o próprio alimento fermentado não pode ser conservado, ao passo que o de pessoas estranhas pode ser conservado. Embora a fórmula que é suficiente para declarar que o alimento fermentado foi destruído não o seja para declarar a propriedade pessoal como não tendo dono, no entanto, como R. Nissim Gerondi explica, adotando o ponto de vista das *tosafot*, o direito de propriedade que uma pessoa tenha sobre a matéria fermentada na véspera da Páscoa, até mesmo na parte da manhã, é muito frágil; pois, a partir das doze horas, tal alimento não pode ser consumido; portanto, todos os direitos de propriedade se tornam ilusórios, e, em vista de tal fragilidade de direito de propriedade, uma mera renúncia mental desse direito é suficiente para que o alimento fermentado seja considerado como não pertencente a ninguém. R. Aryeh Leib tenta provar a exatidão dessa opinião das *tosafot* conforme elaborada por R. Nissim – e ao mesmo tempo para

provar a falta de exatidão do ponto de vista de Rashi – mediante uma passagem talmúdica posterior que diz que, a partir das doze horas da véspera [da Páscoa] até a conclusão do festival, a mera declaração de destruição não liberta a pessoa da responsabilidade de ter alimento fermentado em casa; pois, já que ela é absolutamente proibida de desfrutar dele, ela não tem direito à propriedade, à qual renuncia por meio de tal declaração.

O raciocínio hábil de Aryeh Leib continua durante muitas etapas mais, citando vários outros textos talmúdicos, até ele se sentir capaz de concluir com base no método da argumentação talmúdica que a opinião da Tosefta, representada por R. Nissim, o Ran, que ensinou na Espanha na metade do século XIV, está correta e que Rashi está enganado. Em tal *pilpul*, o tópico da discussão e as conclusões alcançadas eram menos significativos para um mestre do *pilpul* do que a demonstração de raciocínio lógico e engenhosidade. A perícia na argumentação poderia com muita facilidade se tornar um fim por si só, e jovens estudantes a partir dos treze anos viajariam de uma *yeshivah* a outra na busca da instrução inspiradora que iria proporcionar-lhes renome.[12]

Pilpul não era por si só uma forma de estudo totalmente nova. O termo já é encontrado nos talmudes para descrever um raciocínio penetrante que elucida dificuldades aparentes no texto, e havia sido empregado também pelos eruditos tosafistas da França e da Alemanha e alguns de seus contemporâneos na Espanha, à medida que esclareciam as aparentes contradições nos comentários talmúdicos do Rashi. Porém, a popularização do método no mundo asquenaze no início da era moderna alcançou alturas sem precedentes, com a intuição das mentes mais brilhantes vistas por alguns cabalistas como evidências da inspiração divina. Os mestres do *pilpul* se transformaram em celebridades, eram cortejados para alianças matrimoniais e lhes eram oferecidos postos de liderança nas comunidades como uma forma de orgulho local, especialmente para as *yeshivot* apoiadas por aquela comunidade por meio de impostos e de doações para os estudantes mais pobres. As *yeshivot* medievais nas terras asquenazes, em muitos casos, haviam sobrevivido como as academias mais ou menos particulares dos rabinos que as lideravam, mas, a partir do século XVI, comunidades locais passaram a ver a manutenção de uma *yeshivah* como um dever religioso. A resolução da primeira assembleia do Conselho dos Judeus da Lituânia em 1622 chegou a obrigar cada comunidade com um rabino a manter uma *yeshivah* de tamanho adequado.[13]

O entusiasmo pelo *pilpul* não passou sem receber críticas ferozes do seio da comunidade asquenaze, de modo mais significativo por parte de Elijah b. Solomon Zalman, o *gaon* de Vilnius, que foi amplamente reconhecido em vida como o mais erudito halakhista não apenas da Lituânia do século XVIII, mas de todo o mundo erudito rabínico desde a Idade Média. A independência e a clareza de pensamento que tornaram Elijah b. Solomon tão famoso foram, em parte, produto de seu treinamento pouco comum. Nascido em Vilnius em 1720, foi uma criança precoce e dominou com tanta rapidez o currículo rabínico padrão que, a partir dos dez anos, pôde se dedicar ao estudo dos textos sem se tornar aluno em nenhuma *yeshivah* específica. Sua reputação se espalhou durante o início de sua juventude enquanto viajava de uma comunidade judaica a outra na Polônia e na Alemanha, e na época em que ele retornou a Vilnius, em 1748, já era considerado em sua cidade natal como um precioso ornamento local, a ser valorizado e protegido. Como resultado, o *gaon* pôde passar uma vida reclusa dedicada aos estudos, sustentado por uma quantia semanal doada pela comunidade de Vilnius. Ele tinha apenas um pequeno grupo de discípulos, então sua imensa influência não tinha origem em qualquer posto formal, mas em sua reputação como erudito – nenhuma de suas volumosas obras foi impressa enquanto viveu, embora uma grande quantidade de seus manuscritos tenha sido publicada por seus seguidores logo após sua morte em 1797.[14]

Apesar da devoção ao estudo da cabala, o *gaon* insistia na supremacia da argumentação racional e do método científico na interpretação dos escritos antigos, adotando filologia e gramática quando ajudavam a esclarecer uma passagem complexa ou a corrigir um texto com problemas e procurando estabelecer a autoridade talmúdica para as decisões halákhicas citadas sem uma base talmúdica nos códigos posteriores. Como seus filhos insistiam na introdução deles quando publicaram o comentário do *gaon* sobre o *Shulhan Arukh*, o aluno poderia evitar por completo a abordagem casuística do *pilpul*, por meio da qual "a transgressão aumenta, a iniquidade cresce, a fala agradável é perdida, e a verdade é afastada da congregação do Senhor". "O acúmulo de dificuldades" por si só deveria ser evitado. Para o *gaon*, a erudição rabínica tradicional era preservada de modo melhor por uma abordagem racional, intelectual e metódica dos textos que enfatizavam a capacidade do indivíduo dedicado de penetrar o sentido correto de textos antigos, até mesmo, se necessário, "corrigindo" o material, ou o reconstruindo, para garantir um sentido racional.

O estilo de vida do *gaon* passou a ser um ideal para muitos judeus da Europa Oriental no século seguinte. Nem todos poderiam esperar pela fama como criança prodígio, mas muitos fariam a opção por uma vida de reclusão afastada dos assuntos da comunidade e dedicação aos estudos obscuros. Um dos alunos do *gaon* fundou a grande *yeshivah* de Valožyn no século XIX, na qual centenas de alunos se dedicavam exatamente a esse sonho. A cidade de Vilnius, com sua prefeitura medieval e seus castelos, e sua elaborada arquitetura barroca em uma paisagem báltica, com verões quentes e invernos gelados e lagos propícios para a pesca no gelo, se tornou conhecida no século XVIII como "a Jerusalém da Lituânia", por meio da reputação do *gaon*. O censo de 1795 registrou 3.613 judeus pagantes de impostos em Vilnius e seus arredores, com os judeus sendo a maioria virtual na cidade e a comunidade estabelecida como um proeminente centro de estudos judaicos.[15]

Nenhum local do mundo sefardita desenvolveu uma reputação comparável devido aos estudos na *yeshivah* no início do período moderno, e as *yeshivot* sefarditas se desenvolveram de modo muito diferente, com os estudos da Bíblia e da *midrash* incluídos no currículo. Diferente também era o estudo humanista da variedade de costumes judeus (*minhagim*), como o de Leone Modena de Veneza, ou a abordagem na Itália do Renascimento, que combinava o estudo da Torá com o da ciência. O estudo do Talmude foi, de qualquer modo, impedido na Itália depois de o Talmude ser banido pelo papa em 1559, e a instrução sistemática nos códigos halákhicos passou a ser comum em seu lugar. Os estudantes nas *yeshivot* na Itália, assim como nas comunidades judaicas no Levante sob o regime otomano, também poderiam esperar (ao contrário de seus colegas estudantes nas terras asquenazes) a instrução formal na cabala, que, por si só, se desenvolveu de modo considerável no início do período moderno, como veremos.

OS SEGUIDORES DE LURIA

Em Meiron, na Alta Galileia, tendo como pano de fundo uma monumental sinagoga do século IV da Era Comum, multidões de peregrinos se reúnem no Lag BaOmer, para marcar o aniversário da morte de Shimon bar Yohai no suposto local de seu sepultamento. É um momento de celebrações entusiasmadas, com fogueiras e danças, e muitas crianças pequenas, já que é tradicional que os meninos tenham seus cabelos cortados pela primeira vez no dia seguinte, os cachos de cabelos jogados no fogo. O costume já havia sido bem estabelecido na época em que é mencionado pela primeira vez em um relato de Moses Basola, um rabino italiano, sobre suas viagens na terra de Israel em 1522. Shimon, como já vimos, era considerado o autor do *Zohar*, e o próprio *Zohar* relata em nome de Abba que, quando Shimon bar Yohai morreu, foi ouvida uma voz conclamando os adoradores a "ascender e se reunir" no túmulo dele para celebrar o aniversário de sua morte:

> Naquele dia inteiro, o fogo não saiu da casa, e ninguém conseguia se aproximar dele. Eles não tinham condição, porque a luz e o fogo rodeavam-no o dia todo. Eu me lancei ao chão e gemi. Quando o fogo se extinguiu, eu vi que a luz sagrada, o santo dos santos, havia partido deste mundo. Ele estava deitado do seu lado direito, envolto em seu manto, e o rosto dele estava risonho. Rabbi Eleazar, filho dele, se levantou, pegou as mãos dele e as beijou, e eu lambi o pó das solas dos pés dele. [...] Rabbi Hiyya se levantou e disse: "Até agora, a luz sagrada cuidou de nós. Agora não podemos fazer nada, a não ser cuidar de sua honra". Rabbi Eleazar e Rabbi Abba se levantaram, e o colocaram em uma liteira. Quem alguma vez viu uma perturbação como aquela dos companheiros? Toda a casa exalava perfume. Eles o elevaram em seu ataúde, e apenas Rabbi Eleazar e Rabbi Abba se ocuparam da tarefa. Os poderosos e fortes homens da cidade vieram e suplicaram a eles, e os habitantes de Meiron choraram todos juntos, pois eles tinham medo de que ele não pudesse ser enterrado lá. Quando o ataúde saiu da casa, ele se elevou nos céus e o fogo se alastrou na frente dele. Eles ouviram uma voz dizendo: "Vinde, e reuni-vos para a festa do Rabbi Shimon".

A Alta Galileia era, portanto, um local de anseios místicos, repleta da aura dos sábios das origens místicas da cabala, muito tempo antes de a pequena cidade de Safed, a alguns quilômetros de Meiron, se transformar no berço de uma nova forma de misticismo judaico na metade do século XVI. Já vimos Safed como um centro de estudos judaicos. A cidade havia começado com esporádicos assentamentos judaicos, atestados em documentos encontrados na Geniza do Cairo, a partir da primeira metade do século XI, mas a comunidade havia apenas começado realmente a crescer com o influxo de refugiados da Espanha depois de 1492. Documentos otomanos revelam mais de mil lares judaicos em 1544-5 na cidade, com uma considerável população samaritana convivendo com eles.[16]

Essa foi a cidade para a qual Isaac Luria foi atraído em 1570, aos 36 anos. Ele morreu por lá dois anos mais tarde, no dia 15 de julho de 1572, vítima da peste, mas não antes de estabelecer as fundações de uma forma totalmente nova de cabala. Isaac b. Solomon Luria nasceu em 1534 em Jerusalém, de um pai que havia emigrado para lá ou da Alemanha ou da Polônia, mas morreu durante a infância de Isaac. Sua mãe sefardita levou o filho ao Egito, onde ele aprendeu a halakhá e escreveu sobre ela, e começou seus estudos sobre o misticismo. A profusão de lendas reunidas ao redor de sua vida nas recordações de seus seguidores imediatamente após sua morte prematura torna difícil reconstruir com precisão a jornada intelectual que o conduziu aos seus *insights* místicos. Um documento encontrado na Geniza do Cairo, escrito por Luria, mostra apenas que ele estava empenhado em alguns negócios relacionados a cereais. Seu tio materno, sob cujos cuidados ele havia sido criado no Egito, era um rico coletor de impostos e proprietário da ilha Jazirat al-Rawda no Nilo, perto do Cairo, e dizem que Luria viveu ali em reclusão por sete anos, escrevendo os comentários sobre uma pequena porção do *Zohar* que é sua única obra que chegou até nós. Viagens do Egito para a terra de Israel não eram difíceis naquela época, e é provável que ele tenha feito uma visita especial à Galileia para celebrar Lag BaOmer em Meiron. Seu pupilo Hayyim Vital registrou que Luria trouxe seu filhinho junto com toda a família, cortando os cabelos dele de acordo com o costume tão conhecido e passando um dia de regozijo e celebrações. De qualquer modo, em 1569, ou no começo de 1570, Luria se mudou para Safed e se estabeleceu lá.[17]

A principal atração para Luria parece ter sido a perspectiva de estudar com Moshe b. Yaakov Cordovero, que tinha origem espanhola e portuguesa e, como líder da *yeshivah* portuguesa em Safed, estava profundamente embrenhado no estudo da cabala. Em 1548, aos 26 anos, Cordovero havia escrito um livro importante sobre a ideia do divino, do cosmos, do culto a Deus e outros temas importantes da cabala, fazendo uso eclético do *Zohar* e da cabala estática de Avraham Abulafia. Em torno de 1570, era uma figura importante em Safed, com uma grande quantidade de discípulos. Os maiores esforços de Cordovero tinham se concentrado na produção de um sistema especulativo coerente por meio da síntese de ideias prévias, baseado em filósofos (principalmente Maimônides) para um conceito purificado de Deus como desprovido de atributos. Ele aproveitou da tradição da cabala a estrutura das *sefirot*, que ele via tanto como emanações de Deus quanto parte da substância de Deus. A perplexidade de Cordovero quanto ao relacionamento das *sefirot* com o divino irá levá-lo à ideia de que, com o intuito de ser revelado por meio das *sefirot*, Deus tem de se ocultar: "Revelar é a causa do encobrimento, e o encobrimento é a causa da revelação".[18]

Em algumas de suas glosas do *Zohar*, Luria se refere a Cordovero como seu professor, e ele foi apenas um do impressionante grupo de estudantes da cabala que se reunia em Safed para se beneficiar do vasto conhecimento de Cordovero. Mas, quando este morreu no início de 1570, Luria se tornou o centro de uma academia própria, com pelo menos trinta discípulos, e nos dois anos antes de sua morte ele transmitiu uma forma nova e radical de entendimento da importância da cabala. Luria ensinava oralmente, apresentando um fluxo de ideias para os seus alunos sobre como entrar em comunhão com as almas dos justos, como se concentrar nos nomes divinos, e como alcançar a adequada *kavanah*, a intensidade na meditação mística. Escrever pouquíssimo e ensinar por um período tão curto fez com que o sistema de Luria não fosse coerente. Sua influência posterior pode ser atribuída à conspícua santidade de sua conduta pessoal tanto quanto às suas doutrinas religiosas, mas é certo que ele acreditava ter feito novas descobertas na cabala, e é provável que se considerasse um agente messiânico, destinado a morrer no cumprimento de sua missão para apressar a redenção do mundo.[19]

No fim do século XVI, menos de trinta anos após a morte de Luria, ele estava sendo chamado pelos cabalistas na Itália de o Ari, um acrônimo para a expressão em hebraico para "o divino rabino Isaac". Esse status elevado era o resultado da abundância de escritos que propagavam seus ensinamentos após sua morte. Sem que fossem contidos pela evidência dos escritos do próprio Luria, seus discípulos revelaram para o mundo as doutrinas que eles explicitamente afirmaram que o próprio Luria havia mantido em segredo e que haviam sobrevivido apenas em suas recordações das palavras de seu mestre até serem escritas após a morte dele. A hagiografia de sua vida piedosa precedeu a circulação de seus ensinamentos, e, como Luria havia proferido suas ideias em um estado de inspiração mística, não chega a surpreender que esses ensinamentos variassem em sua forma.[20]

A investigação dos verdadeiros ensinamentos de Luria não é auxiliada pelo fato de os seus discípulos serem, eles próprios, em muitos casos personalidades poderosas com um profundo comprometimento com o misticismo, que era a razão pela qual eles se sentiam atraídos pelo carismático Luria em primeiro lugar. Com maior destaque para Hayyim Vital, provavelmente um nativo de Safed, embora seu pai pareça ter vindo do sul da Itália. Vital era um espírito suficientemente inquieto para ter se dedicado à alquimia de modo superficial com pouco mais de vinte anos. O período de pouco menos de dois anos que ele passou, já perto dos trinta anos, como principal discípulo de Luria iria moldar o resto de sua vida. Nos anos imediatamente posteriores à morte de Luria, Vital escreveu os ensinamentos de seu mestre em um livro chamado *Ets Hayyim* ("A árvore da vida"), mas tanto ele quanto seu filho fizeram diversas alterações no texto ao longo dos anos subsequentes, de modo que diferentes versões circulavam. Outros discípulos de Luria produziram suas próprias versões concorrentes. Evidência incontestável da luta pela herança de Luria foi a necessidade de um acordo formal em 1575, feito por doze de seus discípulos, de estudar as teorias de Luria com base apenas em Vital e não forçá-lo a revelar mais do que ele desejava (ou eles próprios a revelar esses segredos para terceiros). O próprio Vital se mudou para Jerusalém em 1577 e depois para Damasco, onde, em um momento bem posterior de sua vida, escreveu uma espécie de autobiografia, registrando seus sonhos e ações e refletindo sobre seu papel como conservador dos *insights* de Luria:

> Na lua nova de Adar, no ano 5331 [6 de fevereiro de 1571], ele [Luria] me disse que, enquanto estava no Egito, começou a ter inspiração. Lá ele foi informado de que deveria ir para a cidade de Safed, visto que eu, Hayyim, morava lá, para me ensinar. E ele me disse que a única razão pela qual ele foi para Safed, possa ela ser reconstruída e restabelecida com rapidez [depois de um declínio na população judaica após os judeus terem sido expulsos em 1583], foi por minha causa. Não apenas isso, mas até sua atual encarnação não servia a outro propósito senão o de proporcionar a minha perfeição. Ele não voltou por causa dele próprio, já que não precisava fazê-lo. Também me disse que, para ele, era desnecessário ensinar outras pessoas além de mim, e que, quando eu tivesse aprendido, não haveria mais razão para ele permanecer no mundo. Ele também me disse que minha alma era superior à de muitos anjos exalçados, e que eu poderia ascender acima do firmamento de Aravot por meio de minha alma, por meio de minhas ações.

Fica claro, a partir desse diário, que Vital havia sido convencido de sua identidade como o messias até antes de 1570, quando Luria chegou a Safed.²¹

Então, qual era a natureza especial da cabala de Luria que tanto estimulava seus entusiasmados seguidores? A principal novidade se encontrava na concentração de especulação não na natureza do cosmo como ele havia sido criado pela divindade eterna, mas na obtenção da perfeição no futuro, não apenas no nível individual (como no pensamento cabalístico anterior), mas dentro de toda a comunidade de Israel. Onde Cordovero havia falado sobre o encobrimento do divino, Luria ensinava que Deus havia se restringido em si mesmo para permitir espaço para a criação. Esse conceito de *tsimtsum* ("contração") explicava a criação apesar do ser infinito de Deus e também a presença contínua dos vasos contendo o divino neste mundo. Uma impressão do divino se conserva "como a fragrância que permanece no frasco depois de ele ter sido esvaziado de seu perfume". Ao mesmo tempo, Luria desenvolveu uma mitologia poderosa para explicar a presença do mal no mundo, postulando uma catástrofe, antes até que o universo passasse a existir, na qual os vasos contendo a luz divina que emanava no momento da criação tivessem se estilhaçado, espalhando as centelhas de luz e deixando-as prisioneiras do poder do mal enquanto elas não pudessem ser novamente elevadas por meio dos esforços de Israel. Os serviços dos cabalistas são especialmente solicitados para esse processo de colocar o mundo de volta nos eixos (*tikkun olam*), por meio da devoção e da meditação sistemática em todos os aspectos da vida. A alma do indivíduo também precisava de *tikkun*, já que todas as almas haviam originalmente sido contidas dentro da alma de Adão, cuja queda constituiu a alienação da humanidade de Deus. Em meados do século XVII, o cabalista português Jacob b. Hayyim Zemach afirmou que cada alma traz em si seu exílio individual através de seus pecados, que podem levar à reencarnação em uma forma inferior de vida: "Sabei que uma pessoa às vezes pode ser aperfeiçoada se juntando temporariamente ao corpo de outra pessoa, e às vezes ela pode precisar da reencarnação, que é ainda mais dolorosa". De modo mais positivo, o conceito de *gilgul* ("andar em círculos"), desenvolvendo ideias sobre a transmigração das almas já encontradas em escritos cabalísticos do século XII, dava à vida um propósito ao buscar a renovação na alma de Adão.²²

A força motriz por trás dos discípulos de Luria parece ter sido a esperança messiânica, pois as doutrinas dele ofereciam um papel específico para os cabalistas na propiciação da redenção de Israel. Não importava para esse propósito que o conhecimento dessas doutrinas fosse deliberadamente deixado nas mãos dos poucos privilegiados; pelo contrário, os demais discípulos de Vital e Luria parecem ter relutado em compartilhar seus ensinamentos, e, em muitos relatos sobre a doutrina de Luria, sua ideia central de "contração" não chegou a ser afirmada, ou foi apenas insinuada, até mesmo décadas depois de sua morte. Alegar relutância em compartilhar *insights* místicos às vezes pode ser uma manobra para que os místicos promovam e divulguem suas ideias, e o conhecimento das doutrinas da cabala, especificamente de Luria, se disseminou mais rapidamente após a morte de Vital em 1620. Nas décadas seguintes, uma série de apresentações do pensamento de Luria foi impressa e circulou amplamente pelo mundo judaico.

As práticas dos cabalistas, da liturgia aos manuais de penitência, e seu vocabulário especializado se disseminaram com rapidez ainda maior que suas doutrinas mais complexas. Um sentimento de que as ideias da cabala se encontravam então disponíveis para todos deve ter sido bastante reforçado pela controversa impressão das cópias do *Zohar* em Mântua (em 1558-60) e em Cremona (1559-60), angariando um público leitor muito maior, ainda que de textos frequentemente desfigurados por erros de impressão, e em uma versão diferente do manuscrito usado em Safed.[23]

As doutrinas de Luria não atraíam a todos, e, não obstante a disseminação de suas ideias cabalísticas a tal ponto que a cabala de Luria tem sido descrita como a teologia padrão do judaísmo em torno do início do século XVII, havia quem continuasse ao longo de todo o século a favorecer as variedades mais antigas da cabala. Então, por exemplo, a forte inclinação mística dos poemas escritos no século XVII por Shalem Shabbazi, o maior dos poetas judeus do Iêmen, cujas composições dominam a liturgia iemenita, se baseou na cabala pré-Luria. Do mesmo modo, embora Judah Loew, conhecido como o Maharal de Praga, um prolífico erudito de um temperamento muito independente, se dedicasse à disseminação de ensinamentos místicos judaicos aos judeus comuns, os inúmeros escritos que ele publicou até a sua morte em 1609 nada devem às ideias de Luria. Evitando a terminologia técnica da cabala apesar da evidente familiaridade com tais ideias cabalísticas, como a natureza transcendente da Torá, Loew enfatizava o papel metafísico ímpar dos judeus como o povo escolhido, inventando novos significados para a terminologia filosófica padrão (como a sua afirmação de que "Israel" constitui "forma", enquanto as demais nações constituem "matéria") para propagar ideias místicas para um público leitor de não especialistas. Loew era um líder comunal como principal rabino da Morávia e de Poznań [Posen], bem como de Praga, e um matemático e figura pública – o astrônomo Tycho Brahe era amigo dele. É irônico que tanto os judeus quanto os gentios das gerações vindouras fossem se lembrar dele mais por causa de uma lenda totalmente infundada de que ele se dedicara informalmente à magia e havia criado o golem de Praga. (Segundo a lenda, que parece ter sido transferida para Loew apenas no século XVIII, e tem semelhanças óbvias com histórias não judaicas sobre a criação de homens artificiais por meio da alquimia, Loew criou o golem como um empregado, mas teve de reduzi-lo a pó quando ele se mostrou impossível de ser controlado.)[24]

O número de pessoas dedicadas à especulação cabalística sempre foi muito pequeno, e os cabalistas, praticamente sem exceção, combinaram seus estudos místicos com o estudo da cabala prática. Já vimos que Yosef Karo, o supremo codificador da lei rabínica, também era um cabalista. Ele havia estudado em Safed a partir de 1536, junto com Moshe Cordovero, o mestre de Luria. E o próprio Luria também era um renomado especialista em halakhá, mesmo que, conforme recordou seu discípulo Vital, a cabala houvesse chamado em primeiro lugar a atenção dele:

> Também em conexão com o estudo aprofundado da halakhá, junto com os companheiros dele, testemunhei meu mestre, de abençoada memória, empenhado em seus estudos halákhicos até ele ficar exausto e coberto de suor. Eu lhe perguntava por que ele se dava a tamanho trabalho. Ele respondia que a dedicação profunda é essencial com o intuito de estilhaçar os invólucros [forças demoníacas], as dificuldades que são inerentes a toda halakhá e que impedem a pessoa de compreender aquela halakhá. [...] E meu mestre, de abençoada memória, costumava dizer que uma pessoa cuja mente é suficientemente clara, sutil e arguta para refletir sobre a halakhá durante uma hora, ou, na maior parte dos casos, por duas horas, a princípio, certamente é bom ela se ocupar com esse estudo aprofundado por uma ou duas horas. [...] Porém, uma pessoa que saiba ter dificuldades em seus esforços no estudo aprofundado, de modo que, para aprender o sentido da halakhá, seja obrigada a despender muito tempo e esforço, ela não está se comportando de modo correto. Essa pessoa é como o homem que gasta todo o seu tempo quebrando nozes sem ao menos comê-las. Muito melhor para tal pessoa é se dedicar ao estudo da Torá propriamente, a saber, leis, *midrashim* e mistérios.[25]

Luria e seus seguidores geralmente eram conservadores na defesa do ritual tradicional, e a tendência deles de inferir um significado místico na liturgia reforçou a manutenção de tais práticas em meio à população judaica mais ampla. O legado predominante da cabala de Luria foi menos uma alteração no comportamento que uma apreciação mais profunda entre os judeus comuns da importância das suas práticas religiosas existentes. A preferência de Luria pela forma sefardita da liturgia e sua reflexão mística a seu respeito deram prestígio a ela entre os cabalistas asquenazes. O próprio Luria era conhecido por sua poesia litúrgica, e muitos dos hinos dos cabalistas de Safed, particularmente para as refeições do Shabat, divulgaram a linguagem do simbolismo cabalístico:

> Revela-Te, meu amado, e espalha sobre mim
> O tabernáculo da Tua paz.
> Que a terra brilhe com Tua glória,
> Que nos regozijemos e rejubilemos em Ti.
> Depressa, amado, pois a hora determinada chegou,
> E sê gracioso conosco como nos tempos passados.

Algumas das práticas dos cabalistas de Safed continuaram sendo características da comunidade deles, tais como a elaborada procissão para iniciar o Shabat com a saída deles para os campos das vizinhanças no entardecer de sexta-feira, vestidos de branco, para recepcionar a "noiva do Shabat". Esse costume foi introduzido (ou renovado) por Shlomo Alkabez, um dos fundadores da comunidade cabalística de Safed, que deu aulas para, entre outros, Cordovero. Safed continuou a ser um local especial, embora a comunidade diminuísse rapidamente perto do fim do século com o declínio de sua prosperidade.

Os cabalistas se referiam a Safed como uma das quatro cidades sagradas da terra de Israel, junto com Hebrom (onde os patriarcas bíblicos haviam sido enterrados) e Jerusalém (onde o Templo havia existido). Por outro lado, o legado de Safed pertencia a todos os judeus, e o hino do Shabat *Lekha Dodi*, "Vem, meu Bem-Amado", composto por Alkabez, cheio de referências à paz e à alegria dos tempos messiânicos como um reflexo da paz e da alegria do Shabat, foi rapidamente adotado por todo o mundo judaico:

Vem, meu bem-amado, ao encontro da noiva.
O Shabat aparece, vamos recebê-lo.
Para a bênção, ela é a fonte.
Desde o princípio, sempre ordenado:
Último nas ações, primeiro nos pensamentos.
Vem, meu bem-amado, ao encontro da noiva.
O Shabat aparece, vamos recebê-lo.[26]

A popularização da cabala de Luria não aconteceu sem consequências indesejadas. Um produto da crescente crença na transmigração das almas foi a ideia de que uma pessoa ou alma viva poderia ser impregnada pelo espírito de uma pessoa morta que foi deixado sem corpo por causa dos pecados dessa pessoa durante o período de vida. As pessoas acreditavam que tal *dibbuk* – um termo ídiche encontrado pela primeira vez no século XVII na Europa Oriental – falasse pela boca do corpo hospedeiro. Por definição, ele provavelmente seria maléfico, e rituais de exorcismo foram concebidos para expulsar o espírito do mal por meio do uso de *yihud*, uma combinação de nomes divinos, criada como a unificação íntima das manifestações masculinas e femininas do divino, como Hayim Vital relatou:

> E em seguida vem o procedimento, pessoalmente testado por mim. Pois eu agarrava o braço daquele homem e colocava minha mão no pulso de seu braço esquerdo ou direito, já que é lá que a vestimenta da alma se localiza, e com essa vestimenta ela se cobre. E eu me concentro nessa alma, envolta no pulso, para que ela possa partir de lá através do poder de *yihud*. E, enquanto seguro a mão dele pelo pulso, eu recito este verso, normalmente e de trás para a frente, e me concentro nos seguintes Nomes divinos que emanam do texto [...].[27]

A cabala de Luria, com sua encorajadora ideia de que todos têm um papel na redenção das centelhas caídas, passou em grande parte a ser no fim do início do período moderno o tipo mais influente de misticismo tanto para os especialistas na cabala quanto para os judeus comuns atraídos pela ideia de que todos os mandamentos e todas as palavras de cada oração têm um sentido místico oculto e que "o conserto do mundo" (*tikkun olam*) é um objetivo central da vida religiosa. Há uma correspondência entre o que está acima e o que está embaixo. A intensificação da prece tinha por objetivo trazer a redenção, criando a harmonia no mundo das *sefirot*. O ritual se transformou em teurgia. Havia também uma ligação direta, como veremos, da teologia da cabala de Luria com algumas das teologias concebidas para dar apoio às reivindicações de Sabbatai Zevi.

SABBATAI ZEVI

Em abril de 1665, um cabalista atraente e culto – originariamente de Esmirna, mas, agora já com quase quarenta anos, por algum tempo morador de Jerusalém e depois do Cairo, conhecido por um comportamento imprevisível e às vezes vivamente antinomiano, que envolvia um provocante desrespeito público às normas religiosas, e notório por alegações, durante dezessete anos, de que ele era o messias – foi para a cidade de Gaza, naquela época governada por Musa Pasha, o derradeiro da dinastia Ridwan a governar Gaza e Jerusalém em nome do Estado otomano, para alcançar "paz para sua alma" por meio de certo Abraham Nathan b. Elisha Hayim Ashkenazi. Nathan, um notável homem santo, com cerca de vinte anos já havia estabelecido uma reputação por seu conhecimento da cabala de Luria, por meio da qual ele havia tido visões de anjos e almas mortas. O visitante era Sabbatai Zevi. Mas, em vez de acabar com suas fantasias, Nathan informou-lhe que ele próprio havia experimentado, perto do período do Purim, uma prolongada visão, na qual havia testemunhado a figura de Sabbatai gravada no trono divino, e que não poderia haver dúvida de que se tratava do messias. Esse aval por parte de um profeta amplamente admirado pela população judaica da terra de Israel iria dar início a um período tumultuado de dezoito meses, nos quais o equilíbrio das comunidades judaicas da Polônia e da Rússia ao Iêmen e ao Curdistão foi feito em pedaços, com consequências para as gerações vindouras.[28]

O próprio Sabbatai levou certo tempo para se dar conta das implicações, quando chegou a conhecer o jovem e a apreciar o conhecimento profético dele. Mas, no dia 19 de maio, no festival do Shavuot, a verdade se tornou pública em uma cena impressionante na casa de Jacob Najara, rabino da comunidade de Gaza, como relatou Baruch de Arezzo, autor da primeira biografia de Sabbatai Zevi, apenas pouco mais de uma década depois:

Quando chegou a época do festival do Shavuot, mestre Nathan convidou os rabinos de Gaza para passar a noite estudando a Torá com ele. Perto da meia-noite, mestre Nathan entrou em um transe profundo. Ele se levantou, caminhou de um lado para outro do aposento, recitou o tratado *Ketubot* de cor, por inteiro. Ele ordenou que um rabino cantasse certo hino, então fez o mesmo com outro. Enquanto isso estava acontecendo, todos os rabinos se deram conta de um aroma agradável, maravilhosamente fragrante, como o cheiro de um campo que o Senhor tivesse abençoado. Eles foram olhar nas casas e nas aleias da vizinhança para encontrar a fonte do aroma, mas nada encontraram. Enquanto isso [Nathan] estava dançando e saltando ao redor do aposento. Ele tirou uma peça de roupa depois da outra, até ficar apenas com suas roupas íntimas. Então deu um grande salto e caiu esticado no chão. Quando os rabinos viram isso, tentaram ajudá-lo a ficar em pé. Mas perceberam que ele estava sem vida, como um morto. O honrado rabino Meir Rofé estava presente, e sentiu o pulso dele assim como fazem os médicos, e anunciou para nós que ele não tinha pulso. Eles colocaram sobre o rosto dele um tecido, assim como se faz – que Deus nos proteja! – com os mortos. Mas, um pouquinho depois, eles ouviram uma voz muito baixa. Tiraram o tecido do rosto dele e viram que a voz estava emanando da boca, embora seus lábios não se movessem. "Tende cuidado", disse [a voz], "com Meu filho, Meu bem-amado, Meu messias Sabbatai Zevi." Então, a voz prosseguiu: "Tende cuidado com Meu filho, Meu bem-amado, Nathan, o profeta". Assim, os rabinos se deram conta de que o aroma que eles haviam sentido havia emanado da mesma centelha de santidade espiritual que havia penetrado em mestre Nathan e pronunciado essas palavras.[29]

Quando, no dia 31 de maio, Sabbatai Zevi se proclamou como o messias em público, Najara liderou sua comunidade no reconhecimento. Sabbatai Zevi começou imediatamente a se comportar de maneira régia, andando a cavalo e designando seus seguidores para que liderassem as Doze Tribos de Israel.

O ator central desse drama era uma personalidade curiosa. Os seguidores de Sabbatai se referiam a períodos de depressão que se alternavam com "iluminação", quando ele gostava de realizar "ações estranhas", que tinham por objetivo causar um choque. Filho de um próspero mercador de Esmirna, era reconhecido quando jovem por seu conhecimento talmúdico e iniciou o estudo da cabala na adolescência. Vivia em reclusão ascética aos vinte e poucos anos, ficando cada vez mais estranho, alegando que tinha a capacidade de levitar. Não conseguiu consumar nenhum dos seus casamentos. Entre 1646 e 1650, ficou claro que ele se considerava destinado a coisas mais elevadas; segundo tradições sabbatianas posteriores, foi em 1648 que resolveu pela primeira vez que era o messias, no ano em que ele acreditava que, segundo o *Zohar*, os mortos seriam ressuscitados. Perto de 1651, seu comportamento havia se tornado instável demais para que os rabinos locais de Esmirna o tolerassem, e ele foi banido. Ele foi para Salônica e depois para Constantinopla, proclamando de tempos em tempos seu status messiânico e causando escândalo devido a atos tais como entrar em uma cerimônia de casamento com uma cópia da Torá. Finalmente, em 1622, viajou para Jerusalém, onde foi visto pela primeira vez pelo jovem Nathan.[30]

As notícias de Gaza se espalharam rapidamente pela Palestina. Nem todos ficaram convencidos. Em Jerusalém, o rabino local havia conhecido Sabbatai Zevi por muitos anos, e a maioria se opôs a Sabbatai quando ele chegou à cidade sagrada seguido por uma grande multidão. Porém, algumas pessoas importantes se deixaram convencer, e as demais foram cautelosas, banindo Sabbatai Zevi de sua própria cidade, mas não tomando medidas contra as cada vez mais frenéticas mensagens sobre o messias que estavam sendo promulgadas por Nathan. Houve dificuldade em confrontar o entusiasmo dos seguidores de Sabbatai Zevi, e o apelo de Nathan para que todo Israel se arrependesse com o intuito de ocasionar a redenção iminente foi pensado de modo a persuadir os rabinos a dar apoio ao movimento. Como poderiam entusiastas engajados em jejuns e em outras formas de ascetismo não ser considerados piedosos?

Depois de ter sido jurada a obediência ao novo messias, ficou difícil voltar atrás, ainda que a mensagem relacionada à importância de Sabbatai Zevi continuasse a mudar com cada nova revelação feita a Nathan. Em setembro de 1665, Nathan escreveu para uma importante figura na comunidade judaica do Cairo para dizer-lhe que havia chegado o tempo da redenção e que qualquer pessoa que se opusesse seria atingida. No mundo oculto, as centelhas sagradas não estavam mais sob controle do mal. No futuro próximo, Sabbatai Zevi iria se transformar em rei no lugar do sultão otomano, desencadeando uma série de acontecimentos que iriam incluir as "dores do parto da redenção", nas quais haveria grandes sofrimentos. Enquanto isso, todos iriam se arrepender, com jejuns e preces.[31]

Rumores dos surpreendentes acontecimentos na Terra Santa haviam se espalhado até tão longe quanto a Inglaterra, no verão de 1665, mas era o início de outubro quando a história completa estava sendo contada, em uma forma adequadamente embelezada, por toda a Europa. Então, Sabbatai Zevi havia viajado para Esmirna, sua terra natal. Criou tumulto em alguns dos lugares pelos quais passava em seu itinerário, com muitas pessoas, homens e mulheres, levadas a fazer profecias em um estilo que, segundo Baruch de Arezzo, se tornou uma forma padrão:

> Essa era a maneira de profetizar naqueles dias: as pessoas entravam em um transe e caíam no chão como se estivessem mortas, seus espíritos tendo-as abandonado totalmente. Após cerca de meia hora, elas começavam a respirar e, sem mover os lábios, iriam proferir versículos da escritura louvando a Deus, oferecendo conforto. Todas diziam: "Sabbatai Zevi é o messias do Deus de Jacó". Quando se recuperavam, elas não tinham ciência do que haviam feito ou dito.

Rabinos conhecidos ficaram excitados tanto quanto os judeus comuns.[32]

Nathan havia ficado para trás, em Gaza, embora continuasse a proclamar as novas da redenção vindoura. A alteração na mensagem e no comportamento de Sabbatai Zevi em Esmirna no fim de 1665 só pode ser explicada pela sua própria crença em si mesmo. Após meses de comportamento ascético e de preces piedosas, ele começou a transgredir a halakhá em público de forma deliberadamente conspícua, como Baruch iria registrar:

> Foi após isso que [Sabbatai] começou a fazer coisas que pareciam estranhas. Ele pronunciava o nome sagrado exatamente como era escrito. Ele comia gordura animal. Ele fazia outras coisas contrárias a Deus e à Sua Torá, e forçava outros para que cometessem as mesmas ações iníquas. [...] Então, naquele Shabat, ele recitou preces suplicantes por muito tempo e em seguida se dirigiu à sinagoga portuguesa. Muitos dos que faziam o culto lá não acreditavam nele e, portanto, haviam trancado as portas da sinagoga. Ele ficou absolutamente enraivecido. Ele mandou pedir um martelo e, embora fosse o Shabat, golpeou as portas até que eles as abriram.

Ao instar que a lei fosse desrespeitada, e especialmente por exigir que seus seguidores pronunciassem em voz alta o inefável nome de Deus, Sabbatai Zevi estava anunciando a chegada da era messiânica em que tudo seria alterado. Porém, ele também desencadeou a oposição, desse modo unindo ainda mais seus seguidores (principalmente as mulheres a quem ele chamava para ler a Torá). Anunciou que a data da redenção seria o dia 15 Sivan 5426, que coincidia com o 18 de junho de 1666.[33]

A essa altura, a manifestação da oposição às reivindicações de Sabbatai Zevi estava se tornando perigosa em Esmirna, mesmo quando ele, de modo espantoso, decretou a abolição do jejum do dia 10 de Tevet, um jejum prescrito na própria Bíblia para celebrar o início do cerco de Jerusalém pelos babilônios, que havia levado à destruição do primeiro Templo em 586 a.C. Judeus locais começaram a rezar por Sabbatai Zevi como rei de Israel no lugar da prece padrão que expressava a lealdade ao sultão. As pessoas se dirigiam a ele cada vez mais como *amirah*, que significava "nosso senhor e rei, possa sua majestade ser exaltada". Judeus de toda a Turquia afluíram a Esmirna para se juntar às celebrações; e no dia 30 de dezembro de 1665, Sabbatai, com um grande cortejo, velejou para Constantinopla.[34]

Ao longo de dois séculos desde sua captura pelos otomanos em 1453, Constantinopla havia sido transformada na grande cidade islâmica de Istambul, na qual ruas estreitas e sinuosas com casas de madeira se amontoavam entre grandes mesquitas, palácios e mercados públicos. O local sagrado de Eyüp ficava aos pés do Chifre de Ouro, onde o corpo do porta-estandarte do profeta morto durante o cerco árabe de Constantinopla em 674-8 havia sido descoberto, e inúmeras fontes, pontes, escolas e outros edifícios construídos por Suleiman, o Magnífico, e outros sultões adornavam a capital. No entanto, de cerca de meio milhão de habitantes, apenas uma pequena maioria era muçulmana, e os judeus – dos quais milhares haviam se estabelecido lá após sua expulsão da Espanha em 1492 – eram uma comunidade autogovernada, assim como os cristãos ortodoxos, sob suas próprias autoridades religiosas (com exceção dos casos criminosos, que iam para as cortes otomanas). Era grande a excitação tanto entre os judeus quanto entre (os mais céticos) gentios quando Sabbatai Zevi se aproximou, e as autoridades turcas interceptaram o navio no dia 6 de fevereiro de 1666, jogando-o na prisão. Parece provável que a decisão de não condená-lo à morte foi tomada para evitar que ele se transformasse em um mártir e excitasse os judeus por todo o Império Otomano. Ele foi levado para Galípoli, e lá sua prisão foi na verdade transformada, por meio de propinas, em um castelo protegido onde ele mantinha a corte, recebendo emissários de muitas partes do mundo judeu:

> Então nosso Senhor habitava em grande honra sua "torre de força". Deus fez com que o superintendente da torre fosse amistoso em relação a ele, a tal ponto que se transformou no empregado [de Sabbatai]. ("Eu estou servindo a dois reis", ele costumava observar.) Homens, mulheres e crianças, de nosso povo e de outros povos também vinham de todas as partes do mundo para vê-lo, falar com ele, jurar-lhe obediência, beijar as mãos dele. Sua fama como messias havia se espalhado por todos os lugares.[35]

Dissidentes foram excomungados pelos rabinos de Constantinopla por considerarem correto "acreditar no pior em relação a um anjo sob forma humana [...] por causa de certas ações que, superficialmente, parecem peculiares, mas, na verdade, são maravilhosas". Em grande parte da diáspora os judeus jejuavam, se purificavam, e açoitavam seus corpos. Alguns venderam suas propriedades para se preparar para a viagem à Terra Santa. Em cidadezinhas na Alemanha e em comunidades no Marrocos, judeus aguardavam com impaciência as cartas da Terra Santa e se reuniam para ouvi-las. Poemas foram escritos em louvor a Sabbatai Zevi e seus profetas do Iêmen a Amsterdã. Os pregadores encorajavam o arrependimento, e edições das preces especiais mandadas imprimir por Nathan foram publicadas em Amsterdã, Frankfurt, Praga, Mântua e Constantinopla.[36]

À medida que se aproximava o verão de 1666, a expectativa cresceu, principalmente (ao que parece) para o próprio Sabbatai Zevi, que declarou que os jejuns do dia 17 Tammuz e 9 Av, que celebravam a destruição do Templo, deveriam ser substituídos por novos festivais: 17 Tammuz passou a ser a celebração da renovação do espírito de Sabbatai Zevi e 9 Av, a celebração do aniversário dele. Em Constantinopla, os rabinos receberam orientação divina antes de concordar em tomar uma medida tão drástica:

> Quando o decreto chegou a Constantinopla, as pessoas da cidade, embora acreditassem, estavam em dúvida se tomariam essa decisão tão séria. Então, os rabinos deles fizeram inúmeras preces e súplicas perante o Senhor Deus deles, suplicando-Lhe que lhes mostrasse o caminho que eles deveriam seguir, e o que teriam de fazer. Então, todos eles se reuniram. Eles preparam duas tiras

de papel, em uma das quais estava escrito "festival" e na outra, "jejum". Eles as colocaram em um pote; convocaram um menino e pediram-lhe que escolhesse uma das duas e estendesse a mão para o alto. Ele assim o fez – e saiu a palavra "festival". Os papéis foram devolvidos para o pote. Novamente o menino tirou um deles – "festival". Uma terceira vez eles colocaram de novo os papéis no pote; e saiu "festival".[37]

Durante todo o mês de julho e de agosto, os judeus aguardaram a redenção que deveria acontecer a qualquer instante. Então, no dia 16 de setembro, Sabbatai Zevi foi chamado à presença do sultão em Adrianópolis. Se a profecia de Nathan estivesse correta, esse teria sido o momento em que o sultão entregaria seu poder nas mãos do rei messias. Se as expectativas "dos turcos e dos incircuncidados" estiverem corretamente registradas por Baruch de Arezzo, Sabbatai deveria ter sido morto, e à sua execução se seguiria um pogrom dos judeus de Adrianópolis:

> Quando os muçulmanos e os cristãos de Adrianópolis ouviram que o rei havia chamado nosso Senhor à sua presença, eles supuseram que a cabeça dele estava prestes a ser cortada, e todos os judeus seriam mortos, tendo se tornado conhecimento comum que o rei havia condenado os judeus da cidade à morte. Eles enviaram emissários a Constantinopla para que cometessem lá a mesma ação pavorosa. Eles afiaram suas espadas e esperaram a chegada [de Sabbatai], todos prontos para cumprir os desígnios deles em relação aos judeus.

O que realmente aconteceu foi muito diferente. O sultão deu a Sabbatai Zevi um turbante e um novo nome. Sabbatai Zevi passou a ser Aziz Mehmed Effendi, e muçulmano. Não havia como disfarçar: ele escreveu para seu irmão Elijah em Esmirna, apenas oito dias mais tarde, que "o Criador fez de mim um muçulmano [...] e me criou outra vez, segundo a Sua vontade".[38]

As reações por todo o mundo judeu variaram bastante. Para quem nunca havia acreditado nas alegações de Sabbatai, era a prova mais cabal possível da validade de suas dúvidas, e em novembro de 1666 Joseph Halevi de Livorno escreveu para seu amigo Jacob Sasportas em Hamburgo a respeito do que havia acontecido com o "grosseiro e louco perigoso cujo nome judaico costumava ser Sabbatai Zevi" e a quem "todos os judeus" haviam invocado como "nosso redentor", instruindo Sasportas de que ele deveria dizer aos seguidores desse redentor que "Mehmed, salvador deles, havia então retornado aos seus dias de escola, agora um discípulo da religião muçulmana". Para os que acreditavam, houve choque, perda de esperançaa e, para muitos, silêncio. Líderes judaicos na Turquia tentaram fazer com que as suas comunidades voltassem à normalidade, talvez em parte com medo de uma punição por parte das autoridades turcas por terem encorajado o levante popular. Na Itália, registros do apoio que havia sido dado outrora a Sabbatai foram destruídos, embora levasse certo tempo para que acabasse a indignação daqueles como Joseph Halevi, que havia sofrido por se opor à histeria. E também levou tempo para que os crentes se recobrassem. Glückel de Hamelin, que era uma jovem adulta em 1666 e havia começado a escrever as suas notáveis memórias em ídiche, na década de 1690, basicamente como uma crônica familiar para benefício de seus descendentes depois da morte de seu primeiro marido, relatou nessas memórias que seu sogro em Hildesheim havia empacotado os pertences dele em 1666 com o objetivo de viajar para a terra de Israel para se encontrar com o messias, e foram precisos três anos para que ele se resolvesse a desfazer as malas:

> Muitos venderam as suas casas e as terras e todas as suas posses, pois a qualquer dia eles esperavam ser redimidos. Meu bom sogro saiu de sua casa em Hamelin, abandonou a sua casa e as suas terras e toda a sua considerável mobília, e se mudou para Hildesheim. Ele mandou para nós, em Hamburgo, dois imensos barris cheios de roupas brancas e de ervilhas, feijões, carne seca, ameixas partidas e alimentos semelhantes, todos os tipos de comida que poderia ser conservada. Pois o velho senhor esperava velejar a qualquer momento de Hamburgo para a Terra Santa. Mais de um ano os barris ficaram em minha casa. Finalmente, os anciãos temeram que a carne e os outros produtos alimentícios fossem se estragar; e eles nos escreveram, que deveríamos abrir os barris e remover os alimentos, para evitar que as roupas brancas fossem arruinadas. Por três anos os barris ficaram prontos, e enquanto isso meu sogro esperava o sinal para a partida. Porém, não era essa a vontade do Altíssimo.[39]

E havia quem – embora apenas uma minoria do movimento de massa de 1665-6 – continuasse a acreditar que Sabbatai Zevi fosse o messias. Uma dessas pessoas era o próprio Sabbatai, que foi visto em 1671 – pelo mesmo Jacob Najara que havia testemunhado em sua própria casa em Gaza a fatal profecia de Nathan no Pentecostes em 1665 – ainda vivendo como judeu, apesar de ser um muçulmano na corte otomana, pregando nas sinagogas e observando os costumes judaicos, mesmo que de modo excêntrico. O próprio Najara circuncidou um menino de dez anos cujo pai havia "jurado enquanto Amirah estava na Torre de Força [em Galípoli] que ele não iria circuncidar o seu filho a não ser na presença do rei messias. Com isso, Amirah ordenou que aquele rabino [Najara] circuncidasse o menino". Ao mesmo tempo, Sabbatai estava em contato com místicos muçulmanos das ordens dervixes e, segundo Najara, encorajava, entusiasmado, os seus seguidores a abraçar o islã junto com ele:

> Quando o Purim havia acabado, ele foi para a casa do sábio Rabbi Jacob Alvo e convocou o rabino [Najara] junto com outros seis homens. Naquele mesmo pátio se encontrava o quartel dos janízaros; e [Sabbatai] fez uma prece lá com os rabinos e acolheu o Shabat com melodia e com grande alegria, cantando em voz alta. [...] Quando fez dia claro, ele foi com seu criado para a sinagoga portuguesa, onde recitou uma série de preces de súplica. [...] Em seguida, recitou lá os *namaz* [preces muçulmanas], e depois disso retornou para a casa [de Alvo] e fez as preces do serviço matutino [para o Shabat]. [...] Então ele foi para casa, levando consigo sua cópia do *Zohar* incrustada de gemas. Ele chegou ao pôr do sol, em um estado de exaltação. Quando o Shabat havia terminado, no início da noite, ele declarou que todos os crentes fossem convocados para perto dele e que todos que acreditassem nele deveriam usar um turbante. Cerca de doze homens e cinco mulheres concordaram em fazer conforme ele solicitava.[40]

Não era esse o ponto de vista de Nathan de Gaza, que permaneceu convicto do papel messiânico de Sabbatai, mas não tinha vontade de adotar o islã e alertou os demais "para que ficassem longe de Amirah quando ele está em um estado de iluminação porque ele deseja converter todos ao seu redor ao islã". A explicação de Nathan para as ações de Sabbatai era teológica. No início de novembro de 1666, ele anunciou que o mistério se resolveria com o tempo e partiu de Gaza com um grande grupo de seguidores para se encontrar com Sabbatai em Adrianópolis, desenvolvendo gradualmente, à medida que ele prosseguia, o engenhoso argumento cabalístico de que, agora que os judeus haviam restaurado as centelhas de suas próprias almas por meio de *tikkun*, o messias tinha precisado descer ao islã com o intuito de elevar as centelhas sagradas que haviam sido espalhadas entre os gentios. Sabbatai havia assumido a vergonha da traição como etapa final antes que pudesse aparecer em glória. Com o apoio do próprio Sabbatai, Nathan viajou pela Itália e pelos Bálcãs divulgando essa doutrina, e cartas frequentes trocadas entre as comunidades sabbatianas no Norte da África, na Itália e nos Bálcãs haviam criado uma poderosa teologia sectária na época em que Sabbatai foi exilado em janeiro de 1673 em Ulcinj, na Albânia, depois de acusações sobre seu comportamento por parte tanto de judeus quanto de muçulmanos.

Depois do golpe da apostasia, a morte do messias no Dia do Perdão em 1676 foi menos difícil de absorver do que poderia ter sido de outra forma. Estava claro para o crente Baruch de Arezzo que Sabbatai não havia morrido de verdade:

> Foi sabido em seguida que nosso Senhor havia viajado para se encontrar com nossa irmandade israelita, as dez "tribos do Senhor", no lado mais distante do rio Sambatyon, para lá se casar com a filha de Moisés, nosso mestre que ainda vive entre eles. Se nós merecermos, ele voltará para nos redimir imediatamente após os sete dias de celebração de seu casamento. Mas, se não formos, ele ficará lá até nós sermos destruídos por terríveis calamidades. Apenas então ele virá para nos vingar de nossos inimigos e daqueles que nos odeiam. Certo rabino da terra da Moriá viu nosso Senhor na cidade chamada de Malvasia. Naquela mesma semana, [nosso Senhor] lhe disse que ele estaria a caminho da Grande Tartária, que é a rota correta para o rio Sambatyon.

O aparente fracasso de Sabbatai assinalado por sua morte foi explicado com a alegação de que ele iria reencarnar e completar sua obra em outro corpo, ou que ele estava muito longe reunindo as dez tribos perdidas, ou que ele havia partido para o mundo dos espíritos para lá alcançar a redenção que havia completado na terra. Alguns, como Moshe David Valle, argumentaram que Sabbatai havia sido o messias filho de José e que iria ser seguido pelo messias filho de Davi, que marcaria o final dos tempos.[41]

O reconhecimento por parte de Nathan, em 1668, do status de Sabbatai como messias havia refletido uma convicção há muito tempo tida pelo próprio Sabbatai, confirmada em 1664 quando ele contraiu seu terceiro matrimônio com Sarah, uma bela, mas perturbada, noiva de origem polonesa. Ela foi descrita em termos desdenhosos após a conversão de Sabbatai por Jacob

Sasportas, que a conhecera em Amsterdã em 1655, como "uma garota sem juízo que costumava fazer, para diversão de todos, declarações insanas sobre como ela iria se casar com o rei messias. Ela partiu para Leghorn [Livorno], onde, como me escreve o rabino Joseph HaLevi, ela tinha o costume de ir para a cama com qualquer um e com todos". Para Baruch de Arezzo, a importância do casamento se encontrava apenas na confirmação de que Sabbatai era o messias, referindo que o protetor de Sarah no Cairo, Raphael Joseph Chelebi, havia "desejado casá-la com um dos amigos dele e dado grandes riquezas para ela". Os dois foram devidamente casados, porém, segundo Baruch: "Ele nunca havia tido relações com ela até ele ter colocado o puro turbante em sua cabeça". O casamento havia sido concebido como um prelúdio para a redenção, não para uma vida familiar estabelecida.[42]

O impacto de Sabbatai por todo o mundo judaico pode ser explicado apenas por uma confluência de causas. Lembranças dos massacres de Chmielnicki na Polônia em 1648-9, que haviam destruído a família inteira de Sarah e a levaram ao exílio, podem explicar o extraordinário entusiasmo dos judeus poloneses pela promessa de redenção de Sabbatai; mas tais sofrimentos não podem explicar o entusiasmo equivalente dos judeus de Amsterdã, que estavam levando uma vida judaica no conforto e na segurança. É provável que a expectativa cristã na Inglaterra, Holanda e Alemanha de que a segunda vinda de Cristo fosse ocorrer em 1666 ajudasse a divulgar as notícias relacionadas a Sabbatai por toda a Europa cristã durante aquele ano. Porém, o milenarismo cristão não pode explicar a excitação dos judeus nas terras islâmicas – quase não há referências a Sabbatai em fontes muçulmanas contemporâneas, e o tratamento compassivo dispensado a ele, comparado à política normal de supressão brutal de criadores de problemas, sugere que o Estado otomano tinha condição de tratar o episódio todo de maneira descompromissada. A cabala de Luria ofereceu a Nathan de Gaza a base de sua teologia para explicar a descida do messias ao abismo com sua conversão ao islã com o intuito de trazer a redenção, mas poucos judeus em meados do século XVII tinham familiaridade com as complexidades do sistema místico de Luria para que eles tivessem visto tal comportamento impactante como justificado por si só – como fica claro com o tempo que Nathan levou para apresentar a sua teologia quando as notícias da adoção do turbante por Sabbatai chegaram até ele. Tampouco pode a frustração com as restrições de uma religião baseada no comando divino que irritaram Espinoza, cujo *Tratado teológico-político* foi publicado em

Amsterdã em 1670, explicar a prontidão dos judeus no Iêmen, na Turquia e no Marrocos para deixar de lado aspectos estimados da Torá na esperança insana de que tal antinomianismo fosse o sinal de um novo começo. A devida concessão dever ser feita à histeria em massa, ao impacto de ideias divulgadas pelo novo meio da impressão e, como vimos nas amargas acusações de Joseph Halevi, à chantagem moral daqueles que duvidavam: "Mas a reação da ralé insensata, assim que eles compreenderam que eu [Joseph Halevi] havia refutado completamente a fé deles no profeta e em seu messias, era outra coisa. Eles ficaram indignados e lançaram contra mim um infindável fluxo de insultos verbais".[43]

Os choques decorrentes dos levantes de 1665 e 1666 ressoaram dentro de muitas comunidades judaicas por bem mais de um século. Em alguns círculos rabínicos havia sido especulado por muito tempo que o "messias, filho de David", seria acompanhado por um "messias, filho de Joseph", e até antes da morte de Sabbatai Zevi foi revelado para um jovem iletrado em Meknès, no Marrocos, chamado Joseph ibn Tsur, que ele era essa criatura. Uma carta dessa época enviada de um rabino para outro, datada do dia 5 de fevereiro de 1675, expressava o deleite com o segredo por ele revelado:

> Devo informar ao senhor que notícias de Meknès chegam aqui diariamente, relacionadas a esse jovem, e às interpretações e revelações secretas das quais ele fala. Eu não poderia me conter quando percebi o que estava acontecendo. Eu disse, é essencial que eu vá ver isso pessoalmente. Então, peguei o *Zohar* e mais alguns livros, e viajei para lá para perguntar-lhe sobre certas passagens obscuras no *Zohar*, tencionando ficar até a Páscoa. Descobri que o jovem era humilde e temente a Deus, possuidor de todas as boas qualidades. Quando disse para ele: "Eu vim para aprender contigo os mistérios incompreensíveis do *Zohar*", ele respondeu: "Estou surpreso com vossa senhoria! De minha parte, eu nem conheço Rashi, e eu não sei nem um único versículo da Bíblia além do que me foi revelado". [...] Eu perguntei se era verdade que ele era o messias filho de Joseph. "Isso é o que me dizem", respondeu ele. Desde o nascimento, ele tinha no braço uma marca com formato de um lírio, da primeira articulação do dedinho até o antebraço. Resumindo, eu vim de lá no melhor dos espíritos. Ficou claro para nós que ele não estava possuído por um espírito ou um demônio, Deus nunca permita, pois o comportamento dele era excepcionalmente tranquilo e racional, e toda a conversa dele se relacionava à divina unidade. Além do mais, ele jejua

continuamente. Eu lhe pedi para me dar algum sinal milagroso. "O que poderia ser mais milagroso", respondeu ele, "que aquilo que vós vedes agora? Outrora, eu nada sabia nem sobre a Bíblia, e agora eu falo sobre as dez *sefirot* e os mistérios da cabala. Eu não estou vos dizendo para antecipar a redenção que está a um ou dois anos de distância. Espere apenas dois meses; então vós não tereis de fazer mais nenhuma pergunta".

Joseph ibn Tsur morreu logo depois de essa carta ter sido escrita, mas outro contemporâneo pretendente ao papel de messias, filho de Joseph, Abraham Miguel Cardoso, viveria por mais tempo, e deixaria uma impressão mais forte para aqueles que continuavam na esperança de que o percurso de Sabbatai tivesse um sentido religioso.[44]

Cardoso era um converso que havia estudado teologia cristã na Espanha antes de fugir para Veneza com pouco mais de vinte anos e professar abertamente sua fidelidade ao judaísmo. Em 1665, ele se tornou um seguidor de Sabbatai Zevi, e não vacilou em sua crença da adoção do turbante da parte de Sabbatai, embora ele se opusesse veementemente à conversão de outros sabbatianos ao islã. Observando de modo desafiador os costumes tradicionais judaicos e sendo contrário ao antinomianismo, não obstante Cardoso suscitou a oposição por parte de outros judeus ao expor uma nova doutrina, relacionada aos ensinamentos neoplatônicos em sua educação universitária, de que o Deus de Israel, que era o objeto do culto, deveria ser diferenciado da causa primeva, que não tinha relação com as coisas criadas. Ele apresentou essa tese em um tratado, *Boker Avraham* ("Aurora de Abraão"), que enviou para Sabbatai Zevi em 1673 (embora ele não recebesse resposta). Cardoso passou grande parte do resto de sua vida defendendo-a, denegrindo o papel da causa primeva oculta e de qualquer coisa no âmbito do movimento sabbatiano que pudesse ter traços dos dogmas católicos que ele havia deixado para trás na Espanha. Viagens frequentes pela Itália, pelo Norte da África e o leste do Mediterrâneo, ao longo de uns trinta anos, com frequência forçadas pelas autoridades rabínicas que não permitiriam que Cardoso morasse entre eles, e uma volumosa correspondência com discípulos tão distantes quanto em Marrocos e na Inglaterra, disseminaram sua influência na competição após 1670 para representar de modo verídico os ensinamentos secretos de Sabbatai Zevi, contradizendo o sistema cabalístico de Nathan de Gaza e de outros que reivindicavam o legado de Sabbatai.

Diferentes grupos de sabbatianos logo seriam encontrados na Turquia, na Itália e na Polônia, com conjuntos de crenças totalmente diferentes, à medida que profetas alegavam ter visões de Sabbatai após a morte dele. A maior divisão se encontrava na atitude em relação ao islã. Sabbatai Zevi parece ter acreditado, pelo menos às vezes, que o judaísmo e o islamismo eram compatíveis, embora fosse insensatez esperar que ele tivesse sido consistente nessa sua atitude mais do que em qualquer outro assunto. Vimos que Cardoso sabia que Sabbatai havia exigido que seus seguidores também abraçassem o islã, e que alguns o fizeram, mas Cardoso desaprovava isso com veemência, referindo-se com certo desdém a "um homem de certa importância que havia adotado o turbante a pedido de Sabbatai Zevi". Esse homem havia se aproximado de Cardoso em Istambul no dia 10 de maio de 1682 para perguntar se ele deveria abandonar o turbante e retornar ao aprisco judaico. Segundo as recordações de Cardoso, ele disse que (Cardoso) "não tinha competência para ditar regras sobre esse assunto, e que eles deveriam ir perguntar a quem os havia levado a usar o turbante em primeiro lugar" – algo impossível, seis anos após a morte de Sabbatai. No ano seguinte em Salônica, entretanto, o irmão da última esposa de Sabbatai Zevi, Jacob Filosof (posteriormente conhecido como Jacob Querido), liderou cerca de trezentas famílias judias locais para o islã, sua autoridade sustentada pela alegação de sua irmã em 1676 de que ele havia herdado a alma de Sabbatai. Os novos convertidos deveriam formar o Dönmeh, um grupo distinto, que sobrevive até hoje, de criptojudeus que vivem abertamente como muçulmanos, mas observam muitas das práticas judaicas em segredo, esperando o retorno do messias. Em 1999, foi relatado que "um dos anciãos da comunidade [...] vai às margens do Bósforo, pouco antes do amanhecer, e recita [em ladino (hebraico-espanhol)] [...] 'Sabbatai, Sabbatai, esperamos por vós'". Os dönmeh mantiveram sua identidade separada se casando apenas entre eles, embora logo no início eles tivessem se separado em três grupos. Muitos partiram de Salônica para Istambul em 1924, como parte das trocas de população entre a Turquia e a Grécia quando a República Turca foi fundada. Uma pequena seita dos dönmeh, liderada por certo Baruchiah Russo (também conhecido como Osman Baba), ensinava no início do século XVIII que Sabbatai Zevi era divino e que a Torá messiânica exige uma completa reversão de valores, na qual todas as atividades sexuais proibidas seriam tratadas como mandamentos positivos. Mas tais pontos de vista eram defendidos por uma pequena minoria.[45]

Esses sabbatianos que se recusaram a adotar o islã também estavam, assim como os dönmeh, divididos em suas ideias sobre as implicações do percurso de Sabbatai para a manutenção da halakhá. Alguns adotaram um antinomianismo extremo, em alguns casos explicitamente sustentando a autoridade de Baruchiah como "santo señor", mas outros praticavam um ascetismo mais extremo, tal como a "sagrada sociedade do Rabbi Judah Hasid", um grupo de centenas de entusiastas, liderados por Judah Hasid e o rabino polonês Hayyim Malakh, que foram a Jerusalém em 1700 na esperança do aguardado advento, em 1706, do messias (sob a forma, embora Malakh não afirmasse isso abertamente, de Sabbatai Zevi, que havia retornado à vida após quarenta anos). Expulso de Jerusalém, Malakh parece ter encontrado Baruchiah em Salônica, e pode ter sido tentado a adotar pontos de vista antinominianos. De qualquer modo, ele foi denunciado em 1710 pelos rabinos de Constantinopla e, de volta à Polônia, formou uma seita radical em Podólia (na moderna Ucrânia e Moldávia), da qual surgiria, após sua morte, o movimento ainda mais extremista, o frankismo.[46]

Em 1726, Jakob Frank nasceu Jacob b. Judah Leib, filho de um pai da classe média de Korolówka, na Podólia, mas foi educado (embora não alcançasse um nível de educação muito alto) em Chernivtsi. Por muitos anos morou em Bucareste, onde trabalhava como comerciante de tecidos. Seus estudos sobre o *Zohar* granjearam-lhe certa reputação entre os sabbatianos, e, em 1753, visitou Salônica na companhia de professores sabbatianos do grupo antinominiano dos dönmeh, que seguiam os ensinamentos de Baruchiah. Em dezembro de 1755, voltou para a Polônia como um líder sabbatiano. Depois de cerca de 25 anos em terras turcas, e falando ladino, suspeitaram que ele fosse um "frank", a palavra em ídiche para um sefardita, e ele adotou "Frank" como nome de família, logo ganhando um grande número de seguidores por toda a Polônia por seus ensinamentos da "Torá da emanação", que ele apresentava como uma Torá espiritual que permitia transgressões aos princípios. Ele próprio voltou para a Turquia, onde, no começo de 1757, se converteu ao islã (assim como seus mestres dönmeh), deixando os *ma'amininm* ("crentes"), como seus seguidores sabbatianos na Galícia, na Ucrânia e na Hungria se referiam a si mesmos, para enfrentar uma intensa perseguição.

Autoridades rabínicas na Polônia a princípio apenas emitiram um banimento contra membros da seita, confirmado pelo Conselho dos Quatro Países, mas então, fatidicamente, procuraram o auxílio das autoridades cristãs para suprimir o que eles descreviam como uma nova religião, apenas para que os sabbatianos reivindicassem a proteção da Igreja contra seus perseguidores "talmudistas", oferecendo ao bispo local uma oportunidade para usá-los como arma contra os judeus rabínicos em sua diocese. No dia 2 de agosto de 1756, os sabbatianos apresentaram ao bispo uma solicitação para uma confrontação pública com os rabinos, na qual eles iriam argumentar que a fé deles era, em essência, compatível com o cristianismo. No debate que se seguiu em Kamienice, de 20 a 28 de junho de 1757, os sabbatianos saíram vitoriosos, e em outubro e novembro de 1757 inúmeras cópias do Talmude foram queimadas em praças públicas. Quando o bispo responsável morreu no dia 9 de novembro no decorrer desses acontecimentos, judeus rabínicos reconheceram a vingança divina e se voltaram contra os sabbatianos, de modo que muitos deles fugiram para a Turquia.

Tal era o estado de antagonismo mútuo entre os "talmudistas" e os "crentes" quando Jacob Frank voltou para a Polônia, em dezembro de 1758, ou no início do ano seguinte. Ele se revelou em Iwanie para seus seguidores como "o verdadeiro Jacob" que havia vindo para completar o trabalho de Sabbatai Zevi e de Baruchiah, exigindo que eles adotassem o cristianismo manifestamente, assim como os dönmeh haviam feito com o islã, com o intuito de manter a verdadeira fé em segredo. Um ano mais tarde, Frank e muitos de seus seguidores foram devidamente batizados em Lwów, e Frank e sua esposa foram batizados uma segunda vez, sob a proteção do rei da Polônia, com grande pompa, na catedral de Varsóvia no dia 18 de novembro de 1759. Os frankistas haviam requisitado que pudessem continuar vivendo separados dos outros cristãos, e que lhes fosse permitido usar roupas judaicas, manter o *peiot*, evitar carne de porco, e descansar no sábado, bem como no domingo, e manter o uso do *Zohar* e de outras obras da cabala, mas a Igreja havia recusado, exigindo o batismo sem precondições. Como resultado, o batismo não acabou com as bem fundadas suspeitas cristãs a respeito das intenções dos novos convertidos, e em 1760 o próprio Frank foi acusado de heresia. Mantido em cativeiro por treze anos, foi tratado por seus companheiros como o "messias sofredor", recebendo as atenções de seus seguidores em seu cárcere na fortaleza de Częstochowa até ela ser capturada pelos russos em agosto de 1772, depois da partilha da Polônia. A partir de 1773 até a sua morte em 1791, Frank viveu como cristão em Brno e depois em Offenbach, rodeado por um agregado familiar exótico e fazendo alegações extravagantes a respeito da origem de sua filha Eva, que alguns seguidores acreditavam ser uma princesa real Romanov. A complexa mistura de judaísmo e cristianismo que ele defendia provou ser impossível de ser mantida, e os frankistas na Polônia se misturaram à sociedade cristã.[47]

Contra o pano de fundo de tal agitação, não deveria surpreender que as suspeitas de simpatias sabbatianas fossem disseminadas dentro das comunidades judaicas por toda a Europa na primeira metade do século XVIII. Em Londres, em 1715, David Nieto, o *haham* (principal rabino) da sinagoga espanhola e portuguesa, publicou uma veemente acusação de sabbatianismo contra seu contemporâneo, Nehemiah Hayon, cujas doutrinas, com base em Luria, relativas às faces da divindade que haviam sido aprovadas pelo *haham* em Amsterdã, mas atacadas por seus homólogos asquenazes naquela cidade. Ainda mais entusiástico na perseguição à heresia era Moshe Hagiz, ele próprio um eminente cabalista e defensor da autoridade rabínica. Hagiz, como Nieto, igualmente atacou Nehemiah Hayon entre 1713 e 1715, mas ele também se envolveu em polêmicas acirradas contra Yonatan Eybeschütz na década de 1720 e contra Moshe Hayyim Luzzatto na década de 1730.[48]

No caso de Luzzatto, a intervenção de Hagiz pode ser considerada bem-sucedida. Luzzatto era um notável místico e poeta, que havia tido aos vinte anos uma revelação, na qual um *maggid* apareceu para ele (como havia acontecido com outros antes, por exemplo, Yosef Karo). Entre os discípulos de Luzzatto, Moshe David Valle se identificou como o messias, filho de David, considerando Sabbatai Zevi o messias, filho de Joseph. O próprio Luzzatto foi designado a reencarnação de Moisés, e seu casamento em 1731 como a união dos elementos masculinos e femininos no mundo divino que formavam o primeiro elemento no processo messiânico. As suspeitas de sabbatianismo levantadas por Hagiz não eram descabidas, e os rabinos de Veneza forçaram Luzzatto a se mudar para Amsterdã em 1735, ordenando que suas obras fossem queimadas. Proibido pela corte veneziana de escrever obras cabalísticas, em Amsterdã Luzzatto produziu um dos mais influentes trabalhos de ética judaica já escritos, o *Mesillat Yesharim* ("O Caminho do Justo"), que descrevia o caminho da ascensão ética que o indivíduo tem de trilhar até a santidade ser alcançada:

É fundamentalmente necessário tanto para a santidade quanto para a perfeita adoração de Deus perceber claramente o que constitui o dever do homem neste mundo, e qual objetivo é digno de seus esforços durante todos os dias de sua vida. Nossos sábios nos ensinaram que o homem havia sido criado apenas para encontrar o deleite no Senhor e para se banhar na radiância de Sua presença. Porém, o verdadeiro local para tal felicidade é o mundo vindouro, que foi criado para esse exato propósito. O mundo presente é apenas um caminho para esse objetivo. "Este mundo", disseram os nossos sábios, "é como um vestíbulo antes do mundo vindouro." Portanto, Deus, abençoado seja Seu Nome, nos deu os mandamentos. Pois este mundo é o único local onde os mandamentos podem ser observados. O homem é colocado aqui com o intuito de conquistar com os meios ao seu dispor o lugar que lhe foi preparado no mundo vindouro.

É uma prova do poder dos *insights* éticos de Luzzatto que, apesar das justificadas dúvidas relacionadas às suas simpatias sabbatianas, dois séculos mais tarde seus escritos fossem leitura obrigatória para alunos do movimento Musar nas *yeshivot* na Lituânia, que enfatizavam o ensino da ética (ver capítulo 19).[49]

Se o ataque de Hagiz a Eybeschütz fosse igualmente justificado é mais duvidoso. Yonatan Eybeschütz era um prodígio talmúdico oriundo de Cracóvia. Ele liderou *yeshivot* em Praga, Metz e Altona, e era amplamente celebrado por seus comentários nos códigos halákhicos, mas suspeitavam que ele nutrisse tendências sabbatianas em suas práticas cabalísticas. Seu principal oponente não era Hagiz, mas o rabino local, Yaakov Emden, filho do rabino da comunidade asquenaze em Amsterdã, que havia objetado com tanta força a Nehemiah Hayon no início do século. Em 1751, Emden acusou Eybeschütz de ser um seguidor secreto de Sabbatai Zevi, citando as evidências de alguns amuletos escritos por Eybeschütz que continham fórmulas sabbatianas. A acusação chegou aos ouvidos das autoridades seculares, incluindo o monarca dinamarquês, e inúmeros rabinos foram atraídos para dar apoio a um lado ou a outro. Em 1753, Eybeschütz foi exonerado pelo Conselho dos Quatro Países na Polônia, e suas obras halákhicas permanecem em uso atualmente – apesar das fortes suspeitas de historiadores modernos de que a acusação de Emden possa ter sido justificada.[50]

A vida judaica nunca mais seria a mesma após a crise de Sabbatai Zevi, mas os ânimos acabaram se apaziguando, à medida que messias autoproclamados surgiam e desapareciam. Um legado duradouro foi a popularização da linguagem da cabala de Luria na liturgia comum. Isso, por sua vez, iria moldar o mais duradouro movimento do início do período moderno, o hassidismo.

HASSIDISMO

Perto do fim do século XVIII, Solomon Maimon, um judeu polonês que havia abandonado o judaísmo para ser um filósofo idealista em Berlim, seguindo os passos intelectuais de Immanuel Kant, descreveu com um olhar cético as experiências de um Shabat a que ele havia comparecido quando jovem, algumas décadas antes, na corte de Dov Ber de Mezeritch, conhecido como o Maggid, no início da década de 1779, pouco antes da morte do mestre:

> Finalmente cheguei a M****, e depois de ter descansado de minha viagem fui à casa do superior com a ideia de que eu iria ser apresentado a ele imediatamente. Disseram-me, entretanto, que ele não poderia falar comigo naquele momento, mas que eu havia sido convidado para fazer a refeição com ele no Shabat junto com outros desconhecidos que tinham vindo visitá-lo; que eu teria então a felicidade de ver o virtuoso homem frente a frente e de ouvir os mais sublimes ensinamentos dos próprios lábios dele; que, embora aquela fosse uma audiência pública, por causa das referências individuais que eu veria terem sido feitas à minha pessoa, eu poderia considerá-la como uma conversa especial. Assim sendo, no Shabat fui para essa refeição solene, e encontrei lá uma grande quantidade de homens respeitáveis que se haviam encontrado lá vindos de diferentes lugares. Finalmente, o grande homem apareceu em sua forma que inspirava tanta reverência, vestido de cetim branco. Até mesmo seus sapatos e sua caixa de rapé eram brancos, esta sendo entre os cabalistas a cor da graça. Ele ofereceu a cada recém-chegado seu *salaam*, ou seja, seu cumprimento. Nós nos sentamos à mesa e, durante a refeição, reinou um solene silêncio. Depois de a refeição ter acabado, o superior tocou uma melodia solene e inspiradora, manteve a mão por uns momentos sobre a testa, e começou a chamar em voz alta, "Z**** de H****, M***** de R*****", e assim por diante. Cada recém-chegado era, por conseguinte, chamado por seu próprio nome e o nome de sua residência, o que não causou pouco assombro. À medida que ia sendo chamado, cada um recitava alguns versículos das Escrituras Sagradas. Após o que, o superior começou a fazer um sermão para o qual os versículos recitados serviam como texto, de modo que, embora fossem

versículos desconexos tirados de diferentes partes das Escrituras Sagradas, eles eram combinados com muito talento como se formassem uma unidade. O que ainda era mais extraordinário, cada um dos recém-chegados acreditava descobrir, naquela parte do sermão baseada em seu versículo, algo que tinha uma referência especial aos fatos de sua própria vida espiritual. Naturalmente, todos nós ficamos muito impressionados com isso. Não se passou muito tempo, entretanto, antes que eu começasse a modificar a alta opinião que havia formado sobre esse superior e todo o grupo. [...] Todo o grupo também me desagradava, e não pouco, por seu espírito cínico e excesso de alegria.[51]

Apesar do ponto de vista hostil de Maimon, Dov Ber era um mestre inspirador cujos alunos iriam propagar diversas versões de seus peculiares ensinamentos místicos a uma grande parte da Europa Oriental, de modo que em torno da primeira década do século XIX, quando a Europa estava enfrentando Napoleão, sua forma de judaísmo havia se enraizado profundamente na Ucrânia, na Bielorrússia e na Galícia.

Os ensinamentos de Dov Ber, ou pelo menos o proselitismo entusiasmado e extático de seus seguidores, também haviam suscitado grande oposição na época de sua morte. Em 1772, o primeiro de uma série de banimentos foi emitido contra ele pelas autoridades rabínicas sob a liderança do *gaon* de Vilnius, na Lituânia. Mas, embora tais banimentos fossem bem-sucedidos ao restringir o entusiasmo dos judeus na Lituânia, eles quase não tiveram sucesso no resto da Europa Oriental. Mas por que, afinal, o hassidismo, assim como foi testemunhado por Solomon Maimon, com sua ênfase na experiência religiosa de cada *hassid* ("pietista"), conseguiu estabelecer uma nova forma de judaísmo aceita pela maioria dos demais judeus, se Sabbatai Zevi e Jacob Frank haviam fracassado?

A teologia pregada por Dov Ber se baseava na cabala de Luria, mas enfatizava menos a concentração intelectual que havia caracterizado os círculos cabalísticos de elite do que a imersão do indivíduo na presença divina por meio da prece, na qual todo o sentido do ser se perde e a união com o divino é alcançada. O verdadeiro *tsaddik* ("homem justo") é dotado, por meio de tais devoções, ou atenção plena (*da'at*), de um carisma especial, permitindo-lhe mediar entre os que creem e Deus, e realizar milagres, trazendo a abundância do divino para o mundo material. Qualquer judeu comum poderia encontrar uma conexão com Deus por meio da obediência ao *tsaddik* a quem ele é, por natureza, conforme. Essa teologia descortinou novos caminhos para a devoção pessoal para todos os judeus, e também um novo e significativo papel para os líderes religiosos carismáticos, parecido com o das figuras importantes de seitas cristãs dissidentes contemporâneas, como os doukhobors.[52]

Quando Dov Ber havia estabelecido a corte onde foi visto por Solomon Maimon, em torno de 1766, ele já estava com mais de sessenta anos, enfraquecido por uma vida de extremo ascetismo e de devoção ao estudo da cabala. Ele não era inclinado à empolgante demagogia que havia angariado seguidores a Jacob Frank uma década antes. Tampouco divulgava a palavra por meio de publicações intensivas – seus ensinamentos foram publicados apenas postumamente com base em anotações apressadas feitas em um caderno por um discípulo, Levi Yitzhak de Berdichev. Levi Yitzhak era uma figura a cujo respeito eram contadas histórias, com muitas coleções de narrativas em ídiche sobre os seus milagres e o amor por todos os seus companheiros judeus (que, dizia-se, teria incluído uma disposição para discutir até mesmo com Deus a favor deles, como Abraão havia certa vez argumentado a favor dos habitantes de Sodoma e de Gomorra), mas Dov Ber não era uma personalidade poderosa desse tipo, encontrando-se apenas de vez em quando com seus discípulos, quanto mais com a população em geral.[53]

Por trás de Dov Ber encontrava-se uma figura imensamente carismática, cuja vida e ensinamentos são envoltos em uma névoa de mito e hagiografia, Israel b. Eliezer, o Baal Shem Tov, conhecido pelas iniciais de seu título como o Besht. Segundo a lenda, Israel b. Eliezer nasceu em uma cidadezinha na Podólia, em *c.* 1700, filho de pais pobres. Órfão ainda jovem, conseguiu se sustentar como assistente em uma escola religiosa e bedel em uma *yeshivah*, e posteriormente escavando argila nos montes Cárpatos. Em meados de 1730, descobriu que era um *baal shem*, "mestre do Nome [de Deus]", cujo conhecimento secreto do Tetragrama e de outros nomes sagrados lhe permitia realizar milagres e curar os enfermos.[54]

Israel b. Eliezer não foi o primeiro a descobrir em si mesmo tais poderes impressionantes. Já no século XI, Hai Gaon havia registrado "que eles viam certo homem, um dos tão conhecidos *baalei shem*, na véspera do Shabat em um lugar, e que ao mesmo tempo ele era visto em outro, a uma distância de vários dias de viagem". O título foi dado a uma quantidade de importantes eruditos talmúdicos na Alemanha e na Polônia a partir do século XVI, mas também cada vez mais a eruditos que se dedicavam à cabala e conseguiam seguidores curando por meio de orações, amuletos e encantamentos, sobretudo no tratamento de transtornos mentais e em exorcismos. Livros como o *Mifalot Elohim* ("Das Obras de Deus"), associado a Yoel Baal Shem e publicado em 1727, continham fórmulas usadas por *baalei shem* em sua magia e medicina, e tinham vasta circulação. Um contemporâneo mais jovem de Israel b. Eliezer, Samuel Jacob Hayyim Falk, viajou da Galícia a Vestfália (onde quase foi queimado como feiticeiro) e para a Inglaterra, onde, em torno de 1742, se estabeleceu como cabalista em um alojamento na Ponte de Londres, praticando alquimia e alcançando uma grande reputação entre o público em geral, para quem ele era conhecido como o "Dr. Falk". Finalmente reconciliado com a comunidade judaica de Londres, para a qual ele deixou um substancial legado, apesar da hostilidade inicial deles na época de sua chegada à cidade, consta que salvou a Grande Sinagoga de um incêndio por meio de inscrições mágicas nos batentes de suas portas.[55]

Desse modo, Israel b. Eliezer se inseriu em uma tradição havia muito estabelecida como um curandeiro milagroso, mas também se tornaria líder e professor, e a escola que criou em Medzibozh (na atual Ucrânia) em *c.* 1740 atraiu multidões que buscavam a orientação espiritual, bem como a intercessão dele para o bem-estar dos outros. Com relação aos ensinamentos dele só é possível ter certeza a respeito dos traços mais gerais. Ele próprio não escreveu nada, mas algumas de suas cartas são preservadas nos escritos de seu discípulo Yaakov Yosef haCohen de Polonnoye, que também frequentemente citou Baal Shem Tov como "meu mestre" na primeira edição do livro hassídico, publicada em 1780: "Eu ouvi de meu mestre que a ocupação principal da Torá e das preces é a que a pessoa se apegue à luz espiritual íntima e infinita contida nas letras da Torá e das preces, e isso é o que se chama de estudo por amor ao estudo".

Os dizeres de Baal Shem Tov registrados por Yaakov Yosef e a tradição posterior acautelam contra o ascetismo e o jejum excessivos, e afirmam a capacidade de todos de servir a Deus por meio do júbilo. Deus está presente em todas as coisas. Por meio da intenção concentrada (*kavvanah*), a prece pode permitir à alma se apegar com força a Deus, mas todas as ações humanas se relacionam ao divino se realizadas em um estado de *devekut*, "dedicação". O mesmo é válido para o estudo da Torá. Todas as pessoas, não importa quão iletradas, podem abrir o mundo divino estudando as letras da Torá, ainda que a pessoa não a entenda de modo direto. Tais ensinamentos se baseavam em ideias e em vocabulário da cabala de Luria, mas davam a eles novo significado. Descortinavam a possibilidade da experiência mística para qualquer pessoa piedosa preparada para abordar a vida cotidiana do judaísmo com a devoção e o júbilo apropriados. Um novo movimento de grandes proporções rapidamente surgiu às margens da comunidade judaica. Podólia e outros centros do hassidismo ficavam muito distantes dos grandes centros de estudos judaicos. Muitos dos novos pietistas eram pessoas que se sentiam desprovidas de direitos religiosos pela falta de uma educação rabínica.[56]

Tal democratização da devoção era claramente parte do seu atrativo, mas a base da fama de Baal Shem Tov eram, sem dúvida, as histórias sobre seus milagres. Coleções de *shevahim* ("louvores") a ele circulavam durante o período de sua vida e foram publicadas em muitas edições diferentes em hebraico e em ídiche nas décadas após sua morte. Havia muitas histórias diferentes:

> Houve uma época em que não chovia. Os gentios pegaram seus ídolos e os levaram pela cidadezinha de acordo com o costume deles, mas mesmo assim não chovia. E então o Besht disse para o arrendatário [fazendeiro que pagava taxas ao município]: "Chamai os judeus das redondezas para que eles venham aqui para um *minyan* [um quórum de dez homens para as preces]". E ele decretou um jejum. O próprio Besht fez uma prece perante a arca, e os judeus prolongaram a prece. Um gentio perguntou: "Por que permaneceis rezando por tanto tempo hoje? E por que houve um grande lamento entre vós?". O arrendatário lhe disse a verdade – que eles rezavam para chover – e o gentio zombou deles, sem piedade, dizendo: "Nós saímos com os nossos ídolos e isso não ajudou em nada. Que auxílio trareis com as vossas preces?". O arrendatário contou as palavras do gentio para o Besht, que lhe disse: "Dizei para o gentio que hoje vai chover". E choveu.

Os elementos lendários são patentes, mas, assim como o Dr. Falk, o Baal Shem de Londres, Israel b. Eliezer foi amplamente reconhecido em círculos não judaicos. Nos registros de impostos poloneses, uma casa perto da sinagoga de Medzibozh é descrita em 1742 como "O Baal Shem na casa *kahal*"; em 1758 como "O Baal Shem" e em 1760 como "O Baal Shem, o médico, isento". E, assim como o Dr. Falk, Israel b. Eliezer não ocultou seu trabalho como curandeiro, assinando, orgulhoso, "Israel Baal Shem de Tłuste".[57]

A personalidade do Baal Shem Tov, portanto, cresceu muito além de Podólia e de Volínia, onde ele atuava, e nas histórias ele é apresentado viajando para muitos lugares para se encontrar com pessoas de todos os tipos em pequenos grupos ou individualmente. Porém, ele não pregava em sinagogas, nem construiu uma instituição, e, na sua morte em 1760, não estava claro como a sua influência continuaria. É um testemunho para a sua extraordinária reputação e carisma que Dov Ber de Mezeritch, que dizem ter encontrado o Baal Shem Tov apenas duas vezes, tenha dedicado o resto de sua vida à propagação dos ensinamentos de seu mestre, que havia pregado exatamente contra o tipo de ascetismo extremo que Dov Ber praticara por grande parte de sua vida.

A sucessão à aura do Baal Shem Tov não foi imediata, tampouco livre de problemas. A seleção de Dov Ber em 1766 após um intervalo teve a oposição de Yaakov Yosef de Polonnoye, que havia conhecido o mestre por muito mais tempo e podia reivindicar que iria preservar os seus ensinamentos com maior precisão. Muitos dos que haviam conhecido o Baal Shem Tov intimamente se recusaram a se juntar ao que rapidamente se transformou em um movimento de massas, com emissários enviados da residência de Dov Ber em Mezeritch para atrair outras pessoas para os seus ensinamentos. Alguns desses emissários eram eles próprios líderes carismáticos que desenvolveram, durante os últimos 25 anos do século XVIII, formas distintas de pensamento e de vida hassídicos, cada qual validado pela reverência dispensada ao *tsaddik* que as encabeçavam. Menahem Mendel de Vitebsk, que se tornou a principal figura hassídica na Bielorrússia e na Lituânia depois da morte de Dov Ber em 1772, liderou um grande grupo para a terra de Israel em 1777, conservando a autoridade sobre os seus seguidores em sua terra natal por meio de cartas.[58]

Shneur Zalman de Lyady criou uma forma distinta de hassidismo nas províncias do nordeste da Rússia. Já conhecido, segundo a hagiografia hassídica posterior, como um brilhante talmudista antes de ele se juntar a Dov Ber em Mezeritch, havia feito uma revisão do *Shulhan Arukh* aos 25 anos em 1770. Desenvolveu uma teologia mística específica que incorporava o esforço intelectual, ao contrário da abordagem intuitiva ao misticismo do Baal Shem Tov. O sistema Habad que ele concebeu enfatizava a importância de *Hochma*, *Binah* e *Da'at*, os três tipos de conhecimento distintos no pensamento cabalístico como "sabedoria, entendimento e conhecimento"; o nome "Habad" é o acrônimo formado pelas três letras hebraicas. Por meio de exercícios espirituais, meditação e estudos regulares, qualquer homem poderia se esforçar para se tornar um *beinoni*, um "homem intermediário". Tal homem intermediário não pode mudar o mundo, assim como os indivíduos excepcionais escolhidos desde o nascimento para ser *tsaddikim* podem, mas eles são capazes e devem lutar para alcançar a perfeição por meio do controle do mal no mundo, assim trazendo a divina presença na direção da harmonia e a alma para o júbilo. Os ensinamentos de Shneur Zalman se preocupavam menos com a teosofia cabalística ou as especulações teológicas que com um guia para o comportamento hassídico. Seus dizeres compilados – originalmente publicados em 1796 e atualmente conhecidos, por causa da folha de rosto de edições posteriores, como o *Tanya*, que significa "isto foi ensinado em uma *baraita*" (ou seja, por um rabino tanaítico) – se tornaram exatamente esse tipo de guia, justificados dentro de uma exposição completa e coerente do sistema como um todo.[59]

O papel proeminente do *tsaddik* como fonte de iluminação espiritual para os indivíduos que o seguiam engendrou uma estrutura distinta para as comunidades hassídicas. O *tsaddik* ou *rebbe* presidia uma corte para a qual seus *hasidim* vinham em peregrinação buscando a bênção e a revitalização espiritual. A corte era mantida pelos seguidores do *rebbe* em uma afluência considerável, já que o *tsaddik* era visto como o elo entre o *hasid* e o céu. Era esperado que os *hasidim* contribuíssem para essas despesas com um pagamento adequado como *pidyon*, "redenção" (da alma). A proximidade do *rebbe* e o compartilhamento do alimento na mesa comunal (*der tish*) quando ele expunha os seus ensinamentos, geralmente nas tardes do Shabat, traziam o *hasid* tão perto do divino quanto ele poderia chegar. Qualquer problema poderia ser levado à presença do *rebbe* para uma solução. O processo era com frequência formalizado, de modo que o *hasid* iria apresentar sua solicitação por escrito em um *kvitl*, uma pequena mensagem cuidadosamente dobrada para manter a confidencialidade, para a leitura atenta do *rebbe*. Assim como em qualquer corte, os assistentes mais próximos do *rebbe* se tornavam desde o início os mais importantes intermediários para que se tivesse acesso a ele.[60]

Inevitavelmente, a autoridade total dos líderes hassídicos, combinada com a abrangente dispersão do hassidismo por toda a Europa Oriental e na Hungria no fim do século XVIII, levou à tensão entre as cortes dos *hasidim*. Tais tensões iriam aumentar de modo considerável a partir da década de 1830, assim que a onda original do entusiasmo hassídico tivesse se acabado e os diferentes grupos se organizado em padrões estabelecidos. O isolamento foi encorajado pela suposição, já encontrada no fim do século XVIII, de que o papel do *rebbe* geralmente seria herdado por um membro da família do *rebbe* anterior. Em termos teológicos, isso se explicava pela ideia defendida (como já vimos) por Shneur Zalman de Lyady de que a capacidade de ser um *tsaddik* é tanto rara quanto herdada pelo nascimento. Uma grande quantidade de dinastias hassídicas, em muitos casos estabelecidas em pequenos vilarejos, dos quais seus seguidores adotavam o nome, durante o decorrer do século XIX desenvolveram costumes bastante característicos de vestimenta masculina (sobretudo chapéus) e corte de cabelo, de modo que eles eram facilmente identificáveis, pelo menos na aparência, ainda que em termos teológicos pouco houvesse para separá-los.

Mesmo dentro das dinastias, desavenças pessoais entre os descendentes às vezes levavam a rupturas. A rivalidade poderia ser grande – como dentro da família do próprio Baal Shem Tov. No fim da década de 1770, o jovem Baruch de Medzibozh, um neto do Baal Shem Tov, estabeleceu uma impressionante corte em Medzibozh, apresentando-se como guardião do local de enterro do grande *tsaddik*. À medida que o número de seguidores cresceu, ele alcançou o reconhecimento do Estado russo. Suas reivindicações eram publicamente negadas por Shneur Zalman, de Lyady, e também pelo sobrinho do próprio Baruch, o notável Nahman de Breslov.[61]

Nahman cresceu dentro da corte de seu tio, e ele poderia, com certa razão, ter esperado herdar o seu papel como *rebbe* naquele que estava rapidamente se transformando em um poderoso movimento religioso. Porém, a princípio ele parece ter se encontrado em um profundo conflito, incapaz de aceitar que a vida na corte de Baruch representasse o genuíno hassidismo, ao mesmo tempo que não tinha certeza de possuir as qualidades para se tornar um perfeito *tsaddik* e liderar outros. Uma viagem para a terra de Israel entre 1798 e 1799 transformou sua autoconfiança, de modo que às vezes ele passou a se ver não apenas como um *tsaddik*, mas como o principal *tsaddik* de sua geração, que sozinho poderia resolver todos os problemas do mundo.

Em conformidade com essa alta estima de seus próprios poderes, Nahman exigiu que seus seguidores se comprometessem com ele com ainda mais empenho que o elo normal entre *rebbe* e *hasid*. Com a união de suas almas a ele, eles poderiam superar qualquer coisa em sua luta para atingir a perfeição. Ele insistia com um regime que era exigente, requerendo intensa automortificação e introspecção. Seus seguidores em Breslov foram instruídos a considerar com seriedade dúvidas religiosas que em outras formas de hassidismo seriam eliminadas como o produto de uma inclinação malévola. De acordo com a falta de vontade da parte de Nahman em aceitar a outorga de autoridade de seu tio para seu sucessor com base na hereditariedade e não no conhecimento religioso, o filho de Nahman não o sucedeu quando ele morreu ainda jovem, aos 38 anos. (Pode ter ajudado o fato de seu filho ter apenas quatro anos na época.) Os ensinamentos de Nahman abrangiam uma busca pela perfeição espiritual por meio de *hitbodedut*, "autorreclusão", uma prática de meditação específica na qual se espera que o *hasid* diariamente "parta seu coração" perante Deus em uma prece íntima espontânea em sua própria língua, com o intuito de estabelecer um relacionamento pessoal com o divino e maior autoconsciência. Atualmente, os *hasidim* de Breslov ainda se voltam para o próprio Nahman como seu *rebbe*, mais de duzentos anos após sua morte em 1810. Eles visitam seu túmulo em Uman, na Ucrânia, em peregrinações em massa, sobretudo no Rosh Hashaná, entoando seu nome como um encantamento para ajudar em sua meditação: "Na Nah Nahma Nahman me'Uman".

Juntamente com as dinastias, à medida que o hassidismo se desenvolvia, ainda era possível no fim do século XVIII o surgimento de novos líderes carismáticos, como acontecera com o Baal Shem Tov. "O Visionário de Lublin", Jacob Isaac Horowitz, que havia sido um seguidor de Dov Ber de Mezeritch e de Elimelech de Leżajsk, divulgou uma nova versão do hassidismo pela Polônia e Galícia. Um renomado realizador de milagres, o Visionário acreditava em trazer conforto material para seus seguidores hassídicos. Argumentava que o papel prático do *tsaddik* é cuidar de seus "filhos" de modo que "as pessoas sejam livres para cultuar Deus". O próprio Visionário não fundou uma dinastia, e nem todos os seus discípulos estavam de acordo com os aspectos sociais de seus ensinamentos. Um de seus discípulos, Yaakov Yitzhak de Przysucha, conhecido como "o Judeu Sagrado", que havia servido de guia espiritual na corte do Visionário, punha objeções à ênfase deste no bem-estar material e na magia e estabeleceu uma escola hassídica concorrente que enfatizava o estudo do Talmude e a sinceridade no culto como uma parte da busca pela perfeição espiritual por uma elite, em vez de se concentrar nas necessidades dos judeus comuns. A resposta do Visionário foi amarga, e a controvérsia sobre o enfoque correto do esforço espiritual iria dividir o hassidismo polonês por muitos anos, até a metade do século XIX.[62]

O elitismo de Yaakov Yitzhak de Przysucha se opunha à principal tendência no hassidismo. A atração do movimento para a maior parte dos judeus comuns na Europa Oriental se encontrava justamente na oportunidade de encontrar a satisfação espiritual por meio da devoção que ele descortinava para as muitas pessoas iletradas dos vilarejos que se sentiam excluídas do judaísmo intelectual das *yeshivot*. Preces em pequenos aposentos (*stieblach*), longe do resto da população, conferiam a sensação de ser especial, assim como fazia a fervorosa atmosfera da corte de um *tsaddik*, com multidões de homens jovens em um estado de entusiasmo religioso. Tanto nos *stiebl* quanto na corte, a música e a dança desempenhavam um papel central desde o início do hassidismo, animando uma liturgia que muitos consideravam que havia ficado sobrecarregada de palavras. Uma indumentária específica, sobretudo o cinto para separar a parte superior do corpo da inferior, marcava a dedicação do *hasid* a uma vida santa, assim como a insistência para que as facas para o abate kosher dos animais fossem bem mais afiadas que de costume entre os demais judeus.

Esta última questão, a afiação das facas, se tornou uma acusação contra os *hasidim* nas tentativas, com frequência inflexíveis, de acabar com o movimento a partir do início da década de 1770. A inflexibilidade da luta foi exacerbada pela falta de uma autoridade judaica comunal quando da extinção do Conselho dos Quatro Países em 1764, após uma decisão do *Sejm* [Parlamento] polonês de estabelecer um novo sistema para recolher o imposto comunitário judaico sem o conselho. Os judeus da Polônia e da Lituânia não podiam mais recorrer a uma instituição judaica central reconhecida pelo Estado para arbitrar nas diferenças religiosas como o conselho havia feito na controvérsia entre Eybeschütz e Emden. Os oponentes do hassidismo, liderados em sua maior parte pelo grande *gaon* de Vilnius, acusavam o novo movimento de destruir a tradição ao diminuir a centralidade do estudo da Torá e o esforço intelectual ao favorecer visões, milagres, preces entusiasmadas e uma perigosa reverência pelos *rebbes* como se eles fossem mais que humanos. Era difícil mostrar que qualquer dessas características realmente contradissesse a halakhá, então questões mais periféricas, tais como a afiação das facas e a preferência dos *hasidim* pelas formas sefarditas de prece que haviam sido favorecidas por Luria, se tornaram acusações formais.[63]

As verdadeiras questões eram políticas, já que o movimento hassídico deliberadamente deixou de lado as autoridades rabínicas estabelecidas, com a sua supervisão de sinagogas e do restante da vida comunal judaica, que haviam controlado os judeus nos vilarejos e nas cidadezinhas da Rússia, Polônia, Lituânia e Ucrânia por gerações. O movimento hassídico atraiu tamanha hostilidade assim que começou a aparentar estar organizado por meio da autoridade de Dov Ber, o *maggid* de Mezeritch. Os feitos maravilhosos do Baal Shem Tov não haviam sido vistos como uma ameaça por seus contemporâneos rabínicos. Na pior das hipóteses, ele suscitava escárnio. Porém, em 1772, dois banimentos foram pronunciados contra os *hasidim*, e de novo em 1781 houve um *herem* proibindo os judeus "de ter negócios com eles, e de se casar com eles, ou de comparecer ao enterro deles". Um panfleto publicado pelos *mitnagdim* ("opositores") em 1772 acusou os *hasidim* de tratar cada dia como um feriado, de consumo excessivo de álcool e de arrogância ao ousar "entrar no jardim de rosas da cabala" enquanto ainda ignoravam a Torá oral. É difícil saber quanto da polêmica refletia uma verdadeira ansiedade teológica de que o pensamento hassídico tendesse na direção de um panteísmo no qual não havia distinção entre o sagrado e o profano, bem como preocupações mais mundanas sobre a independência do controle rabínico por parte desses judeus que estavam na periferia.[64]

De qualquer modo, os ataques não foram bem-sucedidos. Perto de 1796, quando os oponentes do hassidismo emitiram um *herem* para as publicações de Shneur Zalman de Lyady, os *hasidim* exercem influência suficiente na sociedade judaica para emitir um *herem* como resposta e procurar o apoio de funcionários do Estado russo. Como já vimos, eles haviam alcançado certo reconhecimento por parte das autoridades seculares, que poderiam ter visto o hassidismo como um baluarte contra o livre-pensamento encorajado pelo Iluminismo. Nesse caso, entretanto, o atrativo teve consequências opostas, já que Shneur Zalman foi jogado na prisão em 1798 depois de ser formalmente acusado pelo rabino de Pinsk de criar uma nova seita e de cometer traição mandando dinheiro para a terra de Israel, que se encontrava dentro do território otomano. A soltura de Shneur Zalman no dia 19 Kislev no mesmo ano ainda é celebrada pelos *hasidim* Habad como o "Festival da Libertação".

Em Berlim, Solomon Maimon alegou na década de 1790 que a revolução hassídica já havia surgido e se acabado:

> Essa seita foi, portanto, no que diz respeito aos seus fins e seus meios, um tipo de sociedade secreta, que quase dominara toda a nação; e, consequentemente,

uma das maiores revoluções teria sido esperada, se os excessos de alguns de seus membros não tivessem deixado à mostra muitos pontos fracos, assim colocando as armas nas mãos de seus inimigos. [...] Homens começaram a descobrir suas fraquezas, a perturbar seus encontros, e a persegui-los por todos os lugares. Isso foi ocasionado, sobretudo, pela autoridade de um celebrado rabino, Elias de Vilnius, que contava com grande estima entre os judeus, de modo que agora vestígios da sociedade podem ser encontrados aqui e acolá.

A alegação era prematura, pois o hassidismo ainda estava bem vivo. Apesar da virulência da polêmica entre os *hasidim* e os *mitnagdim*, é evidente que as causas para o conflito foram muito mais fracas do que tinha sido o caso com a oposição a Jacob Frank na década de 1760. Os *hasidim* não apoiavam o antinomianismo, e muitos dos *mitnagdim* também estavam envolvidos no estudo da cabala, mesmo que o *gaon* de Vilnius, que (segundo seus discípulos) tinha visões do céu todas as noites e escreveu um celebrado comentário sobre o *Zohar*, tenha preferido revelar pouco de seus *insights* místicos para os demais, confiando, pelo contrário, no estudo e na argumentação como a base dos seus ensinamentos cabalísticos, bem como halákhicos e comentários da Bíblia.[65]

Em 1774, depois dos dois primeiros banimentos contra os *hasidim*, Shneur Zalman havia ido para Vilnius com seu colega hassídico Menahem Mendel de Vitebsk, em uma infrutífera tentativa de chegar a um acordo com o *gaon*, apenas para que este se recusasse a recebê-los. Em 1805, o general russo Kutuzov, impaciente com os apelos por uma intervenção de diferentes lados em um debate interno judaico de pouco interesse para um governo secular, instituiu um inquérito para saber se o hassidismo era realmente uma seita e necessitava de supressão pelo Estado. Ao decidir que esse não era o caso, Kutuzov instruiu ambos os lados a cessar as hostilidades e a permitir que cada um construísse sinagogas separadas e escolhesse seus próprios rabinos. Quando as campanhas de Napoleão em 1812 ameaçaram acabar com essa abordagem liberal e sujeitar os *hasidim* na Rússia a uma autoridade rabínica centralizada, assim como Napoleão havia estabelecido no Sinédrio de Paris em 1806 (conforme veremos), os *hasidim* apoiaram a resistência russa. O nome de Levi Yitzhak b. Meir de Berdichev – outro dos pupilos sobreviventes de Dov Ber, o *maggid* de Mezeritch, que havia fundado um movimento hassídico na Polônia central e conquistado um grande número de seguidores por meio de seu uso populista do ídiche quando entoava suas preces – liderou uma lista de contribuintes judeus para os fundos coletados pelo Estado russo quando este se preparava para enfrentar e derrotar Napoleão. Tanto para os *hasidim* quanto para os *mitnagdim*, a ameaça de Napoleão era muito mais que política: as forças do Iluminismo que ele representava seriam um desafio para todos os judeus do Leste Europeu.⁶⁶

O impressionante sucesso do hassidismo em se transformar de um movimento de renovação religiosa por parte de pequenos grupos de entusiasmados eruditos da Torá e cabalistas para um movimento de massa entre os judeus por toda a Europa Oriental se deve muito a uma perda de confiança nos rabinos comunais como representantes das tradicionais estruturas de liderança. Em parte isso aconteceu porque esses líderes haviam passado a ser identificados com os interesses da nobreza polonesa, da qual eles cada vez mais obtinham sua autoridade, sobretudo após a abolição do Conselho dos Quatro Países na Polônia em 1764. Mas, também havia uma palpável noção de liberdade para um jovem estudante rabínico da periferia da sociedade judaica em sua habilidade de escolher para si mesmo seu *rebbe*, e o mundo religioso ao qual ele dedicaria a sua vida, com base no instinto piedoso e não na capacidade intelectual.

Porém, essa mesma liberdade estivera ao alcance dos seguidores de Sabbatai Zevi e de Jacob Frank, que, pelo contrário, foram relegados às margens do judaísmo por seus companheiros judeus com muito mais severidade que os *hasidim*. A qualidade compensadora para o hassidismo, em contraste com o frankismo, não foi apenas a atitude comparativamente conservadora dos *hasidim* em relação à halakhá, mas seus pontos de vista mais circunspectos sobre o messianismo. O Baal Shem Tov havia concebido uma vinda gradual do reino quando as precondições para a vinda do messias tivessem sido todas cumpridas. Ele não pregava uma expectativa escatológica imediata. Desde a época do Baal Shem Tov, os *hasidim* foram acusados por seus opositores de simpatias sabbatianas, mas a acusação não mereceu crédito. Diz-se do Baal Shem Tov que ele lamentou a conversão dos frankistas ao cristianismo em 1759 porque "*Shekhinah* lamenta e diz que enquanto um membro estiver preso ao corpo há esperança para sua cura, mas, quando ele é amputado, não pode ser recolocado – e cada judeu é um membro de *Shekhinah*". A devoção do *hasid* ao seu *rebbe* bastava como um objetivo religioso, desde que o *rebbe* continuasse a liderar seus devotos. Apenas quando o *tsaddik* de um grupo estabelecido morria sem sucessão, como por ocasião da morte de Nahman de Breslov em 1811, a esperança por seu retorno assumia um aspecto escatológico entre seus seguidores. Nahman foi a primeira de tais figuras messiânicas dentro do hassidismo, mas, como veremos, não seria a última delas.[67]

PARTE V
O desafio do mundo moderno
(1750-tempos atuais)

10. O mundo judaico em 1880 da Era Comum

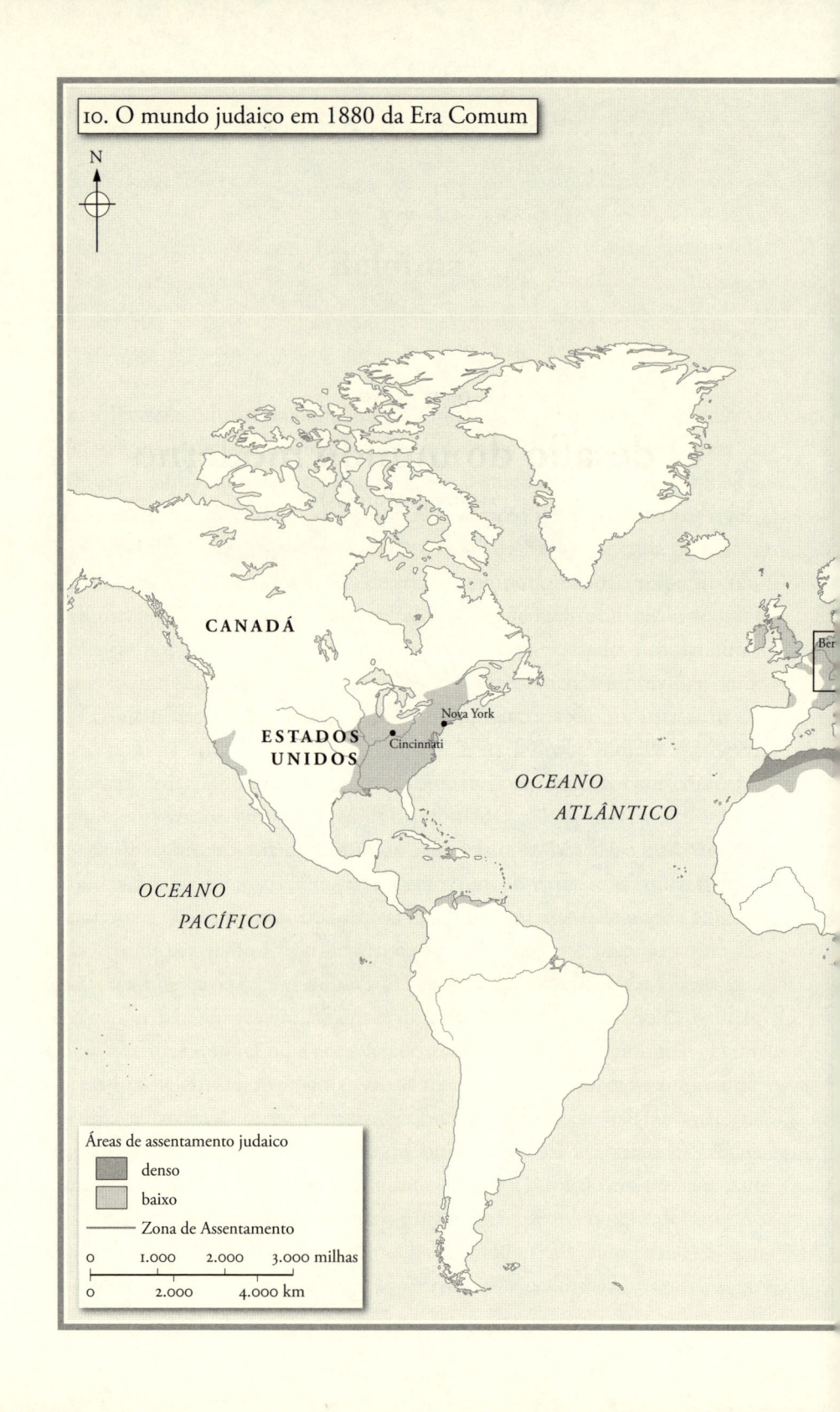

CANADÁ

ESTADOS UNIDOS
- Nova York
- Cincinnati

OCEANO ATLÂNTICO

OCEANO PACÍFICO

Ber

Áreas de assentamento judaico
- denso
- baixo
- Zona de Assentamento

0   1.000   2.000   3.000 milhas
0   2.000   4.000 km

Europa Central

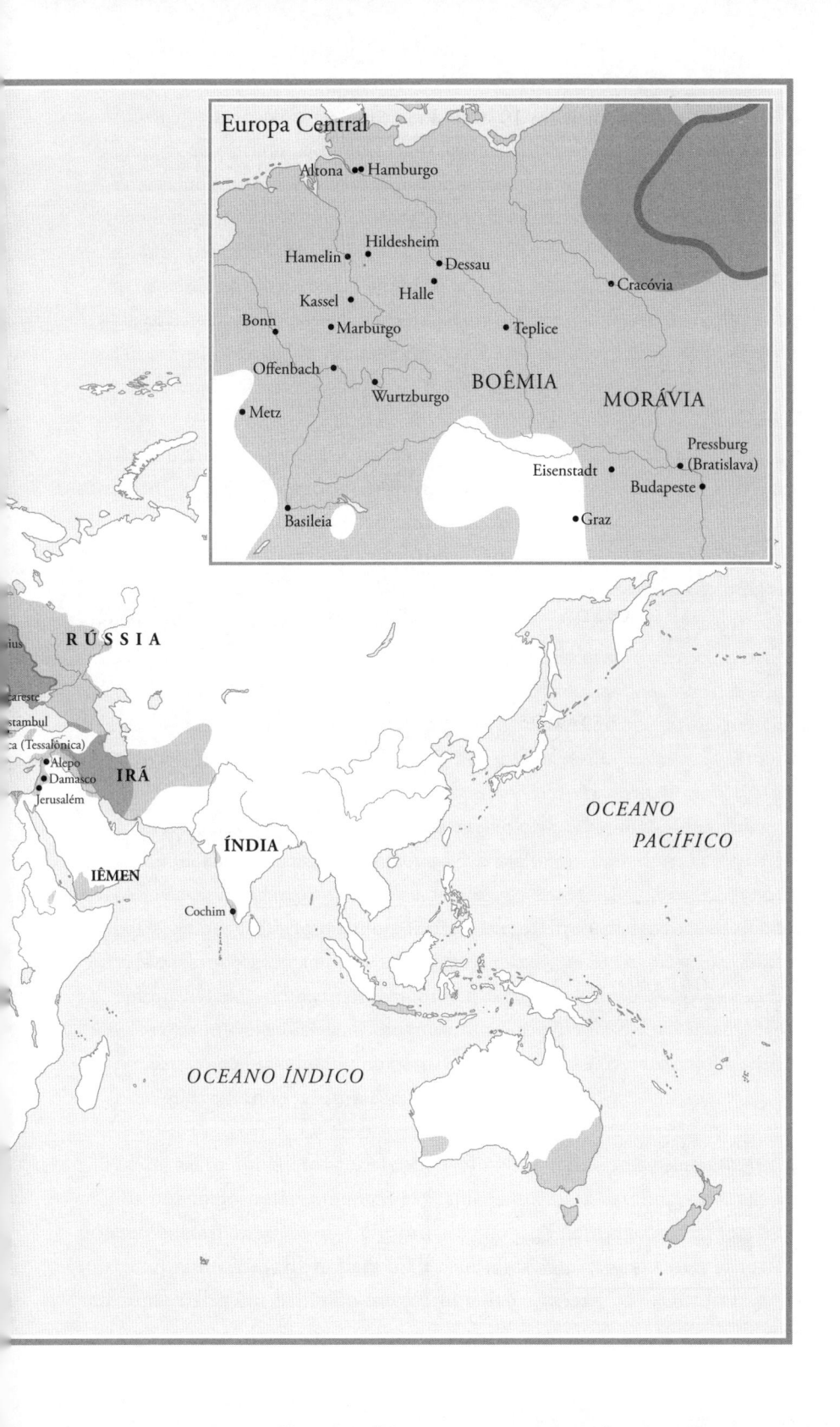

- Altona
- Hamburgo
- Hildesheim
- Hamelin
- Dessau
- Cracóvia
- Kassel
- Halle
- Bonn
- Marburgo
- Teplice
- Offenbach
- BOÊMIA
- MORÁVIA
- Metz
- Wurtzburgo
- Pressburg (Bratislava)
- Eisenstadt
- Budapeste
- Basileia
- Graz

RÚSSIA

Alepo
Damasco
IRÃ
Jerusalém

ÍNDIA

IÊMEN

Cochim

OCEANO PACÍFICO

OCEANO ÍNDICO

11. O mundo judaico em 1930 da Era Comum

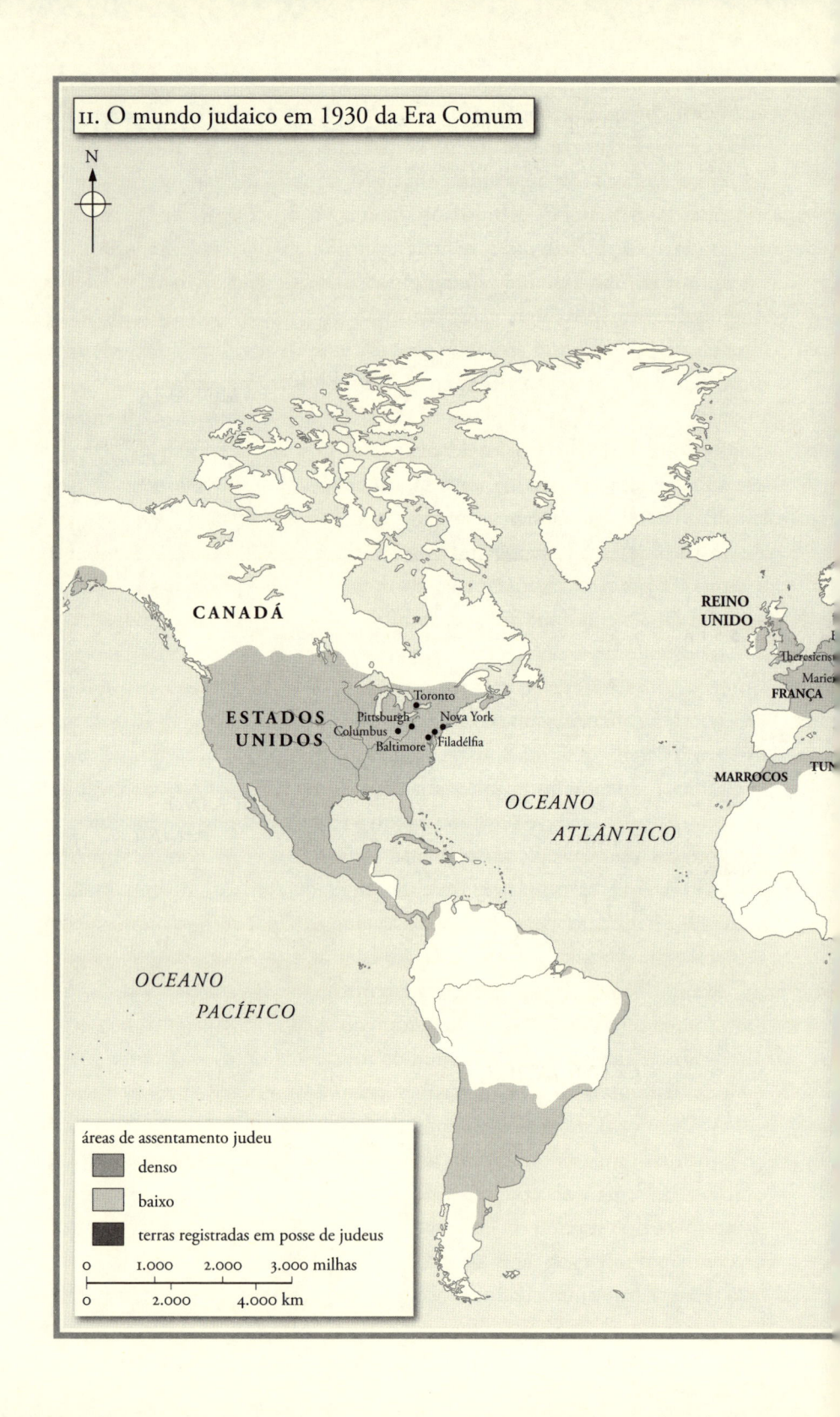

CANADÁ

ESTADOS UNIDOS
- Toronto
- Pittsburgh
- Columbus
- Baltimore
- Nova York
- Filadélfia

OCEANO ATLÂNTICO

OCEANO PACÍFICO

REINO UNIDO
Theresiens
Marie
FRANÇA

MARROCOS TUN

áreas de assentamento judeu
- denso
- baixo
- terras registradas em posse de judeus

0   1.000   2.000   3.000 milhas
0   2.000   4.000 km

Palestina

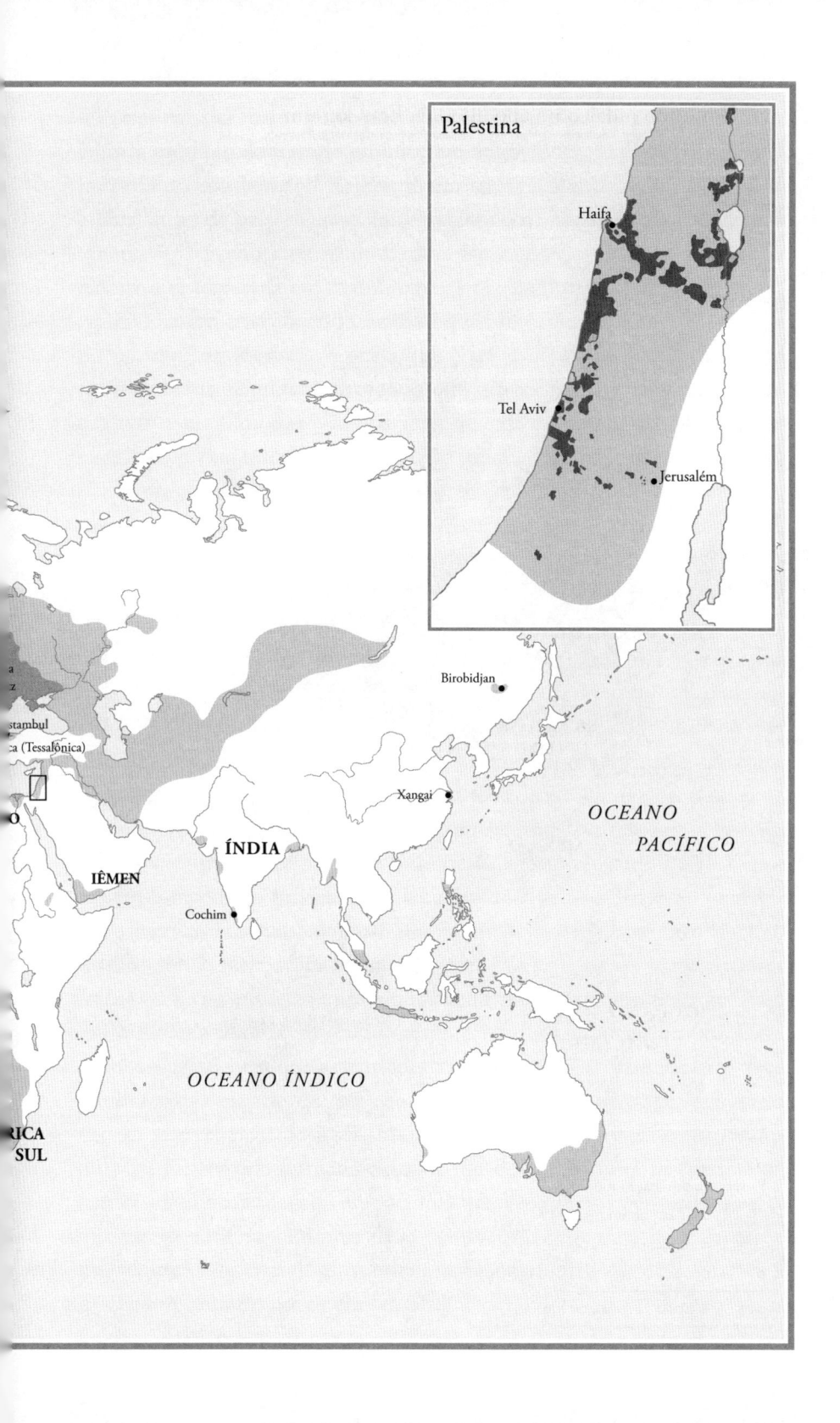

- Haifa
- Tel Aviv
- Jerusalém

- Istambul
- (Tessalônica)
- IÊMEN
- ÍNDIA
- Cochim
- Birobidjan
- Xangai

OCEANO PACÍFICO

OCEANO ÍNDICO

RICA SUL

12. O mundo judaico no ano 2000 da Era Comum

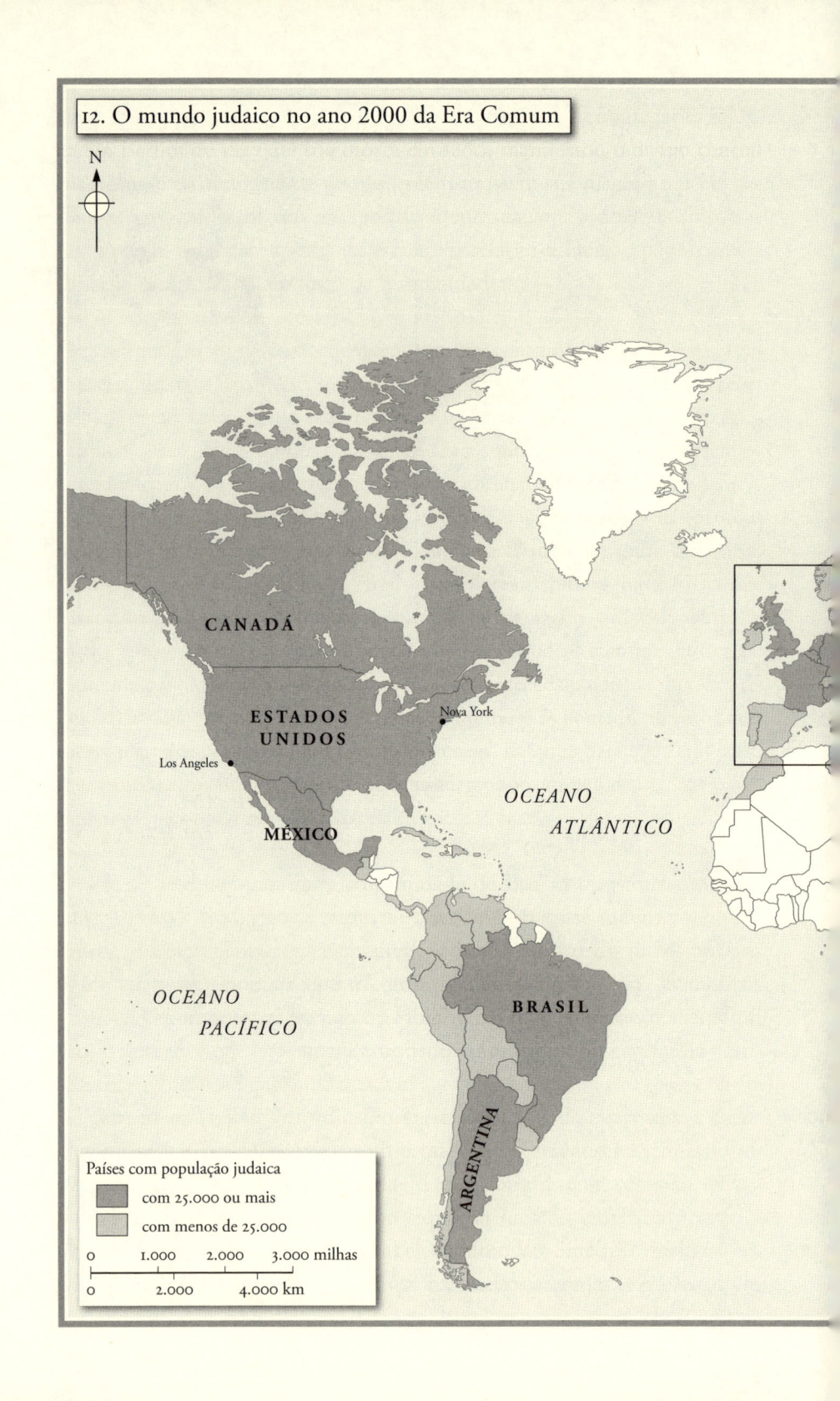

- CANADÁ
- ESTADOS UNIDOS
  - Nova York
  - Los Angeles
- MÉXICO
- BRASIL
- ARGENTINA

OCEANO ATLÂNTICO

OCEANO PACÍFICO

Países com população judaica
- com 25.000 ou mais
- com menos de 25.000

0   1.000   2.000   3.000 milhas
0   2.000   4.000 km

Europa

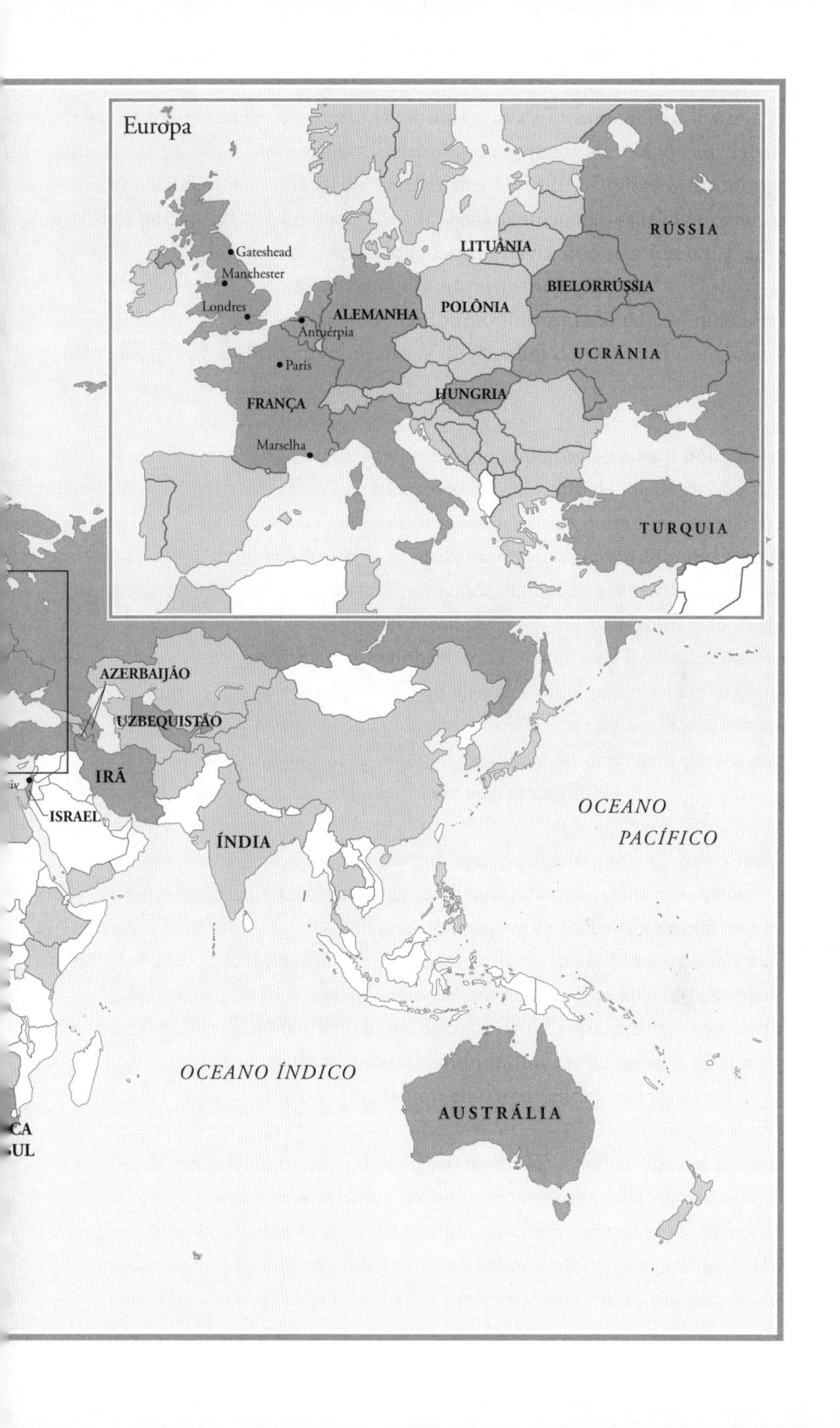

- Gateshead
- Manchester
- Londres
- Antuérpia
- Paris
- Marselha

LITUÂNIA
RÚSSIA
BIELORRÚSSIA
POLÔNIA
ALEMANHA
UCRÂNIA
FRANÇA
HUNGRIA
TURQUIA

AZERBAIJÃO
UZBEQUISTÃO
IRÃ
ISRAEL
ÍNDIA

OCEANO PACÍFICO

OCEANO ÍNDICO

AUSTRÁLIA

16
Do Iluminismo ao Estado de Israel

A imagem padrão de um judeu religioso continua sendo para muitas pessoas no mundo moderno um homem barbudo com um longo casaco negro e um chapéu de abas largas, a indumentária respeitável do burguês na Polônia, na Lituânia e na Hungria nos séculos XVIII e XIX. Tampouco seria essa imagem completamente equivocada já que, como veremos no capítulo 19, uma parte do povo judeu decidiu tentar a preservação das práticas e do visual religioso daquele período como seu modo de observar a Torá de Moisés. Mas todos os judeus, incluindo esses preservacionistas, passaram por mudanças extraordinárias ao longo desses dois séculos e meio desde 1750, e muitos adaptaram o seu judaísmo para refletir essas circunstâncias alteradas, ainda que de formas diferentes.

Os principais centros de população judaica no século XXI são o Estado de Israel e a América do Norte (os Estados Unidos e o Canadá), com comunidades menores, mas ainda assim de bom tamanho, nas Américas Central e do Sul (México, Argentina e Brasil), na Austrália e na África do Sul, e tanto na Europa Oriental (especialmente na Rússia e na Ucrânia) quanto na Ocidental (especialmente o Reino Unido, a França e, cada vez mais, a Alemanha). Apenas pequenos grupos de judeus são encontrados agora em grande parte da Europa Central (embora haja uma comunidade grande na Hungria) e nos países árabes do Oriente Médio e no Norte da África, e os muito isolados bolsões que ainda são encontrados no Irã, na Síria, na Tunísia e no Marrocos. Os judeus passaram por maiores alterações demográficas ao longo desse período do que em qualquer momento de sua história, tanto por razões sociológicas quanto políticas.

A quantidade total de judeus no mundo aumentou bastante no século XIX, simultaneamente com uma explosão populacional geral dentro da Europa. Em 1800, a população judaica na Europa Oriental era, sem dúvida, a maior. Havia cerca de 750 mil judeus na Rússia, com mais 450 mil nas zonas da Polônia controladas pela Áustria e pela Prússia. Havia algumas comunidades de bom tamanho nos principais centros sefarditas no Norte da África e no Império Otomano. Apenas cerca de 3 mil judeus viviam na América do Norte, abrangendo basicamente sefarditas vindos de Londres e dos Países Baixos, envolvidos em comércio e na agricultura, que haviam se estabelecido desde a criação de uma comunidade judaica em Charleston, na Carolina do Sul, no fim do século XVII. Por volta de 1880, a quantidade total de judeus havia ultrapassado os 7 milhões e meio. Destes, cerca de 4 milhões estavam sob o domínio russo. Em comparação, a população judaica da Europa Ocidental e dos Estados Unidos havia crescido muito menos, com a exceção de Nova York, onde 80 mil haviam se estabelecido: um influxo de judeus alemães e poloneses na vibrante cidade dobrou o tamanho da população judaica entre 1860 e 1880. Imigração em massa do leste, durante os trinta anos seguintes, levou a uma mudança total. Entre 1881 e 1914, cerca de um terço dos judeus da Europa Oriental se dirigiu à Europa Central e Ocidental e aos Estados Unidos, em parte temendo perseguições e em parte para ter uma melhor situação econômica. Em 1914, imigrantes judeus suplantavam a comunidade judaica estabelecida na Grã-Bretanha de cinco para um, e 1,3 milhão de judeus (dos quais 1 milhão localizados em Nova York) haviam se estabelecido nos Estados Unidos. Quantidades menores foram para a Argentina, o Brasil, o Canadá e a Palestina, com frequência com a ajuda de organizações de caridade fundadas por judeus ricos na Europa Ocidental para estabelecer seus irmãos empobrecidos em colônias agrícolas.

Apesar das grandes perdas na Grande Guerra de 1914-8, com cerca de 140 mil judeus mortos como soldados (a maior parte no lado russo) e muitos civis forçados a fugir por causa das lutas na Europa Oriental e da perseguição após a guerra na Hungria, Polônia e Ucrânia, o total da população judaica no mundo havia aumentado para mais de 15 milhões. Destes, metade ainda se encontrava na Europa Oriental e Central, com 3 milhões apenas na Polônia; mas a maior concentração de judeus já estava nos Estados Unidos, onde cerca de 4 milhões haviam se fixado, a maior parte na Costa Leste. Ondas sucessivas de imigração para a Palestina, governada pelos britânicos sob um mandato da Liga das Nações, haviam elevado a população judaica para cerca de 160 mil.

A ascensão do nazismo na década de 1930 alterou de modo impactante esse padrão de imigração. Dos cerca de 500 mil judeus que partiram da Europa entre 1932 e 1939, incluindo 300 mil judeus alemães que tentavam escapar do arrocho das leis antissemitas, quase metade foi para a Palestina, causando grandes tensões para o governo local; naqueles anos, a imigração para os Estados Unidos estava sujeita a cotas rígidas impostas em uma reação xenofóbica basicamente como resposta à crise econômica que se seguiu à quebra da Bolsa de 1929. Porém, o sofrimento desses imigrantes foi insignificante comparado ao que aconteceu na Europa. Entre 1941 e 1945, cerca de 6 milhões de judeus europeus foram sistematicamente assassinados pelos nazistas e seus colaboradores, dizimando a maior parte das populações judaicas da Polônia (onde 3 milhões morreram), da Rússia (1 milhão), da Romênia (pouco menos de 500 mil), da Hungria (200 mil) e da Grécia (70 mil), e também uma grande proporção dos judeus da França, da Itália, da Alemanha e dos Países Baixos.

Durante os primeiros anos após 1945, a vida desses judeus europeus que sobreviveram ao Holocausto foi caótica, com muitos abrigados em campos de refugiados e incapazes de retornar para suas casas por causa da contínua hostilidade dirigida a eles, mesmo após a derrota da Alemanha nazista. Ainda havia cerca de 250 mil judeus europeus categorizados como pessoas deslocadas em 1947. Muitos procuraram se instalar na Palestina, mas foram impedidos pelas autoridades do mandato britânico preocupadas em proteger os direitos da população nativa árabe, até que, após a aprovação pela Assembleia Geral das Nações Unidas do dia 29 de novembro de 1947 da recomendação de um comitê de que o mandato deveria ser extinto e a Palestina dividida em dois estados, um judeu e um árabe, o Estado de Israel decretou sua independência no dia 14 de maio de 1948, com imigração livre para todos os judeus.

A fundação do Estado de Israel não foi conseguida sem forte oposição dos países árabes vizinhos, e conflitos no Oriente Médio têm continuado a se concentrar nessa questão até os dias atuais. Logo após os acontecimentos de 1948, refugiados judeus do Irã, do Iêmen, do Egito e do Marrocos se dirigiram a Israel para se juntar tanto aos refugiados da guerra na Europa quanto a judeus idealistas, com frequência jovens, das comunidades judaicas menos conturbadas dos Estados Unidos, da África do Sul e do Reino Unido. A população judaica de Israel tem tido um perfil que se altera continuamente desde a fundação do Estado, com uma mudança significativa, na década de 1970, como resultado da imigração de judeus da União Soviética (frequentemente com pouco contato com qualquer tipo de herança judaica), tanto fugindo da discriminação quanto procurando uma vida melhor longe do comunismo; e em anos mais recentes uma imigração considerável de israelitas nativos ansiosos para encontrar uma vida mais tranquila e segura nos Estados Unidos e em outros países.[1]

Muitos judeus israelenses, incluindo uma elite eloquente, são desafiadoramente seculares; e pode ser questionado até que ponto sua atitude em relação à herança judaica, que às vezes significa essencialmente uma questão de status dentro da sociedade israelense para distingui-los dos israelenses árabes (que, eles próprios, atualmente preferem ser definidos como israelenses palestinos), faz parte de uma história do judaísmo, apesar (como veremos) de tentativas recentes de definir a natureza do "judaísmo secular". A secularização dos judeus dentro das sociedades da diáspora cria diferentes problemas demográficos, já que o casamento com os gentios e a assimilação na cultura hospedeira suscita questões prementes, como a definição de quem é judeu. Para os filhos de casamentos mistos, passou a ser uma questão de escolha em muitas sociedades, e de modo mais notável nos Estados Unidos, se descrever ou não como judeu. Muitos conservam uma forte filiação cultural sem pertencer a nenhuma sinagoga ou comunidade religiosa, embora possam encontrar novas formas de comprometimento em organizações seculares. Alguns podem escolher se identificar com judeus em um contexto (talvez quando submetidos a alguma forma de antissemitismo), mas não em outro, quando a filiação à cultura *mainstream* possa ser mais atraente. Portanto, estimativas da população judaica total no mundo atualmente variam entre 12 e 18 milhões, dependendo da definição usada. Deles, cerca de 5,7 milhões são de Israel e 5,275 milhões dos Estados Unidos; comparados a esses dois grandes centros de vida judaica, os 483 mil judeus no país mais populoso após esses dois, a França, são muito menos significativos. Por outro lado, até mesmo as comunidades judaicas muito pequenas no Azerbaijão, na Bielorrússia, no Irã e na Turquia podem preservar algumas formas distintas de judaísmo, assim como o fazem os 1.818 judeus na Tunísia, os 1.500 judeus na China e os cerca de 15 mil judeus na Índia.[2]

Essas variações demográficas na população judaica ao longo dos últimos dois séculos aconteceram em um pano de fundo de transformação das sociedades nas quais os judeus se encontravam. Alguns judeus nas comunidades estabelecidas da Alemanha, da Holanda, da França e da Inglaterra no século XVIII tiveram condição de participar da Era do Iluminismo, que acreditava apenas no poder da razão humana para reformar a sociedade e promover o conhecimento do mundo e seu propósito – na verdade, Baruch Espinosa (ver capítulo 14) pode ser visto como um dos filósofos cujo questionamento das verdades recebidas deu início ao Iluminismo, que culminou com os ideais políticos da Revolução Francesa e da Declaração dos Direitos dos Estados Unidos no fim do século XVIII. Os judeus foram afetados pela guinada concomitante na direção do secularismo e pelo ceticismo relacionado ao papel a ser desempenhado pela religião na sociedade, como ficou evidente com a ruptura do elo entre a Igreja e o Estado em algumas partes da Europa e (pelo menos teoricamente) nos Estados Unidos desde sua fundação. Os judeus também foram afetados pelo crescimento do nacionalismo europeu nos séculos XIX e XX. Em tempos mais recentes, judeus na Europa e em Israel estiveram aprendendo como se adaptar a novas tendências culturais, tais como questões de gênero, uma preocupação cada vez maior com o bem-estar dos animais e a ecologia, e uma tendência a promover o multiculturalismo como um bem por si só.

As reações dos judeus a essas mudanças culturais e sociais dentro da sociedade mais ampla na qual eles se encontram nos tempos modernos também foram afetadas por reações cristãs e pelas mudanças dentro do cristianismo. Em muitas sociedades cristãs desde o Iluminismo, a filiação religiosa e o papel da Igreja na formação das políticas do Estado têm sido severamente limitados ou *de jure* (como na França e nos Estados Unidos desde o fim do século XVIII) ou *de facto* (como nos países da Europa contemporânea nos quais as vozes seculares predominam na esfera pública até mesmo onde, como na Itália ou na Irlanda, a influência católica tradicionalmente tem sido forte). A privatização da religião deixou espaço para uma multiplicidade de denominações e seitas cristãs concorrentes, que reivindicam a representação da verdadeira forma da fé (às vezes manifestada como um retorno fundamental às origens) contrabalançada pelo ocasional reconhecimento, sobretudo nas décadas mais recentes, da desejabilidade do ecumenismo. Um amplo debate público sobre as implicações dos avanços científicos para a fé religiosa abrangeu e reconquistou essencialmente o mesmo terreno desde meados do século XIX, quando algumas pessoas consideraram que as teorias evolutivas de Darwin contradissessem a veracidade da Bíblia. Os *insights* de críticos bíblicos, desde os esforços pioneiros de Julius Wellhausen na mesma época de Darwin, foram tidos como evidências de dúvidas similares com bases literárias e históricas. A todas essas questões têm sido acrescentadas nos últimos anos novas controvérsias surgidas de uma alteração mais ampla na sociedade, como o tratamento dado às mulheres e aos homossexuais em papéis de liderança dentro das comunidades cristãs. Em muitas sociedades europeias, um aumento da população muçulmana levou à reconsideração de questões ligadas à fé e à tolerância, com um impacto inevitável sobre os judeus, bem como os cristãos: o número total de muçulmanos na Europa (excluindo a Turquia) em 2010 foi estimado em cerca de 44 milhões, representando 6% da população total.

Em alguns aspectos, muitos judeus da diáspora hoje praticam a sua religião em sociedades multiculturais ocidentais basicamente nos mesmos termos que os cristãos, escolhendo (frequentar ou não) uma comunidade da sinagoga – e por razões igualmente variadas, de tradições familiares à solidariedade social, conveniência de localização, a personalidade do líder religioso e, ocasionalmente (é claro), convicções religiosas. Tal liberdade de associação e de dissociação religiosa pode ser vista como uma das maiores alterações na vida religiosa judaica ao longo dos dois últimos séculos, já que, até recentemente, judeus tinham sido marginalizados na maior parte das sociedades em que viveram.

A posição da população judaica na Europa Oriental no fim do século XVIII, quando a cultura das *yeshivot* estava no auge e o hassidismo começando a criar raízes, foi muito afetada pela expansão do poder da Rússia czarista até a Polônia a partir de 1772. Os judeus foram em grande parte excluídos da própria Rússia; e os czares, que, de modo geral, impunham controle rígido da movimentação dentro de seus territórios, estabeleceram limites para o assentamento judeu. O tamanho do que passou a ser chamado a partir do fim do século XVIII de a "Zona de Assentamento" variou durante os 125 anos seguintes. Ela incluía, em épocas diferentes, grande parte das atuais Lituânia, Bielorrússia, Polônia, Moldávia e Ucrânia, bem como partes da Rússia ocidental. A partir do fim da década de 1850, o direito de residir em quaisquer outros lugares da Rússia começou a ser outorgado aos comerciantes mais ricos e a pessoas formadas nas universidades, médicos e alguns artesãos; mas essas exceções chegaram ao fim em 1882, quando, depois de pogroms no sul da Rússia em 1881 chamarem a atenção para o estado das tensões entre comerciantes russos e judeus nas cidadezinhas, as Leis de Maio também restringiram novos assentamentos de judeus nas cidades e vilarejos dentro da Zona, de modo a proteger os interesses dos habitantes russos.

A intensa vida religiosa das *shtetl* (um termo ídiche para uma povoação habitada em sua maior parte por judeus, como eram comuns na Europa Oriental) passou a ser cada vez mais ameaçada. Durante algumas gerações, comunidades judaicas haviam prosperado nessas povoações, que eram originalmente de propriedade da nobreza polonesa e habitadas por judeus com o intuito de oferecer serviços para os habitantes das redondezas (como moinhos, hospedarias e cervejarias) ou para exercer direitos especiais (como a coleta de impostos e de taxas para o Estado). Os judeus agiam como intermediários entre a aristocracia e o campesinato, assim como haviam feito desde o fim da Idade Média. Nessas comunidades, ideais tradicionais de devoção, ensino, erudição, justiça comunal e caridade se mesclavam contra um pano de fundo de lutas constantes por parte de cada família para garantir uma renda suficiente para comprar galinha ou peixe para o Shabat e pão ázimo para o Pessach. Na sinagoga, onde o estudo, a reunião e as preces se concentravam, homens eruditos, importantes e de boa posição social sentavam-se perto da arca, confrontados pelos chefes de família, com os pobres e os ignorantes sentados atrás e os pedintes dependendo da caridade comunal perto da parede ocidental. Em casa, de acordo com histórias idealizadas do grande autor ídiche Shalom Aleichem, o patriarca desfrutava de sua *Yiddishkeyt* (uma evocativa palavra em ídiche que significava "um modo de vida judaico"), no calor do seio familiar, centrado na paz do Shabat e na dignidade dos festivais:

E, voltando para casa do banho, renovado e revigorado, quase um novo homem, ele se veste para a celebração. Ele veste o seu melhor casaco com o cinto novo, lança um olhar para Bath-Sheba em seu novo vestido com o novo xale de seda, e ainda a considera uma mulher apresentável, uma mulher boa, generosa e piedosa. [...] E então com Froike ele vai para a sinagoga. Lá, os cumprimentos chegam até ele de todos os lados. "Ora, ora! Reb Fishel! Como tem passado? Como vai o *melamed* ['professor']?" "O *melamed* ainda está lecionando." "O que anda acontecendo no mundo?" "O que poderia acontecer? Ainda é o mesmo velho mundo." "O que está acontecendo em Balta?" "Balta ainda é Balta." Sempre, a cada seis meses, a mesma fórmula, exatamente a mesma, palavra por palavra. E Nissel, o cantor, se dirige ao púlpito para começar os serviços noturnos. [...] Eles já estão em casa, e o Sêder está à espera. O vinho nos copos, a raiz-forte, os ovos, a *charosset* [uma pasta feita de frutas e de nozes, simbolizando o barro usado pelos escravos no Egito], e todos os outros alimentos rituais. Seu "trono" está pronto

– dois banquinhos com um grande travesseiro colocado sobre eles. A qualquer instante Fishel se transformará no rei, a qualquer minuto ele irá se sentar em seu trono real com uma indumentária branca, e Bath-Sheba, sua rainha, com seu novo xale de seda, irá se sentar ao seu lado. Ephraim, o príncipe, com seu novo solidéu, e a princesa Reizel, com suas tranças, irão se sentar na frente deles.[3]

Na prática, a vida judaica na Europa Oriental era mais variada e muito menos rotineira do que o estereótipo sugere, e grande parte da imigração em massa no fim do século XIX refletiu um desejo disseminado de viver em um ambiente menos tradicional.

Com a Revolução Comunista de 1917, da qual muitos judeus participaram, porém muitos outros sofreram pavorosamente (com 200 mil mortos apenas na Ucrânia), a Zona foi abolida, e os judeus migraram *en masse* para as grandes cidades da Rússia, sobretudo Moscou. A atitude do Estado comunista em relação aos judeus era contraditória. Perto de 1927, os judeus formavam o terceiro maior grupo nacional entre os membros do Partido Comunista, embora o Estado hesitasse em decidir se os judeus eram uma nação ou se deveriam apenas se assimilar à sociedade soviética de modo geral. A partir de metade da década de 1920, foram feitas tentativas de estabelecer os judeus como fazendeiros em Birobidjan, uma região extensa, mas inóspita, no leste da União Soviética, na fronteira com a Manchúria. Porém, a projetada república soviética judaica nunca se materializou, e os colonos nunca passaram de um quarto da população local. Para todos os judeus, a observância das práticas religiosas era permitida apenas como uma manifestação da cultura nacional judaica, junto com o uso do ídiche como língua nacional. Ambos foram desencorajados pelo Estado, especialmente durante os anos negros de 1948 a 1953, quando Stálin fez campanha contra o nacionalismo e o "cosmopolitismo" dos judeus. Em torno de 1970, a grande maioria dos judeus na União Soviética tinha o russo como língua materna e sabia muito pouco a respeito do judaísmo, com apenas os mais velhos frequentando as sinagogas que tinham permissão do Estado para permanecer abertas para o culto. A maior parte dos que puderam deixar a União Soviética e ir para Israel nas décadas de 1970 e 1980 não tinha o menor interesse por religião.

O trauma dos judeus soviéticos sob Stálin no fim da década de 1940 naturalmente havia sido muitíssimo exacerbado pela aniquilação de muitas comunidades judaicas na região oeste da União Soviética enquanto estava sob a ocupação alemã de 1941 a 1945. À primeira vista, é surpreendente que esse ataque derradeiro aos judeus tenha surgido não do repressivo regime na Rússia, mas daquela que havia sido considerada a parte mais esclarecida da Europa.

A Revolução Francesa, proclamando igualdade e fraternidade, descortinara a possibilidade de que judeus na Europa Ocidental pudessem ficar livres do status de uma minoria apenas tolerada, na qual eles haviam existido desde o fim da Antiguidade, e passassem a ser membros de pleno direito das sociedades em que viviam. Mas, na própria França, a emancipação do indivíduo foi acompanhada por um rígido controle estatal da vida religiosa. Sob ordens de Napoleão Bonaparte, uma assembleia de judeus notáveis, abarcando tanto líderes laicos quanto rabinos, foi convocada no dia 26 de julho de 1806 com o intuito de transformar os judeus de uma "nação dentro de uma nação" em "cidadãos franceses da fé mosaica". A assembleia respondeu de modo patriótico, mas, quando ficou claro que seria necessária a autoridade religiosa para colocar em prática as resoluções da assembleia, Napoleão ordenou a reunião de um Sinédrio de 71 judeus, a maior parte, mas não todos, rabinos, com uma instrução para separar as imutáveis leis religiosas do judaísmo daquelas que poderiam ser descartadas com segurança. O objetivo era o de incorporar aos requisitos religiosos do judaísmo os serviços ao Estado francês, incluindo o militar, e exigir que os judeus passassem por procedimentos civis junto com as cerimônias religiosas no casamento e no divórcio. O Sinédrio se reuniu no dia 4 de fevereiro de 1807 para levar a cabo essa tarefa, e suas decisões foram então usadas como arcabouço para o estabelecimento, em 1808, de *consistoires* por toda a França, com participantes rabinos e leigos regulando a vida judaica para benefício do Estado. Seu papel incluía a aplicação do recrutamento militar, com os *consistoires* centrais em Paris sob a autoridade dos três *grands rabbins* e dois leigos. O sistema, que ainda está em operação na França, na Bélgica e em Luxemburgo, nem sempre foi usado para a interferência estatal nas questões religiosas judaicas. Mas, com o Estado mantendo o seminário rabínico na França a partir de 1830, e a instituição do grande rabinato a partir de 1845, a emancipação parece ter sido comprada em parte pela perda da autonomia religiosa.[4]

Aos judeus nas comunidades alemãs conquistadas por Napoleão, tais como Frankfurt e as cidades da Liga Hanseática, foi concedida a emancipação por insistência francesa, mas apesar da (ou por causa da) manifestação dos judeus pelos direitos civis no Congresso de Viena, a queda de Napoleão produziu uma violenta reação antissemita em muitos estados alemães, encorajada por uma ideia romântica de uma cultura cristã teutônica, na qual os judeus não poderiam desempenhar nenhum papel, a não ser que – e com frequência até mesmo se – renunciassem ao judaísmo. Em agosto de 1819, uma série de manifestantes, unidos sob o grito de guerra "*Hep! Hep!*" – anacrônico de "*Hierosolyma est perdita*", Jerusalém está perdida –, atacaram judeus em Wurtzburgo. A violência, embora concentrada na Baviera, em Baden, em Halle e em Württemberg, onde ela também envolveu áreas rurais, se espalhou para cidades tão distantes quanto Copenhague ao norte, Danzig (Gdańsk) e Cracóvia a leste e Graz ao sul. As causas das manifestações foram em parte econômicas, depois da grande fome em áreas rurais em 1816 ter deixado camponeses endividados com mercadores e agiotas judeus. Mas também havia ressentimento por causa da nova liberdade dos financistas judeus, e as casas dos Rothschild em Frankfurt foram particularmente atacadas. A reação dos estados foi impedir a emancipação dos judeus com o intuito de evitar tal ressentimento e desordem, e as décadas seguintes testemunharam uma luta por parte dos judeus alemães, que pertenciam cada vez mais à classe média e eram atraídos às grandes cidades, sobretudo Berlim, em busca de igualdade civil e direitos políticos. Os judeus tomaram parte na Revolução de 1848-9, identificando-se com o movimento mais abrangente na Alemanha pela criação de um Estado alemão livre, democrático e liberal. No novo Império alemão estabelecido após a Guerra Franco-Prussiana de 1870, judeus alemães se tornaram, em muitos aspectos, cidadãos com plenos direitos, embora ainda com limitações formais para exercer qualquer cargo no governo e, na prática, sem ter acesso aos mais altos postos acadêmicos nas novas universidades ou a postos de oficiais no Exército.[5]

Nesta última restrição, a sociedade francesa no fim do século XIX foi conspicuamente mais aberta que sua homóloga alemã à participação dos judeus no Estado nos mais altos postos. Daí advém o choque para todos os judeus europeus com a condenação à prisão perpétua por traição, em janeiro de 1895, de Alfred Dreyfus, um judeu assimilado que havia se tornado oficial do Exército. Dreyfus foi condenado com base em documentos falsificados que pareciam mostrar que ele entregara documentos militares secretos ao *attaché* militar na embaixada alemã em Paris. No subsequente frenesi acontecido na França entre os defensores liberais de Dreyfus, que fizeram uma campanha pela sua exoneração em parte como um modo de atacar o poder da Igreja Católica no campo da direita e o estabelecimento militar que ainda se ressentia por causa da derrota contra a Prússia em 1870, ficou claro que até o mais integrado e assimilado judeu no mais liberal dos países ainda poderia se transformar no alvo de virulento antissemitismo, como um peão em meio às tensões sociais mais fortes.[6]

Os opositores de Dreyfus se denominavam a liga da pátria francesa, e movimentos nacionalistas em muitos países europeus igualmente excluíram os judeus da narrativa da história da nação e, portanto, de um papel a desempenhar em seu futuro. Os judeus da Romênia participaram de uma malograda revolta contra a Rússia em 1848, mas nas décadas seguintes dificilmente lhes foi concedida a cidadania. Apesar das exigências das grandes potências no Congresso de Berlim em 1878, que concretizou a independência da Romênia, os judeus foram excluídos das profissões liberais (incluindo direito e medicina) e de servir como oficiais no Exército, e (a partir de 1893) de frequentar escolas públicas. Muitos dos que haviam lutado pela emancipação foram forçados ao exílio.[7]

Um desses exilados foi Moses Gaster, de Bucareste, que estudara tanto na Universidade de Breslau quanto no Seminário Judaico-Teológico de Breslau, onde foi ordenado rabino em 1881 aos 25 anos, quando também foi nomeado para um posto na Universidade de Bucareste para ensinar língua e literatura romena. Expulso da universidade e de seu país natal por seus protestos contra o tratamento dado aos judeus, mudou-se para a Inglaterra, onde foi nomeado para lecionar literatura eslavônica na Universidade de Oxford em 1886. Um ano mais tarde, foi eleito *haham* dos judeus espanhóis e portugueses da Inglaterra, posto que ele manteria até sua morte, 53 anos mais tarde. A escolha da Inglaterra como refúgio não foi acidental. A Grã-Bretanha estava no auge do poder imperial, e os judeus haviam alcançado plena emancipação política com Lionel de Rothschild, que havia sido eleito para o Parlamento sucessivas vezes por Londres desde 1847. Incapaz de assumir seu posto por causa da exigência de fazer uma forma de voto cristão, Rothschild finalmente foi admitido à Câmara dos Comuns em 1858, com a permissão de fazer uma forma de voto judaico; em 1885, o ano em que Gaster saiu da Romênia, o filho de Lionel, Nathaniel, foi o primeiro judeu praticante a ser elevado a par do reino. O rabino da Grande Sinagoga de Londres, que havia sido informalmente reconhecido como o rabino chefe dos judeus asquenazes da Inglaterra desde a metade do século XVIII, em 1845 foi oficialmente designado pelo Estado como rabino chefe das Congregações Hebraicas Unidas do Império Britânico; rabinos nomeados pelas lideranças laicas judaicas a essa posição têm mantido um considerável prestígio em meio ao público inglês até hoje. Seria errado assumir que não houvesse antissemitismo na Inglaterra do século XIX, mas havia visivelmente pouca hostilidade contra Benjamin Disraeli por causa de suas origens quando se tornou primeiro-ministro, apesar de seu orgulho manifesto por suas origens judaicas, e a hostilidade cultural que pode ser percebida nas descrições literárias de judeus a partir da época de Shakespeare, e em tais desfeitas sociais como a exclusão de clubes de golfe ou piadas antissemitas, não se pode comparar à discriminação que estava sendo sofrida pelos judeus em grande parte da Europa continental nesse período.[8]

A mais destrutiva forma de discriminação seria sofrida pelos judeus da Alemanha no século XX, quando o ressentimento por causa dos sofrimentos da nação depois de a guerra ter terminado em 1918 e o caos político do início da década de 1930 encorajaram a crença popular nas alegações nazistas de que a culpa era dos judeus. Os judeus alemães foram removidos de cargos públicos e privados de direitos civis em uma velocidade surpreendente após a ascensão de Hitler ao poder em 1933, e com uma oposição mínima por parte da população geral. O que distinguiu essa forma de antissemitismo de todos os tipos anteriores não foi apenas a sua virulência, manifestada em retórica sobre o extermínio de uma doença que acabou sendo tomado de modo muito literal, mas uma definição racial, e não religiosa, da judeidade, de modo que qualquer pessoa de ascendência judaica (definida como pelo menos até sete gerações passadas) era tratada como judia, independentemente de sua filiação religiosa. As origens teóricas do antissemitismo racial se encontravam nas teorias científicas da raça e da eugenia, populares na Europa e nos Estados Unidos no fim do século XIX. Os judeus passaram a ser vistos como parte de uma raça semita inferior, que representava uma ameaça aos arianos por causa da miscigenação racial crescente permitida pela emancipação judaica em muitos países europeus. Com a ascensão do nacionalismo, políticos adotaram slogans e políticas antissemitas para demonstrar fervor patriótico por toda a Europa e até mesmo nos Estados Unidos. Porém, foi apenas na Alemanha que a retórica levou o Estado a iniciar o extermínio físico dos judeus.

Em muitos dos países da Europa onde o Holocausto ocorreu entre 1939 e 1945, foram necessárias décadas para reconhecer o significado do desaparecimento de populações completas de judeus para a sociedade de modo geral. Mais recentemente, a imensidade do que aconteceu tem sido mais amplamente avaliada, sobretudo na Alemanha, com inúmeros museus da cultura judaica, educação intensiva e grandes esforços dedicados à pesquisa do fenômeno do antissemitismo.

Em tempos mais recentes, a atitude dos liberais alemães com os judeus, assim como de muitos outros europeus, tem sido muito complicada pela apreciação do papel de Israel no conflito do Oriente Médio, no qual o Estado israelense tem com frequência sido visto de modo desfavorável como um representante colonialista dos Estados Unidos. Hostilidades locais contra os poucos judeus que permaneceram nos países árabes depois de 1948, quando a maioria fugiu para Israel para escapar da perseguição, também tendeu a aumentar à medida que a causa dos palestinos passou a ser amplamente adotada no mundo islâmico como um paradigma da violação do Dar al-Islam (a região do mundo que deveria ser governada pela lei islâmica). Do ponto de vista muçulmano, o estabelecimento lícito de judeus como *dhimmi*, uma minoria protegida, dentro das sociedades islâmicas, foi subvertido pela afirmação do poder político judaico em uma parte do mundo que, por direito, deveria ser governada pelos muçulmanos. A retórica desses grupos, como a Fraternidade Muçulmana no Egito, ressuscitou material antissemita do Corão e do período inicial do islã, para criar uma forma nova, distinta e poderosa de antissemitismo islâmico que pinta uma imagem dos judeus de Israel e dos Estados Unidos como uma conspiração mundial, até citando para esse propósito a venerável falsificação literária dos *Protocolos dos sábios do Sião*, que havia circulado (e amplamente tida como verídica) a partir do fim do século XIX até a década de 1930 nos círculos europeus que desejavam colocar a culpa do comunismo nos judeus.[9]

A vida secular das comunidades judaicas onde o judaísmo tem se desenvolvido ao longo dos dois últimos séculos, portanto, tem ela própria se transformado concomitantemente de modo profundo. Já no início do século XIX, era possível para um judeu tentar abandonar sua identidade judaica em muitos países da Europa e se misturar à população geral. Isso foi, na verdade, muito comum na comunidade profundamente aculturada na Alemanha, onde muitos judeus se identificavam com a cultura alemã e viam a conversão ao cristianismo como um meio atraente de ascensão social (o que, por sua vez, alimentou parte do choque com a legislação nazista que visava a tais convertidos tanto quanto àqueles que haviam permanecido dentro do judaísmo). Outros judeus alemães, a começar do filósofo Moses Mendelssohn (ver capítulo 17), rejeitaram a assimilação e, pelo contrário, adaptaram os valores do Iluminismo à própria cultura judaica, insistindo na importância de uma educação secular junto com o estudo do Talmude. A cultura secular judaica promovida por esses *maskilim* (iluministas), "os esclarecidos", ao longo do século XIX na Europa Central e Oriental, assumiu formas radicalmente diferentes, da poesia romântica hebraica ao encorajamento do trabalho manual nas artes e no artesanato e um retorno à natureza, mas todas elas tinham em comum uma insistência de que os valores do mundo secular mais amplo deveriam ser adotados, e não rejeitados.[10]

Entre os interesses desses *maskilim* na década de 1820 se encontrava a pesquisa histórica, coincidindo nesse aspecto com as inquietações dos eruditos judaicos na Alemanha, que estabeleceram a Verein für Kultur und Wissenschaft der Juden [União para a Cultura e a Ciência do Judaísmo] em 1819. Seus membros foram treinados em estudos acadêmicos nas universidades da Alemanha e procuravam aplicar as mesmas técnicas às fontes clássicas judaicas sem o que eles viam como o obscurantismo das tradicionais abordagens rabínicas ou a hostilidade dos eruditos cristãos. A *Wissenschaft des Judentums* ("ciência do judaísmo") à qual eles se dedicaram tinha por objetivo apresentar a história judaica em uma forma que fizesse sentido em termos modernos, em grande parte como os eruditos cristãos do mesmo período estavam realizando estudos científicos da tradição cristã. O movimento foi extremamente produtivo. Tanto Isaak Markus Jost quanto (em um período posterior do século XIX) Heinrich Graetz escreveram longas histórias dos judeus, e Leopold Zunz produziu esclarecedores estudos de homilética e história litúrgica dos judeus. Tampouco o movimento se limitou à Alemanha: no fim do século XIX, sociedades eruditas judaicas parecidas com a Société des Etudes Juives [Sociedade de Estudos Judaicos], estabelecida na França em 1880 para levar a erudição crítica à tradição judaica, também foram encontradas na Inglaterra e na Hungria.[11]

Junto com tais reações culturais ao mundo em mudança se encontravam as mais políticas. Muitos judeus no século XIX se dedicaram às diferentes formas de socialismo, ou dentro da sociedade europeia de modo geral, ou em uma escala mundial mais ampla (como Karl Marx), ou, como na Bund, com um distinto programa judeu. A Bund, a "União Judaica Trabalhista da Lituânia, Polônia e Rússia", foi fundada em 1897 e dedicada ao socialismo judeu aliado a um nacionalismo judeu secular de língua ídiche do Leste Europeu. Os membros da Bund se opunham com todas as forças ao surgimento contemporâneo do muito diferente nacionalismo judaico instigado aos judeus do Leste Europeu pelos sionistas.[12]

Antes do fim do século XIX, a defesa de um retorno em massa para a terra de Israel se baseava em dogmas religiosos como as expectativas messiânicas de Tzvi Hirsch Kalischer de Poznań (Posen), que persuadiu o rico filantropo sir Moses Montefiore na Inglaterra, e a Alliance Israélite Universelle [Aliança Israelita Universal] na França, a oferecer apoio prático para a fundação de uma escola de agricultura perto de Jaffa na década de 1870. Na década de 1880, Shmuel Mohilever, rabino de Białystok, persuadiu o barão Edmond de Rotschild em Paris a apoiar os assentamentos agrícolas, argumentando que Deus preferia que seus filhos vivessem na terra deles ainda que sem a devida observância da Torá a tê-los observando a Torá com perfeição na diáspora. Esse pano de fundo religioso não era destituído de importância para o jornalista húngaro Theodor Herzl, que organizou o Primeiro Congresso Sionista em Basileia em 1897, mas seu plano de estabelecer um lar nacional para o povo judeu na terra de Israel era essencialmente secular, ainda que ele também se voltasse aos ricos financistas judeus (barão Maurice de Hirsch e os Rothschild) para conseguir ajuda para esse projeto, e na verdade conseguisse o apoio de Mohilever (que, entretanto, estava doente demais para participar do congresso, morrendo no ano seguinte). Os objetivos rigidamente práticos e seculares do novo movimento sionista ficaram muito aparentes em 1903, quando Herzl tentou persuadir o Sexto Congresso Sionista, também com sede em Basileia, de que eles deveriam considerar a sugestão do governo britânico de que os judeus pudessem se estabelecer em uma área no leste da África. A proposta havia ficado ainda mais premente devido ao influxo rumo ao oeste de refugiados judeus da Europa Oriental, depois dos relatos de um pogrom acontecido em Chișinău. O clamor decorrente, liderado por quem se horrorizava com a ideia de uma terra judaica que não fosse na Palestina, pode ter sido em parte responsável pela morte de Herzl em julho de 1904, com apenas 44 anos.[13]

O nacionalismo secular de Herzl apresentou grandes desafios para as expectativas messiânicas judaicas e a aspiração de um retorno a Sião entremeadas à liturgia. Para os judeus que rezavam diariamente para que Deus fosse "juntar os nossos dispersados [...] dos quatro cantos do mundo", não ficava claro como os planos para um Estado político judaico desempenhavam um papel na redenção divina de Israel. Como resultado, houve respostas conflitantes ao sionismo entre os judeus durante a primeira metade do século XX. No início do XXI, as dúvidas religiosas não desapareceram completamente, mas a crescente popularidade do sionismo político entre os judeus seculares na primeira metade do século XX e a fundação do Estado secular judaico em 1948 encorajaram a apreciação das realizações do sionismo pela maior parte dos judeus, quer eles atendam ou não ao apelo para migrar para a terra de Israel. Na verdade, para muitos judeus nas últimas décadas do século XX, o apoio para o Estado de Israel, no que era percebido como seu posicionamento de prontidão para uma guerra dentro de um Oriente Médio predominantemente árabe e hostil, combinado com um desejo vagamente voltado para homenagear os que morreram no Holocausto de 1939-45, constituiu o principal baluarte de uma solidariedade comunal. Desde a década de 1990, especialmente, uma abordagem pós-sionista surgiu entre os judeus que desejavam reexaminar a narrativa fundacional do Estado de Israel e insistir em um papel mais central para os direitos e as experiências dos não judeus na consciência nacional.

A imensidade do Holocausto (em hebraico, *Shoah*, que significa "catástrofe") garantiu uma reação litúrgica quase universal por parte dos judeus ao tratar os que morreram como mártires, mortos pela *kiddush haShem*, "santificação do Nome", do mesmo modo como os judeus que morreram pelas próprias mãos em York em 1190 para que não fossem submetidos ao batismo, ou as vítimas da Inquisição na Espanha e em Portugal. As justificativas para ver os 6 milhões sob esse ponto de vista não são óbvias, já que, embora esforços consideráveis tenham sido feitos para observar obrigações religiosas como preces, pureza e enterro adequado mesmo nas condições extremas do gueto de Varsóvia, nas marchas forçadas e nos campos, muitos dos que morreram eram seculares em suas atitudes e foram selecionados com base na origem racial, não na fé religiosa. Não obstante, agora é padrão para os judeus asquenazes a inclusão de referências aos 6 milhões de mártires em preces memoriais no jejum de Av, que celebra a destruição do Primeiro e do Segundo Templos em Jerusalém, e na prece Yizcor:

> Ó Deus, que é pleno em misericórdia e que habita nas alturas! Concede descanso sereno, sob as asas da Divina Presença [...] às almas de [...] assassinados, sacrificados, queimados e mortos pela santificação do Teu Nome, pelos assassinos alemães e seus carrascos de outros povos, porquanto esta congregação ora pela ascensão de suas almas.[14]

A maior parte das comunidades judaicas da diáspora também introduziu preces pelo bem-estar do Estado de Israel junto com as leais preces para o governo do Estado local que têm sido padrão nas comunidades judaicas desde a Idade Média (com raras exceções – muitas comunidades judaicas na Alemanha não faziam preces pelo Estado nazista). Por muito tempo, as alterações litúrgicas no culto da sinagoga têm sido um ponto central para a adaptação ao mundo moderno – e de resistência por parte dos nacionalistas. A partir da metade do século XIX, diversas sinagogas na Alemanha procuraram refletir uma nova sensibilidade em relação à estética e ao decoro assim como ela era encontrada no culto cristão contemporâneo. Surge daí uma crescente ênfase na música, incluindo a introdução de canto coral e de órgãos em algumas comunidades, e a eliminação de grande parte da complexa poesia e dos acréscimos que haviam sido feitos às preces regulares ao longo do milênio precedente, sobretudo depois do surgimento do misticismo de Luria. O objetivo era o de dar uma maior atenção à experiência de cada participante do culto. Os judeus que eram aculturados na apreciação da beleza no restante de suas vidas a procuraram também na sinagoga.

A música da sinagoga já conservava melodias apropriadas de fontes gentias, tanto religiosas quanto seculares, ao longo de muitos séculos, de modo que não havia nenhuma novidade por si só no uso de melodias de Beethoven ou Verdi para proporcionar uma exaltação emocional para as preces. O que era novo era a consciência do efeito. No século XIX, a liturgia da sinagoga se tornou um espaço público para apresentar argumentos teológicos sobre a necessidade de o judaísmo se reformar com o intuito de refletir as necessidades alteradas de uma idade moderna. Havia pressão, com frequência combatida pelos conservadores, para incorporar sermões ao estilo cristão no serviço regular e para usar o vernáculo nas preces e nos sermões. Comunidades mais ricas construíram sinagogas no estilo de catedrais em cidades centrais da Europa e da América, tais como Florença e Budapeste e a Neue Synagoge [Nova Sinagoga] construída entre 1859 e 1866 na Oranienburger Strasse em Berlim. Tais construções marcavam uma afirmação do lugar definido dos judeus nessas sociedades, embora seja significativo que os judeus com frequência escolhessem um estilo oriental ou outro estilo "exótico" de arquitetura para diferenciar suas construções das igrejas.[15]

Avanços científicos e tecnológicos apresentaram muitos novos desafios para viver uma vida segundo a halakhá. Discussões sobre cremação dos mortos, o uso de eletricidade no Shabat, a permissão para o transplante de órgãos e a inseminação artificial às vezes se transformaram em pontos de ruptura entre grupos religiosos judaicos. Tem havido muito debate sobre o uso de máquinas para os vários processos necessários para a observância religiosa. Então, por exemplo, os debates rabínicos sobre a manufatura de *tsitsit* (as franjas cerimoniais no canto do xale para as orações) se manifestaram com veemência contra o uso de máquinas de costura para pregar as franjas ao xale: já que o versículo bíblico ordena que "franjas farás para ti e as porás nos quatro cantos da tua vestimenta com que te cobrires", a maior parte dos rabinos decreta que elas cumprem o mandamento apenas se tiverem sido costuradas à mão por alguém cujas intenções na hora de costurar fossem a de realizar esse tipo específico de tarefa religiosa. Mas as máquinas para fazer *matzot* para o Pessach são amplamente usadas após um debate inicial acalorado em 1859 entre Solomon Kluger em Brody e Joseph Saul Nathansohn em Lemberg (atual Lviv, na Ucrânia), mesmo que *matzot* feitas à mão (*shemurah*) ainda sejam consideradas por alguns judeus como melhores.[16]

Diversos rabinos mantiveram posicionamentos diferentes em relação às suas comunidades na Europa Ocidental e Central e nos Estados Unidos se comparados aos de seus antecessores antes da era moderna. A partir de meados do século XIX, a maior parte dessas comunidades na diáspora tem sido essencialmente organizações voluntárias com rabinos como seus funcionários, com contratos por período fixo. A autoridade desses rabinos, que são, em grande parte, selecionados mais por suas habilidades para lidar com as comunidades do que por seu conhecimento rabínico, geralmente tem dependido tanto de atributos pessoais quanto de qualificações. Nos séculos XIX e XX, passou a ser comum que os rabinos europeus usassem vestimentas clericais inspiradas por seus colegas cristãos, evitando a tradicional vestimenta judaica, incluindo o *peiot*, e enfatizando o conhecimento universitário tanto quanto os estudos na *yeshivah*. Para os líderes dessas comunidades aculturadas, era importante que o rabino que eles contratassem como líder espiritual tivesse as qualificações para ser chamado de "doutor" e não apenas de "rabino".[17]

O papel dos rabinos no Estado de Israel é mais complexo. Problemas da vida moderna, tais como as leis sobre abortos e autópsias, inevitavelmente requerem uma decisão por parte do Estado, e o equilíbrio de poder entre as partes, em um sistema democrático que usa a representação proporcional, desde 1948 com frequência tem dado uma voz forte no governo para partidos que defendem a eleição com base em plataformas religiosas. Entre as decisões religiosas de maior importância tomadas pelo Estado tem-se a definição do status de judeu para quem quer se estabelecer em Israel sob a Lei do Retorno, que dá a todos os judeus o direito de se tornar israelenses. O Estado decidiu, por exemplo, que os judeus etíopes (falashas) devem ser classificados como judeus, apesar da oposição por parte de algumas autoridades rabínicas, e que os imigrantes da União Soviética que não puderam provar seu nascimento judaico por causa da escassez de registros deveriam, não obstante, ser tratados como judeus, se era isso que eles alegavam ser. Uma emenda à Lei do Retorno de 1950 esclareceu a definição de judeidade em relação à cidadania (mas não em questões religiosas como casamento e enterro) para incluir parentes dos judeus, já que tais pessoas haviam sofrido no Holocausto porque eram judias: "Os direitos de um judeu sob esta lei [...] são também garantidos a um filho e um neto de um judeu, ao cônjuge de um judeu, ao cônjuge de um filho de um judeu, e ao cônjuge de um neto de um judeu". Entretanto, houve limites para essa liberalidade. A emenda também afirmava que um judeu significa uma pessoa "que não seja membro de outra religião", seguindo o famoso caso em 1962 do Irmão Daniel, um judeu polonês que havia sido escondido por católicos e batizado como cristão, mas ainda se sentia um judeu e desejava se estabelecer em Haifa. O juiz Silberg, em um veredicto que se tornou referência na corte secular, afirmou, em contradição à definição nazista de judeidade, que "um judeu que se tornou cristão não é considerado um judeu". Os rabinos ortodoxos concordaram com a lei, apesar de ela ser mais rígida que a halakhá.[18]

Quase 2 mil anos de desenvolvimento na diáspora com pouco ou nenhum poder político deixou o judaísmo mal preparado para lidar, de uma perspectiva religiosa, com alguns dos problemas éticos e morais que surgiam com a fundação de um Estado judaico. Os cristãos haviam se adaptado aos dilemas pertencentes aos governos com a conversão de Constantino no século IV, e muitos séculos se passaram no desenvolvimento de uma teologia apropriada para os estados que precisavam, às vezes, impor a ordem aos súditos e se opor aos inimigos por meio da força. Os rabinos, acostumados a ver o Estado como uma força externa a ser aplacada, e ocasionalmente frustrada, não haviam desenvolvido tais ideias. No judaísmo rabínico, nenhum tratamento foi desenvolvido equivalente à doutrina cristã sobre o que constitui uma guerra justa. Os rabinos na Antiguidade tardia e na Idade Média discutiam as determinações do Deuteronômio em termos ou de reconstrução histórica ou de especulação messiânica. Questões mais concretas relacionadas aos direitos de exercer autodefesa e a necessidade de interferir para ajudar outras pessoas em perigo foram limitadas às discussões no contexto da lei criminal. Na década de 1160, Maimônides produziu uma apresentação sistemática de teorias rabínicas sobre a guerra em uma parte importante da *Mishneh Torah* intitulada "As leis dos reis e as suas guerras", mas questões como a aceitabilidade de uma ação militar preemptiva permaneciam muito vagas. Quando a emancipação parcial na Europa do século XIX proporcionou a alguns dos judeus a oportunidade do serviço militar, a opinião rabínica estava dividida sobre a moralidade do alistamento voluntário. Do mesmo modo, embora os rabinos estivessem muito mais envolvidos nos intensos debates dentro da sociedade israelense sobre a moralidade da expansão territorial e as relações com os palestinos, os argumentos foram baseados ou em termos do papel especial da terra de Israel no judaísmo ou com base na decência humana geral.[19]

Israel era e é um Estado político secular, mas desde sua fundação um *statu quo* foi acertado entre o primeiro-ministro David Ben Gurion, o primeiro a assumir o cargo, e os rabinos chefes. Segundo esse acordo, o Shabat e os festivais judaicos foram estabelecidos como feriados públicos. Todas as instituições públicas devem servir apenas comida kosher, as escolas do Estado pertencem ou à corrente nacional secular ou à corrente nacional religiosa, e questões de status pessoal para os judeus, tais como casamento e divórcio, são sujeitas à jurisdição de cortes rabínicas reconhecidas pelo Estado. Este reconhece a autoridade dos dois rabinos chefes, um asquenaze e o outro sefardita, adotando a prática instituída pelos britânicos em 1920 durante o período do mandato em uma imitação do rabinato superior do Império Britânico (embora a autoridade do rabino chefe sefardita, conhecido como *Rishon leZion*, "Primeiro em Sião", remontasse aos tempos do Império Otomano no século XIX). Eleito para um mandato de dez anos por uma grande assembleia eleitoral de rabinos e representantes do público, os rabinos chefes em geral têm sido simpáticos aos objetivos essenciais do Estado, com alguns, como Shlomo Goren, que serviram como rabino chefe de 1972 a 1983, tendo um impacto decisivo sobre aspectos religiosos da política do Estado.

Goren lutara na Guerra de Independência de 1948, e fez soar o *shofar* no muro ocidental do Templo momentos antes da captura da cidade antiga de Jerusalém, tirando-a do domínio da Jordânia em 1967. Sua autoridade foi importante para permitir que viúvas de soldados, cujos corpos não foram encontrados, pudessem tornar a se casar. Permitiu autópsias de corpos quando necessário; resolveu problemas envolvendo relações com convertidos e concedeu que judeus fizessem suas preces em algumas (mas não em outras) áreas do Monte do Templo. Goren havia sido antes o rabino chefe asquenaze de Tel Aviv, já que o Estado também nomeia esses rabinos em cada cidade ou localidade, com frequência oferecendo ou subsidiando edifícios para serem usados como sinagogas em cada municipalidade. Antes de qualquer dessas nomeações, Goren fora o capelão chefe do Exército, e, enquanto exercia esse posto, introduziu uma nova liturgia para o uso comum dos soldados asquenazes e sefarditas.[20]

O serviço militar compulsório tanto para homens quanto para mulheres tem proporcionado um ponto de unificação para a maior parte dos israelitas judeus desde a fundação do Estado, intensificado pela necessidade de serem frequentemente deslocados durante os conflitos. Desde 1963, o Estado acrescentou um dia, dentro do período de luto (segundo os calendários rabínicos) da contagem do *omer*, para homenagear os soldados israelenses mortos. A comemoração começa com o soar de uma sirene por toda a nação na noite anterior, com uma repetição às onze da manhã seguinte, e velas memoriais são acesas. A prece Yizcor é recitada em cerimônias públicas e todos os locais de diversão são fechados por lei. O dia é seguido imediatamente pela celebração do Dia da Independência no dia 5 de Iyyar: o rabinato superior decidiu que a restrição do luto do período do *omer* devesse ser suspensa para permitir as celebrações; mas, por meio do estatuto promulgado pelo Knesset, o Dia da Independência é sempre mudado para a quinta-feira se o 5 Iyyar cai em uma sexta-feira ou sábado, para evitar que comemorações levem à profanação do Shabat. Tem existido um acalorado debate dentro dos círculos rabínicos sobre a liturgia apropriada, para a qual livros de preces especiais foram publicados, parecidos com os dos principais festivais, e até que ponto o dia deveria tratar a fundação do Estado como um milagre igual ao celebrado em Chanucá e Purim. Sob a liderança de Shlomo Goren, o Dia de Jerusalém, que também cai dentro do período do *omer* (no dia 28 Iyyar), foi instituído como um feriado público opcional após a captura da cidade antiga em 1967, com uma assembleia pública no muro ocidental do Templo e os salmos Hallel recitados nas preces matutinas juntamente com as bênçãos correspondentes para marcar o caráter distintamente religioso da reivindicação do local do Templo para os peregrinos judaicos. Em abril de 1951, o Knesset decretou que o dia 28 Nisan deveria ser observado como "dia da Shoah [Holocausto] e da revolta do gueto", para celebrar tanto o Holocausto quanto o heroico, ainda que malsucedido, levante contra os alemães por parte dos judeus do gueto de Varsóvia entre abril e maio de 1943. A ambivalência por parte do Estado, nos anos anteriores, a respeito da celebração da destruição dos judeus da Europa, e não dos feitos dos que lutaram, explica a determinação de evitar um dia de simples luto; mas desde o fim da década de 1970 cerimônias especiais, como o acender das velas e novas liturgias, têm sido desenvolvidas para marcar o que passou a ser conhecido de modo mais geral como "dia do Holocausto e do heroísmo".[21]

Dos festivais, os que mais atraíram o entusiasmo dos israelenses seculares são o Lag BaOmer, amplamente celebrado com fogueiras e fogos de artifício; Chanucá (com ênfase no heroísmo) e Purim, que é celebrado com desfiles de carnaval conhecidos como *adlayada*, da injunção talmúdica de que um homem deveria se deleitar no Purim *ad dela yada* ("até ele não conhecer" o herói do vilão na história de Ester (ver capítulo 10)). Crianças usam máscaras e multidões enchem as ruas, mas, apesar da injunção rabínica para beber vinho, a bebedeira não é comum. O teste da Bíblia, feito no Dia da Independência, foi nos primeiros anos do Estado uma obsessão nacional entre os seculares, para os quais essa lembrança de uma parte essencial de sua educação primária era tanto nostálgica quanto nacionalista. Junto com a escavação de sítios do período bíblico, o estudo da Bíblia foi muito encorajado por Ben Gurion como um importante elemento na construção de um sentido de identidade nacional ligado tanto à terra quanto às origens judaicas, mas sem as camadas de desenvolvimentos religiosos dentro do judaísmo durante os 2,5 mil anos que haviam se passado. O teste continua, mas as paixões seculares dos israelenses se transformaram, e uma distinta identidade judaica emergiu, na qual o passado judaico anterior ao século XX desempenha um papel muito pequeno. Tentativas estão sendo feitas sob a rubrica de "judaísmo secular" para introduzir a juventude secular israelense em uma herança religiosa dos judeus da diáspora que, para eles, parece estranha, ou até, se eles a consideram como algo que leva de modo inexorável ao estilo de vida e aos pontos de vista dos ultraortodoxos, desagradável e ameaçadora.

O estabelecimento de uma identidade judaica para os judeus seculares nas sociedades multiculturais ocidentais da diáspora é ainda mais difícil –

dessa circunstância derivam as incertezas demográficas observadas no início deste capítulo. Já que as comunidades da sinagoga de todas as denominações se baseiam em doações particulares, e não na subvenção do Estado para garantir a manutenção dos edifícios e custear os salários dos rabinos, muitas comunidades irão aceitar como membros quaisquer pessoas que se apresentem, embora geralmente apenas se elas puderem ser classificadas como judias por nascimento ou por conversão (nos dois casos, definidos de diversos modos por diferentes comunidades) e independentemente da crença ou da observância religiosa. A questão chamou a atenção do público geral no Reino Unido de modo inesperado por causa de uma disputa a respeito dos requisitos para alunos que se inscreveram para a Jewish Free School (JFS) [Escola Livre Judaica] em Londres em 2009. A escola, que era popular e tinha excesso de inscrições, admitiu apenas crianças certificadas como judias pelo escritório do rabino chefe. A lei no Reino Unido permite a seleção para entrada em uma escola por critérios religiosos. A entrada para a JFS exigia ou que a mãe fosse judia por ascendência ou por conversão antes do nascimento da criança (a definição rabínica convencional), ou que a criança tivesse se convertido ou sido aceita durante o processo da conversão. Foi negada a entrada para uma criança com base no fato de que a conversão de sua mãe ao judaísmo não era válida porque ela não havia acontecido sob os auspícios ortodoxos. O pai recorreu às cortes seculares, que consideraram que usar a ascendência materna como um critério de status judeu constitui discriminação racial e, portanto, é ilegal. O resultado prático é que a Suprema Corte do Reino Unido impôs aos judeus um teste prático religioso para estabelecer a identidade judaica, de modo a qualificar os judeus como um grupo religioso para o propósito de entrar na escola.[22]

Para alguns judeus da diáspora, fazer parte de uma sinagoga exerce basicamente uma função social, mais que religiosa, às vezes com o incentivo adicional de ter os direitos de enterro garantido em um cemitério judaico (embora as comunidades judaicas sepultem de qualquer modo os judeus mortos de qualquer origem, como um dever religioso, desde que se soubesse que eles eram judeus e, geralmente, desde que não tenham sido cremados). É muito comum para os judeus cumprir suas obrigações religiosas para com uma comunidade da sinagoga frequentando as preces duas vezes por ano, no Rosh Hashaná (o Ano Novo) e no Yom Kippur (Dia do Perdão), tanto quanto cristãos secularizados podem frequentar a igreja apenas no Natal e na Páscoa.

Para tais judeus, o critério da obediência religiosa contínua é o serviço do Yom Kippur, a parte mais solene do ano litúrgico. Os critérios equivalentes para a vida religiosa doméstica são as reuniões familiares para o serviço do Sêder na véspera do Pessach e a refeição do Shabat nas noites de sexta-feira. Dois castiçais para a véspera do Shabat serão encontrados em muitas casas judias nas quais nenhum outro aspecto do judaísmo será encontrado, e muita nostalgia envolve esses rituais.

É possível traçar a história do judaísmo por meio da evolução genética da comida judaica como ela ainda é consumida. Para o mundo asquenaze, pão chalá, frango assado (substituindo ganso assado ou carne de peito bovino), *tzimmes* de cenoura (uma sopa de vegetais adoçada), salada de batatas, *kugel* de batatas, para a noite de sexta-feira; *cholent* (uma sopa de carne deixada para cozinhar durante a noite) para o almoço de sábado; peixe frito frio, arenque em conserva, pepinos em fatias, salmão defumado, *cheesecake* para a tarde e a noite do sábado. Os judeus iemenitas deixam *jahnun*, uma massa com sabor ligeiramente adoçado, no fogo baixo durante a noite e a comem no almoço do sábado com ovos cozidos duros e um molho picante. Judeus iraquianos, persas, libaneses, egípcios e sírios, todos eles têm as suas tradições culinárias. Para Chanucá, para celebrar o milagre do óleo, os asquenazes comem *latke*s de batata; os sefarditas comem *fritters* em molho doce ou donuts; os judeus italianos comem pedaços de frango frito envoltos em massa; os marroquinos comem *couscous* com frango frito. No Purim, as comunidades sefarditas comem bolachas com o formato da orelha de Hamã mergulhadas em calda, e os asquenazes comem *hamantaschem*, uma massa cortada em três pontas recheada de geleia de ameixa ou sementes de papoula. O Shavuot é celebrado com *blintzes* de queijo, *cheesecake* e pudins de leite. E para o Pessach, em que uma grande parte do festival está relacionada à preparação da comida sem fermento com o intuito de celebrar o êxodo do Egito, quando os israelitas receberam ordens de partir com tanta pressa que não havia tempo para que a massa do pão fosse deixada para levedar, uma grande variedade de bolos, panquecas, bolinhos fritos e *fritters* usando amêndoas trituradas, farinha de batata ou *matzah*, ou (no mundo árabe) *kibbeh* com arroz moído tornaram as restrições culinárias uma celebração da engenhosidade gastronômica.

Em muitas famílias, essas receitas, carinhosamente recordadas de gerações precedentes, constituem o principal elo com um passado religioso que não está mais muito presente. Porém, uma recaída na nostalgia e no sentimentalismo a respeito do mundo de *Um violinista no telhado*, que sempre foi em parte imaginário, e agora desapareceu, não é, como iremos ver, a história completa dos percursos modernos dentro do judaísmo.

17
Reforma

Moses Mendelssohn, o primeiro judeu a manter a obediência ao judaísmo tradicional e simultaneamente a surgir como uma das principais figuras do Iluminismo europeu, alcançou a fama pela primeira vez na Alemanha em 1763, quando seu *Treatise on Metaphysical Evidence* [Tratado sobre as evidências metafísicas] venceu a competição de ensaios da Real Academia de Berlim (deixando em segundo lugar a obra de seu contemporâneo mais velho, Immanuel Kant). Apelidado de "o Sócrates alemão", Mendelssohn havia tentado demonstrar por meio da razão o que ele via como as verdades fundamentais da religião natural – a imortalidade da alma e a existência e a providência de Deus. Foi um feito notável para o filho de um escriba da Torá nascido em Dessau, com 34 anos, educado no Talmude e na filosofia judaica medieval. Ele era autodidata em alemão, grego, latim, francês e inglês, bem como nas obras de John Locke, Christian Wolff e Leibniz.[1]

A partir da recepção dada à obra de Mendelssohn, fica claro que naqueles anos iniciais seus principais leitores não eram judeus, e que se considerava que a importância de seu pensamento estava no embasamento dado a toda religião. Porém, a fama acarretou a hostilidade, e em 1769 o teólogo suíço Johann Caspar Lavater, que havia recém-publicado sua tradução alemã de *La Palingénésie philosophique* [*A palingenesia filosófica*] de Charles Bonnet, desafiou Mendelssohn ou a refutar Bonnet ou a aceitar o cristianismo. Mendelssohn não era por natureza um polemista; mas, uma vez desafiado, se sentiu forçado a responder com uma afirmação de seu comprometimento com a sua religião ancestral baseado no fato de que, ao contrário da limitação da salvação para os crentes dentro do cristianismo, o judaísmo sustentava que a salvação era possível para todos. Essa imagem do judaísmo como uma religião de tolerância, permitindo a liberdade de consciência, foi manifestada de modo mais claro em 1782-3 em sua obra clássica, *Jerusalém, ou, sobre poder religioso e judaísmo*:

Ao menos preparai o caminho para uma posteridade feliz na direção daquele píncaro de cultura, na direção da tolerância universal do homem para quem a razão ainda suspira em vão! Não compenseis nem punais nenhuma doutrina, não instigueis nem suborneis ninguém para que adote qualquer opinião religiosa! Que cada um tenha a permissão de falar conforme pensa, de invocar a Deus de seu próprio modo, ou do modo de seus pais, e a buscar a salvação eterna onde ele considera que possa encontrá-la, desde que ele não perturbe a tranquilidade pública e aja de modo honesto em relação às leis civis, em relação a vós e aos vossos concidadãos.

Assim como Espinosa um século antes, Mendelssohn defendia a separação entre religião e Estado. Os interesses pessoais de judeus privados de direitos civis nas sociedades cristãs coincidiam perfeitamente com os valores da consciência individual do Iluminismo. Para Mendelssohn, assim como para Espinosa, a verdadeira religião consiste em verdades racionais e morais ao alcance de todos. Porém, para Mendelssohn (diferentemente de Espinosa), as características especiais do judaísmo se originam da lei revelada, cujo propósito é o de preservar a pureza dos conceitos religiosos quando eles são assaltados pela idolatria. Ele incitava seus companheiros judeus a apreciar que a questão era tão vital naquele momento quanto fora no passado:

E, mesmo nos dias atuais, nenhum conselho mais sábio que este pode ser dado à Casa de Jacó. Adaptai-vos à moral e à constituição da terra para a qual fostes removidos; mas apegai-vos à religião de vossos ancestrais também. Carregai ambos os fardos tão bem quanto podeis! É verdade que, por um lado, o fardo da vida civil vos foi tornado pesado por causa da religião à qual permaneceis fiéis; e, por outro lado, o clima e os tempos, em alguns aspectos, tornam a observância de vossas leis religiosas mais cansativas do que elas são. Não obstante, perseverai, permanecei sem hesitar no posto que a providência vos designou, e suportai tudo que vos acontece assim como vosso legislador previu há tanto tempo.[2]

O impacto imediato de Mendelssohn sobre os judeus alemães se deu menos por meio de argumentos específicos de sua filosofia religiosa do que por seu exemplo, sendo um famoso alemão que permaneceu leal ao judaísmo. Sua tradução da Torá para o alemão (escrita com letras hebraicas), com um comentário em hebraico que combinava a exegese do sentido básico na tradição medieval judaica com os comentários estéticos (desse modo modernizando o estudo da Bíblia de uma forma menos revolucionária que a crítica de Espinosa), foi bastante lida. A contínua publicação dos escritos hebraicos de Mendelssohn, tais como o comentário sobre o Eclesiastes lançado em 1762, juntamente com obras filosóficas alemãs, e sua disposição para utilizar sua influência para o benefício das comunidades judaicas na Alemanha e na Suíça, combinadas com sua própria observância rígida do comportamento religioso judaico tradicional, permitiram a todos os ramos do judaísmo surgidos na Alemanha no século posterior à sua morte reivindicá-lo como fonte de inspiração.[3]

É irônico que as ideias propostas pelo filósofo cristão Immanuel Kant, que havia sido derrotado por Mendelssohn na competição dos ensaios em Berlim em 1763, fossem exercer uma influência maior que a dele no futuro do judaísmo. A inovação filosófica de Kant era negar completamente a possibilidade do conhecimento nas áreas da metafísica às quais Espinosa e Mendelssohn dedicaram seus esforços intelectuais. Para Kant, o conhecimento demonstrativo é possível apenas para o mundo da percepção sensorial, e a existência de Deus, portanto, só pode ser postulada pela razão, como a condição necessária para a possibilidade de "distribuição de felicidade na proporção exata da moralidade". A verdadeira religião, para Kant, é a religião ética, um ideal abordado de forma mais aproximada pelos ensinamentos idealizados, espiritualizados e baseados no amor do cristianismo.[4]

Kant se tornou grande amigo de Mendelssohn, mas seguiu Espinosa ao considerar que o judaísmo não conseguia alcançar as alturas exigidas pela verdadeira religião porque requeria apenas a obediência externa às leis e não uma convicção moral íntima; e a atração exercida por sua filosofia nos judeus a caminho da emancipação se encontrava precisamente na substituição do judaísmo com o qual eles estavam acostumados por um profundo comprometimento moral livre de rituais e laços comunais. Por isso a devoção a Kant do obstinado ex-*hasid* Solomon Maimon, cujos comentários desiludidos sobre o hassidismo foram citados no capítulo 15.

O *Ensaio sobre a filosofia transcendental* de Maimon assumiu a forma de observações explicativas sobre a *Crítica da razão pura* de Kant, "assim como esse sistema se desvelou a mim em minha mente". É notável que Maimon tivesse a autoconfiança, ainda que perto do fim da vida, de enviar o manuscrito de sua *Filosofia transcendental* para o próprio Kant. Durante suas viagens pela

Europa, em sua maior parte afetadas por grande pobreza, Maimon foi uma criança prodígio do mundo rabínico em Sukoviborg, na Polônia, e depois um hóspede do conde Adolf Kalkreuth em sua residência perto de Freistadt, na Silésia, antes de passar alguns anos no círculo de Moses Mendelssohn e, finalmente, ser forçado a partir de Berlim por causa de sua vida dissoluta. Uma tentativa desesperada em Hamburgo de persuadir um pastor luterano a convertê-lo para o cristianismo fracassou quando Maimon confessou não acreditar nas doutrinas cristãs. Consta que Kant, pelo menos, tenha apreciado os *insights* de seu seguidor, afirmando que ninguém mais havia compreendido tão bem a sua filosofia. Não obstante, quando Maimon morreu em 1800, foi enterrado do lado de fora do cemitério judeu, definido como um herético.[5]

Maimon não foi o único pensador judeu a mergulhar no excitante novo mundo do pensamento iluminista, mas a ter tão pouco impacto na vida religiosa de seus companheiros judeus de sua própria época. O *maskil* da Galícia, Nahman Krochmal, desenvolveu no início do século XIX uma distinta filosofia idealista, baseada nas ideias de Vico e de Herder, bem como nas de Kant, Schelling e Hegel, na qual ele afirmava que o Deus monoteísta do judaísmo era o Espírito Absoluto no qual tudo subsiste (incluindo as deidades de outras nações), e que cada nação (incluindo os judeus) tem um espírito popular distinto que passa por um ciclo orgânico do nascimento à destruição. Pouco conhecidas durante a vida de Krochmal, essas ideias foram disseminadas pelos membros do movimento da *Wissenschaft des Judentums* após sua morte em 1840, com a publicação, em 1851, de muitos de seus escritos em uma edição produzida por Leopold Zunz. Igualmente independente foi o médico e poeta Salomon Steinheim, um contemporâneo mais jovem de Krochmal, nascido na Alemanha e que (apesar de ter se mudado para a Itália) escreveu em alemão. Steinheim atacou ferozmente tanto o cristianismo quanto a abordagem racionalizante à religião defendida por Mendelssohn, insistindo em que as verdades da revelação são independentes da razão natural e que elas devem ser confirmadas pela filosofia. Sua ideia de que a experiência religiosa deve ser submetida aos mesmos testes empíricos que as outras áreas da vida humana demonstrou desgostar tanto os tradicionalistas (para os quais sua filosofia era racional demais) quanto o espírito da reforma que estava abrindo caminho entre os judeus da Alemanha na época de sua morte, em 1866, criando novas denominações dentro do judaísmo que iriam causar um impacto até os dias atuais.[6]

Em um sermão em 1853, Samuel Holdheim, rabino da congregação reformista em Berlim de 1847 até sua morte em 1860, manifestou o desejo central do movimento da Reforma de que os judeus usassem sua dispersão pelas nações para transcender os traços especificamente nacionais do judaísmo tradicional como a religião apenas de Israel em relação a Deus e para trazer a iluminação espiritual para o resto da humanidade:

> É o destino do judaísmo verter a luz de seus pensamentos, o fogo de suas experiências, o fervor de seus sentimentos sobre todas as almas e todos os corações sobre a terra. Então, todos esses povos e nações, cada qual segundo as características de seu solo e de sua história, irão, ao aceitar os nossos ensinamentos, acender as suas próprias luzes, que irão então brilhar de modo independente e aquecer suas almas. O judaísmo será o viveiro das nações repletas das bênçãos e das promessas, mas não uma árvore totalmente crescida e madura com raízes e tronco, coroada com galhos e ramos, com flores e frutos – uma árvore que simplesmente será transplantada para um solo estrangeiro. [...] Essa, então, é nossa tarefa: manter o judaísmo em meio ao povo judeu, e ao mesmo tempo disseminar o judaísmo entre as nações; proteger a ideia da unidade e da vida e da fé judaica sem diminuir a ideia da unidade com todos os homens; nutrir o amor pelo judaísmo sem diminuir o amor pelo homem. Rezamos para que Deus possa nos conceder maiores forças para que busquemos o caminho da verdade e não nos desviemos do caminho do amor!

Sob a liderança de Holdheim, a comunidade de Berlim transferiu o Shabat do sábado para o domingo, e permitiu o casamento entre judeus e gentios, fazendo a distinção entre os ensinamentos éticos eternos do judaísmo e as transitórias leis cerimoniais que a comunidade acreditava não serem mais aplicáveis na era moderna. A visão de Holdheim era a expressão mais radical de um movimento que, por quase cinquenta anos, tinha buscado uma completa modernização do culto judaico.[7]

O movimento havia sido iniciado entre os judeus de classe alta e esclarecidos influenciados pela teologia universalizadora de Moses Mendelssohn. Em 1808, um rico financista chamado Israel Jacobson, cuja sugestão feita a Napoleão de estabelecer um conselho supremo judaico em Paris provavelmente se encontrava na base do estabelecimento do Sinédrio de Paris em 1807, construiu uma sinagoga em Kassel na qual os sermões eram feitos em alemão e o oficiante (o próprio Jacobson) usava a indumentária de um clérigo protestante. Mudando-se para Berlim após a queda de Napoleão, Jacobson realizou cultos em residências particulares até que os rabinos ortodoxos da cidade persuadiram o governo a banir todas as sinagogas particulares em 1823. Porém, nessa época, o exemplo de Jacobson havia sido seguido em Hamburgo, e o movimento tinha começado a adquirir força própria.[8]

O Novo Templo Israelita de Hamburgo foi fundado por 66 judeus laicos que dedicaram a construção no dia 18 de outubro de 1818 com uma base lógica e um programa claros:

> Já que o culto público tem sido por certo tempo negligenciado por tantas pessoas, por causa do sempre crescente desconhecimento da língua em que até então ele foi conduzido, e também por causa de muitas outras imperfeições que se insinuaram ao mesmo tempo – os abaixo-assinados, convencidos da necessidade de restaurar o culto público à sua merecida dignidade e importância, se uniram para seguir o exemplo de inúmeras congregações israelitas, sobretudo a de Berlim. Eles tencionam organizar também nesta cidade, para si mesmos bem como para outros que possam pensar como eles, um ritual digno e bem organizado, segundo o qual o serviço do culto poderá ser conduzido no Shabat e nos dias santos, e em outras ocasiões solenes, e que deverá ser observado em seu próprio templo, a ser erigido especialmente com esse propósito.

Uma nova cerimônia de confirmação, aos dezesseis anos, já havia sido introduzida em Kassel em 1810 por Jacobson. A nova cerimônia, para a qual a liturgia era fluida, foi considerada mais apropriada para a época que o *bar mitzvah* aos treze anos, porque a criança tinha verdadeiramente mais capacidade de assumir as responsabilidades de um adulto. Era aberta para meninas e meninos. Em torno de 1844, a necessidade de reforma espiritual segundo essas linhas foi manifestada de modo genuíno, durante a fase fina de sua doença, pelo já idoso Aaron Chorin, rabino em Arad (então na Hungria):

> Os elementos permanentes da religião devem ser manifestados em termos que atraiam as pessoas e estejam de acordo com as necessidades da vida. Se nossa religião e vida parecem entrar em conflito uma com a outra, isso se deve à deturpação do santuário por acrescimentos estranhos a nós ou pela permissão da vontade pecadora que deseja tornar a sua ganância desenfreada e sua falsa tendência

fidedigna guias para a vida. Se nós nos mostrarmos prontos para extirpar essas adições não essenciais que com frequência se impuseram à nossa nobre fé como o produto de eras obscuras e sombrias, como estamos determinados a sacrificar nossas próprias vidas para a manutenção do que é essencial, nós teremos condição de resistir com sucesso, com a ajuda de Deus, a todos os ataques deliberados, impensados e inapropriados que a permissão ou a ignorância podem dirigir contra nossa sagrada causa; o aparente conflito irá então desaparecer e teremos realizado algo duradouro por Deus.[9]

O amplo reconhecimento de uma necessidade de mudança não ocasionou a concordância quanto aos limites a serem impostos. Os serviços iniciais da Reforma encurtaram a liturgia da sinagoga, usaram a língua vernácula para os sermões e algumas preces e introduziram órgãos para o acompanhamento dos principais elementos do coral da liturgia; mas as alterações feitas em cada congregação eram vulneráveis à contestação por parte do *establishment* rabínico ortodoxo local. Em junho de 1844, sob a liderança de Abraham Geiger, um proeminente erudito no âmbito do movimento da *Wissenschaft des Judentums*, cujos estudos de história e de literatura judaica nas eras antiga e medieval foram concebidos para mostrar (de modo correto, pelo menos em linhas gerais, como já foi visto aqui) como o judaísmo sempre esteve em um estado de evolução, 25 rabinos de toda a Alemanha que apoiavam as mudanças religiosas foram persuadidos a se reunir em Brunswick. Mais duas conferências se seguiram, em Frankfurt em 1845 e em Breslau em 1846 – mas sem acordo quanto às questões de prática religiosa tais como a necessidade de o homem cobrir a cabeça durante as preces, o uso dos *tefillin* e leis alimentares kosher. Houve muita discussão sobre o papel do hebraico na liturgia, o acordo unânime de que as preces tradicionais para a reconstrução do Templo deveriam ser omitidas e uma decisão majoritária em Frankfurt no dia 20 de julho de 1845 de que "a ideia messiânica deveria ser mantida de modo proeminente nas preces, mas todas as súplicas para o nosso retorno para a terra de nossos ancestrais e para a reconstituição de um Estado judaico fossem eliminadas", já que "em todos os acréscimos contemporâneos ao livro de preces nosso conceito moderno de messias pode claramente ser afirmado, incluindo a confissão de que nosso status recém-adquirido de cidadãos constituiu um cumprimento parcial de nossas esperanças messiânicas".[10]

Havia uma grande proximidade entre esses movimentos pela reforma religiosa e as preocupações históricas da *Wissenschaft des Judentums* (ver capítulo 16). No centro dos dois movimentos se encontrava o desejo de enfatizar os aspectos racionais do judaísmo e da história judaica de modo que os judeus pudessem se entender como os demais europeus. Muitos na congregação de Hamburgo haviam sido criados em lares nos quais as práticas judaicas não eram muito observadas, e a procura por um judaísmo racional era semelhante à adoção, na mesma época, por parte dos cristãos protestantes, em uma atmosfera de renascimento religioso, sobretudo na Alemanha, de uma teologia liberal baseada no criticismo bíblico.

Tanto historiadores quanto teólogos fizeram o máximo para minimizar as tradições místicas da cabala, denegrindo ou ignorando tais práticas como indignas dos ideais religiosos elevados de uma nação esclarecida. Porém, em países independentes do movimento da Reforma alemã, erudição e especulação filosófica levaram judeus a posturas religiosas um tanto diferentes. Assim sendo, na Itália, Shmuel David Luzzatto (conhecido como Shadal) assimilou o espírito do criticismo acadêmico aos seus eruditos comentários bíblicos, que fizeram um bom emprego de seu vasto conhecimento de línguas semíticas, mas adotavam um romântico "judaísmo dos sentidos", que ele contrastava tanto com o racionalismo da filosofia como com as especulações dos místicos, rejeitadas vigorosamente. Seu colega italiano mais jovem, Eliyahu Benamozegh, rabino de Leghorn (Livorno), alegava que a cabala merecia um status igual ao da Bíblia e do Talmude, e afirmava que, já que o judaísmo contém todas as verdades universais espalhadas em todas as religiões e mitos de outros povos, os judeus poderiam assumir a liderança em encorajar uma crença universal no monoteísmo. Benamozegh, conhecido por alguns como o "Platão dos judeus italianos", era bastante estimado por leitores não judeus por sua tentativa de demonstrar as afinidades entre o judaísmo e os filósofos italianos contemporâneos e a superioridade da ética judaica em comparação com a cristã. No entanto, seu principal trabalho em hebraico, um comentário sobre o Pentateuco publicado entre 1862 e 1865, que incorporava evidências da filologia comparativa e da arqueologia, evocou tanta hostilidade em partes do mundo rabínico que em Aleppo e Damasco cópias foram queimadas em público.[11]

A partir desses começos modestos, o movimento da Reforma na Alemanha gradualmente alterou a aparência do judaísmo asquenaze na Europa

Central e Oriental durante o século XIX. Muitas congregações na Alemanha tornaram sua liturgia mais liberal, embora a Berlin Reformgemeinde [Comunidade da Reforma de Berlim], estabelecida em 1845, fosse a única congregação alemã a realizar o culto completo em vernáculo, com os homens de cabeça descoberta, e o Shabat observado no domingo. As ideias da Reforma foram promulgadas por rabinos treinados em Berlim na Hochschule für Wissenschaft des Judentums [Escola Superior das Ciências Judaicas], inaugurada em 1872. O seminário judaico-teológico fundado em Breslau em 1854 por ordens de Abraham Geiger havia demonstrado ser insuficiente para esse propósito, com o moderado Zacharias Frankel na chefia. Frankel simpatizava com a Reforma, mas havia se afastado de seu sínodo em 1845, protestando contra a proposta de substituir o hebraico pelo alemão e de suprimir as referências aos sacrifícios e ao retorno a Sião, todos os quais ele considerava centrais para o judaísmo.

Em torno de 1870, a maioria dos judeus alemães religiosos pertencia a comunidades que haviam adotado aspectos da teologia e da liturgia da Reforma em diferentes graus, e o movimento havia se espalhado para outros locais. Concomitantemente com as mudanças em Frankfurt na década de 1840, muitos dos judeus da Hungria e da Transilvânia, que eram suficientemente assimilados à sociedade de modo geral para se identificar com os nacionalistas magiares, adotaram o exemplo do dissidente Aaron Chorin, que havia assumido uma linha radicalmente independente desde o fim da década de 1780, condenando (seguindo o exemplo de Karo) antigas práticas populares tais como *kapparot* ("expiações"), que incluíam girar uma galinha viva três vezes acima da cabeça na véspera do Yom Kippur para simbolizar a transferência dos pecados da pessoa para o desafortunado animal, o que ele considerava uma superstição e algo contrário ao ideal do Iluminismo. Chorin apoiava não apenas as inovações introduzidas em Berlim e em Hamburgo em 1818, mas também o direito a viajar e escrever durante o Shabat, e até mesmo casamentos mistos entre judeus e gentios. As motivações dos neólogos, como eles eram conhecidos de modo não oficial, foram complicadas por seus esforços para evitar divisões como as que haviam surgido no seio do judaísmo alemão e se apresentar como os únicos representantes dos judeus húngaros apesar dos protestos dos ortodoxos. O princípio de que os judeus deveriam ter uma comunidade unificada era vivamente apoiado pelo estadista barão József Eötvös, que lutara desde a década de 1840 pela emancipação dos judeus e conseguira aprovar uma lei de emancipação em 1867, após a formação de um governo independente húngaro naquele ano. Porém, o Congresso Nacional dos Judeus da Hungria, para o qual Eötvös ajudou a organizar as eleições em 1868 e 1869, foi um acontecimento repleto de discórdia. Os neólogos definiam a comunidade judaica como "uma sociedade que prestava auxílio às necessidades religiosas", ao passo que os ortodoxos se viam como "seguidores da fé e dos mandamentos mosaico-rabínicos assim como eles são codificados no *Shulḥan Arukh*". Quando, em 1871, o Parlamento húngaro cedeu à pressão permitindo que os ortodoxos estabelecessem uma comunidade separada por ordens do Kaiser austro-húngaro, neólogos fizeram um grande esforço para acabar com a divisão, abstendo-se de introduzir reformas drásticas na liturgia. Os rabinos que se graduavam no seminário rabínico de Budapeste, fundado por ordens e com dinheiro do Estado, recebiam um treinamento essencialmente ortodoxo, embora (assim como em Breslau) o estudo crítico das fontes antigas também fosse permitido. Algumas comunidades tradicionalistas, que se recusaram a se alinhar ou aos neólogos ou aos ortodoxos, se definiam de modo preciso, mas estranho, como o grupo Status Quo Ante. Eles sobreviveram de forma independente, mas apenas em pequenos grupos e sem reconhecimento por parte do governo, até 1928; a fusão, em 1926, das comunidades Status Quo Ante na Eslováquia com os neólogos sugere que, pelo menos nessa época, eles consideravam a própria identidade como oposta à ortodoxia.[12]

Os neólogos da Hungria haviam procurado assumir o controle da vida religiosa dos judeus húngaros, mas tinham feito um grande esforço para não permitir que o movimento da Reforma se transformasse em um cisma no seio do judaísmo, reprimindo em 1852 os membros mais jovens da comunidade de Peste que haviam tentado estabelecer uma sinagoga da Reforma desde 1848 e impedindo também uma tentativa de estabelecer uma comunidade separada da Reforma húngara em 1884. Muito diferente foi a indiferença a tal separação mostrada pelos judeus ingleses quando a sinagoga de West London foi fundada em 1841. Ela foi estabelecida por razões singularmente pragmáticas pelos judeus ricos que haviam se afastado da City a leste, onde o rabino chefe presidia a Grande Sinagoga, e, contra os desejos do rabino, queriam um novo local para o culto mais próximo de suas casas. A congregação em Londres a princípio foi pouco afetada pelos debates no continente. Declararam no sermão de dedicação que "nosso guia infalível tem sido, e continuará a ser, o sagrado volume das Escrituras", e que, "em questões relacionadas ao culto público, não desejamos rejeitar nada que traga a marca de Moisés". Um fator importante foi que a comunidade, na década de 1840, preservasse laços de família muito íntimos com os que ficaram sob os auspícios religiosos do rabino chefe e que se abstivesse de fazer uma diferença radical entre a Bíblia como sendo de inspiração divina e o Talmude como meramente humano.

O judaísmo da Reforma na Grã-Bretanha, portanto, ficou cada vez mais conservador durante o século XIX. A falta de interesse geral pela teologia e o desconhecimento da tradição judaica entre os judeus ingleses foram lamentados abertamente pelos fundadores do *Jewish Quarterly Review* em 1889. A situação não estava muito melhor quando a publicação foi interrompida em 1908 para ser transferida para o ambiente mais acolhedor dos Estados Unidos. O rico Claude Montefiore, que financiou e coeditou o *Review*, foi uma notável exceção. Aluno de Benjamin Jowett em Balliol, havia estudado na Hochschule em Berlim, e em 1902 fundou a radical Jewish Religious Union [União Religiosa Judaica], juntamente com Lily Montagu, que provinha de uma família de banqueiros havia muito tempo envolvida com a vida pública da Grã-Bretanha, tanto como políticos liberais quanto como líderes da ortodoxa Sinagoga Unida. A Union levou, por sua vez, em 1911, à criação da Sinagoga Liberal Judaica. A teologia de Montefiore, concentrando-se na concepção judaica de Deus e na ética, enfatizava as semelhanças entre judaísmo e cristianismo e se opunha vivamente ao nacionalismo judaico, que via como algo que comprometia as reivindicações universalistas judaicas. Em termos práticos, estava de acordo quanto ao último tópico com outros judeus ingleses de sua classe e *background*, incluindo tanto o irmão mais velho de Lily, o segundo barão Swaythling, que permaneceu (assim como seu pai) rigidamente observante, mas ainda assim declarava seu ponto de vista de que "judaísmo é, para mim, apenas uma religião", quanto (fato de importância prática ainda maior) outro irmão, o político Edwin Montagu, que, como membro do Gabinete britânico, se opôs à Declaração Balfour de 1917 e fez emendas a ela.[13]

O judaísmo da Reforma iria realmente florescer no novo mundo judaico dos Estados Unidos, onde um intenso debate teológico rapidamente foi acrescentado à formação institucional. A Reformed Society of Israelites foi fundada em Charleston, Carolina do Sul, em 1825, bastante separada das transformações na Alemanha. No entanto, imigrantes da Europa Central que criaram a Har Sinai Verein [União Har Sinai] em Baltimore, em 1842, e o Emanu-El Temple em Nova York, em 1846, trouxeram os mesmos debates entre os radicais, liderados por David Einhorn, e os moderados, comandados por Isaac Mayer Wise. Einhorn havia presidido congregações na Alemanha e em Budapeste antes de assumir uma série de postos nos Estados Unidos a partir de 1855, com pouco mais de quarenta anos, e procurou instituir uma teologia e formas de culto parecidas com as da Berlin Reformgemeinde, sem se preocupar se tais inovações criariam uma divisão entre os judeus dos Estados Unidos. Defendeu a realização dos serviços aos domingos, música de órgão e cabeças descobertas, e acreditava que os elementos rituais no judaísmo eram um empecilho para o entendimento racional do verdadeiro significado da revelação e que o Talmude não era mais uma referência. Sua teologia era completa, como podemos ver em seu livro de preces (*Olat Tamid*, publicado em 1856), que omite referências à restauração dos sacrifícios, o retorno a Sião e a ressurreição dos mortos. O livro também era caracteristicamente alemão: seu último sermão continha um apelo para a manutenção do alemão nas congregações da Reforma na América do Norte. Isaac Mayer Wise também havia migrado da Europa, porém mais jovem – tinha 27 anos quando chegou a Albany, em 1846 – e com um interesse maior pela unidade dos judeus e um programa mais caracteristicamente norte-americano para uma fé universal, com base no monoteísmo, em que as ideias do judaísmo (entre as quais ele incluía o Talmude, bem como a Bíblia) desempenhariam um papel primordial, com o intuito de abarcar todos os ramos do judaísmo. Seu judaísmo era racionalista, com uma leitura acadêmica na noite de todas as sextas-feiras desempenhando um papel importante e o inglês sendo a língua principal das preces.[14]

A partir de sua base em Cincinnati, Wise havia, perto de 1873, organizado 33 comunidades da Reforma em 28 cidades na Union of American Hebrew Congregations [União das Congregações Hebraicas Norte-Americanas]. Com o apoio da Union, a Hebrew Union College [Escola Teológica Hebraica] foi fundada em 1875 no porão de uma sinagoga de Cincinnati, para treinar os rabinos da Reforma norte-americana, tendo Wise como presidente. Porém, a unificação provocou uma demanda por maior clareza em relação aos princípios defendidos pela Reforma, e, embora Wise presidisse a conferência dos rabinos da Reforma norte-americana, que se reuniu em Pittsburgh em 1885, a maior parte das decisões manifestadas na Plataforma de Pittsburgh apresentada no fim da conferência foi muito mais radical do que ele próprio havia desejado, com o espírito de Einhorn (que havia morrido em 1879) prevalecendo em seus oito parágrafos:

Nós consideramos que as descobertas modernas das pesquisas científicas nos campos da natureza e da história não são antagônicas às doutrinas do judaísmo. [...] Hoje, aceitamos como obrigatórias apenas as leis morais e mantemos apenas as cerimônias que elevam e santificam nossas vidas, mas rejeitamos todas as que não são adaptadas aos pontos de vista e costumes da civilização moderna. [...] Consideramos que todas as leis mosaicas e rabínicas que regulam a dieta, a pureza sacerdotal e a indumentária se originaram em épocas e sob a influência de ideias completamente estranhas ao nosso presente estado mental e espiritual. [...] Não consideramos mais uma nação, mas uma comunidade religiosa e, portanto, não esperamos nem o retorno à Palestina, nem o culto sacrifical sob a administração dos filhos de Aarão, tampouco a restauração de qualquer uma das leis relativas ao Estado judaico. [...] Reafirmamos a doutrina do judaísmo, de que a alma do homem é imortal. [...] Rejeitamos como ideias que não têm raízes no judaísmo a crença tanto na ressurreição do corpo quanto em Gehenna e Eden, como moradias para a punição ou recompensa eternas. [...] Consideramos nosso dever participar da grande tarefa dos tempos modernos, para solucionar com base na justiça e na justeza os problemas apresentados pelos contrastes e males da presente organização da sociedade.[15]

A Plataforma de Pittsburgh foi adotada pela Conferência Central de Rabinos Americanos [CCAR] estabelecida por Wise em 1889. Talvez não chegue a ser surpreendente, à luz dessas declarações de universalidade, que a CCAR tenha denunciado o sionismo após o Primeiro Congresso Sionista em Basileia, em 1897. Porém, nessa época, o movimento também estava começando a ser influenciado pelo grande número de judeus que deixavam a Europa Central para os Estados Unidos. Para muitos desses imigrantes, o ídiche era a língua natural para expressar a sua identidade judaica, e o *ethos* liberal alemão de décadas anteriores era irrelevante. Por certo tempo, o movimento da Reforma perdeu o rumo, embora seus líderes relutassem em abrir mão de seus ideais, como o presidente da CCAR observou em 1908:

Ouvi dizer que, desde o dia da organização desta conferência, a imagem do universo judeu norte-americano foi profundamente alterada; que, devido à chegada de grandes quantidades de imigrantes durante os últimos vinte anos, nossa situação religiosa é completamente diferente da que era antes. O desalento se apoderou de muitos. A onda de reacionarismo os desequilibrou. O tom otimista dos líderes do século XIX se alterou, em muitos locais, para um lamento pessimista. Os desesperançados lamentam que a tendência progressista que esta conferência representa não possa manter seu posicionamento contra as possibilidades esmagadoras que prenunciam reacionarismo, *guetoísmo*, romantismo, neonacionalismo e neo-ortodoxia. Apesar de muitos sinais inesperados, acredito com todas as forças que não exista motivo para desespero, desalento e desencorajamento. [...] No processo de americanização, todos os pontos de vista pervertidos que agora estão distorcendo a visão de pessoas que, não fosse por isso, são excelentes irão percorrer o caminho de todas as outras ideias extravagantes por meio das quais o curso progressista da civilização foi desviado por um breve período. Tais manias, como a exaltação do ídiche como língua nacional dos judeus, tais discussões vãs sobre se há uma arte judaica ou não, tais sonhos vãos como a reabilitação política do Estado judaico [...] irão todos passar como incidentes interessantes na estranha miscelânea deste período de transição. E o que restar irá ser o grande ideal fundamental da missão dos judeus [...] como um povo religioso e do judaísmo como uma força religiosa por todo o mundo.[16]

Em paralelo a tais declarações por rabinos no século XIX e início do XX, o judaísmo da Reforma deu origem a um *corpus* considerável de sofisticada literatura teológica que aplicava ao judaísmo os *insights* dos mais renomados filósofos alemães, sobretudo Kant. Foi Hermann Cohen que marcou o primeiro esforço determinado para demonstrar a compatibilidade essencial do idealismo ético, assim como foi ensinado por Kant, com noções da natureza do judaísmo enquanto elas estavam sendo desenvolvidas pelo movimento da Reforma. Filho de um cantor de sinagoga, originalmente esperava-se dele que viesse a ser rabino, porém Cohen foi atraído pela filosofia nas universidades de Breslau e de Berlim, fazendo doutorado da Universidade de Halle aos 23 anos em 1865. Apenas pouco mais de dez anos depois, era professor catedrático na Universidade de Marburg, onde por mais de quarenta anos iria desenvolver uma específica versão do idealismo kantiano, na qual enfatizava a centralidade da dignidade do homem, sustentando que a liberdade humana não contradiz as leis da causalidade nas ciências naturais porque a ética e a ciência pertencem a dois sistemas diferentes que coexistem. No sistema filosófico de Cohen nesse período de Marburg, houve pouca necessidade de se referir ao judaísmo. Ele assumiu que a religião é necessária para a ética, mas suas ideias a respeito de Deus eram muito abstratas: Deus existe para permitir que a humanidade alcance seu ideal ético, garantindo a continuidade do mundo, conforme prometido a Noé após o dilúvio. Em todos os seus anos em Marburg, Cohen discutiu diretamente o judaísmo apenas de modo breve, quando solicitado a defendê-lo contra os insultos do historiador antissemita Heinrich von Treistschke (que definiu o judaísmo como a "religião nacional de uma raça estranha") e em um processo legal envolvendo um professor antissemita.

Foi apenas nos últimos seis anos de sua vida que Cohen fez incursões pela filosofia judaica que causariam um impacto enorme sobre outros pensadores judeus no século XX. Em 1912, aos setenta anos, Cohen finalmente se aposentou de Marburg, e foi para a Reform Hochschule em Berlim, onde se dedicou à evolução de um novo entendimento do judaísmo, estimulado por uma viagem a Vilnius e Varsóvia em 1914, durante a qual testemunhou um tipo de vida judaica muito diferente da que ele havia conhecido na Alemanha. Cohen transformou sua ideia do papel da religião em sua filosofia da ética, argumentando que, embora a ética funcione de forma independente no seio da humanidade de modo geral, é a religião que, desde os últimos profetas hebraicos, introduziu as categorias do pecado, do arrependimento e da salvação para lidar com a angústia e a culpa do indivíduo. Em sua última e mais influente obra, *Die Religion der Vernunft aus den Quellen des Judentums* [A religião da razão extraída das fontes do judaísmo], publicada postumamente em 1919, expôs um novo conceito de religião por meio de uma exegese seletiva de textos bíblicos, midráshicos e litúrgicos judaicos, se afastando de seu ponto de vista elaborado em Marburg de que Deus é um postulado lógico da razão humana para um ponto de vista totalmente oposto, de que Deus é um ser puro ("Serei O que serei"), e que o mundo incompleto, que se encontra em um estado de devir, se relaciona a Deus por meio de *Ruah haKodesh* ("Espírito Santo"), que não é (conforme Fílon havia pensado em seu conceito do *lógos*) um ser independente, mas simplesmente um atributo da "correlação" entre o divino e o humano, que existe lado a lado com a correlação entre ser humano e ser humano. Segundo Cohen, o ser humano colabora com Deus no trabalho da criação, que será aperfeiçoado na era messiânica pela unificação da humanidade em uma comunidade harmoniosa seguindo o modelo do povo judeu. Para que o judaísmo proporcione esse modelo, é essencial que os judeus sigam a tradição e a lei judaicas até certo ponto, mas (conforme Kant havia insistido) a lei tem de ser seguida livremente devido a um senso de dever. Ao mesmo tempo, Cohen argumentou que o judaísmo não é o único desses modelos: até o ponto em que outras religiões encorajem a dignidade por meio de suas preocupações com outros seres humanos (os valores da amizade) e por Deus (a necessidade da expiação), Cohen alegava que também elas têm uma parcela na razão.[17]

As últimas obras de Cohen tinham sido escritas sob os auspícios da Reform Hochschule, e seu prestígio como filósofo kantiano deu um grande peso para as suas ideias teológicas no âmbito do judaísmo da Reforma no século XX, mas seus predecessores filosóficos no âmbito da Reforma alemã no século XIX tinham tido menos inclinação para seguir Kant que as filosofias idealistas de Schelling e (especialmente) Hegel, que afirmava a natureza espiritual da realidade e argumentava que a progressiva autorrealização do espírito se manifesta na história e que toda história tem uma dimensão religiosa. O líder da Reforma, Solomon Formstecher, reorganizou em sua *Die Religion des Geistes* [A religião do espírito] (1841) a ideia de Schelling de uma alma do mundo que se manifesta na natureza, identificando-a com Deus, mas argumentando que outra manifestação da alma do mundo é o espírito, cujas principais características são a autoconsciência e a liberdade. A "religião do espírito" em seu título é a religião dos judeus, que se desenvolveu rumo a um maior universalismo, um processo que se aproxima de seu ponto máximo com a emancipação dos judeus. Portanto, os judeus precisavam se preparar para o aparecimento da verdade absoluta da religião espiritual despindo o judaísmo de seus elementos particularistas e de sua lei cerimonial.[18]

Somente um ano após o livro de Formstecher ter sido publicado, outro rabino da Reforma, Samuel Hirsch, reformulou sua *Die Religionphilosophie der Juden* [A filosofia religiosa dos judeus] (1842), na qual contrastava o judaísmo com o cristianismo, aceitando a ideia de Hegel da religião do espírito e a possibilidade do desenvolvimento, porém submetendo muitos outros aspectos da filosofia hegeliana a uma crítica profunda. Ele rejeitou o ponto de vista de Hegel de que a cristandade alemã moderna representava o ponto máximo da evolução do espírito absoluto perfeito e seu corolário de que todas as outras religiões eram meras etapas ao longo do caminho e deveriam então cair no esquecimento. Hirsch enfatizou a noção de liberdade, argumentando que qualquer pessoa que tenha descoberto a verdade da liberdade ética irá querer divulgá-la para terceiros, e que isso é alcançado no âmbito do judaísmo, não por meio do trabalho missionário, mas com os judeus se tornando testemunhas de sua fé. O impacto das ideias de Hirsch foi muito aumentado por sua carreira pública e seu comprometimento com a justiça social. Depois de servir como rabino chefe de Luxemburgo de 1843 a 1866, se mudou para a Filadélfia, onde presidiu a primeira conferência norte-americana de rabinos em 1869 e desempenhou um importante papel nas discussões que produziram a Plataforma de Pittsburgh, em 1885.[19]

Portanto, não se podia evitar o predomínio de filósofos especificamente kantianos no âmbito do judaísmo da Reforma do século XX, em grande parte devido ao prestígio de Hermann Cohen e à adoção de sua interpretação central do judaísmo como "monoteísmo ético" pela principal figura no âmbito do judaísmo da Reforma na Alemanha na primeira metade do século XX, Leo Baeck. O próprio Baeck havia combinado os estudos rabínicos e de história com estudos filosóficos nas universidades de Breslau e Berlim antes de começar seu serviço como rabino (em Opole) em 1897. Sua monumental *Wesen des Judentums* [A essência do judaísmo], publicada pela primeira vez em 1905, foi incitada por suas objeções à *Wesen des Christentums* [A essência da cristandade] de Adolf von Harnack, que ele atacou em um artigo polêmico em 1901: Baeck argumentava que uma "religião clássica" como o judaísmo está comprometida por meio de um "espírito concreto" com a ação moral que traz a liberdade por meio da obediência aos mandamentos, em contraste com o espírito abstrato da "religião romântica" do cristianismo, que traz a liberdade por meio da graça. Como chefe de todos os judeus alemães, ele atingiu uma estatura moral insuperável, recusando todas as oportunidades de fugir até ser deportado para o campo de concentração de Theresienstadt em 1943. Em Londres após 1945, e de modo intermitente em Cincinnati até sua morte em 1956, enfatizava mais do que nunca que o papel religioso do povo judeu é alcançado por meio do cumprimento dos deveres éticos entre seres humanos.[20]

Em 1925, Leo Baeck outorgara o título de mestre rabínico a um filósofo de antecedentes e temperamento muito diferentes, o intenso teólogo Franz Rosenzweig, que já havia, com pouco mais de trinta anos, sido atingido pela paralisia que o confinaria em sua casa até a morte em 1929. O reconhecimento foi mais um ato de amizade e piedade do que uma indicação da aprovação da particular filosofia existencial que Rosenzweig havia estabelecido em *Der Stern der Erlösung* [A estrela da redenção], publicado em 1921. Rosenzweig era oriundo de uma família de classe média bastante assimilada em Kassel, com apenas um apego mínimo ao judaísmo, com muitos amigos e parentes convertidos ao cristianismo. Na noite do dia 7 de julho de 1913, o próprio

Rosenzweig decidiu se converter sob a influência de um desses parentes, Eugen Rosenstock-Huessy, um teólogo protestante, com a condição de que iria se tornar cristão "como um judeu". Naquele outono, colocou sua resolução à prova frequentando os serviços para o Dia do Perdão em uma sinagoga ortodoxa em Berlim. A ideia de que a liturgia era o que o levava de volta para sua fé ancestral provavelmente é um mito posterior, mas é certo que logo depois dessa data ele "retornou" ao judaísmo, convencido de que tudo que precisava fazer era recuperar o judaísmo para si mesmo e para outros judeus assimilados como ele. O ponto central de *Der Stern der Erlösung* era a coleção de cartões-postais enviados para a casa de vários locais enquanto ele fazia o serviço militar durante a Primeira Guerra Mundial, incorporando ideias a respeito do significado da revelação como uma realidade histórica e existencial, forjada em uma extensa correspondência com Rosenstock no período de guerra. Durante o conflito, ele também encontrou tempo para ir a Berlim para se instruir sobre as fontes judaicas a respeito das quais se sentia mal informado. Em Berlim, estabeleceu uma amizade íntima com Hermann Cohen e encontrou Martin Buber, com quem iria trabalhar intimamente na década de 1920.[21]

Der Stern der Erlösung reflete grande parte desse pano de fundo. Os judeus ("a Sinagoga", no modo de Rosenzweig se expressar) são descritos como uma comunidade de preces meta-histórica, antecipando, por meio do ciclo do calendário religioso e da liturgia, a redenção espiritual e a personificação da promessa escatológica, um "fogo" que é complementar à "chama" da luz salvadora de Deus na cristandade. Assim como Cohen, Rosenzweig via um papel para o cristianismo como uma verdade parcial válida para os cristãos, da mesma forma que o judaísmo é para os judeus, e ambos seriam suplantados pela verdade absoluta no fim dos dias. Crucial para a revelação no âmbito do judaísmo é que ela é um acesso contínuo a um relacionamento com o homem por parte de Deus, por intermédio do amor divino, que evoca uma resposta do amor nos homens que também é manifestada em relações entre os seres humanos. Deus chama os indivíduos por seus "primeiros e últimos nomes", confirmando o indivíduo em uma existência finita e abençoando-o com um encontro com a eternidade.

Como soldado, Rosenzweig havia experimentado parte do que ele considerava ser a "autenticidade" dos judeus da Europa Oriental, e passou a ter uma profunda consciência de sua própria falta de conhecimento das fontes hebraicas. Então, após a guerra, estabeleceu em Frankfurt a Freies Jüdisches Lehrhaus [Casa de Estudos Livres Judaicos] para permitir a uma comunidade aculturada com uma educação judaica insuficiente que começasse a trabalhar com os textos judaicos clássicos em um ambiente acolhedor, proporcionando a busca deles por uma identidade judaica. A Casa de Estudos acabou preenchendo uma necessidade muito real, e não apenas para os judeus alemães mais assimilados. Entre os que se juntaram a Rosenzweig em Frankfurt se encontrava Martin Buber, com quem ele havia mantido amizade desde os tempos de Berlim, e os dois começaram juntos uma nova tradução da Bíblia em um alemão bastante hebraizado, que tinha por objetivo forçar os leitores a se engajar com o texto. O projeto estava inacabado na época da morte de Rosenzweig e foi completado por Buber apenas na década de 1950.

Ao contrário de Rosenzweig, Martin Buber recebera uma educação tradicional judaica em Lemberg com seu avô, Solomon Buber, um homem de boa situação financeira que combinava uma ativa vida nos negócios com uma devoção à publicação erudita de literatura rabínica midráshica e medieval. O próprio Martin abandonou a observância em sua juventude e, após um período imerso em política sionista a partir dos vinte e poucos anos de idade, aos 26 começou o estudo do hassidismo, que o destacaria no âmbito da comunidade judaica e seria um componente central do trabalho de sua vida. Originalmente, seu interesse era estético, e ele iniciou em 1906 uma adaptação em alemão dos contos de R. Nachman, a que se seguiu em 1908 *Die Legende des Baalschem* [Histórias do Baal Shem Tov], mas também acabou vendo no hassidismo o conceito de devoção pessoal como a essência do judaísmo. Havia uma ligação direta entre esse interesse pelo hassidismo, e sua obra durante a Primeira Guerra Mundial por meio do Comitê Nacional Judaico em Berlim em prol dos judeus nos países da Europa Oriental, e sua obra mais influente, *Ich und Du* [Eu e Tu], que foi publicada em 1923, quando ele estava se envolvendo na Casa de Estudos de Frankfurt com Rosenzweig. Essa filosofia do diálogo, muito influenciada por sua leitura durante a juventude das obras do filósofo cristão do século XIX Ludwig Feuerbach, postulava que o homem tem duas atitudes em relação ao mundo, determinadas por dois relacionamentos – "Eu-Tu" e "Eu-Isso". Os relacionamentos humanos modernos com frequência se voltam para o relacionamento "Eu-Isso", que é pragmático e utilitário. Nesse, um sujeito domina e usa um objeto. Um novo esforço, então, é necessário para restabelecer o "Eu-Tu", no qual dois indivíduos se deparam em um encontro existencial e dialogam com a completude e a presença de cada parte integrante. Esse encontro é manifestado de forma mais perfeita no relacionamento entre o homem e o Tu Eterno, Deus. Deus pode, portanto, estar presente nos acontecimentos da vida cotidiana, sempre que houver um verdadeiro diálogo – embora a existência do Tu Eterno não possa ser provada, mas apenas reconhecida por aqueles que são sensíveis a ela, como nos escritos do hassidismo.[22]

A filosofia existencialista de Buber tinha certa semelhança com a insistência de Hermann Cohen na importância da correlação, mas era muito mais pessoal. O encontro Eu-Tu, que poderia ser constantemente renovado, requer espontaneidade por parte do adorador, à qual Deus, por sua vez, responde de modo espontâneo. Buber, portanto, não via muito espaço para a oração formal e o ritual na devoção religiosa, levando a um profundo desentendimento com Rosenzweig, que se dedicou cada vez mais ao cumprimento prático das *mitzvot* durante a enfermidade em seus últimos anos de vida. É uma indicação do espírito livre dos dois pensadores que eles conseguissem se manter bons colegas e colaboradores na Casa de Estudos, apesar de desavenças fundamentais, e em 1933, passados quatro anos da morte de Rosenzweig e após a demissão de Buber de seu cargo de professor de religião na Universidade de Frankfurt devido à ascensão do nazismo, Buber chefiou a Casa de Estudos até a perseguição por parte das autoridades o levar para a Palestina e a um cargo na Universidade Hebraica.

Apesar da originalidade e da força dos escritos sofisticados desses filósofos de Cohen a Buber, seria ingênuo considerar que essas obras dessem sustentação à vida religiosa de muitos judeus da Reforma no século xx ou agora. O pensamento de Rosenzweig em *A estrela da redenção* é excepcionalmente complexo, e poucos judeus comuns fizeram ou fazem quaisquer tentativas de compreendê-lo. A teologia de Martin Buber é menos difícil de apreender, e é irônico, tendo em vista sua preocupação de afirmar que encontros dialógicos estão mais presentes no mandamento divino para Israel tornar real o reino de Deus na vida comunal do que em qualquer outra religião, que na prática seus escritos tenham exercido mais influência entre teólogos cristãos do que entre judeus. Para a maior parte destes, a importância maior desses pensadores tem sido sua demonstração pessoal de que até mesmo os judeus mais assimilados podem alcançar *insights* sofisticados em sua religião por meio do estudo.

A história dos desdobramentos no âmbito do judaísmo da Reforma no século XX foi menos um produto dessas influências intelectuais do que o resultado de mudanças culturais e sociais na vida dos judeus cada vez mais assimilados, sobretudo nos Estados Unidos, com uma crescente ênfase na autonomia pessoal e na espiritualidade. À luz da afirmação no parágrafo sexto da Plataforma de Pittsburgh de que o judaísmo é uma religião progressiva, e da designação geral para a Reforma e o judaísmo liberal como a União Mundial para o Judaísmo Progressista (estabelecida em Londres em 1926), talvez não chegue a surpreender que a mudança tenha sido impactante ao longo do século passado. Uma das mudanças mais drásticas foi uma completa reversão das atitudes em relação ao sionismo. Em parte, isso parece ter acontecido simplesmente como uma reação à mudança na atitude no âmbito da comunidade judaica norte-americana em geral, cuja confiança no direito de ser norte-americano como todos os outros norte-americanos em um país de imigrantes não foi abalada por nenhuma acusação de lealdade dual para com outra pátria. O rabino liberal Stephen S. Wise, que fundou em 1907 a Sinagoga Livre em Nova York, que permitia pronunciamentos livres do púlpito, combinava um apelo à justiça social e à igualdade racial nos Estados Unidos com um forte posicionamento sionista promulgado por ele em um seminário independente para o treinamento de rabinos da Reforma, o Instituto Judaico de Religião, fundado em 1922.

Por volta de 1937, as crenças e os costumes das congregações da Reforma nos Estados Unidos haviam se alterado tanto desde a Plataforma de Pittsburgh de 1885 que um novo conjunto de princípios foi adotado em uma convenção realizada em Columbus, Ohio. A convenção aceitou, entre outras mudanças, "a obrigação de todos os judeus de ajudar na construção da pátria judaica fazendo dela não apenas um refúgio para os oprimidos, mas também um centro de vida espiritual e cultura judaica", relacionando a restauração da Palestina ao restabelecimento do reino de Deus. Em um contraste nítido com seus antecessores em Pittsburgh, os rabinos de Columbus enfatizavam o judaísmo como um "modo de vida" e salientavam a importância dos costumes, das cerimônias, da arte e da música religiosa e do uso do hebraico no culto:

> A perpetuação do judaísmo como uma força viva depende do conhecimento religioso e da educação de cada nova geração em nossa rica herança cultural e espiritual. [...] O judaísmo como modo de vida requer um acréscimo às suas

exigências morais e espirituais, a preservação do Shabat, dos festivais e dos dias santos, a manutenção e o desenvolvimento de tais costumes, símbolos e cerimônias como possuidores de valor inspirador, o cultivo de formas distintas de arte e de música religiosa e o uso do hebraico, juntamente com o vernáculo, em nosso culto e nossa instrução.[23]

Alguns dos princípios recém-enunciados logo atraíram atenção, por exemplo, o estímulo ao desarmamento, incluído no Princípio 8, que foi rapidamente sobrepujado pelo clamor para lutar contra o nazismo na Europa. Outras mudanças se seguiram durante o restante do século XX e continuam até os dias de hoje. Mas o apoio ao sionismo foi mantido: em 1947, o rabino da Reforma, Abba Hilel Silver, foi um dos porta-vozes sionistas no debate das Nações Unidas sobre a criação de um Estado judaico, e o quartel-general da União Mundial para o Judaísmo Progressista foi transferido para Jerusalém em 1973, com instruções para estabelecer escolas, sinagogas e assentamentos em muitas localidades do país.[24]

Entrementes, o Holocausto ocasionou intensos problemas teológicos para os judeus da Reforma comprometidos com as suposições sobre o progresso humano. Durante a guerra na Europa, o rabino da Reforma, Judah Magnes, que em 1944 era chanceler da Universidade Hebraica de Jerusalém, citou uma máxima do mestre hassídico Levi Yitzhak de Berdichev se dirigindo a Deus: "Eu não pergunto por que eu sofro, mas apenas se sofro por amor a Vós". Depois da guerra, Martin Buber adaptou a ideia bíblica de que Deus se oculta do pecador para sugerir que Deus estivera temporariamente eclipsado: "Nesse dia, eles dirão: 'Esses problemas não se abateram sobre nós porque Deus não estava entre nós?'. Nesse dia, eu certamente irei ocultar a minha face por causa de todo o mal que eles causaram se voltando para outros deuses". Porém, o filósofo Emil Fackenheim, que havia estudado para ser rabino da Reforma na Alemanha antes de fugir para o Canadá, saindo de um campo de trabalhos forçados pouco antes de 1939 para ensinar filosofia na Universidade de Toronto e depois na Universidade Hebraica de Jerusalém, dedicou grande parte de sua carreira a uma sofisticada teologia do Holocausto, argumentando que a determinação do povo judaico de sobreviver (o que ele chamava de "o 614º mandamento") deveria ter suas origens no reino divino. Fackenheim e alguns outros teólogos viam o Estado de Israel como a resposta teológica para o Holocausto.[25]

Depois da aniquilação dos judeus alemães, o principal centro judaico de reflexão teológica na segunda metade do século XX fora dos Estados Unidos e de Israel era a França, onde Emmanuel Levinas, que era originário da Lituânia, mas havia migrado para a França quando adolescente em 1923, via a si mesmo, pelo menos a partir da década de 1950, como parte de um círculo de intelectuais judeus assimilados falantes de francês. Levinas sobreviveu ao Holocausto, durante o qual grande parte de sua família pereceu, mas suas principais obras filosóficas foram influenciadas pelo estudo da fenomenologia de Husserl e Heidegger na Alemanha no fim da década de 1920. Levinas argumentava veementemente que uma relação adequada com o mundo envolve aceitar e respeitar as reivindicações éticas inerentes à alteridade de outras pessoas. Em suas *lectures talmudiques* [leituras talmúdicas], compostas para uma convenção anual de intelectuais judeus franceses em uma tentativa de persuadi-los a assumir as fontes judaicas com seriedade, os antigos textos rabínicos foram usados como plataforma para uma exposição de suas ideias filosóficas. Surge daí, por exemplo, sua interpretação de uma intrigante afirmação no Talmude de que, "quando a praga [atinge] uma cidade, um homem não poderia andar no meio da rua, porque o Anjo da Morte caminha no meio da rua, pois, como ele é autorizado [a atacar], ele caminha com ousadia. Quando há paz na cidade, não caminhem no lado da rua, pois, como o Anjo da Morte não tem autorização [para atacar], ele se oculta [do lado] ao caminhar":

> A violência que extermina: não há uma diferença radical entre a paz e a guerra, entre a guerra e o holocausto [...] não há uma diferença radical entre a paz e Auschwitz. [...] O mal vai além da responsabilidade humana e não deixa um canto intacto onde a razão possa se tranquilizar. Porém, talvez esta tese seja exatamente um apelo para a infinita responsabilidade do ser humano [...].

Levinas foi amplamente reconhecido na França como importante filósofo, e foi louvado por alguns judeus franceses por ter encorajado um "retorno intelectual ao judaísmo", mas não fica claro que seus escritos tenham de fato sido usados por muitos judeus para ajudar a entender seu judaísmo em vez compreender a complexidade do pensamento dele por si só.[26]

Discursos a respeito do significado do Holocausto e do Estado de Israel adquiriram maior importância na vida dos judeus da Reforma nos Estados Unidos do que a teologia mais abstrata dos teólogos alemães da primeira metade do século XX, mas as principais questões que preocupavam as congregações da Reforma continuaram a surgir menos da teologia do que das mudanças dentro da sociedade norte-americana. Então, por exemplo, o princípio de que as mulheres têm igualdade total no ritual da sinagoga e no governo acabou levando à ordenação de um rabino do sexo feminino, Sally J. Priesand, em 1972, e em décadas mais recentes à ordenação de gays e lésbicas judeus. A ordenação de um rabino do sexo feminino, de fato, já havia acontecido na Alemanha, onde Regina Jonas, que havia estudado na Hochschule em Berlim, foi ordenada pela União dos Rabinos Liberais em dezembro de 1935, confirmada por Leo Baeck em fevereiro de 1942, mas, apesar de exercer por pouco tempo a função de rabino antes de ser levada para Theresienstadt, Regina causou pouco impacto no desenvolvimento dos judeus da Reforma devido a sua morte prematura em Auschwitz, no fim de 1944.[27]

A decisão dos judeus norte-americanos da Reforma, em 1983, de reconhecer como judeu, sem qualquer processo de conversão, o filho de um pai judeu e de uma mãe não judia, se a criança desejasse ser judia, abriu o caminho para alcançar os parceiros não judeus dos judeus da Reforma. A National Jewish Population Survey [Pesquisa Nacional sobre a População Judaica] em 2000 descobriu que cerca de 40% das pessoas nos Estados Unidos pertencentes a qualquer comunidade religiosa definiam seu judaísmo como o da Reforma. O princípio da ascendência patrilinear bem como matrilinear tem sido adotado também pelo movimento da Reforma na Grã-Bretanha, mas não no Canadá e em Israel. O judaísmo da Reforma fez pouco progresso entre israelenses, cuja tendência simplista de dividir sua sociedade entre os ultrarreligiosos, de um lado, e os puramente seculares, do outro, é reforçada pelos sistemas educacionais e políticos no Estado, que deixam pouco espaço para outras formas de judaísmo. Os judeus da Reforma que agora vivem em Israel, em sua maioria, são imigrantes da diáspora. O judaísmo da Reforma demonstrou ser mais popular entre os judeus na antiga União Soviética, principalmente porque uma boa parte deles consegue estabelecer a sua herança judaica por meio dos pais, e não da linha materna. A obrigatória falta de educação religiosa judaica nos tempos soviéticos fez com que muitos judeus russos aprendessem sobre o judaísmo a partir da estaca zero, um processo que é facilitado pelo oferecimento, por meio da União Mundial para o Judaísmo Progressista, de livros de orações e outros materiais educativos em vernáculo.[28]

Já vimos que, no início, os judeus da Reforma no século XIX viam a si mesmos como um movimento dentro do judaísmo de modo geral, e que foi apenas gradualmente que eles começaram, em alguns locais, a se definir como uma denominação distinta dentro do corpo mais amplo da religião. Os judeus da Reforma nunca afirmaram que a religião dos tradicionalistas não seja uma forma válida de judaísmo, ainda que eles por vezes tenham declarado que a preservação de costumes redundantes seja primitiva e atrapalhe a verdadeira religião. A atitude dos tradicionalistas tem sido mais consistentemente hostil em relação ao que eles consideram uma traição à essência do judaísmo pela Reforma, e (como vimos na Hungria na década de 1860) eles com frequência pareciam perplexos até mesmo pela sugestão de um acordo. A perplexidade é mútua, pois a necessidade de entrar na idade moderna tem com frequência parecido óbvia para os reformistas.

18
Contrarreforma

Em 1883, o rabino da Reforma, Isaac Mayer Wise, que sonhava com uma união completa de todas as sinagogas norte-americanas sob sua liderança, esteve à frente da ordenação dos primeiros rabinos que haviam se graduado no novo Hebrew Union College, oferecendo um banquete em Cincinnati para o qual todos os setores da comunidade religiosa haviam sido convidados. A refeição foi um desastre. Começou com mexilhões, camarões, siris, lagosta e coxas de rã ao molho cremoso, com carne de vaca como prato principal, e terminou com queijo. Wise alegou que o menu era simplesmente um erro dos fornecedores, que não entendiam as restrições alimentares kosher e, pelo menos, tinham evitado a carne de porco. Mas alguns dos participantes saíram de modo ostensivo, e uma agitação aconteceu durante os meses seguintes, se desenrolando basicamente na imprensa judaica nos Estados Unidos.

Era raro que a reação ortodoxa à Reforma assumisse caráter violento, mas já vimos a queima de um comentário bíblico de Eliyahu Benamozegh na Síria, cerca de duas décadas antes (capítulo 17). Em Lemberg, em setembro de 1848, um judeu ortodoxo chamado Abraham Ber Pilpel matou o rabino reformista da cidade, Abraham Kohn, envenenando a comida da família com arsênico – o primeiro caso conhecido desde a Antiguidade de um assassinato por motivos religiosos de um judeu por outro. Porém, a maior parte da oposição – ainda que veemente – assumiu forma oral ou escrita. Alguns líderes ortodoxos adotaram uma abordagem mais pacifista: desse modo, no dia 27 de maio de 1934, Joseph H. Hertz, que era o rabino chefe do Império Britânico e porta-voz do judaísmo ortodoxo *mainstream* na Inglaterra, participou da consagração da nova sinagoga da Reforma em Londres, afirmando claramente: "Eu sou a última pessoa no mundo a minimizar o significado das diferenças religiosas entre os judeus. Se, não obstante, eu me decidi a estar entre vocês nesta manhã, é por causa de minha convicção de que muito mais calamitosa que a diferença religiosa entre os judeus é a indiferença religiosa entre os judeus".

Tal apelo à solidariedade entre todos os grupos religiosos a despeito do secularismo disseminado ainda mantém certa força, sobretudo na Europa. Porém, a divisão entre ortodoxia e Reforma se intensificou muito nas últimas décadas por causa de questões da identidade judaica, com a recusa por parte dos ortodoxos de aceitar a validade dos casamentos, divórcios e conversões da Reforma. Desde a adoção do princípio da patrilinearidade em algumas comunidades da Reforma, muitos membros das congregações da Reforma não seriam considerados judeus segundo a halakhá ortodoxa a não ser que eles se submetessem a uma conversão ortodoxa. Surgem dessas circunstâncias as veementes discussões sobre o status de convertidos não ortodoxos ao judaísmo, que desejam se estabelecer em Israel sob a Lei do Retorno.[1]

ORTODOXIA MODERNA

A reação dos tradicionalistas à agenda da Reforma foi rápida e contundente desde o início. Em 1819, *Eleh Divrei haBrit* ["Estas são as palavras da aliança"], um volume de *responsa* feito por 22 importantes rabinos europeus e publicado sob os auspícios da Corte Rabínica de Hamburgo, condenou de modo manifesto as reformas do Templo de Hamburgo, e em 1844 nada menos que 116 rabinos contribuíram para a diatribe *Shelomei Emunei Yisrael* que afirmava, em oposição à Assembleia de Rabinos da Reforma de Brunswick, que "nem eles, nem quaisquer outras pessoas têm a autoridade para cancelar até a menor das leis religiosas". Dessa oposição intransigente surgiram os *haredim*, cuja determinação para manter os costumes do século XVIII até o XXI será examinada no próximo capítulo; mas também surgiu a forma do judaísmo tradicional que passou, ao longo do século XIX, a se definir como "ortodoxo" – embora, como Samson Raphael Hirsch, um dos pioneiros da ortodoxia (que não deve ser confundido com seu contemporâneo mais jovem, Samuel Hirsch, o rabino da Reforma e filósofo), tenha observado em 1854: "Não foram os judeus 'ortodoxos' que introduziram a palavra 'ortodoxia' na discussão dos judeus. Foram os judeus modernos 'progressistas' que em primeiro lugar atribuíram esse nome aos 'velhos' e 'retrógrados' judeus como um termo pejorativo. Esse nome foi a princípio recebido com ressentimento pelos judeus. E com razão. O judaísmo 'ortodoxo' não reconhece nenhuma das variantes do judaísmo. Ele concebe o judaísmo como uno e indivisível".²

Samson Raphael Hirsch nasceu e foi educado em Hamburgo, à sombra dos intensos debates sobre o estabelecimento do Templo da Reforma na cidade em 1818, e a forma da ortodoxia que ele advogava (chamada de "neo-ortodoxia" por alguns historiadores, para distingui-la do judaísmo dos *haredim*) pode ser vista como um produto direto da atmosfera polêmica da cidade em sua juventude. Em 1821, Hirsch estava na idade do *bar mitzvah* quando a comunidade de Hamburgo elegeu como seu rabino chefe Isaac Bernays, ele próprio ainda com vinte e poucos anos, para combater o que eles viam como os perigos da Reforma, modernizando o judaísmo sem as mudanças mais drásticas inauguradas pelos reformistas. É significativo que a Reforma tenha sido adotada pela comunidade de Hamburgo de forma suficientemente ampla para Bernays sentir a necessidade de se referir a si mesmo não como "rabino", mas *haham* ("sábio", à moda sefardita), para indicar a diferença entre ele próprio e os rabinos da Reforma. Bernays havia combinado o estudo na *yeshivah* em Wurtzburgo com estudos na universidade, e seus sermões em Hamburgo, feitos em alemão (uma inovação), pregavam a necessidade da boa vizinhança, bem como da observância religiosa.³

Torah im derekh erets, "A Torá em harmonia com a cultura secular", acabou sendo o slogan das comunidades de Hirsch e o ideal do judaísmo ortodoxo moderno, que se baseou nos ensinamentos dele até os dias atuais. Com pouco mais de vinte anos, Hirsch (assim como Bernays antes dele) foi para a universidade para estudar línguas clássicas, história e filosofia. Iniciou uma amizade com um estudante judeu um pouco mais novo, Abraham Geiger, que, como já vimos, iria se tornar o líder espiritual da Reforma alemã. Os dois organizaram uma sociedade estudantil em Bonn para o estudo de homilética judaica, e é salutar reconhecer que, no fim da década de 1820, moços diligentes como eles podiam divergir de modo tão significativo – a amizade perdeu força apenas depois de Geiger publicar uma crítica contundente à apresentação de Hirsch (em 1836, em um alemão perfeito) sobre os princípios do judaísmo. A apresentação foi encontrada em *Neunzehn Briefe über Judentum* [Dezenove cartas sobre o judaísmo], em que Hirsch estabeleceu, sob a forma epistolar entre dois jovens (o perplexo intelectual Benjamin e o encorajador Naphtali), uma defesa do judaísmo tradicional dentro da cultura mundial e se apropriou do nome "Reforma" para um apelo para a preservação da essência da tradição:

> Portanto, possa nosso lema ser – Reforma; que nós lutemos com todas as nossas forças, com todas as boas e nobres qualidades de nosso caráter para alcançar esse ponto máximo de perfeição ideal – Reforma. Seu único objetivo, entretanto, deve ser o cumprimento do judaísmo por parte dos judeus de nossa época, cumprimento da ideia eterna em harmonia com as condições da época; educação, progresso para o ápice da Torá, entretanto, não rebaixando a Torá ao nível da época, desbastando o cume altaneiro ao nível baixo de nossa vida. Nós, judeus, precisamos ser reformados por meio do judaísmo, recém-compreendido pelo espírito e cumprido com a maior das energias; mas simplesmente buscar uma maior tranquilidade e conforto na vida por meio da destruição do código eterno estabelecido para todas as eras pelo Deus da Eternidade não é, e jamais poderá ser, Reforma. O judaísmo procura nos elevar até as suas alturas, como podemos nós ousar arrastá-lo ao nosso nível?

Hirsch argumentava que os judeus, mais que o judaísmo, precisavam de reforma, mas não como os reformistas a imaginavam. Judeus necessitavam se elevar aos ideais eternos de sua religião, mesmo que estes não fossem sempre de fácil convivência, e os problemas atuais se relacionavam ao surgimento de um "judaísmo que reconhece a si próprio e se compreende".[4]

Portanto, Hirsch reconhecia as pressões da vida moderna tanto quanto seu outrora amigo Geiger, mas escolheu uma solução completamente diferente. Adaptação à cultura secular poderia incluir um coral na liturgia da sinagoga e pregação em alemão, mas o hebraico deveria ser a única língua das preces, e alterações feitas aos livros de preces não deveriam ser realizadas com leviandade. De modo crucial, as leis da Bíblia e os rabinos deveriam ser tratados como a palavra de Deus, e imutáveis:

> Que tipo de coisa seria o judaísmo, se nós ousássemos atualizá-lo? Se o judeu tivesse permissão de atualizar seu judaísmo a qualquer momento, o judeu não teria mais necessidade dele; não mais seria válido falar de judaísmo. Nós deveríamos então agarrar o judaísmo e jogá-lo em meio aos outros ilegítimos produtos da ilusão e da superstição, e não mais ouvir falar do judaísmo e da religião judaica! [...] Que nós não nos iludamos. Toda a questão é simplesmente a seguinte. É

a afirmativa "E Deus disse a Moisés", com que começam todas as leis da Bíblia hebraica, verdadeira ou não? Nós acreditamos real e verdadeiramente que Deus, o onipotente e sagrado, assim falou com Moisés? Estaremos nós dizendo a verdade quando, na presença de nossos irmãos, colocamos as nossas mãos sobre os rolos da Torá e dizemos que Deus nos deu esse ensinamento, o ensinamento da verdade, e ao fazê-lo semeou a vida eterna entre nós? Se isso terá de ser mais que mera insinceridade, mais que verborragia e engano, então nós devemos obedecer a essa Torá e cumpri-la sem simplificação, sem encontrar erros, sob todas as circunstâncias e em todas as horas. Essa palavra de Deus deve ser para nós a regra eterna, superior a todo tirocínio humano, ao qual em todas as ocasiões devemos conformar a nós mesmos e a todas as nossas ações e, em vez de reclamar que ela não mais é adequada para a época, nossa única reclamação deveria ser a de que a época não é mais adequada para ela.

Hirsch estava trilhando um difícil caminho do meio entre a reforma e a tradição, e sua influência dependia tanto de sua espiritualidade pessoal, e de sua fluência como escritor e pregador, quanto de suas ideias específicas. A comunidade ortodoxa em que ele serviu na Morávia a partir de 1846 desaprovava algumas de suas práticas, como usar um manto durante os serviços, a rejeição da casuística (que não era atraente para alguém de sua inclinação teológica) e sua insistência no estudo da Bíblia. Em 1851, ele se mudou para Frankfurt, onde permaneceu até sua morte em 1888.[5]

Na década de 1830 e início da década de 1840, Hirsch havia tentado com todas as forças evitar uma ruptura com o movimento da Reforma quando ele ameaçava se tornar *mainstream* na comunidade judaica alemã; mas em 1844 escreveu para o sínodo da Reforma em Brunswick, declarando que, se eles decidissem anular as leis alimentares e matrimoniais, ele e seus seguidores teriam de se separar: "Nossa aliança de união não irá mais resistir, e irmão se separará de irmão com lágrimas". Na segunda metade do século XIX, essa separação foi complicada na Alemanha pela exigência do Estado de que todos os membros de uma religião devessem pertencer à estrutura comunal daquela religião, de modo que nenhuma pessoa que se sentisse desconfortável dentro de uma estrutura dominada por um tipo de judaísmo pudesse se afastar dela a não ser se declarando "sem religião". É uma indicação do predomínio da Reforma no âmbito dos judeus alemães o fato de Hirsch pressionar as autoridades prussianas desde o início da década de 1870 pelo direito de os judeus ortodoxos "abandonarem a organização da sua comunidade local por razões de consciência", seguindo o exemplo dos judeus húngaros em 1868-9. É igualmente significativo que em julho de 1876 a *Austrittsgesetz* ("Lei de Secessão") aprovada pelo Parlamento da Prússia permitisse a todos os judeus ortodoxos na Alemanha que se juntassem à congregação de Hirsch em Frankfurt, juntamente com pequenas congregações ortodoxas em Berlim e em outros locais, em uma *Austrittsgemeinde* ("comunidade de secessão") ortodoxa separada. Porém, é também sintomático do desejo da unidade judaica que a maior parte dos judeus ortodoxos preferisse permanecer dentro da tradicional estrutura comunal judaica, confiando na boa fé dos líderes comunais partidários da Reforma para que permitissem que os ortodoxos cumprissem suas necessidades religiosas livres de interferência.[6]

Apesar de seu vasto conhecimento secular e do poder literário de seus escritos, Hirsch rigorosamente limitou sua erudição àquilo que poderia contribuir para viver uma vida judaica. *Menschentum* ("humanidade"), conforme concebida pelos clássicos filósofos alemães, para Hirsch era simplesmente um estado intermediário no caminho para a *Israeltum* do judeu que observava a Torá. As traduções de Hirsch do Pentateuco e dos Salmos adotaram um alemão artificial para demonstrar fidelidade ao original hebraico. Os estudos históricos dos eruditos da *Wissenschaft des Judentums* eram considerados sem valor se eles não contribuíssem para a compreensão dos mandamentos e (de modo crucial) para a sua obediência. "Quantos desses que estudam as *selihot* [preces penitenciais] [...] ainda se levantam cedo de manhã para as *selihot*?" Não chega a surpreender que o historiador Heinrich Graetz, que havia expressado sua devoção a Hirsch com a dedicatória de seu *Gnosticismus und Judentum* [Gnosticismo e judaísmo] em 1846, "com sentimentos de amor e de gratidão, para o inspirado defensor do judaísmo histórico, para o inesquecível mestre e amigo amado", tivesse se afastado dele no início da década de 1850. Para Hirsch, tudo que importava era a Torá, que havia sido dada aos judeus em uma região desolada para mostrar que eles são uma nação até quando não têm terra. O exílio pode ser um meio positivo para Israel ensinar às nações "que Deus é a fonte das bênçãos". Tal insistência durante o século XIX no significado do papel dos judeus como uma nação deveria ser visto contra o pano de fundo da alegação universalista de alguns reformistas de que os judeus não eram mais uma nação.[7]

A oposição de Hirsch à erudição histórica era provavelmente motivada em parte pela suspeita de que o Seminário Teológico Judaico, inaugurado em 1854 em Breslau, iria enfraquecer a Torá ao treinar rabinos para argumentar que a halakhá se originava dos rabinos e não da revelação direta do Monte Sinai. Logo que o Seminário foi inaugurado, Hirsch desafiou o seu fundador e primeiro diretor, Zacharias Frankel, a declarar publicamente os princípios religiosos que iriam nortear a instrução por lá. Quando Frankel não conseguiu responder, Hirsch o atacou com tenacidade na imprensa, especialmente depois de a publicação de *Darkhei haMishnah* ("Caminhos da Mishná") em 1859 aparentemente ter confirmado as suas suspeitas.

A amargura do ataque de Hirsch a Frankel talvez possa ser atribuída à semelhança de seus pontos de vista e à necessidade de diferenciar sua própria ortodoxia daquilo que iria se transformar, na Alemanha, no movimento histórico e (no século XX) um precedente para a ideologia do judaísmo conservador nos Estados Unidos. Assim como Hirsch e Geiger, Frankel, que havia nascido em Praga, estudara temas seculares (em Budapeste, de 1825 a 1830) e também o Talmude. Como um dos primeiros rabinos da Boêmia a pregar em alemão, ele se encontrava na vanguarda dos modernizadores na década de 1830, quando serviu como rabino local de Teplice. Ele foi, portanto, levado para os debates dos reformistas na década de 1840, mas desde o início adotou uma linha independente, insistindo em que o livro de preces deveria ser alterado apenas se ele continuasse a refletir o espírito do ritual tradicional, incluindo o "desejo piedoso pela independência do povo judeu" manifestado na esperança messiânica apesar da lealdade dos judeus alemães à terra pátria. Ele frequentou a Conferência da Reforma em Frankfurt em 1845, mas se afastou protestando contra algumas das propostas, principalmente a gradual eliminação do hebraico nas preces, mas não conseguiu persuadir outros rabinos a se juntar a ele em um contrassínodo. Assim como Hirsch, então, Frenkel na década de 1850 estivera próximo do movimento da Reforma enquanto tentava conduzir as suas próprias reformas "positivistas e históricas", ainda que afirmasse para Hirsch e os demais que ele não estava se afastando do judaísmo tradicional. Quando finalmente respondeu às perguntas de Hirsch sobre a relação da tradição rabínica com a revelação do Monte Sinai, em um breve artigo publicado em 1861 em sua revista, a *Monatsschrift für Geschichte und Wissenschaft des Judenthums* [Revista Mensal da História e da Ciência do Judaísmo], reafirmou a importância e a antiguidade da tradição rabínica, mas afirmou que a origem mosaica de parte da halakhá ainda deveria ser resolvida.[8]

A ortodoxia de Hirsch teve uma história institucional contínua na Alemanha até a década de 1930 na *Austrittsgemeinde*, e os refugiados dos nazistas que estabeleceram as sinagogas Adass Jeshurun ("Congregação de Jeshurun") e Adass Jisroel ("Congregação de Israel") em Nova York e Johannesburgo, respectivamente, preservaram sua característica combinação de uma ortodoxia rígida com a abertura à cultura secular. Sob a liderança do genro de Hirsch, Salomon Breuer, que em 1888 o sucedeu como rabino em Frankfurt, a *Austrittsgemeinde* tomou a iniciativa de estabelecer em maio de 1912, em Katowice, na Alta Silésia, a Agudat Israel ("União de Israel", também conhecida simplesmente como a Agudat), que se apresentava como uma organização mundial dos ortodoxos. Os ortodoxos alemães, preparados para a luta, esperavam que a Agudat fosse recrutar o apoio dos grandes rabinos das *yeshivot* da Europa Oriental na luta contra a Reforma, e também contra o sionismo, que eles viam como um nacionalismo secular contrário à verdadeira religião. O movimento não foi apoiado por todos os *haredim* da Europa Oriental, muitos dos quais preferiram lidar com a ameaça da modernidade ignorando-a, e tanto os europeus do leste da Polônia e da Lituânia quanto os ortodoxos húngaros que se juntaram à organização olhavam desconfiados para a prontidão dos judeus alemães em aceitar uma boa parte da cultura e das práticas gerais europeias. Entretanto, uma quantidade suficiente de líderes rabínicos do leste participou em 1912, e em três outras grandes assembleias posteriores, em Viena em 1923 e 1929, e em Marienbad em 1937, para tornar a Agudat um importante grupo lobista dentro da sociedade judaica.[9]

A neo-ortodoxia alemã havia se desenvolvido de uma forma tão específica que era mais fácil ver a que os membros da Agudat se opunham do que os pontos em que estavam de acordo, com exceção do princípio de que as decisões para os judeus deveriam ser tomadas pela autoridade de rabinos como eles. A instituição central que surgiu dentro da união foi Moetset Gedolei haTorah, o "Conselho dos Sábios da Torá", escolhido com base em sua erudição talmúdica. Sobre as questões políticas surgidas na agenda desde o início (originalmente de modo específico em relação às questões na Polônia, onde a Agudat Israel formou um partido político em 1919), entretanto, forte influência foi exercida pela grande assembleia democraticamente eleita, bem como pelo conselho por ela nomeado. A participação de sábios rabínicos universalmente admirados foi crucial para o sucesso da Agudat. Porém, isso também garantiu uma tensão constante, já que muitos dos rabinos do Leste Europeu não viam o menor valor na cultura ocidental que os rabinos alemães haviam adotado. Rabinos poloneses e lituanos não estavam muito preocupados com a Reforma, que mal havia causado impacto sobre suas comunidades, e a aliança que eles buscavam era basicamente contra os sionistas seculares. Seguindo uma proposta feita por Hayyim Soloveitchik, o rabino comunal de Brest-Litovsk (conhecida em ídiche como Brisk) e bastante reconhecido como o principal talmudista de sua época, a unidade em questões religiosas foi alcançada com a concordância de que os diferentes grupos deveriam ter permissão de manter seus modos de vida inalterados. De fato, uma grande quantidade de alterações provou ser possível sob os auspícios da Agudat, sobretudo em relação ao status das mulheres. Dentro do mundo ortodoxo, a notável Sarah Schenirer, autodidata e oriunda de uma família hassídica que não tinha preocupações com a educação secular, abriu uma escola em sua casa em Cracóvia em 1917 para ensinar religião para meninas, de modo que não fosse exigido que elas frequentassem escolas católicas. Em torno de 1939, estavam funcionando cerca de duzentas de suas escolas Beth Jacob em toda a Europa Oriental sob os auspícios da Agudat Israel; desde 1945, muitas escolas Beth Jacob foram abertas nos Estados Unidos e em Israel.[10]

Assim como o movimento da Reforma foi pressionado por seu antissionismo nas décadas de 1930 e 1940, o mesmo aconteceu com a Agudat. Isaac Breuer, filho de Salomon, era um importante porta-voz da organização desde o início, mas se tornou menos antissionista após a Declaração Balfour em 1917; e em 1936, quando imigrou da Alemanha nazista para a Palestina, Breuer fundou um movimento separatista, Poalei Agudat Yisrael, com o intuito de trabalhar para um Estado independente judaico, "unindo todo o povo de Israel sob o governo da Torá, em todos os aspectos da vida política, espiritual e econômica do povo de Israel na terra de Israel". Por outro lado, Yitzhak, o filho mais novo de Hayyim Soloveitchik, que foi sucessor de seu pai como rabino de Brisk, manteve as tradições paternas tanto do estudo talmúdico quanto de oposição aos estudos seculares e o sionismo. Apesar de ser forçado a fugir da Europa em 1939, e, como resultado, morador de Jerusalém pelos últimos vinte anos de sua vida, posicionou-se decididamente como um porta-voz da comunidade *haredi* em Israel, recusando-se a assumir qualquer posição pública, mas se manifestando em defesa do judaísmo sempre que ele acreditasse haver uma ameaça.[11]

O irmão mais velho de Yitzhak, Moshe, e seu sobrinho, Joseph B. Soloveitchik, levaram o *ethos* da Agudat para os Estados Unidos, onde se tornaram figuras importantes no âmbito da ortodoxia norte-americana. Moshe havia evitado a educação secular assim como seu pai, mas, como chefe do Seminário Teológico Rabbi Isaac Elchanan na Yeshiva University em Nova York desde 1929, ele estava aberto aos estudos seculares e levou a abordagem analítica ao estudo do Talmude iniciada por seu pai a uma comunidade ortodoxa nova e receptiva. O "método Brisker", que envolvia a aplicação de análise abstrata e conceitual ao estudo do Talmude, foi visto como encorajador de uma rigorosa criatividade intelectual sem exigir educação secular. Portanto, é um pouco surpreendente – e aparentemente devido à influência de sua mãe – que o imensamente dotado Joseph acrescentasse uma educação universitária ao seu domínio do estudo talmúdico como ensinado por seu avô, alcançando um doutorado em 1932 com uma tese sobre a filosofia de Hermann Cohen. É uma prova da natureza abstrata da filosofia kantiana advogada por Cohen que as ideias deste, que exerceram uma influência tão forte sobre o judaísmo da Reforma na primeira metade do século XX (ver capítulo 17), também pudessem atrair tal pilar do pensamento ortodoxo moderno.

A combinação de sofisticação filosófica com um notável conhecimento talmúdico e talentos retóricos deram a Joseph B. Soloveitchik autoridade sem rival nos modernos círculos ortodoxos nos Estados Unidos a partir da década de 1950 até a sua morte em 1993. Seus escritos filosóficos sobre o judaísmo tiveram como resultado uma influência muito maior dentro da comunidade judaica do que os da maior parte dos demais pensadores judeus no século XX. Assim como Isaac Breuer, e ao contrário de outros membros de sua família, Soloveitchik defendia a participação total dos judeus ortodoxos na cultura secular e na sociedade em geral e (com o passar do tempo) apoio ao sionismo, apesar da natureza secular do Estado israelense. Chamado por muitos dentro da ortodoxia moderna simplesmente de "o Rav", Soloveitchik era a autoridade encarregada que supervisionava a ordenação dos rabinos ortodoxos através da Yeshiva University, à qual o Seminário Teológico Elchanan é afiliado, tentando equipá-los com treinamento talmúdico ao estilo das *yeshivot* europeias e sensibilidade para com as necessidades da vida norte-americana da classe média. O *Halakhic Man* [O homem da Halakhá] de Soloveitchik ambiciona mostrar que "o homem da halakhá" combina o impulso cognitivo do homem da ciência em busca do conhecimento neste mundo com o anseio religioso de reconhecer a presença divina por meio da ação. Sua afirmativa de que através do estudo e da prática da halakhá a aparente contradição entre a razão e a revelação pode ser superada, com a experiência íntima de tais *mitzvot* como as preces, o arrependimento, o luto e o regozijo ritual entremeados à trama das próprias *mitzvot* em uma produtiva tensão dialética, tem sido imensamente atraente para judeus ortodoxos que tentam combinar a observância dos mandamentos com uma plena integração à civilização contemporânea ocidental. Soloveitchik retratou a vida segundo a halakhá, dedicada à produtividade humana, ao estudo da Torá e ao arrependimento, como uma vida de liberdade e criatividade intelectual, ao mesmo tempo que alegava que a necessária submissão à inescrutável vontade de Deus é inevitável para todos os que reconhecem a realidade da condição humana. A sofisticação de seus argumentos, no mínimo, tem proporcionado garantia para judeus ortodoxos modernos que anseiam apresentar, para si mesmos e para os demais, suas vidas de observância às *mitzvot* como racionalmente justificadas em termos de valores ocidentais. Papel semelhante foi desempenhado em tempos mais recentes por outros teólogos ortodoxos modernos, tais como o antigo rabino principal da Grã-Bretanha, Jonathan Sacks.[12]

Uma tarefa muito importante para Soloveitchik foi a de proporcionar aos judeus ortodoxos modernos um guia confiável para viver em uma sociedade ocidental consumista sem infringir as normas da halakhá. Sua autoridade foi complementada pela de Moshe Feinstein, que havia fugido de seu posto como rabino na Bielorrússia para os Estados Unidos em 1936, assumindo uma posição como chefe de uma *yeshivah* no Lower East Side em Nova York. Nesse posto, que ele manteve até a morte, cinquenta anos depois, Feinstein produziu um fluxo de respostas a perguntas sobre a correta abordagem religiosa à ciência, à tecnologia e à política e ao mundo gentio repleto de bens de consumo nos quais os judeus norte-americanos se encontravam, como nesta regra sobre o comportamento correto na época das festividades cristãs:

> É por si só repreensível tornar um período de férias quando eles estão celebrando seu culto forasteiro – eles, que perturbaram e amarguraram a nação de Israel por quase 2 mil anos, e ainda assim a mão deles está estendida [...]. Em nosso país, devido às abundantes bênçãos que Deus, possa Ele ser abençoado, concedeu,

há um grande desejo e apetite pelos entretenimentos deste mundo em todas as experiências agradáveis que eles chamam de "bons tempos", que também é uma questão que corrompe, e muito, o homem. Isso faz com que ele se acostume a desejar coisas das quais ele não tem necessidade e destrói seu caráter até que ele se transforme em uma criatura maléfica. No começo ele procura [satisfazer] seus desejos com alguma coisa permitida [...] e quando é impossível [obter isso] ele não irá se abster até mesmo do que é proibido.[13]

Soloveitchik e Feinstein estabeleceram um padrão para uma vida ortodoxa ideal para os judeus da diáspora no mundo moderno, mas os rabinos comunais que tentaram colocar esse padrão em prática sabem que muitos membros de suas congregações ignoram o que lhes dizem que deve ser feito. Desde a ascensão da Reforma no início do século XIX e a crescente consciência dos judeus de que eles tinham outras opções religiosas além de obedecer ao seu rabino comunal, a maior parte dos líderes ortodoxos concordou, ainda que de modo relutante, com o que era, na verdade, um padrão duplo. Já era na verdade comum, na comunidade de Hirsch em Hamburgo, que os membros da congregação trabalhassem no Shabat. Durante grande parte do século XX, alguns judeus ortodoxos insistiram para que homens e mulheres se sentassem juntos para as preces na sinagoga, apesar da oposição de seus rabinos, para os quais a posição, a altura e a natureza da barreira que separava homens e mulheres às vezes se tornavam uma questão totêmica, sobre a qual os rabinos tinham de entrar em acordo: na década de 1950, rabinos graduados da Yeshiva University eram encorajados a subir ao púlpito em congregações em que homens e mulheres sentavam-se juntos, mas esperava-se deles que conseguissem a separação no prazo de cinco anos de sua nomeação – nem sempre com sucesso. Em algumas sinagogas ortodoxas, nas quais o estacionamento ficará fechado durante o Shabat, a congregação irá estacionar seus carros nas ruas da vizinhança, e o rabino irá evitar a menção ao assunto em seu sermão, com base na ideia de que é melhor ter pecadores dentro da comunidade, onde eles ainda podem ser encorajados (ainda que apenas por meio de exemplos) a adotar um modo de vida mais religioso, do que forçá-los a se mudar para uma denominação diferente. A política, pelo menos até recentemente, tem sido muito bem-sucedida entre os judeus da Grã-Bretanha. A Sinagoga Unida, que abrange muitas das sinagogas ortodoxas em Londres e algumas nas províncias sob autoridade do rabino chefe britânico, estabelecida por ato do Parlamento em 1870, diz ter entre seus membros cerca da metade dos judeus ingleses, muitos dos quais observam a halakhá de um modo bastante descompromissado. Isso não indica necessariamente ignorância por parte deles – embora, seguindo o exemplo de Maimônides em relação aos caraítas, a justificativa rabínica para tolerar a falta de rigidez seja a de que esses judeus são como "infantes que foram capturados" e, portanto, não são responsáveis por sua falta de capacidade de trilhar o caminho correto –, mas, pelo contrário, judeus ortodoxos contemporâneos da diáspora cada vez mais veem a sua religião como um modo de vida originado de uma série de regras textuais, e não como um modo de vida imitado de geração a geração.[14]

A posição dos judeus ortodoxos modernos em Israel é bastante diferente, já que viver no meio de uma sociedade majoritariamente judaica permitiu, pelo menos para alguns, uma considerável independência de questionamento teológico. Então, por exemplo, o cientista Yeshayahu Leibowitz, que passou sua vida profissional como professor de química e de neurofisiologia na Universidade Hebraica, criou uma concepção particular do judaísmo como uma religião teocêntrica que exige que os crentes sirvam a Deus simplesmente por amor a servi-lo, e não por qualquer recompensa ou propósito metafísico. Argumentando que descobertas científicas são absolutas, mas que a religião é uma questão de escolha, Leibowitz definiu a halakhá como uma obrigação e a expressão máxima de comprometimento com Deus, negando qualquer possibilidade de qualquer filosofia, teologia ou misticismo especificamente judaicos. Intransigentemente independente, defendia a completa separação entre a religião e o Estado secular de Israel depois de 1948. Opunha-se à anexação do território depois da guerra de 1967 caso a crescente população árabe enfraquecesse a característica de Israel como um Estado, em que a maior parte dos cidadãos era judia. Encorajava a plena participação das mulheres no estudo da Torá (talvez pela excepcional reputação de sua irmã mais nova, Nehama, uma erudita e professora que publicou, entre outras obras, um comentário sobre o trecho da Bíblia para cada Shabat que foi usado por estudantes no mundo todo).[15]

Leibowitz interpretou as atrocidades humanas como o produto das imperfeições na humanidade sem significado teológico e, portanto, não via necessidade de refletir sobre qualquer sentido teológico mais profundo nos acontecimentos do Holocausto. Uma postura semelhante é encontrada em grande parte do pensamento ortodoxo moderno. Nos Estados Unidos,

Eliezer Berkovits afirmou que Deus estava presente, mas não era visível, em Auschwitz, e que a grandeza e o poder de Deus foram demonstrados precisamente por sua recusa em intervir. Em 1973, em sua obra *A fé após o Holocausto*, Berkovits alegou que, apesar da singularidade do horror, o Holocausto não apresentou nenhum problema novo para a fé, já que os judeus tinham reconhecido desde os tempos de Jó que Deus pode se afastar para dar aos seres humanos o livre-arbítrio para cometer atos que possam ser opressivos. Teólogos ortodoxos foram capazes de obter uma mensagem positiva de redenção da realidade do horror. Durante o próprio Holocausto, R. Isaac Nissenbaum declarou no gueto de Varsóvia a necessidade de santificar a vida tanto quanto possível preservando-a, em vez de procurar o martírio na morte, e o rabino ortodoxo norte-americano Irving (Yitz) Greenberg, que nasceu apenas em 1933 e foi criado na segurança dos Estados Unidos, vê o Holocausto como o fim de uma etapa no relacionamento de Deus e Israel e o começo de uma nova fase, com implicações para a obrigação de cumprir os mandamentos. Ele argumentou em 1977 que "a necessidade moral de um mundo vindouro [...] surge com força do encontro com o Holocausto" e que "se a experiência de Auschwitz simboliza que nós estamos afastados de Deus e da esperança [...] então a experiência de Jerusalém simboliza que as promessas de Deus são fiéis e seu povo continua a viver". Portanto, judeus têm uma responsabilidade especial em relação às pessoas que morreram, devendo trabalhar para acabar com os valores que apoiaram o genocídio.[16]

JUDAÍSMO CONSERVADOR

A história do judaísmo "positivo histórico", iniciado por Zacharias Frankel concomitantemente com a neo-ortodoxia de Hirsch na metade do século XIX, pertence ainda mais que Hirsch aos judeus dos Estados Unidos. Na Alemanha, rabinos que se graduavam no Seminário Teológico Judaico de Frankel em Breslau, onde recebiam treinamento basicamente ortodoxo juntamente com o estudo crítico das antigas fontes segundo o espírito universitário, foram servir ou comunidades ortodoxas não tão rígidas ou, em alguns casos, congregações da Reforma. Nos Estados Unidos, entretanto, a ênfase de Frankel na história e na tradição de Israel como a fonte da lei e da tradição se tornou a base do judaísmo conservador sob a inspiração de Solomon Schechter na primeira década do século XX.

Em 1883, três anos antes que Moses Gaster, depois de estudar no Seminário de Breslau, se mudasse para a Inglaterra para lecionar em Oxford e se tornar o *haham* da comunidade ortodoxa sefardita, Solomon Schechter, outro romeno, foi persuadido por Claude Montefiore, um companheiro de estudos na recém-fundada Reform Hochschule für die Wissenschaft des Judentums [Escola Superior da Reforma para as Ciências Judaicas] em Berlim, a ir para Londres como tutor de Montefiore em estudos rabínicos. Que Montefiore tenha precisado usar seus vastos recursos para importar tal ensinamento ilustra a escassez de estudos rabínicos no Reino Unido dessa época. Porém Schechter, filho de um hassid do Habad, rapidamente demonstrou ser um erudito crítico bastante produtivo, e em 1890 foi nomeado para um posto para ensinar o Talmude em Cambridge. Lá, ficou famoso por levar para Cambridge grande parte do imenso arquivo de manuscritos da Geniza do Cairo, que fornece uma fonte extremamente importante de evidências para o judaísmo na Idade Média.

Foi desse pano de fundo erudito e acadêmico que Schechter foi atraído em 1902 – no mesmo ano em que seu antigo empregador e aluno Claude Montefiore fundou a radical Reform Jewish Religious Union – para liderar o Jewish Theological Seminary of America [Seminário Teológico Judaico dos Estados Unidos], que havia sido fundado quinze anos antes pelo rabino italiano Sabato Morais. (O próprio Morais havia, certa época, trabalhado para a congregação espanhola e portuguesa em Londres, onde Gaster se tornou *haham*, e viu o papel do seminário como o treinamento de rabinos no judaísmo tradicional exatamente com o intuito de conter a atração da Reforma radical. Um dos oito alunos na primeira classe do seminário foi Joseph H. Hertz, que, como vimos, mais tarde iria ser o rabino chefe do Império Britânico.) A habilidade de Schechter de trilhar um caminho entre a ortodoxia e a Reforma foi reforçada por uma forte piedade pessoal, pelo rigor acadêmico e por uma clara visão do papel da história e do futuro do povo de Israel. Advém daí a sua definição da teologia da escola histórica dentro do judaísmo: "Não é apenas a mera Bíblia revelada que é de suma importância para o judeu, mas a Bíblia como ela se repete na história, em outras palavras, como ela é interpretada pela tradição". Essa teologia tradicionalista, que permitia as mudanças halákhicas na medida em que refletiam a atual prática de Israel de modo geral (como quer que isso venha a ser determinado), é surpreendentemente parecida com a atitude dos fariseus perante a tradição ancestral no período do Segundo Templo. Não é casual que o grande estudo dos fariseus feito pelo sucessor de Schechter que mais tempo serviu como chefe do seminário, Louis Finkelstein (conectado ao seminário desde a sua ordenação em 1919 até a sua morte em 1991), seja revelador tanto em relação às preocupações da vida judaica nos Estados Unidos do século XX quanto em relação ao grupo do Segundo Templo que é, ostensivamente, o seu tema.[17]

Schechter levou para Nova York um notável corpo docente de eruditos europeus, ajudado principalmente pela comparativa prosperidade de muitos judeus norte-americanos no início do século XX; e em 1913 fundou a Sinagoga Unida Norte-Americana, que (atualmente sob a denominação menos ambiciosa de "Sinagoga Unida do Judaísmo Conservador") coordena os assuntos das congregações conservadoras nos Estados Unidos e no Canadá. O nome original da organização reflete a esperança, que havia sido igualada anteriormente em 1873 pela Union of American Hebrew Congregations, de que essa forma de judaísmo se tornasse padrão no novo país da América. Durante grande parte do século XX, essa esperança não parecia despropositada. Uma vez que a ideologia conservadora pertencia a uma tradição dinâmica moldada pelos próprios judeus, ela permitia uma grande autoexpressão religiosa condizente com os ideais norte-americanos de individualidade, sem a elaboração de livros de regras escritas característicos da ortodoxia contemporânea e nem a dolorosa extrusão de um consenso em questões de princípios característica da Reforma. Abraham Joshua Heschel, professor no Seminário Teológico Judaico a partir de 1946, insistiu em seu influente *Deus em busca do homem*, publicado em 1955, que os judeus deveriam tentar redescobrir o fervor e a convicção não por meio de argumentos racionais, mas sim de decisões existenciais esclarecidas pela razão, para permitir-lhes experimentar o respeito e a reverência, abrir suas mentes para a linguagem evocativa da Torá, e evocar o mistério da existência pela experimentação com a observância das *mitzvot*. A abordagem espiritual e moral de Heschel atraiu especialmente os estudantes no seminário na década de 1960.[18]

A autoconfiança do judaísmo conservador nos Estados Unidos na metade do século XX foi reforçada por um acordo sobre a importância do hebraico e da terra de Israel como partes da tradição nacional que deveriam ser conservadas. Já em 1905, Schechter escreveu sobre o sionismo como "o grande baluarte contra a assimilação", e em 1913, no mesmo ano em que ajudou a fundar a Sinagoga Unida Norte-Americana, participou do 11º Congresso Sionista em Viena. Porém, em relação a outras grandes questões teológicas, judeus conservadores haviam simplesmente concordado em discordar, ao longo do século passado. Assim, por exemplo, os pontos de vista sobre a importância teológica do Holocausto têm variado imensamente. Heschel, que havia fugido de Berlim em 1939, com mais de trinta anos, insistia em que a única reação apropriada era o silêncio, ao passo que o filósofo Richard Rubenstein, que foi ordenado como rabino conservador pelo Seminário Teológico Judaico em 1952, afirmou em seu *Depois de Auschwitz*, publicado pela primeira vez em 1966, que "Deus realmente morreu em Auschwitz", mas que a comunidade religiosa judaica continua a ser importante ao dar aos seres humanos a ideia de que eles não estão sozinhos.[19]

Emet ve-Emunah ("Verdade e Fé"), a afirmação de princípios produzida em 1988 por uma comissão sobre a filosofia do movimento conservador, deixou em aberto até mesmo questões centrais sobre a ideia da revelação e a observância da halakhá:

> A natureza da revelação e seu significado para o povo judeu têm sido compreendidos de vários modos dentro da comunidade conservadora. Nós acreditamos que as fontes clássicas do judaísmo oferecem amplos precedentes para essas ideias da revelação. [...] Alguns de nós concebem a revelação como o encontro pessoal entre Deus e os seres humanos. [...] Outros de nós concebem a revelação como a descoberta contínua, por meio da natureza e da história, das verdades sobre Deus e o mundo. Essas verdades, embora sempre culturalmente condicionadas, são, não obstante, vistas como o propósito final de Deus para a criação. Defensores desse ponto de vista tendem a ver a revelação como um processo contínuo, e não como um acontecimento específico. [...] Para muitos judeus conservadores, a Halakhá é indispensável acima de tudo porque ela é o que a comunidade judaica compreende ser a vontade de Deus. Além do mais, ela é uma manifestação concreta de nosso contínuo encontro com Deus. Esse elemento divino da lei judaica é compreendido em diversos modos no âmbito da comunidade conservadora; porém, como quer que ele seja compreendido, é para muitos o fundamento lógico para obedecer à Halakhá, a razão que dá a sustentação para todo o restante. [...] Nós, na comunidade conservadora, estamos comprometidos a perpetuar a tradição rabínica de preservar e engrandecer a Halakhá fazen-

do nela mudanças apropriadas por meio de decisões rabínicas. [...] Enquanto a mudança é ao mesmo tempo uma parte tradicional e necessária da Halakhá, nós, assim como nossos ancestrais, não estamos comprometidos com a mudança por si só. [...] Seguindo o exemplo de nossos antecessores rabínicos ao longo dos séculos, entretanto, consideramos a instituição de mudanças por um sem-número de motivos. Ocasionalmente, a integridade da lei deve ser mantida, ajustando-a para que se conforme à prática contemporânea entre os judeus observantes. [...] Algumas mudanças na lei são concebidas para melhorar as condições materiais do povo judeu ou da sociedade em geral. O objetivo de outras é alimentar um relacionamento melhor entre os judeus, ou entre os judeus e a comunidade mais ampla. Em alguns casos, mudanças são necessárias para prevenir ou afastar a injustiça, enquanto em outros casos elas constituem um programa positivo para melhorar a qualidade da vida judaica, elevando seus padrões morais ou tornando mais profunda a sua devoção.[20]

Subjacente a esse pluralismo aceito no âmbito do movimento conservador, se encontrava um compromisso evidente com a integração da tradição judaica à vida no mundo moderno. Isso levou, por exemplo, na década de 1950, a uma interpretação positiva do uso de carros no Shabat para frequentar a sinagoga, em um contraste marcante com o fechamento de estacionamentos das sinagogas, considerado obrigatório pelas comunidades ortodoxas. Por esse motivo, temos a declaração da comissão:

> A abstenção do uso de veículo motorizado é um recurso importante para manter o espírito de repouso do Shabat. Tal restrição auxilia, além do mais, a manter os membros da família unidos no Shabat. Entretanto, se uma família reside além de uma distância razoável da sinagoga que possa ser percorrida a pé, o uso de um veículo motorizado para o propósito de ir à sinagoga não deverá de modo algum ser tido como uma violação do Shabat, mas, pelo contrário, tal frequência será considerada uma manifestação de lealdade à nossa fé.[21]

Essa tolerância não evitou cismas no âmbito do movimento conservador durante o século XX. Tanto o judaísmo reconstrucionista quanto a União do Judaísmo Tradicional se originaram de um veemente debate no ambiente do excepcionalmente talentoso, inteligente e obstinado corpo docente do Seminário Teológico Judaico. Mordechai Kaplan, filho de um rabino ortodoxo e educado nos Estados Unidos, foi ordenado no seminário logo após a chegada de Schechter, e lecionou lá por mais de cinquenta anos. A filosofia reconstrucionista por ele adotada era um ramo de um aspecto do judaísmo conservador de modo geral. Em 1934, Kaplan produziu a afirmação definidora, em *Judaísmo como civilização*, de seu argumento de que a evolução da civilização religiosa do povo judeu, assim como ela se adaptou aos variados contextos históricos, constitui por si só a natureza do judaísmo, e que uma resposta apropriada para o mundo moderno, portanto, deve ser adotada e não ser suportada. O judaísmo tem de ser reconstruído, e os costumes judaicos reinterpretados para torná-los relevantes no mundo moderno. Tal abordagem, sustentada por uma mistura de argumentos filosóficos e sociológicos, bem como pelo sionismo secular cultural defendido pelo ensaísta hebraico Asher Ginzberg (conhecido por seu pseudônimo "Ahad Ha'am"), acabou por de fato trazer os reconstrucionistas em muitos aspectos da prática e da liturgia para perto das comunidades da Reforma e encorajou a popularidade, nos bairros judaicos norte-americanos, da ideia de que uma sinagoga seria basicamente um centro comunitário, com preces e estudos como atividades secundárias. Assim sendo, o *Sabbath Prayer Book* [Livro de preces para o Shabat], editado por Kaplan em 1945, retirou referências à ressurreição dos mortos e a um messias pessoal, e até mesmo aos judeus como povo escolhido. Por outro lado, os reconstrucionistas guardaram de suas origens conservadoras uma forte ênfase na necessidade do hebraico para as preces e para a prática contínua de rituais que são vistos como transmissores dos *insights* de gerações anteriores (embora esses rituais possam ser alterados por razões éticas, se o contexto histórico específico de suas origens não mais parecer aplicável). A Sociedade para o Avanço do Judaísmo de Kaplan, fundada em 1922, deu origem, em 1955, à Federação Reconstrucionista Judaica e, desde 1968, ela tem a sua própria Faculdade Rabínica Reconstrucionista na Pensilvânia.[22]

Não é fortuito que o movimento reconstrucionista tenha reagido de modo mais rápido e radical do que outras formas de judaísmo ao papel em transformação das mulheres. Este, que mal havia mudado desde a elaboração de um papel religioso doméstico para elas no início do período rabínico, foi amplamente reconhecido no século XX como uma questão importante que requeria algum tipo de reforma. Serviços de "consagração" para as meninas haviam sido introduzidos em algumas sinagogas ortodoxas na Inglaterra no século XIX, mas para os judeus conscientes da emancipação feminina na sociedade como um todo e da entrada delas na educação universitária e na vida profissional, a ignorância e a exclusão contínuas de muitas mulheres passaram a parecer cada vez mais anacrônicas e inaceitáveis. Em 1922, Kaplan foi o primeiro a introduzir um ritual *bat mitzvah* no serviço da sinagoga, quando sua própria filha atingiu a idade da maturidade (aos doze anos e um dia), e na década de 1940 foi concedida às mulheres a igualdade total nos rituais da sinagoga em todas as congregações reconstrucionistas. Mulheres foram ordenadas como rabinos reconstrucionistas pela primeira vez em 1968, e o reconhecimento e a inclusão de judias lésbicas, bissexuais e transgênero passaram a ser parte integral do movimento de adaptação ao mundo norte-americano moderno.[23]

O reconstrucionismo de Kaplan foi encarado com suspeitas e hostilidade no corpo docente do Seminário Teológico Judaico, entre eles o grande erudito do Talmude Saul Liberman, que havia estudado em *yeshivot* na Bielorrússia antes de entrar para o seminário em 1940, após mais de uma década estudando e lecionando na nova Universidade Hebraica em Jerusalém. Apesar de sua abertura intelectual para as origens históricas de todos os aspectos do judaísmo, a maior parte desses professores era, por questões de temperamento, inclinada à tradição na liturgia da sinagoga. Foi um debate dentro do próprio seminário no início da década de 1980 sobre a ordenação de mulheres que levou outro grande talmudista, David Weiss Halivni, a formar uma organização separada, a União para o Judaísmo Conservador Tradicional, que, desde 1990, rompeu definitivamente com o movimento conservador (e tirou "conservador" de seu nome). A União para o Judaísmo Tradicional abriu sua própria escola rabínica, mas ainda não causou, até o momento, um grande impacto sobre as congregações conservadoras nos Estados Unidos, que são, geralmente, mais inclinadas a uma observância menos rígida do que seus rabinos. Na verdade, o judaísmo conservador de todas as tendências está passando por algo como uma crise, à medida que os congregantes abandonam a base que ele representa, ou na esperança de uma espiritualidade mais profunda em um dos movimentos ortodoxos ou movimentos independentes de renovação, ou para o mais pluralista judaísmo da Reforma, ou na verdade para uma forma totalmente secular de identidade judaica, ou ainda nada disso.[24]

Tendo em vista o entusiasmo relacionado ao sionismo no âmbito do movimento conservador desde o início, é talvez irônico que essa forma de judaísmo nunca tenha se disseminado pela terra de Israel, onde é conhecida como masorti, em parte porque líderes masortis não foram incluídos no estabelecimento do assim chamado Status Quo que tem governado as relações entre o Estado secular e as autoridades rabínicas desde 1948. Até recentemente, a maior parte dos judeus israelenses masortis, assim como a maior parte dos judeus da Reforma, provinha de famílias de imigrantes recentes dos Estados Unidos, embora judeus nativos seculares tenham começado cada vez mais a se voltar para práticas masortis, bem como da Reforma, para rituais da vida como casamentos e funerais. A tentativa, por parte do Seminário Teológico Judaico, de chegar até os judeus não afiliados na antiga União Soviética desde a década de 1990 parece ter causado pouco impacto. Em outros locais na diáspora tem havido um entusiasmo bem maior, com um florescente seminário rabínico conservador, o Seminário Rabínico Latino-Americano, fundado em 1962 em Buenos Aires, Argentina, segundo o modelo do Seminário Teológico Judaico em Nova York.

No Reino Unido, Louis Jacobs, que, de modo pouco usual para um rabino inglês, fora educado totalmente na Inglaterra (em *yeshivot* em Manchester e Gateshead, e na Universidade de Londres) e serviu como rabino de sinagogas ortodoxas em Manchester e em Londres nas décadas de 1940 e 1950, renunciou ao seu posto como professor no Jew's College, o único seminário ortodoxo no país dedicado ao treinamento de rabinos para o serviço comunal, quando sua nomeação como diretor do College foi vetada em 1961 pelo rabino chefe, Israel Brodie, com base nos pontos de vista heterodoxos nas publicações de Jacobs. A mais importante delas (nessa época da vida de Jacobs) era *We Have Reason to Believe* [Temos razões para acreditar], na qual Jacobs aceitava alguns dos métodos dos críticos bíblicos e afirmava que a Bíblia era em parte uma composição humana, ideias que não iriam causar desaprovação no âmbito do movimento conservador. Até sua morte em 2006, Jacobs sustentava, inflexível, e com grande erudição, a ortodoxia de seus pontos de vista. Porém, ele parece ter transgredido o que havia sido identificado por Samson Raphael Hirsch como a pedra de toque da ortodoxia, uma crença de que a Torá veio do céu, e o perdão do rabino chefe ou de seus antigos colegas rabínicos na Sinagoga Unida não seria dado em um futuro próximo. Em 1964, alguns de seus seguidores estabeleceram uma nova congregação ortodoxa, a Nova Sinagoga de Londres – sem contar com os auspícios da Sinagoga Unida e o controle do rabino chefe –, para que Jacobs servisse como rabino. Jacobs era um erudito respeitado, e autor de livros muito lidos até por pessoas que o renegavam, e era também popular entre muitos ortodoxos laicos na Sinagoga Unida. Ele poderia ter continuado a apresentar seu judaísmo como a representação da ortodoxia moderna esclarecida segundo os costumes locais (*minhag Anglia*), mas preferiu, na década de 1980, afiliar sua congregação ao movimento conservador nos Estados Unidos. O resultado, entretanto, não tem sido nenhuma extensão de um compromisso formal com o judaísmo conservador na Inglaterra, em parte porque muitos judeus afiliados a congregações dentro da Sinagoga Unida Ortodoxa de qualquer modo acreditam em um judaísmo diferenciado do judaísmo conservador apenas no nome e o praticam.

Esta tem sido uma história europeia e norte-americana. As intensas brigas de reformistas e contrarreformistas na Europa Central e Ocidental e nos Estados Unidos no século XIX e início do XX teve apenas ligeiros ecos nas comunidades judaicas havia tanto tempo estabelecidas no Oriente Médio e no Norte da África. Lá, assim como em grande parte da Europa Oriental, a principal reação religiosa aos desafios da modernidade foi uma reafirmação da tradição, como veremos a seguir.

19
Rejeição

Aos olhos dos *haredim*, os "tementes a Deus" ou "ansiosos" por observar os mandamentos, assim como Isaías havia instado seus ouvintes a "tremer" ante a palavra de Deus, e como professores devotos na época de Esdras haviam tremido ante a divina instrução para Israel deixar de lado suas alianças com os gentios e renegar a progênie deles, todas as tentativas de adaptar o judaísmo à modernidade ao longo dos dois últimos séculos têm sido profundamente equivocadas. O termo *haredi* entrou no hebraico moderno no século XIX e início do XX como uma tradução de "ortodoxo", que foi usada, (entre outros) para os seguidores neo-ortodoxos de Samuel Raphael Hirsch, mas, ao longo dos últimos cinquenta anos, adquiriu uma conotação mais específica em referência aos ultraortodoxos que rejeitam de modo absoluto a sociedade secular contemporânea.[1]

Entrar no bairro de Meah Shearim em Jerusalém, a oeste das muralhas da cidade antiga, é retroceder aos *shtetls* da Europa Oriental como foram imaginados por Shalom Aleichem, com ídiche tanto falado quanto escrito em todos os lugares; os homens, mesmo no auge do verão mediterrâneo, usando casacos pretos e sobrecasacas, e uma grande variedade de chapéus de pele de abas largas; e mulheres e meninas vestidas com modéstia, com mangas compridas e meias longas pretas. Homens e meninos usam o *peiot* (às vezes, colocados atrás das orelhas), e as barbas são imensas. Mulheres casadas conservam o cabelo coberto perante todas as pessoas, menos os maridos, usando ou uma echarpe ou uma peruca (com um chapéu, quando estão em lugares públicos). As perucas podem ser glamorosas: as feitas com cabelos louros compradas na Europa Oriental são particularmente apreciadas. O mercado de perucas do subcontinente indiano é grande o suficiente para uma tentativa, por parte de concorrentes, de enfraquecê-lo alegando que o cabelo usado pode ser proibido para os que são escrupulosamente religiosos, com base no fato de que ele pode ter sido dado como uma oferenda a uma divindade hindu antes de ser usado para seu atual propósito. Toda a vida é organizada em torno do ritual religioso, tanto em casa para as mulheres quanto nas sinagogas e nos locais de estudo para os homens. Há uma sensação de profunda determinação, e de cautela contra visitantes e turistas que possam perturbar esse enclave na moderna cidade comercial – especialmente no Shabat, quando toda a vizinhança, convocada por sirenes a parar de trabalhar a partir do momento designado, se dedica às preces, ao estudo da Torá e ao descanso.[2]

Meah Sharim foi criado em 1875 por judeus devotos da cidade antiga em busca de condições de vida mais salutares, mas o estabelecimento de tais enclaves ultraortodoxos foi replicado durante a segunda metade do século XX por toda Israel (em locais como Bnei Brak, perto de Tel Aviv) e na diáspora (em bairros como Stamford Hill em Londres, partes do Brooklyn em Nova York e áreas de Toronto, da Antuérpia e de outras cidades). Em todos esses locais, a segregação física tem por objetivo permitir aos ultraortodoxos que ergam barreiras contra a influência da televisão, dos jornais, das propagandas e do restante da cultura popular, educando seus filhos em escolas isoladas nas quais compreender a natureza da observância da Torá assume a prioridade em relação a tudo mais, e apenas as aptidões mais básicas, como aprender a ler e a escrever, são consideradas talentos adicionais necessários. O uso da internet demonstrou ser uma questão complicada: ele é predominante entre alguns dos ultraortodoxos, mas em uma grande reunião em 2012 em um estádio de beisebol em Queens, Nova York, seu uso foi condenado.

Nessas comunidades, que coexistem junto de uma sociedade ocidental que se encontra em um alto nível de sofisticação e (eles diriam) de decadência, famílias mantêm a solidariedade arranjando casamentos, oferecendo emprego e ajuda financeira, dentro da comunidade, de modo que o mundo exterior não precise se impor no dia a dia. O nascimento de vários filhos é estimulado pela observância do mandamento bíblico de frutificar e multiplicar, tornado mais importante para alguns *haredim* pela doutrina de que uma maior população *haredi* é uma resposta apropriada para a desmesura do Holocausto, quando muitos dos grandes centros de estudo da Torá foram destruídos na Europa Oriental. A sobrevivência de famílias grandes (com frequência com dez filhos ou mais) deve muito aos progressos nos cuidados médicos e no provimento de serviços sociais por estados ocidentalizados (incluindo Israel). Altas taxas de retenção dessas crianças dentro de suas comunidades são devidas tanto à atração de seu estilo de vida e ao poder de ideologias quanto, sem dúvida, às indiscutíveis barreiras com que se deparam os *haredim* que se arriscam a se aventurar fora de seus enclaves no mundo moderno desconhecido. Até mesmo as mulheres *haredi*, cuja instrução extremamente limitada tem sido caracterizada como "educação para a ignorância", e cuja valorização da modéstia garante uma quase invisibilidade na vida pública *haredi*, ao ponto de fotografias públicas de mulheres serem vistas com censura e mulheres dançando em casamentos serem separadas dos homens, com frequência se dizem satisfeitas com um papel que as torna supremas no ambiente doméstico, enquanto os homens de sua família estudam ou trabalham, embora pressões econômicas estejam levando um número cada vez maior a procurar emprego fora, sobretudo em Israel e nos Estados Unidos.[3]

Os próprios *haredim* caracterizam esse modo de observar a Torá como uma preservação da tradição, mas, na verdade, assim como tantos outros aspectos no judaísmo contemporâneo, ele deve muito à reação ao Iluminismo no fim do século XVIII. Moses Sofer, mais conhecido como Hatam Sofer, tinha suas origens em Frankfurt, mas sua influência contínua no desenvolvimento de uma reação rígida à modernidade foi o produto de seus 33 anos como rabino de Pressburg (Bratislava), a mais importante comunidade judaica da Hungria, uma posição para a qual ele foi nomeado em 1806 quando já estava com mais de quarenta anos. Confrontado em Pressburg por uma intensa minoria de entusiastas do novo estilo de vida judaico do Iluminismo, Sofer mergulhou no conflito com habilidade e vigor. Defendeu uma nova e inflexível aplicação do dizer talmúdico de que "o que é novo é proibido segundo a Torá", de modo que qualquer inovação pode ser estritamente proibida simplesmente por seu caráter de novidade. Vai ficar claro, com base na história do judaísmo ao longo dos séculos precedentes, que essa proibição de qualquer coisa que fosse nova era por si só ironicamente uma inovação, mas o apelo para defender a tradição tinha uma atraente simplicidade retórica, com maior frequência associada ao fundamentalismo. Hatam Sofer garantiu a disseminação de sua abordagem fazendo grandes esforços no encorajamento de instituições de educação para o estudo da Torá, incluindo sua própria *yeshivah* em Pressburg, que tinha mais estudantes que qualquer outra desde os tempos dos *geonim* da Babilônia.[4]

A forma de judaísmo que Moses Sofer declarou ser a perfeita expressão da Torá de Moisés foi, portanto, sua visão do modo de vida da elite religiosa judaica da Alemanha e da Polônia na metade do século XVIII (daí advém o código de vestimenta dos *haredim* no mundo moderno). Hatam Sofer se opunha a tudo que se relacionasse ao Iluminismo, insistindo com sua família no testamento que seria publicado após sua morte em 1839: "Jamais toqueis nos livros de Moses Mendelssohn, e assim vós jamais tropeçareis". A *yeshivah* de Pressburg iria manter sua influência sob a liderança de seus descendentes até a Segunda Guerra Mundial, e seria fundada novamente em Jerusalém em 1950 por seu bisneto, Akiva Sofer. Ela continua a prosperar no bairro majoritariamente *haredi* de Givat Shaul. Em 1879, seu segundo filho, Shimon, que liderou a organização Mahzikey haDas ("Defensores da Fé") na Cracóvia, foi eleito para o Parlamento austríaco para defender o judaísmo tradicional contra os inovadores. O testamento de Hatam Sofer para sua família estabeleceu com uma clareza exemplar o estilo de vida que ele desejava cultivar: "Não altereis o vosso nome, vossa língua ou vestimenta, para imitar os modos dos gentios. As mulheres devem ler livros em ídiche, impressos com nossa fonte tradicional, e baseados nas narrativas de nossos sábios, e nada mais. [...] Não digais que os tempos mudaram, pois 'nós temos um Pai antigo', abençoado seja Ele, que não mudou e jamais mudará".[5]

A imposição de leis tão precisas foi reforçada pela autoridade absoluta do *Shulhan Arukh*, de Karo. Na geração posterior à de Hatam Sofer, uma versão condensada da obra de Karo, feita por outro rabino na Hungria, Shlomo Ganzfried, resumiu em hebraico simples, para judeus sem instrução, porém devotos, as leis que cada um deve observar. Essa versão demonstrou ser tão popular que foi impressa em catorze edições entre sua primeira publicação em 1864 e a morte de Ganzfried em 1886. Ganzfried estava muito envolvido, como líder comunal, em uma luta política contra a propagação do judaísmo neólogo na Hungria, mas sua grande influência surgiu por meio desse livro. A impressão e disseminação em massa de obras halákhicas são responsáveis, do mesmo modo, pela influência de muitos líderes *haredi* de épocas posteriores, e muitos ficaram mais conhecidos pelo título de um de seus influentes volumes do que por seus próprios nomes. Assim, Yisrael Meir haCohen, que foi uma figura de extraordinária autoridade na Lituânia do século XIX e no mundo ultraortodoxo mais amplo, mas nunca teve um posto rabínico, é conhecido universalmente pelo título de seu primeiro livro, *Hafets Hayyim* (um tratado legal e ético sobre a proibição de calúnias), publicado anonimamente em Vilnius quando ele tinha 35 anos. Sua autoridade foi projetada especificamente por meio da circulação em massa de seu *Mishnah Berurah*, um vasto comentário sobre a primeira parte do *Shulhan Arukh* de Karo, concebido como um guia detalhado para a vida cotidiana para pessoas com o mesmo perfil devoto assumido por Ganzfried, mas com maior capacidade de mergulhar nas minúcias e de apoiar a variedade.

Em uma pequena mercearia na cidadezinha de Raduń, que sua esposa administrava enquanto ele cuidava da parte financeira, e depois (quando os negócios iam mal) por muitos anos sendo professor, Hafets Hayyim produziu uma série de livros sobre a observância prática das leis e questões mais abrangentes de moralidade. Anos depois, ele também viajou bastante, usando sua reputação pessoal como devoto para angariar fundos para manter *yeshivot* por toda a Europa durante a crise financeira após a Primeira Guerra Mundial, incluindo a *yeshivah* criada na própria Raduń em 1869, por causa do número de estudantes atraídos para estudar com ele. Hafets Hayyim, que assumiu um papel de liderança na Agudat, foi longevo, morrendo em 1933, e sua influência foi além da de um contemporâneo muito mais jovem, Avraham Yeshayahu Karelitz. O percurso de Karelitz, como erudito talmúdico (conhecido popularmente como o Hazon Ish, "Visão de um Homem", do título de seu próprio comentário anônimo sobre parte do *Shulhan Arudk*), foi parecido com o de Hafets Hayyim em sua confiança na esposa para apoio financeiro. Com pouco mais de cinquenta anos, imigrou de Vilnius para Bnei Brak na terra de Israel, e se tornou líder da comunidade *haredi* – primeiro no mandato da Palestina e depois, na década de 1940 e início da de 1950, à medida que o impacto do Holocausto passou a ser amplamente compreendido, no mundo todo.[6]

A autoridade do Hazon Ish se originava em grande parte de uma recusa explícita de especular ou transigir na observância da Torá. Ele separava seus seguidores de outros judeus que se viam como ortodoxos com a mesma veemência com que Hatam Sofer havia combatido a Reforma e as ideologias seculares: "Assim como simplicidade e verdade são sinônimos, da mesma maneira extremidade e grandeza o são. Extremidade é a perfeição do tema. Quem defende o caminho do meio e a mediocridade, e despreza a extremidade, deveria encontrar seu lugar entre falsários ou pessoas destituídas de razão. [...] A fé ingênua é a resposta contundente que ilumina a verdade e resolve o que está em dúvida". A necessidade de estabelecer regras para questões relacionadas ao dia a dia – que para Hazon Ish, após ter imigrado em 1933, incluía questões práticas para a observância de regras relacionadas especificamente à terra de Israel, tais como as leis do ano sabático – proporcionou a esses líderes rabínicos um vínculo particularmente íntimo com seus seguidores. Os "grandes homens da geração", como os *haredim* os consideravam, se tornaram *de facto* líderes políticos, bem como espirituais, para um número cada vez maior de estudantes de *yeshivoth*, sobretudo em Israel, ao longo dos últimos cinquenta anos.[7]

Os alunos das *yeshivoth* forneceram a infantaria que apoiou esses autores tranquilos e devotos na guerra contra o secularismo e o relaxamento. A devoção ao estudo da Torá tinha sido o ideal do judaísmo rabínico, pelo menos para os homens, por muitos séculos, como já vimos, mas a novidade no século XIX foi a implementação prática desse ideal na proliferação de *yeshivot* por toda a Europa Oriental como instituições completas e em grande escala, nas quais multidões de moços dedicavam grande parte de suas vidas ao estudo das leis religiosas – e acima de tudo o Talmude babilônico e seus comentários – por causa delas próprias. A primeira dessas *yeshivot* modernas foi estabelecida em Valožyn em 1803 por um discípulo do *gaon* de Vilnius, para combater a influência do hassidismo, substituindo a casuística do *pilpul* pelo estudo do verdadeiro sentido dos textos clássicos. Ela contava com quatrocentos alunos na segunda metade do século XIX. Alguns destes fundaram, em outro local da Lituânia, novas *yeshivot* que estabeleceram suas tradições de ensino e seus currículos específicos. Assim, em 1897 a *yeshivah* de Slobodka, um subúrbio de Kovno (atual Kaunas), tinha cerca de duzentos estudantes. Uma outra fundada na cidade de Tels em 1875 estabeleceu uma estrutura nova de quatro classes com base no desempenho, de modo que bons alunos poderiam progredir para um nível mais elevado. O objetivo dessa reforma educacional era puramente o de engrandecer o aprendizado, já que nenhuma dessas *yeshivot* via o estudo como um caminho para um exame ou certificado de competência, embora na prática muitos que se formassem ali se transformavam em rabinos comunais. O objetivo era preservar e estudar a tradição por si só. Na década de 1940, a resistência dos estudantes da *yeshivah* de Mir em face da destruição dos judeus da Lituânia, quando eles encontraram refúgio do nazismo após fugir para o Japão através da Sibéria, se manifestou por meio da reimpressão de textos clássicos judaicos em Xangai para que o estudo não fosse interrompido.

Para os fundadores das *yeshivot* na Europa Oriental no século XIX, a ameaça do Iluminismo estava mais distante que na Alemanha e na Hungria.

O desafio imediato era angariar apoio na comunidade judaica para um estilo de vida que poderia com toda facilidade parecer preservar a verdadeira experiência religiosa para uma classe intelectual da elite em oposição ao apelo às massas do hassidismo. Entre as respostas mais eficazes estava a do movimento Musar ("Ética") no seio das academias lituanas iniciado em Vilnius por Yisrael Salanter, que combinava seu trabalho como líder de uma *yeshivah* engajada em estudos tradicionais com um papel como pregador, instilando a conduta ética tanto entre judeus comuns leigos quanto entre os seus estudantes. Muitas de suas técnicas educacionais no uso das homilias pietistas foram adotadas em outras *yeshivot* da Lituânia, bem como no mundo judaico mais abrangente.[8]

Na época em que Salanter fundou sua própria *yeshivah* com base especificamente no movimento Musar em Kovno em 1848, a ameaça do hassidismo para os estudos na *yeshivah* havia, na verdade, retrocedido muito desde o auge da luta por parte dos *mitnagdim* no fim do século XVIII sob a liderança do *gaon* de Vilnius (ver capítulo 15). Quando a organização de Mahzikey haDas foi fundada em Cracóvia, em 1879, para combater as incursões do modernismo na Galícia, ela pôde contar com apoio maciço dos *hasidim* de Belz contra um inimigo comum. A oposição dos *hasidim* ao Iluminismo era mais uma reação contra a hostilidade dos líderes dos modernizadores judaicos, os *maskilim*, do que intrínseca à natureza do hassidismo por si só. Os *maskilim* culpavam o hassidismo por impedir um avanço dos judeus poloneses na educação ao estilo ocidental para melhorar sua posição na sociedade oferecendo uma alternativa supersticiosa. Líderes hassídicos como Menachem Mendel Schneerson, neto do fundador do movimento Habad, conhecido por seu volumoso compêndio de lei judaica, o *Tsemach Tsedek* [O rebento da retidão], responderam na metade do século XIX justificando a observância minuciosa dos mandamentos com base em seu significado místico.[9]

Portanto, o hassidismo foi transformado, de um movimento sectário revolucionário em oposição ao *establishment* rabínico no século XVIII, em um novo papel no século XIX na vanguarda da guerra empreendida pelos *haredim* em apoio aos valores conservadores rabínicos. Comunidades hassídicas começaram a estabelecer suas próprias *yeshivot* para estudo da Torá e do Talmude, a isolar seus jovens das perniciosas influências do mundo exterior, tanto quanto os *mitnagdim* da Lituânia haviam tentado anteriormente se proteger contra o hassidismo. Alguns líderes hassídicos, como Yitzhak Meir Rothenburg Alter dos *hasidim* Gur, o maior grupo hassídico no centro da Polônia, ficaram mais conhecidos por seus escritos sobre a lei judaica do que por seus ensinamentos místicos. Em 1881, após as grandes ondas de imigração para o Ocidente, a maior parte dos judeus *haredi* na Ucrânia, na Galícia e no centro da Polônia e muitos judeus *haredi* na Bielorrússia, na Lituânia e na Hungria adotaram um estilo de vida e rituais hassídicos para o culto. Os diferentes grupos hassídicos mantiveram tenazmente suas identidades e tradições e sua lealdade para com os seus *rebbes* individuais (que continuaram a desenvolver interpretações místicas da Torá); mas, para o mundo judeu mais amplo, eles apresentavam uma frente unida em oposição à mudança secular. Duas questões cruciais permaneceram, no entanto, sobre as quais o consenso entre os *hasidim*, assim como entre os *haredim*, era (e ainda é) raro: atitudes em relação ao sionismo e a expectativa da chegada iminente do messias.[10]

A mais clara expressão de oposição religiosa ao sionismo no mundo *haredi* moderno foi a formulada por Joel Teitelbaum, *rebbe* da seita hassídica Satmar de Satu-Mare, na Hungria (atual Romênia). Aos olhos dos membros da Satmar, a empreitada sionista é um "ato de Satã", porque não deveria ser feita nenhuma tentativa de criar um Estado judeu até que o messias tenha vindo. A existência do atual Estado de Israel, portanto, culposamente atrasou a era messiânica, e o Holocausto foi uma punição divina para os sionistas que tentavam "forçar o fim". Quando Teitelbaum, que seria o *rebbe* da Satmar por mais de cinquenta anos, fugiu da Europa em 1944, levou o hassidismo húngaro para os Estados Unidos, estabelecendo sua comunidade em 1947 em Williamsburg, no Brooklyn, onde se tornou um distintivo enclave falante de ídiche e totalmente não assimilado na variada paisagem cultural de Nova York.[11]

Os membros da Satmar são radicais em sua oposição ao Estado sionista, a qual às vezes se estende a uma recusa até mesmo em aceitar o uso do hebraico falado, mas a suspeita em relação ao sionismo era normal entre os *haredim* do fim do século XIX por causa do medo de que o nacionalismo secular baseado em território e em Estado fosse suplantar a aderência à Torá. No devido tempo, entretanto, movimentos demográficos no início do século XX, com a inclusão de *haredim* na migração de judeus da Europa Oriental para a Palestina, e o desenvolvimento de expressões religiosas do sionismo encorajaram uma reação mais complexa e debates acirrados. Já vimos (capítulo 18) como o estabelecimento, em Katowice, da Agudat Israel em 1912 tentou reunir todos aqueles que estavam determinados a preservar o judaísmo tradicional contra os assaltos da modernidade "para solucionar, no espírito da Torá e dos mandamentos, as várias questões cotidianas que irão surgir na vida do povo de Israel", mas a coexistência no seio dessa nova organização serviu apenas para salientar as diferenças entre os participantes, principalmente em relação à crescente comunidade judaica na Palestina.

Na vanguarda do desenvolvimento de uma teologia de sionismo religioso *haredi* compatível com as questões práticas dos judeus da Palestina no século XX se encontrava o pensamento notavelmente independente de Abraham Kook, que foi eleito em 1921 como o primeiro rabino chefe asquenaze da Palestina, migrado da Letônia para a Palestina em 1904, aos 39 anos, para se tornar rabino de Jaffa. Ele havia recebido uma educação talmúdica tradicional, complementada por um estudo independente da Bíblia, da filosofia e do misticismo, e tinha experiência como rabino comunal na Europa Oriental, mas a teologia por ele desenvolvida era original e iria demonstrar ser controversa nos círculos religiosos e seculares. Kook considerava o retorno para a terra de Israel como o começo da redenção divina e instou com os líderes religiosos para que vissem sua missão como o encorajamento de um renascimento espiritual juntamente com o renascimento material do estabelecimento dos judeus. Um profundo pensador místico, Kook entendia o mundo real como uma unidade na qual o divino é encarnado, de modo que o retorno dos judeus para a sua terra é um elo no processo de redenção universal. Todos os judeus na terra de Israel, incluindo os mais desafiadoramente seculares, têm um papel a desempenhar no plano divino. Kook poderia até alegar que os ataques feitos por idealistas seculares à religião poderiam ser apreciados por seu paradoxal valor religioso, usando o conceito da cabala de Luria do "estilhaçamento dos vasos" para afirmar "que os grandes idealistas buscam uma ordem tão nobre, tão fina e pura, além do que pode ser encontrado no mundo da realidade, e assim eles destroem o que foi moldado conforme as normas do mundo. [...] As almas inspiradas pelo reino do caos são maiores que as almas cuja afinidade se dá com a ordem estabelecida".[12]

Essa tolerância fez Kook discordar de outros *haredim* – o *rebbe* de Gur (nome ídiche de Góra Kalwaria) falou a respeito dele que "o seu amor por Sião não conhece limites, e [portanto] ele diz que o impuro é puro, e o acolhe" –, e os sentidos que Kook atribuiu aos tradicionais conceitos cabalísticos e filosóficos com frequência eram radicalmente novos. Seu pensamento era tão inovador que ele poderia também ter sido discutido no capítulo anterior como um exemplo, juntamente com J. B. Soloveitchik, da contrarreforma. Porém, a ideia central de seu pensamento, de que a intervenção divina na história necessária para ocasionar a era messiânica poderia ser apressada pelo estabelecimento judaico na terra de Israel, havia sido prefigurada ao longo do século precedente pelos religiosos sionistas na Europa Oriental e Central, dos quais apenas alguns poucos, como Shmuel Mohilever de Białystok (ver capítulo 16), haviam tomado uma atitude prática nessa direção. Zvi Hirsch Kalischer argumentara a favor da restauração dos sacrifícios em um templo reconstruído na terra de Israel, de seu posto como rabino comunal por cinquenta anos em uma grande comunidade judaica em alguma região da Polônia ocidental anexada pela Prússia. Yehudah Alkalai, rabino de uma pequena comunidade sefardita perto de Belgrado na metade do século XIX, havia apresentado planos práticos para encorajar a economia produtiva de colonos na terra de Israel, principalmente revivendo a ideia do dízimo bíblico, de modo que um décimo da renda de cada judeu deveria ajudar a pagar pela reconstrução da terra. Alkalai foi originalmente estimulado por especulações cabalísticas de que o ano de 1840 testemunharia a vinda do messias; mas, quando isso não ocorreu, ele se convenceu de que se esperava que os judeus agissem. Até 1840, tinha sido possível esperar pela libertação simplesmente por intermédio da graça divina. Mas agora a libertação dependia de *teshuva* ("retorno" ou "arrependimento") de Israel, que, para Alkalai, significava o retorno à terra. Ele próprio passou os últimos quatro anos de vida, antes de sua morte em 1878, na terra de Israel.[13]

A esperança messiânica era, portanto, intrínseca ao sionismo manifestado entre os *haredim*, e a tensão surgiu em grande parte em torno da questão de até que ponto cooperar com os judeus não religiosos na construção de um Estado secular judaico que iria servir a um propósito religioso mais elevado no devido tempo. A maior parte dos sionistas religiosos no século XX vivia fora do mundo *haredi*. O movimento religioso Mizrahi, formado em Vilnius em 1902, mas já estabelecendo escolas na Palestina que combinavam estudos seculares com educação religiosa em torno de 1909, e o partido político e o sindicato de trabalhadores HaPoel HaMizrahi ("O Trabalhador Mizrahi"), que coexistiram na Palestina a partir de 1922 para promover a Torá e o trabalho, colocaram os esforços sionistas no centro de sua ideologia e trabalharam com os judeus seculares desde o início. Foi do âmbito dos antigos membros de seu movimento de jovens, Bnei Akiva, que em 1974 surgiu a forma mais radical de ortodoxia sionista redentora, Gush Emunim ("O Grupo dos Fiéis"). Este, composto basicamente por jovens sionistas religiosos de classe média que achavam que o projeto sionista havia perdido o rumo depois da Guerra do Yom Kippur em 1973, interpretou a importância messiânica do retorno dos judeus à terra como a proibição de renunciar a qualquer parte do território conquistado por tropas israelenses na Guerra dos Seis Dias de 1967, se ele se encontrasse entre "a Judeia e a Samaria", as fronteiras da terra que, segundo a Bíblia, haviam sido ocupadas pelos filhos de Israel sob a liderança de Josué em cumprimento a uma promessa de Deus.[14]

O líder espiritual do Gush Emunim, até sua morte aos 91 anos em 1982, foi Zvi Yehudah Kook, filho de Abraham Kook e seu sucessor como chefe da influente *yeshivah* Merkaz haRav Kook, que seu pai havia estabelecido em Jerusalém. Zvi Yehudah se considerava guardião do legado de Abraham após a morte deste em 1935, e trabalhou por quase cinquenta anos na publicação e divulgação dos escritos de seu pai. Porém, sua própria interpretação desses textos era particular. Suas crenças conjuntas, de que os judeus têm um dever determinado por ordem divina de se estabelecer em toda a terra bíblica de Israel e que tudo que se relaciona ao Estado secular de Israel, incluindo o seu braço militar, é intrinsecamente sagrado por causa de seu papel no processo messiânico, estavam frequentemente em desacordo em meados da década de 1970, quando membros do Gush Emunim foram regularmente desalojados pelas Forças de Defesa de Israel de assentamentos ilegais na Cisjordânia. O Gush Emunim se dispersou em 1980 e não existe mais como grupo separado, principalmente porque sua defesa dos assentamentos nos territórios ocupados tem, desde a eleição de Menachem Begin como primeiro-ministro em 1977, de qualquer modo sido a política de vários governos de Israel – mas por questões políticas, e não religiosas, já que até o momento nenhum governo israelense foi liderado por um político que defendesse abertamente a convicção religiosa como base para decisões políticas.

Zvi Yehudah havia crescido na Lituânia e permanecido em contato, durante toda a sua vida, com o mundo dos estudos na *yeshivah* dos *haredim* da Europa Oriental, apesar de suas dramáticas incursões nas realidades das disputas políticas de Israel. O *background* dele era muito diferente do sionismo religioso nitidamente norte-americano de Meir (originalmente Martin David) Kahane, um rabino do Brooklyn. Kahane havia dedicado a primeira parte de sua carreira pública à veemente oposição ao antissemitismo na diáspora, fundando a Liga de Defesa Judaica em Nova York, em 1968, e organizando protestos em massa contra a perseguição de judeus pela União Soviética quando eles manifestaram o desejo de imigrar para Israel, antes de ele próprio se mudar dos Estados Unidos para Israel em 1971. Em contraste com Kook e seus seguidores, que defendiam (ainda que com muito otimismo) a coexistência com os habitantes não judeus da Judeia e de Samaria, o partido Kach fundado por Kahane buscava a expulsão em massa dos árabes tanto de Israel quanto dos territórios ocupados.

Kahane fora treinado no Talmude na *yeshivah haredi* Mir no Brooklyn, mas essa nova ideologia se originava mais da atmosfera política nos círculos da direita nos Estados Unidos durante a Guerra Fria do que do apoio local entre os *haredim* de Israel, e, apesar da rigidez halákhica adotada por alguns de seus seguidores, os ensinamentos dele podem ser vistos, assim como os de Kook, como uma resposta específica à disseminação de suposições liberais em outras ramificações do judaísmo no fim do século xx. Sua perspectiva religiosa, na qual os ideais políticos sionistas predominavam, poderia ser descrita de forma melhor como uma religião sionista do que como um sionismo religioso. A *yeshivah* aberta por ele em 1987 para o ensino do que afirmava ser "a autêntica ideia judaica" foi apoiada por judeus norte-americanos, e havia um toque de Velho Oeste no estabelecimento de postos avançados judaicos rodeados por uma população palestina considerada intrinsecamente hostil. Dentro de Israel, o apoio para o Kach veio menos do âmbito da comunidade *haredi* do que dos judeus sefarditas da classe trabalhadora. Os *haredim*, incluindo outros sionistas *haredim* que estavam preparados para se comprometer com as instituições do Estado, de modo geral não se impressionavam com o ostensivo compromisso de Kahane com valores religiosos, como fica claro por sua recusa em fazer o juramento padrão em sua eleição para o Knesset sem acrescentar qualquer versículo dos Salmos para indicar a prioridade da Torá sobre as leis seculares. Seus discursos parlamentares foram boicotados por outros membros do Knesset, e quando uma emenda para a lei constitucional básica do país foi passada em 1985 para expulsar candidatos racistas, o próprio Kahane descobriu ser incapaz de concorrer às eleições quando elas foram novamente realizadas, em 1988. A agitação política por ele engendrada foi demonstrada pelo extraordinário tamanho da multidão que compareceu ao seu funeral em Jerusalém, em novembro de 1990, depois de ele ter sido morto com um tiro por um norte-americano de origem egípcia, em um hotel em Manhattan após um pronunciamento feito aos *haredim* do Brooklyn.[15]

A audiência de Kahane pouco tinha em comum (além da convicção de que eles eram dedicados à Torá) com um pequeno grupo às margens dos *haredim*, os Neturei Karta ("Guardiões da Cidade") de Jerusalém, que se recusaram a reconhecer a existência, quanto menos a autoridade, do Estado secular de Israel. Os Neturei Karta se separaram da confederação *haredi* de Agudat Israel em 1938, alegando, com base na autoridade de um *bon mot* no Talmude palestino, que a real proteção de uma comunidade não vem de seus guardas militares, e sim "dos escribas e dos eruditos". O grupo Neturei Karta levou seu antissionismo ao ponto de enviar uma delegação ao presidente do Irã para manifestar apoio à sua implacável oposição ao Estado de Israel. Outros *haredim* adotaram uma forma mais branda de separação, tal como os seguidores de Joseph Hayyim Sonnenfeld, que, em 1873, com pouco mais de vinte anos, se estabeleceu na cidade antiga de Jerusalém e foi capaz de evitar qualquer permanência de mais de trinta dias fora das muralhas até sua morte quase sessenta anos mais tarde. Um líder dos *haredim* húngaros em Jerusalém, Sonnenfeld, combateu ferozmente qualquer mistura dos judeus ortodoxos com os demais, solicitando reiteradamente aos *haredim* que não aceitassem a participação nas instituições estabelecidas por sionistas seculares e se opondo à instituição, na década de 1920, de um alto rabinato para a terra de Israel (embora ele próprio fosse amigo de Abraham Kook). Em oposição aos Neturei Karta, entretanto, ele tratava o hebraico moderno como sua primeira língua, e era a favor de um assentamento judeu na terra de Israel e dos esforços para estabelecer boas relações com a população árabe nativa. Sonnenfeld parece ter compartilhado com os sionistas religiosos uma crença de que o retorno dos judeus para a terra precedia a era messiânica. A prece para o Estado de Israel sancionada pelo alto rabinato israelense se refere ao Estado como "o início do brotar de nossa redenção", uma esperança escatológica geralmente adotada também na liturgia moderna ortodoxa da sinagoga na diáspora.[16]

Esse tipo de ideia de redenção gradual coexiste com dificuldade com o fervor messiânico surgido em torno de um *rebbe* específico, que tem, ocasionalmente, agitado grupos hassídicos, com frequência para o desalento de outros *haredim*, incluindo alguns *hasidim*. Expectativas escatológicas imediatas não foram intrínsecas ao pensamento hassídico, como já vimos, mas o conceito do *tsaddik* como um super-homem espiritual, por meio de quem a graça divina flui e para quem Deus concedeu o controle de tudo por meio de suas preces, já elevava os *rebbes* hassídicos muito acima do nível dos seres humanos comuns. A alma de um *tsaddik* é tão pura que suas preces podem até mesmo anular uma decisão divina de que a vida deveria chegar ao fim. Em todas as eras, um santo especial, o "justo da geração", nasce com o potencial de se tornar o messias, se as condições no mundo demonstrarem que são as corretas. Para os seguidores hassídicos de um *rebbe* especialmente carismático, a era messiânica pode, portanto, parecer terrivelmente próxima.

Já vimos (capítulo 15) que, dois séculos após a morte de Nahman de Breslov em 1810, os *hasidim* de Breslov, agora estabelecidos em Jerusalém, reviveram a prática da peregrinação em massa no Rosh Hashaná ao seu túmulo em Uman, na Ucrânia, que havia sido praticamente suprimida pelas autoridades durante a era comunista. Acredita-se que pouco antes de sua morte ele tenha prometido perante duas testemunhas que, "se alguém vier ao meu túmulo, der uma moeda para caridade, e disser estes dez salmos, eu o tirarei das profundezas do *gehinnonm* [inferno]". Afirmações feitas entre os *hasidim* Habad (com frequência chamados de "*lubavitch*" por causa do vilarejo em Smolensk Oblast, atualmente na Rússia, que por mais de um século, até 1940, abrigava os principais centros deles) do status messiânico de seu sétimo (e último) *rebbe* haviam sido bem menos circunspectas. Menahem Mendel Schneerson, que morreu em 1994, após 44 anos como cabeça do movimento, foi um dos líderes mais influentes dentro do judaísmo no século XX, não apenas por causa do papel desempenhado para seus seguidores hassídicos, que o reverenciavam e compareciam em grandes multidões às suas assembleias semanais, mas por causa de sua afirmação sobre uma responsabilidade para todos os judeus, incluindo os mais seculares. O uso astucioso de métodos modernos de comunicação de massa, aliado à disposição dos seguidores entusiasmados com uma iminente expectativa escatológica de se estabelecer em lugares com pouca população judaica com o objetivo de plantar as sementes de uma observância religiosa sempre que fosse possível, despertou a consciência pública sobre os *lubavitch* muito além do que ocorria em outras comunidades hassídicas. Emissários do *rebbe* haviam se dedicado a encorajar a observância da Torá na França, na Inglaterra, na Argentina, na Rússia e no restante da antiga União Soviética, na Austrália e muitos outros países, além dos principais centros de assentamento *lubavitch* em Israel e nos Estados Unidos – sobretudo em Crown Heights, em Nova York, onde o *rebbe* morava. O objetivo desses emissários – muitos dos quais jovens casais, com o homem ordenado como rabino com pouco mais de vinte anos (às vezes com apenas um pouquinho do conhecimento a ser encontrado entre outros rabinos *haredi*) – é o de combater o secularismo no meio da população judaica mediante o engajamento com até o menos observante na mais obscura das localizações. Nenhum judeu é considerado como afastado demais do aprisco para ser atraído por um rabino em um "tanque *mitzvah*" equipado para mostrar aos homens judeus como colocar os *tefillin* ou acender as velas para Chanucá, ou para ser procurado pela esposa do rabino na "Casa Habad", que irá com muito tato dar explicações para as jovens moças sobre as velas no Shabat e a importância de uma imersão ritual mensal para garantir que a procriação ocorra em estado de pureza.[17]

De diferentes maneiras, esse tipo de contato é tão especificamente norte-americano, seguindo os passos dos cristãos evangélicos, quanto a belicosidade de Meir Kahane. O próprio *rebbe* se recusou até mesmo a visitar a terra de Israel, embora uma casa idêntica à sua habitação em 770 Eastern Parkway, em Nova York, tivesse sido construída para ele em Cfar Habad, em Israel. O Habad Lubavitch está tão preocupado com a identidade judaica no contexto multicultural característico da vida judaica nos Estados Unidos quanto com a vida dos judeus em Israel. Seu objetivo não é o de segregar os judeus do mundo moderno (assim como desejam outros *haredim*), mas sim o de reformular o mundo para incorporar a observância rígida da Torá. Nos *campi* das universidades, onde desde a década de 1970 Lubavitch tem tido uma presença particularmente grande, a tradicional erudição judaica pode ser apresentada sob a forma de aulas, seminários e conferências para evitar qualquer impressão de que o estilo de vida *haredi* exija que a pessoa se afaste da modernidade, embora o próprio rabino Lubavitch conserve a vestimenta visivelmente hassídica do *kaftan* e do cinto.

A principal motivação para a missão Lubavitch tem sido a messiânica, conforme manifestado com grande clareza pelo próprio *rebbe* por ocasião da morte de seu antecessor em 1950. Nos últimos anos de sua longa vida, ele encorajou seus seguidores com uma insistência cada vez maior a esperar "*moshiach* agora". Em uma atmosfera de intensa antecipação, muitos desses seguidores manifestaram sua convicção de que o próprio *rebbe* era o messias. A eclosão da primeira Guerra do Golfo ofereceu maiores evidências (pelo menos de acordo com uma perspectiva norte-americana) das convulsões mundiais que se esperava que antecedessem os últimos dias. Em 1993, o *rebbe* sofreu um acidente vascular cerebral debilitante, e alguns de seus seguidores tiraram do esquecimento textos medievais que declaravam que o messias teria de sofrer, de modo que sua língua iria se grudar em sua boca, conforme Ezequiel 3,26: "E farei com que se prenda tua língua, para que emudeças". Quando o *rebbe* morreu em 1994, uma divisão ideológica aconteceu no movimento entre os que continuam a ter fé no *rebbe* como o messias e, portanto, negam que ele tenha morrido ou alegam que ele irá retornar, e os que se reconciliaram com a aparente evidência de que o mundo ainda não está pronto para que o messias se manifeste, e que maiores esforços na divulgação da Torá são necessários para que ele seja revelado.[18]

Os *lubavitch* são ímpares entre os *hasidim* devido ao seu verdadeiro entusiasmo para entrar em contato com outros judeus e por seu interesse (herdado do *rebbe*) pelo progresso espiritual também dos gentios. A maior parte dos demais *haredim* considerou mais fácil manter seu estilo de vida separatista se estabelecendo em enclaves nos quais eles podem ajudar uns aos outros e manter suas instituições práticas, de sinagogas, escolas, *yeshivot* e banhos rituais a lojas com alimentos kosher, embora o ressurgimento dos estudos na *yeshivah* à moda da Lituânia nos Estados Unidos deva muito ao contato com os não *haredim* por rabinos como Aharon Kotler, fundador, em 1942, da grande *yeshivah* Lakewood, em Nova Jersey. Para muitas membros dessas comunidades, um *eruv* (literalmente, "combinação"), um dispositivo legal para criar uma fronteira imaginária dentro da qual seja permitido carregar objetos no Shabat como se a pessoa estivesse em um recinto particular, é um aspecto bastante significativo da vida, principalmente para as mães com bebês entre os seus inúmeros filhos, que, caso contrário, podem não ter condições de sair de suas casas durante as 24 horas de sexta-feira até a noite de sábado. Esses enclaves na diáspora se encontram em sua maior parte nos bairros afastados das grandes cidades, mas ocasionalmente estão concentrados ao redor de uma *yeshivah* isolada: a Gateshead, estabelecida em 1929 com um dos inúmeros ramos fundados por emissários da *yeshivah* de Novadork, em Navahrudak (então no Império russo e atualmente na Bielorrússia), e dedicada ao estudo do Talmude no âmbito da tradição Musar dos Hafets Hayyim, é agora a maior na Europa, com centenas de estudantes, ainda que o tamanho do restante da comunidade judaica em Gateshead (e até na cidade das redondezas, Newcastle) seja muito pequeno.[19]

A visão da vida judaica na Inglaterra no interior da intensa atmosfera na *yeshivah* de Gateshead inevitavelmente difere daquela dos judeus ortodoxos modernos no restante do Reino Unido. Os estudantes da *yeshivah* não são encorajados a combinar os seus estudos com a educação universitária, e qualquer contato que possa aparentar dar legitimidade a formas não ortodoxas de judaísmo é considerado anátema, como ficou claro para o antigo rabino principal Jonathan Sacks, com a reação dos *haredim* na Inglaterra à presença dele em um serviço funerário para o rabino da Reforma (e sobrevivente do Holocausto) Hugo Gryn, em 1997. Uma oposição semelhante a qualquer aprovação oficial de representantes da Reforma e do judaísmo conservador também é característica dos *lubavitch*. Porém, em outros aspectos o zelo missionário de atrair cada judeu para uma maior observância dos mandamentos encoraja uma atitude muito mais acolhedora para judeus de crenças variadas e diferentes graus de comprometimento com as práticas judaicas, de modo que, como vimos, os *hasidim lubavitch* se tornaram rabinos comunais em muitas partes do mundo judaico.

A tolerância à falta de religiosidade demonstrada por esse grupo específico de *haredim* é surpreendente, mas também causa espanto a boa vontade de alguns judeus ortodoxos modernos de aceitar a liderança religiosa para suas comunidades não hassídicas de rabinos *lubavitch*, de cuja crença messiânica central sobre o status do *rebbe* e o iminente fim do mundo eles não compartilham. A afirmação, por parte de uma ramificação do movimento Lubavitch após a morte do *rebbe* em 1994, de que o messias iria retornar para completar sua missão, se aproxima perigosamente das crenças rejeitadas por rabinos polemistas por quase 2 mil anos em resposta às alegações cristãs. A indiferença ortodoxa a tais ideias sobre o *rebbe* tem sido caracterizada por alguns judeus ortodoxos modernos como um escândalo. Outros *haredim*, como Aharon Feldman, decano da *yeshivah* Ner Israel, em Baltimore, instou publicamente que judeus ortodoxos evitem fazer preces em sinagogas Habad que reconhecem a crença no *rebbe* como o messias; mas o mais surpreendente é até que ponto tais pedidos têm sido ignorados e a inclinação dos judeus da diáspora de crenças muito diferentes a participar juntos do culto e fingir não ver as questões que poderiam, de outro modo, separá-los.[20]

Essa tolerância mútua é muito menos característica de alguns *haredim* na sociedade contemporânea israelense, onde a ideia de que os seres humanos têm permissão de usar da força para garantir a observância da Torá não é incomum.

Carros que entram nas áreas *haredi* de Jerusalém ou Bnei Brak no Shabat correm o risco de serem apedrejados, assim como os arqueólogos que perturbam os mortos escavando seus antigos túmulos. Mulheres que entram em enclaves *haredi* enquanto estão "imodestamente" vestindo shorts ou com os braços nus correm o risco de serem insultadas, ou algo pior. O mesmo acontece com as mulheres que manifestam seu direito de conduzir um serviço de preces enquanto estão usando os xales para preces no Muro Ocidental do Templo em Jerusalém. Em anos mais recentes, alguns *haredim* tentaram impor o decoro religioso (assim como eles o entendem) segregando homens e mulheres em ônibus. Viagens de avião, durante as quais a prolongada proximidade física dos viajantes do sexo oposto dificilmente pode ser evitada, podem provocar debates acirrados sobre os escrúpulos religiosos em relação à liberdade pessoal. Em dezembro de 2011, homens *haredi* antissionistas em Beit Shemesh, uma cidadezinha a oeste de Jerusalém, tentaram fechar uma escola religiosa sionista para meninas gritando insultos para as alunas, de seis a doze anos, acusando-as de serem prostitutas. Os pais das meninas apavoradas reagiram levando suas filhas à escola com cachorros como proteção, e a polícia teve de intervir para manter os dois lados separados. Esse tipo de violência raramente é apoiado explicitamente pela maioria dos *haredim*, mas tampouco é condenado.

A intolerância entre os judeus religiosos em Israel na atualidade também acontece às vezes na direção oposta, contra os *haredim*. Quando estes receberam privilégios especiais, tais como financiamento do Estado para estudantes da *yeshivah* em tempo integral, dado por Ben Gurion na fundação do Estado em 1948, a quantidade deles era pequena; mas, como suas comunidades cresceram muito, eles passaram a ser vistos por alguns como uma fonte de gastos para o Estado. O estilo de vida *haredi* provoca ressentimento entre muitos outros israelenses em parte por causa da recusa geral até dos *haredim* mais sionistas a realizar qualquer serviço militar, algo que proporciona uma experiência unificadora especialmente poderosa para outros judeus israelenses de diferentes origens em virtude da constante tensão em que o país tem vivido desde a sua formação. O afastamento do *haredi* do serviço militar se deve menos a uma falta de inclinação a matar em defesa do Estado do que a uma preocupação com a proximidade dos sexos no âmbito das Forças Armadas, o perigo de corrupção moral, a exposição ao secularismo e o desafio à observância religiosa, bem como, em alguns casos, a dúvidas teológicas sobre a legitimidade do Estado que eles estariam defendendo. Em resposta às pressões econômicas e iniciativas do governo, alguns *haredim* estão optando por trabalhar em unidades de ambulância ou em unidades especiais do exército criadas para jovens *haredim* que não estão na *yeshivah*. Porém, todos eles são ensinados de modo claro que a devoção ao estudo na *yeshivah* não deveria ser considerada como menos valiosa do que o serviço militar por causa de sua eficácia suprema para encorajar o favor divino em relação a Israel.

O ressentimento secular israelense é alimentado ainda mais pela dependência do *haredi* do sistema de previdência social do Estado para sustentar grandes famílias nas quais o pai está envolvido demais nos estudos na *yeshivah*, durante todo o período potencialmente produtivo de sua vida, para que possa se sustentar. O fornecimento de auxílios generosos do governo para as *yeshivot* – por si só um produto de negociações políticas entre os líderes de grupos religiosos ao longo dos anos – tem permitido que um número cada vez maior de *haredim* permaneçam como estudantes em período integral além dos vinte anos, de um modo que teria sido possível apenas para alunos da elite na cultura da *yeshivah* na Europa Oriental, cujas tradições as *yeshivot* modernas israelenses alegam manter. Mesmo com o auxílio do Estado e as poucas expectativas entre os *haredim* quanto ao seu padrão de vida, uma educação na *yeshivah* que dure a vida toda é muito cara para ser mantida, e, embora poucos *haredim* israelenses quebrem o tabu de estudar em universidades seculares, alguns têm começado a atender cursos vocacionais para aprender habilidades valorizadas pelo mercado em programas unissex estabelecidos pelas universidades e faculdades com auxílio do governo especificamente para o benefício dos estudantes *haredi*, e as mulheres *haredi* estão muito mais engajadas que os homens em conseguir o sustento para as suas famílias.

As causas da antipatia pelos *haredim* entre os judeus da diáspora são mais indiretas. Judeus não ortodoxos às vezes têm liderado a oposição às tentativas por parte dos ortodoxos de estabelecer um *eruv*, talvez porque essa prática religiosa envolva uma incursão nos interesses do público não judeu de um modo que ofende os instintos de manter a prática do judaísmo uma questão pessoal. A deliberada particularidade dos *haredim* no mundo moderno pode parecer uma ameaça para aqueles judeus que desejam integrar sua prática do judaísmo na sociedade mais ampla na qual eles vivem. A chegada, em seus bairros, de uma comunidade de "chapéus pretos" pode parecer uma pressão moral para adotar uma vida religiosa estranha ou um estímulo aos não judeus de ressentir a presença de todos os judeus.

20
Renovação

Tensões entre os *haredim* que tentam ignorar ou minimizar a influência das mudanças no mundo ocidental ao longo dos dois últimos séculos e a maior parte dos judeus que se adaptaram a tais mudanças têm aumentado de modo notável nos últimos cinquenta anos como resultado do ritmo acelerado da mudança na sociedade de modo geral e o crescente poder dos *haredim* para impor sua vontade sobre os demais judeus. Muitas das questões importantes do movimento de renovação judaico têm refletido as mudanças radicais nas expectativas sociais e culturais, sobretudo em relação ao papel das mulheres e as normas das relações sexuais, nos Estados Unidos desde a década de 1960, e a maior parte dessas novas tendências no âmbito do judaísmo também se originou nos Estados Unidos, embora algumas tenham surgido na sociedade israelense.

Na metade da década de 1990, o teólogo Arthur Green examinou em uma palestra pública no Hebrew Union College, o seminário para rabinos da Reforma, a importância de um anúncio no *Jewish Week* de Nova York, inserido por uma mulher jovem que se descrevia como "DJF, 34, espiritual, não religiosa, procurando um JM com ideias semelhantes":

> Essa jovem mulher deveria, de fato, nos interessar. Permitam-me tratá-la, com sua licença, como um ícone da nossa era. Acho que ela tem uma ideia muito boa do que ela quer dizer com "espiritual, não religiosa". Vocês poderiam encontrá-la, com muitos outros judeus, em um retiro do Kripalu Yoga Ashram, aonde ela vai para um fim de semana de yoga, de massagem, de leitura sobre ensinamentos espirituais, comida vegetariana saudável, e conversas com pessoas que têm ideias semelhantes. Não a encontrarão na sinagoga de vocês, da qual ela continua a se sentir alienada. Mas faz jejum e medita no Yom Kippur, um dia que, para ela,

tem certo "significado especial". Ela lê histórias tanto sufistas quanto hassídicas. Ela costumava frequentar os concertos de Shlomo Carlebach, e ocasionalmente cantarola uma de suas canções. A Páscoa com a família ainda é uma questão desagradável e tempestuosa, "totalmente não espiritual", como ela diria. Porém, um ano os familiares se ausentaram, em um cruzeiro, e ela foi participar do Sêder de uma mulher. Foi um pouco verbal demais e muito ruidoso para o gosto dela, mas ela gostaria de experimentar mais coisas como essa, se elas estivessem convenientemente disponíveis. Ela leu trechos de *Eu e Tu* anos atrás, e gostou, mas a maior parte de sua leitura que a inspira tem sido a de autores orientais ou norte-americanos que escolheram um caminho oriental. O fato é que ela não lê muito mesmo. Pertencendo à geração vídeo, ela preferiria ver gravações de palestras do dalai-lama, que ela tem, do que ler o livro dele...

A busca da espiritualidade por parte dos judeus, sobretudo em sua juventude, desde a década de 1960 tem levado muitos deles para religiões orientais, especialmente o budismo, mas outros encontraram uma nova forma de espiritualidade dentro do próprio judaísmo por meio da "renovação judaica", um movimento informal para inserir a espiritualidade do hassidismo no âmbito de um estilo de vida basicamente secular, usando como base os escritos de Martin Buber e Abraham Joshua Heschel para apoio teológico, mas inspirados pela música contagiantemente melódica e com inspiração hassídica de Shlomo Carlebach, e uma renovação geral de interesse pela música *klezmer*, com seus ecos dos *shtetls* da Europa Oriental.[1]

A ALEPH, "Alliance for Jewish Renewal" [Aliança para a Renovação Judaica], foi fundada em 1962 pelo antigo professor de Arthur Green, Zalman Schachter-Shalomi, que tinha sido um *hasid* Habad (assim como Shlomo Carlebach), com o objetivo de divulgar a espiritualidade para todos os judeus, e não o de se tornar uma nova denominação juntamente com as demais surgidas nos tempos modernos. O movimento encorajou uma busca por *devekut*, "dedicação", ou comunhão com Deus, assim como ela é compreendida no hassidismo, por intermédio de quaisquer meios espirituais, da cabala e outros recursos judaicos nas tradições midráshicas e hassídicas à yoga, formas budistas e sufistas de preces e meditação, usando dança, música, contação de histórias e artes visuais. Um fenômeno especificamente norte-americano em sua origem, com um forte compromisso com o ativismo ecológico e pela paz e justiça social, a Renovação Judaica também demonstrou ser atraente para alguns israelenses seculares que buscam a realização espiritual sem sujeição ao que eles veem como o mundo estranho da religião. O movimento também ganhou alguns seguidores, mas em menor número, entre os judeus da América do Sul e da Europa.[2]

A busca pela expressão e pela experiência espiritual por jovens judeus na América do Norte nas décadas recentes reflete, naturalmente, tendências culturais na sociedade de modo geral (em especial na Califórnia), sobretudo em uma reação ao materialismo da geração mais velha. A Renovação Judaica, com sua concentração na realização pessoal e inspiração (assim como no hassidismo) em um líder carismático, permite a seus seguidores que decidam o quanto procurar em outros lugares as ideias judaicas tradicionais da comunidade e do estudo da Torá. Porém, na década de 1960, alguns desses judeus que buscavam a renovação espiritual nos Estados Unidos começaram a se encontrar em *havurot*, encontros para comunhão religiosa baseados em uma ideia em grande parte imaginada de tais grupos no período do Segundo Templo entre fariseus e essênios. Concebidas como *loci* para o culto e o estudo separados da formalidade do culto da sinagoga, as *havurot* rapidamente se tornaram populares nas cidades universitárias como parte da contracultura estudantil, com experiências nas formas de culto e uma rígida falta de hierarquia; porém, em torno da década de 1980 muitas comunidades de sinagoga nos Estados Unidos estabeleceram *havurot* próprias para que funcionassem em conjunto com um culto mais organizado.[3]

Um aspecto importante de liberação nas *havurot* desde o início foi a igualdade dos sexos dentro de cada grupo. Apesar da teoria da Reforma na Europa no século XIX de que o judaísmo deveria salientar a fé pessoal e que as mulheres têm os mesmos direitos dos homens, e são sujeitas aos mesmos deveres religiosos, na prática muitos judeus da Reforma pertenciam à classe média e compartilhavam as ideias de seus compatriotas cristãos sobre a domesticidade feminina, que se encaixava bem no papel tradicional das mulheres judias como guardiãs do lar. Na década de 1960, o que ficou conhecido como a "segunda onda" do feminismo encorajou um grande número de mulheres a buscar a ordenação dentro do movimento da Reforma, em parte como um símbolo do genuíno comprometimento do movimento igualitário. Já vimos (capítulo 17) que a primeira mulher a ser ordenada como rabino da Reforma nos Estados Unidos foi Sally Priesand, em 1972. Ela foi seguida, rapidamente, por Jackie Tabick na Inglaterra, em 1975. Já foi visto também (capítulo 18) que as congregações reconstrucionistas foram rápidas para seguir o exemplo, e que essa foi a questão no âmbito do movimento conservador que levou à divergência dos judeus conservadores. As mulheres representam cerca da metade dos alunos que atualmente estudam para ordenação como rabinos não ortodoxos.[4]

A ordenação das mulheres acarretou mais que simplesmente uma maior amplitude de oportunidades para a autoridade religiosa. Encorajou a proliferação de estudos críticos feministas dos textos sagrados, incluindo a Bíblia e o Talmude, e a invenção de novas cerimônias e liturgias religiosas para marcar acontecimentos nas vidas das mulheres, tais como a prece para a cura após um aborto natural: "Qual é a minha súplica? Pessoas estúpidas e mães recentes, deixem-me em paz. Livrai-me, Senhor, desta placenta amarga. Abri meu coração para meu marido-amante-amigo, para que possamos confortar um ao outro. Abri meu ventre, para que ele ainda possa carregar um fruto vivo". A maior parte dos esforços coordenados para colocar as questões feministas na agenda das comunidades judaicas tem sido encontrada na América do Norte, em Israel e na Grã-Bretanha, mas os envolvidos nem sempre buscam os mesmos resultados, como fica evidente a partir do debate animado – acerca de tudo, dos funerais feministas a se os judeus poderiam ter árvores de Natal – na revista *Lilith*, publicada desde 1976 e orgulhosamente anunciada como "independente, judia e francamente feminista".[5]

Para alguns, o importante é o acesso a todos os aspectos da experiência religiosa no judaísmo que são abertos aos homens, como na apreciação do ritual descrito por Susan Grossman ao colocar pela primeira vez os *tefillin* (filactérios):

> Eu costumava sofrer de fobia aos *tefillin*. Era uma condição embaraçosa, que eu achava difícil de explicar aos meus amigos ou desconhecidos. Eles me viam confortavelmente envolta em meu *tallit* [xale para as preces] azul-celeste e perguntavam: "E você usa *tefillin* também?". "Não", eu respondia, invariavelmente dando de ombros e olhando para baixo. [...] Tudo parecia estranho e limitador até eu começar a envolver os meus dedos com as tiras do *yad* [os *tefillin* para o braço]. Enquanto enrolava as tiras em volta dos meus dedos indicador e anular, li no livro de preces este trecho do profeta Oseias: "E desposar-te-ei para sempre! Sim, desposar-te-ei em justiça e em retidão, em misericórdia e compaixão! Desposar-te-ei comigo em fidelidade, e conhecerás o Senhor".

Na comunidade ortodoxa moderna, que agora inclui muitas mulheres com um profundo conhecimento judaico, elas têm cada vez mais, desde o início da década de 1970, estabelecido seus próprios grupos para preces separadas, com frequência se encontrando em Rosh Hodesh, a lua nova, seguindo uma lenda rabínica em *Pirkei de Rabbi Eliezer* de que Deus fez da lua nova um dia especial para as mulheres em recompensa por elas se recusarem a se juntar aos seus maridos na construção do bezerro de ouro quando Moisés estava no Monte Sinai. Passou a ser comum para meninas ortodoxas modernas passar um período estudando textos judaicos em um seminário antes de ingressarem em uma universidade secular. A ideia de que mulheres cultas em círculos ortodoxos possam ser ordenadas rabinos tendo autoridade religiosa sobre os homens continua a ser controversa, mas Sara Hurwitz, que havia servido por algum tempo na comunidade ortodoxa do Instituto Hebraico de Riverdale em Nova York como, na verdade, assistente do rabino, recebeu uma ordenação particular e o título *MaHaRat*, "líder em questões halákhicas, espirituais e da Torá". O título foi alterado em 2010 para *rabba* (a forma feminina de "rabino"), apesar da oposição de alguns no mundo ortodoxo. A ordenação de mulheres passou a ser a principal questão de disputa entre a "ortodoxia aberta" defendida por Avi Weiss, o rabino que ordenou Sara Hurwitz, e os judeus ortodoxos mais tradicionais, que preferem rotular o movimento da ortodoxia aberta como "neoconservador".[6]

Para outras feministas judias, a emancipação da mulher dentro do judaísmo precisou de uma completa reavaliação, ou até mesmo recriação, dos conceitos mais básicos do judaísmo. Judith Plaskow defendeu a transformação das ideias judaicas sobre a natureza de Deus, incorporando (ou reintegrando) aspectos femininos ao divino. Ela lutou por uma integração da história das mulheres na memória viva do povo judeu, insistindo na necessidade de refletir a experiência feminina de modo completo, incluindo a sexualidade feminina, absolutamente ignorada no judaísmo tradicional:

> De acordo com o *insight* feminino fundamental de que a sexualidade é socialmente construída, a compreensão judia feminista da sexualidade começa com a insistência de que o que acontece no quarto de dormir nunca pode ser isolado do contexto cultural mais amplo do qual o quarto de dormir faz parte. [...] Portanto, uma abordagem feminista judaica à sexualidade tem de considerar a mutualidade sexual como uma tarefa para toda a vida, e não apenas para a noite de

sexta-feira, adequando o seu comprometimento com a igualdade sexual em uma visão mais abrangente de uma sociedade baseada na mutualidade e no respeito pelas diferenças.[7]

Desde a década de 1960, juntamente com a luta pelo reconhecimento do papel da mulher no âmbito do judaísmo, tem havido a exigência de lésbicas e gays (e bissexuais e pessoas transgênero) pelo reconhecimento dentro de um sistema religioso que tradicionalmente ignorou ou condenou sua existência. Dentro da ortodoxia moderna, tanto a aversão intuitiva refletida por Norma Lamm em 1974, que escreveu que "os atos homossexuais masculinos são tratados na Bíblia como uma 'abominação' (Lev 18,22)" porque eles são "*prima facie* repugnantes", quanto o ultraje manifestado na alegação de Moshe Feinstein em 1976 de que "todas as pessoas, até mesmo as iníquas, desprezam os homossexuais, e até parceiros homossexuais consideram um ao outro desprezíveis", têm sido relativizados pela cada vez maior aceitação pública, nos últimos cinquenta anos, de relacionamentos gays e lésbicos nos Estados Unidos, em grande parte da Europa e em partes de Israel, de modo que a alegação padrão de gerações anteriores de que esse tipo de sexualidade não seria encontrado entre os judeus não é mais comum. Em 1999, Steven Greenberg se tornou o primeiro rabino ortodoxo a declarar abertamente ser homossexual, publicando em 2004 um relato de sua longa luta para reconciliar o que via como lados opostos de sua identidade e tentando interpretar as passagens relevantes nas Escrituras para permitir a possibilidade de que o amor homossexual possa ser aceitável dentro da tradição judaica. Uma resposta implícita a Greenberg, em 2005, da parte de um rabino Habad britânico, Chaim Rapoport, se distanciou da condenação das gerações precedentes, afirmando a necessidade de as comunidades ortodoxas acolherem, compreenderem e darem apoio a gays e lésbicas, ao mesmo tempo que continuou a insistir na inadmissibilidade dos atos sexuais em si, e a Yeshiva University sediou um fórum sobre a compreensão e a aceitação dos homossexuais ortodoxos sem qualquer sugestão de aceitar a homossexualidade com base halákhica.[8]

No âmbito dos movimentos da Reforma e outros componentes da União Mundial para o Judaísmo Progressista, tais como os Judeus Liberais no Reino Unido, o reconhecimento de gays e lésbicas como membros com pleno direito da comunidade tem sido naturalmente muito mais rápido e sincero. Seguindo a descriminalização parcial dos atos homossexuais masculinos em ambientes particulares no Reino Unido em 1967 e a era da liberação gay militante nos Estados Unidos após a Rebelião de Stonewall em Nova York, o World Congress of Gay and Lesbian Jews [Congresso Mundial de Lésbicas e Gays Judeus] foi fundado em 1972, com congregações gays e lésbicas autoconscientes estabelecidas em áreas metropolitanas ao redor do mundo – muitas seriam anexadas, com o passar do tempo, aos movimentos da Reforma. O movimento conservador caracteristicamente avaliou os diferentes lados da questão com muito cuidado, como se observa em uma passagem na "carta rabínica" enviada por Elliot Dorff à Assembleia Rabínica em 1996 sobre as deliberações de 1991 e 1992 do comitê legal do movimento, que foi encarregado de interpretar a lei e a ética judaicas para o movimento de modo geral:

> O Committee on Jewish Law and Standards [Comitê de Leis e Normas Judaicas] passou quatro *responsa* sobre a questão do ato homossexual. Três rejeitaram-no ou como *toevah* (abominação), ou como algo que enfraquece o judaísmo centrado na família, ou como algo que exige um inadmissível desarraigamento de uma lei da Torá. Uma sustentava que o ato homossexual não deveria ser visto como *toevah* e recomendou uma comissão para estudar a questão completa da sexualidade humana. O Committee on Jewish Law and Standards determinou que cerimônias de comprometimento não deveriam ser realizadas e que os homossexuais sexualmente ativos não deveriam ser admitidos no movimento rabínico e nas escolas de canto. A quarta *responsa* qualificou ambas as últimas disposições como sujeitas a posteriores investigações e possível revisão. Foi deixado ao rabino de cada sinagoga determinar até que ponto os homossexuais poderiam ser professores ou líderes de juventude dentro da congregação e até que ponto os homossexuais poderiam ser escolhidos para ocupar cargos de liderança nas sinagogas e honra nos serviços de preces.

Dez anos depois dessa carta, em 2006, o movimento conservador decidiu abrir a maior parte do seu treinamento rabínico para candidatos abertamente gays e lésbicas. Para rabinas lésbicas como Rebecca Alpert, tem havido uma verdadeira "transformação da tradição". As lésbicas têm plena ciência de que seu novo papel é "como o pão em um prato do Sêder", mas os dilemas pessoais e religiosos dos congregados da Beth Simchat Torah em Nova York, fundada em 1973 no Greenwich Village, e agora a maior sinagoga gay e lésbica nos Estados Unidos, revelam o quão complicado é reunir essa congregação, mas também como as práticas na sinagoga têm se transformado para refletir os valores tanto gays quanto judeus, apesar da grande variedade de tipos de judaísmo (e, na verdade, de identidades gays) no âmbito de sua associação.[9]

A afirmação autoconsciente, por parte daqueles que se descrevem como "judeus *queer*", do direito de inovar com o intuito de dar ao judaísmo seu lugar no mundo ocidental moderno não vai tão longe quanto aqueles judeus norte-americanos que, desde a década de 1960, têm procurado criar um judaísmo sem Deus. Judeus humanistas, cuja visão de mundo se baseia no ser humano autônomo e não no divino, procuram, assim como outros humanistas, usar a razão como a base da ética, mas também se congregar em comunidades para cultivar línguas judaicas, estudar a cultura judaica e celebrar as datas comemorativas judaicas e eventos que marcam ciclos da vida, às vezes sob a liderança de um guia ou rabino. O International Institute for Secular Humanistic Judaism [Instituto Internacional de Judaísmo Humanista Secular] tem oferecido treinamento desde 1986, e uma série de guias para as cerimônias apropriadas na liturgia foi concebida por Sherwin Wine, originalmente ordenado como rabino da Reforma, mas, a partir de 1963, quando a primeira congregação de judaísmo humanista foi fundada em Michigan, se dedicou a um judaísmo sem Deus:

> Os judeus humanistas têm duas importantes identidades. Eles são judeus, parte do povo judeu, membros de um antigo grupo afim, unidos por um destino social a todos os outros judeus. Eles também estão conectados a todos os outros humanistas, quaisquer que sejam os seus laços de afinidade e quaisquer que sejam as suas origens étnicas. Para alguns judeus humanistas, sua identidade judaica é o laço emocional mais forte. Para outros judeus humanistas, o comprometimento intelectual e moral com o humanismo é mais poderoso que os elos com sua judaicidade. Ambos os grupos valorizam a sua identidade judaica – mas em níveis variados. O judaísmo humanista tem espaço para ambos os compromissos. Os judeus humanistas compartilham de uma agenda judaica com outros judeus. Datas comemorativas, Israel, antissemitismo e o estudo da história judaica são alguns dos itens nessa lista de atividades comuns.

Wine insistiu que o judaísmo humanista é uma crença positiva:

É muito importante nunca permitir que outros definam você publicamente em termos de seus próprios afetos. Os *humanistas* não apenas *não* acreditam na criação bíblica; eles *acreditam* na evolução. Eles não apenas *não* acreditam na eficácia das preces; eles *acreditam* no poder do esforço humano e da responsabilidade. Eles não apenas *não* acreditam na realidade do sobrenatural; eles *acreditam* na origem natural de todas as espécies. [...] Os que creem dizem às pessoas *em primeiro lugar* em que elas acreditam, não em que elas não acreditam.

A pequena congregação de Wine em Farmington Hills havia originalmente tido um perfil típico da Reforma; mas, à medida que ele desenvolveu os termos para refletir suas próprias crenças, Wine percebeu que a palavra "Deus" poderia ser eliminada da liturgia, e concluiu (seguindo os positivistas lógicos) que, já que é impossível provar a existência ou não de Deus, o conceito é destituído de sentido. À luz da intensa hostilidade a tal postura por parte do público em geral nos Estados Unidos, e não apenas por parte de outros judeus, essa postura requereu coragem considerável, e apenas alguns poucos judeus se identificaram com o movimento do judaísmo humanista.[10]

A ideia de um judeu humanista depende em uma grande medida da origem dual da identidade judaica tanto em relação à ascendência quanto à afiliação religiosa. Na diáspora, a identidade secular judaica sem um apoio institucional tem parecido, para alguns, difícil demais de sustentar. Judeus agnósticos com frequência se sentem mais tranquilos permanecendo no seio das comunidades religiosas e tratando-as como o foco da vida social, já que a falta de crença geralmente passa sem ser contestada se não for forçada a outras pessoas, como em muitas paróquias da Igreja da Inglaterra. Na metade do século XX, o eminente historiador da filosofia judaica de Harvard, Harry A. Wolfson, escreveu desdenhoso sobre "teístas verbais" que disfarçavam a sua falta de crença por razões políticas e sociais. Um contemporâneo mais jovem de Wolfson, o socialista sionista Ben Halpern, acusou judeus norte-americanos de se voltarem ao bastião das sinagogas como um modo de tornar a judaicidade deles mais aceitável para a sociedade norte-americana de modo geral, tratando a identidade judaica como se ela fosse apenas uma questão de fé religiosa pessoal.

Em Israel, por outro lado, onde a identidade judaica está impressa em documentos de identidade, os judeus seculares têm se preocupado com uma batalha contra a coerção religiosa, e o movimento em prol do judaísmo humanista secular tem como objetivo principal o encorajamento do pluralismo, e do diálogo entre o secular e o ortodoxo, no âmbito da sociedade israelense. Dentro do mesmo movimento, Yaakov Malkin, um professor de estética e de retórica em Tel Aviv, vem promovendo o estudo do judaísmo como uma cultura secular em inúmeras instituições. Algumas (como a Alma College, em Tel Aviv) têm estado especialmente dedicadas a esse propósito. Em 1988, Malkin produziu um credo das crenças dos judeus seculares, caracterizados por ele como "livres":

> Em que creem os judeus seculares? Judeus livres – ou seja, judeus livres do domínio da religião halákhica, livres de uma interpretação religiosa exclusiva de *mitzvot*, de uma interpretação religiosa das celebrações, tradições e cultura judaicas, judeus livres de uma visão inflexível da Bíblia e da literatura pós-bíblica – esses judeus acreditam em: liberdade para escolher os modos de concretizar a sua judaicidade. [...] Judeus livres acreditam em Deus como o protagonista de seu livro central e de outros clássicos da literatura judaica. [...] Judeus livres acreditam na Bíblia como uma antologia literária e histórica. [...] Judeus livres acreditam no humanismo e na democracia como essenciais para o judaísmo. [...] Judeus livres acreditam no pluralismo como fundamental para a identidade e a cultura judaica ao longo de toda a sua história. [...] Judeus livres acreditam nas celebrações das datas comemorativas como expressões de valores familiares e comunais ímpares. [...] Judeus livres acreditam na singularidade dos judeus como nação. [...] Judeus livres acreditam que o judaísmo é parte da cultura mundial. [...] Judeus livres acreditam na educação judaica como a vanguarda da socialização de todas as mulheres e homens judeus, de todas as idades.[11]

PARTE VI
Epílogo

21
À espera do messias?

Até a segunda metade do século XX, a reação dos judeus europeus e norte-americanos ao Iluminismo e às mais recentes transformações no âmbito da sociedade ocidental passaram despercebidas entre judeus do Norte da África ou sefarditas do Oriente Médio. A maior parte destes permaneceu tranquilamente sem ter consciência dos movimentos contraditórios que haviam surgido da crise moral dos judeus alemães na primeira metade do século XIX. Para esses judeus, a religião era tradicional e destituída de problemas. Tampouco, em sua maior parte, judeus europeus tentaram perturbar esse equilíbrio. Então, por exemplo, "a elevação cultural e moral" por meio da qual a Aliança Israelita Universal, fundada em 1860, ambicionava, de seu quartel-general em Paris, melhorar o status social e legal dos judeus nessas regiões significava essencialmente doutrinação, em nenhuma forma particular de judaísmo, mas sim na cultura francesa, e a decisão de muitos judeus francófonos do norte da Europa de escolher a França como seu local de refúgio, e não Israel, na década de 1950, foi mais cultural que religiosa.

Essas comunidades tradicionais estavam acostumadas a tolerar uma grande variedade de observância religiosa e aceitaram as pressões da modernização como algo normal. O que eles viam como uma ameaça muito maior para a sua identidade judaica na sociedade europeia era a possibilidade de uma homogeneização asquenaze, o que gerou como reação um orgulho particular dos costumes especificamente locais. Advém dessa situação, por exemplo, o entusiasmo com que a família e os piqueniques comunitários do festival Minouna são celebrados no dia seguinte ao Pessach pelos judeus de origem norte-africana. As origens e o significado do festival são desconhecidos, e ele é popular justamente por ser específico (e agradável). Assim sendo, até a muito assimilada comunidade marroquina judaica de Paris começou a celebrar Mimouna nos últimos anos.[1]

Mimouna também é muito observado em Israel sob a influência de mais de 1 milhão de israelenses de origem marroquina. Porém, além dos marroquinos, o Estado de Israel também tem acolhido desde 1948 os judeus do Iêmen e uma grande quantidade de judeus da antiga União Soviética, juntamente com muitos grupos menores com costumes específicos, dos judeus falantes de aramaico do Curdistão aos Bene Israel da região nas cercanias de Bombaim e os judeus cochim da costa do Malabar no sul da Índia e judeus da Etiópia, do Iraque, da Pérsia, da Líbia e de outros lugares.

É salutar lembrar que os judeus iemenitas, que contavam com cerca de 70 mil indivíduos no início do século XX, mas todos haviam migrado para Israel na década de 1950, mal foram afetados pelas tendências modernizadoras na Europa e no Norte da África nos séculos XIX e XX – assim como os movimentos messiânicos no Iêmen do século XIX (como o surgido em 1862-4 baseado em certo Judah b. Shalom, que também foi seguido por alguns muçulmanos zaidi locais) causaram pouco efeito no mundo judaico exterior. No início do século XX, Yihye b. Solomon Kafah, amplamente reconhecido como autoridade preeminente entre judeus iemenitas, tentou introduzir reformas na educação da comunidade, estabelecendo uma escola em Sana, em 1919, para encorajar o estudo do Talmude e o esclarecimento segundo os modelos dos Haskalah na Europa mais de um século antes, mas provocou uma onda de oposição, sobretudo quando questionou a autoria do *Zohar* de Shimon bar Yohai. A comunidade, composta em sua maior parte por vendedores ambulantes pobres e artesãos na base da pirâmide social na sociedade iemenita, tinha poucos direitos; ainda em 1920 o Estado exigia que qualquer criança judia órfã menor de idade se convertesse ao islã. Cerca de um terço da população imigrou para Israel entre 1919 e 1948, com mais 48 mil transportados de avião para lá entre junho de 1949 e setembro de 1950. Para a maior parte dos judeus iemenitas, sua reação ao mundo moderno foi, portanto, misturada com uma reação à imigração para uma nova sociedade em Israel.[2]

Muitos rituais tradicionais dessas comunidades orientais sobreviveram à mudança para Israel apesar da erosão de suas línguas específicas, à medida que as gerações mais jovens adotam o hebraico, e muitos judeus orientais (*mizrahi*) em Israel mantêm um estilo de vida religioso mesmo que eles não se considerem religiosos. Dos israelitas que se definem como *shomrei masoret* ("defensores da tradição") e não como seculares ou religiosos, a maioria é de origem oriental. Como entre um quarto e metade dos israelenses diz pertencer a essa categoria, ela constitui uma tendência significativa na sociedade israelense. No entanto, no âmbito da comunidade *haredi*, a retórica autoconfiante da cultura da *yeshivah* asquenaze tem tendido a dominar até as comunidades de origem norte-africana e iraquiana. Muitos *haredim* sefarditas em Israel decidem estudar em *yeshivot* asquenazes. Até Ovadia Yosef, o antigo rabino chefe sefardita de Israel, que, na década de 1980, fundou o que iria se tornar o partido Shas, uma poderosa força na política de Israel estabelecida para combater a discriminação contra os não asquenazes e para reforçar entre os sefarditas uma sensação de orgulho por sua identidade, era intimamente ligado politicamente ao idoso rabino lituano Elazar Shach, que dominou o mundo dos *haredim* asquenazes não hassídicos em Israel durante os últimos 25 anos do século XX. Por outro lado, a reputação de cabalistas sefarditas como o rabino marroquino Israel Abuhatzeira, conhecido como Baba Sali, que era famoso como um realizador de milagres por meio do poder das preces, foi reconhecida também no mundo asquenaze. Baba Sali morreu em 1984, e seu túmulo em Netivot, uma cidadezinha perto de Gaza, se tornou um local de peregrinação.³

Há uma menor pressão para se conformar fora de Israel, onde a identidade judaica de qualquer tipo é em grande parte uma questão de autodefinição, e as bases para esse tipo de afirmação como judeu variam muito, com diferentes graus de aceitação dentro do mundo judaico mais amplo. O que continua a ocorrer é que, em sua maior parte, judeus se consideram judeus porque pelo menos um de seus pais era judeu, mas a herança patrilinear de, por exemplo, muitos dos imigrantes da antiga União Soviética, os quais estabeleceram comunidades judaicas de bom porte na Alemanha e em Israel, não é reconhecida nos círculos ortodoxos.

Costumes judaicos herdados dos Beta Israel da Etiópia (ver capítulo 9) provaram ser evidência suficiente da identidade judaica para que o Estado de Israel os tratasse como judeus e encorajasse a imigração da maior parte da comunidade para Israel na década de 1990; porém, o rabinato ortodoxo continua a suspeitar deles. Alegações de judaicidade por parte de diversos outros grupos com costumes judaizantes no sul da África, na América Latina, na Índia e no Japão geralmente têm sido tratadas como exóticas, mas irrelevantes, no âmbito da comunidade judaica em geral. Tais alegações têm proliferado com avanços na genética desde a década de 1970, com grupos étnicos tais como os lemba em Zimbábue e na África do Sul recebendo bem os testes de

DNA que sugerem a origem de alguns de seus ancestrais masculinos no Oriente Médio. Os lemba, que indicam sua observância do Shabat, a circuncisão masculina e os tabus alimentares como evidências de suas práticas judaicas ancestrais, às vezes têm sido identificados como as tribos perdidas de Israel, assim como os Bnei Menashe no nordeste da Índia.

Judeus liberais nos Estados Unidos, ansiosos para mostrar suas credenciais antirracistas, com frequência receberam bem tais alegações, mas mantendo algum distanciamento. Eles foram menos receptivos em relação às alegações de grupos cristãos com ancestralidade africana negra nos próprios Estados Unidos, como os Israelitas Negros, de que eles são os únicos israelitas autênticos em contraste com as alegações étnicas de judeus comuns. A autodesignação cristã como o verdadeiro Israel remonta, naturalmente, à antiga história da separação de caminhos entre o judaísmo e o cristianismo (ver capítulo 7), e a grande variedade de diferentes grupos negros israelitas dedicados à manutenção das práticas judaicas, com doutrinas específicas e nomes como "Os Guardiões dos Mandamentos", surgiu em importantes cidades norte-americanas no século XX. Inúmeros membros de uma dessas comunidades, a Nação Israelita Hebraica Africana de Jerusalém, se estabeleceram em Israel, onde, depois de lhes ter sido negado um direito automático à cidadania israelense como judeus, não obstante lhes foi concedida a residência permanente e eles foram consideravelmente integrados à sociedade local.

Os israelenses e a maior parte dos judeus da diáspora têm demonstrado sentir mais suspeitas de alegações feitas por judeus étnicos convertidos ao cristianismo de que os judeus que aceitam Jesus como messias não estão abandonando o judaísmo, mas sim cumprindo-o. "Judeus por Jesus", fundada em 1973 com uma vigorosa missão para com a comunidade judaica de modo geral, é o mais destacado de inúmeros grupos que têm promovido o judaísmo messiânico para os judeus desde a década de 1960. Congregações messiânicas judaicas surgiram no início do século XXI, sobretudo nos Estados Unidos e em Israel. Judeus messiânicos, de modo característico, observam o Shabat aos sábados e celebram os principais festivais judaicos. Muitos seguem as leis alimentares judaicas – se não por convicção, como uma forma de se aproximar de outros judeus. Eles se referem a Jesus com seu nome hebraico, "Yeshua".[4]

Essa abordagem missionária dos judeus messiânicos no âmbito da comunidade judaica é pouco comum; os únicos outros judeus contemporâneos com um entusiasmo missionário semelhante são os *hasidim lubavitch* (ver capítulo 19). Durante boa parte do tempo, comunidades judaicas com perfis diferentes agem de forma independente, e seus critérios conflitantes para a identidade judaica podem ser ignorados. Os problemas surgem com maior frequência quando o assunto é casamento, quando dúvidas sobre o status de um dos cônjuges podem impedir a união segundo a lei ortodoxa judaica. O obstáculo geralmente não se relaciona às crenças e práticas de cada pessoa, embora a princípio todas as objeções possam ser contornadas pelo demorado procedimento de conversão de qualquer indivíduo, sob os auspícios de uma corte rabínica ortodoxa.

Dentro do mundo ortodoxo, um problema ainda mais recalcitrante é o status de um *mamzer* (com frequência traduzido de modo aproximado, mas impreciso, como "bastardo"), já que o Deuteronômio proíbe que a progênie de uma união adúltera ou incestuosa se case com outro judeu; a possibilidade de adquirir tal status tem aumentado bastante com a quantidade de judeus que tornam a se casar após um divórcio civil sem passar pelo divórcio judeu, válido por meio da provisão de um *get*, um documento de divórcio, do marido para a esposa. O problema foi exacerbado tanto pelo desaparecimento de muitas pessoas no Holocausto sem que haja um registro de sua morte, como pela dificuldade em forçar um marido recalcitrante por meio apenas de pressão social a dar à sua esposa um documento de divórcio, tornando-a uma "mulher acorrentada" incapaz de se casar novamente dentro da comunidade ortodoxa. A situação de limbo em que tais mulheres são deixadas é geralmente reconhecida como injusta, mas as soluções têm demonstrado ser difíceis de encontrar na jurisprudência ortodoxa halákhica.[5]

Apesar da variedade multifacetada que pudemos observar dentro do judaísmo em todos os períodos de sua história, e da ocasional amargura das disputas sobre tais questões práticas e (mais raramente) sobre dogma, a tolerância, ainda que com frequência relutante, emergiu como um fio consistente ao longo de toda essa história. Enquanto o Segundo Templo existia, judeus de diferentes escolas filosóficas e seitas frequentavam juntos os serviços do Templo e serviam como sacerdotes, apesar da profunda desavença em relação a como os rituais deveriam ser conduzidos e sobre questões básicas de doutrina teológica, como a vida após a morte. A literatura rabínica está repleta de histórias de rabinos que concordaram em discordar. A aceitação dos costumes locais surgiu logo como um princípio no pensamento rabínico, e, quando comunidades inteiras foram transplantadas, o direito de cada congregação de manter sua identidade separada foi universalmente reconhecido. Às vezes, a intervenção de estados seculares com o objetivo de impor a uniformidade impôs a tolerância, mas, nas sociedades multiculturais em que os judeus contemporâneos agora se encontram na Europa e (principalmente) na América do Norte, eles próprios às vezes têm acolhido bem a variedade como desejável por si só. As muitas vozes dentro do judaísmo são vistas pelo teólogo ortodoxo David Hartman, um veemente defensor do pluralismo, que era originário de Nova York, mas foi uma voz influente nos círculos ortodoxos modernos em Jerusalém a partir da década de 1970 até a sua morte em 2013, como "um coração com muitos cômodos".[6]

A imprevisibilidade das mudanças dentro do judaísmo como um resultado do Holocausto e da fundação do Estado de Israel durante o século XX estimula a cautela quanto às previsões a respeito do século XXI. Há motivos plausíveis para acreditar tanto que o apego à religião irá diminuir como que ele irá aumentar. Um declínio da autoridade de líderes religiosos locais fora dos círculos ultrarreligiosos tem sido acompanhado, na era da internet, por duas correntes competidoras. Por um lado, uma visão fidedigna pode agora ser conseguida quase que de imediato sobre praticamente qualquer tópico de mestres rabínicos com acesso a um excepcional conhecimento halákhico armazenado em bases de dados de *responsa* rabínica. Por outro, fóruns de judeus com ideias semelhantes começaram a criar novas formas de judaísmo através da cooperação no espaço democrático da rede. O judaísmo tradicional na diáspora, quando se baseia somente nos hábitos herdados e não é onerado ou pela devoção pessoal ou pelas certezas teológicas, pode desaparecer, apesar das tentações seculares nesses países, como os Estados Unidos, onde os judeus se sentem capazes de se misturar à cultura geral sem que sofram discriminação, e a identidade nacional mais poderosa a surgir de Israel ao longo das próximas gerações pode ser agressivamente secular e desinteressada por qualquer herança religiosa judaica. Mas os fatores que equilibrarão essas mudanças demográficas serão a extraordinária fecundidade das famílias *haredi*, determinadas a cumprir a vontade divina aumentando a congregação de Israel por meio da procriação, e a alta taxa de retenção, nesses grupos, daqueles que não conheceram outro modo de viver.

Ainda mais difícil de avaliar é a atração do estilo de vida *haredi* para os seculares e não comprometidos, sobretudo entre os jovens, que irão se juntar aos crescentes grupos de *baalei teshuvah*, "penitentes". A mesma busca pela espiritualidade individual, sobretudo desde a década de 1970, que produziu movimentos de renovação dentro do judaísmo nos Estados Unidos, levou muitos judeus insatisfeitos com a religiosidade insuficiente de sua criação a "retornar" para a observância religiosa ortodoxa. O fenômeno claramente deve muito ao encorajamento de grupos como Lubavitch, com seu característico zelo messiânico, e Aish haTorah ("Chama da Torá"), que usa websites e uma grande variedade de mídia social, bem como capelães nos *campi* para atrair estudantes da diáspora em uma idade em que eles são facilmente impressionáveis para que apreciem sua herança religiosa ortodoxa. A mensagem pregada por Aish de seu quartel-general, uma impressionante *yeshivah* perto do muro ocidental do Templo na cidade antiga em Jerusalém, não é sofisticada – seu Seminário de Descoberta dá muita importância a códigos da Bíblia, lembrando os mais fundamentalistas dos cristãos norte-americanos contemporâneos. A mistura de uma busca New Age pela autorrealização e das tradições da *yeshiva* da Lituânia ensinadas por seu fundador, o rabino norte-americano Noah Weinberg (que morreu em 2009), poderia parecer categorizar Aish como um movimento de renovação por si só, mas não é assim que os *baalei teshuvah* se veem: pelo contrário, a esperança deles é a de que sejam aceitos como membros de pleno direito de qualquer congregação ortodoxa a que casualmente se filiem. Seu "retorno" à tradição começa, de modo característico, não com as revelações, milagres e sonhos comumente relatados por cristãos renascidos, porém, de modo mais prosaico, com uma alteração no modo de vida e a adoção de práticas que os diferenciam de suas vidas passadas, com mais frequência ficando mais rígidos na observância do Shabat e das leis alimentares. A tensão resultante com os amigos e com a família pode servir para validar a importância de seu novo compromisso. Aprender o Talmude como um ato religioso por si só se torna parte dessa observância desde o início, apesar das óbvias dificuldades de fazer com que um estudante mergulhe no estudo de um texto tão difícil sem uma grande preparação em estudos de hebraico e aramaico e da Bíblia desde a infância. Novas *yeshivot* foram estabelecidas para ajudar os que querem adquirir essas habilidades.[7]

A religião a que esses judeus "retornam" tem poucas semelhanças com a religião atribuída a Moisés na Bíblia, da qual ela professa derivar. A poligamia desapareceu, assim como a escravidão. As prescrições no Levítico para lidar com as chagas nas paredes das casas e preocupações com previsões e adivinhações há muito tempo caíram em desuso, assim como as leis do Jubileu, que foram concebidas para garantir justiça social ao povo de Israel. E assim como os requisitos da Torá para os relacionamentos entre as pessoas mudaram para refletir novas realidades sociais, também mudaram os mais importantes modos que Moisés disse ter estipulado para o culto a Deus, por meio do incenso, das libações, das oferendas de alimentos e sacrifícios de animais. Nada disso é uma preocupação para os *baalei teshuvah*, para os quais o autêntico judaísmo não se localiza no deserto do Sinai há mais de 3 mil anos, ou na cidade de peregrinação de Jerusalém mais de mil anos depois, mas nas *yeshivot* e nos *shtetls* da Europa Oriental nos séculos XVIII e XIX. Para eles, assim como para a maior parte dos judeus religiosos, um retorno ao culto assim como ele é estipulado na Torá deve aguardar a era messiânica, e até então sua reintrodução vai depender da vontade divina.

Porém, alguns poucos religiosos sionistas *haredim* são menos pacientes e começaram a planejar a reconstrução imediata do Templo em seu local original, onde o Domo da Rocha se situa. O Instituto do Templo em Jerusalém tem preparado os itens rituais exigidos para o serviço no Templo, seguindo estritamente as descrições desses objetos nas fontes bíblicas como elas foram interpretadas pela tradição rabínica. O peitoral e as demais partes do uniforme especial do sumo sacerdote, incluindo sua coroa, já estão completos, e muito esforço tem sido despendido no desenvolvimento de planos para a reconstrução do edifício. Esses planos são extremamente controversos dentro da comunidade *haredi*, com a maior parte dos rabinos terminantemente se opondo até mesmo a colocar os pés no local do Templo no caso de sacrilégio. Até agora, quaisquer ideias práticas para restabelecer o culto sacrifical, de qualquer forma, têm sido postergadas pela incapacidade do Instituto do Templo de encontrar uma vaca completamente vermelha, de cujas cinzas, conforme estipulado no Livro dos Números, tem de ser obtida a purificação necessária para entrar no santuário (vacas identificadas como adequadas em 1997 e em 2002 demonstraram ser insuficientemente monocromáticas).[8]

Estes são tempos sem precedentes para o povo judeu, com um Estado renovado levado em diferentes direções por forças religiosas, bem como políticas, e uma constante sensação de catástrofe potencial reforçada por recordações, ainda vívidas, dos horrores do Holocausto. As expectativas escatológicas florescem, ainda que se manifestem de diferentes modos. Em 2004, um grupo de 71 rabinos fez uma tentativa de reunião em Tiberíades para restabelecer o Sinédrio. Quanto mais aqueles colonos sionistas se encontram sob pressão nos territórios ocupados, mais eles se sentem tentados a apelar não apenas às promessas divinas do passado, mas às futuras esperanças messiânicas. Será esse, na verdade, o futuro do judaísmo? A violência, que em décadas recentes começou a caracterizar as disputas religiosas entre judeus, especialmente no Estado de Israel, irá aumentar, ou diminuir, como aconteceu com tanta frequência nos últimos 2 mil anos em uma aceitação relutante da diferença? O historiador Josefo, que considerava conhecer o futuro tanto como profeta por direito próprio como por meio de suas leituras do Livro de Daniel, não obstante hesitou ao explicar para seus leitores gregos e romanos o significado da visão de Daniel dos quatro impérios, observando que: "Eu não julguei adequado relatar isso, já que esperam que eu escreva sobre o que é passado e já foi feito, e não sobre o que virá a ser [...]". Essa reticência em predizer o que irá acontecer no próximo século é, certamente, sábia.[9]

Lista de ilustrações

1. Rolo de prata *c.* 600 a.C. encontrado em uma câmara mortuária em Ketef Hinnom, Jerusalém. (The Israel Museum, Jerusalém/Bridgeman Images)
2. Interior de *tefillin* para usar na cabeça, do primeiro século da Era Comum, provavelmente de Qumran. (BibleLandPictures.com/Alamy)
3. Rolo do livro de Isaías, *c.* 125 a.C., descoberto em Qumran. (BibleLandPictures.com/Alamy)
4. Aviso inscrito na balaustrada no Templo. (Museu de Arqueologia de Istambul/Holy Land Photos)
5. O Monte do Templo, Jerusalém. (Robert Harding/Alamy)
6. O Muro Ocidental, Jerusalém. (Lucas Vallecillos/Alamy)
7. A fachada do Templo de Jerusalém, representada em um tetradracma por rebeldes judeus na Judeia, ano 132 da Era Comum. (Eddie Gerald/Alamy)
8. Bloco de pedra entalhada de Migdal, na Galileia, representando uma menorá. (BibleLandPictures.com/Alamy)
9. Massada. (Nathan Benn/Alamy)
10. Parte do livro de Ben Sira (Eclesiastes) encontrado em Massada. (© Cortesia de Israel Antiquities Authority, Leon Levy Dead Sea Scrolls Digital Library)
11. Qumran. (Novarc Images/Alamy)
12. O Grande Rolo dos Salmos, primeira metade do primeiro século da Era Comum, encontrado em Qumran. (The Israel Museum, Jerusalém, Israel/Bridgeman Images)

13. Utensílios de pedra de Jerusalém no fim do período tardio do Segundo Templo. (Zev Radovan/Bridgeman Images)
14. *Mikveh*, primeiro século da Era Comum, em Qumran. (Pascal Deloche/Getty Images)
15. Utensílio de vidro representando a arca da Torá e uma *menorá*, de Roma, século IV da Era Comum. (The Israel Museum, Jerusalém, Israel/Bridgeman Images)
16. Moisés liderando os filhos de Israel para fora do Egito, afresco de Dura Europos, Síria, metade do século III da Era Comum. (ART Collection/Alamy)
17. Piso de mosaico da sinagoga em Hamat Tiberias na Galileia, século IV da Era Comum. (BibleLandPictures.com/Alamy)
18. Piso de mosaico retratando Davi, de uma sinagoga em Gaza, século VI da Era Comum. (BibleLandPictures.com/Alamy)
19. Taça mágica de bronze da Babilônia, séculos V–VI da Era Comum. (Zev Radovan/Bridgeman Images)
20. Inscrição em piso de mosaico halákhico da sinagoga de Rehov, século VI da Era Comum. (Amirki/Wikimedia Commons)
21. Mesa de mármore na sinagoga em Sárdis, século IV da Era Comum. (BibleLandPictures.com/Alamy)
22. Tampa do sarcófago de Faustina, uma mulher judia enterrada em Roma, provavelmente no fim do século III da Era Comum. (Ryan Baumann)
23. Esboço manuscrito de Maimônides de uma parte de sua *Mishneh Torah*, encontrada na Geniza do Cairo, c. 1180. (© Bodleian Library, Universidade de Oxford)
24. Parte de um contrato de casamento em hebraico, aramaico e judaico-árabe, entre uma mulher caraíta e um homem rabanita, escrito em 1082 da Era Comum, provavelmente no Cairo. Cambridge University Library, Taylor-Schechter Collection, T-S 24.1 1r. (Reproduzido com a gentil permissão de The Syndics of Cambridge University Library)

25. A sinagoga do Trânsito em Toledo, século XIV. (Frédéric Reglain/Getty Images)

26. Trabalho em estuque no interior da sinagoga do Trânsito, Toledo. (age fotostock/Alamy)

27. Altneuschul [Sinagoga Velha Nova] em Praga, 1270. (Oyvind Holmstad/Wikimedia Commons)

28. A Nova Sinagoga na Oranienburger Strasse, Berlim, quadro de Emile Pierre Joseph de Cauwer, *c.* 1866. (Art Collection4/Alamy)

29. *A Esnoga em Amsterdã*, pintura sem data. (Zev Radovan/Bridgeman Images)

30. Sinagoga Bevis Marks, Londres, 1701. (Grant Smith/Alamy)

31. Imagem do Sêder de Pessach [banquete da festa da Páscoa judaica] de Sarajevo, metade do século XIV. (Zev Radovan/Bridgeman Images)

32. Página do Talmude babilônico impresso por Daniel Bomberg em Veneza, em 1519. (Sotheby's, Nova York)

33. O sistema de *sefirot* da obra cabalística *Sha'arei Orah* ("Portões da Luz"), 1516, por Joseph b. Abraham Gikatilla. (Leemage/Bridgeman Images)

34. Sabbatai Zevi entronizado como rei, 1666. (Lebrecht Collection/Alamy)

35. Vinho e vela para a cerimônia de *havdalah*, miniatura da Haggadah de Barcelona, século XVI. British Library, Londres, Add. 14761, fol. 26. (© British Library Board. Todos os direitos reservados/Bridgeman Images)

36. Caixas de especiarias de estanho e de prata feitas nos séculos XVIII e XIX na Alemanha e na Europa Oriental para a cerimônia de *havdalah*. (The Israel Museum, Jerusalém, Israel/The Stieglitz Collection/Bridgeman Images)

37. *A circuncisão*, 1780, de Marco Marcuola. (Musée d'Art et d'Histoire du Judaïsme, Paris).

38. Benedict Spinoza, escola flamenga, século XVI. (Herzog August Bibliothek, Wolfenbüttel/Bridgeman Images)

39. *Um judeu flamengo*, século XVII. (© Photo R.M.N, Paris, em nome do Musée d'Art et d'Histoire du Judaïsme, Paris)

40. *Megillah* do Livro de Ester, para uso na festa de Purim, flamengo, século XVIII. (The Israel Museum, Jerusalém/Bridgeman Images)

41. Moses Mendelssohn, 1771, de Anton Graff. (Sammlungen der Universität, Leipzig/Getty Images)

42. Frontispício da primeira edição de *Jerusalém*, de Mendelssohn, 1783. (Coleção Particular)

43. Gravura celebrando o "restabelecimento por Napoleão da religião judaica no dia 30 de maio de 1806", de Louis François Couché. (Bibliothèque Nationale, Paris/akg-images)

44. *Sukkah* de madeira, segunda metade do século XIX, de Fischach, Alemanha. (The Israel Museum, Jerusalém/z Collection/Bridgeman Images)

45. *Shabbat in the Shtetl*, c. 1914, de Issachar Ber Ryback. (Yale Yiddish Book Collection, Beinecke Rare Book and Manuscripts Library. Número de catálogo: 2007 Folio 18)

46. Par de *rimmonin* de prata (ornamentos da Torá), na forma de pagoda, fim do século XIX. (Musée d'Art et d'Histoire du Judaïsme, Paris)

47. Estojo da Torá do Yemen, século XIX. (BibleLandPictures.com/Alamy)

48. Cortina pendurada na frente da arca da Torá, Norte da África, século XX. (Musée d'Art et d'Histoire Judaïsme, Paris)

49. Reunião dos *hassidim* Satmar no Brooklyn, 2015. (Darren Ornitz/Reuters)

50. Estudante *lubavitch* no Brooklyn sob um retrato de Rebe Lubavitch, 2004. (Mark Boster/Getty Images)

51. Meninas na celebração do *bat mitzvah*, Manhattan, 1998. (Mark Peterson/Getty Images)

52. Rolos da Torá levados em procissão, Pinner, Reino Unido, 1993. (Geoffrey Shalet/Ark Religion.com/Art Directors & Trip Photo Library)

53. A ordenação do rabi Alina Treiger, Potsdam, Alemanha, 2010. (© Camera Press, Londres)

54. Celebração de Simhat Torá, Jerusalém, 2013. (© Camera Press, Londres)

O mapa do Segundo Templo foi feito com base em Th. A. Busink, *Der Tempel von Jerusalem* [O Templo de Jerusalém], 2 vols. (Leiden, 1989), vol. 2, p. 1.170.

Agradecimentos

A ideia para este livro foi dada por Stuart Proffitt, da Penguin. Quando propus a Stuart que eu poderia escrever um livro englobando as novas ideias que surgiram enquanto, ao longo de tantos anos, eu fazia conferências em Oxford sobre variedades do judaísmo no período tardio do Segundo Templo e sobre a formação do judaísmo rabínico, ele me persuadiu de que o volume deveria abranger tanto antes quanto depois dos períodos que são o centro de meu conhecimento. Eu gostei do desafio e da perspectiva mais ampla que ele ocasionou.

Tentar abranger toda a história do judaísmo foi intimidador, e somente se tornou possível com muita ajuda. Para o formato da história em seu projeto original eu devo muito aos conselhos especializados de minhas colegas Joanna Weinberg e Miri Freud-Kandel. Muitas ideias encontradas ao longo de todo o volume se originaram em discussões entre 2009 e 2010 no âmbito do projeto sobre "Tolerância dentro do Judaísmo", fundado pelo Leverhulme Trust, e sou muito grato a Joseph David, Corinna R. Kaiser e Simon Levis Sullam, os três pesquisadores que trabalharam comigo no projeto durante aquele ano. O livro também se beneficiou, ao longo dos últimos oito anos, com o conhecimento de assistentes de pesquisa excepcionais: Charlotte Goodman, Daniel Herskowitz, Judah Levine, Micha Perry, Deborah Rooke, Joshua Teplitsky, Benjamin Williams e Milena Zeidler. Sarah Stroumsa e Hugh Williamson me deram conselhos inestimáveis em grandes partes de um esboço inicial. Philip Alexander, Norman Solomon e Adam Ferziger leram o texto todo e fizeram comentários sobre ele, e me salvaram de muitos erros. Os que ainda permanecem são somente de minha responsabilidade: eu tenho plena consciência do perigo da simplificação excessiva inerente ao desejo de incluir tanta coisa em um espaço tão pequeno.

Reconheço com gratidão o munificente auxílio financeiro do Leverhulme Trust para o projeto sobre "Tolerância dentro do Judaísmo", e generosas doações para assistência na preparação do livro para publicação da Faculdade de Estudos Orientais em Oxford e o Centro de Estudos Hebraicos e Judaicos de Oxford. A publicação foi, sem dúvida, atrasada por causa de meus deveres, desde 2013, como presidente do Centro, que envolveram abandonar o trabalho com o livro por um tempo, mas o texto final pode muito bem ter ficado melhor com a oportunidade de reconsiderar e reformular o esboço inicial, e sou grato a colegas do Centro e da Leopold Muller Memorial Library, sobretudo Sue Forteath, Martine Smith-Huvers e César Merchán-Hamann, por terem proporcionado o ambiente mais acolhedor, agradável e estimulante possível para escrever uma história desta importância.

Esta não é primeira vez que tenho motivos para agradecer a Neelum Ali por sua extraordinária paciência e dedicação em transformar meu texto escrito à mão em texto digitado. Estes últimos anos não foram fáceis, e minha gratidão é ainda maior. Também sou grato a Ben Sinyor e Richard Duguid, e todos os que trabalharam neste livro em suas etapas finais. Fui muito auxiliado por Cecilia Mackay na seleção de imagens para ilustração. O texto passou por um trabalho de copidesque muito bem-feito por Peter James. O índice remissivo foi produzido de maneira impecável por Dave Cradduck.

Ao longo dos dez anos desde que este livro foi discutido pela primeira vez, nosso lar se mudou de Birmingham para Oxford. Tenho tido muitas conversas com Sarah a respeito do que deveria entrar neste livro, e esta versão final deveria ser vista como um tributo para nossa vida em comum durante quarenta anos. Este livro é dedicado a ela e aos nossos filhos, Joshua, Alexander, Daisy e Charlotte, e à geração seguinte, atualmente representada por Esdras.

Martin Goodman
Oxford
maio de 2017

Nota da tradução

Notas explicativas aparecem entre parênteses no texto principal, e entre colchetes nas citações, exceto nas citações dos manuscritos do mar Morto, que usam as convenções encontradas em G. Vermes, *The Complete Dead Sea Scrolls in English* [Os manuscritos do mar Morto completos em inglês] (Londres, 1997).

A abreviatura "b." é usada para a forma hebraica "ben" ("filho de"), e a abreviatura "R." é usada para o título hebraico "Rabino".

Glossário

ABREVIATURAS

A   Aramaico
Arab Árabe
G   Grego
H   Hebraico
I   Ídiche

Amidá [H] Lit. "Oração em pé". A principal oração nos serviços diários.

amora (pl. *amoraim*) [A] Lit. "intérprete". Termo aplicado aos sábios rabínicos citados nos talmudes ativos desde a conclusão da Mishná em *c.* 200 da Era Comum ao fim do século V da Era Comum.

Cabala [H] Lit. "tradição". Movimento místico iniciado na Espanha e na Provença medievais.

chalá [H] Lit. "oferenda da massa". Pão trançado feito para o Shabat e os festivais.

Chanucá [H] Lit. "dedicação". Festival que comemora a rededicação do Templo após a revolta dos macabeus.

etrog [H] Cidra amarela (uma fruta parecida com o limão) usada nos cultos litúrgicos de Sucot.

gaon (pl. *geonim*) [H] Lit. "excelência". Título do líder das principais academias no Iraque dos séculos VI a XI.

geniza [H] Lit. "armazenamento". Local para o depósito de textos sagrados quando eles estão desgastados.

golem [H] Na tradição cabalística, um homem feito de barro e trazido à vida de modo mágico.

Habad [H] Acrônimo para uma forma de misticismo adotada pelos *hassidim lubavitch*.

haftarah (pl. **haftaroth**) [H] Leitura dos Profetas depois da leitura da Torá na liturgia da sinagoga.

Haggadah [H] A narrativa do Êxodo do Egito nos serviços do Sêder ou Pessach.

hairesis (pl. *haireseis*) [G] Lit. "escolha". Uma escola filosófica.

hakham [H] Lit. "sábio". Título rabínico.

halakhá (pl. **halakhot**) [H] Lit. "caminhada". Os elementos legais nos ensinamentos rabínicos.

Hallel [H] Lit. "Louvor". Sequência de salmos cantados nos festivais e em outros dias especiais na sinagoga.

haredi (pl. *haredim*) [H] Lit. "temeroso". Nome dado a seguidores modernos do judaísmo tradicional ortodoxo.

hasid (pl. *hasidim*) [H] Lit. "piedoso". Nome que os seguidores do hassidismo dão a si mesmos desde o século XVIII.

Hasidei Ashkenaz [H] Lit. "os piedosos de Ashkenaz". Adeptos do pietismo na Renânia e no norte da França nos séculos XII e XIII da Era Comum.

havdalah [H] Cerimônia que marca o fim do Shabat.

haver (pl. *haverim*) [H] "companheiro". 1. Nas fontes tanaítas, pessoa meticulosa em relação ao dízimo e pureza ritual; 2. Nos tempos dos amoraim e posteriormente, um sábio rabínico.

havurah (pl. *havurot*) [H] Grupos de judeus que se encontram para fins religiosos.

hekhalot [H] Lit. "palácios". As esferas celestiais através dos quais os visionários ascendem ao trono de Deus no misticismo Merkavah.

herem [H] Lit. "banir". A exclusão formal de um indivíduo da comunidade.

hiddush (pl. *hiddushim*) [H] "novidades". Novas doutrinas legais derivadas de comentários talmúdicos ou bíblicos.

kaddish [H] Prece de santificação e louvor a Deus, recitada em intervalos na liturgia da sinagoga e como uma prece em memória dos mortos.

kalam [Arab] Teologia escolástica islâmica.

kedushah [H] Lit. "santificação". Bênção recitada sobre o vinho nos Shabats e nos festivais.

Kol Nidrei [H] Prece para anular os votos, recitada no início do Yom Kippur.

kosher [H] Lit. "adequado" ou "próprio". Usado com maior frequência para se referir à comida e à bebida.

maggid [H] Lit. "falante". 1. Pregador popular; 2. Voz celestial que fala por meio de um místico.

Maskil (pl. ***maskilim***) [H] Lit. "inteligente". No século XIX, um seguidor do Iluminismo judaico (*Haskalah*).

masorah [H] Lit. "tradição". Notas e marcas nos textos da Bíblia hebraica indicando variantes, pronúncia e cantilação.

masorti [H] Lit. "tradicional". Nome às vezes dado ao judaísmo conservador.

matsah (pl. ***matsot***) [H] Pão ázimo consumido durante o Pessach.

Mekilta [A] Comentário sobre o livro do Êxodo.

menorá (pl. ***menorot)*** [H] Candelabro de sete braços.

midrash (pl. ***midrashim***) [H] Exegese da escritura.

mikveh (pl. ***mikvaot***) [H] Lit. "reunião". Um banho ritual.

min (pl. ***minim***) [H] Lit. "tipo" ou "espécie". Herético.

Mishná [H] Compilação de opiniões legais rabínicas, organizada no século III da Era Comum.

mitnagdim [H] Lit. "oponentes". Oponentes do hassidismo nos séculos XVIII e XIX.

mitzvah (pl. ***mitzvot***) [H] Lit. "mandamento". Um dever que é entendido como um requerimento religioso.

Musar [H] Lit. "ética". Movimento de renovação ética que se iniciou na Europa oriental no século XIX.

nasi [H] Lit. "príncipe". Título dado a figuras de autoridade, especialmente o patriarca judeu na Palestina nos séculos III e IV da Era Comum.

omer [H] Lit. "feixe". 1. Um feixe de trigo movimentado pelo sacerdote no templo; 2. O período de contagem de dias entre Pessach e Shavuot.

Período gueônico Os séculos VI a XI da Era Comum (ver *gaon*).

perushim [H] Lit. "separatistas". Termo usado em textos rabínicos para se referir aos fariseus.

Pessach *Páscoa* [H] 1. Festival de primavera que celebra o êxodo de Israel do Egito; 2. O cordeiro sacrificado na véspera do festival no período do Templo.

pilpul [H] Argumentação casuística no estudo do Talmude.

piyyut (pl. *piyyutim*) [H] Poema usado na liturgia da sinagoga.

Purim [H] Festival do início da primavera que celebra a salvação dos judeus persas, assim como descrita no livro bíblico de Ester.

Rosh Hashaná [H] O festival do Ano Novo.

Sêder [H] Lit. "ordem". Liturgia e banquete na primeira noite de Pessach, comemorando o êxodo de Israel do Egito.

sefira (pl. *sefirot*) [H] Lit. "enumeração". Na cabala, uma emanação do Divino.

Shavuot [H] Festival de Pentecostes.

Shekhinah [H] Presença Divina.

Shemá [H] Lit. "ouvir". Declaração da Unidade de Deus que introduz três parágrafos bíblicos que são recitados diariamente duas vezes.

Shemoneh Esredh [H] Lit. "dezoito". Uma série de dezenove bênçãos recitadas regularmente em prece silenciosa.

shofar [H] Chifre de carneiro, soado especialmente no Ano-Novo.

Sifra [A] Comentário sobre o livro do Levítico.

shtetl [I] Lit. "cidadezinha". Termo usado para os assentamentos judeus na Europa Oriental.

Sucot [H] Festival dos Tabernáculos ou das Cabanas.

tallit [H] Xale para as preces, com franjas nos quatro lados.

Talmude [H] Comentários feitos sobre a Mishná, compilado entre os séculos III e VI da Era Comum.

Tanakh [H] Acrônimo para a Bíblia (Torá, *Neviim* (Profetas) e *Ketuvim* (escritos)).

tanna (pl. *tannaim*) [H] Lit. "Repetidor". Um professor rabínico do período anterior a *c*. 200 da Era Comum.

targum (pl. *targumim*) [H] Tradução aramaica da Bíblia.

tefillin [H] Filactérios. Caixas quadradas de couro que contêm textos do Pentateuco, usadas na cabeça e no braço durante as preces.

Torá [H] Lit. "instrução". 1. O Pentateuco (i.e., os cinco primeiros livros da Bíblia hebraica); 2. Todo o conjunto de leis e de práticas rabínicas.

tosafot [H] Lit. "acréscimos". Comentários sobre os comentários de Rashi sobre o Talmude.

Tosefta [A] Lit. "acréscimo". Compilação de opiniões rabínicas parecidas em formato com a Mishná e geralmente servindo como suplemento à Mishná.

tsaddik [H] Lit. "justo". No hassidismo, o termo é usado especificamente para se referir a um líder espiritual ou rabino.

tsitsit [H] Franjas colocadas nos quatro lados de um *tallit* pequeno (usado sob as roupas) ou um *tallit* grande (usado como xale de preces).

Yahad [H] Lit. "comunidade". A autodesignação do grupo judeu que produziu as regras sectárias encontradas entre os manuscritos do mar Morto.

yahrzeit [I] Lit. "aniversário". Palavra ídiche para o aniversário da morte de um parente próximo.

yeshivah (pl. *yeshivot*) [H] Academia onde a Torá (com ênfase especial no Talmude babilônico) é estudada.

Yizkor [H] Lit. "Que ele se lembre". Liturgia da sinagoga com preces em recordação dos mortos.

Yom Kippur [H] Dia do Perdão.

Zohar [H] Obra mística reverenciada pelos cabalistas desde o século XIV.

Notas

ABREVIAÇÕES E TRANSLITERAÇÃO

As abreviações seguem as convenções em S. Hornblower, A. Spawforth e E. Eidinow (eds.), *The Oxford Classical Dictionary*, 4a. ed. (Oxford, 2012); D. N. Freedman (ed.), *The Anchor Bible Dictionary* (Nova York, 1992), lii–lxxviii, para os textos antigos não no *OCD*; H. Danby, *The Mishnah* (Oxford, 1933), 806, para os tratados na Mishná e na Tosefta; A. Berlin, ed., *The Oxford Dictionary of the Jewish Religion*, 2a. ed. (Nova York, 2011), xvii-xviii, para outros textos rabínicos; F. Garcia Martinez e E. J. C. Tigchelaar (eds.), *The Dead Sea Scrolls Study Edition*, 2 vols. (Leiden, 1997), para os manuscritos do mar Morto.

Outras abreviações:
AJAJ   *American Jewish Archives Journal*
AJH   *American Jewish History*
AJS   *Association for Jewish Studies*
b.   ben ("filho de")
b.   *Babylonian Talmud*
CP   *Classical Philology*
BAR   *Biblical Archaeology Review*
Heb.   Hebrew
HJS   *Hungarian-Jewish Studies*
HM   *History & Memory*
HTR   *Harvard Theological Review*
HUCA   *Hebrew Union College Annual*
JAS   *Judeo-Arabic Studies*
JBL   *Journal of Biblical Literature*

JJS   *Journal of Jewish Studies*
JJTP   *Journal of Jewish Thought and Philosophy*
JQR   *Jewish Quarterly Review*
JRS   *Journal of Roman Studies*
JSJ   *Journal for the Study of Judaism*
JSQ   *Jewish Studies Quarterly*
JSS   *Jewish Social Studies*
JThS   *Journal of Theological Studies*
KHŻ   *Kwartalnik Historii Żydów*
LBIYB   *Leo Baeck Institute Year Book*
m.   *Mishnah*
MJ   *Modern Judaism*
OH   *Orah Hayyim*
R.   Rabbi
RQ   *Renaissance Quarterly*
SCJ   *Studies in Contemporary Jewry*
Singer–Sacks S. Singer e J. Sacks, *The Authorised Daily Prayer Book of the United Hebrew Congregations of the Commonwealth*, 4a. ed. (Londres, 2006)
SJ   *Studia Judaica*
t.   *Tosefta*
Tur.   *Arba'ah HaTurim*
y.   *Yerushalmi (Palestinian Talmud)*
Yad   *haYad haHazakah*
YD   *Yore De'ah*
ZPE   *Zeitschrift für Papyrologie und Epigraphik*

Citações da Bíblia hebraica foram tiradas da *New Revised Standard Version* [Nova Versão Revisada Padrão], com capítulos e versículos de acordo com o texto inglês. Fiz uso de muito as versões existentes em inglês de fontes antigas e de textos rabínicos quando eles são disponíveis. Utilizei especificamente G. Vermes, *The Complete Dead Sea Scrolls in English* [Os manuscritos do mar Morto completos em Inglês] (Londres, 1997), mantendo nessas traduções o uso de { } para indicar o texto fornecido por um manuscrito diferente do mesmo documento, [ ] para reconstruções hipotéticas, e ( ) para glosas necessárias para a fluência (ver ibid., p. 93). Adotei também várias das traduções publicadas na Loeb Classical Library, especialmente as traduções de Josefo por H. St J. Thackeray e L. H. Feldman, e a tradução da Mishná em H. Danby, *The Mishnah* (Oxford, 1933). Em muitos casos, adaptei essas e outras traduções anteriores para um inglês mais coloquial.

Há inúmeros sistemas em uso comum para a transliteração do hebraico e de outras línguas semíticas. Quando uma versão padrão em inglês de um nome ou de um termo técnico é de uso geral, eu o adotei por causa da simplicidade. Em outros casos, usei as regras gerais de transliteração em C. Roth, ed., *Encyclopaedia Judaica*, 16 vols. (Jerusalém, 1971), 1:90, com a exceção de que a letra *het* não é marcada com um ponto e a letra *tzade* foi transliterada "ts" para auxiliar na pronúncia.

INTRODUÇÃO: ABORDANDO A HISTÓRIA DO JUDAÍSMO

1. Exod 19:1, 3-6, 16-9. **2.** Jos. *Ap.* 2.164-5 (teocracia); 2.169-71. **3.** Jos. *AJ* 1.16; *Ap.* 2.154; Hecataeus, ap. Diod. Sic. 40.3.3; Apollonius Molon, ap. Jos. *C. Ap.* 2.145; Quint. *Inst.* 3.7.21; Jos. *Ap.* 2.185, 188. **4.** Jos. *Ap.* 2.178, 179-81 (trad. Barclay). **5.** M. Goodman, *Mission and Conversion: Proselytising in the Religious History of the Roman Empire* (Oxford, 1994). **6.** Histórias anteriores do judaísmo: I. Epstein, *Judaism: A Historical Presentation* (Harmondsworth, 1959); S. W. Baron, *A Social and Religious History of the Jews*, 2a. ed. (Nova York, 1952-) (uma obra em vários volumes nunca finalizada). **7.** M. L. Satlow, *Creating Judaism: History, Tradition, and Practice* (Nova York, 2006). **8.** Sobre Fineias, ver Num 25:6-13; sobre a tolerância ao longo da história do judaísmo, ver M. Goodman et al., *Toleration within Judaism* (Oxford e Portland, Oreg., 2013).

CAPÍTULO 1: DESERTOS, TRIBOS E IMPÉRIOS

1. Sobre as *Antiguidades Judaicas* de Josefo de modo geral, ver L. H. Feldman, in *Flavius Josephus: Translation and Commentary*, vol. 3: *Judaean Antiquities, Books 1-4* (Leiden, 1999). **2.** Sobre a vida de Josefo, ver T. Rajak, *Josephus: The Historian and his Society*, 2a. ed. (Londres, 2002). **3.** Jos. *AJ* 1.18 (sobre

Moisés); sobre Abraão: Jos. *AJ* 1.140-53, 155-8, 256, 345. **4.** Jos. *AJ* 2.194-200. **5.** Jos. *AJ* 2.201-2 (raça dos israelitas), 195 (tribos), 210 (Amram); 4.326 (morte de Moisés); sobre o nome "Israel": *AJ* 3.133. **6.** Jos. *AJ* 5.125 (gigantes), 132 (volúpia), 348 (Samuel); 6.40 (designação do rei). **7.** Sobre o uso de diferentes nomes para os judeus: Jos. *AJ* 6.26, 29; sobre Agag, *AJ* 6.137; sobre Davi, *AJ* 6.160. **8.** Essas elegias supostamente são as encontradas em 2 Sam 1:19-27; para a narrativa sobre Davi, ver Jos. *AJ* 7.6-7, 20, 53, 60, 65 (cidade de Davi), 68 (515 anos). As duas meio-tribos são Efraim e Manassés (ver acima), de modo que o número total das tribos de Israel é doze (como sempre na Bíblia). **9.** Jos. *AJ* 7.391-4. **10.** Sobre Salomão, Jos. *AJ* 8.42 (sabedoria), 55 (arquivos de Tiro), 211 (80 anos); sobre Reoboão, Jos. *AJ* 8.221-9, 251-3. **11.** Sobre Shishak, Jos. *AJ* 8.254; sobre o assalto a Samaria, *AJ* 9.277-82; sobre os samaritanos, *AJ* 9. 288-91. **12.** Jos. *AJ* 10.108-44, 184. **13.** Sobre a profecia de Daniel: Jos. *AJ* 10.232, 243-4; sobre a fortaleza em Ecbátana, *AJ* 10.264-5. **14.** Jos. *AJ* 11.3-5 (Ciro), 19 (cuteus), 26-7 (Cambises), 58 (Zorobabel e Dario). **15.** Sobre o tratamento dado ao último rei de Jerusalém: Jos. *AJ* 10.299; sobre a nova constituição: Jos. *AJ* 11.111; sobre a história de Ester: Jos. *AJ* 11.184-296. **16.** Sobre Alexandre: Jos. *AJ* 11.330-3; sobre os samaritanos: Jos. *AJ* 11.340, 344, 346. **17.** Sobre Ptolomeu: Jos. *AJ* 12.4, 7-9; sobre as campanhas dos selêucidas: Jos. *AJ* 12.129-31. **18.** Jos. *AJ* 12.145-6. **19.** Sobre os helenizadores: Jos. *AJ* 12.240; sobre a motivação de Antíoco: Jos. *AJ* 12.248-9; sobre altares pagãos e perseguições: Jos. *AJ* 12.253-5. **20.** Sobre a campanha de Pompeu: Jos. *AJ* 14.63-4; sobre a perda de liberdade: Jos. *AJ* 14.77. **21.** Sobre a mudança no alto sacerdócio: Jos. *AJ* 14.75; sobre a acessão de Herodes: Jos. *AJ* 14.384, 388. **22.** Cronologia da história de Ester: Jos. *AJ* 11.184; narrativa do bezerro de ouro: Exod 32:1-35. **23.** Jos. *Ap.* 1.60. **24.** Sobre Solymus: Jos. *Ap.* 1.173-4. **25.** Ver P. R. Davies, *In Search of Ancient Israel* (Londres, 1992), sobre a invenção da história bíblica; sobre histórias nacionais inventadas na Antiguidade clássica, ver E. J. Bickerman, "Origines Gentium", *CP* 47 (1952), 65-81. **26.** Sobre os limites da arqueologia bíblica, ver T. W. Davis, *Shifting Sands: The Rise and Fall of Biblical Archaeology* (Oxford, 2004); H. G. M. Williamson (ed.), *Understanding the History of Ancient Israel* (Oxford, 2007). **27.** Sobre Megido, ver G. I. Davies, *Megiddo* (Cambridge, 1986); sobre as escavações ao sul das escavações do Monte do Templo, ver E. Mazar, "Did I Find King David's Palace?", *BAR* 32 (2006), 16-27, 70; sobre antigas inscrições em hebraico, ver G. I. Davies, *Ancient Hebrew Inscriptions*, 2 vols. (Cambridge, 1991-2004);

sobre as campanhas de 701 a.C., ver A. Kuhrt, "Sennacherib's Siege of Jerusalem", in A. K. Bowman, H. M. Cotton, M. Goodman e S. Price (eds.), *Representations of Empire: Rome and the Mediterranean World* (Oxford, 2002), 13-33. **28.** Sobre a manipulação dessa história por gerações posteriores, ver M. Z. Brettler, *The Creation of History in Ancient Israel* (Londres, 1995), 20-47; sobre as moedas, ver Y. Meshorer, *A Treasury of Jewish Coins from the Persian Period to Bar Kokhba* (Jerusalém, 2001); sobre os documentos de Elefantina, ver B. Porten et al., *The Elephantine Papyri in English: Three Millennia of Cross-Cultural Continuity and Change* (Leiden, 1996). **29.** Para um relato conciso dessa história, ver A. Kuhrt, *The Ancient Near East c. 3000-330 BC*, 2 vols. (Londres, 1995) e G. Shipley, *The Greek World after Alexander, 323-30 a.C.* (Londres, 2000). **30.** Sobre os mitos de criação da Mesopotâmia, ver W. G. Lambert, *Babylonian Creation Myths* (Winona Lake, Ind., 2013); sobre a parcial romanização da Jerusalém de Herodes, ver E. Netzer, *The Architecture of Herod, the Great Builder* (Tübingen, 2006). **31.** Sobre o aumento da diáspora antes de 70 da Era Comum, ver E. Gruen, *Diaspora: Jews amidst Greeks and Romans* (Cambridge, Mass., 2004); sobre Asinaeus e Anilaeus, ver Jos. *AJ* 18.314-70; sobre intervenções a favor dos direitos políticos das comunidades da diáspora, ver M. Pucci ben Zeev, *Jewish Rights in the Roman World: The Greek and Roman Documents Quoted by Josephus Flavius* (Tübingen, 1998). **32.** Sobre a variedade de nomes usados, e sua importância, ver M. Goodman, "Romans, Jews and Christians on the Names of the Jews", in D. C. Harlow et al. (eds.), *The "Other" in Second Temple Judaism* (Grand Rapids, Mich., 2011), 391-401.

CAPÍTULO 2: A FORMAÇÃO DA BÍBLIA

1. Para uma introdução à Bíblia, ver J. Barton, *What is the Bible?* (Londres, 1991). **2.** Sobre a composição histórica dos livros bíblicos, ver J. A. Soggin, *Introduction to the Old Testament: From its Origins to the Closing of the Alexandrian Canon* (Londres, 1989). **3.** Sobre a escrita de críticas em estudos bíblicos, ver J. Barton, *Reading the Old Testament: Method in Biblical Study* (Londres, 1996), 45-60; para uma leitura holística de Isaías, ver E. W. Conrad, *Reading Isaiah* (Minneapolis, 1991); sobre os manuscritos de Isaías encontrados em Qumran, ver E. Ulrich and P. Flint, *Qumran Cave 1. II: The Isaiah Scrolls*, 2 vols. (Oxford, 2010). **4.** Sobre burocracia na Mesopotâmia, ver H. Crawford, *Sumer and the Sumerians* (Cambridge, 2004); sobre a história do dilúvio, ver A. Dundes (ed.), *The Flood Myth* (Berkeley, 1988); sobre Hamurábi, ver D. Charpin, *Hammurabi of Babylon* (Londres, 2012). **5.** Sobre a hostilidade ao Egito, ver Jer 46:25; para o judaísmo apresentado como uma contrarreligião, ver J. Assmann, *Moses the Egyptian* (Cambridge, 1997), 23-54; para a especulação sobre os anjos no período bíblico tardio como um reflexo de influências religiosas da Babilônia e da Pérsia, ver D. S. Russell, *The Method and Message of Jewish Apocalyptic* (Philadephia, 1964), 257-62; sobre o Eclesiastes: Eccl 1:2; M. Hengel, *Judaism and Hellenism*, 2 vols. (Londres, 1974), 1.115-28 (influência grega); R. N. Whybray, *Ecclesiastes* (Sheffield, 1989), 15-30 (critérios de datação). **6.** Jos. *Ap.* 1.39-40; sobre "a lei e os profetas" no Novo Testamento, ver J. Barton, "'The Law and the Prophets': Who are the Prophets?", *Oudtestamentische Studien* 23 (1984), 15; sobre o Pentateuco em Qumran, ver E. Tov, *Hebrew Bible, Greek Bible, and Qumran: Collected Essays* (Tübingen, 2008), 131; sobre Moisés, ver Num 12:7-8; Deut 34:10; Num 20:12; Exod 20:1; 34:1; Lev 4:1. **7.** Jos. *Ap.* 1:37-40. **8.** Sobre o conceito de cânone, ver J. Barton, *Oracles of God* (Nova York, 2007), 1-95. **9.** Jos. *BJ* 2.229-31 (rolo), 289-92 (Cesareia); Jos. *Vit.* 418 (gift); *m. Yad* 3:2; M. Goodman, "Sacred Scripture and 'Defiling the Hands'", in idem, *Judaism in the Roman World* (Leiden, 2007), 69-78; 2 Sam 6:7 (Uzzah); regras para copiar: *m. Meg.* 1:8; *m. Men.* 3:7; sobre as regras para os floreios decorativos (*tagin*), ver *b. Men.* 29b; sobre o nome divino nos manuscritos de Qumran, ver J. P. Siegel, "The Employment of Paleo-Hebrew Characters for the Divine Names at Qumran in Light of Tannaitic Sources", *HUCA* 42 (1971), 159-72. **10.** Sobre arquétipos de textos conservados em Jerusalém, ver A. van der Kooij, "Preservation and Promulgation: The Dead Sea Scrolls and the Textual History of the Hebrew Bible", in N. Dávid et al. (eds.), *The Hebrew Bible in Light of the Dead Sea Scrolls* (Göttingen, 2012), 29-40; sobre os textos bíblicos encontrados em Qumran, ver E. Tov, "The Biblical Texts from the Judaean Desert", in E. D. Herbert e E. Tov (eds.), *The Bible as Book* (Londres, 2002), 139-66; sobre Esdras como escriba, ver Esdras 7:6, 11, 12; sobre os escribas de Qumran, ver Tov, *Hebrew Bible, Greek Bible, and Qumran*, 112-20; para uma discussão das evidências disponíveis sobre os escribas, ver C. Schams, *Jewish Scribes in the Second-Temple Period* (Sheffield, 1998); para a prática quotidiana dos escribas, ver H. M. Cotton e A. Yardeni (eds.), *Aramaic, Hebrew and Greek Documentary Texts* *from Nahal Hever and Other Sites* (Oxford, 1997); sobre "deixar as mãos sujas", ver *m. Yad* 3:5; sobre a escultura religiosa, ver Cic. *Verr.* II.4.2. **11.** Sobre a datação da parte final do livro bíblico de Daniel, ver L. L. Grabbe, *Judaism from Cyrus to Hadrian* (Londres, 1994), 226; sobre a variedade de tradutores da Septuaginta, ver J. M. Dines, *The Septuagint* (Londres, 2004), 13-24; para uma discussão detalhada da Carta de Aristeias, ver S. Honigman, *The Septuagint and Homeric Scholarship in Alexandria: A Study in the Narrative of the Letter of Aristeas* (Londres, 2003); sobre o festival de Faros, ver Philn, *Vita Mos.* II.41; sobre o processo de tradução, ver Let. Aris. 302; Fílon, *Vita Mos.* II.36-7. **12.** Sobre a Septuaginta como um documento cristão, ver M. Hengel, *The Septuagint as Christian Scripture: Its Prehistory and the Problem of its Canon* (Londres, 2002); sobre o texto grego dos profetas menores em Qumran, ver E. Tov, R. A. Kraft e P. J. Parsons, *The Greek Minor Prophets Scroll from Nahal Hever: 8 Hev XII gr* (Oxford, 1990); K. H. Jobes e M. Silva, *Invitation to the Septuagint* (Grand Rapids, Mich., 2000), 171-3; sobre a Septuaginta no Talmude babilônico, ver *b. Meg.* 9a; sobre os usos de *targumim*, ver J. Bowker, *The Targums and Rabbinic Literature: An Introduction to Jewish Interpretations of Scripture* (Cambridge, 1969), 23-8; sobre as revisões da Septuaginta, ver A. Salvesen e T. M. Law (eds.), *Greek Scripture and the Rabbis* (Leuven, 2012). **13.** Sobre Enoch, ver Gen 5:18-24; sobre o "Judaísmo de Enoque", ver G. Boccaccini (ed.), *The Origins of Enochic Judaism* (Turin, 2002). **14.** Anais do Templo: 1 Kgs 6-8; histórias da corte: 2 Sam 9-20; 1 Kgs 1-2; narrativas populares: 2 Sam 1-3; Cântico de Débora (Judg 5); Amos 5:2; Eccl 1:2. **15.** Eclesiástico, Prólogo; sobre Ben Sira em textos tanaíticos, ver S. Z. Leiman, *The Canonization of Hebrew Scripture: The Talmudic and Midrashic Evidence* (Louisville, Ky, 1976), 92-102; sobre o Cântico dos Cânticos e o Eclesiastes, ver *m. Yad* 3:5; sobre Rute e Ester, ver *b. Meg.* 7a. **16.** M. Goodman, "Introduction to the Apocrypha", in idem (ed.), *The Apocrypha* (The Oxford Bible Commentary) (Oxford, 2012), 1-13.

CAPÍTULO 3: CULTO

1. Lev 1:3, 8-9. **2.** Ver Exod 25:1 a 27:21 para a descrição completa do Tabernáculo; motivo para a exposição em Exod 25:2, 8. **3.** Sobre templos no Egito, na Mesopotâmia e em Canaã, ver "Temples and Sanctuaries", in D. N. Freedman (ed.), *Anchor Bible Dictionary*, 6 vols. (Nova York, 1992), 6:369-80. **4.** Sobre templos na Grécia arcaica, ver R. A. Tomlinson, *Greek Sanctuaries* (Londres, 1976); sobre o Templo de Salomão, ver 1 Kgs 6:21-2, 11-3. **5.** Hag 1:2, 9-10; Ezek 47:1-10. **6.** Mic 6:8; Mal 1:8; Hos 9:1; Jer 7:18, 21-3; sobre os profetas no Templo, ver A. Johnson, *The Cultic Prophet in Ancient Israel* (Cardiff, 1962); J. Barton, "The Prophets and the Cult", in J. Day (ed.), *Temple and Worship in Biblical Israel* (Londres, 2005), 111-22; Ps 50:9, 12-3; 50:5; 50:14 (porém, ver Barton, "The Prophets and the Cult", 116-7). **7.** 1 Kgs 6-8. **8.** Sobre santuários israelitas do período da Idade do Ferro, ver W. G. Dever, *Did God Have a Wife? Archaeology and Folk Religion in Ancient Israel* (Grand Rapids, Mich., 2005), 135-75. **9.** Saques liderados por Reoboão (1 Kgs 14:25-6); Asa (1 Kgs 15:18-9); Ezequias (2 Kgs 18:14-6); destruição pelos babilônios: Jer 52:12; 2 Kgs 25:13, 16-7; sobre a história da arca, ver J. Day, "Whatever Happened to the Ark of the Covenant?", in idem, *Temple and Worship*, 250-70; sobre o Templo de Zorobabel: Esdras 1:11; Zech 8:3; Let. Aris. 100-17; cf. C. T. R. Hayward, *The Jewish Temple: A Non-Biblical Sourcebook* (Londres, 1996). **10.** 1 Macc 1:41-61 (perseguição); 4:38, 42-53 (rededicação). **11.** Ver Jos. *AJ* 15.380 sobre os motivos de Herodes; Jos. *BJ* 5.222 sobre o ouro; sobre reparos: Jos. *AJ* 20.219; *BJ* 5.190. **12.** Jos. *AJ* 15.391-425; *BJ* 5.184-237; Mishnah *Kodashim, m. Midd.*; Num 28.11. **13.** Impressões sobre o espaço: Hecateu em Jos. *Ap.* 1.198; Fílon, *Spec Leg* I.74-5, 156; corrente de ouro: Jos. *AJ* 19.294; portão dourado: *m. Yom.* 3:10; tapeçarias: Jos. *BJ* 5.212-3; videira de ouro: Jos. *BJ* 5.210; Tac. *Hist.* 5.5; ver Goodman, *Judaism in the Roman World* (Leiden, 2007), 49; luz intensa: Ps. Fílon, *L.A.B* 26; Hayward, *Temple*, 15-6. **14.** Quiet: Let. Aris. 92-5; sobre os Salmos no Templo, ver S. Mowinkel, *The Psalms in Israel's Worship*, 2 vols. (Grand Rapids, Mich., 2004); sobre Ana, ver 1 Sam 1:9-18; sobre as oferendas públicas: Lev 23:12-3, 17, 19. **15.** Exod 23:17; Deut 16:16; sobre as oferendas particulares, ver E. P. Sanders, *Judaism: Practice and Belief, 63 BCE–66 CE* (Londres e Filadélfia, 1992), 112-6, 125-41; sobre a Páscoa, ver J. B. Segal, *The Hebrew Passover from the Earliest Times to AD 70* (Londres, 1963); Sanders, *Judaism*, 132-8; sobre Pentecostes: *m. Bikk.* 3:2-8. **16.** Deut 16:13, 14-5; *m. Sukk.* 1:1; *m. Taan.* 1:3. **17.** Goodman, "The Pilgrimage Economy of Jerusalem in the Second Temple Period", in idem, *Judaism in the Roman World*, 59-67; Acts 2:5, 9-11; Fílon, *Spec Leg* I.67-8, 69-70. **18.** *m. Sukk.* 5:4; 5:1. **19.** Sobre o segundo dízimo, ver Deut 14:22-7; Matt 21:12-3; S. Safrai, "The Temple", in S. Safrai et al. (eds.), *The Jewish People in the First Century*:

Historical Geography, Political History, Social, Cultural and Religious Life and Institutions, 2 vols. (Assen, 1974-6), 2.902-3. **20.** Sobre as peregrinações internacionais, ver Goodman, "Pilgrimage", in idem, *Judaism in the Roman World*, 63-4; sobre quantias em 65 Era Comum, ver Jos. *BJ* 6.420-7; sobre a procissão das primícias, ver *m. Bikk.* 3:2-8 (ver acima, nota 15); oposição ao ritual de oferenda da água: *m. Sukk.* 4:9; Rei Davi dançando: 2 Sam 6:14-6; papiros de Elefantina: B. Porten, *Archives from Elephantine: The Life of an Ancient Jewish Military Colony* (Berkeley, 1968), 128-33. **21.** Exod 28:1; Lev 21:18-20; sobre a pureza da linhagem: Jos. *Ap.* 1.35; sobre a proibição do casamento de um sacerdote com uma mulher divorciada, ver B. A. Levine, *Leviticus* (Filadélfia, 1989), 143-4; sobre arquivos: Jos. *Ap.* 1:30-6. **22.** Sacrifícios como "o alimento de Deus": Lev 21:6, 8, 17, 21, 22; oferendas: Lev 1:2, 14-7; 1:9; 3:1-5; 7:11-5, 29-34. **23.** Sobre a tribo de Levi: Deut 10:8; sobre os levitas no período do Segundo Templo: L. L. Grabbe, *A History of Jews and Judaism in the Second Temple Period. I. Yehud: A History of the Persian Province of Judah* (Londres, 2004), 227-30; sobre *nethinim*, ver Neh 3:26; sobre as roupas dos levitas, Jos. *AJ* 20.216-8. **24.** Sobre a intimidação dos sacerdotes pobres: Jos. *AJ* 20.181; sobre os levitas no tempo de Neemias: Neh 10:37; sobre sacerdotes de modo mais geral: Jos. *Ap.* 2.187, 186; sobre a identificação de *tsara'at*: Lev 13-4; *m. Neg.*; a bênção sacerdotal: Num 6:22-7. **25.** Sobre o ritual do Dia do Perdão: Lev 16; *m. Yom.*; sobre o papel secular dos sumos sacerdotes: J. VanderKam, *From Joshua to Caiaphas: High Priests after the Exile* (Minneapolis, 2004); sobre a descendência de Zadoque: 2 Sam 8:15-8; 1 Kgs 1:38-9, 4:1-4; sobre sumos sacerdotes macabeus e posteriores: Jos. *AJ* 15.320-2; M. Goodman, *The Ruling Class of Judaea* (Cambridge, 1987), 41; Templo idealizado: Ezek 44:15-31. **26.** Cristãos no pátio do Templo: Acts 2:46-7; sobre Fílon como peregrino, ver Fílon, *Prob* 2.64; A. Kerkeslager, "Jewish Pilgrimage and Jewish Identity in Hellenistic and Early Roman Egypt", in D. Frankfurter (ed.), *Pilgrimage and Holy Space in Late Antique Egypt* (Leiden, 1998), 107; sobre os dízimos, ver Sanders, *Judaism*, 146-56; *m. Shek.* 2.4; Exod 30:15; 4Q159, ver J. M. Allegro, *Qumran Cave 4, I* (4Q158– 4Q186) (Oxford, 1968); Cic. *Flac.* 28. **27.** Jos. *Ap.* 2.193; 1 Kgs 12:26-30; sobre as escavações em Dã, ver Dever, *Did God Have a Wife?*, 139-51; sobre altares com chifres, ver Dever, *Did God Have a Wife?*, 100, 119-21. **28.** 2 Macc 10:6-7; sobre 2 Macabeus e o Templo, ver R. Doran, *Temple Propaganda: The Purpose and Character of 2 Maccabees* (Washington, DC, 1981); sobre as origens de Chanucá, ver 2 Macc 1:9; sobre o templo de Leontópolis: Jos. *AJ* 13.63, 65, 66-7 (local pagão); 13.72 (menores e mais pobres); cf. *BJ* 1.33; 7.427; sobre profecias antigas, ver Isa 19:19, cf. Jos. *AJ* 13.64; *BJ* 7.432; único santuário: Jos. *AJ* 13.65-7; rival de Jerusalém: Jos. *BJ* 7.431; sobre período de operação, Jos. *BJ* 7.436 se refere a 343 anos, porém esse parece ser um erro; sobre fechamento: Jos. *BJ* 7.433-6; sobre as oferendas: *m. Men.* 13:10; busca por referências implícitas em G. Bohak, *Joseph and Aseneth and the Jewish Temple in Heliopolis* (Atlanta, 1996). **29.** J. Macdonald, *Theology of the Samaritans* (Londres, 1964), 15-21; 2 Kgs 17:24-8. **30.** Esdras 4:4-5, 24; sobre as inscrições de Delos, ver R. Pummer, *The Samaritans in Flavius Josephus* (Tübingen, 2009), 6, 16-7; M. Kartveit, *The Origin of the Samaritans* (Leiden, 2009), 216-25; comentários feitos por Josefo: Jos. *BJ* 1.63; cf. Jos. *AJ* 11.310-1 para a construção do templo, descrita nos mesmos termos que a de Jerusalém; Jos. *AJ* 9.291; 12.257, 259-60; Mishná sobre os samaritanos: *m. Ber.* 7:1. **31.** Jos. *Ap.* 2.175, 178, 181. **32.** L. I. Levine, *The Ancient Synagogue: The First Thousand Years*, 2a. ed. (New Haven, 2005), 398-404; Fílon, *Leg.* 156; Acts 15:21. **33.** J.-B. Frey (ed.), *Corpus Inscriptionum Judaicarum*, 2 vols. (Roma e Nova York, 1936-1975), vol. 2, n. 1404; Jos. *Ap.* 2.187-8; Neh 8:2-3, 8. **34.** Sobre a ordem fixa para leitura: *m. Meg.* 3:4; *b. Meg.* 29b. **35.** Acts 13:15; Luke 4:16-21; *m. Meg.* 4:10; *m. Meg.* 1:1-2. **36.** *m. Meg.* 4:4; sobre as traduções em aramaico, ver M. Maher (trad.), *The Aramaic Bible*, vol.1B. Targum Pseudo-Jonathan: Genesis (Edimburgo, 1992), 79-80. **37.** 1QpHab. 5:1-8. **38.** Jos. *AJ* 2.230-1; Ex. Rab. 1:26, trad. S. M. Lehrman (Londres, 1939); cf. G. Vermes, *Scripture and Tradition in Judaism*, 2nd edn (Leiden, 1973), 1-10, sobre a antiguidade de muitos motivos exegéticos rabínicos. **39.** Sobre os Jubileus, ver J. C. VanderKam, *The Book of Jubilees* (Sheffield, 2001); sobre a mulher cuchita: Num 12:1; sobre Moisés como general: Jos. *AJ* 2.243-53; Artapanus, ap. Eusebius, *Praep. evang.* 9.27; regras hermenêuticas: Mechilta de Rabbi Ishmael, *Nezikin* 9 (trad. Alexander). **40.** Termo *proseuche*: CIJ II 1440-4, 1449; Josefo em Tiberíades: Jos. *Vit.* 276-9, 280, 290-303. **41.** Acréscimos gregos ao Livro de Ester (NRSV Ester 14:3, 19); 4Q509, frag. 3, linhas 7-8, in M. Baillet, *Qumrân Grotte 4, III* (4Q482– 4Q520) (Oxford, 1982); cf. D. K. Falk, *Daily, Sabbath and Festival Prayers in the Dead Sea Scrolls* (Leiden, 1998); hino de graças: 1QH, col. 8, linhas 16-7; coro misto: Fílon, *Vita Cont* 88. **42.** Sobre o debate entre E. Fleischer e S. Reif sobre se a liturgia rabínica se iniciou em 70 E.C., ver *Tarbiz* 59 (1990), 397-441; 60 (1991), 677-88 (Heb.); *m. Ber.* 1:4 sobre bênçãos; para Shemá, ver Deut 6:4-9; 11:13-21; Num 15:37-41 (cf. *m. Ber.* 2:2); sobre o Papiro Nash, ver M. Greenberg, "Nash Papyrus", in M. Berenbaum e F. Skolnik (eds.), *Encyclopaedia Judaica*, 2a. ed., 22 vols. (Detroit, 2007), 14:783-4; Dez Mandamentos no Templo: *m. Tam.* 5:1; proibição de recitar os Dez Mandamentos: *b. Ber.* 12a; *Shemoneh Esreh*: *m. Ber.* 4:3; sobre a décima nona bênção, agora a décima segunda na atual ordem, ver a seguir, capítulo 10. **43.** *m. Ber.* 5:3; postura para Shemá: *m. Ber.* 1:3; Deut 6:7; *m. Ber.* 4:5; *m. Ber.* 5:1; prostração na prece: *m. Yom.* 6:2; para discussão das posturas adotadas durante a prece, ver U. Ehrlich, *The Non-Verbal Language of Prayer: A New Approach to Jewish Liturgy* (Tübingen, 2004). **44.** Para inscrições na sinagoga, ver W. Horbury e D. Noy, *Jewish Inscriptions of Graeco-Roman Egypt* (Cambridge, 1992), n. 22, 24, 25, 27, 117; G. Lüderitz e J. M. Reynolds, *Corpus jüdischer Zeugnisse aus der Cyrenaika* (Wiesbaden, 1983), n. 72; sobre a ceia da Páscoa: Fílon, *Spec Leg* II.145, 148; sobre o serviço do Sêder: Exod 12:29-39; B. Bokser, *The Origins of the Seder: The Passover Rite and Early Rabbinic Judaism* (Berkeley, 1984), 53-4; sobre Chanucá, ver 2 Macc 1:9 (acima, nota 28); *m. B.K.* 6:6 (velas); *m. Meg.* 3:6 (leitura). **45.** Sobre leituras tradicionais em desacordo com os manuscritos, ver E. Tov, *Textual Criticism of the Hebrew Bible*, 3a. ed. (Minneapolis, 2012), 54-9; Acts 18:1-17; D. Noy, *Jewish Inscriptions of Western Europe*, 2 vols. (Cambridge, 1993–5), vol. 2, n. 117, 209, 540, 544, 558, 584; E. Schürer, rev. G. Vermes et al., *History of the Jewish People in the Age of Jesus Christ*, 3 vols. (Edimburgo, 1973-87), 2:434-46; 3:100-1; Jos. *Vit.* 277-98 (Tiberíades); Mark 1:21-9; 3:1-7; Jos. *BJ* 2.285-90 (Cesareia). **46.** Fílon, *Leg.* 134; Jos. *BJ* 7.45; Fílon, *Quod Omn* 81 (essênios); Jos. *BJ* 2.291 (Cesareia). **47.** Para um ponto de vista diferente, ver D. D. Binder, *Into the Temple Courts: The Place of the Synagogues in the Second Temple Period* (Atlanta, 1999), 226, 336-41, e P. Flesher, "Palestinian Synagogues before 70 c.e.: A Review of the Evidence", in D. Urman e P. V. M. Flesher (eds.), *Ancient Synagogues: Historical Analysis and Archaeological Discovery* (Leiden, 1995), 27-39.

CAPÍTULO 4: A TORÁ DE MOISÉS: JUDAÍSMO NA BÍBLIA

1. Plutarco, *Quaest. conv.* 4.6.2; para a fórmula judaica, ver Exod 3:15-6. **2.** Gen 1:1; sobre as ideias bíblicas sobre Deus, ver M. Mills, *Images of God in the Old Testament* (Londres, 1998); intangível e invisível: Exod 33:19-22; imagens:

Ps 29:10; Gen 1:26-8; 5:1-3; 9:6; Deut 33:2; Ps 84:10-1. **3.** YHVH: 2 Kgs 8:27-9; *m. Yom.* 6.2 (apenas no Santo dos Santos): E. Tov, *Scribal Practices and Approaches Reflected in the Texts Found in the Judean Desert* (Leiden, 2004), 218; origens: Exod 3:13-4; B. Porten, *Archives from Elephantine: The Life of an Ancient Jewish Military Colony* (Berkeley, 1968), 105-6; Gen 14:22. **4.** Exod 15:11; Judg 2:11-2 (cultuando outros deuses); Isa 45:6; Deut 33:2; Josh 5:14-5; Satan: Zech 3:1-2; Job 2:6-7; Wisdom: Prov 8:22, 29-31. **5.** Sobre as relações com os corpos naturais: Ezek 8:16 (sobre o culto ao Sol no Templo de Jerusalém); Job 9:7; Josh 10:12-3; 2 Kgs 20:11; Isa 40:22 ("como gafanhotos"); Exod 34:6-7 (proclamação das qualidades). **6.** Ps 136 (misericórdia amorosa); guerreiro: Ps 74:14; Isa 42:13; sobre o temor ao Senhor: Prov 2:1-6; 9.10; 14:26-7; 15:33; 19:23. **7.** Exod 19:7-8; 32:1, 23; 35; Deut 30:16-9; sobre maldições: Deut 28:20, com uma lista completa e assustadora em Deut 28:16-65; Deut 30:11-4. **8.** Comportamento extático: 1 Sam 10:10; forçado a falar: Amos 3:8; Jer 20:7-9; visões: Ezek 1:1; Amos 8:1-3; Zech 1:7-13; *eschaton*: Joel 2:28 (Hebrew 3:1); Urim e Thummim: 1 Sam 23:10-1; Jos. *AJ* 3.218; *m. Sot.* 9:12. **9.** Exílio como julgamento divino: Lev 26:3-45; endurecimento do coração do faraó: Exod 4:21; 7:1-5; 14:1-4; promessa feita a Noé: Gen 9:8-16; Israel como a luz para as nações: Isa 42:6-7; últimos dias: Isa 2:2-4; Zech 8:20-3; Nínive: Jonah 3; Rute 4:13-7; 1:16; Esdras sobre as esposas estrangeiras: Esdras 10:2-14. **10.** Exod 20:12-7 (Dez Mandamentos); caridade: Deut 15:11 (RSV); Isa 58:7; Lev 19:9-10; Deut 24:19; Rute 2; Deut 24:17, 19-20, 22 (relembrando a escravidão no Egito). **11.** Exod 21:23-5; Deut 25:11-2; Deut 22:28-9; Lev 20:10; Deut 21:18-21; Exod 21:16; 22:1-4 (Hebrew 21:37–22:3); sobre a lei criminal bíblica, ver R. Westbrook e B. Wells, *Everyday Law in Biblical Israel: An Introduction* (Louisville, Ky, 2009); Lev 25:35-7 (sobre juros em empréstimos); Deut 23:19-20 (empréstimos para forasteiros); Lev 25:9-10 (Jubileus). **12.** Casamento com a viúva do irmão: Deut 25:5-6, 8-9 (cerimônia para a recusa); divórcio: Deut 24:1; Num 5:14-31 (resumido), sobre as "águas amargas"; Gen 1:28 (procriação); escravos: Exod 21:20, 26-7; Deut 23:15-6; escravos e o Shabat: Exod 20:10; 23:12; Deut 5:14; escravos na Páscoa: Exod 12:44. **13.** Jos. *Ap.* 2.185 (Barclay); Elias e Ahab (1 Kgs 18:18); santidade: Lev 19:2; primogênito: Exod 13:11-3; Deut 15:19-23 (animais); Num 18:15-8 (israelitas). **14.** Leis alimentares: Lev 11:1-23; 17:10-4; 19:26 (evitar o sangue); emissões: Lev 12-5; sobre as ideias bíblicas de pureza, ver J. Klawans, *Impurity and Sin in Ancient Judaism* (Nova York, 2000), 20-42; menstruação: Lev 15:19-30; 18:19. **15.** Num 15:37-41 (franjas); proibição de misturar lã e linho: Lev 19:19; Deut 22:11; proibição de cortes de cabelo e tatuagens: Lev 19:27-8. **16.** Gen 17:9-12, 14; Lev 19:23-5 (árvores). **17.** Lev 18:22-3; Gen 1:27-8; 38:9-10 (Onan). **18.** Batentes das portas: Deut 6:6, 9; R. de Vaux e J. T. Milik, *Qumrân Grotte 4, II* (Oxford, 1977), 80-5; Y. B. Cohn, *Tangled Up in Text: Tefillin and the Ancient World* (Providence, RI, 2008), 55-79, 93-8; Shabat: Exod 16:23; 31:12-7; 20:8-10. **19.** Lev 20:22, 23; 25:3-4 (terra para descansar); Gen 12:7 (terra prometida a Abraão); aliança com Abraão: Gen 15:1, 5, 7, 18. **20.** Terra santa: Zech 2:12; Deut 11:12 (RSV); Gen 12:5 (Terra de Canaã); limites da terra: Gen 15:18; 2 Sam 24:2; Num 34:3-12. **21.** Sobre as línguas: Gen 1:5, 8, 10 (hebraico); Dan 2:4-7: 28 (aramaico); sobre o status da língua hebraica no judaísmo do Segundo Templo, ver S. Schwartz, "Language, Power and Identity in Ancient Palestine", *Past and Present* 148 (1995), 3-47. **22.** Festivais: Lev 23:40; Deut 12:12; 16:11; Dia do Perdão; Lev 23:26-8; Ezek 33:11 (perdão de modo geral); Exod 34:7 (pecados dos pais); Dan 12:2 (punição após a morte); Lev 16:21 (confissão). **23.** Rituais do perdão: Deut 21:1-8 (crime não solucionado); arrependimento individual: Ps 130:3-4; Ps 51:17. **24.** Isa 2:3-4; Gen 9:10; Joel 1:2-12; 2:31-2. **25.** Ps 6:6 (Sheol); Jer 1:4.

CAPÍTULO 5: JUDEUS EM UM MUNDO GRECO-ROMANO

1. 2 Macc 4:9. Explicações contrastantes sobre as origens da revolta dos macabeus in V. A. Tcherikover, *Hellenistic Civilization and the Jews* (Filadélfia, 1959); E. Bickerman, *The God of the Maccabees: Studies on the Meaning and Origin of the Maccabean Revolt* (Leiden, 1979); D. Gera, *Judaea and Mediterranean Politics, 219-161 BCE* (Leiden, 1998). **2.** 2 Macc 4:24. **3.** 1 Macc 1:20-23. **4.** 2 Macc 5:15; Dan 11:29-31. **5.** 1 Macc 1:41-3; Jos. *AJ* 12.257-64 (samaritanos). **6.** 2 Macc 6:7, 10. **7.** 1 Macc 2:44. **8.** 1 Macc 4:52, 56, 59. **9.** Discussão dessas questões políticas em J. Sievers, *The Hasmoneans and their Supporters: From Mattathias to the Death of John Hyrcanus I* (Atlanta, 1990). **10.** Sugestões: Jos. *AJ* 12.414, 434; afirmações explícitas: Jos. *AJ* 20.237. **11.** 1 Macc 10:18-21 (carta); 1 Macc 14:28 (assembleia); declaração: 1 Macc 14:35, 41; tabletes: 1 Macc 14:48-9. **12.** Jos. *AJ* 13.257-8 (edomitas). **13.** Sobre as moedas de João Hircano, ver Y. Meshorer, *A Treasury of Jewish Coins* (Jerusalém, 2001); Aristóbulo: Jos.

AJ 13.301; itureus: Jos. *AJ* 13.319 (mencionando Strabo); designação de Alexandre Janeu: Jos. *AJ* 13.320. **14.** Sobre Alexandra Janea, ver T. Ilan, *Jewish Women in Greco-Roman Palestine* (Peabody, Mass., 1995); eadem, *Silencing the Queen: The Literary Histories of Shelamzion and Other Jewish Women* (Tübingen, 2006); sobre relação com os fariseus e a escolha de Hircano, ver Jos. *AJ* 13.408. **15.** "Philhellene": Jos. *AJ* 13.318; Fílon, o poeta épico em Eusébio, *Praep. evang.* 9.20, 24, 37; Ezequiel, o Trágico em H. Jacobson, *The Exagoge of Ezekiel* (Cambridge, 1983). **16.** Sobre Eupólemo, ver B. Z. Wacholder, *Eupolemus: A Study of Judaeo-Greek Literature* (Cincinnati, 1974); 1 Macc 8:17-32; sobre Justo: Jos. *Vit.* 40. **17.** Sobre a literatura greco-judaica em geral, ver M. Goodman, "Jewish Literature Composed in Greek", in E. Schürer, rev. G. Vermes et al., *The History of the Jewish People in the Age of Jesus Christ*, 3 vols. (Edimburgo, 1973-87), 3:470-704; sobre as ideias relacionadas à sabedoria em Qumran em relação às ideias helenísticas do sábio, ver H. Najman et al., *Tracing Sapiential Traditions in Ancient Judaism* (Leiden, 2016). **18.** Jos. *AJ* 14.66. **19.** Jos. *AJ* 14. 34-6, 41, 65-7. **20.** Para a narrativa detalhada dos acontecimentos que se seguiram, ver Schürer, *History*, vol. 1. **21.** Jos. *AJ* 14.403. Sobre a conversão dos edomitas na época de João Hircano, ver nota 12 acima. **22.** Sobre "o dia de Herodes", ver Persius, *Sat.* 5.180; sobre o governo de Herodes em geral, ver P. Richardson, *Herod: King of the Jews and Friend of the Romans* (Columbus, SC, 1996). **23.** Um relato completo da história judaica nesse período em M. Goodman, *Rome and Jerusalem: The Clash of Ancient Civilizations* (Londres, 2007). **24.** Sobre Agripa I, ver D. R. Schwartz, *Agrippa I: The Last King of Judaea* (Tübingen, 1990); sobre Agripa II, ver M. Goodman, "The Shaping of Memory: Josephus sobre Agrippa II in Jerusalem", in G. J. Brooke e R. Smithuis (eds.), *Jewish Education from Antiquity to the Middle Ages* (Leiden, 2017), 85–94. **25.** M. Goodman, "Coinage and Identity: The Jewish Evidence", in C. Howgego, V. Heuchert e A. Burnett (eds.), *Coinage and Identity in the Roman Provinces* (Oxford, 2005), 163-6. **26.** Jos. *BJ* 4.155-7 (trad. Hammond). **27.** Para a opinião de Josefo sobre governantes, ver Jos. *BJ* 2.266-79; para as causas da revolta em geral, ver M. Goodman, *The Ruling Class of Judaea* (Cambridge, 1987). **28.** Sobre a quarta filosofia, ver Jos. *AJ*. 18.11, 23 (e a seguir, capítulo 6); sobre o oráculo messiânico, ver Jos. *BJ* 6.312 (e a seguir, capítulo 8); sobre Simão filho de Gioras, ver Jos. *BJ* 7.29. **29.** Sobre a derrota de Caio Céstio Galo, ver Jos. *BJ* 2.499; para relatos detalhados da revolta, ver J. Price, *Jerusalem under Siege: The Collapse of the Jewish State,*

66-70 C.E. (Leiden, 1992); S. Mason, *A History of the Jewish War: AD 66-74* (Cambridge, 2016). **30.** Sobre a relutância de Tito em destruir o Templo, ver Jos. *BJ* 6.236-43, 256. **31.** Sobre a expectativa de que um sumo sacerdote devesse consultar um *synhedrion*, ver Jos. *AJ* 20. 197-203; sobre o julgamento de Paulo, ver Acts 23:1-9. **32.** Sobre o édito de Cláudio, ver Jos. *AJ* 19.288; sobre a embaixada de Fílon, ver Fílon, *Gaium*. **33.** Sobre problemas relacionados à multidão nos festivais, ver Jos. *BJ* 6.422; sobre 66 E.C., ver Jos. *BJ* 2.449-50. **34.** Sobre "paz e prosperidade" em 62 E.C., ver Jos. *BJ* 6.300.

CAPÍTULO 6: "A DOUTRINA JUDAICA ASSUME TRÊS FORMAS"

1. Jos. *BJ* 2.119; Jos. *AJ* 18.9, 23 (quarta filosofia); Jos. *AJ* 18.11 (Antiguidade); comparação com as filosofias gregas: Jos. *Vit.* 12 (Estoicos); Jos. *AJ* 15.371 (pitagóricos); A. I. Baumgarten, *The Flourishing of Jewish Sects in the Maccabean Era: An Interpretation* (Londres, 1997). **2.** Para as ideias dos judeus pelos pagãos, ver M. Stern, *Greek and Latin Authors on Jews and Judaism*, 3 vols. (Jerusalém, 1974-86); sobre o judaísmo comum como suficiente para a maior parte dos judeus, ver E. P. Sanders, *Judaism: Practice and Belief, 63 BCE–66 CE* (Londres e Filadélfia, 1992). **3.** Sobre a odisseia espiritual de Josefo, ver Jos. *Vit.* 10; sobre os fariseus e os prosélitos, ver Matt 23:15; sobre a missão judaica de modo mais geral, ver M. Goodman, *Mission and Conversion* (Oxford, 1994); sobre a população hebraica e Bar Hebreu, ver B. McGing, "Population and Proselytism: How Many Jews Were There in the Ancient World?", in J. R. Bartlett (ed.), *Jews in the Hellenistic and Roman Cities* (Londres, 2002), 88-106; sobre a história da conversão da família real de Adiabena, ver Jos. *AJ* 20.17-96; sobre o auxílio no tempo da fome: Jos. *AJ* 20.49, 51, 101; em Mishná: *m. Yom.* 3:10. **4.** Sobre *Seder Olam*, ver Ch. Milikowsky, "Seder Olam", in S. Safrai et al. (eds.), *The Literature of the Sages*, 2 partes (Assen, 1987-2006), 2:231-7; sobre *Megillat Ta'anit*, ver V. Noam, "Megillat Taanit: The Scroll of Fasting", ibid., 339-62; *m. Ab.* 1:2-12. **5.** Matt 23:13, 16, 17, 33 (aflição); 23:2, 27 (sepulcros); E. B. Pusey, *Our Pharisaism: A Sermon* (Londres, 1868). **6.** Jos. *Vit.* 9-12 (Josephus); Paul: Phil 3:5, 8; Acts 22:3; 5:34; 26:4-5; 23:6. **7.** A. I. Baumgarten, "The Name of the Pharisees", *JBL* 102 (1983), 411-28; sobre o significado de *perushim*, ver D. Flusser, *Judaism of the Second Temple Period*, 2 vols. (Grand Rapids, Mich., 2007), 1:97-8; J. Bowker, *Jesus and the Pharisees* (Cambridge, 1973). **8.** Gal 1:13 (a vida anterior de Paulo no judaísmo); Phil 3:6 ("irrepreensível"); Jos. *Vit.* 12 (estoicismo); sobre Nicolau, ver D. R. Schwartz, "Josephus and Nicolaus on the Pharisees", *JSJ* 14 (1983), 157-71. **9.** Jos. *BJ* 2.163; *AJ* 18.14; *BJ* 2.162 ("precisão"); *Vit.* 191 (Simão filho de Gamaliel); Acts 22:3 (Paul). **10.** Matt 23:25 (pureza); Jos. *BJ* 2.123, 129 (os essênios sobre a pureza); Matt 22:23 (dízimos); Mark 2:23-4, 27 (Shabat); Jos. *BJ* 2.147 (Shabat dos essênios); *m. Yad* 4:6-7. **11.** Juramentos: Matt 23:16-22; Jos. *AJ* 17.41-2; influência: Jos. *AJ* 18.15; *AJ* 13.298 (contraste com os saduceus); 17.42 (6,000); 17.41 (mulheres na corte de Herodes); 18.12 (evitar a ostentação); Matt 23:6-7 (autopromoção). **12.** Jos. *AJ* 13.297; Mark 7:5 (cf. também Matt 15:2); Hipólito, *Haer.* 9.28.3; cf. A. I. Baumgarten, "The Pharisaic Paradosis", *HTR* 80 (1987), 63-77; Jos. *AJ* 13.297 (tradições não escritas); Fílon, *Spec Leg* IV. 149-50. **13.** M. Goodman, "A Note on Josephus, the Pharisees and Ancestral Tradition", in idem, *Judaism in the Roman World* (Leiden, 2007), 117-21. **14.** Jos. *BJ* 2.166; *AJ* 18.12, 15 (influência); Matt 23:5; controvérsias com os saduceus: Jos. *AJ* 13.298; *m. Yad* 4:7. **15.** Matt 23:3 (objeção à prática, não à doutrina); Mark 7:9-13 (sobre *Corbã*). **16.** Gamaliel: Acts 22:3; 5:33, 35-40; *m. Gitt.* 4:2 (divórcio); *m. R.Sh.* 2:5 (caminhada durante o Shabat); *m. Sot.* 9:15; Simão filho de Gamaliel: Jos. *Vit.* 191; *m. Ker.* 1:7. **17.** *m. Yad* 4:6 (Yohanan ben Zakkai); Alexandee Janeu: E. Schürer, rev. G. Vermes et al., *The History of the Jewish People in the Age of Jesus Christ*, 3 vols. (Edimburgo, 1973-86), 1:222-4; *b. Ber.* 48a. **18.** J. M. Lieu, "Epiphanius on the Scribes and Pharisees", *JThS* 39 (1988), 509-24. **19.** Josefo sobre os saduceus: Jos. *BJ* 2.166; *AJ* 18.17; 20.199; 13.298; para a imagem padrão dos saduceus, ver Schürer, *History*, 2:404–14; ponto de vista revisionista em M. Goodman, "The Place of the Sadducees in First-Century Judaism", in idem, *Judaism in the Roman World*, 123-35. **20.** Sobre o nome "saduceu", ver Goodman, "The Place of the Sadducees", 125-6; referência anterior: Jos. *AJ* 13.171. **21.** Ananus: Jos. *BJ* 2.197; *AJ* 20.197-203. **22.** Jos. *Vit.* 10 (Josefo como saduceu); Jos. *AJ* 13.291-6 (João Hircano); Ananus: Jos. *BJ* 2.562-3 (em 66); Jos. *BJ* 4.319-21 (eulogia após a morte). **23.** Vida após a morte e os anjos: Acts 23:8; Jos. *BJ* 2.165; Atos 23:8 pode se referir somente aos anjos na resurreição, cf. D. Daube, "On Acts 23: Sadducees and Angels", *JBL* 109 (1990), 493-7; fluxo ininterrupto de líquido: *m. Yad* 4:7; vaca vermelha: *m. Par.* 3:7. **24.** Jos. *AJ* 13.292 (prescrições escritas apenas); *omer*: Lev 23:15-6; *m. Men.* 10:3 (sobre os boetusianos). **25.** J. Barr, *Fundamentalism*, 2a.

ed. (Londres, 1981). **26.** Jos. *BJ* 2.165. **27.** Jos. *AJ* 13.173 (saduceus); Jos. *AJ* 10.277-8 (epicuristas). **28.** Jos. *AJ* 13.298 (sem seguidores); Jos. *AJ* 18.17 (nada alcançar). **29.** Jos. *AJ* 18.17; *AJ* 13.298; Rabban Gamaliel: *m. Erub.* 6:7; Simon b. Gamaliel e Ananus: Jos. *Vit.* 193. **30.** Saduceus como adeptos das discussões: Jos. *AJ* 18.16; *BJ* 2.166; grupo político: *BJ* 1.288-98; Boethus: *AJ* 15.320-2; sobre os saduceus e os sacerdotes, ver J. Le Moyne, *Les Sadducéens* (Paris, 1972); Acts 4:1; 5:17. **31.** M. Goodman, "Sadducees and Essenes after 70", in idem, *Judaism in the Roman World*, 153-62. **32.** Fílon, *Quod Omn* 88, 81; Jos. *AJ* 15.371-9 (pitagóricos); Plínio *HN* 5.73.2; Synesius, *Dio* 3.2. **33.** Fílon, *Quod Omn* 82; Jos. *BJ* 1.78; *AJ* 13.311; Hegésipo, ap. Eusébio, *Hist. eccl.* 4.22.7; Fílon, *Quod Omn* 75 (relacionado a *hosiotes*); Fílon, *Quod Omn* 91 (glosa de *hosioi*); etimologias semíticas: G. Vermes, "The Etymology of 'Essenes'", *RQ* 2 (1960), 427-43. **34.** Fílon, *Hypo* 12; *Quod Omn* 79; Jos. *AJ* 18.21. **35.** Fílon, *Quod Omn* 75; Jos. *AJ* 18.20. **36.** Jos. *AJ* 15.371 (referência à descrição em *Guerra dos Judeus*); Jos. *BJ* 2.119-22, 124-7 (trad. Mason). **37.** Jos. *BJ* 2.128-33; 137-9; 141; 145-6; 143-4 (trad. Mason). **38.** Jos. *BJ* 2.128; 136; 147; 123 (evitar o óleo); 159 (costumes relacionados às necessidades corporais). **39.** Judas, o Essênio: Jos. *BJ* 1.78; *AJ* 13.311-5; Manaemus: Jos. *AJ* 15.373-9. **40.** Jos. *BJ* 2.160; Fílon, *Hypo* 14-7; Plínio, *HN* 5.73. **41.** Fílon, *Quod Omn* 82; imortalidade da alma: Jos. *BJ* 2.154-5, 156-8; destino: Jos. *AJ* 13.172; 18.18. **42.** Quatro mil: Fílon, *Quod Omn* 75; Jos. *AJ* 18.20; comunidade do mar Morto: Plínio, *HN* 5.70; Dio, ap. Synesius, *Dio* 3.2; disseminados: Fílon, *Hypo* 1; Fílon, *Quod Omn* 76; Jos. *BJ* 2.124, 125 (viagens); 5.145 (porta dos essênios). **43.** Sobre os essênios e o Templo, comparar as versões grega e latina de Jos. *AJ* 18.19, com uma discussão em J. M. Baumgarten, "The Essenes and the Temple", in idem, *Studies in Qumran Law* (Leiden, 1977), 57-74; A. I. Baumgarten, "Josephus on Essene Sacrifice", *JJS* 45 (1994), 169-83; Fílon sobre os essênios e o sacrifício: Fílon, *Quod Omn* 75, com uma discussão em J. E. Taylor, *The Essenes, the Scrolls and the Dead Sea* (Oxford, 2015), 30. **44.** Fílon, *Vita Cont* 2. 22-4, 27-8, 29. **45.** Fílon, *Vita Cont* 35 ("viver de ar"); 37 (dieta); 65 (Shavuot); 66 (mãos estendidas); 75 (banquete); 78 (alegorias); 83-5, 88-9 (hinos). **46.** Jos. *BJ* 2.161 (mulheres essênias); Fílon sobre as mulheres de modo geral: Fílon, *Hypo* 14; mulheres entre os terapeutas: *Vita Cont* 32-3; 68; cf. J. E. Taylor, *Jewish Women Philosophers of First-Century Alexandria: Philo's "Therapeutae" Reconsidered* (Oxford, 2006). **47.** Fílon, *Vita Cont* 21; João, o Essênio: Jos. *BJ* 2.567; 3.11, 19; essênios e o martírio: Jos. *BJ* 2.151-3. **48.** Plínio, *HN* 5.73; Fílon, *Hypo* 3; Jos. *BJ* 2.120, 160;

sobre os essênios após 70 E.C., ver capítulo 9. **49.** Origens dos essênios: Jos. *AJ* 13.171; Plínio, *HN* 5.73; origens da quarta filosofia: Jos. *BJ* 2.118; Jos. *AJ* 18.9. **50.** Jos. *AJ* 18.23; teocracia: Jos. *Ap.* 2.165; sobre as objeções a um rei e não aos juízes, ver 1 Sam 8:7. **51.** Descrições da quarta filosofia: Jos. *BJ* 2.118; *AJ* 18.4-10, 23-5; Judas da Galileia: Jos. *BJ* 2.118; *AJ* 18.23; Judas de Gamala: Jos. *AJ* 18.4, 10; nada semelhante às outras filosofias: Jos. *BJ* 2.118; como os fariseus: Jos. *AJ* 18.23; Judas como líder: Jos. *AJ* 18.23. **52.** Jos. *AJ* 18.25 (levados ao desastre). **53.** Jos. *BJ* 7.253-4 (Massada), 418 (*sicarii* no Egito); 2.254-5 (definidos como terroristas); sobre os descendentes de Judas, ver M. Hengel, *The Zealots: Investigation into the Jewish Freedom Movement in the Period from Herod I until 70 AD* (Edimburgo, 1989). **54.** Jos. *BJ* 4.161 (nome dos zelotes); 197-201 (táticas de guerra); sobre os exércitos rebeldes, ver Tac. *Hist.* 5.12.3-4. **55.** Jos. *BJ* 4.560-3. **56.** Eleazar b. Simon: Jos. *BJ* 2.564, 565; Jos. *BJ* 4.153-7 (novos sumos sacerdotes designados). **57.** Luke 6:15; Pinchas: Num 25:1-15; Ben Sira 48:1-2; 1 Macc 2:26; zelo como digno de louvor: John 2:17; Gal 1:13-4; *m. Sanh.* 9:6. **58.** Menachem: Jos. *BJ* 2.433, 434, 442, 444, 445; Eleazar b. Yair: Jos. *BJ* 2.447; Zelotes diferenciados dos *sicarii*: Jos. *BJ* 7.262-73. **59.** Jos. *AJ* 18.8-9, 25; Acts 5:37. **60.** Jos. *BJ* 5.99-104; *b. Yom.* 9b ("ódio sem causa"); M. Hadas-Lebel, *Jerusalem against Rome* (Paris, 2006) (ódio de Roma). **61.** Sobre esses argumentos, ver M. Goodman, "A Note on the Qumran Sectarians, the Essenes and Josephus", in idem, *Judaism in the Roman World*, 137-43. **62.** Songs of Sabbath Sacrifice [Hinos do Sacrifício do Shabat]: 4Q403, frag. 1, col. 1, linhas 30-4. **63.** Introdução aos manuscritos do mar Morto, in J. VanderKam and P. Flint, *The Meaning of the Dead Sea Scrolls* (Londres, 2005); sobre Qumran, ver J. Magness, *The Archaeology of Qumran and the Dead Sea Scrolls* (Grand Rapids, Mich., 2002). **64.** Trechos citados: 1QS, col. 1, linhas 1-20; col. 9, linha 21. **65.** Sobre a autodesignação da comunidade, ver Schürer, *History*, 2:575, n. 4; texto citado: 1QS, col. 8, linhas 5-10. **66.** 1QS, col. 6, linhas 7-10, 24-7. **67.** CD-A, col. 6, linha 19 (nova aliança); col. 16, linha 10 (mulheres); col. 9, linha 11 (propriedade); col. 11, linha 11 (servos e servas); col. 12, linha 1 (relações sexuais); col. 12, linhas 6-11 (gentios); col. 13, linha 15 (comércio). **68.** 4Q270, frag. 7, col. 1, linhas 13-4; texto híbrido: 4Q265. **69.** Sacerdote às refeições: 1QS, col. 6, linhas 2-5; ensinamento: CD, col. 13, linhas 2-3; Guardião: CD, col. 13, linhas 7-9 (cf. 1QS, col. 6, linha 12); iniciação: 1QS, col. 1, linhas 16-24; Shavuot: Jub. 6:17-22. **70.** Sobre o Manuscrito da Guerra, ver J. Duhaime, *The War Texts: 1QM and Related Manuscripts* (Londres, 2004); Manuscrito do Templo: 11Q19, col. 51, linhas 15-16; hinos: 1QH (Hodayot). **71.** Sobre o comentário de Qumran sobre Habacuc (*Pesher Habakkuk*): on Hab 1:5, 1QpHab, col. 2, linhas 1-10; 1QpHab, col. 5, linhas 9-12, sobre Hab 1:3; CD BII, col. 19, linha 33–col. 20, linha 8. **72.** CD BII, col. 20, linhas 8-19. **73.** 4Q416, frag. 2, col. 3, linhas 12-3; 1QS, col. 11, linhas 8-9; sobre o messias dual, ver J. J. Collins, *The Scepter and the Star: The Messiahs of the Dead Sea Scrolls and Other Ancient Literature* (Grand Rapids, Mich., 2010). **74.** Sobre 4QMMT, ver J. Kampen e M. J. Bernstein (eds.), *Reading 4QMMT: New Perspectives on Qumran Law and History* (Atlanta, 1996); sobre calendários, ver Schürer, *History*, 2:582; S. Stern, "Qumran Calendar", in idem (ed.), *Sects and Sectarianism in Jewish History* (Leiden, 2011), 39-62; sacerdote iníquo: 1QpHab, col. 11, linhas 14-8, sobre Hab 2:15 (rompimento com a comunidade); col. 12, linhas 2-10, sobre Hab 2:17 (sofrimentos futuros). **75.** Comunidade como um sacrifício de expiação: 1QS, col. 8, linha 6; sobre o Manuscrito do Templo, ver J. Maier, *Die Tempelrolle vom Toten Meer und das "Neue Jerusalem"* (Munique, 1997); sobre MMT, ver e.g. 4Q395, linhas 3-9; ver, de modo geral, M. Goodman, "The Qumran Sectarians and the Temple in Jerusalem", in C. Hempel (ed.), *The Dead Sea Scrolls: Texts and Contexts* (Leiden, 2010), 263-73. **76.** Críticas aos sacrifícios: Amos 5:21-4; Isa 1:11-5; CD-A, col. 11, linhas 18-21; objeção ao pagamento do Templo: 4Q159, frag. 1, linha 7. **77.** 1QS, col. 5, linhas 1-2; 4QMMTC (4Q397, frags. 14-21, linha 7); P. S. Alexander e G. Vermes, *Qumran Cave 4. XIX. Serekh ha-Yahad and Two Related Texts* (Oxford, 1998) (filhos de Zadoque); sobre as tentativas de recuperar mais história a partir dessas alusões a pessoas específicas, ver H. Eshel, *The Dead Sea Scrolls and the Hasmonean State* (Grand Rapids, Mich., 2008). **78.** O Sacerdote Iníquo e o Dia do Perdão: 1QpHab, col. 11, linhas 4-8; destruição dos inimigos: 1QpHab, col. 10, linhas 2-5; col. 13, linhas 1-3. **79.** 1QSa, col. 2, linhas 20-1; col. 1, linhas 1-3; essa regra estava incluída no mesmo manuscrito como a Regra da Comunidade da Caverna 1. **80.** 1QS, col. 5, linhas 1-6.

CAPÍTULO 7: OS LIMITES DA VARIEDADE

1. Fílon, *Migr* 89, 91-2. **2.** Sobre o nome *talmid hakham*, ver E. Schürer, rev. G. Vermes et al., *The History of the Jewish People in the Age of Jesus Christ*, 3 vols. (Edimburgo, 1973-86), 2:333, n. 44; *m. Ab.* 1:1-4, 6, 10, 12, 16. **3.** *m. Ab.*

1:7 (máxima atribuída a Nittai); sobre o desenvolvimento de lendas sobre rabinos desse período e impossibilidade de escrever as suas biografias, ver J. Neusner, *Development of a Legend: Stories on the Traditions Concerning Yohanan bem Zakkai* (Leiden, 1970); *m. Hag.* 2:2. **4.** *m. Ber.* 8:1-4, 7; *m. Eduy.* 4:8 **5.** *m. Eduy.* 1:12 (mudança de opinião da Casa de Hilel); *m. Eduy.* 1:1; H. W. Guggenheimer (ed.), *The Jerusalem Talmud: First Order. Zeraim; Tractate Berakhot* (Berlim e Nova York, 2000), 116. **6.** J. Neusner, *Rabbinic Traditions about the Pharisees before 70*, 3 vols. (Leiden, 1971); B. T. Viviano, *Study as Worship: Aboth and the New Testament* (Leiden, 1978); Schürer, *History*, 2:333; *t. Dem.* 2:13 (memorização). **7.** Sobre os nomes dos sábios, ver *m. Ab.* 5:22 (Ben Bag- Bag), 23 (Ben He-He); sobre nomes judaicos nesse período, ver T. Ilan, *Lexicon of Jewish Names in Late Antiquity*, Part 1 (Tübingen, 2002). **8.** Matt 23:7 (Jesus referido como "rabino"). **9.** Sobre o Recinto da Pedra Talhada, ver *m. Sanh.* 11:2; *Sifre to Deuteronomy* 152 (Finkelstein). **10.** Sobre os nazireus: Num 6:1-21; S. Chepey, *Nazirites in Late Second Temple Judaism* (Leiden, 2005). **11.** Acts 18:18-21, cf. 21:23-4; Jos. *BJ* 2.313 (Berenice); *m. Naz.* 3:6. **12.** *t. Dem.* 2:2. **13.** *m. Ter.* 4:3 (quantidade das oferendas de elevação); Deut 12:17; *m. Maas.* 1:1 (produtos sujeitos a dízimo), 2 (amadurecimento); *t. Dem.* 2:2 (digno de confiança quanto ao dízimo). **14.** *t. Dem.* 2:14 (declaração formal); *haver* sem dignidade: *t. Dem.* 2:9; 3:4. **15.** *t. Dem.* 2:12 (período de experiência); *t. Dem.* 2:15 (avô materno); 3:9 (trad. Neusner, adaptado). **16.** *t. Dem.* 2:13. **17.** *t. Dem.* 2:17 (filha e esposa de *haver*); 3:9 ("serpente"); *t. A. Zar.* 3:10 (Gamaliel). **18.** *m. Kidd.* 1:9; *b. B.B* 75a (*haverim* como eruditos). **19.** Fílon, *Spec Leg* I.134. **20.** Sobre a vida e a família de Fílon, ver S. Sandmel, *Philo of Alexandria: An Introduction* (Nova York, 1979); sobre peregrinação: Fílon, *Provid II.* 64; sobre embaixada: E. M. Smallwood, *Philonis Alexandrini Legatio ad Gaium*, 2a. ed. (Leiden, 1970). **21.** Eusebio, *Hist. eccl.* 2.4.2 (trad. Runia); ver D. T. Runia, *Philo in Early Christian Literature: A Survey* (Assen, 1993), 212-34. **22.** Fílon, *Op* 8 (sobre Moisés como filósofo); Fílon, *Spec Leg* IV. 105-9. **23.** Fílon, *Vita Mos* 74, 76; Fílon, *Dec* 20. **24.** Fílon, *Mut* 15; D. T. Runia, *Philo of Alexandria and the Timaeus of Plato* (Leiden, 1986); A. Kamesar (ed.), *The Cambridge Companion to Philo* (Cambridge, 2009). **25.** Wis 16:12; Fílon, *Heres* 230-1 (trad. Colson); *Op* 24 (*lógos* como a mente de Deus); *Somn II* 188, 183 (*lógos* entre o homem e Deus). **26.** Fílon, *Migr* 1-3. **27.** Fílon, *Quaes Gen I-IV* 2.57; M. Niehoff, *Jewish Exegesis and Homeric Scholarship in Alexan-*

dria (Cambridge, 2011); Fílon, *Leg All* II.19-22 (Adam); *Vita Mos* 2.40. **28.** S. Belkin, *Philo and the Oral Law* (Cambridge, Mass., 1940) (sobre Fílon e a tradição rabínica); M. Niehoff, *Philo on Jewish Identity and Culture* (Tübingen, 2001) (sobre leis de modo geral); sobre Aristóbulo: C. R. Holladay, *Fragments from Hellenistic Jewish Authors*, 4 vols. (Chico, Calif., 1987-96), 3:153-5, 136-7, 185; Schürer, *History*, 3:582. **29.** Fílon, *De Abrahamo* 99 (Colson); sobre outros alegoristas, ver Fílon, *De Posteritate Caini* 41-2; *Migr* 89 (alegorizadores radicais). **30.** Jos. *AJ* 19.259-60 (Josefo sobre Fílon); Fílon, *Vita Mos* 1.1-2; uso dos escritos de Fílon por Josefo: Jos. *AJ* 18.18-21 (essênios); Jos. *AJ* 18.234–19.274 (Roma nos tempos de Calígula). **31.** Carne de porco: Fílon, *Leg.* 361-2; *Spec Leg* IV.100-1 (carne de porco como algo delicioso); M. Goodman, "Philo as a Philosopher in Rome", in B. Decharneux e S. Inowlocki (eds.), *Philon d'Alexandrie: Un Penseur a l'intersection des cultures gréco-romaine, orientale, juive et chrétienne* (Turnhout, 2011), 37-45. **32.** J. Gutmann (ed.), *The Dura-Europos Synagogue: A Re-evaluation (1932–1992)* (Atlanta, 1992) sobre a sinagoga de Dura-Europo; comentário rabínico de Fílon: *Ber. Rab.* 1:1; Fílon, *Op* 16; J. Weinberg (trad.), *Azariah de' Rossi: The Light of the Eyes* (New Haven, 2001); ver abaixo, capítulo 14. **33.** Jos. *AJ* 18.63-4. **34.** Fontes romanas: Tac. *Ann.* 15.44; Plínio, *Ep.* 10.96; fontes rabínicas: P. Schäfer, M. Meerson e Y. Deutsch (eds.), *Toledot Yeshu ("The Life Story of Jesus") Revisited* (Tübingen, 2011). **35.** Sobre as disputas em relação à autenticidade desta passagem, ver A. Whealey, *Josephus on Jesus: The Testimonium Flavianum Controversy from Late Antiquity to Modern Times* (Nova York e Oxford, 2003). **36.** E. P. Sanders, *Jesus and Judaism* (Londres, 1988). **37.** Acts 5:34-9 (Gamaliel); Jesus sobre o culto no Templo: Matt 5:23-4. **38.** Acts 10:9-15. **39.** Mark 11:15-7 ("limpeza do Templo"); Mark 13:1-2 (profecia). **40.** Matt 5:21-2; Mark 10:5-9 (Jesus sobre o divórcio). **41.** Mark 14:55-64 (acusação de blasfêmia); 15:26 ("Rei dos Judeus"); G. Vermes, *Jesus: Nativity, Passion, Resurrection* (Londres, 2010). **42.** 1 Cor 1:1; 2 Cor 1:3; "filho de Deus": Rom 1:4. **43.** John 11:1-44 (Lázaro); G. Vermes, *Resurrection: History and Myth* (Londres, 2008). **44.** Sobre as primitivas crenças cristãs, ver P. Fredriksen, *From Jesus to Christ: The Origins of the New Testament Images of Christ*, 2a. ed. (New Haven, 2000). **45.** Mark 16:5, 7 (homem jovem, usando roupas brancas); Acts 2:29-36 (oração de Pedro no Shavuot); Acts 2:5. **46.** Stephen: Acts 7:57-8, 2-56; 8:1 (perseguição geral); 21:27-30 (cristãos pregando no Templo); Jos. *AJ* 20.200 (Tiago, irmão de Jesus); Jos. *BJ* 6.300-9 (Jesus b. Ananias); ver a seguir, capítulo 8. **47.** Phil 3:4-6; Rom 11:1; 1 Cor 11: 21-2, 24; E. P. Sanders, *Paul, the Law and the Jewish People* (Filadélfia, 1983), 192 (punição implica inclusão); sobre Tibério Júlio Alexandre: Jos. *AJ* 20.100. **48.** Acts 22:24-9; sobre as discussões acerca dos Atos dos Apóstolos como uma fonte histórica, ver M. Hengel, *Acts and the History of Earliest Christianity* (Filadélfia, 1979). **49.** Acts 22:3 ("criado aos pés de Gamaliel"); Gal 1:14 ("excedendo em judaísmo"); J. Norton (sobre textos bíblicos em Paulo); perseguidor de cristãos: 1 Cor 15:9; Gal 1:13; Acts 9:1-2 (autoridade do sumo sacerdote); 1 Cor 9:1 (visão de "Jesus, nosso Senhor"). **50.** Acts 9:3-9, cf. 22:15-6; 26:4-15; 2 Cor 12:2-4. **51.** Gal 1:16 (proclamando Jesus entre os gentios); sobre a missão de Paulo, ver E. P. Sanders, *Paul* (Oxford, 1991); 1 Cor 9:20 ("como um judeu para os judeus"); Gal 2:21-2. **52.** Acts 15:9-21 (encontro em Jerusalém); 21:23-6 (Paulo descrevendo a si mesmo como um fariseu); Rom 9:3-5; 11:25, 28-9 ("todo o Israel será salvo"); Gal 2:15-6 (fé necessária para a salvação); Gal 2:11-4; a lei é boa para os judeus: Rom 7:12; 3:30-1. **53.** Phil 2:5-11; sobre o culto a Cristo e as figuras mediadoras, ver L. Hurtado, *One God, One Lord: Early Christian Devotion and Ancient Jewish Monotheism*, 3a. ed. (Londres, 2015); W. Horbury, *Jewish Messianism and the Cult of Christ* (Londres, 1998); 1 Cor 15:3 (morte de Jesus como um sacrifício); Gal 4:4-5 ("adoção como filhos"); Rom 6:3 ("batizado em Cristo"); Rom 12:5 ("um só corpo em Cristo"); sobre "revestir-se" de Cristo, ver Gal 3:26-7; 1 Cor 8:5-6 ("um só Deus [...] e um só Senhor"). **54.** Ourives em Éfeso: Acts 19:23-41; ver M. Goodman, "The Persecution of Paul by Diaspora Jews", in idem, *Judaism in the Roman World* (Leiden, 2009), 145-52. **55.** Isa 60:8-12 (sobre os últimos dias); Gal 2:7 ("evangelho da incircuncisão"); 2 Cor 3:13-4. **56.** Sobre as evidências para os judeus cristãos, ver A. F. J. Klijn e G. J. Reinink, *Patristic Evidence for Jewish-Christian Sects* (Leiden, 1973); para os problemas de interpretação dessas evidências, ver M. S. Taylor, *Anti-Judaism and Early Christian Identity: A Critique of the Scholarly Consensus* (Leiden, 1995). **57.** Sobre a história de "judeus para Jesus", ver D. H. Stern, *Messianic Judaism: A Modern Movement with an Ancient Past* (Jerusalém, 2007). **58.** Sobre a divisão, ver M. Goodman, "Modeling the 'Parting of the Ways'", in idem, *Judaism in the Roman World*, 175-85.

CAPÍTULO 8: PREOCUPAÇÕES E EXPECTATIVAS

1. Ps 51:9; Isa 4:4; fluxo ininterrupto de líquido: MMT, 11.55-8; *m. Yad* 4:7; sobre a importância da pureza e da linguagem da impureza nesse período, ver J. Klawans, *Impurity and Sin in Ancient Judaism* (Nova York, 2000). **2.** Lev 11:44-5; Jub. 22:17; 30:10; óleo dos gentios: Jos. *Vit.* 74-6; M. Goodman, "Kosher Olive Oil in Antiquity", in idem, *Judaism in the Roman World* (Leiden, 2007), 187-203; sobre leite e carne: Exod 23:19; 34:24; Deut 14:21; *m. Hull.* 8:1; Fílon, *Virt* 144; D. Kraemer, *Jewish Eating and Identity through the Ages* (Nova York, 2007), 35-7, 50 (sobre o tabu como rabínico); IQS 5.13; Jos. *BJ* 2.149 (essênios); Matt 23:26 (fariseus). **3.** Sobre banhos rituais (*mikvaot*), ver R. Reich, "The Hot Bath-house Balneum, the Miqweh and the Jewish Community in the Second Temple Period", *JJS* 39 (1998), 102-7; Jos. *BJ* 2.129 (essênios); M. Simon, *Jewish Sects at the Time of Jesus*, trad. J. H. Farley (Filadélfia, 1967) (hemerobatistas); Jos. *AJ* 18.117 (João Batista). **4.** Jos. *AJ* 16.168 (privilégio de não aparecer na corte em um Shabat); Fílon, *Migr* 89-93 (alegorists radicais); Jos. *BJ* 2.147 (essênios); viagens no Sabath: *m. Shab.* 23:4; *m. Erub.* 4:3; espaço isolado e os saduceus: *m. Erub.* 6:2; macabeus sobre o Shabat: 1 Macc 1:43; 2:35-8, 40-1. **5.** Jos. *AJ* 14.63; Asinaeus: Jos. *AJ* 18.322, 233. **6.** Shabat nos Jubileus: Jub. 2:17-32; 50:6-13; sobre o calendário nos Jubileus, ver L. Ravid, "The Book of Jubilees and its Calendar – A Reexamination", *Dead Sea Discoveries* 10 (2003), 371-94; S. Stern, *Calendar and Community: A History of the Jewish Calendar, 2nd Century BCE–10th Century E.C.* (Oxford, 2001); *1 En.* 72:2-3; 4Q 208-11; J. Ben Dov, *Qumran Calendar* (Leiden, 2008); contagem do tempo lunar: Ben Sira 43:7; *m. R.Sh.* 2:8. **7.** Juramentos em falso: Exod 20:7; sacrifício pelo não cumprimento de um juramento: Lev 5:4-13; Num 30:3-5 (juramentos feitos por esposa ou filha); Ben Sira 23:9-11; evitar os juramentos: Fílon, *Spec Leg* II.1-38; *Dec* 82-95; Jos. *BJ* 2.135, 139-42 (juramento de iniciação dos essênios); Jesus sobre os juramentos: Matt 5:33-7; 23: 16-21 (ataque aos fariseus). **8.** Jos. *Vit.* 11; João Batista: Mark 1:6; Luke 7:33; Matt 11:18-9. **9.** Tac. *Hist.* 5.4.3; Jos. *Ap.* 2.282; *m. Taan.* 2:6. **10.** *m. Taan.* 3:8 (Honi); sobre Judith: Judith 8:6, 8; 13:6-20; sobre Ester e Susanna, ver A. Brenner (ed.), *A Feminist Companion to Ester, Judith and Susanna* (Sheffield, 1995). **11.** Ezek 13:18-20; Exod 22:18; Hanina b. Dosa: *b. Ber.* 34b, cf. *m. Ber.* 5:5; *m. Sot.* 9:15; Ps. Fílon, *L.A.B* 34 (Aod); Jos. *AJ* 8.45-9 (Salomão); Acts 19:11-20. **12.** Bíblia sobre os demônios: Deut

32:17; 1 Sam 16:23; 18:10; *1 En.* 10:15; 15:19; 1QM 1:13-4; Jub. 1:20; 15:33 (Mastema); Jub. 10:1-5. **13.** Jos. *BJ* 6:310; 2.163 (saduceus); *m. Ab.* 3:16. **14.** 4Q405, frag. 20, col. 2 para frags. 21-2, linhas 7-9. **15.** 1QM, col. 17, linhas 6-8 (anjos em batalha escatológica); hierarquias dos anjos: Jub. 2:17-8; 3 Macc 6:16-21 (elefantes); Wis. 7:24-6; 8:1-4 (sabedoria personificada). **16.** Apocalipse de Abraão 10:4; Dan 10:1-2, 4-9; 10:3 (preparação para a visão); Rev 1:10-6. **17.** Jos. *Ap.* 1.41; *t. Sot.* 13:2; Jos. *BJ* 6.301 (Jesus filho de Ananias); Jos. *BJ* 3.352 (Josefo como profeta): *BJ* 6.285 (pseudoprofeta); Luke 4:24. **18.** Testamento de Abraão A. 11-3; J. J. Collins, *Apocalypticism in the Dead Sea Scrolls* (Londres e Nova York, 1997); Fílon sobre o fim dos tempos: Fílon, *Praem* 164-5, 169; *Ps. Sol* 17.4, 26. **19.** Teudas: Jos. *AJ* 20.97-8; Acts 5:36-9; o Egípcio: Jos. *AJ* 20.170. **20.** Jos. *BJ* 6.312 ("oráculo ambíguo"); 6.313 (Vespasiano); 3.400-2 (sobre a profecia de Josefo); Jos. *AJ* 18.64 (sobre os cristãos). **21.** 1QM, col. 16, linha 11– col.17, linha 9. **22.** Elijah: Mal 3:23-4 (Heb.); 4:5-6 (Engl.); o Profeta: 1QS, col. 9, linhas 9-11; Deut 18:15; Elias e profeta: John 1:20-1. **23.** *Ps. Sol* 17: 41-2 (rei terreno); messias sobrenatural: *1 En.* 48:3; 49:2-4; 1QS 9:10 (os messias nos manuscritos do mar Morto); Jos. *BJ* 7.29 (Simão filho de Gioras); 1 Cor 1:1. **24.** *1 En.* 22:2, 11; 2 Macc 7:23; Jub. 23:31; Dan 12:3; Wis 9:15; 15:8. **25.** P. van der Horst, *Ancient Jewish Epitaphs* (Kampen, 1991); disputas sobre a vida depois da morte: Jos. *BJ* 2.154, 156, 163, 166; Matt 22:28; Acts 23:6. **26.** J. E. Wright, *The Early History of Heaven* (Nova York, 1999); Luke 23:43; Jardim do Éden: *Test. Abrahami* 20:14. **27.** Jos. *Ap.* 2.218, 219, 232-3; 1.43. **28.** 2 Macc 7:1-5. **29.** W. H. C. Frend, *Martyrdom and Persecution in the Early Church: A Study of a Conflict from the Maccabees to Donatus* (Oxford, 1965); sobre Isaac sendo atado: Jos. *AJ* 1.227-31, 232; ver G. Vermes, "Redemption and Genesis xxii – The Binding of Isaac and the Sacrifice of Jesus", in idem, *Scripture and Tradition: Haggadic Studies*, 2a. ed. (Leiden, 1973), 193-227. **30.** Jos. *BJ* 2.195-7.

CAPÍTULO 9: DA ROMA PAGÃ AO ISLÃ E A CRISTANDADE MEDIEVAL

1. M. Goodman, *Rome and Jerusalem: The Clash of Ancient Civilizations* (Londres, 2007), 445-63; M. Goodman, "The Roman State and Jewish Diaspora Communities in the Antonine Age", in Y. Furstenberg (ed.),

Jewish and Christian Communal Identities in the Roman World (Leiden, 2016), 75-83. **2.** Jos. *AJ* 10.203-10, sobre Dã 2:31-45 (sobre a profecia de Daniel); sobre as esperanças judaicas de vingança sobre Roma, ver M. Hadas-Lebel, *Jerusalem against Rome* (Leuven, 2006). **3.** Para a história desse período, ver S. Schwartz, *Imperialism and Jewish Society: 200 B.C.E. to 640 C.E.* (Princeton, 2001). **4.** Sobre os judeus de Bizâncio, ver R. Bonfil et al. (eds.), *Jews in Byzantium: Dialectics of Minority and Majority Cultures* (Leiden, 2012). **5.** Sobre os cazares, ver D. M. Dunlop, *The History of the Jewish Khazars* (Princeton, 1954); sobre Benjamin de Tudela, ver N. M. Adler, *The Itinerary of Benjamin of Tudela: Critical Text, Translation and Commentary* (Londres, 1907). **6.** J. Neusner, *A History of the Jews of Babylonia*, vol. 2 (Leiden, 1966), p. 18 (inscrição de Kartir). **7.** Para a história dos judeus no Iraque nos primeiros séculos islâmicos, ver N. Stillman, *The Jews of Arab Lands: A History and Source Book* (Filadélfia, 1979). **8.** Sobre Meshulam de Volterra, ver A. Yaari, *Masa' Meshulam mi Volterah beErets Yisrael* (Jerusalém, 1948). **9.** Sobre a conversão em massa em Minorca, ver S. Bradbury (ed.), *Severus of Minorca: Letter on the Conversion of the Jews* (Oxford, 1996). **10.** Sobre a história dos judeus na Espanha medieval, ver Y. Baer, *A History of the Jews in Christian Spain*, 2a. ed., 2 vols. (Filadélfia, 1992). **11.** C. *Th.* 16.8.3 (judeus em Colônia); sobre os judeus nas Cruzadas, ver R. Chazan, *In the Year 1096: The First Crusade and the Jews* (Filadélfia, 1996). **12.** Sobre o libelo de sangue, ver Y. Yuval, *Two Nations in your Womb: Perceptions of Jews and Christians in the Middle Ages* (Berkeley, 2006), 135-203; E. M. Rose, *The Murder of William of Norwich* (Nova York, 2015); sobre os judeus da Inglaterra medieval, ver P. Skinner (ed.), *The Jews in Medieval Britain: Historical, Literary, and Archaeological Perspectives* (Woodbridge, 2003). **13.** Sobre o Iêmen: L. Y. Tobi, *The Jews of Yemen: Studies in their História and Culture* (Leiden, 1999); sobre a Índia, ver N. Katz, *Who Are the Jews of India?* (Berkeley, 2000); sobre a China, ver J. D. Paper, *The Theology of the Chinese Jews, 1000-1850* (Waterloo, Ont., 2012); sobre a Etiópia, ver S. Kaplan, *The Beta Israel (Falasha) in Ethiopia: From Earliest Times to the Twentieth Century* (Nova York e Londres, 1992). **14.** Sobre a importância do material da Geniza do Cairo, ver S. C. Reif, *A Jewish Archive from Old Cairo* (Richmond, Surrey, 2000).

CAPÍTULO 10: O JUDAÍSMO SEM UM TEMPLO

1. 4 Esdras 11:44-6; sobre *4 Esdras*, ver M. E. Stone, *Fourth Esdras* (Minneapolis, 1990). **2.** Sobre Tibério Júlio Alexandre, ver V. A. Burr, *Tiberius Julius Alexander* (Bonn, 1955); sobre as reações a 70 E.C. de modo geral, ver D. R. Schwarz and Z. Weiss (eds.), *Was 70 CE a Watershed in Jewish History?* (Leiden, 2012). **3.** M. Goodman, "Sadducees and Essenes after 70 CE", in idem, *Judaism in a Roman World* (Leiden, 2007), 153-62; sobre Josefo e a destruição do Templo, ver M. Goodman, *Rome and Jerusalem: The Clash of Ancient Civilizations* (Londres, 2007), 440-9. **4.** Jos. *Ap.* 2.193-6 (trad. Barclay). **5.** Sobre o Monte do Templo, ver Y. Z. Eliav, *God's Mountain: The Temple Mount in Time, Place, and Memory* (Baltimore, 2005). **6.** Menandro de Laodicea, *Epideictica* (in Spengel, *Rhet. Graec.*, vol. 3, p. 366). **7.** Sobre as moedas de Bar Kokhba, ver L. Mildenberg, *The Coins of the Bar Kokhba War* (Aarau, 1984); sobre a importância das referências a sacerdotes e ao Templo em mosaicos na Palestina antiga, ver S. Fine, "Between Liturgy and Social History: Priestly Power in Late Antique Palestinian Synagogues?", in idem, *Art, History and the Historiography of Judaism in Roman Antiquity* (Leiden, 2013), 181-93; Maimônides sobre os sacrifícios: *Guide for the Perplexed* 3.32. **8.** Sobre a prece diária para restaurar o Templo, ver Singer–Sacks, 86, 88. **9.** *m. R.Sh.* 4:1, 3-4. **10.** *b. Meg.* 29a sobre o "pequeno santuário" (cf. Ezek 11:16); sobre arte medieval litúrgica, ver C. Roth, "Art", in idem (ed.), *Encyclopaedia Judaica*, 16 vols. (Jerusalém, 1971), 3:522-3. **11.** Singer–Sacks, 438 (prece no serviço adicional para o Shabat descrevendo sacrifícios do Shabat); *b. Ber.* 28b-29a (tradição sobre a padronização); Isa 6:3 (em *kedushah*). **12.** Sobre *piyyut*, ver J. Yahalom, *Poetry and Society in Jewish Galilee of Late Antiquity* (Tel Aviv, 1999) (Heb.); sobre música da Antiguidade e medieval na sinagoga, ver A. Z. Idelsohn, *Jewish Music: Its Historical Development* (Nova York, 1992); sobre a postura e a dança nas formas judaicas de culto, ver acima, capítulo 3. **13.** Sobre o trabalho dos massoretas, ver I. Yeivin, *Introduction to the Tiberian Masorah*, trad. E. J. Revell (Missoula, Mont., 1980); sobre os *targumim*, ver D. R. G. Beattie and M. J. McNamara (eds.), *The Aramaic Bible: Targums in the Historic Context* (Dublin, 1992); para o texto *Pesikta*, ver W. Braude and I. Kapstein (trad.), *Pesikta de Rab Kahana* (Londres, 1975), Piska 25.1 (adaptado). **14.** Sobre as mulheres nas sinagogas medievais, ver A. Grossman, *Pious and Rebellious: Jewish Women in Medieval Europe* (Waltham,

Mass., 2004), 180-8. **15.** Sobre *mikvaot* medieval, ver *Mikwe: Geschichte und Architektur jüdischer Ritualbäder in Deutschland* (Frankfurt am Main, 1992); S. D. Gruber, "Archaeological Remains of Ashkenazic Jewry in Europe: A New Source of Pride and History", in L. V. Rutgers (ed.), *What Athens Has to Do with Jerusalem* (Leuven, 2002), 267-301. **16.** *m. Shek.* 1:1 (responsibilidade da comunidade); *b. Sanh.* 47a (enterro próximo a uma pessoa justa desejável); sobre os enterros em Beth Shearim, ver Z. Weiss, "Social Aspects of Burial in Beth She'arim: Archaeological Finds and Talmudic Sources", in L. I. Levine (ed.), *The Galilee in Late Antiquity* (Nova York, 1992), 357–71; T. Ilan, "Kever Israel: Since When Do Jews Bury their Dead Separately and What Did They Do Beforehand?", in H. Eshel et al. (eds.), *Halakhah in Light of Epigraphy* (Göttingen, 2010), 241-54; M. Maier, *The Jewish Cemetery of Worms* (Worms, 1992). **17.** *m. Shab.* 2:6-7. **18.** Singer–Sacks, 302 (bênção do Shabat), 610 (hv--dalah). **19.** Ch. Raphael, *A Feast of History: The Drama of Passover through the Ages* (Londres, 1972), 27 [230]; sobre a observância dos festivais em dois dias e não um só, ver S. Zeitlin, *Studies in the Early History of Judaism* (Nova York, 1973), 223-33. **20.** *m. R.Sh.* 1:2; sobre o desenvolvimento das práticas litúrgicas dos festivais, ver A. P. Bloch, *The Biblical and Historical Background of the Jewish Holy Days* (Nova York, 1978). **21.** Sobre a complexa história da declaração Kol Nidrei, e as objeções rabínicas a ela, ver I. Elbogen, *Jewish Liturgy: A Comprehensive History* (Filadélfia, 1993), 128, 311; sobre Sucot, ver J. L. Rubenstein, *The History of Sukkot in the Second Temple and Rabbinic Periods* (Atlanta, 1995); sobre o milagre do óleo da Chanucá, ver *b. Shab.* 21b; sobre Chanucá e Purim, ver T. Gaster, *Purim and Hanukkah: In Custom and Tradition* (Nova York, 1950); sobre os objetos para a liturgia doméstica, ver A. Kanof, *Jewish Ceremonial Art and Religious Observance* (Nova York, 1969). **22.** *m. A. Zar.* 1:1, 3; J. Gutmann (ed.), *The Dura-Europos Synagogue: A Re-evaluation (1932–1992)* (Atlanta, 1992); A Hachlili, *Ancient Jewish Art and Archaeology in the Land of Israel* (Leiden, 1988); J. Elsner, "Reflections on Late Antique Jewish Art and Early Christian Art", *JRS* 93 (2003), 114-28. **23.** De modo geral, ver M. Goodman, "Palestinian Rabbis and the Conversion of Constantine to Christianity", in P. Schafer and C. Hezser (eds.), *The Talmud Yerushalmi and Greco-Roman Culture*, vol. 2 (Tübingen, 2000), 1-9; sobre a passagem de Isaías: Justino, *Dialogue with Trypho*, 66-7; Isaiah 7:14; Matt 1:22-3; sobre alegações discordantes de ser o "verdadeiro Israel": Justin, *Dialogue with Trypho*, 123; *Song of Songs Rabbah* 7:3; M. Hirshman, *A Rivalry of Genius: Jewish* *and Christian Biblical Interpretation in Late Antiquity* (Nova York, 1996), 15-6. **24.** Sobre as discussões, ver H. Maccoby, *Judaism on Trial: Jewish–Christian Disputations in the Middle Ages* (Londres, 1993); sobre a resposta de Nahmanides, ver 119-20. **25.** Sobre a sociedade judaica sendo baseada em modelos cristãos, ver S. Schwartz, *Imperialism and Jewish Society: 200 BCE to 640 CE* (Princeton, 2004); sobre poligamia, ver Z. Falk, *Matrimonial Law in the Middle Ages* (Londres, 1966), 1-34; sobre o martírio de Akiva: *b. Ber.* 61b. **26.** R. Chazan, *God, Humanity, and History: The Hebrew First Crusade Narratives* (Berkeley and Londres, 2000). **27.** Sobre Saadiah e as discussões, ver R. Brody, *The Geonim of Babylonia and the Shaping of Medieval Jewish Culture* (New Haven, 1998), 97-8, 235-48; Maimônides sobre *Teshuvot Rambam* (1958), n. 149; sobre a influência do escolasticismo islâmico sobre o judaísmo medieval, ver S. Stroumsa, *Maimonides in his World: Portrait of a Mediterranean Thinker* (Princeton, 2009). **28.** M. Hyamson (trad.), *Duties of the Heart by R. Bachya ben Joseph ibn Paquda*, 2 vols. (Nova York, 1970), vol. 2, p. 295 (Bahya); M. Adler (ed. e trad.), *The Itineraries of Benjamin of Tudela* (Londres, 1907), 44-5 (relatos de peregrinação).

CAPÍTULO 11: RABINOS NO LESTE

1. *b. Men.* 29b. **2.** Sobre textos rabínicos na Antiguidade tardia, ver F. Millar, E. Ben Eliyahu and Y. Cohn, *Handbook of Jewish Literature from Late Antiquity, 135–700 CE* (Oxford, 2012); citação de Shiur Qomah de M. S. Cohen, *The Shi'ur Qomah: Texts and Recensions* (Tübingen, 1985), 135-7. **3.** Sobre *responsa*, incluindo o livro de preces de Rav Amram, ver R. Brody, *The Geonim of Babylonia and the Shaping of Medieval Jewish Culture* (New Haven, 1998), 185-201; sobre Sherira, ver R. Brody, "The Epistle of Sherira Gaon", in M. Goodman and P. Alexander (eds.), *Rabbinic Texts and the History of Late-Roman Palestine* (Oxford, 2010), 253-64. **4.** D. Goodblatt, *Rabbinic Instruction in Sasanian Babylonia* (Leiden, 1975), 161 (*kallah*); sobre o título *gaon*, ver Brody, *The Geonim of Babylonia*, 49. **5.** Sobre a edição final do Talmude babilônico, ver L. Jacobs, *The Talmudic Argument* (Cambridge, 1984); R. Kalmin, "The Formation and Character of the Babylonian Talmud", in S. T. Katz (ed.), *The Cambridge History of Judaism*, vol. 4: *The Late Roman-Rabbinic Period* (Cambridge, 2006), 840-76; D. Weiss Halivni, *The Formation of the*

Babylonian Talmud (Oxford, 2013). **6.** Sobre patriotismo local na Babilônia entre os rabinos, ver I. M. Gafni, *Land, Center and Diaspora: Jewish Constructs in Late Antiquity* (Sheffield, 1997), 96-117; sobre definições da terra de Israel, ver *Sifre to Deuteronomy* 51; P. S. Alexander, "Geography and the Bible", *Anchor Bible Dictionary* (Nova York, 1992), 2:986-7. **7.** Sobre Yohanan ben Zakkai: *m. R.Sh.* 4:1; J. Neusner, *Development of a Legend: Studies in the Traditions Concerning Yohanan ben Zakkai* (Leiden, 1970); C. Hezser, *The Social Structures of the Rabbinic Movement in Roman Palestine* (Tübingen, 1997) (círculos de discípulos); procedimentos: *m. Sanh.* 4:3-4 (semelhante ao Sinédrio); *t. Sanh.* 7:2 (votação). **8.** A. Oppenheimer, "Jewish Lydda in the Roman Era", *HUCA* 59 (1988), 115-36; Ch. Raphael, *A Feast of History* (Londres, 1972), 28 [229]. **9.** N. R. M. de Lange, *Origen and the Jews* (Cambridge, 1976). **10.** Sobre os patriarcas, ver M. Goodman, *State and Society in Roman Galilee*, 2a. ed. (Londres, 2000), 111-8; A. Applebaum, *The Dynasty of the Jewish Patriarchs* (Tübingen, 2013). **11.** *b. Sanh.* 14a (Judah b. Baba); *b. Sanh.* 5b (ordenação); *y. Sanh.* 1:3, 19a (designação dos juízes); D. Goodblatt, *Rabbinic Instruction in Sasanian Babylonia* (Leiden, 1975); *b. Sanh.* 5a (Rav). **12.** Sobre Kairouan, ver M. Ben-Sasson, "The Emergence of the Qayrawan Jewish Community and its Importance as a Maghrebi Community", *JAS* (1997), 1-13; sobre Moses ben Hanokh, ver G. D. Cohen, "The Story of the Four Captives", *Proceedings of the American Academy for Jewish Research* 29 (1960–1), 55-75; G. D. Cohen (ed.), *A Critical Edition with a Translation and Notes of the Book of Tradition (Sefer haQabbalah)* (Londres, 1967), 63-5. **13.** Sobre a carta encontrada na Geniza do Cairo, ver S. Schechter, "Geniza Specimens: A Letter of Chushiel", *JQR* 11 (1899), 643-50. **14.** Sobre a família Kalonymus, ver W. Transier, "Speyer: The Jewish Community in the Middle Ages", in Christoph Cluse (ed.), *The Jews of Europe in the Middle Ages (Tenth to Fifteenth Centuries)* (Espira, 2002), 435-45; sobre o judaísmo rabínico na Itália no início do período medieval, ver R. Bonfil, *History and Folklore in a Medieval Jewish Chronicle* (Leiden, 2009), 45-127. **15.** Sobre o *herem bet din*, ver I. Levitats, in C. Roth (ed.), *Encyclopaedia Judaica*, 16 vols. (Jerusalém, 1971), 8.355-6; sobre a poligamia no âmbito do judaísmo, ver A. Grossman, *Pious and Rebellious: Jewish Women in Medieval Europe* (Waltham, Mass., 2004), 68-101. **16.** Sifra, Baraita de Rabbi Ishmael, Perek I. 1-8, in J. Neusner (trad.), *Sifra: An Analytical Translation*, vol. 7 (Atlanta, 1988), 61-3; Mekilta d'R. Ishmael, *Nezikin* 14. 26-31 (in J. Lauterbach (ed.), *Mekilta de Rabbi Ishmael*, 3 vols. (Filadélfia, 1935), 3.110); *b.*

B.K. 83b; *b. Makk.* 23b–24a. **17.** *b. Pes.* 10b (trad. Epstein) (sobre o camundongo). **18.** Pesik. Rab. Kah 4:7 (in W. Braude e I. Kapstein (trad.), *Pesikta de Rab Kahana* (Londres, 1975), 82-3); *b. B.B* 21a (sobre a educação). **19.** *b. B.M.* 59b; disputas entre as casas: *m. Yeb.* 1:4; *b. Erub.* 3b; Elijah: *y. Yeb.* 12:1 (12c); *b. Yeb.* 102a. **20.** *m. Ab.* 2:10; 5:16; 5:15 (quatro tipos de sábios); 5:13 (quatro tipos de caridade); sobre o conceito rabínico de *teshuvah*, ver E. E. Urbach, *The Sages: Their Concepts and Beliefs* (Jerusalém, 1975), 462-71. **21.** Singer-Sacks, 462; sobre o Lag BaOmer: *b. Yeb.* 62b. **22.** Sobre *Sefer Zerubbabel*, ver D. Biale, "Counter-History and Jewish Polemics against Christianity: The 'Sefer Toldot Yeshu' and the 'Sefer Zerubavel'", *JSS* 6.1 (1999), 130-45; ver J. C. Reeves, *Trajectories in Near Eastern Apocalyptic: A Postrabbinic Jewish Apocalypse Reader* (Atlanta, 2005). **23.** *m. Hag.* 2:1; *y. Hag.* 2:1 (77a–c), trad. Neusner, adaptado; Philip Alexander, *The Mystical Texts* (Londres, 2006) fala em favor de uma contínua tradição mística do período do Segundo Templo; P. Schäfer, *The Origins of Jewish Mysticism* (Princeton, 2009), apresenta argumentos a favor da falta de continuidade. **24.** *b. Shab.* 33b (Shimon bar Yohai); *Sefer Yetsirah* 7 (in A. P. Hayman, *Sefer Yesira: Edition, Translation and Text-Critical Commentary* (Tübingen, 2004), 76); *b. Shab.* 156a (astrologia); *b. Ber.* 55a, 56b (interpretação de sonhos). **25.** Sobre os mosaicos da sinagoga de Séforis, ver Z. Weiss e E. Netzer, *Promise and Redemption: A Synagogue Mosaic from Sepphoris* (Jerusalém, 1996); sobre Hammat Tiberias, ver M. Dothan, *Hammat Tiberias: Early Synagogues and the Hellenistic and Roman Remains* (Jerusalém, 1983); sobre vasilhas mágicas, ver S. Shaked, J. N. Ford e S. Bayhro, *Aramaic Bowl Spells: Jewish Babylonian Aramaic Bowls* (Leiden, 2013); a respeito da influência local sobre os rabinos na Babilônia sassânida, ver C. Bakhos e M. R. Shayegan (eds.), *The Talmud in its Iranian Context* (Tübingen, 2010). **26.** *m. Pes.* 4:1; cf. *m. Sukk.* 3:11; sobre Pirqoi ben Baboi, ver R. Brody, *The Geonim of Babylonia and the Shaping of Medieval Jewish Culture* (New Haven e Londres, 1998), 113-7. **27.** Sobre o solipsismo, ver S. Stern, *Jewish Identity in Rabbinic Judaism in Late Antiquity* (Leiden, 1994); *b. Pes.* 49a–49b. **28.** C. Th. 16.8.13; S. Schwartz, "The Patriarchs and the Diaspora", *JJS* 50 (1999), 208-22; D. Noy, *Jewish Inscriptions of Western Europe*, 2 vols. (Cambridge, 1993–5), 1:39, n. 22 (Abba Maris); S. J. D. Cohen, "Epigraphical Rabbis", *JQR* 72 (1981), 1-17; H. Lapin, "Epigraphical Rabbis: A Reconsideration", *JQR* 101 (2011), 311-46. **29.** M. Goodman, "The Function of Minim in Early Rabbinic Judaism", in idem, *Judaism in the Roman World* (Leiden, 2007), 163-73; *t. Hull.* 2:22-3

(Neusner) (Eleazar b. Dama); *b. Ber.* 28b (Simeon ha-Pakuli); Justino Mártir, *Dialogue with Trypho* 16.4; sobre essa bênção, ver especialmente R. Kimelman, "Birkat ha-Minim and the Lack of Evidence for Anti-Christian Jewish Prayer in Late Antiquity", in E. P. Sanders, A. I. Baumgarten e A. Mendelson (eds.), *Jewish and Christian Self-Definition*, vol. 2 (Londres, 1981), 226-44. **30.** *m. Sanh.* 10:1; *t. Sanh.* 12:9-10. **31.** Samaritanos: *m. Ber.* 7:1; *m. Shebi.* 8:10; *b. Hull.* 6a; sobre os samaritanos na Antiguidade tardia, ver H. Sivan, *Palestine in Late Antiquity* (Oxford, 2008). **32.** Sobre Hiwi al-Balkhi, ver M. Zucker, "Hiwi HaBalkhi", *Proceedings of the American Academy for Jewish Research* 40 (1972), 1-7.

CAPÍTULO 12: JUDAÍSMO ALÉM DOS RABINOS

1. R. L. Wilken, *John Chrysostom and the Jews* (Berkeley, 1983); N. de Lange, *Greek Jewish Texts from the Cairo Genizah* (Tübingen, 1996). **2.** Grego usado pelos judeus em Roma: D. Noy, *Jewish Inscriptions of Western Europe*, 2 vols. (Cambridge, 1993–5), vol. 2; L. V. Rutgers, *Jews of Late Ancient Rome* (Leiden, 2000); membros da sinagoga: E. Schürer, rev. G. Vermes et al., *The History of the Jewish People in the Age of Jesus Christ*, 3 vols. (Edimburgo, 1973-86), 3:98ff; *disarchon*: CIJ I (2a. ed.) 397, 2989, 391; D. Barthélémy, *Les Devanciers d'Aquila* (Paris, 1963) (textos bíblicos gregos em Qumran); Jerome, *Ep.* 57.11. **3.** Justiniano, *Novella* 146. **4.** Ireneu 3.21.1, in Eusébio, *Hist. eccl.* 5.8.10; *y. Meg.* 1:11, 71c; N. de Lange, *Greek Jewish Texts from the Cairo Genizah* (Tübingen, 1996); J. Krivoruchko, "The Constantinople Pentateuch within the Context of Septuagint Studies", *Congress of the International Organization for Septuagint and Cognate Studies* (Paris, 2008), 255-76; N. de Lange, *Japhhet in the Tents of Shem: Greek Bible Translations in Byzantine Judaism* (Tübingen, 2015). **5.** G. M. A. Hanfmann, *Sardis from Prehistoric to Roman Times* (Cambridge, 1983); M. Goodman, "Jews and Judaism in the Mediterranean Diaspora in the Late-Roman Period: The Limitations of the Evidence", in idem, *Judaism in the Roman World* (Leiden, 2007), 233-59; *t. Sukk.* 4:6; L. I. Levine, *The Ancient Synagogue: The First Thousand Years*, 2a. ed. (New Haven, 2005), 91-6. **6.** Levine, *Ancient Synagogue*, 299-302. **7.** C. Kraeling, *Excavations at Dura-Europos: The Synagogue* (New Haven, 1979); Levine, *Ancient Synagogue*, 257. **8.** Sobre ecos midráshicos nas pinturas em Dura, ver S. Fine, *Art and Judaism in* *the Greco-Roman World* (Cambridge, 2005), 173. **9.** D. Noy e H. Bloedhorn (eds.), *Inscriptiones Judaicae Orientis*, vol. 3 (Tübingen, 2003), p. 94 (syr. 55) (Thaumasis); Levine, *Ancient Synagogue*, 260 (inscrições); L. Roth-Gerson, *Jews of Syria as Reflected in the Greek Inscriptions* (Jerusalém, 2001), 54, 57 (Iliasos) (Heb.); Levine, *Ancient Synagogue*, 288. **10.** Inscrições nas catacumbas: Levine, *Ancient Synagogue*, 284, n. 74; Fílon, *Leg.* 155 (judeus em Trastevere na época de Augusto); costume de enterrar nas catacumbas: Noy, *Jewish Inscriptions of Western Europe*, vol. 1 (Rome); M. Williams, "The Organisation of Jewish Burials in Ancient Rome in the Light of Evidence from Palestine and the Diaspora", *ZPE* 101 (1994), 165-82; Rutgers, *Jews of Late Ancient Rome*, 92-9 (vidro com incrustações de ouro); Noy, *Jewish Inscriptions of Western Europe*, vol. 1, n. 13 (Mindius Faustus); G. Hermansen, *Ostia: Aspects of Roman City Life* (Edmonton, 1982), 55-89; P. Richardson, "An Architectural Case for Synagogues as Associations", in B. Olsson e M. Zetterholm (eds.), *The Ancient Synagogue from its Origins until 200 C.E.* (Stockholm, 2003), 90-117. **11.** Sobre as imagens e seus significados: Levine, *Ancient Synagogue*, 232-5, 232 (Davi como Orfeu); inscrição Afrodísias: J. Reynolds e R. Tannenbaum, *Jews and God-Fearers at Aphrodisias* (Cambridge, 1987), com nova datação em A. Chaniotis, "The Jews of Aphrodisias: New Evidence and Old Problems", *Scripta Classica Israelica* 21 (2002), 209-42; para as atitudes em relação aos conversos, ver M. Goodman, *Mission and Conversion* (Oxford, 1994). **12.** J. Kloppenborg e S. G. Wilson (eds.), *Voluntary Associations in the Graeco-Roman World* (Londres, 1996); *Cod. Iust.* 1.9.4 ("lugar da religião"); *Cod. Theod.* 16.8.2 (Constantino), cf. A. Linder, *Jews in Roman Imperial Legislation* (Detroit, 1987), 134; Procópio, *Anecdota* 28. 16-18 (trad. Dewing). **13.** J. Dunbabin, *Mosaics of Roman North Africa* (Oxford, 1978), 194-5 (Naru); R. Hachlili, *Ancient Jewish Art and Archeology in the Diaspora* (Leiden, 1998), 408 (Juliana); Noy, *Jewish Inscriptions of Western Europe*, vol. 2, n. 181 (Elche); Rutgers, *Jews in Late Ancient Rome*, 211-52 (*Collatio*). **14.** Sobre a inscrição em Stobi, ver Levine, *Ancient Synagogue*, 270-1; ver também obras citadas acima, capítulo 11, nota 28. **15.** *Cod. Theod.* 2.1.10 (poderes judiciais dos patriarcas); 16.8.11 ("patriarcas ilustres"); 16.8.17 (taxas); 16.8.22 (Gamaliel caído em desgraça); 16.8.29 (confisco de taxas e o fim do patriarcado). **16.** Noy, *Jewish Inscriptions of Western Europe*, 1:76-82; M. Williams, "The Jews of Early Byzantine Venosa", *JJS* 50 (1999), 38-52. **17.** Sobre Yossipon, ver S. Dönitz, "Historiography among Byzantine Jews: The Case of 'Sefer Yosippon'", in R.

Bonfil et al. (eds.), *Jews in Byzantium: Dialectics of Minority and Majority Cultures* (Leiden, 2012), 951-68; sobre Ahimaaz, ver N. de Lange, *Japhet in the Tents of Shem: Greek Bible Translations in Byzantine Judaism* (Tübingen, 2016), 83; grego escrito em letras hebraicas: N. de Lange, *Greek Jewish Texts from the Cairo Genizah* (Tübingen, 1996); Oxford Bodleian Ms. 1144; sobre os costumes greco-judaicos, ver D. Goldschmidt, *Mehkarei Tefillah uPiyyut* (Jerusalém, 1980), 122-52. **18.** N. de Lange, "A Jewish Greek Version of the Book of Jonah", *Bulletin of Judaeo-Greek Studies* 16 (1995), 29-31; G. Corrazol, "Gli ebrei a Candia nei secoli XIV-XVI" (tese de doutorado, EPHE, Paris, e Universidade de Bologna, 2015), 20 (sobre o manuscrito na biblioteca Bodleian Opp. Add. Oct. 19, e a correspondência de Elijah Capsali, chefe da comunidade de Candia, com Katzenellenbogen). **19.** Ver M. Polliack (ed.), *Karaite Judaism: A Guide to its History and Literary Sources* (Leiden, 2004). **20.** Citação do Pseudo-Saadiah, in L. Nemoy, *Karaite Anthology* (New Haven, 1952), 4; al-Kirkisani, citado in ibid., 3. **21.** Y. Erder, "The Doctrine of Abu Isa al-Isfahani and its Sources", *Jerusalem Studies in Arabic and Islam* 20 (1996), 162-99; citação de al-Kirkisani em D. Cohn-Sherbok, *The Jewish Messiah* (Edimburgo, 1997), 95; N. Schur, *History of the Karaites* (Frankfurt am Main, 1992). **22.** Anan b. David, in Nemoy, *Karaite Anthology*, 16-7, 17-8. **23.** Y. Erder, "The Karaites and the Second Temple Sects", in Polliack (ed.), *Karaite Judaism*, 119-43; Nemoy, *Karaite Anthology*, 11-20; xvii (paralelos com os xiitas). **24.** al-Nahawandi, in Nemoy, *Karaite Anthology*, 29. **25.** Sobre al-Kumisi, ver S. Poznanski, "Daniel ben Moses al-Kumisi", in I. Singer (ed.), *The Jewish Encyclopedia*, 12 vols. (Nova York, 1901–6), 4:432-4; sobre o crescimento das tradições caraítas, ver Schur, *History of the Karaites*; al-Kirkisani 1.19.6 (in B. Chiesa e W. Lockwood, *Ya'qub al-Qirqisani on Jewish Sects and Christianity* (Frankfurt am Main, 1984), 156). **26.** Sobre os ukbaritas, ver N. Schur, *The Karaite Encyclopaedia* (Frankfurt am Main, 1995), 287; sobre Malik al-Ramli e al-Kumisi, ver D. Frank, "May Karaites Eat Chicken? Indeterminacy in Sectarian Halakhic Exegesis", in N. B. Dohrmann e D. Stern (eds.), *Jewish Biblical Interpretation and Cultural Exchange: Comparative Exegesis in Context* (Filadélfia, 2008), 124-38. **27.** Sobre os caraítas e Chanucá, ver Schur, *The Karaite Encyclopaedia*, 126; sobre as regras caraítas para o Shabat e as leis alimentares, ver Schur, *History of the Karaites*, 52-3; Basyatchi, in Nemoy, *Karaite Anthology*, 250, 252. **28.** Sobre os caraítas como missionários no século X, ver Schur, *History of the Karaites*, 44-5. **29.** I. Davidson, *Saadia's Polemic against Hiwi* *al-Balkhi* (Nova York, 1915), 43, 53. **30.** J. Kraemer, *Maimonides: The Life and Works of One of Civilization's Greatest Minds* (Nova York, 2008), 274-5; sobre as relações entre caraítas e rabanitas: Bodl. MsHeb. a.3.42, II.33, 35-7, in J. Olszowy-Schlanger, *Karaite Marriage: Documents from the Cairo Geniza* (Leiden, 1998), 476-7, texto n. 56; Cambridge Genizah Taylor-Schechter T-S 20.45 recto (carta); M. Rustow, *Heresy and the Politics of the Community: The Jews of the Fatimid Caliphate* (Ithaca, NY, 2008), 239-65 (sobre a proximidade das relações entre caraítas e rabanitas); sobre Shemariah b. Elijah, ver A. Arend (ed.), *Elef HaMagen* (Jerusalém, 2000). **31.** Sobre o caraísmo e o islã, ver F. Astren, "Islamic Contexts of Medieval Karaism", in Polliack (ed.), *Karaite Judaism*, 145-78. **32.** Sobre Firkovich, ver T. Harvianen, "Abraham Firkovich", in Polliack (ed.), *Karaite Judaism*, 875-92. **33.** Sobre os caraítas na Rússia do século XIX, ver P. Miller, "The Karaites of Czarist Russia, 1780-1918", in Polliack (ed.), *Karaite Judaism*, 819-26; sobre os caraítas durante o Holocausto, ver Schur, *History of the Karaites*, 123-5; sobre os caraítas em Israel nos tempos atuais, ver E. T. Semi, "From Egypt to Israel: The Birth of a Karaite *Edah* in Israel", in Polliack (ed.), *Karaite Judaism*, 431-50; sobre a demografia do assentamento contemporâneo dos caraítas, ver Schur, *History of the Karaites*, 148-50; al-Kumisi, in Nemoy, *Karaite Anthology*, 36.

CAPÍTULO 13: RABINOS NO OCIDENTE

1. S. Schwarzfuchs, *A Concise History of the Rabbinate* (Oxford, 1993), 38-9. **2.** M. Perani, *Talmudic and Midrashic Fragments from the Italian Genizah* (Florence, 2004), sobre a "Geniza Italiana"; S. Emanuel, "The 'European Genizah' and its Contribution to Jewish Studies", *Henoch* 19.3 (1997), 313-40. **3.** Sobre Hananel b. Hushiel e Nissim b. Yaakov, ver T. Fishman, *Becoming the People of the Talmud* (Filadélfia, 2011), 68-71; sobre Rashi e sua influência, ver A. Grossman, *Rashi* (Oxford, 2012). **4.** R. Brody, *The Geonim of Babylonia and the Shaping of Medieval Jewish Culture* (New Haven, 1998), 198; Sefer ha-Qabbalah 62-3, in G. D. Cohen (ed.), *A Critical Edition of the Book of Tradition (Sefer ha-Qabbalah)* (Londres, 1967), 66 (sobre o *Livro da Tradição*); sobre Meir b. Baruch, ver I. A. Agus, *Rabbi Meir of Rothenburg* (Filadélfia, 1947). **5.** Sobre Alfasi, ver G. Blidstein, "Alfasi, Yitsaq ben Yaaqov", in M. Eliade (ed.), *Encyclopedia of Religion*, 16 vols. (Nova York, 1987), vol. 1, pp.

203-4; sobre Hefets, ver B. Halper (ed.), *A Volume of the Book of Precepts, by Hefes b. Yasliah* (Filadélfia, 1915, 1972). **6.** Sobre Eleazer b. Yehudah, ver A. Reiner, "From Rabbenu Tam to R. Isaac of Vienna: The Hegemony of the French Talmudic School in the Twelfth Century", in C. Cluse (ed.), *The Jews of Europe in the Middle Ages (Tenth to Fifteenth Centuries)* (Turnhout, 2004), 273-82; sobre os tosafistas de modo geral, ver H. Soloveitchik, "The Printed Page of the Talmud: The Commentaries and their Authors", in S. L. Mintz e G. M. Goldstein (eds.), *Printing the Talmud: From Bomberg to Schottenstein* (Nova York, 2006), 37-42; sobre o Rosh e Yaakov b. Asher, ver I. M. Ta-Shma, *Creativity and Tradition* (Cambridge, Mass., 2006), 111-26. **7.** Jacob de Marvège, *Responsa*, ed., R. Margoliot (Jerusalém, 1956/7), 52 (in L. Jacobs, *The Jewish Mystics* (Londres, 1990), 76-7); sobre a aceitação posterior de algumas de suas regras, ver L. Jacobs, *A Tree of Life: Diversity, Flexibility, and Creativity in Jewish Law*, 2a. ed. (Londres e Portland, Oreg., 2000), 62. **8.** Sobre a dispersão geográfica, ver N. de Lange, *Atlas of the Jewish World* (Oxford e Nova York, 1984), 99. **9.** A respeito do comentário de Rashi sobre a Bíblia, ver Grossman, *Rashi*; citação de Rashi sobre Gen 3:8; sobre a interpretação medieval da Bíblia, ver J. D. McAuliffe, B. D. Walfish e J. W. Goering (eds.), *With Reverence for the Word: Medieval Scriptural Exegesis in Judaism, Christianity and Islam* (Oxford, 2003); M. Fishbane e J. Weinberg (eds.), *Midrash Unbound: Transformations and Innovations* (Oxford, 2013). **10.** Rashi sobre o Êxodo 20:22. **11.** Sobre a relação do Rashi com a cultura não judaica em sua época, ver C. Pearl, *ashi* (Londres, 1988); sobre Rashi como comentarista do Talmude, ver Grossman, *Rashi*, 133-48. **12.** Sobre as fórmulas usadas pelos tosafistas para apresentar suas ideias, ver H. Soloveitchik, "The Printed Page of the Talmud: The Commentaries and their Authors", 39; sobre o uso de novas leituras de manuscritos pelos tosafistas, ver T. Fishman, *Becoming the People of the Talmud* (Filadélfia, 2011), 146-7; E. E. Urbach, *Baalei haTosafot*, 4th edn (Jerusalém, 1980), 528-9; sobre Rabbenu Tam, ver Soloveitchik, "The Printed Page of the Talmud: The Commentaries and their Authors", 39-40. **13.** Sobre as regras do Rabbenu Tam para uso dos *tefillin*, ver Y. Cohn, "Were Tefillin Phylacteries?" *JJS* 59 (2008), 39-61; R. Ilai, in *b. Kidd.* 40a; cf. Jacobs, *Tree of Life*, 41. **14.** Sobre a lavagem das mãos: *b. Ber.* 53b; *b. Hul.* 105a, com tosafistas ad loc. (ver Jacobs, *Tree of Life*, 112); sobre dançar e bater palmas: *m. Betz.* 5:2; tosafistas a *b. Betz.* 30a (ver Jacobs, *Tree of Life*, 113); sobre *sha'atnez*: Deut 22:11; Rosh, citado in Jacobs, *Tree of Life*, 141 (sobre o Shemá noturno enquanto ainda há luz); 111-2 (Isserlin); sobre o serviço noturno: Rambam, *Yad, Tefillah* 1:8, in M. Hyamson (ed.), *Mishneh Torah: The Book of Adoration by Maimonides* (Jerusalém, 1974), 99a. **15.** Jacobs, *Tree of Life*, 139 (serpente); sobre Avraham b. Natan, ver Isaac Rephael, *Sefer HaManhig leRabbi Avraham ben Natan HaYerchi* (Jerusalem, 1978); sobre o desenvolvimento da variação litúrgica local nesse período, ver I. Elbogen, *Jewish Liturgy: A Comprehensive History* (Filadélfia, 1993); H. J. Zimmels, *Ashkenazim and Sephardim* (Farnborough, 1958); sobre *tashlich*: A. C. Feuer e N. Scherman, *Tashlich* (Nova York, 1980); S. Steiman, *Custom and Survival* (Nova York, 1963). **16.** Sobre "Purims" locais, ver E. Horowitz, *Reckless Rites: Purim and the Legacy of Jewish Violence* (Princeton, 2006), ch. 10, com 293-301 sobre Narbona; túmulos de santos: J. W. Meri, *The Cult of Saints among Muslims and Jews in Medieval Syria* (Oxford, 2002), 221 (sobre Sahl); sobre cobrir a cabeça: *b. Kidd.* 51a; Isaac b. Jacob ha-Kohen Alfasi (o Rif), *Kidd.* 217b; R. Yitzak b. Moshe, *Or Zaru'a, Hilkhot Shabbat* (Zhitomir, 1862), II 43. **17.** T. Alexander-Frizer, *The Pious Sinner* (Tübingen, 1991), 24 (história do *Sefer Hasidim*); sobre os Hasidei Ashkenaz em geral, ver I. Marcus, *Piety and Society: The Jewish Pietists of Medieval Germany* (Leiden, 1981); Bahya, in M. Hyamson (trad.), *Duties of the Heart by R. Bachya ben Joseph ibn Paquda*, 2 vols. (Nova York, 1970), vol. 2, p. 303, citando Isa 45:18. **18.** E. N. Adler, *Jewish Travellers* (Londres, 1930) (sobre Eldad, de Dã); Rosh, *Responsa* 17:8 (sobre Córdoba). **19.** Rabbenu Tam sobre a necessidade da unanimidade: M. Elon, *The Principles of Jewish Law* (Jerusalém, 1975), 163-5; L. Finkelstein, *Jewish Self-Government in the Middle Ages* (Nova York, 1974), 49-55; sobre a controvérsia de Rabbenu Tam com Meshullam, ver T. Fishman, *Becoming the People of the Talmud* (Filadélfia, 2011), 144-7; I. Twersky, *Rabad of Posquieres* (Cambridge, Mass., 1962), 131 (Rabad a respeito de Maimônides). **20.** H. A. Wolfson, *The Philosophy of the Kalam* (Cambridge, 1976); Saadiah Gaon, *The Book of Beliefs and Opinions*, Introduction, Section 6. 1-3 (trad. Alexander); sobre Saadiah de modo geral, ver R. Brody, *Sa'adyah Gaon* (Oxford, 2013). **21.** S. Stroumsa, *Dawud ibn Marwan Al-Muqammis's Twenty Chapters* (Leiden, 1989), 158, 160; sobre Bahya, ver C. Sirat, *A History of Jewish Philosophy in the Middle Ages* (Cambridge, 1990), 81-3. **22.** Sobre as obras filosóficas de ibn Gabirol, ver Sirat, *History of Jewish Philosophy*, 68-81; objetivos filosóficos: S. Wise, *The Improvement of the Moral Qualities* (Nova York, 1901), 50; poesia: R. Loewe, *Ibn Gabirol* (Londres, 1989), 119. **23.** Sobre a época de ouro da poesia religiosa hebraica na Espanha, ver P. Cole, *The Dream of the Poem* (Princeton, 2007); sobre os *Kuzari*, ver N. D. Korobkin, *The Kuzari: In Defense of the Despised Faith*, 2a. ed. (Nova York, 2009). **24.** Judah Halevi, *Kuzari* 5:14 (trad. Alexander). **25.** M. R. Menocal, *The Ornament of the World* (Boston, 2002) (*convivencia*); S. Stroumsa, *Maimonides in his World: Portrait of a Mediterranean Thinker* (Princeton, 2009), 6 (abertura intelectual). **26.** H. A. Davidson, *Moses Maimonides: The Man and his Works* (Nova York, 2005); M. Halbertal, *Maimonides: Life and Thought* (Princeton, 2013). **27.** Stroumsa, *Maimonides*, 8-9; sobre a morte do irmão de Maimônides: S. D. Goitein, *Letters of Medieval Jewish Traders* (Princeton, 1973), 207. **28.** Maimônides, *Guide* 2.13.1, in Moses Maimonides, *The Guide of the Perplexed*, trad. S. Pines (Chicago, 1963), 281; sobre Maimônides como filósofo, ver D. H. Frank e O. Leaman (eds.), *The Cambridge Companion to Medieval Jewish Philosophy* (Cambridge, 2003). **29.** Maimônides, *Letter on Astrology*, p. 235, citado por M. M. Kellner, *Maimonides on the "Decline of the Generations" and the Nature of Rabbinic Authority* (Albany, NY, 1996), 56 (razão necessária na halakhá); *m. Sanh.* 10: 1-4; Maimônides, *Commentary on the Mishnah*, Sinédrio 10 (Helek) 1-21 (trad. Alexander). **30.** Sobre Maimônides e o islã, ver Stroumsa, *Maimonides*, 9-10; Singer–Sacks, 308 (*Yigdal*). **31.** L. D. Stitskin (trad. e ed.), *Letters of Maimonides* (Nova York, 1977). **32.** Ezek 17:3 ("Grande Águia"); J. Finkl, *Maimonides Treatise on Resurrection*, 1941; paralelos no mundo cristão: D. J. Silver, *Maimonidean Criticism and Controversy, 1180-1240* (Leiden, 1965). **33.** Y. Brill (ed.), *Kitab alrasa'il: meturgam be-Ivrit* (Paris, 1871), p. 14 (trad. Ben-Sasson) (Abulafia). **34.** Sobre a carta de Nahmanides aos rabinos do norte da França, ver C. B. Chavel, *Ramban (Nachmanides: Writings and Discourses)* (Nova York, 1978). **35.** Sobre a disputa de Paris, ver H. Maccoby, *Judaism on Trial* (Londres, 1982), 153. **36.** Sobre o banimento em 1305, ver H. Dimitrovsky (ed.), *Teshuvot haRashba*, 2 vols. (Jerusalém, 1990), vol. 2, *Perek* 99, linhas 13-6, 23-4 (trad. L. e D. Cohn-Sherbok); sobre a carta de Yosef Caspi, ver F. Kohler (ed.), *Letters of Jewry* (Londres, 1978), pp. 268-9. **37.** G. Freudenthal (ed.), *Studies on Gersonides* (Leiden, 1992). **38.** H. A. Wolfson, *Crescas' Critique of Aristotle* (Cambridge, 1929); J. T. Robinson, "Hasdai Crescas and Anti-Aristotelianism", *The Cambridge Companion to Medieval Jewish Philosophy* (Cambridge, 2003), 391-413; M. Waxman, *The Philosophy of Don Hisdas Crescas* (Nova York, 1920). **39.** Sobre as disputas de Tortosa, ver H. Maccoby, *Judaism on Trial* (Londres, 1982), 82-94; sobre listas de princípios, ver L. Jacobs, *Principles of the Jewish*

Faith (Londres, 1964), 20-3. **40.** Sobre Arama, ver H. J. Pollak (ed.), *Isaac Arama, Akedat Yitzhak* (Nova York, 1849), f. 19b (trad. Pearl); C. Pearl, *The Medieval Jewish Mind: The Religious Philosophy of Isaac Arama* (Londres, 1971). **41.** Sobre a arquitetura das sinagogas medievais, ver C. H. Krinsky, *Synagogues of Europe: Architecture, History, Meaning* (Nova York, 1985); R. Krautheimer, *Mittelalterliche Synagogen* (Berlin, 1927). **42.** *Zohar, BeHa'alotkha* 3.152a (trad. Alexander); G. Scholem, *Major Trends in Jewish Mysticism* (Nova York, 1946); Y. Liebes, *Studies in the Zohar* (Albany, NY, 1993). **43.** T. Fishman, "Rhineland Pietist Approaches to Prayer and the Textualization of Rabbinic Culture in Medieval Northern Europe", *JSQ* 11 (2004), 331. **44.** Sobre Eleazar b. Yehudah, ver J. Dan, *Kabbalah: A Very Short Introduction* (Oxford, 2006), 20; sobre as raízes do ascetismo rabínico, ver E. Diamond, *Holy Men and Hunger Artists: Fasting and Asceticism in Rabbinic Culture* (Nova York, 2004). **45.** Sobre a Cruzada Albigense e os cátaros, ver M. G. Pegg, *A Most Holy War: The Albigensian Crusade and the Battle for Christendom* (Oxford, 2008); sobre o *Sefer haBahir*, ver D. Abrams, *The Book Bahir* (Los Angeles, 1994). **46.** A respeito da ideia da transmigração das almas no *Sefer haBahir*, ver *Sefer haBahir*, Part I, 195, in L. L. Bronner, *Journey to Heaven: Exploring Jewish Views of the Afterlife* (Jerusalém, 2011), 136. **47.** Sobre Azriel de Girona, ver M. Idel, *Kabbalah* (Oxford, 1988). **48.** Sobre Abraham Abulafia, ver M. Idel, *The Mystical Experience in Abraham Abulafia* (Albany, NY, 1988). **49.** Sobre as ideias de Abulafia em relação a outras correntes contemporâneas da cabala, ver M. Idel, *Messianic Mysticism* (New Haven, 1998), 58-125. **50.** P. B. Fenton, *The Treatise of the Pool by Obadyah* (Londres, 1981), 102, 93; S. Rosenblatt, *The High Ways to Perfection of Abraham Maimonides*, vol. 2 (Nova York, 1938), p. 321 (sobre o comportamento dos sufistas). **51.** *Zohar, hekh.* 1.83b (trad. Alexander); D. C. Matt, *The Zohar* (Stanford, 2003-9). **52.** Sobre Gikatilla, ver J. Gikatilla, *Gates of Light: Sha'are Orah* (San Francisco, 1994); sobre Moshe de Leon, ver I. Tishby, *The Wisdom of the Zohar*, 3 vols. (Oxford, 1989), 1:13-7. **53.** Sobre Adret, ver J. Perles, *R. Salomo b. Abraham b. Adereth* (Breslau, 1863). **54.** Sobre Avraham bar Hiyya, ver I. I. Efros, "Studies in Pre-Tibbonian Philosophical Terminology: I. Abraham Bar Hiyya, the Prince", *JQR* 17.2 (1926), 129-64.

CAPÍTULO 14: O RENASCIMENTO EUROPEU E O NOVO MUNDO

1. Sobre os percursos de David Reuveni e Salomon Molcho, ver M. Benmelech, "History, Politics, and Messianism: David Ha-Reuveni's Origin and Mission", *AJS Review* 35.1 (2011), 35-60; a passagem talmúdica se encontra em *b. Sanh.* 98a. **2.** Para uma visão geral do período, D. Ruderman, *Early Modern Jewry: A New Cultural History* (Princeton, 2010). **3.** Sobre o impacto demográfico das expulsões da Espanha e de Portugal, ver J. S. Gerber, *The Jews of Spain: A History of the Sephardic Experience* (Nova York, 1994); sobre os judeus sefarditas nos Países Baixos no século XVII, ver M. Bodian, *Hebrews of the Portuguese Nation: Conversos and Community in Early Modern Amsterdam* (Bloomington, Ind., 2009); D. Swetchinski, *Reluctant Cosmopolitans: The Portuguese Jews of Seventeenth-Century Amsterdam* (Londres, 2004); sobre Manasseh ben Israel, ver Y. Kaplan, H. Méchoulan e R. Popkin (eds.), *Menasseh ben Israel and his World* (Leiden, 1989); D. S. Katz, *Philo-Semitism and the Readmission of the Jews to England, 1603-1655* (Oxford, 1992); sobre assentamentos judaicos nos Estados Unidos, ver E. Faber, *A Time for Planting: The First Migration, 1654-1820* (Baltimore, 1995); J. Sarna, *American Judaism* (New Haven, 2004), 1-30; H. R. Diner, *The Jews of the United States, 1654-2000* (New Haven, 2004); J. Israel, "The Jews of Dutch America", in P. Bernardini e N. Fiering (eds.), *The Jews and the Expansion of Europe to the West, 1450-1800* (Nova York, 2001), 335–49. **4.** Sobre os massacres em Chmielnicki, ver J. Raba, *Between Remembrance and Denial: The Fate of the Jews in the Wars of the Polish Commonwealth during the Mid-Seventeenth Century as Shown in Contemporary Writings and Historical Research* (Boulder, Colo., 1995); sobre o fluxo asquenaze nos Países Baixos no século XVII, ver M. Shulvass, *From East to West: The Westward Migration of Jews from Eastern Europe during the Seventeenth and Eighteenth Centuries* (Detroit, 1971); Y. Kaplan, "Amsterdam and Ashkenazic Migration in the Seventeenth Century", *Studia Rosenthaliana* 23 (1989), 22-44; S. Stern, *Court Jew* (Filadélfia, 1950); M. Breuer, "The Court Jews", in M. A. Meyer (ed.), *German-Jewish History in Modern Times* (Nova York, 1996), 104-26. **5.** Sobre os judeus de Veneza no século XVI, ver R. C. Davis e B. Ravid (eds.), *The Jews of Early Modern Venice* (Baltimore, 2001). **6.** J. Reuchlin, *On the Art of the Kabbalah*, trad. M. e S. Goodman (Londres, 1982); sobre o hebraísmo cristão, ver F. E. Manuel, *The Broken Staff: Judaism* *through Christian Eyes* (Cambridge, Mass., 1992); A. Coudert e J. S. Shoulson (eds.), *Hebraica Veritas?: Christian Hebraists and the Study of Judaism in Early Modern Europe* (Filadélfia, 2004); J. Weinberg (trad.), *The Light of the Eyes: Azariah de' Rossi* (New Haven, 2001), 31. **7.** Sobre as restrições à leitura de de' Rossi, ver Weinberg, *The Light of the Eyes*, xx-xxii. **8.** Judah Moscato, *Sefer Nefutsot Yehudah* (Venice, 1871), 21b (trad. S. Feldman); sobre Moscato, ver G. Veltri e G. Miletto, *Rabbi Judah Moscato and the Jewish Intellectual World of Mantua in the 16th-17th Centuries* (Leiden, 2012). **9.** Sobre Leone Modena, ver M. Cohen (trad. e ed.), *The Autobiography of a Seventeenth-Century Venetian Rabbi: Leon Modena's Life of Judah* (Princeton, 1988); T. Fishman, *Shaking the Pillars of Exile: "Voice of a Fool", an Early Modern Jewish Critique of Rabbinic Culture* (Stanford, 1997); Y. Dweck, *The Scandal of Kabbalah: Leon Modena, Jewish Mysticism, Early Modern Venice* (Princeton, 2011); sobre Salomone de' Rossi, ver D. Harrán, *Salamone Rossi, Jewish Musician in Late Renaissance Mantua* (Oxford, 1999); Leone Modena in Salomone de' Rossi, *Hashirim asher leShlomo* (1622-3); sobre a arquitetura da sinagoga de Bevis Marks, ver S. Kadish, "'Sha'ar ha-Shamayim': Londres's Bevis Marks Synagogue and the Sephardi Architectural Heritage", in A. Cohen-Mushlin e H. H. Thies (eds.), *Jewish Architecture in Europe* (Petersberg, 2010), 229-42. **10.** Sobre a batalha dos livros, ver M. Brod, *Johannes Reuchlin and sein Kampf* (Stuttgart, 1908); D. Price, *Johannes Reuchlin and the Campaign to Destroy Jewish Books* (Oxford, 2010); sobre Lutero e os judeus, ver T. Kaufmann, in D. Bell e S. G. Burnett (eds.), *Jews, Judaism, and the Reformation in Sixteenth-Century Germany* (Leiden, 2006), 69-104. **11.** Sobre Calvino e os judeus, ver A. Detmers, in Bell e Burnett (eds.), *Jews, Judaism, and the Reformation in Sixteenth-Century Germany*, 197–217; M. Satlow, *Creating Judaism: History, Tradition, Practice* (Nova York, 2006), 256 (requisito para acreditar na outra vida); a respeito dos calvinistas em Amsterdã na época de Espinoza, ver S. Nadler, "The Excommunication of Spinoza: Trouble and Toleration in the 'Dutch Jerusalem'", *Shofar* 19.4 (2001), 40-52. **12.** Sobre o milenarismo cristão no século xvii, ver vols. 2–4, in R. Popkin et al. (eds.), *Millenarianism and Messianism in Early Modern European Culture*, 4 vols. (Dordrecht, 2001); sobre os judeus de Curaçau, ver C. R. Kaiser, "Islets of Toleration among the Jews of Curacao", in M. Goodman et al., *Toleration within Judaism* (Oxford e Portland, Oreg., 2013), 130-60; sobre os conversos, ver Ruderman, *Early Modern Jewry*, 100-3; Y. Kaplan, "Bom Judesmo: The Western Sephardic Diaspora", in D. Biale (ed.), *Cultures of the Jews: A New History* (Nova York, 2002), 639-69. **13.** Uriel Acosta, in L. Schwartz (ed.), *Memoirs of my People* (Nova York, 1963), 86-7. **14.** D. B. Schwartz, *The First Modern Jew: Spinoza and the History of an Image* (Princeton, 2012); B. Spinoza, *Tractatus Theologico-Politicus*, trad. S. Shirley (Leiden, 2001), 110; S. Nadler, *Spinoza: A Life* (Cambridge, 2001); R. Goldstein, *Betraying Spinoza* (Nova York, 2006). **15.** Sobre os judeus no mundo otomano nos séculos XVI e XVII, ver A. Levy (ed.), *The Jews of the Ottoman Empire* (Princeton, 1994). **16.** Ruderman, *Early Modern Jewry*, 57-9. **17.** Sobre a ordenação, ver S. Schwarzfuchs, *A Concise History of the Rabbinate* (Oxford, 1993), ch. 3; Maimônides, *Yad*, Hilkhot Sanhedrin 4:11; J. Katz, "The Dispute between Jacob Berab and Levi ben Habib over Renewing Ordination", in J. Dan (ed.), *Binah: Studies in Jewish History, Thought and Culture*, 3 vols. (Westport, Conn., e Londres, 1989-94), vol. 1, 119-41. **18.** M. Saperstein, *Jewish Preaching, 1200-1800: An Anthology* (New Haven, 1989), 412-3. **19.** Sobre a impressão de livros para mulheres judias, ver E. Fram, *My Dear Daughter: Rabbi Benjamin Slonik and the Education of Jewish Women in Sixteenth-Century Poland* (Cincinnati, 2007); sobre *tehinnot*, ver C. Weissler, *Voices of the Matriarchs: Listening to the Prayers of Early Modern Jewish Women* (Boston, 1998); sobre *Me'am Loez*, ver M. Molho, *Le Meam-Loez: Encyclopédie populaire du sephardisme levantin* (Salonica, 1945).

CAPÍTULO 15: NOVAS CERTEZAS E NOVO MISTICISMO

1. *Shulhan Arukh*, YD, 335:1-4, 9 **2.** *Maggid Meysharim*, p. 57b; J. Karo, *Sefer Maggid Meysharim* (Jerusalém, 1990), 23 (p. 403), traduzido em R. J. Z. Werblowsky, *Joseph Karo: Lawyer and Mystic* (Filadélfia, 1977), 260. **3.** Sobre a produção e a recepção do *Shulhan Arukh*, ver I. Twersky, "The Shulhan 'Arukh: Enduring Code of Jewish Law", *Judaism* 16 (Filadélfia, 1967), 141-58. **4.** *Shulhan Arukh*, Hoshen Mishpat 26.4; sobre Isserles, ver A. Siev, *HaRama: Rabbi Moshe Isserles* (Jerusalém, 1956) (Heb.). **5.** Sobre Hayyim b. Betsalel e o ataque a Karo e Isserles, ver E. Reiner, "The Rise of an Urban Community: Some Insights on the Transition from the Medieval Ashkenazi to the 16th Century Jewish Community in Poland", *KHZ* 207 (2003), 363-72. **6.** *Shulhan Arukh*, OH 3:2 (trad. Jacobs) (sobre o uso do banheiro); sobre Maharam, ver S. M. Chones, *Sefer Toledot haPosekim* (Nova York, 1945–6), 366-71;

sobre Isserles reconhecer os costumes locais, ver L. Jacobs, *A Tree of Life: Diversity, Flexibility, and Creativity in Jewish Law*, 2a. ed. (Londres e Portland, Oreg., 2000), 211-5. **7.** Reações às condições alteradas para os trabalhadores: *b. Ber.* 16a; *Shulhan Arukh, OH* 191:2; cf. Jacobs, *Tree of Life*, 150; sobre as luzes de Chanucá: *m. B.K* 6:6; *Shulhan Arukh, OH* 671:7; sobre a homossexualidade: *Bah* para *Tur.* EH 24; cf. Jacobs, *Tree of Life*, 136-7. **8.** Isserles, *YD* 376:4 (trad. Denburg) in *Laws of Mourning*, 242-6. **9.** Sobre *yahrzeit*, ver M. Lamm, *The Jewish Way in Death and Mourning* (Nova York, 1988); sobre Yizkor, ver A. Z. Idelsohn, *Jewish Liturgy and its Development* (Nova York, 1967), 230f., 293. **10.** A respeito de *kitniot*, ver I. M. Ta-Shma, *Minhag Ashkenaz haKadmon: Heker veIyun* (Jerusalém, 1992), 271-82. **11.** Sobre a disseminação de *yeshivot* nos séculos XVI e XVII, ver E. Fram, *Ideals Face Reality: Jewish Law and Life in Poland, 1550-1655* (Cincinnati, 1997), 5-6. **12.** O exemplo é tirado e adaptado do artigo sobre *pilpul* de Alexander Kisch, in I. Singer (ed.), *The Jewish Encyclopaedia*, 12 vols. (Nova York, 1901-6), 10:42. **13.** *b. B.B 14b* (termo *pilpul*). **14.** Sobre o *gaon* de Vilnius, ver E. Stern, *The Genius: Elijah of Vilna and the Making of Modern Judaism* (New Haven, 2014). **15.** I. Cohen, *History of Jews in Vilna* (Filadélfia, 1943). **16.** A. David, *In Zion and Jerusalem: The Itinerary of Rabbi Moses Basola (1521-1523)* (Jerusalém, 1999); *Zohar, Devarim* 296b, in I. Tishby, *The Wisdom of the Zohar*, 3 vols. (Oxford, 1989), 1:164-5; sobre os assentamentos judeus em Safed, ver A. David, "Demographic Changes in the Safed Jewish Community in the Sixteenth Century", in R. Dan (ed.), *Occident and Orient: A Tribute to the Memory of A. Scheiber* (Leiden, 1988); A. Cohen e B. Lewis, *Population and Revenue in the Towns of Palestine in the Sixteenth Century* (Princeton, 1978). **17.** L. Fine, *Physician of the Soul, Healer of the Cosmos: Isaac Luria and his Kabbalistic Fellowship* (Stanford, 2003). **18.** A respeito de Moshe Cordovero, ver B. Sack, *The Kabbalah of Rabbi Moshe Cordovero* (Jerusalém, 1995) (Heb.). **19.** Sobre Luria, ver especialmente Fine, *Physician of the Soul.* **20.** Sobre a transmissão dos ensinamentos de Luria, ver R. Meroz, "Faithful Transmission versus Innovation: Luria and his Disciples", in P. Schäfer e J. Dan (eds.), *Gershom Scholem's Major Trends in Jewish Mysticism Fifty Years After* (Tübingen, 1993), 257-74. **21.** Fine, *Physician of the Soul*, 340-50 (sobre o acordo formal entre Vital e outros discípulos de Luria); H. Vital, *Sefer haHezyonot*, ed. A. Eshkoli (Jerusalém, 1954), 154, trad. Fine (in Fine, *Physician of the Soul*, 337). **22.** Fine, *Physician of the Soul*, 128-31 (*tsimtsum*); 187-258 (*tikkun olam*); Jacob ben Hayyim Zemah, *Nagid uMetsaveh* (trad. L. e D. Cohn-Sherbok, *A Short Reader in Judaism* (Oxford, 1996), 110). **23.** Sobre as impressões do Zohar na Itália do século XVI, ver I. Zinberg, *Italian Jewry in the Renaissance Era* (Nova York, 1974), 121. **24.** Sobre Shalem Shabbazi, ver A. Afag'in, *Aba Sholem Shabbazi Ne'im Zemirot Yisrael* (Rosh HaAyin, 1994); sobre o Maharal, ver B. L. Sherwin, *Mystical Theology and Social Dissent: The Life and Works of Judah Loew of Prague* (Londres, 1982). **25.** Vital, *Sha'ar haMitsvot*, Va'ethanan, 79, citado in Jacobs, *Tree of Life*, 69-70. **26.** Singer–Sacks, 257 ("Beloved of the soul"); sobre a saudação do Shabat por parte dos cabalistas de Safed, ver Fine, *Physician of the Soul*, 248-50; Singer–Sacks, 267 ("Come, my Beloved"). **27.** H. Vital, *Sha'ar Ruah haKodesh* (Tel Aviv, 1963), 88–9, citado in G. Nigal, *Magic, Mysticism and Hasidism* (Londres, 1994), 118; sobre a possessão por um espírito, ver J. H. Chajes, *Between Worlds: Dybbuks, Exorcists, and Early Modern Judaism* (Filadélfia, 2003). **28.** G. Scholem, *Sabbatai Sevi: The Mystical Messiah, 1626–76* (Londres, 1973), 206 (encontro com Nathan). **29.** Baruch of Arezzo, *Memorial* 5, citado in D. J. Halperin, *Sabbatai Zevi: Testimonies to a Fallen Messiah* (Oxford e Portland, Oreg., 2007), 35-6. **30.** Scholem, *Sabbatai Sevi* continua a ser o principal relato sobre a carreira e a influência de Sabbatai. **31.** Ibid., 207-13. **32.** Barukh de Arezzo, *Memorial* 8, citado in Halperin, *Sabbatai Zevi*, p. 41; sobre o papel dos profetas na divulgação da mensagem de Sabbatai, ver M. Goldish, *The Sabbatean Prophet* (Cambridge, Mass., 2004). **33.** Barukh de Arezzo, *Memorial* 7, citado in Halperin, *Sabbatai Zevi*, 38-9. **34.** Scholem, *Sabbatai Sevi*, 417-33. **35.** Barukh of Arezzo, *Memorial* 11, citado in Halperin, *Sabbatai Zevi*, 47. **36.** Barukh de Arezzo, *Memorial* 12, citado in Halperin, *Sabbatai Zevi*, 49 (Constantinopla); Scholem, *Sabbatai Sevi*, 461-602. **37.** Barukh de Arezzo, *Memorial* 15, citado in Halperin, *Sabbatai Zevi*, 57. **38.** Barukh de Arezzo, *Memorial* 16, citado in Halperin, *Sabbatai Zevi*, 61; carta de Sabbatai citada in Halperin, *Sabbatai Zevi*, 10. **39.** Joseph Halevi, citado in Halperin, *Sabbatai Zevi*, 107, 112; M. Loewenthal (trad.), *The Memoirs of Glückel of Hameln* (Nova York, 1977), 46-7. **40.** Jacob Najara, *Chronicle*, citado in Halperin, *Sabbatai Zevi*, 135, 130-1. **41.** Nathan de Gaza, citado in Halperin, *Sabbatai Zevi*, 11; sobre a redenção por meio do pecado, ver Scholem, *Sabbatai Sevi*, 802-15; G. Scholem, *Major Trends in Jewish Mysticism* (Nova York, 1971), 78-141; Barukh de Arezzo, *Memorial* 26, citado in Halperin, *Sabbatai Zevi*, 88. **42.** Jacob Sasportas, citado in Halperin, *Sabbatai Zevi*, 6; Barukh de Arezzo, *Memorial* 3, citado in Halperin, *Sabbatai Zevi*,

33. **43.** Sobre a reação de Nathan, ver Halperin, *Sabbatai Zevi*, 17; M. Idel, "'One from a Town, Two from a Clan' – The Diffusion of Lurianic Kabbala and Sabbateanism: A Re-examination", *Jewish History* 7.2 (1993), 79-104; para sugestões de antinomianismo como uma motivação, ver Halperin, *Sabbatai Zevi*, 17-9; Joseph Halevi, *Letters*, citado in Halperin, *Sabbatai Zevi*, 108; sobre o poder da comunicação de massa, ver M. Goldish, *The Sabbatean Prophets* (Cambridge, Mass., e Londres, 2004). **44.** Barukh de Arezzo, *Memorial* 28, citado in Halperin, *Sabbatai Zevi*, 93-4. **45.** Sobre Cardoso em 1682, ver Halperin, *Sabbatai Zevi*, 186; sobre os *dönmeh* no mundo moderno, ver M. D. Baer, *The Dönme: Jewish Converts, Muslim Revolutionaries, and Secular Turks* (Stanford, 2010). **46.** Sobre os seguidores ascetas do "Rabbi Judah Hasid", ver Meir Benayahu, "The Holy Society of Judah Hasid and its Immigration to the Land of Israel", *Sefunot* 3-4 (1959-60), 133-4 (Heb.). **47.** P. Maciejko, *The Mixed Multitude: Jacob Frank and the Frankist Movement, 1755-1816* (Filadélfia, 2011). **48.** Sobre as polêmicas de Moshe Hagiz, ver E. Carlebach, *The Pursuit of Heresy: Rabbi Moses Hagiz and the Sabbatian Controversies* (Nova York, 1990). **49.** Moses Hayyim Luzzatto, *Mesillat Yesharim*, ed. M. Kaplan (Jerusalém, 1948), 11-2. **50.** Sobre Eybeschütz e Emden, ver J. J. Schacter, "Rabbi Jacob Emden, Life and Major Works" (tese de doutorado, Harvard University, 1988), 370-498. **51.** *Solomon Maimon: An Autobiography*, trad. J. Clark Murray (Urbana, Ill., 2001), 167-9. **52.** Sobre o papel dos *tsaddik*, ver A. Rapoport-Albert, "God and the Zaddik as the Two Focal Points of Hasidic Worship", in G. D. Hundert (ed.), *Essential Papers on Hasidism* (Nova York, 1991), 299-330; I. Etkes, "The Zaddik: The Interrelationship between Religious Doctrine and Social Organization", in A. Rapoport-Albert (ed.), *Hasidism Reappraised* (Londres, 1996), 159-67. **53.** S. Dressner, *Levi Yitzhak* (Nova York, 1974). **54.** M. Rosman, *Founder of Hasidism: A Quest for the Historical Ba'al Shem Tov* (Berkeley, 1996); I. Etkes, *The Besht: Magician, Mystic, and Leader* (Waltham, Mass., 2005). **55.** Sobre *ba'alei shem* entre os séculos XVI e XVIII, ver Etkes, *The Besht*, 7-45; sobre *Mifalot Elohim* of Yoel Ba'al Shem, ver ibid., 33-42; sobre Falk, ver C. Roth, *Essays and Portraits in Anglo-Jewish History* (Filadélfia, 1962), 139-64. M. K. Schuchard, "Dr. Samuel Jacob Falk: A Sabbatian Adventurer in the Masonic Underground", in M. Goldish e R. Popkin (eds.), *Jewish Messianism in the Early Modern World* (Dordrecht, 2001), 203-26. **56.** *Toledot Ya'akov Yosef*, "Vayetse", 89, citado in R. Elior, *The Mystical Origins of Hasidism* (Oxford, 2006), 58; *Toledot Yaakov*

Yosef, 25. **57.** Para diferentes abordagens historiográficas das dimensões sociais da fundação do hassidismo, ver S. Ettinger, "The Hasidic Movement – Reality and Ideals", in G. D. Hundert (ed.), *Essential Papers on Hasidism* (Nova York, 1991), 226-43; M. J. Rosman, "Social Conflicts in Międzybóz in the Generation of the Besht", in Rapoport-Albert (ed.), *Hasidism Reappraised*, 51-62; G. Dynner, *Men of Silk: The Hasidic Conquest of Polish Jewish Society* (Oxford, 2006); *Shiv[h]ei haBesht 21*, in D. Ben-Amos e J. R. Mintz, *In Praise of Baal Shem Tov* (Nova York, 1984), 35-6; M. Rosman, *Founder of Hasidism: A Quest for the Historical Ba'al Shem Tov* (Berkeley, 1996), 165. **58.** Rapoport-Albert (ed.), *Hasidism Reappraised*, 80-94, 268-87. **59.** Sobre Shneur Zalman of Lyady, ver R. Elior, *The Paradoxical Ascent to God: The Kabbalistic Theosophy of Habad Hasidism*, trad. J. M. Green (Albany, NY, 1993). **60.** Sobre o funcionamento de uma corte hassídica, ver I. Etkes, "The Early Hasidic Court", in E. Lederhendler e J. Wertheimer (eds.), *Text and Context: Essays in Modern Jewish History and Historiography in Honor of Ismar Schorsch* (Nova York, 2005), 157-86. **61.** Sobre Nahman de Breslov, ver A. Green, *Tormented Master: A Life of Rabbi Nachman of Bratslav* (Filadélfia, 1979). **62.** Sobre a imagem e a memória do Visionário de Lublin, ver D. Assaf, "One Event, Two Interpretations: The Fall of the Seer of Lublin in the Hasidic Memory and Maskilic Satire", *Polin* 15 (2002), 187–202. **63.** Sobre os banimentos contra os *hasidim* em 1772 e em um período posterior, ver M. L. Wilensky, "Hasidic–Mitnaggedic Polemics in the Jewish Communities of Eastern Europe: The Hostile Phase", in G. D. Hundert (ed.), *Essential Papers on Hasidism* (Nova York, 1991), 244-71. **64.** Para os opositores do hassidismo, ver E. J. Schochet, *The Hasidic Movement and the Gaon of Vilna* (Lanham, Md, 1993); A. Nadler, *The Faith of the Mithnagdim: Rabbinic Responses to Hasidic Rapture* (Baltimore, 1997), 29-49; sobre as acusações de o hassidismo tender para o panteísmo, ver Nadler, *The Faith of the Mithnagdim*, 11-28. **65.** *Solomon Maimon: An Autobiography*, 174-5. **66.** Sobre as tentativas por parte do Estado russo de acabar com as hostilidades, ver J. D. Klier, *Russia Gathers her Jews* (DeKalb, Ill., 1986), 142; sobre Levi Isaac ben Meir de Berdichev, ver Y. Petrovsky-Shtern, "The Drama of Berdichev: Levi Yitshak and his Town", *Polin* 17 (2004), 83–95. **67.** *Shivhei haBesht 21*, in Ben-Amos e Mintz, *In Praise of Baal Shem Tov*; sobre o relacionamento entre o hassidismo e o messianismo, ver G. Scholem, *The Messianic Idea in Judaism: And Other Essays on Jewish Spirituality* (Londres, 1971), 176-202.

CAPÍTULO 16: DO ILUMINISMO AO ESTADO DE ISRAEL

1. Sobre as alterações demográficas entre as populações judaicas no período moderno, ver "Appendix: The Demography of Modern Jewish History", in P. Mendes-Flohr e J. Reinharz (eds.), *The Jew in the Modern World: A Documentary History*, 2a. ed. (Nova York e Oxford, 1995), 701–21. **2.** Sobre os problemas para estabelecer o tamanho das atuais populações judaicas, ver S. DellaPergola, "World Jewish Population 2010", *Current Jewish Population Reports* (Cincinnati, 2010), Number 2, pp. 8-11. **3.** Shalom Aleichem, *The Old Country*, trad. F. e J. Butwin (Londres, 1973), pp. 76-7. **4.** S. Schwarzfuchs, *Napoleon, the Jews and the Sanhedrin* (Londres, 1979). **5.** Sobre os judeus na Alemanha no século XIX, ver M. Meyer, *The Origins of the Modern Jew* (Detroit, 1979); D. Sorkin, *The Transformation of German Jewry 1780-1840* (Nova York, 1987). **6.** R. Harris, *The Man on Devil's Island: Alfred Dreyfus and the Affair that Divided France* (Londres, 2010). **7.** Sobre os judeus na Romênia no século XIX, ver C. Iancu e L. Rotman, *The History of the Jews of Romania*, vol. 2 (Bucharest, 2005). **8.** Sobre o rabinato superior na Grã-Bretanha, ver M. Freud-Kandel, *Orthodox Judaism in Britain since 1913: An Ideology Forsaken* (Londres, 2006); sobre o antissemitismo inglês: A. Julius, *Trials of the Diaspora: A History of Anti-Semitism in England* (Oxford, 2012). **9.** Sobre o antissemitismo islâmico, ver R. Wistrich, *A Lethal Obsession: Anti-Semitism from Antiquity to the Global Jihad* (Nova York, 2010); sobre os *Protocols*, ver B. Segel, *A Lie and a Libel: A History of the Protocols of the Elders of Zion* (Lincoln, Nebr., 1995). **10.** Sobre a história do Iluminismo judaico, ver S. Feiner, *Haskalah and History: The Emergence of a Modern Jewish Historical Consciousness* (Oxford, 2002). **11.** Sobre a história da *Wissenschaft des Judentums*, ver I. Schorsch, "Breakthrough into the Past: The Verein für Cultur und Wissenschaft der Juden", *LBIYB* 33 (1988), 3-28. **12.** Sobre a Bund, ver N. Levin, *While Messiah Tarried: Jewish Socialist Movements, 1871-1917* (Nova York, 1977); a respeito das ideias "sionistas" no século XIX antes de Herzl, ver A. Hertzberg (ed.), *The Zionist Idea* (Nova York, 1997), 101-98. **13.** Sobre a história do sionismo, ver W. Laqueur, *A History of Zionism* (Londres, 2003); sobre o pós-sionismo, ver D. Penslar, *Israel in History: The Jewish State in Comparative Perspective* (Londres, 2007). **14.** S. Huberband, *Kiddush Hashem* (Hoboken, NJ, 1987); prece Yizkor, in A. Gold et al. (eds.), *The Complete Art Scroll Machzor: Pesach* (Nova York, 1990), 993. **15.** I. Elbogen, *Jewish Liturgy: A Comprehensive History* (Filadélfia, 1993); sobre a arquitetura das sinagogas nos séculos XIX e XX, ver C. Krinsky, *Synagogues of Europe: Architecture, History, Meaning* (Nova York, 1985) e D. Stolzman e H. Stolzman (eds.), *Synagogue Architecture in America: Faith, Spirit and Identity* (Filadélfia, 2004). **16.** L. Jacobs, *A Tree of Life: Diversity, Flexibility, and Creativity in Jewish Law*, 2a. ed. (Oxford e Portland, Oreg., 1984), 157-9. **17.** Sobre um exemplo anterior de um rabino ortodoxo tentando obter um doutorado acadêmico para ter status em sua comunidade, ver D. H. Ellenson, *Rabbi Esriel Hildesheimer and the Creation of Modern Jewish Orthodoxy* (Tuscaloosa, Alas., e Londres, 1990), 14-5 (sobre Hildesheimer em 1843). **18.** Sobre a identidade judaica em Israel moderno, ver N. Rothenberg e E. Schweid (eds.), *Jewish Identity in Modern Israel* (Jerusalém, 2004); A Lei do Retorno, emendada em 1970, seções 4A e 4B; sobre o caso do Irmão Daniel, ver N. Tec, *In the Lion's Den: The Life of Oswald Rufeisen* (Nova York, 2008). **19.** Sobre o judaísmo e a guerra moderna, ver L. Jacobs, *What Does Judaism Say about...?* (Jerusalém, 1973), 228-30 (sobre a falta de tratamento da teoria da "guerra justa"); A. Ravitzky, "Prohibited Wars in the Jewish Tradition"; e M. Walzer, "War and Peace in the Jewish Tradition", in T. Nardin (ed.), *The Ethics of War and Peace* (Princeton, 1998). **20.** Sobre Goren, ver S. Freedman, *Rabbi Shlomo Goren: Torah Sage and General* (Nova York, 2006). **21.** Sobre o Dia do Holocausto (Yom HaShoah), ver J. Young, "When a Day Remembers: A Performative History of Yom Ha-Shoah", *HM* 2.2 (1990), 54-75. **22.** Sobre o caso JFS, ver R on the application of E) v Governing Body of JFS and others (2009), UKSC 15; J. Weiler, "Discrimination and Identity in Londres: The Jewish Free School Case", *Jewish Review of Books* (Spring, 2010). **23.** C. Rosen, *The Book of Jewish Food* (Londres, 1997).

CAPÍTULO 17: REFORMA

1. A. Arkush, *Mendelssohn* (Albany, NY, 2004); D. Sorkin, "The Case for Comparison: Moses Mendelssohn and the Religious Enlightenment", *MJ* 14.2 (1994), 121-38. **2.** M. Mendelssohn, *Jerusalem, or, On Religious Power and Judaism*, trad. A. Arkush (Hanover, 1983), 139, 133. **3.** Sobre Mendelssohn e a sua influência, ver S. Feiner, *Moses Mendelssohn: Sage of Modernity* (New Haven, 2010). **4.** Sobre Kant e o judaísmo, ver N. Rotenstreich, *Jews and German Philosophy: The Polemics of Emancipation* (Nova York, 1984). **5.** Solo-

mon Maimon: An Autobiography, trad. J. Clark Murray (Urbana, Ill., 2001), 280; A. Socher, *The Radical Enlightenment of Solomon Maimon: Judaism, Heresy and Philosophy* (Stanford, 2006). **6.** J. M. Harris, *Nachman Krochmal: Guiding the Perplexed of the Modern Age* (Nova York, 1991); sobre Salomon Steinheim, ver J. Guttman, *Philosophies of Judaism* (Filadélfia, 1964), 344-9. **7.** W. G. Plaut, *The Rise of Reform Judaism* (Nova York, 1963), 138-9; sobre Holdheim, ver C. Wiese (ed.), *Redefining Judaism in an Age of Emancipation: Comparative Perspectives on Samuel Holdheim* (Leiden, 2007). **8.** Sobre Israel Jacobson, ver J. R. Marcus, *Israel Jacobson: The Founder of the Reform Movement in Judaism* (Cincinnati, 1972). **9.** Plaut, *The Rise of Reform Judaism*, 31; sobre a cerimônia de confirmação, ver D. Resnik, "Confirmation Education from the Old World to the New: A 150 Year Follow-Up", *MJ* 31.2 (2011), 213-28; Chorin citado in D. Philipson, *The Reform Movement in Judaism*, ed. S. B. Freehov (ed. rev., Nova York, 1967), 442, n. 1.2. **10.** Sobre Geiger, ver M. Wiener, *Abraham Geiger and Liberal Judaism: The Challenge of the Nineteenth Century* (Filadélfia, 1962); sobre as decisões da conferência de Frankfurt, ver Philipson, *The Reform Movement*, 143-224, e M. Meyer, *Response to Modernity: A History of the Reform Movement in Judaism* (Detroit, 1995), 133ff. **11.** Sobre Luzzatto (Shadal), ver N. H. Rosenbloom, *Luzzatto's Ethico-Psychological Interpretation of Judaism* (Nova York, 1965); Y. Harel, "The Edict to Destroy Em la-Miqra", Aleppo 1865', *HUCA* 64 (1993), 36 (Heb.) **12.** Sobre a reforma na Hungria e na Transilvânia, ver M. Carmilly-Weinberger, "The Jewish Reform Movement in Transylvania and Banat: Rabbi Aaron Chorin", *SJ* 5 (1996), 13-60; sobre a lei de emancipação na Hungria em 1867, ver R. Patai, *The Jews of Hungary: History, Culture, Psychology* (Detroit, 1996), 230-40; sobre os neológos, ver N. Katzburg, "The Jewish Congress of Hungary, 1868-1869", *HJS* 2 (1969), 1-33; M. Carmilly-Weinberger (ed.), *The Rabbinical Seminary of Budapest, 1877-1977* (Nova York, 1986); sobre o grupo Status Quo Ante, ver H. Lupovitch, "Between Orthodox Judaism and Neology: The Origins of the Status Quo Movement", *JSS* 9.2 (2003), 123-53. **13.** A. Kershen e J. Romain, *Tradition and Change: A History of Reform Judaism in Britain 1840–1995* (Nova York, 1995). **14.** Sobre o mundo religioso dos judeus nos Estados Unidos, ver a excelente pesquisa in J. D. Sarna, *American Judaism: A History* (New Haven e Londres, 2004); sobre Einhorn, ver G. Greenberg, "Mendelssohn in America: David Einhorn's Radical Reform Judaism", *LBIYB* 27 (1982), 281-94; sobre Wise, ver S. Temkin, *Isaac Mayer Wise* (Londres, 1992). **15.** Parágrafos 2,

3, 4, 5, 7, 8 da Plataforma de Pittsburgh, ver W. Jacob, *The Changing World of Reform Judaism* (Pittsburgh, 1985). **16.** Sobre a Conferência Central dos Rabinos Norte-Americanos, ver Meyer, *Response*, passim; D. Philipson, "Message of the President", Proceedings of the Nineteenth Annual Congregation of the Central Conference of American Rabbis, *Yearbook of the Central Conference of American Rabbis*, 18 (Baltimore, 1908), 145-6. **17.** H. Cohen, *Der Begriff der Religion in System der Philosophie* (Giessen, 1915); J. Melber, *Hermann Cohen's Philosophy of Judaism* (Nova York, 1968); J. Lyden, "Hermann Cohen's Relationship to Christian Thought", *JJTP* 3.2 (1994), 279-301. **18.** Sobre Formstecher, ver Guttmann, *Philosophies of Judaism*, 308-13. **19.** Sobre Samuel Hirsch, ver N. Rotensteich, *Jewish Philosophy in Modern Times* (Nova York, 1968), 120-36. **20.** A. Friedlander, *Leo Baeck* (Londres, 1973); L. Baker, *Days of Sorrow and Pain: Leo Baeck and the Berlin Jews* (Nova York, 1978). **21.** Sobre Rosenzweig, ver N. Glatzer, *Franz Rosenzweig: His Life and Thought* (Indianapolis, 1998) e P. Mendes-Flohr (ed.), *The Philosophy of Franz Rosenzweig* (Londres, 1988). **22.** P. Vermes, *Buber* (Londres, 1988). **23.** A respeito do impacto da educação de adultos sobre os judeus alemães assimilados, ver N. H. Roemer, *Jewish Scholarship and Culture in Nineteenth-Century Germany: Between History and Faith* (Madison, Wis., 2005); sobre a Reforma norte-americana, ver M. I. Urofsky, *The Voice that Spoke for Justice: The Life and Times of Stephen S. Wise* (Albany, NY, 1982); D. Polish, *Renew our Days: The Zionist Issue in Reform Judaism* (Jerusalém, 1976); Plataforma de Columbus, parágrafos 16, 18. **24.** Sobre Abba Hilel Silver, ver M. Raider, *Abba Hilel Silver and American Zionism* (Londres, 1997). **25.** Judah Magnes citado em "Holocaust Theology", in A. Berlin e M. Grossman (eds.), *The Oxford Dictionary of the Jewish Religion*, 2a. ed. (Nova York e Oxford, 2011); sobre a teologia do Holocausto, ver S. Katz (ed.), *The Impact of the Holocaust on Jewish Theology* (Nova York, 2007); M. Buber, *The Eclipse of God* (Londres, 1952); sobre Emil Fackenheim, ver S. Portnoff et al., *Emil L. Fackenheim: Philosopher, Theologian, Jew* (Leiden, 2008). **26.** E. Levinas, *Talmudic Readings*, 440; sobre Levinas, ver E. Levinas, *The Levinas Reader*, ed. S. Hand (Oxford, 1989); A. Herzog, "Benny Levy versus Emmanuel Levinas on 'Being Jewish'", *MJ* 26 (2006), 15–30. **27.** Sobre Regina Jonas, ver K. von Kellenbach, "'God Does Not Oppress Any Human Being': The Life and Thought of Rabbi Regina Jonas", *LBIYB* 39 (1994), 213-25; E. Klapheck, *Fräulein Rabbiner Jonas: The Story of the First Woman Rabbi* (San Francisco, 2004). **28.** *National Jewish Population Survey*

2000-2001 (2003); sobre a World Union for Progressive Judaism, ver Meyer, *Response*, 335-53; sobre os desenvolvimentos contemporâneos no âmbito do judaísmo da Reforma, ver W. G. Plaut, *The Growth of Reform Judaism: American and European Sources: 50th Anniversary Edition, with Select Documents, 1975- 2008* (Filadélfia e Lincoln, Nebr., 2015).

CAPÍTULO 18: CONTRARREFORMA

1. Sobre o banquete, ver L. Sussman, "The Myth of the Trefa Banquet: American Culinary Culture and the Radicalization of Food Policy in American Reform Judaism", *AJAJ* 57 (2005), 29-52; M. Stanislawski, *A Murder in Lemberg: Politics, Religion and Violence in Modern Jewish History* (Princeton, 2007); J. H. Hertz, citado in A. Kershen e J. Romain (eds.), *Tradition and Change* (Londres, 1995), 159; sobre a questão da conversão nas relações entre Reforma e ortodoxos, ver E. Tabory, "The Legitimacy of Reform Judaism: The Impact of Israel on the United States", in D. Kaplan (ed)., *Contemporary Debates in American Reform Judaism: Conflicting Visions* (Londres, 2001), 221-34. **2.** On *Eleh Divrei haBrit*, ver P. Mendes-Flohr e J. Reinharz (eds.), *The Jew in the Modern World: A Documentary History*, 2a. ed. (Nova York e Oxford, 1995), 167-9; S. R. Hirsch, "Religion Allied to Progress", citado in ibid., 197-202. **3.** Sobre Bernays, ver S. Poppel, "The Politics of Religious Leadership: The Rabbinate in 19th-Century Hamburg", *LBIYB* 28 (1983), 439-70. **4.** S. R. Hirsch, *The Nineteen Letters of Ben Uziel*, trad. B. Drachman (Nova York, 1899), 170-1. **5.** S. R. Hirsch, *Judaism Eternal: Selected Essays from the Writings*, trad. I. Grunfeld, 2 vols. (Londres, 1956), 2:215-6. **6.** Sobre as *Austrittsgemeinden* no século xix, ver R. Liberles, *Religious Conflict in Social Context: The Resurgence of Orthodox Judaism in Frankfurt am Main, 1838-1877* (Nova York, 1985), 210-26. **7.** H. Graetz, *Gnosticismus und Judentum* (Krotoschin, 1846); sobre o relacionamento de Graetz com Hirsch, ver I. Grunfeld, in Hirsch, *Judaism Eternal*, 1:xxxvii, xliv. **8.** Sobre Zacharias Frankel, ver I. Schorsch, "Zacharias Frankel and the European Origins of Conservative Judaism", *Judaism* 30.3 (1981), 344-54. **9.** Sobre Salomon Breuer, ver J. Breuer, "Rav Dr. Salomon Breuer: His Life and Times", in *The Living Hirschian Legacy* (Nova York, 1989), 25-44. **10.** Sobre Agudat Israel no início do século xx, ver G. Bacon, *The Politics of Tradition: Agudath*

Yisrael in Poland, 1916-1939 (Jerusalém, 1996); sobre Hayyim Soloveitchik, ver N. Solomon, *The Analytic Movement: Hayyim Soloveitchik and his Circle* (Atlanta, 1993); sobre as escolas Beth Jacob, ver J. Grunfeld-Rosenbaum, *Sara Schenirer* (Nova York, 1968). **11.** Sobre Isaac Breuer, ver M. Morgenstern, *From Frankfurt to Jerusalem: Isaac Breuer and the History of the Secession Dispute in Modern Jewish Orthodoxy* (Leiden, 2002); sobre Yitzhak Soloveitchik, ver S. Meller, *The Brisker Rav: The Life and Times of Maran Hagaon Harav Yitzchok Ze'ev Halevi Soloveichik* (Jerusalém, 2007). **12.** Sobre Joseph B. Soloveitchik, ver R. Ziegler, *Majesty and Humility: The Thought of Rabbi Joseph B. Soloveitchik* (Nova York, 2012). **13.** Moshe Feinstein, citado in I. Robinson, "'Because of our Many Sins': The Contemporary Jewish World as Reflected in the Responsa of Moshe Feinstein", *Judaism* 35 (1986), 42. **14.** A. Ferziger, *Exclusion and Hierarchy: Orthodoxy, Non-Observance and the Emergence of Modern Jewish Identity* (Filadélfia, 2005); C. Kaiser, "Sitting on Fences: The Toleration of Compromise and Mixed Seating in Orthodox Synagogues in the USA", in M. Goodman et al., *Toleration within Judaism* (Oxford e Portland, Oreg., 2013), ch. 10; H. Soloveitchik, "Rupture and Reconstruction in the Transformation of Contemporary Orthodoxy", *Tradition* 28.4 (1994), 69-130; sobre o desenvolvimento da ortodoxia moderna em um movimento estruturado, ver Z. Eleff, *Modern Orthodox Judaism: A Documentary History* (Filadélfia e Lincoln, Nebr., 2016). **15.** Y. Leibovitz, *Judaism, Human Values and the Jewish State* (Cambridge, Mass., 1992), com uma introdução de E. Goldman. **16.** A respeito de Eliezer Berkovits, ver C. Raffel, "Eliezer Berkovits", in S. Katz (ed.), *Interpreters of Judaism in the Late Twentieth Century* (Washington, DC, 1993), 1-15; sobre a declaração no Gueto de Varsóvia, ver G. Bacon, "Birthpangs of the Messiah: The Reflections of Two Polish Rabbis on their Era", *SCJ* 7 (1991), 86-99; I. Greenberg, "Cloud of Smoke, Pillar of Fire: Judaism, Christianity, and Modernity after the Holocaust", in E. Fleischner (ed.), *Auschwitz: Beginning of a New Era? Reflections on the Holocaust* (Nova York, 1977), 30, 33. **17.** Sobre Sabato Morais, ver A. Kiron, "Dust and Ashes: The Funeral and Forgetting of Sabato Morais", *AJH* 84.3 (1996), 155-88; S. Schechter, *Studies in Judaism* (Londres, 1896), xvii–xviii; L. Finkelstein, *The Pharisees*, 2 vols. (Filadélfia, 1936–66). **18.** Ver N. Bentwich, *Solomon Schechter: A Biography* (Cambridge, 1938); E. K. Kaplan, *Holiness in Words: Heschel's Poetics of Piety* (Albany, NY, 1996). **19.** J. Hellig, "Richard Rubenstein", in Katz (ed.), *Interpreters of Judaism in* *the Late Twentieth Century*, 249-64. **20.** R. Gordis (ed.), *Emet ve-Emunah: Statement of Principles of Conservative Judaism* (Nova York, 1988), 19-22. **21.** M. Waxman, *Tradition and Change* (Nova York, 1958), 361. **22.** Sobre a história do judaísmo reconstrucionista, ver J. Gurock e J. Schacter, *A Modern Heretic and a Traditional Community: Mordecai M. Kaplan, Orthodoxy, and American Judaism* (Nova York, 1996); sobre a sinagoga como um centro da comunidade, ver D. Kaufman, *Shul with a Pool: The "Synagogue-Center" in American Jewish History* (Hanover, 1999). **23.** R. T. Alpert e J. J. Staub, *Exploring Judaism: A Reconstructionist Approach* (Nova York, 2000). **24.** Sobre a situação contemporânea do judaísmo conservador, ver E. Cosgrove, "Conservative Judaism's 'Consistent Inconsistencies'", *Conservative Judaism* 59.3 (2007), 3-26. **25.** L. Jacobs, *We Have Reason to Believe* (Londres, 1957; 3a. ed., 1965); sobre a história das ideias judaicas sobre a "Torá vinda do céu", ver N. Solomon, *Torah from Heaven: The Reconstruction of Faith* (Oxford, 2012).

CAPÍTULO 19: REJEIÇÃO

1. Isa 66:5; Esdras 10:3; S. C. Heilman, *Defenders of the Faith: Life among the Ultra-Orthodox* (Nova York, 1992). **2.** Sobre o escândalo das perucas indianas, ver D. Wakin, "Rabbis' Rules and Indian Wigs Stir Crisis in Orthodox Brooklyn", *New York Times*, 14 maio 2004. **3.** Sobre o papel das mulheres na sociedade *haredi*, ver T. El-Or, *Educated and Ignorant* (Boulder, Colo., 1994); N. Stadler, *Yeshiva Fundamentalism: Piety, Gender and Resistance in the Ultra-Orthodox World* (Nova York, 2009), 117-34. **4.** Sobre o Hatam Sofer, ver P. Mendes-Flohr e J. Reinharz, *The Jew in the Modern World: A Documentary History*, 2a. ed. (Nova York e Oxford, 1995), 172; Y. D. Shulman, *The Chasam Sofer: The Story of Rabbi Moshe Sofer* (Lakewood, NJ, 1992). **5.** Shulman, *The Chasam Sofer*, 25. **6.** Sobre Ganzfried, ver J. Katz, "The Changing Position and Outlook of Halachists in Early Modernity", in L. Landman (ed.), *Scholars and Scholarship* (Nova York, 1990), 93-106; sobre o Hafets Hayyim, ver M. M. Yashar, *Saint and Sage: Hafetz Hayim* (Nova York, 1937); a respeito da *Mishnah Berurah*, ver S. Fishbane, *The Method and Meaning of the Mishnah Berurah* (Hoboken, NJ, 1991); sobre Karelitz, ver S. Finkelman, *The Chazon Ish: The Life and Ideals of Rabbi Yeshayah*

Karelitz (Nova York, 1989). **7.** Finkelman, *The Chazon Ish*, 218. **8.** I. Etkes, *Rabbi Israel Salanter and the Musar Movement: Seeking the Torah of Truth* (Jerusalém, 1993). **9.** L. S. Dawidowicz (ed.), *The Golden Tradition: Jewish Life and Thought in Eastern Europe* (Nova York, 1989), 192-200. **10.** Sobre os hasidim Gur, ver A. Y. Bromberg, *Rebbes of Ger: Sfar Emes and Imrei Emes* (Brooklyn, NY, 1987). **11.** J. R. Mintz, *Hasidic People: A Place in the New World* (Cambridge, Mass., 1992). **12.** A. I. Kook, *The Light of Penitence...* (Londres, 1978), 256; ver Y. Mirsky, *Rav Kook: Mystic in a Time of Revolution* (New Haven, 2014). **13.** J. Agus, *High Priest of Rebirth: The Life, Times and Thought of Abraham Isaac Kuk* (Nova York, 1972); M. Weiss, *Rabbi Zvi Hirsch Kalischer, Founder of Modern and Religious Zionism* (Nova York, 1969); sobre Alkalai, ver J. Katz, "The Forerunners of Zionism and the Jewish National Movement", in idem, *Jewish Emancipation and Self-Emancipation* (Filadélfia, 1986), 89-115. **14.** Sobre Gush Emunim, ver M. Keige, *Settling in the Hearts: Jewish Fundamentalism in the Occupied Territories* (Detroit, 2009). **15.** Sobre Meir Kahane, ver R. Friedman, *The False Prophet: Meir Kahane – from FBI Informant to Knesset Member* (Londres, 1990). **16.** Sobre os Neturei Karta, ver I. Domb, *The Transformation: The Case of the Neturei Karta* (Londres, 1989). **17.** A. Kaplan, *Rabbi Nahman's Wisdom* (Nova York, 1973), p. 275, n. 141 (com referência a versões ligeiramente diferentes); cf. A. Green, *Tormented Master: A Life of Rabbi Nachman of Bratslav* (Filadélfia, 1979); sobre o movimento Lubavitch contemporâneo, ver S. Fishkoff, *The Rebbe's Army: Inside the World of Chabad-Lubavitch* (Nova York, 2005). **18.** S. Hellman e M. Friedman, *The Rebbe: The Life and Afterlife of Menachem Mendel Schneerson* (Princeton, 2010). **19.** A. S. Ferziger, "From Lubavitch to Lakewood: The Chabadization of American Orthodoxy", *MJ* 33 (2013), 101-24; M. Dansky, *Gateshead: Its Community, its Personalities, its Institutions* (Jerusalém, 1992). **20.** D. Berger, *The Rebbe, the Messiah, and the Scandal of Orthodox Indifference* (Londres, 2001).

CAPÍTULO 20: RENOVAÇÃO

1. A. Green, "Judaism for the Post-Modern Era", The Samuel H. Goldenson Lecture, Hebrew Union College, 12 dezembro 1994; sobre budistas judeus, ver J. Linzer, *Torah and Dharma: Jewish Seekers in Eastern Religions*

(Oxford, 1996). **2.** Z. Schachter-Shalomi, *Jewish with Feeling* (Woodstock, Vt, 2005). **3.** R.-E. Prell, *Prayer & Community: The Havurah in American Judaism* (Detroit, 1989). **4.** P. S. Nadell, *Women Who Would be Rabbis: A History of Women's Ordination, 1889-1985* (Boston, 1998). **5.** Prece citada de M. Feld, *A Spiritual Life: A Jewish Feminist Journey* (Albany, NY, 1999), 58. **6.** S. C. Grossman, in E. M. Umansky e D. Ashton (eds.), *Four Centuries of Jewish Women's Spirituality: A Source Book* (Boston, 1992), 279-80 (sobre os *tefillin*); S. Berrin (ed.), *Celebrating the New Moon: A Rosh Chodesh Anthology* (Northvale, NJ, 1996); C. Kaiser, in M. Goodman et al., *Toleration within Judaism* (Oxford e Portland, Oreg., 2013), ch. 11; A. Weiss, "Open Orthodoxy! A Modern Orthodox Rabbi's Creed", *Judaism* 46 (1997), 409-26. **7.** J. Plaskow, *Standing Again at Sinai: Judaism from a Feminist Perspective* (Nova York, 1991), 198. **8.** N. Lamm, "Judaism and the Modern Attitude to Homosexuality", in *Encyclopaedia Judaica Year Book* (Jerusalém, 1974); M. Feinstein, *Iggerot Moshe, Orach Hayyim*, vol. 4, n. 115 (Nova York, 1976); S. Greenberg, *Wrestling with God and Men* (Madison, Wis., 2005); C. Rapoport, *Judaism and Homosexuality* (Londres, 2005). **9.** E. Dorff, *"This is my Beloved, This is my Friend": A Rabbinic Letter on Intimate Relations* (Nova York, 1996), 38-40; R. Alpert, *Like Bread on the Seder Plate: Jewish Lesbians and the Transformation of Tradition* (Nova York, 1997); M. Shokeid, *A Gay Synagogue in New York* (Nova York, 1995). **10.** D. Schneer e C. Aviv (eds.), *Queer Jews* (Londres, 2002); sobre o judaísmo humanista, ver S. Wine, *Judaism beyond God* (Hoboken, NJ, 1995), 217, 228; D. Cohn-Sherbok et al. (eds.), *A Life of Courage: Sherwin Wine and Humanistic Judaism* (Farmington Hills, Mich., 2003). **11.** H. A. Wolfson, "Sermotta", in idem, *Religious Philosophies: A Group of Essays* (Cambridge, Mass., 1961), 270-1; B. Halpern, *The American Dream: A Zionist Analysis* (Nova York, 1956), 144; Y. Malkin, *What Do Secular Jews Believe?* (Tel Aviv, 1998), 11-6.

CAPÍTULO 21: À ESPERA DO MESSIAS?

1. Sobre a Alliance Israélite Universelle, ver M. Laskier, *The Alliance Israélite Universelle and the Jewish Communities of Morocco, 1862–1962* (Albany, NY, 1983), e A. Rodrigue, *French Jews, Turkish Jews: The Alliance Israélite Univer-*

selle and the Politics of Jewish Schooling in Turkey, 1860-1925 (Bloomington, Ind., 1990). **2.** Sobre movimentos messiânicos no Iêmen no século XIX, ver B. Z. Eraqi Klorman, *The Jews of Yemen in the Nineteenth Century: A Portrait of a Messianic Community* (Leiden, 1993); sobre os judeus iemenitas no século XX, ver H. Lewis, *After the Eagles Landed: The Yemenites of Israel* (Boulder, Colo., 1989); T. Parfitt, *The Road to Redemption: The Jews of the Yemen, 1900-1950* (Leiden, 1996). **3.** C. S. Liebman e Y. Yadgar, "Beyond the Religious–Secular Dichotomy: *Masortim* in Israel", in Z. Gitelman (ed.), *Religion or Ethnicity? Jewish Identities in Evolution* (New Brunswick, 2009), 171-92. **4.** T. Parfitt e E. Semi, *The Beta Israel in Ethiopia and Israel: Studies on the Ethiopian Jews* (Richmond, Surrey, 1998); T. Parfitt e E. Trevisan Semi, *Judaising Movements* (Londres, 2002); J. E. Landing, *Black Judaism: Story of an American Movement* (Durham, NC, 2002); D. H. Stern, *Messianic Judaism: A Modern Movement with an Ancient Past* (Jerusalém, 2007) (ver acima, capítulo 7). **5.** Deut 23:3; S. Riskin, *A Jewish Woman's Right to Divorce* (Nova York, 2006). **6.** D. Hartman, *A Heart of Many Rooms* (Woodstock, Vt, 2001). **7.** M. H. Danzger, *Returning to Tradition* (New Haven, 1989); L. Davidman, *Tradition in a Rootless World* (Berkeley, 1991). **8.** Sobre o Instituto do Templo, ver J. Goldberg, "Jerusalem Endgames", *New York Times Magazine*, 3 outubro 1998. **9.** N. Shragai, "Present-day Sanhedrin", *Haaretz*, 28 fevereiro 2007; Jos. *AJ* 10.210.

Índice

Aarão 29, 38, 77, 79, 100, 178-9, 184, 188-9, 191, 196, 258, 540
abate animal 107
    afiação de facas para o 489-90
    para o sacrifício *ver* culto: sacrifical
abate ritual (*shehitah*) 381
Abba bar Aivu, o Rav 318
Abbas I 435
Abbas II 435
Abbaye 318
Abd al-Malik 289
Abelardo, Pedro 393
Abraão 28-30, 41, 87-9, 253-4, 262
    aliança divina com 108, 110, 213
    Fílon e a migração de Abraão da Mesopotâmia 213
Abraão, Apocalipse de 252
Abraão, Testamento de 254, 260
abstinência 218, 245-6, 305-6, 407-8
    cristã 401-2
    e os caraítas 355
    jejum *ver* jejum
    dos hassidim asquenazes 401-2
    sabbatiana 476
Abu Isa (nascido Yitzhak b. Yaakov, também conhecido como Obadiah) 355
Abuhatzeira, Israel (Baba Sali) 609
Abulafia, Abraham 404-6, 408-10, 454
Abulafia, Meir b. Todros haLevi 393
academia de Altona 479
academia de Lucena 319
academia de Nehardeah 318
academia de Pumbedita 312, 318, 368, 371
academia de Sura 312, 318-9, 368, 371
academia de Tels 580
academias 310-5, 317-21, 334, 366, 368, 370-2, 381-2, 435-6, 454-5, 577-8, 585-7, 590-1, 608-9, 613-4

hassídicas 582
líderes das *ver geonim*
métodos de ensino 448-50
na Europa Oriental 448-9, 451-3, 479-80, 579-81
Acre 274, 404
Adão 457
Adret, Shlomo ben Avraham (o Rashba) 395, 405, 409
Adriano 288
Adrianópolis 423, 428, 470
afrescos 218, 291, 345
África do Sul 503, 505, 609
Afrodísias 347
Agag 30
Ageu 64
Agripa I 37, 42, 46, 48, 70, 133-4, 136, 145
Agripa II 134, 154-5
Agudat Israel (Agudah) 560-1, 582, 587
Aha' de Shabha, Rav 310
Ahab 106
Aharon ben Moshe ben Asher 320
Ahimaaz ben Paltiel 352
Aish haTorah (Chama da Torá) 613
Aiúbidas 391
Akiva (ben Yosef), Rabino 250, 262, 304, 308, 315, 330-1, 337
Aksum 276, 282
Albo, Yosef 397-8
Alcimo 125
alegorização da Torá
    feita pelos sectários da Yahad 181-2, 215-6
    extrema, ignorando os sentidos literais 195, 216-7
    leituras de Fílon 207-8, 208-20
    popularidade entre os judeus de Alexandria 215-7
Alemanha 283, 303-4, 365, 448-9, 503, 511-2
    academias judaicas 320-1
    antissemitismo 551-4 *ver também* nazismo

assentamentos/comunidades judaicas 279-80, 303-4, 377-8, 364, 438
Berlim *ver* Berlim
emigrantes da antiga União Soviética na 609-10
e Napoleão e sua queda 511-2
judaísmo da Reforma 531-5, 545-7, 550-1, 557-8
judaísmo neo-ortodoxo 554-60
judeus alemães se convertendo ao cristianismo 514-5, 535-6, 544-5
manifestações e perseguição aos judeus no início do século XIX 511-2
Mendelssohn e seu impacto sobre os judeus alemães 528-31
migração dos judeus para a Polônia 422-5
movimento histórico 558-9
mulheres nas sinagogas medievais 295-6
museus de cultura judaica 513-4
nazista *ver* nazismo
Verein für Kultur und Wissenschaft der Juden [União para a Cultura e a Ciência do Judaísmo] 516
ALEPH (Alliance for Jewish Renewal/Aliança para a Renovação Judaica) 595
Alexandre, o Grande 41-2, 119-21, 208, 272
Alexandre Balas 125
Alexandre da Macedônia 34-5, 45, 51
Alexandre Janeu 36, 127, 130, 153
Alexandre, Marco Julio 209
Alexandre, Tibério Julio 217, 229, 286
Alexandra Salomé 36, 127
Alexandria 34-5, 247-51
  judeus de Alexandria 137, 215-7, 218-9, 274-5
  sinagoga 343-5
Alfasi, Yitzhak ('o Rif') 369, 379, 381, 442
aliança 18-9, 60-1, 100-3, 329-30
  arca da aliança 53-4, 75-6
  a ideia da comunidade de Qumran sobre uma nova aliança 186-7
  com Abraão 108-11, 213-4
  com Davi 63-4
  com Moisés 11, 56-7
  com Noé 112-3
  com Salomão 63-4
  e a ética 59-60
  e circuncisão 108-10 *ver também* circuncisão
  e o julgamento divino 101-2, 285-7
  e o martírio 262-3
  graça e renovação 286-7
  promessas 101-2

Aliança Israelita Universal 517, 607
alimentos kosher 107, 207, 222, 358, 360, 489, 522, 534, 553, 590
  restrições asquenazes/sefarditas 448-9
Alkalai, Yehudah 584
Alkabez, Shlomo 460
Alliance for Jewish Renewal (ALEPH) 595
Alma College, Tel Aviv 603
alma do mundo 543
almas 113-4, 146-7, 258-60
  alma do mundo 543
  alma pura de um *tsaddik* 587-8
  e a cabala de Luria 456-7
  e Adão, 457-8
  impregnadas pelo *dibbuk* 461
  imortalidade da alma 167, 258-60, 396-7, 433-4, 528-9, 539-40
  transmigração das 146-7, 259-60, 402-3, 457-8, 461-2
Alpert, Rebecca 600
Alphabet of Akiva [*Alfabeto de Akiva*] 310
altar em Nahariya 63
Alter, Yitzhak Meir Rothenburg 581-2
amalequitas 30-1
Amauri, Visconde 378
Américas *ver* Novo Mundo e as Américas
Amidá 93, 292, 359
ammei ha'arets (pessoas da terra) 334
amonitas 44
amoraim 50, 309, 312, 316, 437
  Pesikta de-Rab Kahana 325-6
Amós 48-9, 58, 65
Amram bar Sheshna 310, 338
Amsterdã 423-4, 432-6, 467, 472-3, 478-9
Ana 72
Anan ben David 353-8, 360, 632
  Sefer haMitzvot ("Livro dos Preceitos") 355
Ananus ben Ananus 154-6, 159, 172, 176-7, 228
Anás filho de Sethi 133
anjos 98-100, 213-4, 250-2
  arcanjos 250-1, 254-5
  ideias persas sobre os 51-2
Anilaeus 42
Antígono (irmão de Aristóbulo I) 166
antinomianismo 473-4, 476, 491
Antíoco, o Grande 35-6, 121-3
Antíoco IV Epifânio 45, 68, 82, 94, 125, 242, 261
Antíoco VII Sidetes 126
Antioquia, Síria 232, 257, 341, 346

ÍNDICE

sinagoga 95
Antípatro, o Edomita 130
antissemitismo 506-9, 511-14
   antissemitismo racial e eugenia 514
   e os *Protocolos dos Sábios do Sião* 515
   islâmica 513-4
   ver também perseguição
Antônio, Marco 127, 129-31
antropomorfismo 360, 390
Aod 248
Apocalipse, livro do 52-3
apócrifos 59, 121, 220, 247 *ver também livros específicos*
Apolo 228
Aquenáton 51
Áquila, apóstolo 228
Aquino, Tomás 390, 398, 427
Aragão 397, 425
   reino de Castela e 272, 280
Arama, Yitzhak 398
aramaico 17, 42, 87, 111, 143, 161, 181, 236, 283, 291, 299, 321, 333, 340, 343, 345, 349, 351-2, 354-6, 408, 608, 613
   targumim 56, 260, 263, 294
arca da aliança 53, 67, 78
Arcádio 335
arcanjos 250-1, 254-5
Argentina 503-4, 573, 588
Aristeias, Carta de 55-6, 67, 72, 427
Aristóbulo I 128
Aristóbulo II 127, 129-30, 166
Aristóbulo III 125, 127
Aristóbulo de Alexandria 215-6
aristotélicas, ideias 305, 389, 390, 393, 397
Aristóteles 305, 383
   Metafísica 395-6
arqueologia 40, 182, 535
arrependimento 102-3, 112-3, 221-4, 285, 328-9
   com jejum 111-3, 245-6
   íntimo 298-9
   ritual 78-81
Artapano 89
Artaxerxes I 34, 45, 53, 253
Ártemis 234
artes e artefatos 430
Ascalona 172, 274
asceticismo 244-7, 379, 406-8
Asdode 363
Aser (tribo) 31

Aserá 67
Asher ben Yehiel ('o Rosh') 370, 376, 442
Ásia Menor 42, 81, 120, 137, 275, 289, 341, 343, 352, 423
Asinaeus 42, 243
Asmoneus 36, 43, 45-6, 124-6, 129-33
asquenazes 377, 382, 439-41, 443-4, 513, 518, 525-6
   cultura da yeshivah 608-10
   hassidim asquenazes 379, 400-1, 405, 409
   ídiche *ver* ídiche
   na Polônia 422-3, 425
   nos Países Baixos 424-5, 478-80
   pilpul (método de ensino) 448-52
   preces pela memória 446-7
   rabino chefe 521-3
   restrições alimentares durante o Pessach 448-9
assimilação
   com os canaanitas 43-4
   na diáspora 506-7, 509-15, 536, 544-5, 547, 549-50
   o sionismo como um baluarte contra 568-9
assírios 30-2, 41-2, 44, 84, 119
   tribos do norte transportadas pelos assírios 32, 44
   votos de lealdade 101
Associação do Novo Templo Israelita de Hamburgo 533-4
Assuero 87
astrologia 309, 332-3
Atos dos Apóstolos 74, 80, 86-7, 94, 134, 137, 145, 147, 151, 153, 159, 180, 202, 222, 227-30, 234, 257, 260
Augusto (Otaviano César) 46, 120, 131-2, 346
Austrália 503, 588
autodefesa 522
Av, jejum de 298, 518
Averrois (ibn Rushd) 388, 396, 398
Avraham bar Hiyya 410
Avraham ben David ('Rabad') 381
Avraham ben Natan de Lunel: *Manhig Olam/Sefer ha Manhig* ("O Guia") 377
Azerbaijão 506
Azriel ben Menahem 404

Baal Shem Tov *ver* Eliezer, Israel ben
baalei teshuvah (penitentes) 613-4
Baba Sali (Israel Abuhatzeira) 609
Babilônia/babilônios 32-3, 41-5, 119, 272, 283
   academias 333-4;

círculos informais de discípulos 317-8
Código de Hamurabi 50
destruição do Templo de Jerusalém 32-3, 44-5,
  60, 67
exílio na Babilônia 40-1, 49, 65
judeus da Babilônia 275-8, 332-3;
mitos religiosos 50-1
Baeck, Leo 544, 551
Bagdá 277-8, 305, 317, 353, 355, 358, 381, 387
Bahir, Sefer haBahir, Livro da Luminosidade 402-4,
  410
Bahya ibn Pakuda 385, 406
  Duties of the Heart [*Deveres do Coração*] 306, 380
Bálcãs 275, 352, 471
Balkhi, Hiwi al- 338, 360
banhos 275
  abluções rituais 107, 189, 203
  banhos rituais (*mikvaot*) 295, 590
Bannus 245
batismo
  cristão 142, 274, 477-8, 517-8;
  forçado 278-9
  judaico 241
Bar Hebreu 142
Bar Kokhba/Kosiba, Simão 146, 273, 289, 315, 317,
  331, 400
Barnabé 228, 232
Baruch de Arezzo 462, 465, 468, 471-2,
Baruch de Medzibozh 487
Baruchiah Russo 475-7
Basileia, Congressos Sionistas 517, 540
Basílio I 275
Basir, Joseph ben Abraham haKohen haRo'eh al- 362
Basyatchi, Elijah ben Moses 359
Batanea 276
Beit She'an (Citópolis) 121, 317
Belial 183, 186-7, 249, 257
bem-estar do animal 507
Ben Gurion, David 522, 524, 592
Benamozegh, Eliyahu 535, 553
Benjamim (tribo) 31
Benjamin ben Moses al-Nahawandi 356
Benjamin de Tudela 276-7
Berab, Yaakov 437
berberes 279
  dinastia almôada 279, 388-92
  dinastia almorávida 388-9
Berenice, princesa 202, 209
Bereshit Rabbah 218

Berkovits, Eliezer 566
Berlim 512
  Comitê Nacional Judaico 546
  congregação reformista sob Holdheim 532-3
  Congresso de 513
  Hochschule für des Wissenschaft des Judentums
    [Escola Superior das Ciências Judaicas] 536, 538,
    542, 543, 551, 567
  Neue Synagoge [Nova Sinagoga] 519
  Reformgemeinde [Comunidade da Reforma] 536,
    539
Bernardo de Claraval 393
Bernays, Isaac 555
Berseba 363
Beta Israel, Etiópia 282, 609
Beth Sar Shalom 236
Beth Shearim 296
Betel 82
Bevis Marks, sinagoga 18, 430-1
bezerros de ouro 38, 82, 100, 598
Bíblia hebraica *ver também livros específicos*
  acrônimo *Tanakh* 59
  alegação islâmica de falsificação judaica 304-5
  alegórica *ver* alegorização da Torá
  anticristã 301-3
  cânone/corpus 56-7
  comentários 50-1, 88-9, 213-5, 218-9, 315-6,
    359, 372-3
  com o mnemônico PaRDeS 373
  como base do judaísmo rabínico 17
  como um amálgama de estilos e de gêneros 57-8
  cópia de textos 53-4 *ver também* escribas
  críticos 534-6 *ver também* criticismo bíblico
  dos *amoraim* 50-1
  e a halakhá *ver* halakhá
  e as teorias evolutivas 507
  e a teologia tradicionalista 567-8
  e mitos da Babilônia 50-1
  ênfase teológica no corpus 59-60
  e o Templo 56-7
  estudo da Bíblia e identidade nacional israelense
    524
  estudos bíblicos modernos *ver* criticismo bíblico
  e textos deuterocanônicos 59 *ver também*
    apócrifos
  exegese rabínica 87-90, 294-6
  formação 48-61
  impressa 422-3
  inspiração para a escrita 52-4, 59-60

interpretações ascéticas 356
leituras alegóricas *ver* alegorização da Torá
leitura pública e ensino 85-90, 93-4
Me'am Loez 439
midrash *ver midrashim*
Pentateuco *ver* Pentateuco
poesia 58
Profetas e Escritos, categorização 58-9
Rashi 372-3, 422-3
reverência judaica por textos 53-4
tannaitic 50-1, 77-8, 88-9, 155-6 *ver também* Mishná
Teste da Bíblia 524
textos de Qumran 49-50, 53-4, 55-6, 70-1, 109-10, 181-2, 190-1
Tosefta; *targumim* 56-7, 87-9, 260, 262, 294
traduções 54-7, 341-2, 529-30, 557-8 *ver também* Septuaginta
tratamento de Josefo 37-8
Biblioteca de São Petersburgo, coleção de manuscritos hebraicos 363
Bielorrússia 481, 485, 506, 508, 563, 572, 582, 590
bigamia 304
Birobidjan 510
Bizâncio *ver* Constantinopla/Bizâncio/Istambul
Bnei Akiva 584-5
Bnei Menashe 610
Boaz 103
Boetus 154
boetusianos 154, 157, 159
Boêmia 377, 421, 559
Bomberg, Daniel 423
Book of Tradition (*Sefer haQabbalah*) [*Livro da Tradição*] 368
Brahe, Tycho 459
Brasil 424, 503-4
Breslau 513, 534
  Seminário Teológico Judaico 513, 536-, 514, 544, 559, 566-7
Brest-Litovsk 448, 561
Breuer, Isaac 561-2
Breuer, Salomon 560-1
Brodie, Israel 573
Brunswick 534
  Assembleia de Rabinos da Reforma 454
  sínodo da Reforma 557
Brusciano 335
Buber, Martin 546-7, 549, 595
Buber, Solomon 546

Budapeste
  Seminário Rabínico 537
  sinagoga 519
budismo 13, 595
Buenos Aires, Seminario Rabínico Latino-americano 573
Bulan 276
Bund/membros da Bund 516-7
busca espiritual, dos jovens judeus 594-7, 612-3
  e a renovação judaica 594-604

cabala/cabalistas 318-9, 392-3, 398-9, 402-11, 452-3, 534-5
  apropriação da cabala pelos cristãos 410-1, 425-7
  cabala estática 403-7, 454-5
  cabalistas sefarditas 608-9
  de Luria 453-63, 472-3, 479-82, 518-9, 582-3
  e a colocação do mundo de volta nos eixos (*tikkun olam*) 456-7, 461-2
  e o messianismo 583-4
  místicos de Girona 403-6
  sabbatiana 462–80
  Zohar *ver* Zohar
cabala de Luria 480-1, 484, 583
Caifás 113, 224-5
Cairo 277-8, 281-2, 363-4 *ver também* Fostate
  'Purims' locais 378-9
  sinagoga caraíta 319-20
Caldeus 28, 110
calendários 242-4, 294-5
  Qumran 189-90
Calígula, Caio 95, 133, 138, 209, 217-8, 263
Calígula 95, 133, 138, 209, 217-8, 263
Calínico (atual Raqqa) 275
Calvino, João 421, 432
Cambises 34
Canaã 28-9, 43-4, 108-9 *ver também* Israel, terra de; Judeia;
  condição de terra sagrada 110-1
  divisão de 29-31
  e as fronteiras imprecisas da terra prometida 111-2
  e terminologia 17-8
  Migração de Abraão para a Palestina 28-9, 41-2
Canaanita 40
Canadá 503-4, 549, 551, 568
Candia, Creta 353
Cântico dos Cânticos 48, 58-9, 298
  midrash 302, 316
caraítas 156-7, 294-5, 337-9, 353-64, 367-8

egípcios 362-4
em Israel moderno 363-4
em Jerusalém 362-4
e o Holocausto 363-4
e os rabanitas 354-64
na Europa Oriental 363-4
na Rússia 362-4
no Império Bizantino 362-3
sinagogas 319-20, 359-60
Cardoso, Abraham Miguel 474-5
Caribe 424, 435
Carlebach, Shlomo 595
Carlos Magno 281, 321
Carlos V, imperador 419
Carolíngios 280
casamento *ver também* noivado
  bigamia 303-4
  casamentos mistos com gentios 535-6
  contratos decorados 431-2
  de sacerdotes 76-7
  e a identidade judaica 610-1
  entre os essênios 167
  e procriação 104-5, 109-10
  e secularização 505-7, 514-5
  e status de *mamzer* 610-1
  levirato 104-5, 109
  novo casamento das viúvas de soldados desaparecido em ação 522-3
  poligamia 303-4, 320-1, 613-4
Casas Rothschild, Frankfurt 512
Caspi, Yosef ben Abba Mari 395-6
catacumbas 296, 346-7, 351
cátaros 402-3
Catarina, a Grande 363
catolicismo romano
  Contrarreforma 421-2, 425-6
  e a "batalha dos livros" 431
  e o caso Dreyfus 512-3
  guerras de religião 420-3
Cazária e judeus cazares 275-6
cemitérios/túmulos 295-6, 425-6
  catacumbas 296, 345-7
  reverenciar túmulos 378-9
censos 37, 111, 132-3, 135, 142, 173, 175, 432
César, Julio 120, 127, 130, 176, 208, 263-4
Cesareia 53, 95, 132, 135, 314-5, 317
Chanucá 82, 86, 94, 124, 300-1, 359, 445, 523-4, 528, 589
Charleston, Carolina do Sul 504, 538

Chelebi, Raphael Joseph 472
China 282, 422, 506
Chipre 275
Chmielnicki, Bogdan 424
Chorin, Aaron 533, 536
Cícero 55, 81
ciência árabe 362
Cincinnati 539, 544, 553
circuncisão 108-10, 123-4, 141-2
  dos edomitas 126-7
Cirene 42, 74, 274
Ciro 33-4, 41, 44, 49, 67, 252, 272,
Cisjordânia 585
Citópolis (Beit She'an) 121, 317
Cláudio 133, 136-7, 142
Clemente de Alexandria 209-10, 216, 218,
Clemente VII, Papa 419,
Cleópatra VII 120, 127
cobrir a cabeça, para os homens 379, 534
Cochin 282
Cohen, Hermann 541-5, 547, 562
Cohen, Isaac 410
Cohen, Jacob 410
Collatio Legum Mosaicum et Romanarum ("Compilação de Leis Mosaicas e Romanas") 349
Colônia 280, 431
Colombo, Cristóvão 421, 424
comércio
  e o equilíbrio de poder na Europa 421-3
  e perseguição 425-6
  intercontinental 421-2
  peles 421-2
comércio de peles 422
comunidades Status Quo Ante 537
comunismo 509-11, 514-5
Conferência Central de Rabinos Americanos (CCAR) 540
Constantino I 271-2, 275, 302, 348, 521
Constantinopla/Bizâncio/Istambul 272, 275-6, 341-2, 362-4, 423-4, 434-6
  captura pelos otomanos (1453) 420
  e Sabbatai Zevi 463-8
  estudo do Talmude em 448-9
  imprensa 422-3
  judeus romaniotas 352-3
Contrarreforma, católica 421-2, 425-6
convenção de Columbus, Ohio 548
conversão *ver também* prosélitos

ao cristianismo 231-2, 275-6, 278-80, 351-2, 397-8, 610-1
ao islamismo 274-5, 278-9, 435-6, 467-8
ao judaísmo 15-6, 126-7, 131-2, 141-3, 363-4, 525-6
Constantino 271, 520-2
edomitas 126-7
em Minorca 278-9
e o casamento 525-6, 610-2
forçada: sob Abbas I 435-6
frankistas 491-2
influência cristã sobre o judaísmo por meio dos conversos 432-3
judeus alemães 514-5, 544-5
na Espanha durante o século XV 279-80, 397-8
ortodoxos/da reforma, problemas 554-5
Paulo e a questão de os gentios cristãos se convertendo ao judaísmo 233-4
Saulo de Tarso 230-1
sob a dinastia dos asmoneus 126-7
sob Heráclio 272-3
sob os governantes bizantinos 275-6
sob Sisebuto 278-9
Córdoba 278-9, 318-9, 380-1, 387-9
academia 368-71
mesquita 388-9, 398-9
Cordovero, Moshe ben Yaakov 454-5, 457, 459-60
cosmopolitismo 510
cossacos 424
Council of the Four Lands [Conselho dos Quatro Países] 436, 476-7, 479, 489, 492
Cracóvia 443-4, 448, 479, 512, 561, 578, 581
cremação 519-20
Cremona 458
Crescas, Hasdai ben Abraham 397-8
crescimento na Polônia 424-5
judeus da Reforma nos EUA 550-1
no Estado de Israel 505-6
nos EUA 506-7
criação do golem 380, 459
Crimeia 362-3
Crisóstomo, Dio 161
Crisóstomo, João 341
cristãos/cristianismo
apropriação da cabala 410-1, 425-7
ascetismo 401-2
autodesignação como o verdadeiro Israel 238-9, 609-11
batismo *ver* batismo

bibliotecários 367-8
católicos *ver* catolicismo romano
censura aos livros judaicos 423-4
conversão ao cristianismo *ver* conversão: ao cristianismo
cristianização do império/da sociedade romanos 271-2, 347-8
cruzados *ver* Cruzadas/cruzados
e a privatização da religião 507-8
e a questão de os gentios cristãos se convertendo ao judaísmo 233-5
e Jesus *ver* Jesus de Nazaré: e a fé cristã
e o neoplatonismo 410-1
escritos judaicos preservados apenas por meio dos 143-4
expectativas da segunda vinda 471-3
formas variadas de cristianismo surgido da desunião da cristandade 421-2
grupos judaizantes 236-7
guerras de religião 420, 422-3
humanistas cristãos 425-7, 431-2
ideias sobre a salvação 233-5
Igreja de Jerusalém 228-9, 231-2
igreja primitiva e crenças cristãs 226-8
influência sobre o judaísmo: nas artes e artefatos 430-1
Inquisição *ver* Inquisição
interesse pela erudição judaica 371-3
interpretação bíblica judaica em um mundo cristão 301-2
judaísmo contrastado com, por Hirsch 542-4
judeus cristãos 79-81, 234-7, 336-8
milenarismo 432-3, 472-3
missão de Paulo entre os gentios 230-5
na Espanha 278-80
nas vestimentas clericais 519-21, 532-3
nos costumes do luto 445-6
nos serviços da sinagoga 518-20
ortodoxos 421-2
perseguição aos 228-9
polêmica judaica contra os 301-3
pontos de vista de Rosenzweig 544-5
por meio dos conversos 432-3
por Saulo de Tarso 230-1
possível influência sobre o judaísmo rabínico 315-6
preservação de escritos judaicos não cristãos 287-8
protestantes *ver* protestantismo
Reforma 421-2, 431-2

relacionando a crença ao judaísmo 231-8, 315-6
rompimento com o judaísmo 237-9
rompimento do elo Igreja/Estado 506-7
tratamento dado às mulheres 507-8
cristãos ortodoxos 421, 466
criticismo bíblico 424, 49-50, 507-8, 534-5, 573-4
   feminista 596-7
Cromwell, Oliver 424, 432
Crônicas 38, 40, 44, 48, 54, 60, 304, 372
Crônicas de Solomon bar Simson 304
Cruzadas/cruzados 280, 297, 304, 447
   Albigense 402
Cruzada Albigense 402
Culi, Yaakov 439
culto 61–95
   abate ritual (*shehitah*) 381
   aos ídolos *ver* idolatria
   ataque selêucida ao 45-6, 122-4
   com música 430-1, 518-9, 538-9, 548-9
   continuidade litúrgica 290-1
   críticas feitas pelos profetas 64-5
   desvios e apostasia no 31-2, 81-2
   e a comunidade do Qumran 190-1
   e a punição divina 31-3
   e as preces após a perda do Templo 292-3, 534-6
   egípcio 50-2
   em centros não autorizados 31-2, 67-8, 81-2
   em religiões não judaicas 81-2;
   essênio 167-9
   grego 62-4
   havurot, experiências 596-7
   línguas usadas nos 341-2
   música litúrgica 293-4, 430-1, 518-9, 538-9, 548-9
   na sinagoga 61-2, 85-96, 292-5
   no Templo *ver* Templo em Jerusalém: culto no
   politeísta 65-6
   sacrifical 16-7, 35-6, 61-65, 68-72, 77-8, 95-6, 105-6, 112-3, 231-2, 289-90
   Shabat e a liturgia do festival 292-5
culto a Baal 106
Curaçau 432, 434
cuteus/cuthim 32-4, 84

da Costa, Uriel 433-4
Dabburra 317
Dagon 301
Dã (tribo) 31, 381
Dã, norte de Israel 32, 66, 82

Daniel (profeta) 33, 157-8, 252-3, 271
   livro bíblico de *ver* Daniel, livro de
Daniel ben Azariah 320
Daniel, Irmão (um judeu batizado) 521
Daniel, Livro de 33, 48, 55, 111-3, 122, 157-8, 247, 252-3, 259, 271, 615
   história de Susana na versão grega 247
Dario 33-4, 76
darshan 294
Davi, Rei 30-2, 39, 44, 46, 53, 58, 66, 76, 80, 101-3, 106, 154, 189, 222, 227, 254-5, 257, 290, 301, 317, 320, 328, 330, 347, 359, 471
   censo 111
   representado como uma figura de Orfeu 301, 347
David haBavli 383
Decálogo 92
Declaração Balfour 538, 561
Demétrio I 125
Demétrio II 125
demônios 239, 248-9, 333, 380 *ver também* exorcismo
descendência patrilinear 551, 609
Deus
   aliança divina *ver* aliança
   combinação dos nomes (*yihud*) 461-2
   com colaboração humana 542-3
   com contração (*tsimtsum*); por meio das emanações divinas/*sefirot* 331-2, 385-6, 405-11, 429-30, 454-5, 461-2
   como criador 60-1, 97
   como Senhor do Universo 102-3
   comunicação com Deus pelo Caminho do Divino Nome 405
   dedicação/comunhão (*devekut*) com 595
   e a Causa Primeva 386-7
   e a Forma das Formas de Platão 211-2
   e *Die Religion der Vernunft* ("A Religião da Razão") de Cohen 542
   e lógos *ver* lógos
   e o Baal Shem Tov 482-3
   existência de 12-3, 384-5, 397-8, 530-1, 602-3
   imagem antropomórfica de 97, 401-2
   imagem de 97, 211-4
   justiça divina *ver* justiça: divina
   monoteísmo *ver* monoteísmo
   nomes de 65-6, 97-9
   relações com a humanidade 99-100, 102-3
   se ocultando 549-50, 565-6
   Tetragrama 98-9, 425-6, 482-3

ÍNDICE

trinitarianismo *ver* trinitarianismo
união com 481-2
unidade de 211-2
visão bíblica de 97-101
ver também aliança
Deuteronômio 48, 52, 104, 112, 258, 309, 522, 611
    Sifre para o 50, 311, 323
Dez Mandamentos 92, 103, 110, 151, 211, 324
Dia de Jerusalém 523
Dia do Perdão (Yom Kippur) 78-81, 111-3, 525-6
    liturgia 298-9, 352-3, 446-7, 518-9
    serviço na sinagoga 330-1, 518-9
diáspora 42-5, 272, 275-6
    adaptação às mudanças socioculturais modernas
        506-8, 514-6, 569-71, 594
    assimilação 506-7, 509-13, 514-5, 535-6, 544-5,
        547, 549-50
    casamentos mistos 505-7, 514-5, 535-6
    Council of the Four Lands [Conselho dos Quatro
        Países] 436
    e a vida religiosa das povoações da Europa
        Oriental habitadas por judeus 508-9
    e a "violação" de Israel do Dar al-Islam 515
    e o dízimo 207-8
    e o libelo de sangue 281
    e o Renascimento europeu 419-39
    estudo do judaísmo em Roma 319-21
    levantes contra o Estado romano 274-5
    mudanças na demografia durante a Idade Média
        280-3
    na Alemanha *ver* Alemanha
    na Babilônia 275-8, 317-8, 332-4
    na Espanha *ver* Espanha
    na França *ver* França
    na Inglaterra *ver* Inglaterra
    na Itália *ver* Itália
    na Polônia *ver* Polônia
    na Romênia 512-3
    na Rússia *ver* Rússia
    na União Soviética *ver* União Soviética
    no Egito *ver* Egito: comunidade judaica
    no Iêmen *ver* Iêmen
    no mundo islâmico 272-81, 295-6, 318-9
    no mundo romano 137-8, 345-52
    nos Países Baixos *ver* Países Baixos
    preces pelo governo local 518-9
    sacerdotes na 76-80, 82-3
    secularização dos judeus em 505-7, 514-5
    sinagogas *ver* sinagogas: na diáspora

    sob o comunismo 509-11, 514-5
diáspora judaica *ver* diáspora
dibbuk 461
Dinamarca 425
dinastia almôada 278-80, 388-9, 390-2
dinastia almorávida 388, 391
Dio, Cássio 275
Dionísio 97, 123
Disraeli, Benjamin 514
divórcio 611
dízimos 78, 81, 148, 151, 206
dominicanos 280, 394, 431
Donin, Nicholas 394
Dönmeh 475-7
Dorff, Elliot 600
Doukhobors 482
Dov Ber de Mezeritch, o Maggid 480-2, 485, 488,
    490-1
Dreyfus, Alfred 512-3
Duran, Shimon ben Tsemach 398

ebionitas 235-6
Ecbátana 33
Eclesiastes 48, 51, 53, 58-9, 298, 530
    midrash 316
Eclesiástico (Ben Sira) 58-9, 179, 244
ecologia 507
economia global 422
ecumenismo 507
Éden 260, 304, 398, 447, 540
Edom/edomitas 36, 126, 131
Eduardo I 281
Éfeso 234
Efraim (filho de José) 29
Efraim (tribo) 29, 31, 43
Egidio de Viterbo 419, 421
Egito 32-5, 37-9, 41-2, 44-5, 50-2
    caraítas 362-4
    comunidade judaica 274-5, 281-2, 423-4;
    culto 50-2
    de Alexandria 137-8, 215-9, 274-5;
    Elefantina 39-40, 76-7, 81-2, 98-9;
    ensinamentos de sabedoria 48
    êxodo do 29-30, 38-9, 43-4, 102-3, 112-3, 526-7
    faraós *ver* faraó
    Fraternidade Muçulmana 515
    influências religiosas e culturais nos textos bíblicos
        e judaísmo 50-2
Nag Hammadi 220

ptolemaicos *ver* ptolemaicos
sob o controle muçulmano 272, 277-8, 280-1
templo de Leontópolis 83
templos 62-3
Ein Gedi 42, 273
Einhorn, David 539
Eisenstadt 448
Eldad 381
Eleazar 142
Eleazar ben Simon 178, 206
Eleazar ben Yair 176, 179-80
Eleazar ben Yehudah de Worms 370, 401
Eleh Divrei haBrit ("Estas são as Palavras da Aliança") 554
Elhanan ben Yaakov de Londres 401
Élia Capitolina 288
Elias 106, 226, 258, 330-2, 400, 407
  como mensageiro do Messias 257, 297
Eliezer, Israel ben (Baal Shem Tov) 482-4
Eliezer, Rabino 209, 315, 317, 326-8, 338, 342
Elijah ben Solomon Zalman *ver gaon* de Vilnius
Elimelech de Leżajsk 488
Elvira, Concílio de 278
emanações, divinas *ver sefirot/* emanações divinas
Emden, Yaakov 479
Emet ve-Emunah ("Verdade e Fé") 569-70
Enoque 57, 226, 253
Enoque, Primeiro Livro de 243-4, 249, 254-5, 259
  Livro dos Vigilantes 249
ensinamentos de sabedoria 56-9, 128-9
  e ética 59-60
entalhes de madeira 431
enterro 295-6, 345-6, 347-8, 525-6
  veneração de túmulos 378-9
Eötvös, József 536-7
epicurismo 140
Epifânio 235-6
Erasmo de Roterdã 431
eruditos *gaon ver geonim*
escatologia 254-8, 310-1, 330-1
  esperanças escatológicas contra Roma 285
  expectativas cristãs da segunda vinda 471-3
  florescimento das expectativas escatológicas modernas 614-5
  messianismo *ver* messianismo
  reencarnação 146-7, 259-60
  resurreição *ver* resurreição
  vida após a morte 258-60
Escola Pitagórica 140

escolas Beth Jacob 561
escolasticismo
  cristão 426-7
  islâmico (*kalam*) 304-5, 362-3, 383-5
escravos 104-6, 161-2, 206
escribas 53-5, 93-4, 105-6
  e Jesus 141-2, 144-5, 148-9, 223-4
Esdras (escriba) 20, 54, 86, 103, 253, 285, 575
Esdras ben Solomon 404
Esdras, Livro de 45, 48, 67, 84, 305, 372
Esdras, Quarto Livro de (apócrifo) 254, 285
Eslováquia 448, 537
Esmirna 462-6, 468
Espanha 272, 292-3, 348-9, 365, 368-71, 396-7, 422-3
  expulsão dos judeus da 278-90, 423-4
  ideias esotéricas se disseminando a partir da 40-10
  Inquisição 279-80
  islâmica 278-81, 304-5
  libelo de sangue 281
  migração da diáspora sefardita durante o Renascimento 422-3
  poesia religiosa 386-7
  Reconquista 388-9, 392-3
  refugiados judeus da 453-4
  relações entre cristãos e judeus 278-80
Espinoza, Baruch 432, 434-6, 472
espíritos malignos 248-9 *ver também* exorcismo
essênios 95, 135, 140- 144, 147-8, 160-74, 181, 184, 196, 203, 205, 218, 233, 227, 241-2, 244, 260, 262, 286, 336, 356, 596
Estados Unidos da América 503-7, 514-5, 611-2
  Busca espiritual dos jovens judeus 594-7
  Declaração dos Direitos 507
  e Israel 514-5
  havurot 596-7
  Jewish Theological Seminary of America [Seminário Teológico Judaico dos Estados Unidos] 567-70
  judaísmo conservador 558-9, 566–73
  judaísmo da Reforma 537-40, 543-4, 548-51
  judaismo ortodoxo 560-2
  judeus liberais 219-20
  liberação gay 599-600
  Nova York *ver* Nova York
  reivindicações de diversos grupos à identidade judaica 609-10
  Satmar nos 581-2
  sinagoga de Touro 424

Union of American Hebrew Congregations [União das Congregações Hebraicas Norte-Americanas] 539, 568
Ester 134, 38, 48, 59, 87, 90, 94, 181, 247, 300, 431, 524
  midrash 316
Estêvão, martírio de 228
estoicismo 140, 146
Estônia 422
estudos judaicos, disciplina acadêmica ocidental dos 18
ética
  abstinência 218-9, 245-6, 304-6, 406-7
  a opinião de Benamozegh sobre a ética judaica, em relação à cristã 534-6
  bases filosóficas da 385-7
  com base na aliança 59-60
  demonstrar gratidão a Deus 479-80
  devoção ética dos hassidim asquenazes 379
  e Baeck 543-4
  e Fílon 213-4
  e ibn Gabirol 385-6
  em questões surgidas da fundação do Estado de Israel 520-2
  e os codificadores 440-1
  escritos de Luzzatto sobre 478-80
  Kant e a religião ética 530-1
  liberdade ética 543-4
  "monoteísmo ético" (Cohen) 544
  movimento Musar 479-80, 580-1, 590-1
  na literatura de sabedoria 57
  no tratado *Avot* 328-30
eugenia 514
Eupólemo 128
Eusébio 142, 161, 210, 216, 427
Evangelhos 95 *ver também Evangelhos específicos pelo nome*
excomunhão (*herem*) 321
existencialismo 545-7
Êxodo, Livro do 11, 37-8, 43-4, 62-3, 77-8, 80-1, 99-100, 246-7
  midrashim Mekilta sobre o 50, 323, 373
êxodo, do Egito 29-30, 38-9, 43-4, 102-3, 112-3, 526-7
exorcismo 221-3, 247-9, 461-2, 482-3
Eybeschütz, Yonatan 478-9
Ezequias 32, 40, 302
Ezequiel (profeta) 65, 80, 247, 291, 306, 378
Ezequiel, livro de 48, 291, 330-1, 392, 590
Ezequiel, o Trágico: *Exagoge* 128

Fackenheim, Emil 549
Faculdade Rabínica Reconstrucionista na Pensilvânia 571
Fadalchassem, Maborach 366
Falashas (judeus etíopes) 282, 521, 609-10
Falk, Samuel Jacob Hayyim 483-4
família dos macabeus 79-80, 123-4 *ver também* asmoneus
  Hircano *ver* Hircano, João
  Jônatas 124-5, 190-1
  Judas Macabeu 35-6, 45-6, 68-9, 81-2, 123-5
  revolta dos macabeus 35-6, 45-6, 79-80, 93-4, 121-5
  Simão 124-5
família Kalonymus 280, 321, 379, 401
faraó 29, 89, 102
  Aquenáton 51
  Ramsés II 43
fariseus 136-7, 139-40, 144-54, 567-8
  abordagem da Torá 148–52, 200-1
  e Alexandre Janeu 152-4
  e Alexandra Salomé 126-8
  e Jesus 141-2, 144-52, 223-4, 241-2, 244-5
  e juramentos/votos 244-5
  e os saduceus 145-6, 150-2, 155-9, 193-4, 259-60
  no Evangelho de Marcos 148-9
  no Evangelho de Mateus 141-2, 144-52
fatímidas 391
Faustinus em Venosa 351
fazer *matzot* 520
Federação Reconstrucionista Judaica 571
Feinstein, Moshe 563-4, 599
Feldman, Aharon 591
Felipe, Apóstolo 228
feminismo 596-9
  abordagem feminista à sexualidade 598-9
  erudição crítica feminista 596-7
  segunda onda 596-7
Fernando II de Aragão 280, 423
filactérios (*tefillin*) 150, 375, 597
filisteus 30-1, 44
Fílon de Alexandria 50-1, 55-6, 69-70, 73-4, 80-1, 85-6, 89-95, 111-2, 137-8, 143-4, 207-10, 240-1, 243-4, 258-60
  Comentários Alegóricos 213
  Da Criação do Mundo (*De Opificio Mundi*) 2019
  Da Providência 217
  Da Virtude 217
  e de' Rossi 426-7

e ética 213-4
e lógos 211-4, 356-7, 429-30
e o estoicismo 208-15
e o platonismo 209-12, 381-4
e os terapeutas 168-71
Exposição da Lei 217
Hypothetica 167
interpretação alegórica da Torá: e oposição aos alegoristas extremos 195-6, 216-7
Perguntas e Respostas sobre o Gênesis 213-4
Recompensas e Castigos 217
revelando o sentido mais profundo 207-20
Sobre a Vida Contemplativa 168-71
Sobre os Animais 217
sobre evitar os votos e juramentos 244-5
sobre o ensino através do exemplo 149-51
sobre o fim dos tempos 254-6
sobre os essênios 159-62, 167-71
Todo Homem é Livre 218
Vida de Moisés 217
Fílon (poeta): *Sobre Jerusalém* 128
filosofia 381–99
   e a ética 385-7
   existencialismo 545-7
   grega 18-9, 51-2, 128-9, 211-2, 304-5, 324-5
   idealista 531-2, 540-1
   ideias aristotélicas *ver* ideias aristotélicas;
   kantiana 530-1, 540-4, 561-2
   neoplatonismo *ver* neoplatonismo;
      platonismo 113-4, 209-12, 258-60, 381-4 *ver também* Platão
   positivismo lógico 602-3
   racionalismo *ver* racionalismo
   vs revelação 386-8
Filosof, Jacob (posteriormente Jacob Querido) 475
financistas 512, 517
Finkelstein, Louis 568
Firkovich, Abraham 363
Florença 278, 425, 519
Forças de Defesa de Israel 585
Formstecher, Solomon 543
Fostate 281-2, 319
França 365, 422-3, 503, 549-51, 607
   academias judaicas 320-1
   Aliança Israelita Universal 517
   Assembleia de Judeus Notáveis 510-2
   assentamentos/comunidades judaicas 279-80, 377-9, 506-7, 511-2;
   e o caso Dreyfus 511-3

e o Holocausto 505-6
libelo de sangue 281
Liga da Pátria Francesa 513
mulheres na sinagoga 295-6
Paris *ver* Paris
Provença *ver* Provença
Revolução Francesa 506-7, 510-1
Société des Etudes Juives [Sociedade de Estudos Judaicos] 516
franciscanos 394, 402
Frank, Eva 478
Frank, Jacob 476-7, 481-2, 491-2
Frankel, Zacharias 536, 559, 566
Frankfurt am Main 448, 467, 511-2, 536, 557-8, 560, 577
   Conferência da Reforma 534, 559
   Freies Jüdisches Lehrhaus [Casa de Estudos Livres Judaicos] 546-7
frankismo 476, 492
franjas 520
Fraternidade Muçulmana 515

Gabriel, arcanjo 250
Gade (tribo) 31, 419
Gadara 121
Galileia 36, 55, 77, 90, 95, 127, 152, 176, 221, 226-7, 240, 273-4, 291, 296, 315-7, 333, 442, 452-4
   mar da 42, 174
   Tiberíades *ver* Tiberíades, Galileia
Galo, Caio Céstio 136
Gamaliel 145, 147, 151-2, 158-9, 172, 180, 196-7, 201, 207, 222, 230, 237, 247-8, 256, 337
Gamaliel II 92, 292, 314, 316
Gamaliel IV (ou VI) 350
Ganzfried, Shlomo 578-9
gaon de Vilnius (Elijah b. Solomon Zalman) 451, 481, 489, 491, 580-1
Gaster, Moses 513, 567
Geiger, Abraham 534, 536, 555-6, 559
gematria 324
Gênesis 42, 57, 60, 88-9, 97, 108-9, 111, 195, 213, 216, 262
   Apócrifo 181
   comentário, *Bereshit Rabbah* 218
   comentário de Culi 439
   comentário de Rashi 372-3
   Perguntas e Respostas sobre o Gênesis de Fílon 213-4
Genebra 432

Geniza do Cairo *ver* Geniza da sinagoga do Cairo 283, 311, 320, 341, 343, 353, 361, 367, 392, 453-4, 567,
geniza 282
geonim 338, 365, 368-9, 382, 577
Gerizim, monte 84-5
Gershom ben Judah, Rabbenu 321-2
Gersonides (Levi b. Gershon, também conhecido como Ralbag) 396-7
Gezer, "Local Alto" 63
Ghazali 391
Gikatilla, Yosef ben Avraham 408
Ginzberg, Asher (Ahad Ha'am) 571
Glückel de Hamelin 469
Goren, Shlomo 522-3
Grã-Bretanha e o Reino Unido 503-6 *ver também* Inglaterra
    descriminalização dos atos homossexuais masculinos 599
    judaísmo da Reforma 535-7
    judeus liberais 599
Graetz, Heinrich 518, 558
Granada 272, 279-80
Grécia 42-3, 274-5
    culto 62-4
    e a Turquia 474-5
    e o Holocausto 505-6
    estudo do Talmude na 448-9
    filosofia *ver* filosofia: grega
    helenismo *ver* helenismo
    império greco-macedônico 119-21
    Jogos Olímpicos 132-3
    judaísmo grego 127-9, 340-53, 363-4
    judeus em um mundo greco-romano 119-39, 340-53
Green, Arthur 594-5
Greenberg, Irving (Yitz) 566
Greenberg, Steven 599
Grossman, Susan 597
Gryn, Hugo 591
Guerra do Golfo, primeira 589-90
Guerra do Yom Kippur 585
Guerra dos Seis Dias 585
guerras, obrigatórias e permitidas 521-2
guetos
    Itália 425-6, 430
    Varsóvia 518, 524, 566
Gunzberg, Aryeh Leib ben Asher 449
Gush Emunim ("O Grupo dos Fiéis") 585

Haarlem 423
Habacuc, comentário de Qumran 88
Habad Lubavitch 485, 588-92, 610-3
Habsburgos 422, 431
Habsburgos espanhóis 422-3
haCohen, Yisrael Meir (Hafets Hayyim) 483, 578
Hafets Hayyim (Yisrael Meir haCohen) 578-9, 590
haftaroth 438
Haggadah 297, 315
    de Sarajevo 292
Hagiz, Moshe 478-9
Hai Gaon 365, 447, 482
Hakam III, biblioteca islâmica 388
halakhá 16-7, 310-1, 221-3
    abordagem dos hassidim asquenazes 379
    desenvolvimento 366–82
    e a especulação cabalística 409-11
    e avanços científicos/tecnológicos 519-20
    e Eybeschütz 479-80
    e Leibowitz 565-6
    e Luria 453-4
    e o judaísmo conservador 568-70
    e o sabbatianismo 464-6, 475-6
    e os codificadores 440-1, 442–6, 448-9, 452-3
    e o *Sefer haMitzvot* ("Livro dos Preceitos") de Hefets b. Yatsliah 369
    e os *hiddushim* 368-70
    Halakhic Man ["O Homem da Halakhá"], de Soloveitchik 562-3
    Halakhot Gedolot 310
    impressa 438-9
    polêmicas contra os escritos halákhicos de Maimônides 391-3
    teologia tradicionalista e mudanças halákhicas 567-8
Halevi, Joseph, de Livorno 468-9, 472-3
Halevi, Judah: *Kuzari* 386-7, 429
Halpern, Ben 602
haIyyum, Sefer [O Livro da Contemplação] 403
Hamã 34
Hamburgo 448, 468-9, 531, 535-6, 555, 564
    Corte Rabínica 544
    Novo Templo Israelita 533
    Templo 544
Hamurabi, Código de 50
Hananel ben Hushiel 367
Hanina ben Dosa 247-8
HaPoel HaMizrahi 584
Har Sinai Verein [União Har Sinai], Baltimore 538

haredim 554-5, 559-61, 575–93, 611-3
  e a reconstrução do Templo 613-4
  em Israel 583-8, 591-3, 608-10, 612-3
  e o hassidismo 580-2
  e o messianismo 581-2, 583-4
  e o sionismo *ver* sionismo: e os *haredim*
  mulheres 576-9, 592-3
  Neturei Karta ("Os Guardiões da Cidade") 587
Harnack, Adolf von: *Wesen des Christentums* 544
Hartman, David 612
Hasid, Judah 476
hasidim de Breslov 488, 588
hassidim asquenazes 379-80, 401-2, 405-6, 409
hassidismo 479–93
  afiação de facas 488-90
  e a música 488-9, 595-6
  e a renovação judaica 595-6
  e Buber 545-7
  e os *haredim* 580-2
  e o sionismo 581-3
  Habad Lubavitch 484-5, 588-92
  hasidim de Breslov 487-8, 587-8
  hasidim Gur 581-2
  messianismo no 487-8, 492-3, 581-2, 587-8;
  oponentes (*mitnagdim*) 490-2
  prece 481-4, 488-90
  Satmar 581-2
  Sefer Hasidim ("Livro dos Piedosos") 379, 401
  tsaddik no 481-2, 484-9, 492-3, 587-8
Havdalah 297, 301
haverim 151, 201-7, 223, 227, 241
havurot (reuniões religiosas) 596
Hayon, Nehemiah 478-9
Hayyim ben Betsalel 444, 448
Hazon Ish (Avraham Yeshayahu Karelitz) 579
Hebrew Union College [Escola Teológica Hebraica], Cincinnati 539, 553, 594
Hecateu de Abdera 12
Hefets ben Yatsliah 369-70
Hegel, Georg Wilhelm Friedrich 531, 543
Hegésipo 161, 352
Helena de Adiabena 143, 202
helenismo
  e Alexandria 208-9
  e a revolta dos macabeus 35-6, 45-6, 79-80, 93-4, 121-5
  grupo dos helenizadores 122-5
  helenização dos judeus 59-60, 121-4, 126-8
  Manuscritos do Mar Morto e a rejeição ao 128-9

Helios 301
hemerobatistas 241
Heráclio 273
herem (excomunhão) 321
heréticos 336-7, 394, 402
  caraítas vistos como 361
Herodes Arquelau, etnarca da Judeia 46, 132, 174
Herodes, o Grande 31, 36-7, 42, 46, 69-70, 75, 80-1, 130-3, 144, 148-9, 154, 159, 166, 174, 179, 190, 223, 276, 286
Herodes de Cálcis 134
herodianos 43, 137
Hertz, Joseph H. 553, 567
Herzl, Theodor 517
Heschel, Abraham Joshua 568-9, 595
hesed (piedade) 329
Hesíodo 216
hiddushim 369-70
Hilel 196-8
  Casa de 199, 202, 205, 240, 317, 327
himiaritas 276
Hinos do Sacrifício do Shabat 650
Hipólito 149, 235
Hipo 121
Hircano, João 84, 124, 126-7, 140, 154-5, 159, 166
Hircano II 129-31
Hiram, rei de Tiro 32
Hirsch, Maurice de, barão 517
Hirsch, Samson Raphael 543, 554-60, 564, 566, 573, 575
  Neunzehn Briefe über Judentum [Dezenove Cartas sobre o Judaísmo] 555
Hirsch, Samuel 543
Hisdai ibn Shaprut 319
Hitler, Adolf 514
Hofjuden 425
Holdheim, Samuel 532
Holanda *ver* Países Baixos
Holocausto 363-4, 504-6, 513-4, 516-9, 565-6, 611-4
  comemoração 523-4
  e o judaísmo da Reforma 549-51
  e os *haredim* 576-7
  teologia do Holocausto 549-50, 565-6, 568-9
Holofernes 247
Homero 38, 214-6
homossexualismo 109-10, 445-6, 507-8, 598-601
  exigência LGBT pelo reconhecimento 598-600
  judeus LGBT no movimento reconstrucionista 570-1

Lésbicas e Gays Judeus] 600
liberação gay 599-600
ordenação de judeus gays e lésbicas 550-1
sinagogas para gays e lésbicas 599-601
World Congress of Gay and Lesbian Jews
  [Congresso Mundial de
Honi, o fazedor de círculos 246-7
Honório 335
Horowitz, Jacob Isaac, o Visionário de Lublin 488
Hoshaiah, Rabbi 315
Hoshana Rabba 299-300
humanismo 601, 603
Huna ben Yehoshua 379
Hungria 448-9, 505-6, 515-6
  Congresso Nacional dos Judeus da Hungria 537
  e hassidismo 581-2
  grupo Status Quo Ante 537
  judaísmo ortodoxo 559-60;
  neólogos e o movimento reformista 535-7
Hurwitz, Sara 598

ibn Arabi 406-7
ibn Daud, Abraham: *Sefer haKabbalah* [Livro da Tradição] 319
ibn Esdras, Abraham 49, 305, 373
ibn Esdras, Moses 385
ibn Gabirol, Shlomo 385-7, 410
ibn Habib, Levi, de Jerusalém 437
ibn Kammuna, Sa'ad 362
ibn Rushd (Averrois) 388, 396
ibn Tibbon, família 305
ibn Tibbon, Shmuel 392
ibn Zur, Yaakov 445
iconografia 344-5
idealismo 541
identidade judaica 13-6, 608-10
  com casamentos mistos e secularização 505-7, 514-5
  como uma questão de autodefinição 609-10
  descendência patrilinear 551-2, 554-5, 609-10
  documentos de identidade de Israel 602-3
  e a circuncisão 108-10, 123-4
  e a Lei do Retorno de Israel 520-1
  e fazer parte de uma sinagoga 523-6
  e ídiche 540 *ver também* ídiche
  e o nacionalismo *ver* nacionalismo: judeus e os caraítas 359-60, 362-4
  e os heréticos *ver* heréticos
  e os judeus reformistas norte-americanos 550-1
  estudo da Bíblia e identidade nacional israelense 523-4
  e terminologia 15-7, 46-7
  identidade nacional no exílio na Babilônia 44-5
  judeus cristãos 79-81, 234-6
  para os judeus seculares 523-6 *ver também* judaísmo secular
  problemas do casamento relacionados à 610-2
  sob o nazismo 513-4
  rejeição dos ortodoxos a muitos judeus da Reforma 554-5
  testes de DNA 609-10
ídiche 281, 422, 425, 438, 447, 461, 469, 476, 482, 484, 492, 509-10, 516, 540-1, 561, 575, 578, 582-3
idolatria 37-8
  culto a Baal 98-9, 105-6
  no Templo, sob Antíoco Epifânio 122-3
Iêmen 276, 282-3, 420, 458, 462, 467, 473, 505, 608
  judeus iemenitas em Israel 526, 608
Igreja Luterana 432
Iluminismo 16, 19, 434, 490, 492, 506-7, 516, 528-9, 536, 577-8, 580-1, 607
Imagem de Deus 97, 212, 263
Império Bizantino 330, 352, 362
  caraítas 362-3
Império medo 32-3
impostos cobrados dos judeus *ver também* dízimos
  coletores de impostos 203-5, 222-3
  impostos do templo 84-5, 190-1
  na Espanha islâmica 278-80
  na Polônia 488-9
  sob o domínio de Roma 36-7, 171-2, 271, 349-51
imprensa 422-4
  e a leitura pessoal do judeu 437-9
  e o Zohar 457-8
Índia 119, 282, 313, 422, 506, 608-10
Inglaterra 283, 422-3, 474-5, 512-4, 573-4, 590-1
  assentamentos judeus 280-1, 423-4, 506-7
  erudição crítica judaica 515-6
  expulsão dos judeus da 280-1
  Homens da Quinta Monarquia 432
  Jews' College 573
  judaísmo conservador 572-4
  libelo de sangue 281
  Londres *ver* comunidade judaica ortodoxa de Londres 553
  meninas em sinagogas ortodoxas 571
  retorno dos judeus a 423-4, 432-3

Inquisição 167, 280, 420, 424, 426
  Espanhola 518
inseminação artificial 520
Instituto do Templo, Jerusalém 614
International Institute for Secular Humanistic Judaism [Instituto Internacional de Judaísmo Humanista Secular] 601
internet 363, 576, 612
interpretação dos sonhos 29, 322
Irã 119, 362, 503, 505-6, 587 *ver também* Pérsia/persas
Iraque 277, 333, 362, 378, 420, 608
Ireneu 235
Irlanda 507
Isaac 29, 88, 97, 140 ,262-3, 291, 447, 454-5
Isaac, o Cego 403-4
Isaac ben Moses de Viena: *Or Zarua* 379
Isabel I de Castela 280, 423
Isaiah ben Joseph de Tabriz 409
Isaías (profeta) 49, 65, 83, 240, 575
Isaías, Livro de 33, 48-9, 87, 99, 292, 294, 302
  rolo de Qumran 49-50
Ishmael, Rabino 89
islã 272-80
  aiúbidas 388-91
  almorávidas 388-91
  antissemitismo islâmico 514-5
  atitudes sabbatianas em relação ao 474-5
  bibliotea islâmica de Hakam III 388
  causa Palestina e o mundo islâmico 514-5
  com caraítas 354-63 *ver também* caraítas
  como uma ameaça ao cristianismo 420-1
  conversão ao 274-5, 278-9, 435-6, 467-8
  Dar al-Islam 515
  Dönmeh 474-6
  e a diáspora judaica *ver* diáspora: no mundo islâmico
  e Maimônides 390-2
  escolasticismo (*kalam*) 304-5, 362-3
  influência sobre o judaísmo 303-6, 329-30, 383-4, 387-9
  "Novos Muçulmanos" 435
  otomanos *ver* otomanos/Império Otomano
  questões europeias sobre a tolerância 507-8
  Reconquista da Espanha 388-9, 392-3
  ruptura do mundo islâmico em califados independentes 277-9
  sufismo *ver* sufismo
  sunita 15-6, 356-7
  via sufismo 304-6, 379-80, 406-7
  xiitas 355-7, 390-1
Israel, terra de 17-8, 38-40, 42-3, 51-2, 567-9
  após a destruição de Jerusalém pelos romanos 272-5
  Canaã *ver* Canaã
  como a terra prometida 110-2
  conquista islâmica 275-6
  em Sifre para o Deuteronômio e o debate rabínico 311-2, 313-4
  e Poalei Agudat Yisrael 561
  fronteiras 111-2, 585-6;
  Judeia *ver* Judeia
  judeus europeus migrando para, durante o Renascimento 423-4
  Palestina *ver* Palestina
  personificada 110-1
  produção oferendas/ dízimos agrícolas 72-3, 75-6, 78-81
  santidade de 110-2, 313-4
  sionismo e retorno em massa a 515-6, 583-4 *ver também* sionismo
Israel, Estado de 503, 505-6, 516-7, 520-4, 607-9, 611-2
  como resposta teológica ao Holocausto 549
  conflito árabe 505-6, 514-5
  debate da ONU sobre a criação do Estado judeu 549-50
  Dia da Independência 522-4
  documentos de identidade 602-3
  e a Cisjordânia 585-6
  emigração de israelenses 505-6
  e o judaísmo da Reforma 548-51
  e os EUA 515-4
  e sionismo *ver* sionismo
  e território conquistado 585
  Guerra dos Seis Dias 585
  haredim 583-8, 591-3, 608-9, 612-3
  identidade nacional 612-3
  israelenses árabes/palestinos 505-6
  judeus iemenitas em 608
  judeus ortodoxos 564-6
  judeus soviéticos em 510-1, 608-10
  Knesset 586
  Lei do Retorno 521, 544
  Masorti (judaísmo conservador) 573
  movimento do judaísmo humanista secular 602-4
  papel dos rabinos em 520-3
  partido Kach 586
  preces por 518-9, 587-8

ÍNDICE

rejeição pela maioria dos israelenses nativos 551-2
serviço militar obrigatório 522-3
Shas 609-10
shomrei masoret (defensores da tradição) 608-9
sistema de previdência social 593
Status Quo 573
Israeli, Isaac ben Solomon 410
israelitas
    alegações de identificação com as "tribos perdidas de Israel" 381, 419, 471, 610
    entrada em Canaã e tomada de posse 30-1, 43-4
    êxodo do Egito 29-30, 38-9, 43-4, 102-3, 112-3, 526-7
    Israel como uma "luz para as nações" 102
    Israelitas Negros 610
    Nação Israelita Hebraica Africana de Jerusalém 610
    no deserto 43-4
    reino do norte 31-3, 39-42, 44-5, 84-5
    reino do sul *ver* Judá (reino do sul)
Israelitas Negros 610
Issacar (tribo) 31
Isserlein, Israel ben Petahyah 376
Isserles, Moses 441, 443-6, 448
    Darkhei Moshe (Caminhos de Moisés) 443
    Mappah 441, 443-4, 446
Istambul *ver* Constantinopla/Bizâncio/ Istambul
Itália 280-1, 292-3, 319-20, 448-9, 452-3, 507-8
    academias 452-3
    banimento do Talmude 452-3
    e o Holocausto 505-6
    escolas *paytanim* 293-4
    guetos 425-6
    judeus durante a Renascença 424-6
Izates de Adiabena 142-3

Jacó (patriarca) 29-30, 43, 97, 140, 188
Jacob ben Nathanel al-Fayyumi 282
Jacob de Marvege: *Responsa from Heaven* [*Respostas do Céu*] 371
Jacob Isaac Horowitz, o Visionário de Lublin 488
Jacobs, Louis 573-4
Jacobson, Israel 532-3
Jaime I 429-30
Jasão (Jesus) 121-2
Jazirat al-Rawda 454
jebuseus 31
jejum 111-2, 143-4, 192-3, 242-3, 245-7, 298-9
    dias de 80-1, 86-7, 90-1, 111-2 *ver também* Dia do Perdão
    jejum de Av 298-9, 518-9
    Sabbatai Zevi e o jejum do Dia 10 de Tevet 465-6
Jeremias 48, 51, 65, 67, 113
Jeroboão 82
Jerônimo 59, 142, 236, 337, 342, 394
Jerusalém
    abandonada durante o exílio na Babilônia 32-3
    assentamento judeu sob os mamelucos 274-5
    bizantina 273
    captura pelos persas (614) 273
    caraítas 362-4
    cercos a 32-3, 36-7, 45-6, 130-1, 176-7, 180-1
    como a "Cidade de Davi" 31
    como Sião 46
    como um centro de erudição rabínica 319-20, 448-9
    derrota perante Antíoco Epifânio 35-6
    derrota perante os babilônios 32-3, 41-2, 44-5
    derrota perante Ptolomeu I 34-5
    destruição em 70 da Era Comum da cidade e Templo 16-7, 36-7, 45-6, 77-8, 34-7, 180-1, 271, 281-3, 285, 287-8
    Domo da Rocha 289, 614
    economia 75-6
    e os romanos: captura por Pompeu 35-6, 45-6, 128-31
    e os zelotes 175-7
    e o turismo religioso 75-6
    expulsão dos judeus sob Heráclio 273
    fundação de Élia Capitolina 288
    governo de Herodes 36-7, 45-6
    hasidim de Breslov 588
    igreja 229-32
    influxo sefardita após 1492 448-9
    Instituto do Templo 614
    judeus da Europa renascentista migrando para 423-4
    Ketef Hinnom 79
    Meah Shearim 575-6
    Monte do Templo 39, 129, 288, 523
    Nação Israelita Hebraica Africana de Jerusalém 610
    perdida como centro religioso após 70 da Era Comum 281-3
    peregrinação a 73-6, 137-8, 276-7, 288-90
    profecia sobre a reunião de nações nos últimos dias em 102-3,112-3
    prosperidade 137-9;

rebeldes judeus (66 a 70 da Era Comum) em 46-7
reconstrução sob Herodes 42-3
retorno dos exilados na Babilônia a 33-4, 41-2, 44-5
revolta dos fariseus contra Alexandre Janeu em 152-4
revolta de 70 da Era Comum 133-7
Sabbatai Zevi em 463-4
sob os gregos 41-2
sob os ptolemaicos 34-5
sob os selêucidas 34-6
Templo *ver* Templo em Jerusalém
yeshivah Merkaz haRav Kook 585
Jesus, filho de Ananias 228, 253
Jesus de Nazaré 86-8, 178-9, 219-28, 259-60
   acusação de blasfêmia 223-7
   batismo em Cristo 233-4 *ver também* batismo;
   companhias de 222-3
   crucificação/morte 226-8, 262
   e a fé cristã 233-5
   e a Torá 223-4
   e os escribas fariseus 141-2, 144-5, 146-52, 223-4, 241-2, 244-5
   e o Toledot Yeshu 303
   expectativas da segunda vinda 471-3
   filiação de Jesus 226-8
   jesus como o messias 226-7, 231-2, 236-7, 256-7
   Josefo sobre 219-21
   limpeza do Templo 178-9, 222-4
   nome de Jesus 425-6
   pregação de Paulo 226-8
   ressurreição de Jesus 227-8, 232-3
   Sermão da Montanha 224
   sobre evitar juramentos e votos 244-5
   supremacia de Cristo 232-4
Jewish Free School (JFS) [Escola Livre Judaica], Londres 525
Jewish Quarterly Review 538
Jewish Religious Union [União Religiosa Judaica] 538, 567
Jewish Theological Seminary of America [Seminário Teológico Judaico dos Estados Unidos] 567-70, 572-3
Jó 48, 58, 99, 566
João Batista 181, 221, 241, 245, 258
João, o Essênio 172
João, Evangelho de 159, 179
   sobre a filiação de Jesus 225
Joazar filho de Boethus 133

Joel 48, 113
Jogos Olímpicos 132
Johannesburgo, sinagoga Adass Jisroel 560
Jonah ben Avraham Gerondi 394
Jonas 102
Jonas, Livro de 352-3
Jonas, Regina 551
Jônatas (sumo sacerdote asmoneu) 173, 192
José (patriarca) 29
Josefo, Flavio 12-3, 27-8, 50-2, 53-4, 59-60, 82-3, 89-91, 94-5, 105-6, 120, 128-9, 180-2, 195-7, 243-4, 253-4, 614-5
   Antiguidades 27-38, 42-3, 45-7, 89-90, 135-6, 142-3, 146-7, 167, 173-4, 217-6, 219-21, 262, 352-3
   Contra Apião 11-4, 37-8, 78-9, 85-7, 173-4, 259-61, 287-9
   e as "três formas" do judaísmo 139-40
   e a vida após a morte 259-61
   e Fílon 216-8
   e Justo de Tiberíades 128-9
   e Moisés 11-3
   e o messianismo 135-6, 256-7
   e os asmoneus 125-31
   e os samaritanos 84-5
   Guerra dos Judeus 135-6, 146-7, 161-8, 173-5, 352-3
   sobre a inspiração para a escrita 52-3, 59-60
   sobre a paz e a prosperidade de Jerusalém 137-8
   sobre a quarta filosofia 135-6, 144-5, 171-6
   sobre a rebelião contra Roma 134-6
   sobre a sucessão dos profetas 253-4
   sobre Bannus 244-6
   sobre exorcismos 247-8
   sobre Hircano e os edomitas 125-7
   sobre Jesus 219-21
   sobre João Batista 241-2
   sobre o cuidado e o julgamento divinos 250-1, 285-7
   sobre o martírio 260-1
   sobre o poder romano 271
   sobre o Shabat 242
   sobre os essênios 148-9, 159-72, 244-5
   sobre os fariseus 144-52
   sobre os jejuns 245-6
   sobre os sacerdotes 76-9
   sobre os saduceus 153-9
   sobre os *sicarii* 174-6 179-80
   sobre os zelotes 175-81

sobre o Templo 68-70, 75-8, 81-2, 124-5, 130-1, 136-7, 287-9
sobre Urim e Tumim 101-2
traduções para o latim por Hegésipo 352-3
Vida 90-1, 128-9, 141-2, 144-7, 152-3
Joseph ibn Tsur 474
Josué (filho de Nun) 30-1, 42-3, 48, 111, 196, 585
Josué, Livro de 59
Josué, sumo sacerdote 64, 99
Joshua, Rabbi 92
Josias 44, 58
Jost, Isaak Markus 516
Jowett, Benjamin 538
Jubileu 141, 614
Jubileus, Livro dos 89, 186, 240, 243, 249, 259
júbilo 111-2
Judá (reino do sul) 39-42, 44-5
  exílio na Babilônia 32-3, 44-5
  retorno dos exilados da Babilônia 33-4, 41-2, 44-5
Judá (tribo) 31-2
Judah ben Baba 317
Judah ben Shalom 608
Judah haNasi 200, 316
judaísmo conservador 558-9, 566-74, 596-7
  Comissão sobre a Filosofia do Movimento Conservador 569-70
  em Israel 572-3
  e os homossexuais 599
  reconstrucionismo 569-73, 517, 599
  União do Judaísmo Tradicional 570
judaísmo da Reforma 531-52
  contrarreformistas 553-74
  convenção de Columbus 548-9
  e a ortodoxia moderna 554-66
  e o Estado de Israel 548-51
  e o Holocausto 549-51
  e o judaísmo conservador 566-74
  e os homossexuais 599-600
  e o sionismo 548-50
  inclusão da descendência patrilinear 551-2, 554-5
  Jewish Religious Union [União Religiosa Judaica] 537-8, 586-7
  literatura teológica 540–7
  na Alemanha 531-6, 543-7, 550-1, 557-8
  na Grã-Bretanha 535-7
  na União Soviética 551-2
  neológos húngaros 535-7
  nos EUA 537-40, 543-4, 548-51
  pertencimento à classe média do 596-7
  Plataforma de Pittsburg 538-40, 543-4, 548-9
  rejeição por parte da maioria dos israelenses nativos 551-2
  União Mundial para o Judaísmo Progressista 547-52
judaísmo humanista 601-2
judaísmo místico 310-2, 330-2, 365, 396-7, 399-411
  Caminho do Divino Nome 405
  da cabala *ver* cabala/cabalistas
  de Luria *ver* cabala de Luria
  e o Zohar *ver* Zohar
  estático 403-7, 454-5
  hassídico *ver* hassidismo
  Hekhalot 310, 400, 409
  influência do sufismo sobre o 304-6, 379-8, 406-7 *ver também*
  kavanah 455
  místicos de Girona 403-6
  sufismo vs racionalismo 392-4
judaísmo neo-ortodoxo 554-60
judaísmo ortodoxo
  Agudat Israel 559-61, 582-3, 586-7
  a "neo-ortodoxia" de Hirsch 554-60
  em Israel 564-6
  haredim ver haredim
  judaísmo conservador *ver* judaísmo conservador
  na Inglaterra 553
  nos EUA 561-4
  ortodoxia moderna e a contrarreforma 554-66
  reconstrucionismo 569-73, 596-7, 599-600
judaísmo positivista histórico 558-60, 506-7 *ver também* judaísmo conservador
judaísmo rabínico
  1000-1500 da Era Comum no Ocidente 365-411;
  academias *ver* academias
  amoraim 50-1, 312-3
  as relações dos rabanitas com os caraítas 353-64
  autoridade de rabinos individuais 320-1, 371-2, 437-8, 444-5, 519-20;
  Bíblia Hebraica como base de 16-7
  cabala como um arcabouço teológico 410-1 *ver também* cabala/ cabalistas
  Casas 198-205
  e a perda do Templo 285-307, 343-4
  e conformidade da comunidade 435-7
  educação e formas de tratamento 519-21
  e o Renascimento europeu 419-39
  e os Essênios *ver* Essênios

e os fariseus *ver* fariseus
e os saduceus *ver* saduceus
escribas *ver* escribas
estudantes que estudam em casa e estudo em comum 311-2
exegese bíblica *ver* Bíblia Hebraica: exegese rabínica
gematria 323-4
halakhá *ver* halakhá
herem (excomunhão) 320-1
influência islâmica *ver* islã: influência sobre o judaísmo
judaísmo da Reforma *ver* judaísmo da Reforma
judaísmo ortodoxo *ver* judaísmo ortodoxo
massoretas 86-7, 294-5, 319-20, 338-9
nasi 315-7, 334-5, 349-50
ordenação *ver* ordenação
papel no ritual da sinagoga 366-7
possibilidades de influência cristã 315-6
pregadores populares (*maggidim*) 437-9, 478-9
preservação da Torá por meio de 143-4
princípios da hermenêutica e abordagens da lei 322-8
profissionalização do rabino local 435-6
no Renascimento 435-8 *ver também* Renascimento, europeu
rabinos: 70-1000 da Era Comum no Oriente 308-39
relações entre estudiosos e as "pessoas da terra" 333-4
sábios *ver* sábios
savoraim 312-3
Seminário Rabínico de Budapeste 536-7
sucesso do movimento rabínico sobre o judaísmo grego no mundo mediterrâneo 350-3
Talmude *ver* Talmude
tannaim ver tannaim
textos místicos 310-2, 330-2
tradição oral *ver* tradição oral
vestimenta clerical 519-21, 532-3
judaísmo secular 18-9, 505-6, 514-5, 523-6
judaísmo humanista 600-4
sionismo secular cultural 560-1, 570-1, 586-8
Judas ben Tabbai 196, 198
Judas, o Essênio 166
Judas, o Galileu (professor da "quarta filosofia") 173-6, 180
Judas, o Piedoso 401
Judeia 45-6, 272-3
abandonada durante o exílio na Babilônia 32-3
e os asmoneus 35-7, 42-3, 45-6, 84-5, 123-33
no império selêucida 121-2
retorno à 33-4, 41-2, 44-5
sob os romanos 35-7, 45-6, 130-9 *ver também* asmoneus
judeus conservadores tradicionais 569, 597
judeus cristãos 80, 228, 235, 336-7
judeus de Elefantina 40, 76, 82, 98
judeus de Kaifeng 282
judeus liberais 219-20
EUA 610
Reino Unido 599
Judeus por Jesus 610
judeus romaniotas 352
Judith 247
juízes 30, 137, 155, 174, 229, 277, 314, 317-8, 445
Juízes, Livro dos 44, 48, 58
Juliano, imperador 288-9
Julio III, papa 425
juramentos de lealdade, império assírio 101
justiça
castigo 30-3, 60-1, 101-2, 248-51, 285-7
divina 59-60;
punições judiciais no Pentateuco 103-4
Justiniano 342, 348-9
Justiniano II 275
Justino Mártir: *Dialogue with the Jew Trypho* [*Diálogo com o Judeu Trypho*] 302, 337
Justo de Tiberíades 128

Kafah, Yihye ben Solomon 608
Kahane, Meir (nascido Martin David) 585-7, 589
Kairouan 278, 281, 310-11, 319, 367-8, 371, 381, 410
academia 318-9, 368-9, 371-2
kalam (escolasticismo islâmico) 305, 383-4
Kalischer, Zvi Hirsch 517, 584
Kalisz, Estatuto de 424
Kalkreuth, Adolf 531
Kallir, Eleazar 293, 300
Kalonymus ben Moses 321-3
Kamienice 477
Kant, Immanuel 480, 528, 530-1, 541-3
Kaplan, Mordechai 570-2
kapparot 536
Karelitz, Avraham Yeshayahu (Hazon Ish) 579
Karo, Yosef 436-7, 440–6, 448-9, 458-9
Beth Yosef ("Casa de José") 442-4

Comentário de haCohen 578-9
Maggid Mesharim ("Pregador da Justeza") 441
revisão de Shneur Zalman 484-5
Shulhan Arukh 441-6, 451, 485, 537, 578-9
Kartir 276-7
Katowice 560, 582
Katzenellenbogen, Meir 353
kedushah 292
Kilkes, Nathan ben Moses 409
Kimhi, Joseph 373
Kirkisani, Ya'kub al- 354-8
Kluger, Solomon 520
Knesset 523-4, 586
Kohn, Abraham 553
Kol Nidrei 299
Kook, Abraham 583, 585, 587
Kook, Zvi Yehudah 585-6
kosher, alimentos *ver* alimentos kosher
Kotler, Aharon 590
Kranz, Yaakov ben Wolf (Maggid de Dubno) 439
Krochmal, Nahman 531
Kumisi, Daniel ben Moses al- 357-8, 363-4
Kuntillet Ajrûd 66
Kutuzov, Mikhail 491

Lag BaOmer 330, 452, 454, 524
lamentações 298
　midrash 316
Lamm, Norman 599
Lavater, Johann Caspar 528
Lázaro 226
Leão X, papa 423
lei
　códigos babilônicos 50
　judaica *ver* Torá/lei judaica
lei familiar 370
Leibowitz, Yeshayahu 565
Lemba 609-10
Lemberg (atual Lviv) 520, 546, 553 *ver também* Lwów
Leone Modena 429-30, 452
Levi (tribo) 31, 78
Levi Yitzhak ben Meir de Berdichev 482, 491, 549
Levinas, Emmanuel 550
levirato, casamento 104-5, 109
levitas no período do Segundo Templo 78
Levítico 48, 66, 77, 79, 104, 110, 240, 309, 613
　Rabbah 316
　Sifra para o 50, 358

liberdade ética 543
Liberman, Saul 572
Lida 315
Liga da Pátria Francesa 513
Liga das Nações 504
Liga de Defesa Judaica 586
Lilith 597
lingua árabe 283
língua grega 42-3, 127-9, 229-31, 341, 351-2
　tradução da Bíblia Hebraica *ver* Septuaginta
língua hebraica 16-9, 53-4, 111-2, 320-1, 351-3, 391-2, 534-5, 567-9, 581-3, 587-8, 608-9, 612-3
　impressão 422-3
Limoges 280
Linus 216
Lituânia 281, 310, 362-3, 422, 424, 448-9, 450-2, 479, 481, 485, 489-90, 508, 550, 560, 578, 580-2, 585, 590, 613
　Bund 516
　judaísmo ortodoxo 503
Livorno (Leghorn) 472, 535
livre arbítrio 72, 250, 323, 383, 390, 566
livros de preces 310, 523, 534, 556, 559, 597
　iluminuras em 292
　Olat Tamid de Einhorn 539
　Sabbath Prayer Book [Livro de Preces para o Shabat] (ed. Kaplan) 571
Loew, Judah, Maharal de Praga 428, 458-9
lógos 211-3, 233, 251, 357, 426, 429, 542
Londres 280-1, 482-3, 503
　Grande Sinagoga 483, 513, 537
　Jewish Free School [Escola Livre Judaica] 525
　Nova Sinagoga de Londres 573-4
　Sinagoga Liberal Judaica 538
　Sinagoga de West London 537
　Sinagoga Unida 573
　sinagogas: Bevis Marks 18, 430-1
　União Mundial para o Judaísmo Progressista 548-9, 551, 599
lua nova 152, 244, 291, 298, 358, 456, 598
Lubavitch *ver* Habad Lubavitch
Lublin 445, 448
Lucena 319
Lucas, Evangelho de 87, 178, 222, 224, 260
　sobre a filiação de Jesus 225
Luís XIV 422
Luria, Isaac ben Solomon 454-62, 472, 478, 489, 519
Lutero, Martinho 421, 431-2

tradução da Bíblia 443
luto 112, 252, 298, 330, 446-7, 523-4, 563
Luzzatto, Moshe Hayyim 478-9
　Mesillat Yesharim ("O Caminho do Justo") 478
Luzzatto, Shmuel David (Shadal) 535
Lwów 448, 477 *ver também* Lemberg

Maayan haHokhma ("Fonte da Sabedoria") 403
Macabeus, livros dos 58-9, 67-8, 121–6, 127-8, 242-3
　primeiro Macabeus 122-7, 178-9
　segundo Macabeus 81-2, 93-4, 121-4, 258-9, 260-2
　terceiro Macabeus 250-2
Macedônia 42-3, 51-2
　império greco-macedônico 119-22
magia 246-8, 331-3
　criação do golem 379-80, 458-9
Maggid de Dubno (Yaakov ben Wolf Kranz) 439
maggidim (pregadores populares) 437, 439, 441
Magnes, Judah 549
Maharil (Yaakov ben Moshe haLevi Molin) 378
Mahzikey haDas ("Defensores da Fé") 578, 581
Maimon, Solomon 480-2, 490, 530-1
　Filosofia Transcendental 530
Maimônides 281-2, 289-90, 304-5, 360-1, 387–93, 436-7, 442-3
　aristotélicas, ideias 388-90, 410-1
　cartas na Geniza do Cairo 391-2
　Comentário sobre a Mishná 389-90
　controvérsia sobre a ressurreição 391-3
　e Abulafia 406-7
　e Nahmanides 392-4
　e o islã 390-2
　Guia dos Perplexos 388-90, 394-5, 405-6
　Mishneh Torah 369-70, 381, 388, 390, 392, 522
　Treatise on Resurrection [*Tratado sobre a Ressurreição*] 392-3
　treze princípios da Torá 389-91, 397-8
　túmulo 393-4
　Yad 377
　Yigdal 391
Maimônides, Abraham 406
Maimônides, Obadiah ben Abraham 406
Mainz 280-1, 304, 374, 379, 401
　academia 321
　sinagoga 291
mal, origem do 403
Malaquias 258

Malakh, Hayyim 476
Malik al-Ramli 358
Malkin, Yaakov 603
mamelucos 274
Mamun, al-, califa 383
mamzer, status de 611
Manaemus 166
Manasseh ben Israel (Manoel Dias Soeiro) 424
Manassés (tribo) 29, 31, 43, 419
manifestações em Wurtzburgo 512
Mântua 420, 427-9, 458, 467
Manuscritos do Mar Morto 18-9, 51-3, 54-7, 70-1, 80-1, 88-9, 90-1, 98-9, 128-9, 143-4, 180-3, 191-3, 243-4, 253-4
　comentário sobre Habacuc messianismo 256-9
　Documento de Damasco 185-7, 190-4, 200-1
　e o Mestre da Justeza 187-93, 183
　e os espíritos malignos 248-9
　e o Templo 186-7, 189-91
　fragmentos de Ben Sira 58-9
　Manuscrito do Templo 186-7
　Manuscrito da Guerra 186-9, 191-3, 248-51, 255-8
　Miksat Ma'asei haTorah ("Algumas Observâncias da Lei") (4QMMT) 189-91, 240-1
　Regra da Comunidade 79-80, 182-94, 200-1, 257-9
　sobre pureza e impureza 189-90, 240-2
　Songs of the Sabbath Sacrifice [Hinos do Sacrifício do Shabat] 181-2, 250-1
　textos bíblicos 49-50, 53-6, 70-1, 109-10, 181-2, 190-1
　textos de preces 90-2
Maomé 273-4, 355
máquinas, uso na observância religiosa 520
Marcião 210, 236-7
Marcos, Evangelho de 148-9, 222, 224-5
Mari 43
Mariamne 131
Martinez, Ferrand 279
martírio 172, 228, 239, 261-2, 304, 566
Marx, Karl 516
maskilim (iluministas) 516, 581
masorah 293
Masorti 573 *ver também* judaísmo conservador
　massacres de Chmielnicki 424, 448, 472
Massada 59, 94, 175-6, 179-80
massoretas 86, 294, 320, 338

ÍNDICE

Mastema 249
Matatias 36, 68, 123-4, 130, 179, 242-3
Mateus, Evangelho de 244-6
   e os fariseus 141-2, 144-52
   sobre a filiação de Jesus 226-7
Maximiliano 431
Meah Shearim, Jerusalém 575
Me'am Loez 439
medos 132-4, 84-5
Medici 425
Medina 274
Medzibozh 483-4, 487
Megido 39
   Batalha de 44
   santuário 66
   templo 63
Megillat Ta'anit 144
Meir, Rabbi 204, 317
Meir ben Baruch de Rothenburg 369
Meir ben Gedalyah ("Maharam") 445
Meiri, Menahem 395
Meiron 452-4
Menachem 179
Menahem Mendel de Vitebsk 518, 585
Menandro de Laodicea 289
Mendelssohn, Moses 515-6, 528-32, 578
Menelau 121-2, 125
Menelik 282
menonitas 434
menorá 122, 344-7
menstruação 107-8, 295-6
mercado de livros 422-4
   antologias dirigidas às mulheres 438
   ilustrações 430
Meshulam de Volterra, Rabbi 278
Meshullam ben Yaakov de Lunel 381
Mesopotâmia 28-9, 37-9, 45-6, 308
   centros rabínicos 312-3
   relatos da criação 42-3
   templos 62-3
   urbanização 28-42
messianismo 135-6, 255–9, 281-2
   anticristão 397-8
   e Abulafia 405-6
   e a especulação cabalista 583-4
   e Jesus 226-7, 231-2, 236-7, 256-7
   Elias com mensageiro do messias 257-8, 297-8
   e Luria 455-8
   e Molcho 419-21
   e o futuro do judaísmo 608-15
   e o retorno em massa à terra de Israel 515-6, 583-4
   e os *haredim* 581-2, 583-4
   e o sionismo 516-7, 583-4, 587-8
   e Reuveni 419
   e Vital 456-7
   expectativas da comunidade de Qumran 187-90, 192-3;
   Frankel e a esperança messiânica 558-9
   Habad Lubavitch 589-9
   messias de Aarão 189-90, 257-9
   messias de Davi 189-90
   movimento missionário messiânico judaico 610-1
   nas preces da Reforma 534-5
   no hassidismo 487-8, 492-3, 581-2, 587-8;
   no *Sefer Zerubbabel* 330-1
   sabbatianismo 462-80
metempsicose 147
método Brisker de estudo talmúdico 562
Metz 448-9, 479
México 503
mezuzah 301
midianitas 44
midrashim 16-7, 294-6, 310-1, 315-6, 322-4, 245-6
   do Cântico dos Cânticos 301-3, 315-6
   e Rashi 372-3
   Mekilta sobre o Êxodo 50-1, 322-3, 372-3
   Sifra do Levítico 50-1
   Sifre do Números e Deuteronômio 50-1
   Tadsha 219-20
Mifalot Elohim ("Das Obras de Deus") 483
Miguel, arcanjo 250, 254, 257
mikvaot (banhos rituais) 295
milagres 95, 223, 247, 380, 393, 434, 481-2, 484, 488-9, 609 ,613
milenarismo 259, 472
Mimouna, festival 607-8
Minorca 278
Miqueias 65, 378
Mishná 19-20, 50-1, 53-4, 79-80, 85-6, 92-3, 136-7, 240-1, 250-1, 295-7, 298-9, 390-10, 314-5, 330-1, 338-9, 377-8
   Avot 143-4, 196-7, 327-9
   comentário de Maimônides sobre 389-90
   comentários talmúdicos *ver* Talmude
   e Gamaliel 151-3
   e Hanina b. Dosa 246-8
   e leituras/padrões litúrgicos 86-8, 90-4

e os sábios 50-1, 58-9, 196-201, 241-2, 312-3
334-6, 360-1
e os zelotes (*kanaim*) 179-80
e o Templo/sacrifícios 69-72, 77-8, 80-1, 288-9
e o voto dos nazireus 201-3, 204-6
sobre a Casa de Onias 82-3
sobre a leitura do Livro de Ester 300-1
sobre as primícias 72-3
sobre dançar e bater palmas nos festivais 376-7
sobre Helena de Adiabena 201-3
sobre o jejum 245-6
sobre os costumes do noivado 332-4
sobre tirar a água 75-6
sobre Urim e Tumim 101
Tikkunei Zohar sobre 410
misticismo Hekhalot 310, 400, 409
místicos de Girona 404
mitnagdim 490-2, 581
moabitas 30, 40
Modena, Leone 429-30, 452
Modi'in 123
moedas 40, 46, 126, 130, 134, 289
Moetset Gedolei haTorah (Conselho dos Sábios da Torá) 560
Mohilever, Shmuel 517, 584
Moisés 29-30, 52-3, 80-1, 253-4
aliança de Deus com 11, 56-7
crença na autoria do Pentateuco 49-50, 52-3, 434-5
e Josefo 11-3
lenda da beleza na infância 88-9
relato dos Jubileus 89-90
revelação no Monte Sinai 11, 29-30, 252-3
Vida de Moisés, de Fílon 217
Molcho, Solomon (nascido Diego Pires) 419-20
Moldávia 508 *ver também* Podólia
pogrom em Chişinău 517
monarquia de Israel 38-9, 43-5
a exigência do povo por uma 30-1
críticas bíblicas aos reis pecadores 105-6
Monatsschrift für Geschichte und Wissenschaft des Judenthums [Revista Mensal da História e da Ciência do Judaísmo] 559
monoteísmo 51, 98, 236, 535, 539
e o trinitarianismo 305
"monoteísmo ético" (Cohen) 544
Montagu, Edwin 538
Montagu, Lily 538
Montagu, Louis, segundo Barão Swaythling 538

Montefiore, Claude 538, 567
Montefiore, Sir Moses 517
Morais, Sabato 567
Morávia 459, 557
Marrocos 279, 445, 467, 473-4, 503, 505
comunidade dos judeus marroquinos de Paris 607
morte 113
e reencarnação 146-7, 259-60, 402-3, 457-8, 461-2
lista dos mortos (*yizker-buch*) 447
mosaicos 273, 289, 291, 301, 316, 333, 343-5, 349
Moscato, Judah ben Joseph 429
Moscou 510
Moses ben Hanokh 319
Moses de Burgos 410
Moshe ben Asher 320
Moshe de Leon 408, 410
movimento histórico 559
movimento Mizrahi 584
movimento Musar 479, 581, 590
Mu'awiya I 274
Mukammis, David ibn Marwan (conhecido como David haBavli) 383, 385
mulheres
antologias dirigidas às 438-9
emancipação no âmbito do judaísmo 597-9 *ver também* feminismo
entrar em bairros *haredi* em Israel 591-2
e o Shabat 296-7, 588-9
feminismo *ver* feminismo
grupos de preces pelas 597-8
haredi 576-9, 592-3
havurot e a igualdade das 596-7
menstruação 107-8, 199-200, 295-7
mudança do papel na América do Norte 594
"mulher acorrentada" que não pode se casar de novo 611
nas sinagogas 295-6, 550-1, 564-5, 570-1
no movimento reconstrucionista 570-1
ordenação 572-3, 596-8
papéis tradicionais e na Reforma 596-7
parto 240-1, 295-7, 438-9
purificação após a menstruação e o parto 107-8, 295-6
tratamento cristão dado às 507-8
multiculturalismo 507
Musa Pasha 462
museus de cultura judaica 515
mushkanitas 355

música 293-4, 387-8, 430-1, 518-9, 538-9, 548-9
  com a Oferenda da Água 73-5
  do coro dos terapeutas 91, 170
  e a renovação judaica 595
  klezmer 595
  no hassidismo 488-9, 595
música klezmer 595
Mutawakkil, al- 383
Mu'tazilah 383

Nabucodonosor 33-4, 67, 271
Nação Israelita Hebraica Africana de Jerusalém 610
nacionalismo
  europeu 506-7, 512-4 *ver também* nazismo
  judaico 510-11, 515-6, 523-4; sionista *ver* sionismo
  húngaro 535-6
Nachman, Rabbi 546
nacionalistas húngaros 534-5
Naftali (tribo) 31
Nag Hammadi 220
Nahawandi, Benjamin ben Moses al- 356
Nahman de Breslov 487-8, 493, 588
Nahmanides, Moses (Moshe ben Nahman, também conhecido como Ramban) 303, 393, 404
Nahshon Gaon 368
Najara, Jacob 462-3, 469-70
Naomi 103
Nápoles 366, 425
Napoleão 481, 491-2, 511, 532-3
Narbona 280, 378
nasi 316-7, 320, 335, 350
Nasi, Gracia 435
Nasi, Joseph 435
Nathan, o Babilônio 311
Nathan de Gaza (Abraham Nathan b. Elisha Hayim Ashkenazi) 462-5, 467-8, 470-2, 474
Nathansohn, Joseph Saul 520
Natronai, *gaon* de Sura 319
nazarenos 236, 277
nazireus 82-3, 201-3, 204-6
  voto dos nazireus 151-2, 201-2, 204-5, 244-5
nazismo 504-6, 513-4, 518-9, 547, 580-1
  aniquilação de comunidades judaicas na União Soviética sob os nazistas 510-11
  Holocausto *ver* Holocausto
Neemias 45, 48, 78, 86, 372
Neólogos 536-7
neoplatonismo 306, 391, 426, 429

e a apropriação da cabala pelos cristãos 410
Nero 136
Netivot 609
Neturei Karta ("Os Guardiões da Cidade") 587
Nicanor de Alexandria 70
Nicholas de Lyre 373
Nicolau III, papa 405
Nicolau de Damasco 147
Nieto, David 478
Nínive 102
Nissenbaum, Isaac 566
Nissim Gerondi 449-50
Nissim ben Yaakov ben Nissim ibn Shahin 367
Nittai, o Arbelita 196-8

Noé 28, 58, 102, 113, 186, 249, 360, 542
noivado
  costumes na Mishná 333-5
  sete bênçãos matrimoniais na cerimônia de noivado 352
Nova York 504-5, 563-4, 567-8, 576-7
  assentamento Lubavitch, estado de Nova York 588-9
  Beth Simchat Torah 600-1
  comunidade Satmar de Williamsburg 582
  Instituto Judaico de Religião 548
  Jewish Theological Seminary of America [Seminário Teológico Judaico dos Estados Unidos] 567-9
  Jewish Week 594-5
  Liga de Defesa Judaica 586
  sinagoga Adass Jeshurun 560
  Sinagoga Livre 548
  Rebelião de Stonewall 600
  Templo Emanu-El 538-9
Nova Sinagoga de Londres 573
Novo Mundo e as Américas 422-5, 503, 609-10
  assentamento sefardita 422-3
  descobrimento 420-1
  EUA *ver* Estados Unidos da América
Novo Testamento 51-2, 154-6, 219-21, 229-30, 247-9, 340 *ver também livros específicos*
  e Marcião 236-7
  relatos de exorcismo 247-9
Norte da África 272, 277-8, 281, 333, 360, 365-6, 371, 375, 382, 420, 434, 471, 474, 503-4, 574, 603, 608
Números 48, 77, 83, 94, 104, 111, 178, 202, 314, 614

Sifre do 50, 323

oferendas de elevação 65, 203
óleo, de oliva 51, 77, 124, 166, 203, 208, 240, 300, 306, 526
Omar II 274
omer 330, 523
omíadas 279
Onã 109
Onias 83-4, 121
Oppenheimer, Samuel 425
ordenação (*semikhah*) 436-7
    de judeus gays e lésbicas 550-1
    de mulheres 572-3, 596-8
Orfeu 301, 347
ornamentos (*rimmonim*) 430
Oseias 48, 56, 65, 597
Oshaiah Rabbah 218
Osman Baba 475
Otávio *ver* Augusto
otomanos/Império Otomano 420, 422, 435, 453, 466, 504, 522
Oxirrinco 128

paganismo 300-2
    culto aos ídolos *ver* idolatria
    culto pagão no Templo de Jerusalém 45-6, 122-3
    imagens pagãs nas sinagogas 300-2, 345-7
    templos pagãos 62-6, 208-9
Países Baixos 423-5, 432-4, 503, 506-7
    e o Holocausto 505-6
    Holanda calvinista 432-3
palácio de Versalhes 422
Palestina
    bizantina 272-3, 314-6
    Canaã *ver* Canaã
    causa palestina e o mundo islâmico 514-5
    centros rabínicos 312-6
    Cisjordânia 585-6
    e os cruzados 272
    imigração dos judeus 423-4, 504-5, 582-3
    israelenses palestinos 505-6
    mosaicos 273, 289-91, 300-2, 311-2, 315-7
    movimento Mizrahi 583-4
    sob controle muçulmano 272-5
    sob o mandato britânico 504-6, 521-2
    templos pagãos 62-4
Pânias, batalha de 121
panteísmo 434, 490

Papiro Nash 92
paraíso 231, 260
Paris
    comunidade dos judeus marroquinos 607
    Disputa de 302-3, 393-5
    Sinédrio 491-2, 510-1, 532-3
partido Kach 586
parto 126, 130, 152, 240, 295-6, 438, 464
Páscoa *ver* Pessach
Paulo, Apóstolo 93-4, 145-7, 178-80, 226–35, 237-8, 259-60
    conversão 230-1
    e Pedro 231-3
    epístolas: II Coríntios 228-9, 230-1, 233-4
    Filipenses 228-9
    Gálatas 231-3
    missão entre os gentios 230-5
    Romanos 228-9, 231-2
Paulo IV, Papa 425
paytanim 293
pecado
    críticas bíblicas aos reis pecadores 106
    e a justiça *ver* justiça
    e o perdão *ver* perdão
    pecado original e a queda do homem 456-7
    perdão dos *ver* perdão
Pedro, apóstolo 228
    e Paulo 231-3
Pentateuco 16-7, 48-54, 78-9
    autoria 49-50, 52-3, 434-5
    comentário de Benamozegh 534-6, 553
    comentário de Culi 438-9
    comentário de Nahmanides 409-10
    comentário de Rashi 422-3
    culto sacrifical 61-3, 76-8
    edição poliglota 341-2
    e Espinoza 434-5
    inspiração divina 52-4
    lei do Pentateuco *ver* Torá/lei judaica:
    lei do Pentateuco e judaísmo na Bíblia sobre impureza 239-41
    leitura litúrgica 86-7, 93-4
    Shemá 91-3
    traduzido para o grego 54-6, 341-2 *ver também* Septuaginta
Pentecostes *ver* Shavuot
perdão 112-3, 377-9
    Dia do *ver* Dia do Perdão (Yom Kippur)
    batismo e o perdão dos pecados 241-2

e o Dia do Perdão *ver* Dia do Perdão (Yom
   Kippur)
peregrinação 74-5, 132, 138, 209, 222, 255, 276,
   289, 297, 306, 396, 486, 588, 609, 614
perseguição *ver também* antissemitismo
   confinamento a guetos *ver* guetos
   de Buber 547
   dos judeus soviéticos que desejavam emigrar para
      Israel 585-6
   e a migração em massa 504-5
   e o comércio 425-6
   e o libelo de sangue 281
   e o martírio 260-3, 303-4, 518-9
   e restrições do Estado cristão aos judeus 274-6
   expulsões dos judeus da diáspora 279-81, 423-6
   Holocausto *ver* Holocausto
   massacres de Chmielnicki 424-5, 448-9, 471-2
   pogroms 508-9, 516-7
   queima de obras talmúdicas 302-3, 393-5, 425-6
   Renânia 373-6
   sob a Inquisição 279-80, 420-1, 425-6
   sob Antíoco IV Epifânio 35-6, 242-3, 260-2
   sob os cruzados 279-81, 373-4
Pérsia/Persas 32-4, 41-2, 44-5, 119, 435-6, 608-9 *ver também* Irã
   e os samaritanos 84-5
   Império persa 34-5, 41-2, 44-6, 120
   influências religiosas sobre os textos bíblicos e o
      judaísmo 51-2
   sassânidas 272-3, 276-7
Pesikta de-Rab Kahana 325
Pessach (Páscoa) 71-3, 76-7, 92-3, 297-9, 526-7
   alteração de data sob Justiniano 347-9
   e a contagem do *omer* 156-7, 329-30
   fazer *matzot* 520
   Haggadah *ver* Haggadah
   Mimouna, festival 607-8
   restrições alimentares 448-9
   Sêder 92-4, 236-7, 297-8, 300-1, 430-1, 525-6
Peste 537
Petrônio 133
Pfefferkorn, Johannes 431
Pi-Ramsés 43
Pico della Mirandola, Giovanni 426, 428-9
piedade (*hesed*) 329
Pilatos, Pôncio 219-22, 225,
Pilpel, Abraham Ber 553
pilpul (método de ensino) 448-51, 580
Pinchas/Phineas (neto de Aarão) 178-9

Pinsk 448, 490
Pirkei de Rabbi Eliezer 598
Pirkoi ben Baboi 333-4
Pitágoras 160, 215
Pitom 43
piyyutim (poemas) 293
Plaskow, Judith 598
Plataforma de Pittsburg 539-40, 544, 548
Platão 209, 211-2, 215, 383, 386, 410
   Fedro 209
   Timeu 209, 211
platonismo 113-4, 209-12, 258-60, 381-4
Plínio, o Velho 160-1, 163, 167-8, 172-3
pluralismo 570, 603, 612
   dos tabus judaicos 35-6
   maiores 507-8
   nas sociedades europeias com populações
      muçulmanas cada vez
Plutarco 97
Poalei Agudat Yisrael 561
Podólia 476, 482, 484-5
pogroms 468, 508, 517
Polônia 280-1, 283, 362-4, 424-5, 437-8, 444-5,
   489-90, 503, 508-9, 581-2
   academias 371-2, 448-9
   Agudat Israel 560-1
   asquenazim/asquenazes 422-5
   Bund 515-6
   crescimento da população judaica 424-5
   e o holocausto 505-6
   Estatuto de Kalisz 424
   expansão do poder tsarista russo na 508-9
   frankismo 475-6, 491-2
   hassidismo 483-5, 488-92
   ídiche 422-3
   imigração judaica da Alemanha 422-5
   imposto comunitário judaico 488-9
   judaísmo ortodoxo 448-9
   massacres de Chmielnicki 424-5, 448-9, 471-2
   recitação do Kaddish 445-7
poligamia 304, 321, 613
politeísmo 51, 234
Polycharmos, Claudius Tiberius (Acyrios) 350
Pompeu 36, 46, 120, 129-30
Popílio Lenas, Caio 122
população, judaica 503-6, 508
população judaica *ver* população, judaica
Portugal 419-23
   expulsão dos judeus de 423-4

migração da diáspora sefardita durante o Renascimento 422-3
positivistas lógicos 602
Praga 448, 459, 467, 479
prece
Amidá/Shemoneh Esreh 91-3, 292-4, 358-9
cobrir a cabeça durante as 378-9, 534-5
com homens e mulheres sentados juntos 564-5
comunal 89-93, 95-6, 292-3
cuidado e precisão entre os hassidim asquenazes 401-2
de um *tsaddik* 587-8
e os heréticos 336-7
grupos de preces de mulheres 597-8
hassídica 481-4, 488-90;
hebraico/lingual vernacular usada em 538-9, 558-9
imersão na presença divina na 481-2
intensificação na cabala de Luria 461-2
Kaddish 329-30, 445-7
kedushah 292-4
nas sinagogas da Reforma 534-5
no Monte do Templo 522-3
no Muro Ocidental 591-2
para o Estado de Israel 518-9, 587-8
pelo governo local na diáspora 518-9
piyyutim inseridos nas preces 293-4
preces pela memória 446-7
prostração na 34-5, 92-3
renovação judaica e formas sufistas de 595-6
tehinnus 438-9
Yizcor 518-9, 522-3
prece Kaddish 329, 446
preces pela memória 447
prece Yizcor 447, 518, 523
Pressburg (Bratislava) 448, 557-8
Priesand, Sally J. 551, 596
primícias 73, 75, 111, 207
Prisca 228
Procópio: *História Secreta* 348
procriação 105, 109, 171, 589, 612
profanação 68-9, 124, 135, 138, 240, 242, 263, 368, 394, 523
profecia 253-4
sobre a reunião de nações nos últimos dias em Jerusalém 102, 193
profetas 101-2 *ver também profetas individuais pelos nomes*
pogrom em Chișinău 517

prosélitos 13, 42, 74, 141 *ver também* conversão
protestantismo
calvinismo 432-3
e criticismo bíblico 534-5
guerras de religião 420-3
Igreja Luterana 431-2
Reforma 421-2, 431-2
teologia liberal no 534-5
Protocolos dos Sábios do Sião 515
Provença 219-20, 295-6, 371-2, 388-9, 391-4
cabalistas da 409-11
ideias esotéricas disseminadas da 409-10
Provérbios 48, 50, 53, 57, 99-100, 328
ptolemaicos 45-6, 119-22, 126-7
Ptolomeu I 35, 119
Ptolomeu IV Filopátor 251
Ptolomeu Filadelfo 35, 55
Ptolomeu V 121
Pukhovitser, Judah Leib 438
pureza/santidade 205-6, 239-42
e as emissões corporais 107-8, 295-6 *ver também* menstruação
e circuncisão 108-10
em *kedushah* 292-4
e os companheiros de Jesus 222-3
e os fariseus 151-2
no Pentateuco 105-8
observância dos essênios 165-8
Santo dos Santos 79-80, 98-9, 112-3
purificação: no Dia do Perdão 79-80
abluções rituais 107-8, 241-2, 295-6
das mulheres após a menstruação e o parto 107-8, 295-6
do Segundo Templo, com a revolta dos macabeus 35-6, 45-6, 81-2, 124-5
e as relações sexuais 107-10
o empenho dos rabinos com os meios práticos para a santidade 324-5
e o Shabat 109-11
validade do culto por sacerdotes incorretamente purificados 156-7
Purim 86, 87, 94, 300, 43, 462, 470, 523-4, 526
'Purims' locais 440

quarta filosofia (Josefo) 135, 140, 153, 173-5, 179-80
e os *sicarii* 175-6
Quarto Concílio Laterano 280
queda do homem 456-7

questões de gênero
  feministas *ver* feminismo
  judeus aprendendo a se adaptar às 506-7
  mulheres *ver* mulheres
querubim único 401
Quintiliano 12
Quirino 132-3, 175, 179
Qumran
  alegorização e 'verdadeiro sentido' da Torá 181-2, 215-6
  calendário solar 189-90
  cavernas 180-3
  comunidade (Yahad) 180–92, 254-5, 355-6
  destruição pelos romanos 193-4
  e o Mestre da Justeza 187-93, 221-2
  expectativas messiânicas 187-90, 192-3
  Regra 79-80, 182–94, 200-1, 257-9
  textos *ver* Manuscritos do Mar Morto

Rabad (Avraham ben David) 381, 403
Rabbah bar Nahmani 318
racionalismo 57-8, 357-8, 384-5, 392–9, 506-7, 531-2, 538-9
  e alegorização 392-5, 398-9
  e o movimento da Reforma 534-5
  e os milagres 392-3
  vs misticismo 392-4
  vs revelação 386-8, 397-9
Ramban *ver* Nahmanides, Moses
Ramsés II 43
Ramleh 320, 358, 363
Rafael, arcanjo 250
Rapoport, Chaim 599
Rashba (Shlomo ben Avraham Adret) 395, 405, 409
Rashi (Shlomo Yitzhaki) 368, 370, 372-5, 381-2, 423, 438, 448-50, 473
Rava 318
Ravad *ver* Rabad (Avraham ben David)
Rebelião de Stonewall 600
reconstrucionismo 569-73, 596-7, 599-600
reencarnação 147, 260, 457, 478
Reforma, Protestante 421-2, 431-2
Reformed Society of the Israelites [Sociedade Reformada dos Israelitas] 538
refugiados, judeus 424-6, 453-4, 505-6, 559-60
  da Lituânia 580-1
Regra da Comunidade, Qumran 80, 183-4, 186, 192, 258
Reino Unido *ver* Grã-Bretanha e o Reino Unido

Reis, livros dos 38, 40, 44, 48, 59-60, 66, 82, 286
  Primeiro Reis 43, 58, 64
  Segundo Reis 49, 67
Renânia 365, 378-9, 389, 393, 401-2, 405-6
  hassidim asquenaze *ver* hassidim asquenaze
  perseguição 374
Renascimento, europeu 419-39
renovação judaica 595
  Aliança para a Renovação Judaica (ALEPH) 595
Reoboão 32
República das Sete Províncias Unidas dos Países Baixos 422
responsa 310, 367-9, 600, 612
  Eleh Divrei haBrit ("Estas são as Palavras da Aliança") 554
  Responsa from Heaven [*Respostas do Céu*] de Jacob de Marvège 371
ressurreição 113-4, 258-60, 262, 392-3
  controvérsia de Maimônides 391-3
  de Jesus 227-8, 232-3
  Paulo e a ressurreição geral 232-3, 259-60
  ressurreição de Lázaro 227-8
revolta de Isfahan 355
revelação 251-3, 397-8
  a Moisés 11, 29-30, 252-3
  e o judaísmo conservador 568-70
  profética *ver* profecia
  vs racionalismo 386-8, 397-9
Reuchlin, Johannes 426, 431
  "batalha dos livros" 431
Reuveni, David 419-20
Ricardo Coração de Leão 281
Rif, o *ver* Alfasi, Yitzhak
Roma/romanos 35-7, 42-3, 45-6, 119-20, 271, 348-9
  catacumbas "judaicas" de Roma 296-7, 345-8
  cristianização do império e da sociedade de Roma 271-2, 347-8
  destruição da localidade de Qumran 193-4
  destruição do templo de Leontópolis 82-3
  e Jerusalém *ver* Jerusalém: e os romanos
  erudição rabínica em Roma 319-21
  esperanças escatológicas contra Roma 285
  Império Bizantino *ver* Império Bizantino
  Judeia sob os romanos 35-7, 45-6, 130-9
  Judeus em um mundo greco-romano 119-39, 340-53
  poder romano se desfazendo sob as invasões germânicas 271

quarta filosofia e oposição a Roma 135-6, 173-5
sentimentos contra os romanos 134-6, 173-5, 179-80
sinagogas em Roma 345-7, 348-9
taxação dos judeus 36-7, 171-2, 271, 349-51
ver também diáspora: no mundo romano
Romano I Lecapeno 275
Romênia 505, 513, 582
Rosenstock-Huessy, Eugen 545
Rosenzweig, Franz 544-7
   Der Stern der Erlösung 544-5
Rosh, o *ver* Asher ben Yehiel
Rosh Hashaná 294, 298-9, 378, 488, 525, 588
Rosh Hodesh 598
Rossi, Azariah de' 219, 426, 429
   The Light of the Eyes [*A Luz dos Olhos*] 427-8
Rossi, Salmone de' 430
Roterdã 423
Rothschild, Edmond de, barão 517
Rothschild, Lionel de 513
Rothschild, Nathaniel de 513
roupas/vestimenta 108-9
   cobertura para a cabeça dos homens 378-9, 534-5
   vestimenas clericais 519-21, 532-3
Rúben (tribo) 31, 419
Rubenstein, Richard 569
Rússia 280-1, 283, 421-2, 437-8, 489-90, 503, 508-9
   Anos Negros 509-10
   Bund 515-6
   caraítas na 362-4
   exclusão dos judeus no fim do século XVIII 508-9
   expansão do poder tsarista na Polônia 508-9
   hassidismo 484-5
   Igreja Ortodoxa 421-2
   judaísmo da Reforma 551-2
   Leis de Maio 508
   pogroms 508-9
   revolta dos romenos contra 512-3
   revolução comunista e a sociedade 509-11
   Zona de Assentamento 508-10
Rute 48, 59, 103, 298
   midrash 316

Saadiah Gaon 305, 325, 338, 360-2, 367, 381, 383, 403
   Book of Beliefs and Opinions [*Livro das Crenças e das Opiniões*] 305, 329, 383
   influência sobre a filosofia rabínica 384-6

sabatianos 432
   Szombatos 236
Sabbatai Zevi 461-75, 491-2
   casamento com Sarah (terceira esposa) 471
   conversão ao islã 467-8
   crenças messiânicas e movimento 462-80
   morte 470-2
Sabbath Prayer Book [Livro de Preces para o Shabat] (ed. Kaplan) 571
sabbatianismo 478
Sabedoria (personificada) 99
Sabedoria de Ben Sira *ver* Eclesiástico
Sabedoria de Salomão 59, 251, 259
sábios 196-202, 205-6, 207-8, 313-5, 317-8, 333-5
   amoraim 50-1, 309-10, 312-3, 315-6
   lidando com os "heréticos" 334-9
   tannaim 50-1, 58-9, 241-2, 309-10, 312-3, 330-2, 334-7, 360-1, 408-9
Sacchias (Zedequias) 33
sacerdotes 76-81, 101-2
   asmoneus *ver* asmoneus
   casamento dos 76-7, 525-6
   como mediadores da bênção divina 78-9
   na diáspora 76-80, 82-3
   sumo *ver* sumo sacerdotes
   zadoquitas 79-80, 124-5, 191-2
Sacks, Jonathan 563, 591,
sacrifício *ver* culto: sacrifical
Saddok (professor da "quarta filosofia") 174
saduceus 136-7, 139-40, 153-60, 175-7, 241-2, 250-1, 336-7, 355-6
   abordagem da Torá 155-60
   e os fariseus 145-6, 150-2, 155-9, 193-4, 259-60
Safed 419, 423, 428, 437, 442-3, 448, 453-9, 460
   cabalistas 442, 453-5, 460
Sahl ben Matzliah 378
Salanter, Yisrael 581
Salmos 48-50, 64-5, 71-2, 97, 99-101, 239-40, 253-4
   compilação de Salmos para uso do Templo 57-8
   de Asafe 49-50
   dos filhos de Corá 49-50
   Hallel 523
   Manuscrito dos Salmos de Qumran 71-2
salmos Hallel 523
Salomão 31-2, 39, 43-4, 51, 58, 63-4, 80, 98, 212, 254
Salomé, Alexandra 127
Salônica 275, 419, 423, 448, 464, 475-6
salvação 111-4

das nações 102-3, 112-3
e o "dia determinado pelo Eterno" 113
e o perdão *ver* perdão
e resurreição *ver* resurreição
e tolerância religiosa 528-30
Jesus e as ideias cristãs sobre a 233-5
Samaria/samaritanos 15-6, 32-5, 44-5, 337-8, 453-4
  cuteus 32-4, 84-6
  identidade dos samaritanos 34-5, 84-6
  separação dos judeus 84-6
  templo do monte Gerizim 84-6, 125-6
Samuel (juiz) 30, 72
Samuel (da Babilônia do século III) 318
Samuel, livros de 44, 48, 54, 174
  Segundo Samuel 58, 111
Sana 608
sangue 107
  libelo de 281
Sansão 58, 202
santidade *ver* pureza/santidade
Santo dos Santos 72, 79, 98, 112, 313, 453
Saragoça 279, 281, 404
Sardenha 425
Sárdis 343-5
sassânidas 272, 276-7, 345
Sasportas, Jacob 468, 472
Satã 99
Satmar 582
Saul, Rei 30-1, 39, 44, 102
Saulo de Tarso 230-1 *ver também* Paulo, Apóstolo
savoraim 312
Schachter-Shalomi, Zalman 595
Schechter, Solomon 567-9
Schelling, Friedrich Wilhelm Joseph 531
Schenirer, Sarah 561
Schneerson, Menahem Mendel (o Rebbe Lubavitch) 588-91
Schneerson, Menahem Mendel (o Tsemach Tsedek, Rebento da Retidão) 581-2
secularismo 506-8, 549-50, 553, 579-80, 588-9, 591-2
  busca espiritual no âmbito da vida secular 594–604
  e os *maskilim* 549-60
  judaísmo ortodoxo aberto à cultura secular 559-60
  sionismo secular cultural 560-1, 570-1, 586-8
Sêder 18, 93, 236, 297, 301, 315, 430, 509, 526, 595, 600
Seder Olam 144

sefarditas 377-8, 381-2, 433-4, 438-41, 448-9, 503-5, 526-7, 607
  academias 452-3
  cabalistas 608-9
  e o Kach 586-7
  e Kaddish 446-7
  haredim em Israel 609-10
  migração da Espanha 422-3
  rabino chefe em Israel 521-2
  restrições alimentares durante o Pessach 448-9
  sinagogas 446-7
  yahrzeit 446-7
sefirot/ emanações divinas 332, 405, 408, 410, 455, 462, 474
selêucidas 35-6, 45, 119, 121, 125
Seleuco 35, 119
Selim III 435
Seminário Teológico Judaico, Breslau 559, 566
Senaqueribe 40
Septuaginta 56, 58, 111, 202, 237, 341-2
  e Fílon 210, 215
Sermão da Montanha 224
serviço militar/alistamento 522-3, 545, 592-3
Sevilha 279, 388
Sexo
  abordagem feminista da sexualidade 598-9
  e os essênios 167
  e procriação 104-5, 109-10
  e pureza 107-10
  homossexualismo *ver* homossexualismo
  mudando as normas das relações sexuais na América do Norte 594
  "níveis proibidos" 331
Shabat 35-6, 109-11, 123-4, 137-8, 141-2, 148-9, 236-7, 241-3, 296-8, 300-1, 508-9, 525-6, 612-3
  como feriado público em Israel 523
  e as mulheres 296-7, 588-9
  e Chorin 535-6
  e Havdalah ("separação") 297
  e o judaísmo conservador 560-70
  e os caraítas 355-6, 358-9
  eruv 590-3
  estacionamento para carros 564-5
  hino *Lekha Dodi* 460-1
  liturgia 292-5
  luzes/velas 296-7, 300-1, 380-1, 437-8, 525-6, 588-9
  observância do domingo pelos membros da Reformgemeinde 535-6

observância dos essênios 165-6
observância dos ukbaritas 358
trabalho aos sábados na comunidade de Hirsch
    564-5
uso de carros 569-70, 591-2
uso da electricidade no 519-20
utensílios elaborados 430-1
Shabbazi, Shalem ben Yosef 458
Shach, Elazar 609
Shadal (Shmuel David Luzzatto) 535
shadganitas 355
Shalom Aleichem 509, 575
Shamai 196-8
    Casa de 198-200, 202-5, 240-1, 327-8
Shas 609
Shavuot (Pentecostes) 72-3, 156-7, 170, 186, 227,
    298, 462-3, 526
    observância pelos terapeutas 169-70
Shekhinah 402, 408, 492
Shelomei Emunei Yisrael 554
Shemá 91-2, 109, 304, 309, 315, 376-7
Shemariah ben Elijah 362
Shemoneh Esreh/Amidá 92
Sheol 113
Sherira Gaon 310-3, 318
Shimon bar Yohai 330-1, 400, 408, 420, 452-3, 608
Shiur Komah ("A Medida do Corpo") 310
Shlomo Yitzhaki *ver* Rashi
Shneur Zalman de Lyady 485-7, 490-1
shtetls (povoações da Europa Oriental) 575, 595, 614
Sião 25
sicarii 175-6, 179-80
Sicília 366, 405, 425
Sidon 84
Silberg, Juiz 521
Silver, Abba Hillel 549
Símaco 56, 341
Simão ben Gamaliel 152, 159
Simão ben Gioras 135, 258
Simão, o zelote 178
Simeão/ben Shetah 153, 196, 198
Simeão (tribo) 31
Simeon ben Natanel 207
Simhat Torah 300
Simon bar Kosiba (Bar Kokhba) 146, 273
sinagoga de Apamea 345
sinagoga de Dura-Europo 218, 291, 301, 344-5
sinagoga de Elche 344
sinagoga de Hamat Tiberias 316-7, 333, 345

sinagoga de Kassel 532-3, 544
sinagoga de Naro (Hammam-Lif) 349
sinagoga de Óstia 346
sinagoga de Stobi 335, 350
sinagoga de Touro 424
Sinagoga Liberal Judaica 538
Sinagoga Unida (Grã-Bretanha) 538, 564, 573-4
Sinagoga Unida Norte-americana (atual Sinagoga
Unida
    do Judaísmo Conservador) 568-9
sinagogas
    afrescos 218-9, 290-1, 344-6
    Alexandria 343-5
    Amsterdã 433-4
    Antioquia 94-5
    Apamea 345-6
    caraíta 319-20, 359-60
    caraíta sinagoga, Cairo 319-20
    com *havurot* 596-7
    com inscrições em latim 348-9
    como centros comunitários, na forma de pensar
        dos judeus dos subúrbios norte-americanos
        570-1
    culto *ver* culto: na sinagoga
    disseminação da mensagem cristã às 228
    Dura-Europo 218-9, 290-1, 300-1, 343-5
    e estacionamento para os carros no Shabat 564
    El Tránsito, Toledo 292-3
    Elche 348-9
    Fostate 185-6, 281-2
    função social 525-6
    gentios apoiando a comunidade judaica 346-8
    Haarlem 423
    iconografia 218-9, 290-1, 344-6
    imagens pagãs nas 300-2, 345-7
    influência dos ritos cristãos 518-20
    Johannesburgo 559-60
    Kassel 532-4
    leitura pública e ensino da escritura 85-90
    liturgia 292-9, 343-5, 391-2, 446-7, 518-20,
        533-5, 572-3
    Londres *ver* Londres: sinagogas;
    Mainz 292-3
    meninas nas sinagogas ortodoxas inglesas 570-1
    mosaicos 289-91, 300-2, 311-2, 315-7, 343-8
    mulheres nas 295-6, 550-1, 564-5, 570-1
    na diáspora 94-5, 281-2, 295-6, 334-5, 340-1,
        343-7, 508-9
    Naro (Hammam-Lif) 348-9

Neue Synagoge [Nova Sinagoga], Berlim 519-20
Nova York 559-60, 599-601
ornamentos (*rimmonim*) 430-1
papel dos rabinos no ritual 366-7
pertencimento às, e identidade judaica 523-4
práticas alemãs na sinagoga refletindo o culto cristão 518-9
preces em comum 89-96, 292-3
prédios 94-5, 274-5, 290-3, 295-6, 345-7, 398-400, 519-20, 523-4
pressões para a reforma no século XIX 518-20
Provença 295-6, 388-9
Referências ao retorno dos sacrifícios 534-6;
Roma 345-9
Roterdã 423
santidade da 94-5
Sardis 343-6
sefardita 446-7
serviço do Dia do Perdão 330-1, 518-9
sinagoga de Hamat Tiberias 316-7, 332-3, 345-6
sinagoga de Touro, Newport 423-5
Sinagoga Unida (Grã-Bretanha) 564-5, 573-4
Sinagoga Unida Norte-americana 567-9
sinagogas da Reforma 531-6, 548-9
sinagogas para gays e lésbicas 599-601
Stobi 34-5, 349-50
União Soviética 510-1
Veneza 430-1
Worms 398-400
Sinédrio 137, 145, 151, 155, 201, 224, 231, 256, 314, 390, 427, 614
de Paris 491, 511, 532,
sionismo 516-9
    como um baluarte contra a assimilação 518
    de Kahane 585-7
    Congressos Sionistas: 1º 516-7, 539-40; 6º 516-7; 11º 568-9
    denúncia feita pela CCAR 540
    e a Agudah 559-60, 582-3
    e Buber 545-6
    e messianismo 516-7, 583-4, 587-8
    e o judaísmo da Reforma 548-50
    e o judaísmo ortodoxo nos EUA 561-2
    e os *haredim* 581–8, 591-2, 613-4
    e os *hasidim* 581-3
    Gush Emunim ("O Grupo dos Fiéis") 585
    Neturei Karta ("Os Guardiões da Cidade") 587
    secular cultural 560-1, 570-1, 586-8
Siquém 32, 34, 40, 84

Síria/sírios 32-3, 43-6, 130-2, 137-8, 240-1, 272, 289-90, 420-1, 503
    "guerras sírias" 45-6
    nazarenos 236-7
Sirkes, Joel 446
Sisaque, rei do Egito 32
Sisebuto de Hispânia e Septimânia 278-9
Slutsk 448
socialismo 516 *ver também* comunismo
    nacional socialismo *ver* nazismo
Sociedade para o Avanço do Judaísmo 571
Société des Etudes Juives [Sociedade de Estudos Judaicos] 516
Sofer, Akiva 578
Sofer, Hatam (Moses) 577-9
Sofer, Shimon 578
sofrimento 59-61 *ver também* martírio; perseguição
Soloveitchik, Hayyim 561
Soloveitchik, Joseph B. ("o Rav") 562-4, 684
Soloveitchik, Moshe 562
Soloveitchik, Yitzhak 561-2
Sonnenfeld, Joseph Hayyim 587
Stálin, Joseph 510
Steinheim, Salomon 531
Subbotniki 236
Sucót (tabernáculos) 72-3, 82, 153, 298-300
    Oferenda da água 74-5
sufismo 306, 380, 406
    renovação judaica e formas sufistas de oração 595
sumo sacerdotes 33-7, 63-4, 98,9, 105-6, 174, 234
    asmoneus 124-8, 130-1, 152-4, 190-1
    e os gregos 121-2
    e os zadoquitas 79-80, 124-5, 191-2
    e os zelotes 178-9
    Jesus e o sumo sacerdote Caifás 133-4, 223-7
    Sinédrio de *ver* Sinédrio
    sob os romanos 132-7, 154-5
    sobre o Dia do Perdão 77-81
Susana 247
Swaythling, Louis Montagu, segundo barão 538
szombatos ("sabatarianos") 236

tabernáculo 63, 211
tabernáculos, festival dos *ver* Sucót
Tabick, Jackie 596
tabletes cuneiformes 39, 50
tabus 36, 107-8, 160, 240-2, 246, 593, 610
tabus alimentares 108, 246, 610
Tácito 70, 246

takkanot 326
Talmude
  aprendizado, como um ato religioso 612-3
  ataque de Donin ao 393-4
  babilônico *ver* Talmude babilônico
  banido da Itália 452-3
  centros de estudo 448-9 *ver também* academias
  comentários 367-8, 448-9
  como um texto para o desenvolvimento da lei rabínica 338-9
  condenação pela Disputa de Paris 302-3
  e a astrologia 331-2
  e a "batalha dos livros" 431
  e de'Rossi 427-8
  e estudos críticos feministas 596-7
  e Israel ben Petahyah Isserlein 376
  e Levinas 550-1
  e o movimento da Reforma 538-9
  e os caraítas 353-4, 358-9, 362-3, 367-8
  e os heréticos ,336-7
  e *responsa* 367-9 *ver também* responsa
  erudição talmúdica e as preocupações dos judeus europeus 365
  eruditos *gaon*, conhecimento dos 312-3
  imprensa, e o estudo talmúdico 422-3
  método Brisker de estudo 562
  na controvérsia sabbatiana 477-8
  na Itália 425-6;
  palestino/de Jerusalém 301-2, 310-12, 314-8, 327-8, 341-2, 375-6, 586-7
  pilpul (método de ensino) 448-52
  queima de obras talmúdicas: com Disputa de Paris 302-3, 393-5
  Rashi 373-4, 381-2, 450-1 *ver também tosafot*/tosafistas
Talmude babilônico 17, 20, 56, 59, 86, 153, 180, 292, 294, 296, 300, 308-11, 313, 316-8, 326-7, 333, 338, 365, 367, 372, 374, 379, 423, 437, 439, 445, 580
  adições ao *ver tosafot*/tosafistas
  comentário de Rashi 373-4, 381-2
  e Molcho 420
  e os tosafistas 449-50
  impresso 422-3, 439
  sobre a ordenação 436-7
Talmude de Jerusalém *ver* Talmude palestinino
Talmude palestino 200, 302, 310-1, 315-7, 342, 375, 587
Tam, Rabbenu (Jacob b. Meir Tam) 375, 381

Tamar 109
Tamerlão 277
tannaim 50, 59, 242, 336, 408
targumim 56, 260, 263, 294
  Onkelos 294
Tarragona, Concílio de 279
tashlich 378
tefillin ver filactérios
tehinnus 438
Teitelbaum, Joel 582
templo de Ain Dara 66
templo de Arad 66
templo de Hazor 63
templo de Laquis 63
templo de Leontópolis 82-5
templo de Tel Mevorakh 63
Templo em Jerusalém 175-7
  abolição e substituição por um culto pagão sob Antíoco IV Epifânio 45-6, 122-3
  como uma força unificadora 193-4
  como um centro de rebelião contra os romanos 134-5
  construção do 31-2, 43-4, 63-4
  culto no 35-6, 61-85, 263
  destruição pelos babilônios 32-3, 44-5, 59-60, 67-8
  destruição pelos romanos 16-7, 36-7, 45-6, 77-8, 134-7, 180-1, 271, 281-5, 287-8
  e a riqueza do mundo judaico 80-2
  e as instruções de Calígula para Petrônio 133-4
  e os Manuscritos do Mar Morto 186-7, 189-91
  e os samaritanos 84-5
  e os textos bíblicos 56-8
  e os zelotes 175-6, 179-81
  e Pompeu 130-1
  esperanças de reconstrução desde a destruição por Roma 287-90, 292-3, 583-4, 613-4
  festivais anuais no 71-7
  interesse da diáspora sobre o 42-3, 137-8
  levitas no 77-8;
  limpeza feita por Jesus 178-9, 222-4
  Muro Ocidental 522-3, 591-2
  no Dia do Perdão 79-80
  oferendas levadas ao 69-73, 79-80, 105-6, 130-1, 141-2, 221-2
  peregrinação ao 73-6, 137-8, 208-9
  Primeiro Templo (de Salomão) 62-8, 138-9
  profanação por Antíoco IV Epifânio 35-6, 45-6, 67-9, 121-3

ÍNDICE

propaganda 81-2
purificação com a revolta dos macabeus 35-6,
   45-6, 81-2, 124-5
reconstrução por Herodes 36-7, 68-9, 131-3
revolta dos fariseus contra Alexandre Janeu em
   152-4
sábios ensinando no 201-2
sacerdotes no *ver* sacerdotes
sacrifício em massa para proteger o Templo de
   Calígula 263
Santo dos Santos 79-80, 98-9
Segundo Templo 65-74, 138-9, 611-4
significado simbólico 80-1
validade com sacerdotes incorretamente
   purificados 156-7
templos
   em Jerusalém *ver* Templo em Jerusalém
   na diáspora 81-3
   pagãos 62-6, 208-9
   templo samaritano no monte Gerizim 84-6
Tetragrama 98, 426, 482
teocracia 12, 174
   Estado teocrático de Calvino em Genebra 432
Teodócio 56, 341
Teodoro I Angelus 275
Teodósio I 275
Teodósio II 350
Teódoto 86, 95
teologia tradicionalista 567-8
teorias de Darwin 507
teorias evolutivas 507
terapeutas 90-1, 168-72, 184, 186, 203
Teresa de Ávila 406
Teudas 256
Tiago, irmão de Jesus 155, 228
Tiberíades, Galileia 274-5, 314-5, 435-6, 614-5
   academia 371-2
   massoretas 294-5, 319-20
   sinagoga de Hamat Tiberias 316-7, 332-3, 345-6
   túmulo de Maimônides 393-4
tikkun olam (reparação do mundo) 457, 461
Tikkunei Zohar 410
Tito, imperador 353, 136-7, 177, 209, 263, 287-8, 352
Tobias 59
Toledo 279, 352, 370, 387, 393
   sinagoga de El Tránsito 291
Toledot Yeshu 221, 303,
tolerância, religiosa 15-6, 528-30, 542-3, 590-1,

607, 610-2 *ver também*
Tomás Aquino 398, 427
Torá/lei judaica
   abordagem dos fariseus 148-52, 200-1
   abordagem dos saduceus 155-60
   arca da Torá 430
   codificação da lei 440–53
   códigos bíblicos diferentes 103-5
   cuidado com as outras pessoas 103-4
   Decálogo 91-2, 102-3, 110-1
   devoção ao estudo 199-201, 308, 483-4, 579-80
   e a ciência 452-3
   e a oposição de Hirsch à erudição histórica 558-9
   e a salvação 111-4 *ver também* Dia do Perdão
      (Yom Kippur)
   e Esdras 44-5
   ensino e leitura pública 85-90
   e os samaritanos 84-5
   erudição caraíta relacionada à lei 358-60
   halakhá *ver* halakhá
   interpretações alegóricas *ver* alegorização da Torá
      Jesus e a interpretação da 223-4
   lei do Pentateuco e o judaísmo na Bíblia 97-113
   lei familiar 104-6
   leitura litúrgica e interpretação da Torá 293-5,
      297-300, 378-9
   masorah 293-4
   Moisés recebendo e dando a lei 29-30, 80-1
   na sinagoga 85-90
   natureza da 18-9
   negligência/desobediência à lei 30-1
   observância dos haredi 576–9 *ver também* haredim
   os treze princípios de Maimônides 389-91, 397-8
   Paulo, gentios e a lei 232-4
   Pentateuco (cinco livros de Moisés) *ver* Pentateuco
   preservação de variedade de interpretações 142-4
   preservacionistas/observância ortodoxa 503, 575-93
   princípios hermenêuticos rabínicos e abordagens
      da lei 322-8
   proibição de receber juros 104-5
   punição divina pela 30-3, 60-1, 101-2, 248-51
   punições judiciais 103-4;
   regras morais 103-4;
   regras para santidade/pureza 105-8 *ver também*
      pureza/santidade/
   regras sociais 103-6
   responsa ver responsa
   seguir a lei livremente por uma ideia de dever
      542-3

723

semelhança dos códigos legais com os da
  Babilônia 50-1
 sobre a impureza 239-41
 tabus alimentares 105-8
 Torá oral 366-7, 393-4, 489-90
 traduções 54-7, 341-2, 529-30, 557-8 *ver também*
  Septuaginta
 transmissão das leis divinas pelos sumo sacerdotes
  105-6
 tratamento dado aos escravos 104-6
Torquemada, Tomás de 280
Torres, Luis de 424
Tortosa 397
tosafot/tosafistas 368, 374-7, 449-50
Tosefta 19, 77, 202-3, 205-7, 309-10, 336, 344, 450
tradição oral 16-7, 196-8, 353-8
 e os caraítas 353-8, 366-7
 Torá oral 357-8, 366-7, 393-4, 489-90
Trajano 275-6
Transjordânia 39, 42-3
transmigração das almas 403, 457, 461,
transplantes de órgãos 520
Transilvânia 236, 536
Treistschke, Heinrich von 542
tribos germânicas 271-2
trinitarianismo 304-5, 397-8
 versão anticristã do Zohar 400-1
Troyes 280, 368, 371-3
Tsemach Gaon 381
Tsemach Tsedek (Menachem Mendel Schneerson) 581
Ts'enah uReenah 438
tsitsit 520
Tumim 101-2
túmulos *ver* cemitérios/túmulos
Tunísia 278, 319, 349, 503, 506 *ver também*
  Kairouan
turismo religioso 75
Turquia 42, 81, 119, 161, 230, 347, 466, 469, 473,
  475-7, 506, 508 *ver também* Ásia Menor

Ucrânia 276, 424-5, 476, 481, 483, 488, 490,
  503-4, 508, 510, 520, 582, 588 *ver também*
  Podólia
ukbaritas 358
Uman 488, 588
União Mundial para o Judaísmo Progressista 548-9,
  551, 599
União para o Judaísmo Conservador Tradicional 572

União Soviética 509-11, 585-6
 imigrantes para a Alemanha 609-10
 imigrantes para Israel 510-11, 608-10
 judaísmo da Reforma 551-2
 sob ocupação alemã 510-11
Union of American Hebrew Congregations [União
  das Congregações Hebraicas Norte-Americanas]
  539, 568
universalismo 543
Uqba ibn Nafi 278
Uriel, arcanjo 250
Urim 101-2
Usha 315, 317
Uzá 53

Valle, Moshe David 471, 478
Varsóvia 542
 gueto de 518, 524, 566
veneração de túmulos 378-9
Veneza 419, 435-7, 442-3, 448-9, 478-9
 banimento proclamado contra de' Rossi 427-8
 comunidades judaicas 425-6
 gueto 425-6, 430-1
 sinagoga 430-1
Venosa 296, 351
Verein für Kultur und Wissenschaft der Juden
  [União para a Cultura e a Ciência do Judaísmo]
  516
Vespasiano 27, 136, 248, 256, 271, 288
Vestfália, paz de 421
vestimenta *ver* roupa/vestimenta
Viena
 Congresso de 511-2
 Congresso Sionista, 11º 569
 Grandes Assembleias 560
Vilnius, Lituânia 310, 451-2, 481, 489, 491, 542,
  578-81, 584
visigodos 278, 388
visões 236-7
Vital, Hayyim 454, 456-9, 461
votos 243-5
 dos nazireus 151-2, 201-2, 204-5, 244-5

Weinberg, Noah 613, 623
Weiss, Avi 598
Weiss Halivni, David 572
Wellhausen, Julius 507
Williamsburg, Nova York 582
Wine, Sherwin 601-2

Wise, Isaac Mayer 539-40, 553
Wise, Stephen S. 548
Wissenschaft des Judentums [Ciência do Judaísmo] 18, 516, 531, 534-6, 558, 567
Wittenberg 431
Wolfson, Harry A. 602
World Congress of Gay and Lesbian Jews [Congresso Mundial de Lésbicas e Gays Judeus] 600
Worms 370, 374, 379, 401, 444
    academia 371-2
    catedral 399
    cemitério 296
    sinagoga 399

xiismo 356

Yaakov ben Asher 370, 442-3
    Arba'ah Turim 370, 442-3
Yaakov ben Moshe haLevi Molin ("o Maharil") 378
Yaakov ben Wolf Kranz (Maggid de Dubno) 439
Yaakov Yitzhak de Przysucha ("o Judeu Sagrado") 488
Yaakov Yosef haCohen de Polonnoye 483, 485
Yahad *ver* Qumran: comunidade
yahrzeit 446
Yannai 293
Yavne 290, 292, 307, 314, 337, 339
Yefet ben Eli 360
Yehiel ben Joseph 394
Yehud *ver* Judeia
Yehudah ben Shmuel haHasid de Ratisbona 379
Yeshiva University 562, 564, 599
yeshivah de Gateshead 591
yeshivah de Valožyn 452
yeshivah Merkaz haRav Kook 585
yeshivot ver academias
Yeshua ben Judah 362

Yetsirah, Sefer 332, 404-5
yihud 461
Yitzhak ben Moshe: *Or Zarua* 379
Yoel Baal Shem 483
Yohanan ben Zakkai 152, 290-1, 307, 314, 322, 325-6, 332, 334
Yom Kippur *ver* Dia do Perdão
York 281, 518
Yosef, Ovadia 609
Yosef ben Hiyya 318
Yosi ben Yosi 293
Yosippon 352, 427
Yudghan/yudghanitas 355

Zacarias 64, 67, 111
Zadoque 80, 132, 135, 179, 183, 192-3, 354
zadoquitas 80, 125, 192
Zebulom (tribo) 31
Zedequias (Sacchias) 33
zelotes 176-80
    e os *sicarii* 179-80
Zemach, Jacob ben Hayyim 457
Zerahyah ben Yitzhak ben Lev Gerondi 381
Zorobabel 34, 64, 67, 300
Zorobabel, Sefer 330
Zevi, Sabbatai *ver* Sabbatai Zevi
Zevi, Sarah 471
Zohar 399-401, 407–11, 429-30, 452-4, 608-9
    comentários do *gaon* de Vilnius 490-1
    contexto judaico 400–8
    e Frank 475-8
    e Luria 453-5
    e Sabbatai Zevi 463-4
    impressão 457-8
Zona de Assentamento 508
zoroastrismo 272
Zunz, Leopold 516, 531

CONHEÇA OUTROS TÍTULOS SOBRE O TEMA

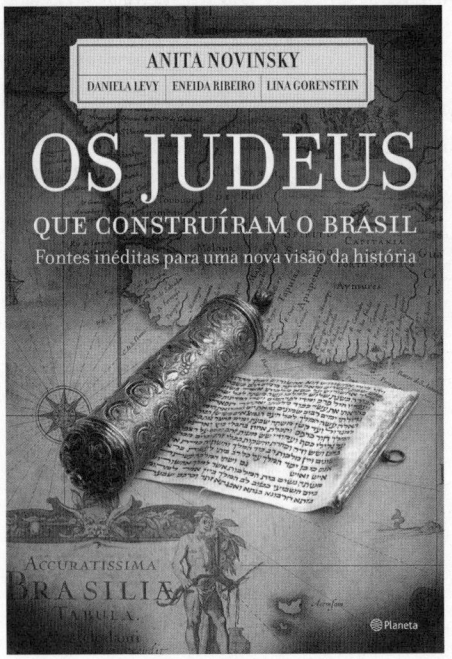

Daniela Levy
DE RECIFE PARA
MANHATTAN
OS JUDEUS NA FORMAÇÃO DE NOVA YORK

ANITA NOVINSKY
DANIELA LEVY | ENEIDA RIBEIRO | LINA GORENSTEIN
OS JUDEUS
QUE CONSTRUÍRAM O BRASIL
Fontes inéditas para uma nova visão da história

Conheça também outros títulos do selo Crítica

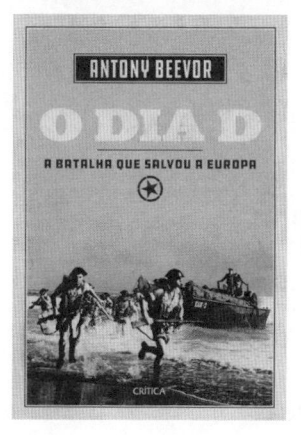

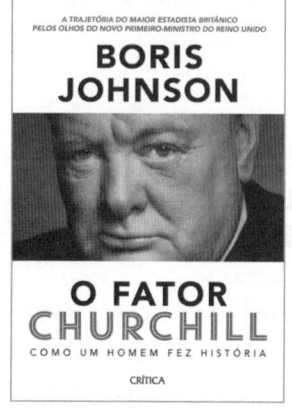

**Acreditamos
nos livros**

Este livro foi composto em Adobe Garamond
pro para a Editora Planeta do Brasil e impresso
pela Geográfica em julho de 2020.